AF524006

Meinhard Saremba
»Keeping the cultural door open«
Britten und Schostakowitsch
Eine Künstlerfreundschaft
im Schatten der Politik

Meinhard Saremba

»Keeping the cultural door open«

Britten und Schostakowitsch

Eine Künstlerfreundschaft im Schatten der Politik

Osburg Verlag

Erste Auflage 2022

www.osburgverlag.de

Lektorat: Bernd Henninger, Heidelberg
Korrektorat: Alexander Blumtritt, Fischbachau
Umschlaggestaltung: Judith Hilgenstöhler, Hamburg
Satz: Hans-Jürgen Paasch, Oeste
Druck und Bindung: CPI books GmbH, Leck
Printed in Germany
ISBN 978-3-95510-295-1

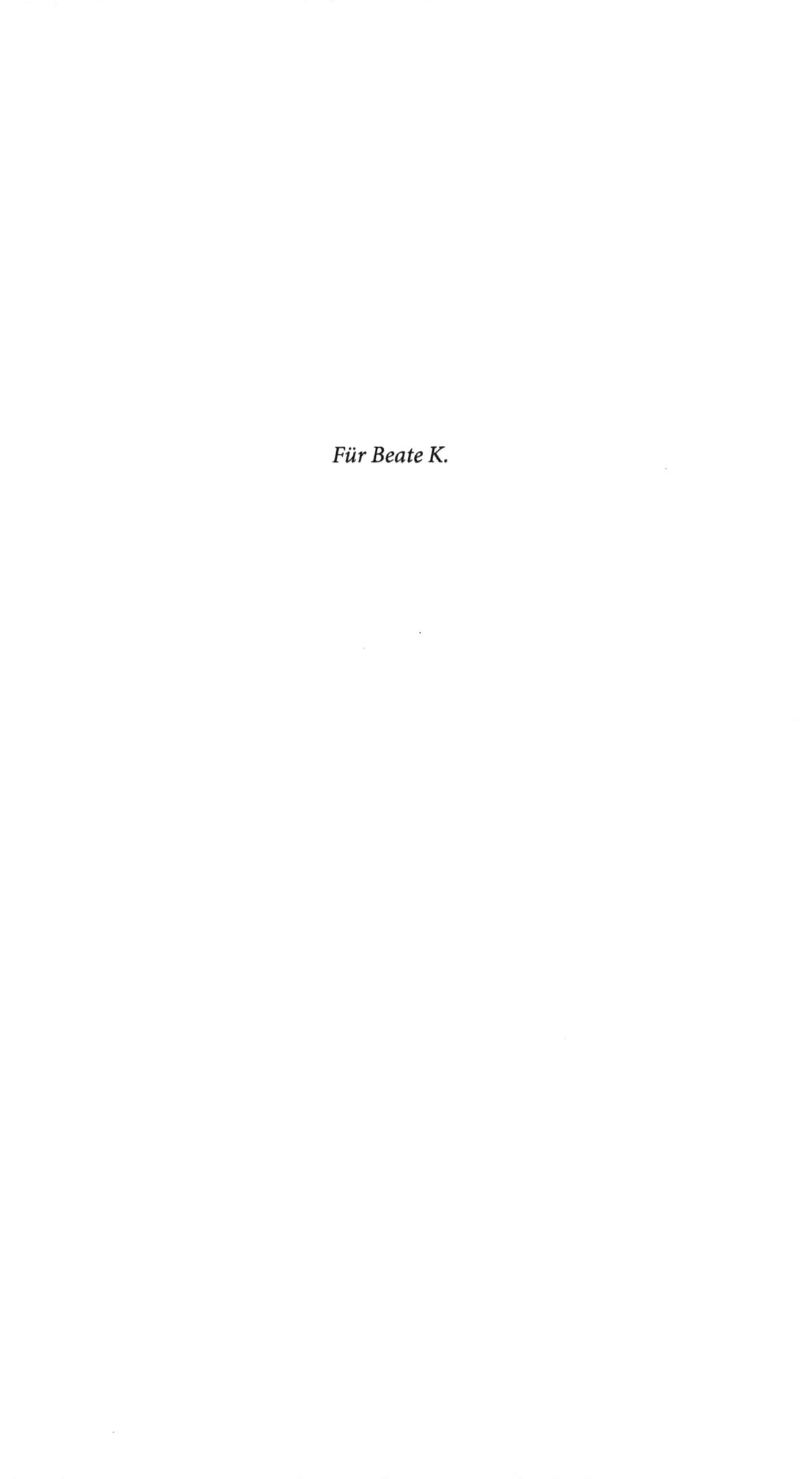

Für Beate K.

Inhalt

Geleitwort von Johannes Moser 11

Vorbemerkungen 13

Prolog: Die erste Begegnung und das Puschkin'sche Dilemma 17
Erste Begegnung am 21. September 1960 · Erscheinung und Persönlichkeit · Krankheiten · Besuche · Rostropowitsch und Wischnewskaja · Lyrik · Glocks Artikel von 1942 · Die Ambivalenz der offiziellen Darstellungen · Puschkin

I. »Ein Reich, schöner, als es der Himmel je sein konnte« – Jugend zwischen Revolutionen und Kriegen 29
Die Rahmenbedingungen: Englisch-russische Beziehungen · Politik und Kultur im Empire und in Russland · Familienerfahrungen · Sankt Petersburg und Suffolk · Revolution und Generalstreik · Kunst, Technik und Moderne · Erster Weltkrieg · Beziehungen von Großbritannien und der Sowjetunion · Kommunismus im Vereinigten Königreich und der UdSSR · Kriege 1914–1945

II. »Ich meine, dass er Musiker werden kann« – Wunderkinder, Moderne und Technologie 57
Frühe Entwicklungen, Gemeinsamkeiten und Unterschiede: Jugendwerke · Tod der Väter, Einfluss der Mütter · Futuristen und Modernisten · Studium · Schritt zum Profimusiker · Pianist und Dirigent · Sinfonien und Lieder · ästhetische und ethische Avantgarde · Sollertinskij und Auden · Sozialistische Grundlagen · Kulturverbände und Internationale Gesellschaft für Neue Musik · politisch-kulturelle Netzwerke · Kollektiv und Individuum · Musik für den Staat und für die Menschen · Wissenschaft und Kunst · Rundfunk und Kino · Sport und Kunst

III. Den »pervertierten Geschmack des bourgeoisen Publikums« kitzeln – Aufstieg und Fall 130
Annäherungen: Schostakowitsch-Oper in der UdSSR und London · Erfolge mit Opern und Liedern · Humor · Kriegsgefahr und Pazifismus · Komponistenverband und Verlage · Kontrolle und Kommerz · Bedeutung Gustav Mahlers · Politischer Paradigmenwechsel: Kultur Eins & Kultur Zwei · Homosexualität · Bedeutungswandel, Metamorphosen · Konflikte um 4. Sinfonie & *Sinfonia da Requiem* · Politische Illusionen · Das Schostakowitsch'sche Dilemma · ästhetischer Paradigmenwandel: Utopie I & II · Flucht in Streichquartette · Flucht in die USA

IV. »Die Macht des Lachens und der Tränen« – Tod und Zerstörung 204
Kooperationen: Zweiter Weltkrieg und Großer Vaterländischer Krieg · Exil und innere Emigration · Rückkehr und Engagement · Musik in Kriegszeiten · Große Besetzungen und Kammermusik · Zukunftshoffnungen · Überleben in Kriegszeiten

V. Von »der wildesten Schönheit der Welt« – Eiszeiten und Tauwetter 236
Entfremdung und Brückenschläge: Nachkriegszeit · Wiederaufleben des Kulturbetriebs · Neue Weltordnung · Arbeitsmethoden · Englische und russische Oper · Konservatismus · Formalismus · Kulturpolitik in Ost und West · Sinfonik und Oper · Ethik und Moral · Das Britten'sche Dilemma · Streichquartette und Liederzyklen · Nationalismus in der UdSSR, Festival of Britain · Kultur A & Kultur B · Ikonischer und dialektischer Modus · Machtwechsel in London und Moskau · Institutionalisierung · Reisen · Neue Tendenzen · Anglo-sowjetisches Kulturabkommen

VI. »Дорогой Бен«, »My dearest Dmitrij« – Begegnung und Freundschaft 332
Kontaktpflege: Werte, Wahrheit und Moral · Korrespondenz · Besuche in England und der Sowjetunion · *War Requiem* und *Babij Jar* · Kriegsgefahr und Diplomatie · Filmoper · Konflikte und Kulturaustausch

VII. »Alles, was ein Dichter heute tun kann, ist warnen …« – Die letzten Jahre 397
Freundschaft: Widmungen und Begegnungen · Sinfonik, Oper, Kammermusik · politische Krisen und kulturelle Annäherungsversuche · letzte Höhepunkte der britisch-sowjetischen Völkerverständigung · Krankheit und Tod · Vermächtnis

Epilog: Eine Geschichte ohne Helden 451
Britten und Schostakowitsch in Musik, Literatur und Film · Nachbetrachtung

Danksagung 457

Literaturhinweise und Anmerkungen 459
Karten: Europa, zwei Weltreiche, East Anglia, Russland 494
Bildnachweise 498
Personenverzeichnis 499

»Ich weiß wirklich nicht, was besser ist, das Böse, welches nützt, oder das Gute, welches schadet.«
Michelangelo Buonarroti (1475–1564)[1]

»Lächerlich, wer Anteilnahme verlangt von der Welt! / Die kalte Menge betrachtet den Dichter / wie einen fahrenden Gaukler: Wenn er / ein schweres Seufzen aus tiefstem Herzen kommen lässt / oder ein durchlittener Vers, eindringlich und verzagt, / mit ungeahnter Kraft die Herzen anstößt – / dann klatscht sie in die Hände und lobt ihn, oder zuweilen / schüttelt sie missmutig den Kopf. / Trifft den Sänger jähe Aufregung, / gramvoller Verlust, Verbannung, Kerker – / ›um so besser‹, sprechen die Liebhaber der Künste, / ›um so besser! Er sammelt neue Gedanken und Gefühle / und wird sie uns nahebringen.‹ Doch das Glück des Dichters / findet bei ihnen keinen inneren Anklang.«
Aleksandr Sergeewitsch Puschkin (1799–1837)[2]

»Die Wahrheit erscheint nie als sie selbst, sondern nur als bestimmte Negation einer bestimmten Unwahrheit ihrer Zeit.«
Bruno Liebrucks (1911–1986)[3]

»›Ja, niemand weiß die ganze Wahrheit‹, dachte Lajewski und blickte kummervoll auf das erregte, dunkle Meer. ›Das Boot wird zurückgeworfen‹, dachte er. ›Zwei Schritte macht es vorwärts und einen rückwärts. Aber die Ruderer sind hartnäckig, unermüdlich legen sie sich in die Riemen und fürchten sich nicht vor den hohen Wellen. Das Boot kommt immer weiter, immer weiter. Man sieht es schon nicht mehr. Noch eine halbe Stunde, und die Ruderer sehen deutlich die Lichter des Schiffes. Und in einer Stunde sind sie an der Schiffsleiter. – So ist das Leben. Auf dem Weg zur Wahrheit macht der Mensch zwei Schritte vorwärts und einen rückwärts. Die Leiden, die Sünden, die Langeweile des Lebens werfen ihn zurück, aber der Durst nach Wahrheit und der feste Wille treiben ihn vorwärts, immer vorwärts. Und wer weiß? Vielleicht erreicht er einmal die ganze Wahrheit.‹«
Anton Pawlowitsch Tschechow (1860–1904)[4]

»Die Geschichte lehrt, aber sie hat keine Schüler.«
Antonio Gramsci (1891–1937)[5]

Geleitwort von Johannes Moser

Als Cellist kann man sich äußerst glücklich schätzen, musikalisch so reich von Schostakowitsch und Britten bedacht worden zu sein: Seit vielen Jahren sind ihre Cellokonzerte wie auch die Kammermusik fester Bestandteil meiner Saisonprogramme. Dass dies erst möglich wurde, verdanken wir Mstislaw Rostropowitsch, der als nicht zu bändigende Kraft durch die wechselvolle Musikgeschichte des 20. Jahrhunderts stürmte und der nach dem ersten Zusammentreffen der beiden Komponisten im Jahr 1960 zur Londoner Erstaufführung des 1. Cellokonzerts von Schostakowitsch dafür sorgte, dass diese unwahrscheinliche Freundschafts-Konstellation Früchte trug. Dass der Interpret hier auch zum persönlichen Vermittler wurde, war anfangs mehr als notwendig: Die beiden Komponisten, die einander schon über Jahre zuvor musikalisch sehr geschätzt hatten, teilten bis zuletzt keine gemeinsame Sprache, auch wenn sie mit fortschreitenden Jahren fest behaupteten, einander blendend zu verstehen.

Haydns berühmter Ausspruch an Mozart, er solle sich bei seinen Reisen nicht sorgen, man werde ihn überall verstehen, denn seine Sprache sei ja die der Musik, habe ich immer für etwas albern gehalten (bestellen Sie mal mit einem f-Moll-Akkord einen Kaffee ...), aber zwischen Moskau und Aldeburgh scheint genau dieses musiksprachliche Einvernehmen eingetreten zu sein: beide studierten mit großer Begeisterung gegenseitige Partituren, unterstützten die Aufführung der Werke des jeweils anderen, besuchten einander, widmeten sich gegenseitig Kompositionen und führten einen regen Austausch. Musik lieferte hier die Basis für diese Lebensfreundschaft.

Als Enkel-Schüler von Rostropowitsch kann ich nicht umhin, mich in diese erste schicksalshafte Begegnung im Jahr 1960 hineinzudenken – wie sind diese musikalischen Genies, die beide gleichermaßen Stars wie auch gefährdete Außenseiter waren, erstmalig aufeinander zugegangen? Haben sie gespürt, dass hier der Grundstein für eine 15 Jahre währende Freundschaft gelegt wird? Ließen sich beide vom Energiestrom Rostropowitschs mitreißen, oder waren sie ganz bei sich, nur der Verehrung für das Gegenüber gewahr? Hat Schostakowitsch Kette geraucht und sich Britten hinter Pears versteckt?

Sicher ist, dass die Persönlichkeit des Interpreten Rostropowitsch maßgeblich Eingang in ihre Kompositionen gefunden hat und damit ein faszinierendes Vermächtnis ihrer Beziehungen überdauert hat. Somit ist diese Musik für uns Nachkommende ohne dieses Triumvirat nicht zu denken.

Es ist höchst erfreulich, dass die Freundschaft der beiden Künstler und ihre Hintergründe in dieser Doppelbiografie erstmals anschaulich dargestellt werden.

Johannes Moser Februar 2020

Vorbemerkungen

Vorbemerkung I

Dieses Buch ist keine Reaktion auf die aktuellen Entwicklungen in Europa. Es ist mir wichtig, darauf hinzuweisen, denn Biografien sollten das Ergebnis einer jahrelangen Auseinandersetzung mit den Themen sein und keine ›aus gegebenem Anlass‹ spontan zusammengestellten Produkte. Die Briefe von Britten und Schostakowitsch habe ich 1994 erstmals in den Händen gehalten, als ich im ›Red House‹ in Aldeburgh war. Das Manuskript dieses Buchs war im Oktober 2018 fertig und hätte 2019 erscheinen sollen, aber der zuständige Verlag hielt sich nicht an seine vertraglichen Verpflichtungen. Dankenswerterweise hat sich der engagierte Verleger Wolf-Rüdiger Osburg im vergangenen Jahr entschlossen, dieses Buch herauszubringen. Es war nicht nötig, das Manuskript in Anbetracht der gegenwärtigen Situation umzuschreiben, denn die historischen Ereignisse, die darin dargestellt werden, sowie die Dokumente, die die künstlerischen und politischen Debatten veranschaulichen, sprechen für sich. Lediglich einige Buchhinweise und Lebensdaten wurden auf den neuesten Stand gebracht. Heute ist Benjamin Brittens Anliegen wichtiger denn je: »Keeping the cultural door open« sei wesentlich, schrieb er am 22. September 1968 in einer Krisenlage an den britischen Botschafter in Moskau – im Kulturleben müssen die Pforten stets weit geöffnet bleiben. »Wahre Kultur arbeitet für den Frieden«, war Schostakowitsch überzeugt. Dazu müssen – wie Britten und Schostakowitsch in ihrer Zeit – alle *konstruktive* Beiträge leisten. »Denn«, so schrieb Britten seinerzeit im *Anglo-Soviet Journal*, »nur ein Verstehen fördert den Frieden und Frieden ist heutzutage das Wichtigste auf der Welt.«

Meinhard Saremba — August 2022

Vorbemerkung II

Die Lebenswege der Komponisten Dmitrij Schostakowitsch und Benjamin Britten vereinen siebzig Jahre im 20. Jahrhundert. Doch warum soll uns die Freundschaft eines russischen und eines englischen Musikers aus der Zeit des Kalten Krieges vor über vierzig Jahren heute noch interessieren? Ein näherer Blick auf die Entwicklungen zeigt, dass die Spannungen zwischen Ost und West sowie Paradigmenwechsel in Kultur und Politik nicht die Ausnahme, sondern die Regel sind. Beide Künstler lebten in Europa in völlig unterschiedlichen Verhältnissen und doch schienen sie wie durch ein unsichtbares Band miteinander verbunden. Die Geschichte von Britten und Schostakowitsch erzählt vom Leben und Werk zweier Gleichgesinnter in einer Welt voller Misstrauen, Verrat, Krieg und Gewalt sowie der Vorstellung, dass unterschiedlichen Kulturen etwas Gemeinsames und Verbindendes zugrunde liege. Diese Wechselbeziehungen und die damit zusammenhängenden Erfahrungen beider Künstler wurden bisher nur ansatzweise erkundet.[6] Dass die Komponisten sich kannten, findet in den gängigen biographischen Einzeldarstellungen, die das Leben von Britten bzw. Schostakowitsch jeweils chronologisch erzählen, zwar Erwähnung, jedoch standen sie noch nie im Mittelpunkt einer Doppelbiografie. Für eine solche Darstellung muss das Aneinanderreihen von Erlebnissen und Werken zurücktreten, um den intellektuellen Hintergrund ihrer Welt in die historischen Ereignisse einzubetten. Die Zeittafel auf den Webseiten des Verlags und des Verfassers sowie die Landkarten auf den Seiten 494 bis 497 bieten Orientierung in dem Mosaik von parallelen und gegenläufigen Entwicklungssträngen.

Wichtiger als sich ausschließlich auf die Erlebnisse von Britten und Schostakowitsch zu konzentrieren erscheint es, Möglichkeiten aufzuzeigen, das geistige Klima der Epoche zu erfassen und dem unterschiedlichen ›atmosphärischen Druck‹ in den Welten, in denen die beiden Komponisten sich bewegten, nachzuspüren. Um ihren Persönlichkeiten näherzukommen, wird auf einzelne Werke genauer eingegangen, andere werden eher peripher behandelt. Damit die Veränderungen ihrer Epochen klarer hervortreten, fließen mitunter neuere kulturwissenschaftliche Erkenntnisse ein. Zur Verdeutlichung einiger komplexer Zusammenhänge wird gelegentlich auf prägnante analytische Modelle verwiesen.

Die Darstellung der Erfahrungen und der Kreativität von Benjamin Britten und Dmitrij Schostakowitsch ist ein Thema mit zahlreichen Variationen. Dadurch ist es erforderlich, manche Fakten im Verlauf der Erzählung aus einem anderen Blickwinkel zu betrachten. Die Beschreibung der Lebenswege von Churchill und Stalin hätte eine getrennte Darstellungsweise nahegelegt, da es mehr Kontrapunkte, mehr Trennendes als Gemeinsames gibt. Die Schilderung der Wege von Britten und Schostakowitsch erfordert eine ›Engführung‹, da sich mehr Verbindendes findet – und das schon lange bevor sie sich persönlich kennenlernten: Bereits Anfang der 1940er-Jahre wurden beide Komponisten in Artikeln miteinander verglichen. Die behandelten Motive entstammen der Historie, der Musik, der Philosophie, der Malerei, der Psychologie und der Literatur. »Ich erinnere mich an alles gleichzeitig«, schrieb eine Zeitgenossin, die Lyrikerin Anna Achmatowa[7] – ein schweres Unterfangen, doch auch dieses Buch kann nicht nur von zwei Musikern und ihren Kompositionen erzählen: Es enthält Geschichten von Bewunderung und Ablehnung, von Begeisterung und Angst, von Revolutionen und Kriegen, von Millionen Toten und von den Überlebenden.

Von persönlichen Erfahrungen ausgehend erzählte der Dirigent Kurt Sanderling, es sei das Verdienst der Sowjetunion gewesen, dass ihm in seinem Leben »vielleicht die Augen geöffnet wurden, welches die wirklichen Kräfte sind, die unser Leben bestimmen, und dass es nicht Richard Strauss und Gustav Mahler sind, die sind Ausdruck gewisser Dinge, aber die wirklichen Kräfte, das sind andere.«[8] Dementsprechend sollte man, wie Shakespeare es in der 7. Szene des 2. Akts von *Wie es euch gefällt* formuliert, die ganze Welt als eine Bühne betrachten durch sieben Akte hin. In diesem Buch sind es nicht sieben auf Jahreszahlen festgelegte Kapitel, sondern sieben Sinneinheiten. Viele Verbindungen in den britisch-sowjetischen Beziehungen der Kunst, Literatur, Musik und Politik ließen es ratsam erscheinen, Leben und Arbeit von Britten und Schostakowitsch nicht getrennt, sondern mit ihren zahlreichen Wechselwirkungen darzustellen. Der Prolog schildert die erste Begegnung und wesentliche Eckpunkte der Beziehung. In Teil I werden die Rahmenbedingungen für die Grundvoraussetzungen dargelegt, die bis weit bis ins 20. Jahrhundert hinein Folgen zeigten. Kapitel II erzählt von den prägenden Erfahrungen der Jugend. Abschnitt III berichtet von ersten Erfolgen und Konflikten sowie den unterschiedlichen kulturellen Sphären, in denen man sich bewegte. Teil IV umfasst die Kriegserfahrungen von 1939 bis 1945 und Abschnitt V ist der Nachkriegszeit sowie den produktiven Phasen in den 1950er-Jahren gewidmet. In Kapitel VI werden die Entwicklungen nach dem persönlichen Kennenlernen 1960 beleuchtet und Teil VII behandelt die damaligen Werke, welchen sich die beiden Künstler widmeten sowie die letzten Lebensjahre. Der Epilog bietet eine Nachbetrachtung und einige zusätzliche Anregungen für die Beschäftigung mit dem Thema.

Dieser Band soll Ansätze liefern zu einem weiter reichenden Verständnis der Leistungen von Schostakowitsch und Britten, ihrer Epoche, des ethischen Gehalts ihrer Werke und ihrer Bedeutung für unsere Zeit. So wie Anna Achmatowa in einem Poem davon sprach, es scheine, »als ob alles, mit dem ich in mir gerungen habe, / eingegangen sei in ein anderes / Leben, und Gestalt angenommen hat in diesen / blinden Wänden, in diesem schwarzen Garten …«,[9] so haben die Erfahrungen der beiden Komponisten ihren Hauptwerken Profil verliehen. Schostakowitschs Kompositionen bieten mehr als nur ein zeit- und geistesgeschichtliches Zeugnis; unter rein künstlerischen Aspekten gehören vor allem seine Sinfonien und Streichquartette zu den bedeutendsten

Musikstücken der Moderne. Ebenso hat Britten mit seinen Opern und etlichen konzertanten Vokalwerken Musikgeschichte geschrieben.

Der Philosoph Søren Kierkegaard meinte einmal, man könne das Leben nur rückwärts verstehen, leben müsse man es aber vorwärts. Dementsprechend sollten wir heute die Werke von Britten und Schostakowitsch nicht allein als Ausdruck ihrer Zeit erfassen, sondern als universelle Stellungnahmen wahrnehmen. Nicht nur die Künstler selbst haben Zeugnis abgelegt über ihre Werke und die sie begleitenden Ereignisse. Neben Schostakowitsch und Britten werden auch Personen zitiert, die beide gekannt haben, sowie Dokumente und Zeitzeugen der Jahre 1906 bis 1976. Nicht verwendet wurden die sogenannten »Memoiren« von Schostakowitsch, da sie als authentisches Dokument zu fragwürdig und vielmehr ein Text des Journalisten Solomon Volkov sind. Wie mir Menschen, die Schostakowitsch kannten, im Gespräch versicherten, hätte der Komponist nie die offenen Worte verwendet, die ihm der ›Herausgeber‹ in den Mund legt.

Am Ende des Buchs gibt es kein separates Verzeichnis der gesamten verwendeten Literatur. Die wichtigsten Quellen finden sich in den Fußnoten.

Meinhard Saremba — Oktober 2018

Zur Schreibweise

Es wird die neue Rechtschreibung verwendet (bei Zitaten seien Puristen daran erinnert, dass dies nur ein kleines Beispiel für eine Erfahrung ist, die Britten und Schostakowitsch in ihrem Leben oft gemacht haben: dass nämlich das, was einst richtig schien, auf einmal als falsch angesehen wurde). Sonderzeichen wie & [und] sowie … [Auslassungszeichen] finden sich an den entsprechenden Stellen auch in den Originalen.

Gelegentlich werden, wie im Russischen üblich, Name und Vatersname verwendet, um beispielsweise Schostakowitschs Vater von seinem Sohn zu unterscheiden. Um der besseren Lesbarkeit willen wird durchgehend die direkte Transliteration russischer Schreibweisen genutzt – wie beispielsweise »Schtschedrin« anstatt der wissenschaftlichen Schreibweise »Ščedrin«.

Einige russische Schlüsselbegriffe wie пошлость und Quellen werden mit kyrillischen Buchstaben wiedergegeben, wobei lateinische Transkribierungen wie ›Poschlost‹ nur bei Einzelbegriffen verwendet werden, während in den Fußnoten auch ausführliche Titel auf Kyrillisch genannt sind, weil diejenigen, die sich mit russischen Originaltexten befassen möchten, die korrekte Bezeichnung von Fachbegriffen, einer Artikelüberschrift oder eines Buchs benötigen.

Prolog: Die erste Begegnung und das Puschkin'sche Dilemma

Der sowjetische Komponist hatte im Westen einen so guten Ruf, dass sein Name auf der Konzertankündigung in einer größeren Schrift gesetzt war als die Namen des Dirigenten und des Instrumentalsolisten. »In the presence of Dmiti Shostakovich« *[sic]*, hieß es in Großbuchstaben auf dem Programm der Royal Festival Hall vom 21. September 1960 und erst dann folgten bei dem Londoner Gastspieldebüt des »Leningrad Symphony Orchestra«[10] der Orchesterleiter Gennadij Roschdestwenskij und der Cellist Mstislaw Rostropowitsch. Bevor nach der Pause Rachmaninows 3. Sinfonie erklang, interpretierten die Künstler im Eröffnungsteil des Abends das erste Cellokonzert von Schostakowitsch sowie *Variationen und Fuge zu einem Thema von Purcell*, auch bekannt als *Young Person's Guide to the Orchestra* von Benjamin Britten. Dem Anlass angemessen teilten sich die beiden anwesenden Komponisten eine Loge.

Später stellte Schostakowitsch dem Solisten seinen englischen Kollegen vor: »Slawa, ich möchte dich mit Benjamin Britten bekannt machen.« Bis zu diesem Moment hatte Rostropowitsch von ihm nur die Musik des »Orchesterführers für junge Leute« gehört. Ganz im Gegensatz zu Schostakowitschs gehaltvollem Solokonzert handelte es sich bei den *Purcell-Variationen* um ein Gelegenheitswerk von Britten, bei welchem – dem didaktischen Ansatz entsprechend – eine Melodie des Barockkomponisten in den einzelnen Instrumentengruppen mit ihren jeweiligen Klangcharakteristika vorgestellt wird. In der Sowjetunion war es nicht üblich, einen Komponisten zu würdigen, der schon seit über 260 Jahren tot war. Hinsichtlich der historisierenden Klänge konnte sich der Cellist kaum vorstellen, dass der vor ihm stehende 46-jährige dunkelhaarige Musiker so etwas zu Papier gebracht haben sollte.

»Aber ich dachte, Britten ist schon vor Urzeiten gestorben«, sagte er in Gegenwart des Engländers auf Russisch zu Schostakowitsch.

»Nein«, entgegnete Schostakowitsch, »er steht hier direkt vor dir.«[11]

Ungeachtet der anfänglichen Irritation verkündete Britten zwei Tage später in einem Brief an einen Freund, er habe »eine aufregende Zeit mit all den Russen am Mittwoch« gehabt – »Das Orchester war ausgezeichnet & man hat mein Stück vorzüglich gespielt.«[12]

Und Schostakowitsch scherzte mit dem Widmungsträger seines Cellokonzerts: »Slawa, weißt du, dass mir all die blauen Flecken an der Seite weh tun?«

»Was ist passiert, Dmitrij Dmitriewitsch, bist du gestürzt?«

»Nein, aber bei dem Konzert heute Abend hat Britten mir jedes Mal einen Rippenstoß versetzt, wenn er etwas an deinem Spiel bewunderte und gesagt: ›Ist das nicht einfach grandios!‹ Und da ihm im Verlauf des Konzerts so vieles gefallen hat, muss ich jetzt leiden!«[13]

*

Die Freundschaft mit Mstislaw Leopoldowitsch Rostropowitsch und seiner Frau, der Sopranistin Galina Pawlowna Wischnewskaja, erwies sich als ungemein wertvoll für die Verbindung von Britten und Schostakowitsch. Besonders anregend wurde Rostropowitschs mitreißende Überschwänglichkeit, die später allein die Anreden an »Ben'ushen'ka« in seinen Briefen belegen wie »My dearest and beloved Benussika« und »My very, very verissimo, dearest, dearest, dearissimo!«.[14] Rostropowitsch und Wischnewskaja waren 13 bis 20 Jahre jünger, gesünder und mobiler als die zurückhaltenden Komponisten. Benjamin Britten wurden schon etliche Jahre zuvor auf ärztliches Anraten mehrmonatige Ruhepausen wegen einer »nervösen Erschöpfung« und einer Schleimbeutelentzündung auferlegt, wobei er seinen rechten Arm nicht beanspruchen sollte. Auch Schostakowitsch kannte Einschränkungen seiner Beweglichkeit: Zwei Jahre vor seiner Englandreise zeigten sich die ersten Anzeichen einer Beeinträchtigung der rechten Hand, was ihm das Schreiben und Klavierspielen erschwerte. Schon als junge Menschen hatten beide mit gesundheitlichen Problemen zu kämpfen, die Auswirkungen auf ihr späteres Leben hatten. Als dreimonatiges Baby erkrankte Benjamin an einer Lungenentzündung. Nach Auffassung seiner Schwester Elizabeth überlebte er »wahrscheinlich deshalb, weil meine Mutter ihn, wie uns alle, mit Muttermilch nährte. Sie presste die Milch aus und fütterte ihn mittels einer Glaspipette mit Gummiballönchen, da er zum Saugen zu schwach war«.[15] Nach der Genesung wurde jedoch der Nachbehandlung keine besondere Aufmerksamkeit mehr geschenkt. Zurück blieb eine Herzschwäche. Als Dmitrij Schostakowitsch 17 Jahre alt war, diagnostizierte man bei ihm eine Tuberkulose der Bronchial- und Lymphdrüsen. Operationen und Kuraufenthalte auf der Krim verschafften ihm Linderung. »Mitja ist gewachsen, sonnengebräunt, gut aufgelegt und hat sich verliebt«, schrieb die ihn begleitende Schwester an die Daheimgebliebenen in Sankt Petersburg.[16] Im Alter folgten Herzinfarkte und Lungenkrebs.

Dennoch strahlten die Komponisten Unternehmungsgeist aus. Britten begeisterte sich für Kricket, Schostakowitsch für Fußball. Beide spielten Tennis, schwammen viel, mochten Kinobesuche und schrieben Filmmusik. Sie waren enthusiastische Leser, was seinen Niederschlag in Liedern, Opern und Orchesterwerken mit Gesang fand. Beide zogen sich nach Möglichkeit zum intensiven Arbeiten zurück, reisten aber auch gerne, wenn sich die Gelegenheit bot. Schon lange bevor Schostakowitsch selbst nach Großbritannien kam, gelangten seine Werke Anfang der 1930er-Jahre auf die Insel; und Britten entwickelte schon im Jahr 1948 Pläne, in die Sowjetunion zu fahren.

Zwischen East Anglia und Sankt Petersburg liegen nahezu 2000 Kilometer Luftlinie, dennoch kam es in den letzten 15 Lebensjahren verschiedentlich zu Begegnungen, als Britten in den Jahren 1963 bis 1966 und 1971 die Union der Sozialistischen Sowjetrepubliken, die UdSSR, besuchte und Schostakowitsch 1972 nach Aldeburgh kam. Beide waren nicht die ersten Künstler, die in dem jeweils anderen Land ehrenvoll empfangen wurden: Im Sommer 1881 begab sich Arthur Sullivan als führender britischer Komponist seiner Zeit nach Russland und Tschajkowskij hatte 1888, 1889 und 1893 England besucht. Ihre Musik wurde wie die ihrer Nachfolger allseits geschätzt. Während Brittens Werke ab den 1960er-Jahren in der Sowjetunion Anerkennung fanden, galt Schostakowitsch schon Mitte der 1920er-Jahre als führender Vorzeigekünstler aus dem Osten. Seine 1. Sinfonie – die in London erstmals im September 1935 bei den Promenadenkonzerten zu hören war – sorgte durch Aufführungen von Bruno Walter, Leopold Stokowski, Otto Klemperer und Arturo Toscanini in Europa sowie den USA für Furore. Als der junge Komponist dem Dirigenten Bruno Walter auf Empfehlung von Nikolaj Malko den sinfonischen Erstling am Klavier vorstellte, zeigte sich dieser sehr angetan. »Mein Eindruck von Komposition und Komponisten war stark«, erinnerte sich Walter, der bei seiner Tournee Schostakowitsch 1926 in Leningrad kennenlernte – das vormals auch die Namen Sankt Petersburg bzw. Petrograd trug.[17]

Aus dem einst kränklichen Heranwachsenden war ein stattlicher Mann geworden. »Er war von gutem Wuchs, schlank, gewandt und kräftig«, beschrieb ihn sein Freund Isaak Glikman. »Ihm stand jegliche Kleidung sehr gut, und im Frack oder im Smoking sah er fabelhaft aus. Seinen Kopf schmückte prachtvolles dunkelbraunes Haar, das sorgfältig gekämmt oder in ›poetischer‹ Unordnung war, mit einer frechen, widerspenstigen Locke, die ihm in die Stirn fiel. Wenn er lächelte, enthüllte er vortreffliche Zähne. In den dreißiger Jahren sah Dmitrij Dmitriewitsch bedeutend jünger aus als er war.«[18] Letzteres traf lange Zeit auch auf Britten zu, der ebenfalls Wert auf eine tadellose Garderobe legte. Es konnte ihn schon »ein wenig in Verlegenheit bringen«, wenn er beim Aufbruch zum Theaterbesuch feststellte, dass er seinen Smoking vergessen hatte: »Voller Panik suchte ich danach«, schilderte er einmal einer Freundin, »entdeckte den von Peter & flitzte darin zum Taxi – er war etwa drei Nummern zu groß. Ich habe ausgesehen wie ein Trottel. Also behielt ich im Theater meinen Übermantel an, bis ich fast am Zerfließen war & dann noch meinen Schal – aber ich sah aus wie ein ausgehungerter Flüchtling mit geliehenen Klamotten.«[19]

Galina Wischnewskaja erinnerte sich lebhaft an ihre Eindrücke von beiden Komponisten. »Wer Schostakowitsch auch nur einmal gesehen hatte, wird seine ebenso empfindsamen wie genialen Züge niemals vergessen können: sein kindliches, offenes Lächeln, seine hellgrauen, großen Augen, die hinter der Brille noch riesiger wirkten«, berichtete sie. »Auch seine Art zu gehen, seine kurzen, kräftigen Schritte sehe ich noch genauso vor mir wie seine Hände, die er unaufhörlich bewegte und, wie es schien, nicht recht unterzubringen wusste. Häufig kratzte er sich erst mit der einen, dann mit der anderen Hand am Hinterkopf, um sich dann mit beiden in einer typischen und uns allen vertrauten Geste ans Kinn zu fassen. Etwas Jugendliches ging von ihm aus, eine schwer zu definierende Jungenhaftigkeit, die er sich bis ans Ende seines Lebens bewahrte.«[20] Schostakowitschs Gebaren schien sich auch auf seine Arbeit auszuwirken. »Ich kann mich nicht erinnern, dass er je in ruhigen, fließenden Sätzen gesprochen hätte, seine Worte kamen immer ruckartig und überschlugen sich«, meinte die Freundin. »Er sprach sehr schnell, um seine Gedanken möglichst rasch zu äußern. Und damit seine Zuhörer sich auch merkten, was er sagte, wiederholte er mehrmals Wörter und ganze Sätze, unterstrich bestimmte Äußerungen noch mit einem zusätzlichen ›Wissen Sie‹ oder ›Verstehen Sie‹.« Seine Persönlichkeit spiegelte sich in seiner Kunst, denn, so Wischnewskaja, »auch in seiner Musik taucht die häufige Wiederholung einzelner Worte und Takte als charakteristisches Merkmal auf«.[21] Der Komponist Krzysztof Meyer erinnerte sich, dass Schostakowitsch »mit leiser, etwas heiserer und unerwartet hoher Stimme« redete, »wobei er Silben verschluckte« und »die Wörter etwas ungenau aussprach«.[22]

Britten wirkte wie ein Landedelmann, sah ebenfalls erheblich jünger aus als er war und sprach mit einer sonoren, wohlartikulierten Baritonstimme. Als Galina Wischnewskaja im Sommer 1961 Britten beim Festival in Aldeburgh kennenlernte, fühlte sie sich gleich zu ihm hingezogen. Er vermittelte den »Eindruck von Schlichtheit und Natürlichkeit«.[23] Besonders beeindruckte sie, »wie freundlich und aufmerksam er gegen jedermann war und wie wenig Wert er auf Rang und Würden legte, wie er so dastand in einem seiner geliebten karierten Anzüge (die er alle, wie er mir später erzählte, mindestens zwanzig Jahre lang trug!).«[24]

Sie habe zwar »vorwiegend mit Schostakowitsch und Benjamin Britten zusammengearbeitet«, sagte Galina Wischnewskaja, »aber es wäre übertrieben, zu behaupten, ich hätte mit meinen Ansichten ihre schöpferische Arbeit beeinflussen wollen.«[25] Dies wäre ihr auch kaum gelungen, denn sie wusste, »Schostakowitsch zeigte seine Werke nie, bevor sie vollendet waren«.[26] Auch Britten hätte es sich verbeten, sich diesbezüglich in die Karten blicken zu lassen. Doch als Schostakowitsch ihn im Juli 1972 in Aldeburgh besuchte, ließ er den russischen Freund Einblick nehmen in seine Kompositionsarbeit an der Oper *Death in Venice*. In diesem Werk gibt es eine Anspielung auf Schostakowitschs 14. Sinfonie, die der Musiker als sinfonischen Liederzyklus dem Liedkomponisten Britten 1969 widmete. Im Vorjahr hatte der Engländer seine Kirchenparabel *The Prodigal Son* herausgebracht, die er Dmitrij Dmitriewitsch zueignete. Die Geschichte vom »verlorenen Sohn«, der wieder in Gnaden aufgenommen wird, mag man als Anspielung auf die Laufbahn von Schostakowitsch sehen, der in der UdSSR zwei Mal wegen nicht staatskonformen Verhaltens in Ungnade fiel – nicht zuletzt wurde das Werk durch ein Gemälde in der Eremitage inspiriert, dem berühmtesten Museum in Schostakowitschs Heimatstadt. Auf diese Weise bekundeten sich der Russe und der Engländer wechselseitig hohen Respekt, Verständnis, Wertschätzung und Freundschaft.

*

Sowohl Britten als auch Schostakowitsch schrieben etliche Werke, in denen sie das künstlerische Potenzial von Rostropowitsch und Wischnewskaja nutzten. Der Engländer komponierte drei Cellosuiten, seine Cellosonate op. 65 und eine Sinfonie für Cello und Orchester op. 68 sowie die auf Latein zu singende Sopranpartie im *War Requiem* und in russischer Sprache auf Texte von Puschkin den Liederzyklus *Das Echo des Dichters* op. 76. Der Russe entwarf für den Cellisten zwei Solokonzerte und eine Sonate für Cello und Klavier sowie für die Sopranistin die Zyklen *Satiren* op. 109, seine Bearbeitung von Musorgskijs *Liedern und Tänzen des Todes* sowie den Sopranpart in der 14. Sinfonie. Doch nicht nur die Fähigkeiten der ausübenden Künstler inspirierten Britten und Schostakowitsch; auch Werke von Kollegen fanden jeweils einen Widerhall. Von der Melodie des vierten Liedes der 14. Sinfonie, »Der Selbstmörder« von Guillaume Apollinaire, vernimmt man ein Echo im Gesang der Erdbeerverkäuferin aus der Oper *Death in Venice*, die als Todesbotin jenes Obst feilbietet, mit dem sich der Protagonist an der Cholera infiziert. Eine sehr private Anspielung beinhaltet der 9. Gesang dieses Liederzyklus mit kammersinfonischem Orchester, den Britten 1970 erstmals im Westen beim Aldeburgh Festival aufführte: Es ist eine Hommage an den Lyriker Anton Delwig, einen Schulkameraden und Freund von Aleksandr Puschkin und Wilhelm Küchelbecker.[27] Nach den zwölftönigen Ausbrüchen des vorangegangenen Liedes erscheinen die im entspannten Britten'schen Gestus vertonten Zeilen wie eine geheime Botschaft zweier verwandter Seelen: »O Delwig, Delwig! Was ist der Lohn / für meine Taten, für mein Dichten? / Wo bleibt der Trost für die Begabung / zwischen Verbrecherpack und Wichten?«, heißt es darin. »Unsterblichkeit ist doch der Lohn / erhabener und kühner Taten, / der Preis für des Gesanges süßen Ton! / Denn unvergänglich ist der Geist, / das freie, freudig-stolze Wesen, / das Bündnis, das die Menschen eint, / die von den Musen auserlesen!«[28] Schostakowitsch hatte Britten ein Portrait von Delwig geschenkt, das dieser in seinem Haus in Aldeburgh aufhing.[29] Dichter der Vergangenheit und der Gegenwart prägten das Denken der beiden Komponisten: Wilfred Owen und Aleksandr Puschkin waren Zeitzeugen historischer Abläufe, die sich in abgewandelter Form zu wiederholen schienen.[30] Unter den Zeitgenossen nahm Wystan Hugh Auden für Britten eine besondere Stellung ein und für Schostakowitsch Jewgenij Jewtuschenko. Der eine wurde zum Katalysator für das Leben und die literarischen Vorlieben, der andere zum Geistesverwandten und zur Inspirationsquelle.

Endgültig vertiefte sich die Verbindung von Britten und Schostakowitsch im August 1965 durch die Lieder aus *The Poet's Echo*. Brittens Verständnis für die Probleme, die in Puschkins Lyrik zum Ausdruck gebracht werden, beeindruckten Schostakowitsch. »Am Abend darauf spielte Britten den Zyklus Schostakowitsch vor«, erzählte Galina Wischnewskaja. »Dieses kurze, für uns alle unvergessliche Ereignis war der Beginn der Freundschaft zwischen Ben und Dmitrij Dmitriewitsch, die später dadurch gekrönt wurde, dass einer dem andern eines seiner Werke widmete.«[31]

*

Als sich Britten und Schostakowitsch im September 1960 zum ersten Mal persönlich begegneten, war beiden noch nicht klar, wie viele thematische Berührungspunkte sie besaßen. Auf Verbindungen der beiden Komponisten hatte 19 Jahre vor diesem ersten Treffen erstmals der Komponist Virgil Thomson in einer Rezension kurz verwiesen, bevor der Kulturjournalist William Glock näher auf Parallelen und Unterschiede einging, als er im Januar 1942 in einem Zeitungsartikel konstatierte: »Nicholas Slonimsky (der Verfasser von *Music since 1900)* hat kürzlich einen Artikel veröffentlicht, in dem er Schostakowitschs Laufbahn mit wohlwollendem Abstand beschreibt. Aus dieser gescheiten Darlegung können wir die verschiedenen Veränderungen seiner Positionen verfolgen, die in jener kulminieren, die ihren literarischen Ausdruck in der November-Ausgabe von *Our Time* und ihren musikalischen Ausdruck in der ›Leningrader‹ Sinfonie findet, und wir können auch die scharf umrissenen Gewohnheiten der Rhythmik, Melodik und Instrumentierung erfassen – wie das Streicher- und Holzbläsertremolo im Finale der 5. Sinfonie, das nach Slonimskys Beschreibung ›die Fanfaren des Blechs wie ein Schneidbrenner durchschneidet‹. Ein solcher Vergleich käme uns bei Brittens Musik nicht in den Sinn. Seine Musik würde auch niemals Beschreibungen nahelegen wie jene von ›der Verleugnung mystischer (à la Skrjabin) und jeglicher trauervoller Stimmungen (à la Tschajkowskij), der Begrenzung der Sphäre kultivierter subjektiver Lyrismen, dem Drang zu energischer, scharfer Rhythmik, die den Geist des Industrialismus zum Ausdruck bringen‹, welche ganz selbstverständlich zu den Kommentaren zu Schostakowitschs Werken in den späten 1920er-Jahren gehörten. Im Vergleich dazu ist Brittens Welt instinktiv und beinahe zufallsbedingt. Seine Einfälle fließen ein in seine Melodik, seine langen Linien, seine Orchesterfarben und die Harmonien, welche die beiden Erstgenannten stützen, können vielmehr spinnwebartig und beunruhigend sein. An virileren Stellen wirkt Schostakowitsch zudem offenkundiger und abgebrühter. Er verzichtet nicht auf harmonische Reize; seine Überraschungen sind jene, die man am leichtesten ertragen kann, nämlich überraschende Instrumentierungen. Beide wurden von Mahler beeinflusst, der die Schleuse zwischen den Hauptkanälen der Musik des 19. und 20. Jahrhunderts bildet. Doch während Schostakowitsch von Mahlers modernistischer Technik gelernt und seine grandiosen Gesten für die ›große Leinwand der sinfonischen Kunst‹ entlehnt hat, wie etwa bei der ›Leningrader‹ Sinfonie, ist Britten ein viel seriöserer Jünger mit all den Risiken und Raffinessen, die dazugehören. Und so sehen wir den grundlegenden Unterschied in der Praxis. In der ›Leningrader‹ Sinfonie spricht er ein Publikum an, das so groß ist wie jenes, das in diesem Land dem *Warschauer Konzert* [von Richard Stewart Addinsell][32] verfallen war. Britten wendet sich hingegen an eine halb private Versammlung, weil wir noch nicht begonnen haben, sein Können vollständig zu fordern.«[33]

Schostakowitsch bekundete 1956 in seinem Artikel »Gedanken über den zurückgelegten Weg«: »Mit großem Interesse stehe ich der zeitgenössischen ausländischen Musik gegenüber«, und stellte Benjamin Britten neben Bartók, Kodály, Gershwin, Bliss, Strawinskij, Honegger, Wladigerow und Hindemith.[34] Zunächst hatte Schostakowitsch nur die Möglichkeit, Kompositionen des Engländers durch Aufnahmen oder Noteneditionen kennenzulernen. In Konzerten erlebte er Brittens Musik erstmals beim Warschauer Herbstfestival im September 1959, bei dem unter anderem auch Werke von Berio, Boulez, Gorecki, Nono und Xenakis erklangen. Britten war Schostakowitschs Musik bereits durch Rundfunksendungen und durch Konzertbesuche spätestens seit März 1936 vertraut, als die BBC nahe ihres ›Broadcasting House‹ in der Londoner Queen's Hall am Langham Place eine konzertante Aufführung der Oper *Lady Macbeth von Mzensk* nach Leskows Novelle in englischer Sprache präsentierte. »Natürlich wäre es vermessen, dieser Musik durchgehend Größe zu attestieren«, schrieb der 22-jährige Britten in einem Brief, »es ist Bühnenmusik und als solche muss man sie wahrnehmen. Es gibt grandiose Musik in den Zwischenspielen. Ich werde das Stück durch dick und dünn gegen die Vorwürfe verteidigen, dass es ihm an ›Stil mangele‹. Die Leute unterscheiden nicht zwischen Stil & Methode. Die Aufgabe des Komponisten besteht darin, sich zu nehmen, was er will und von wo er will – & daraus Musik zu machen. Überall findet man eine stilistische und methodische Folgerichtigkeit. Die Satire ist scharf und brillant. Sie ist nicht eine Sekunde langweilig – selbst in dieser Form. Einige der Gesangspassagen sind extravagant. Aber er hatte möglicherweise bestimmte Sänger im Sinn.«[35] Am Tag nach der Aufführung sah sich Britten in der Defensive, als er mit einer Gruppe von Musikern essen ging und als Einziger für Schostakowitsch und seine Musik eintrat. »Das Gekicher jener ›ehrenwerten Komponisten der englischen Renaissance‹ auf ihren Parkettplätzen war typisch«, lautete sein Kommentar zu den Kritikern. »Auf einer einzigen Seite *Macbeth* gibt es mehr Musik als in all ihrem ›eleganten‹ Geschreibsel!«[36]

*

In Nachrufen wurde beiden Künstlern zunächst eine übertriebene Anerkennung zuteil. Die Haltung, »es kann kein Zweifel daran bestehen, dass Britten der größte britische Komponist seit den Tagen von Purcell war und vielleicht der größte lebende Komponist, der je seit dem Zweiten Weltkrieg aktiv war«, prägte der Chefredakteur des Fachmagazins *Opera*, Harold Rosenthal.[37] Und von Brittens Freund behauptete man, »als treuer Sohn der Kommunistischen Partei, als namhafter Staatsfunktionär widmete der Künstler Dmitrij Schostakowitsch sein ganzes Leben der Entwicklung der sowjetischen Musik, der Festigung der Ideale des sozialistischen Humanismus«. Zudem »schrieb er Werke von höchstem philosophischem Gehalt und weiser Lebensbejahung«, hieß es in der Tageszeitung *Prawda* in der Würdigung des Zentralkomitees der Kommunistischen Partei der Sowjetunion, der KPdSU, ja »der Genius Schostakowitschs und seine großartigen Schöpfungen werden ewig leben«.[38]

Das offizielle Bild der Künstler zeigte indes nur die Spitze des Eisbergs. Bei dem Komponisten und Dirigenten Leonard Bernstein, der die nordamerikanische Erstaufführung von Brittens Oper *Peter Grimes* geleitet hatte, hinterließ der Engländer einen zwiespältigen Eindruck. »Er war ein Mensch, der mit der Welt nicht im Einklang war«, meinte Bernstein. »Das ist merkwürdig, weil Brittens Musik an der

Oberfläche scheinbar so dekorativ, positiv, charmant wirkt, doch es steckt viel mehr dahinter.«[39] Ebenso zeichnete Jewgenij Jewtuschenko ein anderes Bild von Schostakowitsch. Nachdem der Komponist ihn um die Erlaubnis gebeten hatte, sein Gedicht »Babij Jar« zu vertonen, traf man sich, um Näheres zu bereden. »Ich kann mich nicht daran erinnern, dass er mich gebeten hätte, etwas Bestimmtes zu schreiben, aber ein Ergebnis unseres Gesprächs war, dass ich das Gedicht ›Ängste‹ zu Papier brachte«, erzählte Jewtuschenko später. Die Verse umreißen die Erfahrungen, die auch Schostakowitsch seit der Stalin-Ära prägten: »Seltsam scheint die Erinnerung mir: / Jene Angst vor dem Denunzianten / oder Angst, wenn es klopft an der Tür«, heißt es darin, »auch die Ängste, mit Fremden zu sprechen / oder gar mit der eigenen Frau. / Ängste, die das Vertrauen zerbrechen / nach dem Wandern zu zweit durch das Grau.«[40] Der Komponist integrierte die neuen Zeilen in seine 13. Sinfonie. »Schostakowitsch interpretierte es auf seine Weise, indem er Tiefe und Einsicht einbrachte, die die Dichtung bisher vermissen ließ«, meinte Jewtuschenko.[41] Kein Wunder, dass dem Komponisten dies gelang, denn die in den Versen angesprochene »Angst, auf Worte des andern zu bauen« und die »Angst, durch Argwohn den Freund zu verletzen« blieben ihm allgegenwärtig. Aufgrund dieser Erfahrungen war Schostakowitsch »Außenstehenden gegenüber völlig verschlossen, selbst gegenüber Freunden seiner Kinder«, erinnerte sich ein Vertrauter seiner Tochter Galina und seines Sohnes Maksim.[42]

*

Beide Komponisten hegten einen erlesenen literarischen Geschmack. Davon zeugen nicht allein ihre zahlreichen Liederzyklen, sondern auch die Vorlagen der Opern und Sinfonien. Für Schostakowitsch wurde Puschkin das künstlerische Alter Ego. In der Phase zwischen der 4. und der 5. Sinfonie, als er erstmals mit der Obrigkeit in Konflikt geriet, entstanden die *Drei Romanzen nach Puschkin* op. 46. Das erste Lied schildert, wie ein Kunstbarbar das Gemälde eines Genies mit seinen Schmierereien übermalt. Ein versteckter Hinweis auf diesen Text findet sich in einem Zitat im letzten Satz der 5. Sinfonie – eine Andeutung, die seinerzeit noch verborgen bleib, weil der Puschkin-Zyklus erst drei Jahre nach der Sinfonie erstmals Ende 1940 öffentlich vorgestellt werden konnte. Eine noch schärfere Auseinandersetzung mit der Stalin-Zeit bieten die 1952 entstandenen, aber erst 1960 uraufgeführten *Vier Monologe auf Verse von Puschkin* op. 91. In der 10. Sinfonie hört man eine Anspielung auf das erste Lied. Puschkin selbst hatte sich seinerzeit intensiv mit Autoren beschäftigt, die für Britten später bedeutsam wurden: Bereits 1831 hatte der Russe seinen Buchhändler mit nicht ganz fehlerfreier Schreibweise gebeten, ihm »Crabbe, Wodsworth, Southey und Schakspear« zu schicken.[43]

Durch seine russischen Freunde fühlte sich Britten inspiriert, ebenfalls Verse von Puschkin zu vertonen. Während einer Reise in die Sowjetunion im Sommer 1965 wählte er aus einer zweisprachigen Textedition sechs Gedichte aus, welche er mit linguistischer Beratung von Galina Wischnewskaja und Mstislaw Rostropowitsch in der Originalsprache vertonte. Wie im zweiten Lied von Schostakowitschs Opus 91 geht es um die Anstrengungen des Künstlers, dessen Signale und Botschaften, die er in die Welt sendet, ohne erkennbare Resonanz zu verhallen drohen. »Du lauschst dem Schall des Donners / dem Schrei des Sturms und dem Wall der Wogen«, heißt es in »Das Echo«, »und findest keinen Widerhall … / Wie du, Poet.«[44] Bei Schostakowitsch lauten entsprechende Zeilen in »Was könnte dir mein Name sein?«: »Er stirbt dahin, wie dumpfe Wellen, / die klagend am Gestad zerschellen.« Als einziger Ansporn bleibt das Fazit: »Doch magst du, wenn dich Leid befällt, / in meinen Namen dich versenken; / dann sprich: ein Herz ist auf der Welt, / das wird auf immer mein gedenken …«[45]

Brittens Vertonungen von »Der Engel« und »Die Nachtigall und die Rose« berühren Aspekte von Streben und Vergeblichkeit, von Schuld und Reue sowie von Gut und Böse. Die letzten Zeilen des Zyklus sind charakteristisch für die Ambitionen beider Künstler: »Nacht, ich möchte dich verstehen, / möchte Sinn im Dunkel sehn.«[46]

Die Lebenswege von Britten und Schostakowitsch mit ihren vielfältigen Einflüssen sowie ihre Beweggründe bei individuellen Entscheidungen zu verstehen, ist eine nicht minder herausfordernde Sisyphosaufgabe (im Sinne von Camus). Nachdem unter einem Brief vom August 1973, der sich gegen den Regimekritiker Andrej Sacharow richtete, auch die Unterschrift von Schostakowitsch zu finden war, kritisierte ihn die Schriftstellerin und Menschenrechtlerin Lidija Tschukowskaja scharf: »Schostakowitschs Unterschrift unter einem Protest von Musikern gegen Sacharow demonstriert unwiderlegbar, dass die Puschkin'sche Frage nun für immer gelöst ist: Genie und Schurkereien sind miteinander vereinbar.«[47]

Damit nahm sie Bezug auf das Dilemma, das Puschkin in seinem 1830 entstandenen Einakter *Mozart und Salieri* aufgeworfen hatte: Das Stück behandelte erstmals literarisch den Mythos, Salieri habe Mozart umgebracht. Kurz bevor dies in Puschkins Drama geschieht, fragt Mozart: »Salieri, stimmt es, dass Beaumarchais vergiftet wurde?«

»Ich glaube nicht«, entgegnet Salieri, »dafür war er viel zu unterhaltsam.«

»Er ist ein Genie, nicht wahr? Wie Sie und ich«, fährt Mozart fort. »Nun, Genie und Schurkerei sind indes wohl unvereinbar, oder?«

»Meinen Sie«, sagt Salieri und füllt Gift in Mozarts Glas.[48]

Dieses Dilemma begleitet die Künste bis in die Gegenwart. Auch Benjamin Britten sah sich vergleichbaren Vorwürfen ausgesetzt, weil er mit der Sowjetunion auf höchster Ebene kooperierte, um Kulturprojekte realisieren zu können, anstatt offiziell gegen den Antisemitismus in der UdSSR zu protestieren. »Die einzige Antwort auf die sowjetischen Schikanen gegen die Juden sind Schikanen gegen alle Vertreter der Sowjetunion ohne Ausnahme«, schrieb ihm Neil Elliott aus Sheffield. »Warum geben Sie nicht einfach zu, dass Sie ein moralischer Feigling sind und gerne bereit, die Juden zu verraten, um ihre eigenen eng begrenzten Interessen zu befriedigen? Heuchler. Dummkopf.«[49]

Puschkins Dilemma fand auch über das Musiktheater Verbreitung: Nikolaj Rimskij-Korsakow vertonte 1898 Puschkins Drama fast wortwörtlich in seiner in Moskau uraufgeführten gleichnamigen Oper. In London wurde *Mozart and Salieri* erstmals 1927 mit dem russischen Starbassisten Fjodor Schaljapin als Salieri vorgestellt, den Schostakowitschs Mutter als Studentin sogar einmal am Klavier begleitet hatte. Benjamin Britten konnte den vollständigen Schauspieltext in seiner Puschkin-Ausgabe lesen, doch schon viele Jahre bevor er diese kaufte, präsentierte die britische Operntruppe, die nach dem Ersten Weltkrieg als Gegenentwurf zum etablierten Royal Opera House Covent Garden dann am Londoner Sadler's Wells Theatre in der Rosebery Avenue ein Repertoire mit Opern in der Landessprache aufbaute,[50] dieses Werk 1934 sogar auf Englisch. Zu diesem Zeitpunkt wurden in England Opern russischer Komponisten vor allem durch die Initiativen von englischstämmigen, aber am Sankt Petersburger Konservatorium ausgebildeten Dirigenten wie Lawrence Collingwood und Albert Coates ins Rampenlicht gerückt. Anfang der 1930er-Jahre erlebte London zudem erstmalig bemerkenswerte Produktionen von Rimskij-Korsakow-Opern wie *The Snow Maiden* und *Tsar Saltan* sowie die Erstaufführung der Urfassung von Musorgskijs *Boris Godunow*.

Puschkins Werke, die oft die Grundlagen dieser Bühnenadaptationen bildeten, wurden bereits ab den 1880er-Jahren in englischer Sprache herausgebracht, sodass man sich des Hauptproblems bewusst gewesen sein dürfte: dem Puschkin'schen Dilemma von der Vereinbarkeit oder der Inkompatibilität von Genie und Verbrechen mussten sich sowohl Schostakowitsch als auch Britten stellen. Der eine durch seine mehr oder weniger große Nähe zum sowjetischen Regime, der andere durch die nach der Rechtslage bis 1969 illegale Verbindung mit Peter Pears, seine schwer durchschaubaren Beziehungen zu Jugendlichen sowie seine Haltung hinsichtlich Kriegsdienst und Politikverdrossenheit innerhalb eines demokratischen Systems.

Stehen Schostakowitschs *Satiren* nebst den Opern *Die Nase* und *Lady Macbeth von Mzensk* in Widerspruch zu Werken wie der 2., 3., 11. und 12. Sinfonie sowie der Kantate *Über unserer Heimat strahlt die Sonne* mit ihren staatskonformen Texten? Ist die Figur des Aschenbach in Brittens Thomas-Mann-Vertonung *Tod in Venedig* ein Selbstportrait? Zeigt die »Verfallenheit Aschenbachs an den Knaben«, wie Mann schrieb, lediglich eine »Berauschtheit durch das Schöne« oder ist sie »pervers« und »ordinäres Begehren«?[51] Da Britten immerhin auch mit einem Sohn des Schriftstellers, mit Golo Mann, sehr gut bekannt war, dürfte er der über die Jahre schwankenden Ansichten des Verfassers gewahr gewesen sein, der über die 1911 erschienene Novelle einmal meinte, ihm sei damit »eine sonderbare moralische Selbstzüchtigung durch ein Buch« gelungen[52] und ein anderes Mal: »Eine Nation, in der eine solche Novelle nicht nur geschrieben, sondern gewissermaßen akklamiert werden kann, hat vielleicht einen Krieg nötig.«[53] Zwischen Manns Erzählung und dem Ersten Weltkrieg lagen drei, zwischen Brittens Oper und dem Falkland-Krieg neun Jahre. Was mochte sich ein Russe bei diesem Stoff gedacht haben, als der Engländer den Kollegen Einblick nehmen ließ in seine bereits vollendeten Manuskriptseiten und die Skizzen?

Britten war nach einem vorübergehenden Exil aus den Weiten Kanadas und den USA nach Suffolk zurückgekehrt in das unscheinbare Küstenstädtchen Aldeburgh, an das er sich gebunden fühlte wie der Protagonist aus *Death in Venice* an die Lagunenstadt. Keine Naturkatastrophen wie die Flut vom Januar 1953, bei der allein in Suffolk 41 Menschen ums Leben kamen, und keine abweisenden Reaktionen der Bewohner vermochten ihn zu vertreiben. Vielleicht gab es – wie für Aschenbach aus Venedig – auch für Schostakowitsch kein Entkommen aus der UdSSR.

An einzelnen biographischen Episoden lassen sich die von Puschkin aufgeworfenen Aspekte nur unzulänglich beantworten. Man muss ein ganzes Leben mit den sich wandelnden zeitgeschichtlichen Hintergründen überschauen sowie die Veränderungen in der Persönlichkeit und dem Werk der Künstler berücksichtigen, um dem Puschkin'schen Dilemma näher zu kommen.

Ebenso, wie das 19. das 20. Jahrhundert prägte, ist die Epoche von Britten und Schostakowitsch im 21. Jahrhundert gegenwärtig. »Das Vergangene ist nicht tot; es ist nicht einmal vergangen«, formulierte einst prägnant der Literaturnobelpreisträger William Faulkner.[54] Um sie und die Gegenwart zu verstehen, bilden die Pole ›Anspruch‹ und ›Lebenswirklichkeit‹ wesentliche Orientierungspunkte.

I. »Ein Reich, schöner, als es der Himmel je sein konnte« – Jugend zwischen Revolutionen und Kriegen

In heiklen Situationen gelten Künstler als die geeigneteren Diplomaten. Selbst für kaltblütige Naturen ist es ein bewegender Moment, wenn bei einem ›Staatsbesuch mit Streich-, Blas- und Schlaginstrumenten‹ das Gastorchester die Nationalhymne des Gastgebers anstimmt, wenn im Saal hoher Besuch anwesend ist. Zu Beginn des Konzerts am 21. September 1960, bei dem Benjamin Britten und Dmitrij Dmitriewitsch Schostakowitsch sich persönlich kennenlernten, erklangen laut Programmheft zu Beginn sowohl »God save the Queen« als auch die als »Soviet National Anthem« angekündigte Hymne der UdSSR. Doch die Machtdemonstration auf kultureller Ebene sollte nicht durch eine zu übermütige Verbrüderung getrübt werden. Ebenso wenig wie die Russen Engländer einluden, den Knopf zu drücken, als man 1949 erstmals Atombomben und 1953 Wasserstoffbomben zündete, wollten die Briten bei den Tests 1952 und 1957 die Russen dabeihaben. Dementsprechend vereitelte die ›Unions- und Republikministerin für Volksbildung (Kultur)‹, Jekaterina Alexeewna Furzewa, bei Auftritten des London Philharmonic Orchestra in Moskau, dass Benjamin Britten beim *War Requiem* den Dirigentenstab an Gennadij Roschdestwenskij übergab, mit den scharfen Worten: »Hat England denn keine eigenen Dirigenten? Wir werden für sie nicht die Kastanien aus dem Feuer holen!!!«[55]

Doch die Tournee, bei der die Leningrader Philharmoniker im Herbst 1960 ihr Land mit 34 Konzerten in Großbritannien, Frankreich, Belgien, den Niederlanden, Italien und der Schweiz repräsentierten, war ganz im Sinne der Staatsführung. Es schmeichelte dem Ego, wenn man im *The Scotsman* über die »unbestreitbaren Überlegenheit der Russen beim Festival in Edinburgh«[56] staunte.

*

Weit über hundert Jahre Erfahrung hatten gezeigt, dass die Menschen in Russland und Westeuropa einander im kulturellen Bereich sehr hoch schätzten, während sie sich politisch misstrauten. Schon seit Mitte des 18. Jahrhunderts gibt es an der Newa in Sankt Petersburg die »englische Uferpromenade«, die »Английская набережная«, die heute als »The English Embankment« beschriftet ist, während sie im 19. Jahrhundert in der Sprache der Diplomaten als »Promenade des Anglais« bezeichnet wurde, weil sich hier die britische Botschaft befand und ab 1815 auch eine englische Kirche, die bis heute die einzige englische Orgel in Russland beherbergt. Der Legende nach soll vom English Embankment aus der Kreuzer »Aurora« 1917 mit einem Platzpatronenschuss aus der Bugkanone – der viel kraftvoller dröhnt als ein richtiger Kanonenschuss – das Signal für den Sturm auf das Winterpalais gegeben haben.

Viele russische Intellektuelle fanden Inspiration in England. Bereits Anfang der 1830er-Jahre waren erstmals russische Shakespeare-Übersetzungen nach den Originaltexten vorgenommen worden. Wilhelm Karlowitsch Küchelbecker brachte 1832 seine Übertragung von *Macbeth* heraus und verfasste einen *Diskurs über Shakespeares acht Historien und insbesondere Richard III*, während unabhängig davon Michail Wronschenko 1833 *König Lear* und *Der Kaufmann von Venedig* auf Russisch vorlegte. Doch Kultur, Diplomatie und die reale Politik schlugen oft unterschiedliche Wege ein, und so mag es nicht verwundern, wenn ein kritischer Beobachter über einen britischen Staatsmann wie Palmerston befand: »Im Allgemeinen redet er, wenn er über Diplomatie spricht, auch von Kriegsschiffen.«[57] Im Juli 1833 beobachteten die Briten argwöhnisch, dass Russland und das Osmanische Reich beim Vertrag von Hünkâr İskelesi festlegten, im Kriegsfall sollten lediglich russische Schiffe die Dardanellen passieren dürfen. Großbritannien und Frankreich fürchteten eine Einflussnahme der Russen im Mittelmeer und Urängste begannen, sich heftiger als je zuvor zu regen. Die Zeitung *The Morning Herald* stachelte russophobe Tendenzen noch an, indem man die Situation in Polen und dem osmanischen Reich einander gegenüberstellte und das Klischeebild beschwor, »letzteres mag man als ein Land ansehen, das sich bereits in den Klauen des Russischen Bären befindet«.[58]

*

Ein verstärktes Interesse der Briten an russischer Musik und Literatur entwickelte sich erst ein halbes Jahrhundert später, doch der geistige Austausch versiegte nie völlig. Durch die russischen Shakespeare-Übersetzungen erschlossen sich gebildeten Kreisen völlig neue Perspektiven, allerdings waren die Versionen wenig bühnentauglich. »Ja, sie sind gut, weil sie eine klare Vorstellung vom Original vermitteln«, meinte Puschkin, »aber das Problem besteht darin, dass an jeder Zeile von Wronschenko ein Eisengewicht hängt.«[59] Immerhin bildeten sie eine wertvolle Grundlage für die Bühnenfassungen von Theaterpraktikern, die schon im 19. Jahrhundert die Besucher in Sankt Petersburg und Moskau fesselten. Auch wenn Shakespeare als Poet in Russland erst später Anerkennung fand, beeinflusste der Dramatiker Werke wie Puschkins *Boris Godunow* nachhaltig. »Lest Shakespeare, lautet mein Refrain«, meinte Puschkin.[60]

Sowohl Britten als auch Schostakowitsch vertonten Puschkin und Shakespeare. Dabei wählten sie Texte, die ihrem jeweiligen Eindruck der Lebenswirklichkeit entsprachen. Britten entschied sich für eher lyrische Verse, in denen die vielseitigen Facetten von Schatten und Licht, Nacht und Tag, Traum und Wirklichkeit changierten. Schostakowitsch sprachen die dramatischen Dichtungen an, welche die Auseinandersetzung des Künstlers mit der Macht thematisieren. Im achten und letzten Lied des Zyklus *Nocturne* vertonte Britten Shakespeares 43. Sonett »When most I wink, then do mine eyes best see«: »Wenn ich sie kurz schließe, sehen meine Augen am Besten, / denn den ganzen Tag lang erschauen sie nicht beachtete Dinge; / doch wenn ich schlafe, blicken sie in den Träumen auf dich / und düster klar ist Hell ins Dunkel gerichtet.« Und im letzten Lied des Puschkin-Zyklus *The Poet's Echo* geht es um »Gedichte, die in schlafloser Nacht geschrieben«.[61] Schostakowitsch vertonte in seiner Schauspielmusik zu *Hamlet* das Lied des Totengräbers und wählte unter anderem für sein Opus 62 Shakespeares todessehnsüchtiges 66. Sonett über »Kunst entmündigt von der Obrigkeit, / und Sachverstand vom Unsinn kontrolliert« in der Übersetzung von Boris Pasternak.[62] In seinen Puschkin-Vertonungen Opus 91 schilderte der Komponist im dritten Lied das Elend in den Bergwerken Sibiriens, mit dem sowohl der Dichter als auch der Komponist auf inhaftierte Bekannte Bezug nahmen. Britten konnte diese Verse in seiner Puschkin-Ausgabe direkt neben dem Text für seine eigene Vertonung von »Die Nachtigall und die Rose« finden. Auf kultureller Ebene respektierten und vertrauten Engländer und Russen einander. Politisch verhielt man sich je nach Laune reserviert, ängstlich oder feindselig.

*

Zu den Ingredienzien des modernen Ost-West-Konflikts gehörten Meinungsmanipulation und eine unvernünftige Bündnispolitik nach der Devise »Der Feind meines Feindes ist mein Freund«. Von der Fläche her waren das britische Empire zu seinen Glanzzeiten und später noch der Commonwealth of Nations größer als das Russische Imperium bzw. die Sowjetunion. Die englischsprachigen Nationenkonglomerate waren indes zerfasert und auf fünf Kontinente verteilt, das Zarenreich bzw. die UdSSR hingegen erstreckten sich zusammenhängend auf zwei. Interessen und Weltanschauungen wurden im britischen Weltreich gegeneinander ausgespielt: Die einen trieb die Sorge um Indien an, anderen erschien die Orthodoxie der östlichen Kirchen obskur; wieder andere glaubten, sich mit der Türkei als möglichem Pufferstaat sicher fühlen zu können. Daraus entwickelten sich im 19. Jahrhundert die Wurzeln einer starrsinnigen Russophobie und einer naiven Islamophilie des Westens. Dabei steht Russland aufgrund von dynastischen und kulturellen

Verbindungen Westeuropa[63] näher als das osmanische Reich, mit dem man strategische Koalitionen einging.

Eine weitere bedeutsame Rolle spielte das Land, in dem Schostakowitschs Ahnen zur Welt gekommen waren: Polen. Noch im 18. Jahrhundert lebten seine Vorfahren in Vilnius, das neben Krakau die Hauptstadt der Königlichen Republik Polen-Litauen war. Das komplexe Gebilde – ein aus dem Königreich Polen und dem Großfürstentum Litauen geformter dualistischer Unions- und feudaler Ständestaat – duldeten die umgebenden Mächte nicht lange: nach etlichen Kämpfen wurde das Konstrukt durch mehrere Teilungen zerschlagen. Den Anfang vom Ende bildete eine liberale Verfassungsreform vom Mai 1791, nach der sich polnische Magnaten an die Zarin Katharina II. für Unterstützung wandten. Doch ihr Reich nutzte die Gelegenheit, seine Expansion auf Kosten Polen-Litauens voranzutreiben, und nach dem polnisch-russischen Krieg sowie dem gescheiterten Kościuszko-Aufstand teilten sich Preußen, Österreich und Russland das Gebiet auf. Als eigenständiger Staat verschwand Polen über hundert Jahre lang – von 1795 bis 1918 – von der Landkarte. Eine Generation später engagierte sich auch Schostakowitschs Urgroßvater Piotr Szostakowicz als 22-jähriger Aufwiegler in Warschau. Dort brach im November 1830 ein Aufstand mit dem Ziel aus, für Polen die Unabhängigkeit zurückzuerlangen. Aber die Kämpfe wurden niedergeschlagen und aus den von der russischen Verwaltung dominierten Landstrichen deportierte man seine Familie nach Jekaterinburg im Ural. Später zogen die Szostakowiczs zunächst 1858 nach Kasan und schließlich nach Tomsk, was weiter von Dmitrij Schostakowitschs Geburtsort Sankt Petersburg entfernt lag als England.

Im Zentrum des Empires betrachtete man die Geschehnisse im Osten voller Sorge. »Es wird zum Gegenstand von erheblicher Bedeutung für die Interessen Großbritanniens, ins Auge zu fassen, wie Russland daran gehindert werden kann, seinen Vorteil auszubauen«, schrieb Außenminister Henry John Temple, 3. Viscount Palmerston, bereits im Dezember 1833 an den britischen Botschafter in Konstantinopel.[64] Selbst wenn er das Empire als »Vorkämpfer von Recht und Gerechtigkeit« betrachtete, hielt Palmerston es stets für unrealistisch, Polen mit Soldaten beizustehen und verfolgte das, was er unter einem »Kurs mit Mäßigung und Besonnenheit« verstand.[65] Dies war ganz im Sinne von Königin Victoria und Prinz Albert. Auf höchster Ebene pflegte man einen zurückhaltenden Umgang mit dem Zaren. Königin Victoria empfing 1844 Nikolaj I., den sie als »den größten aller irdischen Potentaten«[66] erachtete. Später war sie mit dem letzten Zaren, Nikolaj II., sogar familiär verbunden, da er ihre Enkelin Alix von Hessen-Darmstadt heiratete.

Anders als im Zarenreich wurde in Großbritannien die Vorgehensweise der Politik durch das Parlament und die öffentliche Meinung bestimmt. Ab den 1830er-Jahren heizten polnische Exilanten in Frankreich und England die Stimmung gegen Russland an. In Westeuropa hatte man die slawischen Aktivitäten sehr wohl im Auge, zumal das Riesenreich einem besonders prunkvollen Stein im Mosaik des Empires, nämlich Indien, bedrohlich näher war als Großbritannien selbst. Nachdem man dort das »Kopf-an-Kopf-Rennen zwischen Russland und uns« für sich entschieden hatte, wollte man sich die Territorien nicht mehr streitig machen lassen.[67] Außerdem kam dem Schwarzen Meer eine markante strategische Rolle zu und nicht zuletzt war der ungehinderte Zugang zu den Pilgerstätten in Jerusalem für die orthodoxe, lateinische und anglikanische Kirche von größter Bedeutung. Die Orthodoxen galten laut *Newcastle Guardian* als »eine vernarrte, tanzende, fiedelnde Rasse« und in der *Manchester Times* beschwor man das Bild von den »barbarischen Horden Russlands, die ganz Europa verwüsten« könnten, herauf.[68] Die Spannungen mündeten in den Krimkrieg, bei dem in nur dreißig Monaten – von Oktober 1853 bis März 1856 – weit über eine halbe Million Menschen umkamen. Diese Auseinandersetzung zwischen Russland und dem Osmanischen Reich, das von Frankreich und Großbritannien unterstützt wurde, bildete eine wesentliche Grundlage für die internationalen Konflikte, die später das Leben von Benjamin Britten und Dmitrij Schostakowitsch nachhaltig prägten. Die Kämpfe um eine militärisch wichtige Halbinsel im Grenzgebiet setzten emotionale Energien frei, die erneut stimuliert wurden, als man 1914 und 1939 bzw. 1941 in den Krieg zog. Ferner stilisierte man das seinerzeit noch vernachlässigte Polen zu einer Märtyrernation. Seine emigrierten oder verbannten Bewohner übten einen nachhaltigen intellektuellen Einfluss in den führenden Ländern Europas aus. Sowohl Britten als auch Schostakowitsch haben das Land bereist. »Unser Besuch in Polen hat uns wirklich gefallen, ja, wir waren sogar ziemlich bewegt«, schrieb Britten in einem Brief vom September 1961 kurz nach einer Tournee. »Wir haben viel vom Land gesehen & eine Menge Leute getroffen, die ganz offen mit uns gesprochen haben. Wie die meisten Slawen sind sie Charmeure & man fand Gefallen daran & bewunderte sie. Aber, mein Gott, was sie alle durchlitten haben; ich fürchte, wir sind in einer nicht allzu christlichen Gemütsverfassung nach Deutschland zurückgekehrt.«[69] Schostakowitsch kam mehrfach beruflich nach Polen, entwickelte jedoch keine besondere emotionale Zuneigung zum Land seiner Vorfahren. »Wissen Sie, es ist für Sie vielleicht unangenehm, aber ich mag Chopin nicht besonders«, gestand er dem polnischen Komponisten Krzysztof Meyer, den er achtete, wie auch die Musik der Zeitgenossen Grażyna Bacewicz und Witold Lutosławski, den er höher einschätzte als Krzysztof Penderecki.[70] Dennoch findet sich in einem Gedicht Marina

Zwetaewas, das Schostakowitsch noch 1973 vertonte, eine Reminiszenz an die Heimat der Vorfahren mit dem Urteil, dass einst Zar Nikolaj I. »das Land Polen / wie ein Tier abgeschlachtet hat«.[71]

*

Britten und Schostakowitsch wurden in eine Epoche hineingeboren, in der Großbritannien und Russland das Leben nach einer unterschiedlichen Zeitrechnung organisierten. Bei den Briten hatte der 1582 in Europa eingeführte gregorianische Kalender ab September 1752 Gültigkeit – für sie begann seitdem das Jahr nicht mehr mit Mariä Verkündigung am 25. März, sondern mit dem 1. Januar. In Russland glich man sich erst im Zuge der Revolution an den Westen Europas an: Anfang 1918 ersetzte man den bis dahin gültigen julianischen durch den gregorianischen Kalender, da die neuen Machthaber keine Rücksicht mehr auf die orthodoxe Kirche nehmen wollten. Die Bürger des gewaltigen Reichs gingen in der Nacht des 31. Januar zu Bett, übersprangen im Schlaf 13 Tage und wachten am 12. Februar wieder auf.

Der Umsturz der alten Herrschaftsverhältnisse war von langer Hand vorbereitet worden. Als Dmitrij Dmitriewitsch Schostakowitsch im September 1906 in Sankt Petersburg zur Welt kam – am 12. September nach russisch-julianischer bzw. am 25. September nach westeuropäisch-gregorianischer Zeitrechnung – planten Lenin, Stalin und Trozkij bereits ihre Reise nach London, wo vom 13. Mai bis zum 1. Juni 1907 der fünfte Kongress der Russischen Sozialdemokratischen Arbeiterpartei mit über 300 Delegierten stattfinden sollte. Man folgte den Spuren der Idole Marx und Engels, die auf der Insel zu grundlegenden Werken wie *Das Kapital, Die Lage der arbeitenden Klasse in England* sowie dem *Manifest der Kommunistischen Partei* inspiriert wurden und die in der Hauptstadt des Empires begraben lagen bzw. dort verbrannt wurden.

Kurz vor der Geburt von Edward Benjamin Britten am 22. November 1913 hielten sich Stalin und Hitler zugleich in Wien auf. Dies war nicht nur die ehemalige Wirkungsstätte des von beiden Komponisten geschätzten und 1911 verstorbenen Gustav Mahler, sondern auch die des von ihnen ebenfalls bewunderten Alban Berg. Schostakowitsch begegnete kurz einigen dieser Politiker und Künstler, Britten nie. Doch wurde das Leben beider nachhaltig von ihnen beeinflusst.

*

Obgleich im Laufe des 19. Jahrhunderts der Name mittlerweile zu ›Schostakowitsch‹ russifiziert war, blieb die Umgangssprache in der Familie natürlich lange Zeit Polnisch. Dmitrijs Vater Dmitrij

Boleslawowitsch pflegte die Sprache seiner Ahnen, auch nachdem er sich ab 1897 längst in Sankt Petersburg niedergelassen hatte, um an der naturwissenschaftlichen Fakultät zu studieren. Dmitrij Dmitriewitsch beherrschte sie kaum noch, konnte aber immerhin Kinderverse von Jan Brzechwa auswendig rezitieren. Sein Sohn Maksim berichtete mit Blick auf eine Probe der 8. Sinfonie mit einem polnischen Orchester bei dem Festival in Edinburgh, dass der Dirigent nicht bemerkte, wie der Komponist in der ersten Reihe bei einer ziemlich hemdsärmeligen Darbietung des Trompetensolos im dritten Satz zusammenzuckte. Er wandte sich nur um und fragte selbstgefällig auf Polnisch: »Dobrze?« (War's gut?). Schostakowitsch rief in gebrochenem Polnisch: »Duży niedobrze!« (anstatt korrekterweise ›Bardzo niedobrze‹; Ganz und gar nicht gut!)[72]

Die Vorfahren von Dmitrij Boleslawowitschs Frau Sofija kamen aus Sibirien und waren, was der Nachname ›Kokulin‹ nahelegt, wahrscheinlich bereits im 16. Jahrhundert vom Zaren als sogenannte ›Kakosbules‹, was auf Griechisch ›schlechte Berater‹ bezeichnet, verbannt worden. Da ihr Vater im Oblast Irkutsk der Minendirektor in einem Goldfördergebiet am zehntlängsten Fluss der Welt, der Lena, war, konnte sie eine ausgezeichnete Ausbildung erhalten. Als Lohn für ihre herausragenden schulischen Leistungen wurde sie bei einem Besuch von Nikolaj II. dem Zaren vorgestellt und tanzte für ihn die Mazurka aus Glinkas Oper *Ein Leben für den Zaren*. Das Ungewöhnliche an dieser Familienanekdote ist der anti-nationale, nicht-russische Charakter der Episode. Die Mazurka ist ein polnischer Tanz im Dreiertakt, der im 19. Jahrhundert bei den Gesellschaften und den Salons des Bürgertums populär war.[73] Wie einst der Tanz seiner Mutter für den Zaren, zeigen Schostakowitschs eigene Tanzstücke keinerlei Bezüge zu russischen Urformen. Sein Œuvre ist ungeachtet manch russischer Themen frei von patriotisch-slawophilen Tendenzen, wie sie sich etwa noch in dem *Slawischen Marsch* von Tschajkowskij finden. Dieser entstand 1876 für ein Wohltätigkeitskonzert für Kriegsopfer, als Russland die Serben gegen das Osmanische Reich unterstützte. Schostakowitschs Stücke tragen vielmehr Titel wie »Fantastische Tänze« op. 5, »Tänze der Puppen« oder »Tahiti Trot«, wie der Foxtrott op. 16 in Russland genannt wird. Den ungebärdigen Tänzen in der Hochzeitsszene des 3. Akts der Oper *Lady Macbeth von Mzensk* oder dem ukrainischen Hopak aus der 10. Sinfonie ist eher ein sozial- und gesellschaftskritisches Element eigen.

Aufgrund ihres großen Talents wurde Sofija Wasiljewna Kokoulin 1898 nach Sankt Petersburg geschickt. »Ich wuchs in einer musikalischen Familie auf«, erzählte Schostakowitsch später. »Meine Mutter, Sofija Wasiljewna, hatte einige Jahre am Konservatorium studiert und war eine gute Pianistin. Mein Vater, Dmitrij Boleslawowitsch, war sehr musikliebend und sang gut.«[74] Dabei trug er, wie der Sohn eines Freundes berichtete, »mit echtem Gefühl alte russische Romanzen vor, wobei er sich selbst auf der Gitarre begleitete«.[75]

Während Dmitrij Schostakowitsch einer Sippe polnischer Rebellen entsprang, entstammte Britten einer Gruppierung, die man im Russland des 20. Jahrhunderts zu den Klassenfeinden gezählt hätte. Zwar meinte er 1968, er »komme aus einer ganz gewöhnlichen Familie der Mittelschicht«,[76] doch war sein Vater ein angesehener Mann im Ort und immerhin Mitglied des Jachtklubs. »Ein bedeutender Mensch und einer der klügsten Köpfe, denen ich je begegnet bin & was für ein Vater!«, notierte Benjamin Britten kurz nach dessen Tod in seinem Tagebuch.[77] Der Name ›Britten‹ verweist auf einen freien Menschen aus Britannien, der zudem väterlicherseits den ›yeomen farmers‹ entstammte, den Bauern auf eigenem Grund und Boden. Seit dem 17. Jahrhundert lebte man auf den wohlhabenden Ländereien in Herefordshire, im 19. Jahrhundert wanderten schließlich etliche Mitglieder der Familie in größere Städte ab. Thomas Britten, Benjamins Großvater, wirkte als Textilkaufmann in Birkenhead und später als Molkereibesitzer in Maidenhead. Sein Sohn Robert, der Vater des Komponisten, wurde Zahnarzt. Eine der eindrucksvollsten Tätigkeiten, denen die Vorfahren von Benjamins Mutter Edith nachgingen, übte ihr Vater als Kurier der Königin aus, was ihm laut Brittens Schwester Elizabeth »zu einer hübschen Wohnung im Innenministerium« verhalf.[78]

Sowohl die Familie Brittens als auch die Schostakowitschs gehörten zum Bildungsbürgertum. Es war üblich, Musik am Klavier darzubieten, wenn Gäste kamen, und mit Freunden zu singen oder Duos, Trios und Quartette auszuprobieren. Die Atmosphäre im Hause der Brittens war »immer wie auf einer Party«, erinnerte sich eine Bekannte, »eine friedliche, sehr glückliche Hausgemeinschaft«.[79] Bei den Schostakowitschs ging es ähnlich zu. »Einige Freunde besuchen die Eltern und nach dem Tee beginnt man, wie stets, zu musizieren«, schilderte Dmitrij Sollertinskij, der einzige Sohn eines sehr guten Freundes Schostakowitschs, einen typischen Abend im Wohnzimmer der Familie von Dmitrij Dmitriewitsch. »Seine Mutter, Sofija Wasiljewna, setzt sich an den Flügel. Ihr Nachbar, Boris Sass-Tesowskij, ein Ingenieur und recht guter Amateurcellist, stimmt sein Instrument und ergreift seinen Bogen. Manchmal kann einer der Besucher Geige spielen, und dann holt seine Mutter einige ihrer Lieblingsstücke hervor – ein Trio von Tschajkowskij oder Rachmaninow.«[80]

Natürlich bot Sankt Petersburg ein ungleich reicheres Kulturleben als der Osten Englands. Ein Besuch von Veranstaltungen im Opernhaus oder im Großen Saal der Philharmonie gehörte zum guten Ton. In der Metropole an der Newa entstand 1802 die erste Philharmonische

Gesellschaft Europas; dementsprechend besaßen westeuropäische Komponisten schon seit Langem Kontakte nach Russland. Beethovens *Missa solemnis* wurde im April 1824 bei einem Konzert der Philharmonischen Gesellschaft in Sankt Petersburg uraufgeführt, Verdis Oper *La Forza del Destino* kam im November 1862 als Auftragsarbeit am Sankt Petersburger Kamennij-Theater heraus und Sullivan arrangierte 1874 russische Kirchenmusik. Auf dem Platz des marode gewordenen »Großen Stein-Theaters«, so die wörtliche Bedeutung von ›Большой Каменный Театр‹, aus dem 18. Jahrhundert errichtete man das Konservatorium, dessen Ausbildungsniveau dem einer Hochschule entspricht. Ab 1886 fanden Opern- und Ballettaufführungen im Mariinskij-Theater statt, das 1860 nach der Gattin des Zaren benannt worden war, Marija Aleksandrowna, geborene Marie, Prinzessin von Hessen und bei Rhein. Ihrer Tochter, Großfürstin Marija, widmete Arthur Sullivan im August 1873 sein komplexestes Oratorium *The Light of the World*, als sie durch Heirat mit seinem Freund, Prinz Alfred, Prinzessin von Großbritannien und Irland sowie Herzogin von Sachsen-Coburg und Gotha wurde. Für die Familie Britten lagen vergleichbare Opernhäuser, Konzertsäle und Kulturangebote in London viele Stunden weit entfernt. Das Opernhaus Covent Garden, die Queen's Hall oder der Crystal Palace blieben erstrebenswerte Ziele und die dortigen Theater- und Konzertbesuche Besonderheiten in einem Umfeld von Amateuraufführungen und Gastspielen. Britten blieb der Trubel großer Städte sein Leben lang fremd und Schostakowitsch war nicht für die Behaglichkeit dörflicher Idyllen geschaffen.

*

Beni und Mitja, wie man die Kinder bald nannte, kamen in Orten zur Welt, die am Meer liegen. Während Edward Benjamin Britten in der östlichsten Stadt Großbritanniens aufwuchs, dem Badeort Lowestoft, der mit seinerzeit etwa 20 000 Einwohnern nach Ipswich der zweitgrößte Ort der Grafschaft Suffolk war, lebte Dmitrij Dmitriewitsch Schostakowitsch in der mit damals 1,5 Millionen Bürgern nördlichsten Millionenstadt der Welt und der zweitgrößten Metropole des Russischen Reiches. Das charmante englische Seebad des Sommers verwandelt sich im Winter zu einem kühlen Außenposten des Landes mit Kieselküste, über den schon um vier Uhr nachmittags die Dunkelheit hereinbricht. Der Ort, der bis zur Oktoberrevolution die russische Hauptstadt war, liegt zur Zeit der Weißen Nächte im Dämmerlicht des Sommers, während die Tage im Winter erst gar nicht richtig beginnen. Im Gegensatz zu der gut 300-jährigen Geschichte Sankt Petersburgs ist Lowestoft ein Ort mit einer weit zurückreichenden Historie und etablierten Traditionen:

Schon vor 700 000 Jahren siedelten hier die ersten Menschen, und die Ortsbezeichnung Lowestoft selbst geht auf Eigennamen der Wikinger zurück: »Hlothver« und die Nachsilbe »toft«, was ein Gehöft, eine Heimstatt bezeichnet. Als natürliche Lebensgrundlage spielte ab dem Mittelalter der Fischfang eine immer stärkere Rolle. Dass dieser über ein Jahrhundert lang zu einer blühenden Industrie für die Küstenbewohner werden sollte, sicherte ab 1847 der Bau einer Eisenbahn, durch den solide Transportverbindungen zu den großen Städten im Inland geschaffen wurden. Bereits als Zehnjähriger begeisterte sich Benjamin für Züge, wobei seine Schreibweise der Abkürzungen für die ›London & North Eastern Railway‹, wie auch später bei Personennamen, äußerst ›kreativ‹ war: »Ich war gerade am Bahnhof & sah dort etwa 20 L & N e r-Züge«, teilte er von einem Besuch bei seiner Tante in Ipswich den Daheimgebliebenen brieflich mit. »Sagt Bobby bitte, dass ich einen A 4.6 o L & N.E.R.-Zug gesehen habe, einen hübschen, ganz neuen!«[81] Auch Schostakowitsch reiste oft und gerne per Zug, fand aber insbesondere Straßenbahnen faszinierend. Die ersten wurden bereits 1863 eingerichtet, doch den großen technologischen Sprung ins 20. Jahrhundert brachten ein Jahr nach seiner Geburt die elektrifizierten Linien des Nahverkehrsnetzes in seine Heimatstadt. Noch heute erinnert eine Gedenktafel am Boden neben historischen Schienen an die Einweihung 1907. Die neuen Bahnen waren zu Schostakowitschs Zeit alle mit farbigen Lampen markiert – ein System, das der Komponist in- und auswendig kannte.

Die Eisenbahn fand in den Werken beider Musiker ihren Niederschlag: In den 1930er-Jahren stellte Britten in seiner Filmmusik zu *Coal Face* Kohletransporter und in *Night Mail* Postzüge instrumental dar. Ende der 1920er-Jahre entstand Schostakowitschs Musik zu dem Film *Das neue Babylon*, in dessen Einleitung auch Szenen an einer Bahnstation zu sehen sind. Zudem instrumentierte der Russe 1940 die flotte Polka *Vergnügungszug*, das Opus 281 von Johann Strauß (Sohn).

Sowohl Britten als auch Schostakowitsch waren Kinder des Maschinenzeitalters. In Westeuropa rief die zunehmende Motorisierung alsbald Kulturkritiker auf den Plan. Die Entwicklung beschleunigte das Leben und fragmentierte die Wahrnehmung. Die Neurasthenie, das ›Burnout‹ des frühen 20. Jahrhunderts, entwickelte sich zu einer häufigen Diagnose überforderter Individuen. Musikstücke wie Arthur Honeggers *Pacific 231* oder Bilder wie Maurice Greiffenhagens Darstellung einer Londoner Straßenszene auf einem Plakat der London Midland & Scottish Railway illustrierten in den 1920er-Jahren die verwirrenden akustischen und optischen Eindrücke, die auch Britten und Schostakowitsch prägten. Russische Künstler zeigten eher die positiven Aspekte einer technisierten Welt, wie eifrig produzierende Fabriken und effiziente Verkehrsmittel. Lokomotiven waren unentbehrlich geworden, um die großen Distanzen in Russland zu bewältigen. Schon zur Zarenzeit entstand die Nikolajbahn – die man 1923 im Gedenken an die Revolution zur Oktober-Eisenbahn umbenannte –, eine der ältesten und wichtigsten Eisenbahnstrecken des Landes, die Sankt Petersburg und Moskau auf einer Strecke von knapp 650 Kilometern miteinander verband. Das modernste Verkehrsmittel der damaligen Zeit brachte auch Besucher an die englische Küste. Touristen suchten statt Betriebsamkeit eher Ruhe und Strandidyllen an der Nordsee. Auch Britten fühlte sich dort geborgen. »Seit ich ein Kind war, habe ich das Leben auf dem Lande geliebt, vor allem am Meer«, bekannte der Komponist. »Ich bin in Suffolk tief verwurzelt und ich kann nicht arbeiten und leben ohne Wurzeln.«[82] Von seinem Elternhaus in der Kirkley Cliff Road Nr. 21 in Lowestoft aus konnte er das Meer sehen. Der Strand war ihm erheblich näher als der alte Ortskern, der in der heute etwas heruntergekommenen High Street nur noch erahnt werden kann. Die frische Küstenluft, die Rufe der Möwen und das Rauschen der Wellen dürften zu seinen ersten Klangeindrücken gehört haben. Dass sich Britten nach dem Zweiten Weltkrieg in das kleinere Aldeburgh zurückzog, lag möglicherweise daran, dass sich das einst eher betuliche Lowestoft ab den 1930er-Jahren zu einem zunehmend überlaufenen Küstenkurort für Erholungsuchende entwickelte. Die ruhigere Atmosphäre des weiter südlich gelegenen kargen Fischerdorfs dürfte dem beschaulichen Heilbad seiner Jugend ähnlicher gewesen sein als die zunehmende Geschäftigkeit der aufsteigenden Kleinstadt.

Der junge Dmitrij Dmitriewitsch wuchs inmitten eines Zentrums von Politik und Hochkultur auf. Seine Geburtsstätte in der etwa fünf Kilometer vom Zugang zum Finnischen Meerbusen entfernten Podolskij-Straße, der Podolskaja Nummer 12, unweit des Technologischen Instituts, bot höchstens Ausblick auf Hinterhof und gegenüberliegende Häuser. Geweckt wurde er eher von Straßengeräuschen, nicht Möwengeschrei. Die Familie zog jedoch bald in ein fünfstöckiges Haus in der repräsentativen Nikolaewska-Straße 9, der heutigen Marat-Straße, wenige Minuten Fußweg entfernt vom Prunkboulevard Sankt Petersburgs, dem Newskij-Prospekt. Obwohl man in der obersten Etage lebte, dem fünften Stock, war das Wasser im Westen nicht zu sehen. Dementsprechend spielte die Natur in Schostakowitschs Werk keine Rolle. Britten stellte sich in die Tradition britischer Komponisten, die sich in ihren Werken mit Umwelteinflüssen und immer wieder dem Meer auseinandergesetzt hatten. Zwar findet sich in Schostakowitschs Werkverzeichnis als Opus 81 die Kantate *Das Lied von den Wäldern*, allerdings entstand diese 1949 als Auftragsarbeit zum Lobe der Wiederaufforstungsarbeiten in Steppengebieten und nicht aus einer

Verbundenheit mit der Region, geschweige denn der Natur. Allein die Titel einiger Abschnitte wie »Breiten wir Wälder über die Heimat«, »Junge Pioniere pflanzen die Wälder« und »Künftiges Lustwandeln« zeigen, dass es hier um die Natur als Kunstprodukt geht. Ein ebenfalls künstlich geschaffenes Erzeugnis war die Stadt Sankt Petersburg selbst: Um den strategisch bedeutsamen Zugang zur Ostsee zu sichern, ließ Zar Peter der Große sie zu Anfang des 18. Jahrhunderts in das sumpfige Küstengelände an der Newa-Mündung rammen. Zum Verdruss des Adels bestimmte Peter den nach seinem Namensgeber, dem Apostel Petrus, benannten Ort schon 1712 anstelle von Moskau zur Hauptstadt des Reiches. Auch wenn sie diesen Rang bis auf ein kurzes Intermezzo gut 200 Jahre behielt, lebte Schostakowitsch in einer Metropole, die durch den Einsatz drakonischer Mittel geschaffen, und in einem System, das gewaltsam etabliert worden war. Für den Konzertsaal stellte Britten aus seiner Oper *Peter Grimes* die *Vier Meeres-Zwischenspiele* zusammen, deren einzelne Themen er aus eigener Erfahrung kannte: die Atmosphäre der »Dämmerung« am Meer, die Stimmungen an einem »Sonntagmorgen«, die Idyllen des »Mondscheins« über dem Wasser und die Schrecken eines verheerenden »Sturms«. Schostakowitschs Sinfonik nimmt auf historische Ereignisse Bezug, ist abstrakt oder wie die »Leningrader Sinfonie« einer Stadt und ihrer Leistungsfähigkeit gewidmet. Doch das Poetische und das Prosaische, das hierdurch in den Werken Brittens und Schostakowitschs zum Ausdruck kommt, besitzen eine gemeinsame ethische Grundlage.

*

Als Kinder und Jugendliche wurden Dmitrij und Benjamin mit ambivalenten Haltungen zu dem jeweils anderen Land erzogen. Die von Misstrauen getrübten Einstellungen auf höheren Ebenen waren allgemein weit verbreitet: So meinte einst der englische Diplomat Sir Robert Gunning, Feldmarschall Potjomkin scheine »ebensoviel Geschick zur Intrige wie in der Handhabung seines Amtes« zu besitzen,[83] während Zar Nikolaj I. sich über einen Engländer wie Lord Palmerston beschwerte, er solle aufhören, ihn »immer wieder hinters Licht führen zu wollen« und sich »offen und loyal« verhalten.[84]

Im kulturellen Bereich gab es hingegen viel zu erkunden. Etwa ein halbes Jahrhundert nach der ersten russischen Shakespeare-Euphorie fanden in Großbritannien ab den 1880er-Jahren Autoren wie Dostoewskij, Tolstoj, Tschechow und Turgenew verstärkt Anerkennung. Im Russischen Reich entdeckte man Dickens und die Brontë-Schwestern für sich. Tschajkowskij erklang im Westen und Sullivan im Osten. Nach den gewaltigen – durch den Krimkrieg hervorgerufenen – Verwerfungen zwischen den Völkern wollten die nachfolgenden Generationen die fremde Nation genauer kennenlernen.

Schon Mitte der 1920er-Jahre bekam Benjamin Britten May Byrons Jugendbuch *A Day with Tchaikowsky* geschenkt. Das darin vermittelte Bild prägte seine Vorstellung von »Mother Russia« und der Persönlichkeit eines Komponisten. Diese benötigte keineswegs jene »prachtvollen Landschaften des Ostens und des Westens, nicht den tropischen Schimmer vom Glanz des Südens«, ihr reiche »die karge Landschaft Zentralrusslands«, ja, »eine ganz gewöhnliche Sonne, die Luft, die Himmel über ihr öffnen ihr das Paradies«.[85] So mancher Werktitel schien diese Bescheidenheit und Schicksalsergebenheit zu bestätigen, wie etwa »Winterträume« für die 1., »Kleinrussische« für die 2. und »Pathétique« für die 6. Sinfonie; zudem schrieben andere Russen Stücke wie »Nacht auf dem kahlen Berge« (Musorgskij) oder »Märchen« (Rimskij-Korsakow). Das Frontispiz von May Byrons schmalem Band zeigt im Hintergrund eine Windmühle und eine Kirche mit Zwiebelturm sowie inmitten einer Menschengruppe ein im Freien tanzendes Bauernpaar. Die Autorin versicherte, dass Tschajkowskij mit eigenen Worten bekundete, wie leidenschaftlich er sich »dem russischen Volk, der russischen Sprache, dem russischen Geist, der russischen Contenance und den russischen Sitten« verpflichtet fühle. Die »auf einer trägen Melancholie basierende hitzige Begeisterungsfähigkeit« sei, so May Byron, »grundlegend für das slawische Temperament«.[86] Der Künstler selbst ist kein verwegener Tunichtgut, sondern »seine ganze Haltung zeugt von seinen besonderen planmäßigen geistigen Gewohnheiten, denen gemäß seine Tage ausgefüllt sind durch ein System unbeugsamer Routine«.[87] Besonders eindrucksvoll muss für den jungen Britten Tschajkowskijs Interesse an anderen Kulturen gewesen sein – auch an der englischen. Schon früh am Morgen soll sich der Musiker mit dem Spracherwerb befasst haben. »Das ist mein einziges Bestreben«, wird Tschajkowskij zitiert, »da ich weiß, dass es in meinem Alter unmöglich wird, eine Sprache gut zu sprechen. Doch Shakespeare, Dickens und Thackeray im Original zu lesen, wäre mir im Alter ein Trost.«[88] Unter anderem inspirierte Shakespeare die Orchesterfantasien *Romeo und Julia* und *Hamlet*, während Lord Byron Pate stand für die *Manfred-Sinfonie*. Viele Zitate in May Byrons Buch beruhen auf den Publikationen von Rosa Newmarch, die sich nach ihrer erfolgreichen Vermittlung der Musik Janáčeks in der englischsprachigen Welt verstärkt für russische Komponisten engagierte.[89]

Dmitrij Schostakowitsch seinerseits muss bereits als Jugendlicher mit Shakespeare in Berührung gekommen sein. Selbst im Kulturleben der neu entstandenen Sowjetunion galt der von Ben Jonson mit dem Kosenamen »Swan of Avon«, лебедь Авона (bzw. Эйвона, lebed awona), gewürdigte Autor als ein Dramatiker, dessen Werke auch für das Proletariat geeignet erschienen. Dadurch ergab sich für Schostakowitsch später die Gelegenheit, für *Hamlet* und *King Lear* Musik zu Schauspielaufführungen und Verfilmungen beizusteuern. Seine klangliche Ausgestaltung der Stoffe beeinflusste seine Generation. »Vieles von meinem Shakespeare-Verständnis entwickelte sich unter dem Einfluss seiner Musik«, bekannte 1964 der Filmregisseur Grigorij Kosinzew in einer Rede, der über vierzig Jahre lang mit dem Komponisten zusammenarbeitete. »Es gibt niemanden in irgendeinem Bereich der zeitgenössischen Kunst, der über eine derartige tragische Kraft, solch einen reichhaltigen Humor und solche eine tief empfundene Lyrik verfügt wie Dmitrij Dmitriewitsch. Die Welt von Schostakowitschs Bildhaftigkeit bringt die ganze Bandbreite an Gedanken und Empfindungen von Shakespeare zum Ausdruck.«[90]

Die politischen Gegensätze zwischen den Ländern veranschaulichte das Theaterstück *Rule Britannia* des Dramaturgen und Autors Adrian Iwanowitsch Pjotrowskij, für dessen Uraufführung am Leningrader ›Theater der Arbeiterjugend‹ – dem ›театр рабочей молодёжи‹, kurz TRAM genannt (›Teatr Rabotschej Molodjoschi‹) – Schostakowitsch ebenfalls die Musik beisteuerte. Der Mejerhold-Schüler thematisierte darin die Lage der Arbeiterklasse und die Aussichten auf eine Revolution im kapitalistischen Westen.

Vielen Menschen in Großbritannien waren die Entwicklungen in Russland nicht geheuer. Wurde dort mit der Umsetzung der politischen Utopie eines gerechten Gemeinwesens begonnen oder war die seit Jahrhunderten in der englischsprachigen Welt etablierte Demokratie bedroht? Das Misstrauen schien nicht unbegründet: Die Ideologie, die dem neuen Staat zugrunde lag, war auf englischem Boden entwickelt worden als Gegenentwurf zu den dort vorherrschenden Lebensbedingungen. Und war nicht bei dem Umsturz, der diese Herrschaftsform an die Macht gebracht hatte, sogar – wenn auch entfernte – Verwandtschaft des Königshauses ermordet worden?

*

Man mag es als eine frühe Form der Globalisierung betrachten, dass für die entscheidenden Umwälzungen in Russland ein Deutscher die theoretische Grundlage sowie ein Franzose die sozialpsychologische Analyse geliefert haben und schließlich ein englischsprachiger Autor zum Chronisten der Ereignisse von 1917 wurde. Fünf Jahre nach der deutschen Erstausgabe und 15 Jahre vor der englischen Übersetzung war *Das Kapital* von Karl Marx 1872 erstmals in russischer Sprache erschienen. »Uns fesselte sein *europäisches* Wesen«, betonte ein altgedienter

Streitgenosse Lenins. »Der Marxismus kam aus Europa. Er roch und schmeckte nicht nach heimischem Schimmel und Spießbürgertum, sondern war neu, frisch und erregend. Er stellte uns in Aussicht, dass wir kein halb asiatisches Land bleiben, sondern Teil des Westens mit seiner Kultur.«[91]

Das Rebellische war den Russen keineswegs in die Wiege gelegt. Symptomatisch ist nicht nur die Einleitungsszene der von Schostakowitsch bearbeiteten Musorgskij-Oper *Boris Godunow*, in der das murrende Volk beim Erscheinen des Zaren nicht gegen ihn aufbegehrt, sondern ihm auf Befehl zujubelt. Als im Juli 1917 mit Gewehren bewaffnete Arbeiter das noch im Auftrag von Katharina der Großen errichtete Taurische Palais in Sankt Petersburg stürmten und die Übergabe der Macht an die Revolutionsräte verlangten, reichte der menschewistische Fraktionsvorsitzende Nikolos Tschcheïdse dem tobenden Anführer eine gedruckte Grundsatzerklärung, die besagte, dass alle Demonstrierenden unverzüglich abziehen sollten, sofern sie nicht als Verräter an der Revolution zur Rechenschaft gezogen werden wollten. »Hier, Genosse, nehmen Sie das bitte und lesen Sie es«, sagte Tschcheïdse. »Hier steht, was Sie und Ihre Putilow-Kameraden zu tun haben. Lesen Sie das bitte und stören Sie unsere Arbeit nicht.«[92] Die Eindringlinge zerstreuten sich, und wenig später sicherten die der Provisorischen Regierung treuen Soldaten das Palais.

Britten und Schostakowitsch gingen nie rebellierend auf die Straßen, sondern versuchten sich stets von gefährlichen Situationen fern zu halten. Eine Revolte erfordert mehr Leidensdruck als der, dem man in einer bürgerlichen Umgebung ausgesetzt ist. Es begann vielmehr in anderen Bereichen der Bevölkerung zu brodeln: Die zunehmende Politisierung der russischen Gesellschaft wurde 1891 durch verheerende Wetterkatastrophen und Hungersnöte in Südostrussland ausgelöst, denen Typhus- und Choleraepidemien folgten. Da die Regierung vollends die Kontrolle verlor, spannte man die Menschen für Hilfsaktionen ein. Spendenkomitees wurden gegründet und die Bedeutung der bereits 1864 initiierten Semstwos, der lokalen Selbstverwaltungseinheiten mit Vertretern des Adels, der Stadtbewohner und der Bauern, wuchs erheblich. Doch noch wurde die Autorität des Zaren anerkannt. Das Phänomen, dass Revolutionen nicht unbedingt zu dem Zeitpunkt ausbrechen, an dem die Not und die Repression am stärksten ist, sondern wenn sich die totalitäre Herrschaft abgemildert hat und reformwillig zeigt, bezeichnen Soziologen als Tocqueville-Effekt. Der Historiker Alexis Tocqueville hatte 1856 anhand des Niedergangs des Ancien Régime unter Louis XVI. dargelegt, dass die Menschen in solchen Phasen ihren Unmut risikoloser äußern können. »Die Regierung, welche durch eine Revolution vernichtet wird, ist fast stets besser als ihre unmittelbare Vorgängerin«, schrieb der Franzose. »Die Erfahrung lehrt, dass der gefährlichste Augenblick für eine schlechte Regierung gewöhnlich derjenige ist, in dem sie sich zu reformieren beginnt.«[93]

*

An den Kämpfen des Ersten Weltkriegs war das Zarenreich nur bis Anfang 1917 beteiligt, danach begannen die Russen, sich bis 1922 in einem erbarmungslosen Bürgerkrieg gegenseitig zu zerfleischen. Im Februar 1917 – einem der kältesten Winter, den Russland seit Langem erlebt hatte – führten Proteste gegen eine Rationalisierung von Lebensmitteln zunächst zu Krawallen, die sich zu Meutereien, einem weitflächig organisierten Streik und schließlich zu einer Revolution steigerten. Die zaristischen Behörden konnten den Massen protestierender Arbeiter und Soldaten nicht mehr Einhalt gebieten. »Eine Woche später ist alles vorüber«, erinnerte sich der Komponist Nicolas Nabokov. »Die kaiserlichen Doppeladler sind auf das Pflaster Petrograds gefallen; die aus Stuck sind zerbrochen, die hölzernen verkohlen in den schwelenden Feuern, die aus den Akten der geplünderten Polizeireviere und Ministerien entfacht worden sind.«[94] Im März 1917 zwangen die Aufständler Zar Nikolaj II. zur Abdankung – nach russischem Kalender nannte man dies die Februarrevolution. Schostakowitschs Schwester Zoja berichtete, dass ihr Vater heimkam und sie mit den Worten »Kinder, Freiheit!« begrüßte.[95] Es war die Phase, in der die »Marseillaise über Nacht zur russischen Nationalhymne« mutierte; sie »ersetzt Herrn Lwoffs österreichischen Marsch, um bald wiederum durch das Lied des Belgiers Pierre Degeyters abgelöst zu werden«, berichtete Nabokov von jener Übergangszeit, in der man begann, auf den Straßen »Die Internationale« zu grölen und seine Bekannten sich bestürzt über die Entwicklungen wunderten. »›Was hat das alles mit der Marseillaise zu tun‹, jammert Mademoiselle V., starrt aus dem Fenster und zeigt auf einen karnevalesken Umzug, der sich langsam durch den Schlamm des Newskij-Prospektes bewegt, mit Spruchbändern und großen Seiten frisch geschnittenen *madapollam*. ›C'est absurde tout cela! Ça n'a ni queue ni tête!‹ Und wirklich hatten diese Umzüge oder *manifestazijas*, wie man sie damals nannte, weder Kopf noch Schwanz.«[96]

Der Zar und seine Angehörigen wurden unter Hausarrest gestellt. Der ursprüngliche Plan, die Zarenfamilie nach England zu schicken, zerschlug sich, weil König Georg V. seine Einladung zurückzog, um sich nicht mit der Labour-Partei anzulegen. Kaum hatten in Russland die Sozialisten die Macht ergriffen, wurden im Herbst 1917 die Gräben wieder aufgerissen, die sich bereits 1903 bei der Spaltung der Sozialdemokratischen Arbeiterpartei Russlands in die Gruppierungen der

Menschewiki und der Bolschewiki manifestiert hatten. Da sich die Bolschewiken eine weitere Front mit altgedienten Zarenanhängern ersparen wollten, brachte man in der Nacht vom 16. auf den 17. Juli 1918 die gesamte Zarenfamilie um, damit die Symbolfigur einer noch möglichen Gegenrevolution ausgelöscht und jede Spur der überwundenen Herrschaftsform gänzlich vom Erdboden getilgt war. Aus der Position des Beobachters heraus konstatierte der britische Diplomat Bruce Lockhart, dass »die Moskauer Bevölkerung die Neuigkeit mit erstaunlichem Gleichmut aufnahm«.[97] Bald darauf sollte auch sie von Revolutionsverbrechen nicht verschont bleiben.

*

Über die Geschehnisse im Russland des Jahres 1917 erfuhren die Briten aus erster Hand. In dem Jahr, in dem Benjamin seinen ersten Musikunterricht von der Mutter erhielt und Dmitrij sein Opus 1 für Orchester, ein »Scherzo in fis-Moll«, schrieb, veröffentlichte der amerikanische Journalist John Reed sein Buch *Ten Days that Shook the World*. Nach seiner Auffassung stellte die Oktoberrevolution nicht nur ein für Russland bedeutungsvolles Ereignis dar, sondern »zehn Tage, die die Welt erschütterten«. Er wollte »ein Stück geballte Geschichte« präsentieren: »Nicht durch Kompromisse mit den besitzenden Klassen oder mit den anderen politischen Führern, nicht durch einfache Übernahme des alten Regierungsapparates eroberten die Bolschewiki die Macht«, behauptete Reed. »Die einzige Erklärung des bolschewistischen Erfolges liegt darin, dass sie die tiefen und einfachen Bestrebungen der unterdrückten Volksmassen in die Tat umsetzten, indem sie sie dazu aufforderten, das Alte niederzureißen und zu zerstören, und dass sie dann gemeinsam mit ihnen inmitten der noch rauchenden Ruinen an der Errichtung einer neuen Ordnung arbeiteten.«[98] Dem aus wohlhabenden Verhältnissen stammenden Kommunisten Reed gelang eine lebendige Mischung aus spannendem Tatsachenbericht und flammendem Appell. »Plötzlich wurde mir klar, dass das fromme russische Volk keine Priester mehr brauchte, um sich das Himmelreich zu erflehen«, erzählte er. »Auf Erden bauten sie an einem Reich, schöner, als es der Himmel je sein konnte, und für ein solches Reich lohnte es sich zu sterben.«[99] Bei Reed waren Lenin und Trozkij führende Gestalten der Revolution, die der Grundidee von Marx folgten, dass die Emanzipation der Arbeiterklasse »weder eine lokale, noch eine nationale, sondern eine soziale Aufgabe« ist, »welche alle Länder umfasst, in denen die moderne Gesellschaft besteht«.[100] Dieser soziale Impetus machte die sozialistischen Vorstellungen von Mitgefühl und Solidarität auch für Benjamin Britten und Dmitrij Schostakowitsch attraktiv. Bei den professionellen

Widerstandskämpfern wurde zusätzlich die »Weltrevolution« zur Leitidee, bei der, so Lenin, »die gegenseitige Annäherung der Proletarier und werktätigen Massen aller Nationen und Länder zum gemeinsamen revolutionären Kampf für den Sturz der Gutsbesitzer und der Bourgeoisie zum Eckstein der gesamten Politik der Komintern in der nationalen und kolonialen Frage gemacht werden muss«.[101] Wladimir Iljitsch Uljanow, der sich ›Lenin‹, ›der vom Fluss Lena Stammende‹, nannte, verfasste 1919 ein kurzes Vorwort zu Reeds Buch, da die darin geschilderten Ereignisse »für das Verständnis der proletarischen Revolution und der Diktatur des Proletariats von größter Bedeutung sind«. Kein Wunder, dass der Revolutionsführer den Band »in Millionen von Exemplaren verbreitet und in alle Sprachen übersetzt wissen« wollte.[102] Er hatte es geschafft und das System zerstört, das seinen Bruder dreißig Jahre zuvor nach einem Attentat auf den Zaren hatte hinrichten lassen. Während Benjamin Britten bereits ab 1919 Zugang zur Originalausgabe von Reeds Text hatte, lag die erste russische Übersetzung erst 1923 vor. In dieser konnte der 17-jährige Schostakowitsch noch Lenins Vorwort finden. Doch nach dessen Tod ließ Iosseb Bessarionis dse Dschughaschwili, der sich den Kampfnamen ›Stalin‹ zulegte, was soviel wie ›der Stählerne‹ bedeutet, das Buch 1924 verbieten. Seiner Ansicht nach wurde das Geschehen verzerrt dargestellt, weil der Eindruck entstehen könnte, sein Rivale Trozkij habe gemeinsam mit Lenin die Revolution angeführt. Der ›Stählerne‹ selbst war lediglich an zwei Stellen erwähnt, sah jedoch sich selbst in der Tradition Lenins stehend. Für historische Darstellungen, die anderes nahelegten, hatte die neue Führung keinerlei Verwendung. »Die Hauptaufgabe bestand darin, einen mächtigen sozialistischen Staat aufzubauen«, analysierte der Jugendbuchautor Anatolij Naumowitsch Ribakow, und »dies war einfach nicht der John Reed, den wir gebrauchen konnten«.[103]

Der linke Gründungsmythos wurde einflussreich in Großbritannien. Die Kreise, in denen Britten in den 1930er-Jahren verkehren sollte, zeigten sich beeindruckt von dem Versuch, eine neue, gerechte Gesellschaftsordnung zu etablieren. Dass das Utopia des Ostens durchaus Risse aufwies, machten eher Emigranten deutlich. Der mit englischen Gouvernanten aufgewachsene russische Schriftsteller Vladimir Nabokov, ein Vetter des Komponisten Nicolas Nabokov, berichtete von »schießwütigen Elementen« in den Reihen der Bolschewiki und dem »blutigen Lauf« der Revolution.[104] Auch der Autor und MI6-Beamte Paul Dukes machte bereits 1922 auf die negativen Seiten des Arbeiterparadieses aufmerksam. Einem der »stärksten Züge des russischen Charakters« traute Dukes zu, »einen großen Beitrag zur Lösung der Probleme zu leisten«, nämlich der »Emotionalität«, die sich seiner Ansicht nach am deutlichsten in der Religion manifestiert.[105]

Unglücklicherweise wurden ausgerechnet in diesem Jahr führende Intellektuelle ausgewiesen. Im September und November 1922 mussten unbequeme Philosophen, Gelehrte und Literaten im Zuge einer von Lenin erwünschten »langzeitigen Säuberung Russlands« das Land verlassen. Auf fünf Schiffen wurden 225 Geistesarbeiter von Petrograd nach Stettin verfrachtet, da sie dem Aufbau des neuen Systems im Wege standen. »Wir haben diese Leute ausgewiesen«, erklärte Trozkij, »weil es keinen Grund gab, sie zu erschießen, sie zu ertragen aber war unmöglich.«[106] Einer der prominentesten Passagiere des sogenannten ›Philosophenschiffs‹ war Nikolaj Aleksandrowitsch Berdjaew, zu dessen Kernfragen insbesondere der Aspekt der ›Freiheit‹ gehörte. Durch das unfreiwillige Exil geriet er über Berlin nach Paris, doch seine Schriften fanden weitere Verbreitung und wurden auch ins Englische übersetzt. Später sollten sie Benjamin Britten und seinen Lebensgefährten Peter Pears beeindrucken.

*

Als Britten und Schostakowitsch zwölf Jahre alt waren, befanden sie sich in einer Phase, in der einschneidende Erfahrungen besonders nachhaltig wirken. In den Jahren 1917 bzw. 1926 erlebten sie umwälzende soziale Veränderungen: Ihre Nationen waren in Aufruhr – die Unterprivilegierten rebellierten gegen die Verhältnisse und stellten die gesellschaftlichen Systeme auf den Prüfstand. Auf den Straßen Russlands floss Blut in Strömen; noch heute zeugen Einschüsse an den Säulen der Isaak-Kathedrale in Sankt Petersburg von den Kämpfen. Das Ziel: nach Vernichtung der herrschenden Klasse sollte der Kommunismus die Basis für eine bessere Welt bieten. Obwohl die theoretischen Grundlagen von Marx und Engels in England geschaffen wurden, fand diese Ideologie erst ab den 1930er-Jahren mehr Sympathisanten in Großbritannien, und dann vor allem unter den Intellektuellen. Die größte landesweite Rebellion, die Benjamin Britten im 20. Jahrhundert erlebte, war der Generalstreik, mit dem der Gewerkschaftsbund TUC, der Trades Union Congress, vom 3. bis zum 12. Mai 1926 versuchte, das Land lahmzulegen. Mit dieser Protestaktion wollte man die Regierung dazu zwingen, etwas gegen die Lohnkürzungen und eine Verschlechterung der Arbeitsbedingungen für 1,2 Millionen ausgesperrte Werktätige in den Kohleminen zu unternehmen. Ein Grund für den Verfall des Kohlepreises war das Zugeständnis, dass Deutschland Kohle als Teil der Reparationszahlungen kostenlos an Italien und Frankreich liefern konnte. »Not a penny off the pay, not a second on the day!« (Keinen Penny vom Lohnbetrag, keine Sekunde vom Arbeitstag!), lautete der Slogan der Demonstranten, die weder die drohenden Nachteile bei der

Bezahlung noch bei der Arbeitszeit hinnehmen wollten. 1,7 Millionen Menschen legten im Vereinigten Königreich die Arbeit nieder. Vor allem waren das Verkehrswesen und die Schwerindustrie betroffen, doch der Regierung gelang es, Freiwillige zur Unterstützung zu rekrutieren. Diese neun Tage des zivilen Ungehorsams erschütterten die Welt nicht. Der erhoffte Umsturz blieb aus und die Gewerkschaft musste sich geschlagen geben.

Der Generalstreik hatte indes langfristig Auswirken auf die Beziehungen des Westens zur Sowjetunion. Der Bolschewismus wurde zum »Symbol für alles, das im öffentlichen Leben hässlich und unehrenhaft war«, wie es ein Abgeordneter der Conservative Party, Oliver Locker-Lampson, formulierte.[107] Bezeichnend ist ein Beitrag in dem 1931 erschienenen Buch *If It Had Happened Otherwise* (Wenn es anders gelaufen wäre), in dem Historiker und Schriftsteller Entwürfe zur alternativen Geschichtsschreibung publizierten. Ronald Knox' Beitrag befasste sich im Stil eines fiktiven *Times*-Artikels mit dem Gedankenspiel »Wenn der Generalstreik erfolgreich gewesen wäre«: Der Beitrag schilderte ein totalitär regiertes England mit Zensur, Warenregulierung und einer Glorifizierung körperlicher Arbeit. Diesem als wenig erstrebenswert geschilderten Versuch, der Realität durch den Kommunismus beizukommen, ging bereits im Januar 1926 eine von Knox verfasste und 1928 auch publizierte fiktive Rundfunkreportage der BBC voraus, bei der in einer Direktübertragung von einem Aufstand in London berichtet wurde. Die revoltierende Rotte habe bereits mehrere Menschen, darunter einen Regierungsminister, gelyncht, hieß es, das Savoy Hotel sei durch Granatenbeschuss zerstört und das Parlamentsgebäude inklusive Glockenturm dem Erdboden gleichgemacht. Viele Zuhörer erkannten nicht, dass es sich dabei um eine fiktive »rote Rebellion« in Knox' Satirereihe »Broadcasting from the Barricades« handelte. Umso realer erschienen die Ereignisse, weil tagelang keine Zeitungen geliefert wurden, was allerdings an tatsächlichen Wetterproblemen durch Schneeverwehungen in dem bitterkalten Winter lag. Nicht nur in London gerieten Leute in Panik, weil die Geschehnisse im Hinblick auf die Ereignisse von 1917 viel glaubwürdiger wirkten als die Reportage über eine fiktive Alieninvasion, zu der sich gut zehn Jahre später in den USA Orson Welles durch Knox inspirieren ließ.

»Die bolschewistische Gefahr betraf jeden britischen Bürger«, meinte Locker-Lampson. Die Einschränkungen der Gewerkschaftsrechte, die nach dem Generalstreik von der Regierung in Großbritannien erlassen wurden, hob man erst nach 1945 wieder auf. Als aufmüpfiger Teenager mag sich Benjamin Britten in Anbetracht des Reglementierungsregimes, in dem er lebte, gefühlt haben wie junge Idealisten unter der Zarenherrschaft. Doch waren Revolten nötig, um daran zu reifen?

Machten sie die Welt zu einem besseren Ort? Großbritannien hatte seit dem 17. Jahrhundert keine revolutionären Umbrüche mehr erlebt. Alle diesbezüglichen Vorkommnisse auf dem europäischen Festland beobachtete man mit Misstrauen und der Sorge, die Schockwellen umstürzlerischer Eruptionen könnten die Stabilität des Empires gefährden. Während Britten in einem Land wohnte, das 1926 schon durch einen mehrtägigen Generalstreik in beträchtliche Unruhe versetzt wurde, erlebte der junge Schostakowitsch die tatsächliche Zerschlagung des Kosmos seiner Kindheit. Er fand sich als Jugendlicher unversehens in einer Welt neuer Ideale wieder.

*

Mit dem Herrschaftswechsel in Russland veränderte sich auch die Sprache. Man verstand sich im sozialistischen Sinne als »Demokraten«, also als Repräsentanten der werktätigen Klassen und Schichten, deren Gegensatz die Vertreter der »Bourgeoisie«, nicht die Diktatur, waren. Anstatt sich mit »Bürger« anzusprechen, verwendete man zunehmend den für Proletarier geeigneter erscheinenden Begriff »Genosse«. Mit der Umbenennung der Sozialdemokratischen Arbeiterpartei zur Kommunistischen Partei Russlands vollzogen die Bolschewiki einen weiteren Schritt, um ihre Ideologie zu festigen. Sie handelten weiterhin gemäß ihrer Überzeugung, dass nur ein gewaltsamer Umsturz eine schöne neue Welt herbeiführen kann. Bei dem Bürgerkrieg, der sich bis zur Einnahme von Wladiwostok im Oktober 1922 hinzog, konnten sich die unzusammenhängenden Gruppierungen aus Menschewiki, Konservativen, gemäßigten Sozialisten, Nationalisten und der Weißen Armee nicht gegen die Bolschewiki behaupten. Nachdem der Erste Weltkrieg mit einer Niederlage Deutschlands und des Habsburgerreichs geendet hatte und etliche Grenzen neu gezogen worden waren, versuchte unter anderem Großbritannien sporadisch, in Russland zugunsten der »Weißen Bewegung« zu intervenieren. Doch letztendlich konnten »die Weißen« der von Lew Trozkij gegründeten, straff organisierten Roten Armee nicht Paroli bieten und die notwendige Schlagkraft entgegenstellen.

Die Kunst wurde zum Zeugen und Beobachter. In gesellschaftskritischen Romanen manifestierten sich Bedenken gegen eine ideologisch festgelegte, zentralistisch regierte Massengesellschaft, die dem Individuum keinerlei Spielraum mehr ließ. Jewgenij Samjatins in den 1920er-Jahren im Westen erschienener dystopischer Roman *Wir* wurde 1932 zum Vorbild für Aldous Huxleys *Brave New World* (Schöne neue Welt) sowie 1945 für George Orwells *Animal Farm* (Farm der Tiere) und 1948 für *1984*. Im Westen baute man den Bolschewismus zum Feindbild

Nummer 1 auf. »Das, was man den Kommunisten heute oder in jüngster Vergangenheit unterstellt, ist harmlos gegenüber dem, was man damals über Kommunisten dachte«, erzählte Kurt Sanderling 1996 von seiner mehr als zwanzigjährigen Erfahrung als Dirigent in Leningrad über die Haltung in Westeuropa. »Kommunist sein war etwas Verwerfliches; das sind die, die uns alles wegnehmen wollen. Über die Sowjetunion sagte man, da sind die Frauen sozialisiert, das verstand man damals unter Kommunismus.«[108] Dies alles war Wasser auf die Mühlen der Anhänger faschistischer Tendenzen, die eine Gegenreaktion bildeten auf Entwicklungen in Gesellschaften, die sich durch technische Modernisierungen und das Aufkommen kommunistischer Gruppierungen veränderten. Neue politische Bewegungen entstanden wie jene von Mussolini in Italien und Hitler in Deutschland. Sie inspirierten auch die Gründung einer British Union of Fascists, die Mitte der 1930er-Jahre nahezu 50 000 Mitglieder zählte, dann aber rasch schrumpfte. Die Regierung beunruhigten diese Trends genauso wie die Communist Party of Great Britain, die bereits 1920 gegründet worden war. Auch wenn man nur bescheidene Mitgliederzahlen aufweisen konnte und die Anteile bei den Wahlen unter einem Prozent lagen – mit einem absoluten Rekord von fast 98 000 Stimmen im Jahre 1945, die zwei Sitze im Parlament einbrachten –, wies das Secret Service Committee auf die »dringende Notwendigkeit irgendeiner Form von Propaganda gegen den Bolschewismus in diesem Land« hin.[109] Die Stunde der Nachrichtendienste war gekommen: die 1916 eingeführte Abteilung 5 des britischen Inlandsnachrichtendienstes – des Military Intelligence, kurz MI5 – war auch nach dem Großen Krieg ausgiebig damit beschäftigt, im Inland umstürzlerische Tendenzen aufzudecken. Doch in Großbritannien stand man vor einem Dilemma: Einerseits warnte bereits ein 1919 erstelltes Memorandum, dass die größten Bedrohungen von »revolutionären bzw. anarchistischen Bewegungen« ausgingen, denen man seine »besondere Aufmerksamkeit widmen« müsse,[110] andererseits wollte die Regierung die Wirtschaftsbeziehungen zu Russland nicht vollends kappen, denn man importierte wichtige Rohmaterialien wie Flachs, Nutzholz, Felle und Schweineborsten aus dem Osten. Es gab wie im vorangegangenen Jahrhundert auch Diskussionen darüber, inwiefern man in ausländische Konflikte eingreifen sollte. Doch die britischen Truppenteile, die die Weiße Armee mehr im Hinterland unterstützten, leisteten im russischen Bürgerkrieg keine entscheidenden Beiträge. Und so bahnte sich lange vor der Phase nach dem Zweiten Weltkrieg bereits in den 1920er- und 1930er-Jahren eine Art erster Kalter Krieg an: Es kamen nicht nur Russen nach Großbritannien, die im Zuge der Revolution geflüchtet waren, sondern ab 1920 auf Einladung des liberalen Premierministers David Lloyd George auch hochrangige Bürger, um über Wirtschaftsbeziehungen zu verhandeln. »Es ist uns nicht gelungen, Russland mit Gewalt zur Vernunft zu bringen«, argumentierte er gegen die Proteste, »doch ich glaube, wir können es durch den Handel retten.«[111] Bereits im März 1920 kam es zu Vereinbarungen, denen zufolge es »sowohl in den Interessen von Russland als auch dem Vereinigten Königreich wünschenswert ist, dass fortan die friedlichen Handels- und Gewerbebeziehungen weiter gepflegt werden«.[112] Hatte man in der Bevölkerung Anfang des 20. Jahrhunderts noch befürchtet, das Land werde von Spionen des Kaisers unterminiert, was 1909 zu den Grundlagen für die Etablierung eines Inlands-Nachrichtendienstes führte, so grassierte ab den 1920er-Jahren die Angst vor den Bolschewiken.

Da die Kriegsgeneration den Kommunismus vehement ablehnte, erschien er der Jugend erst recht attraktiv. Im August 1935 versuchte Britten »mit Mutter über den Kommunismus zu reden, aber es ist unmöglich, zu irgendjemandem, der in der alten Ordnung aufgewachsen ist, etwas zu sagen, ohne ernsthafte Auseinandersetzungen heraufzubeschwören. Das Problem ist, dass sie im Grunde genommen mit mir übereinstimmt, aber es nie zugeben würde.«[113] Die Herrschaftsform, die Schostakowitsch in ihrer politischen Umsetzung erlebte, wurde für den jungen Britten zur Utopie einer besseren Welt. Die im Agitprop-Stil gestalteten Filme *Coal Face* und *Men Behind the Meters*, zu denen Britten Musik beisteuerte, sein *Funeral Marc*h sowie die *Ballad of Heroes* hätten alle ebenso gut in die Sowjetunion der 1920er-Jahre gepasst wie Schostakowitschs 1. Klavierkonzert und die 1. Sinfonie in den Westen. Während Britten in seinem Frühwerk die ausladende pathetische Gebärde mitunter nicht scheut, scheint sich hinter mancher Skurrilität der Musik Schostakowitschs eine angestaute Aggressivität zu verbergen, die tiefgreifende seelische Verletzungen erahnen lässt.

In England lebten die Vorurteile gegenüber dem Osten fort. So bemerkte noch in den 1920er-Jahren Brittens Musiklehrer am Gresham College argwöhnisch gegenüber seinem Schüler: »Du bist also der kleine Junge, der Strawinskij mag!«[114] Doch Benjamin hatte zu diesem Zeitpunkt von dem emigrierten russischen Komponisten noch nie gehört. Selbst gemäßigte Nachwuchsmusiker standen unter Generalverdacht: Als Hugh Allen, Professor in Oxford und Leiter des Royal College of Music in London, einmal George Butterworth und seinen gleichgesinnten Komponistenkumpel Reginald Owen Morris auf der Straße sah, bemerkte er zu einem Kollegen: »Da drüben läuft mehr rote Revolution als in Russland!«[115]

*

Schostakowitsch und Britten wuchsen in Welten auf, in denen es nach dem Ersten Weltkrieg normal wurde, jene frühere Musik zu verdammen, der man vorwarf, »das Gefühl über den Verstand, das Koloristische über eine geradlinige Entwicklung, die Expressivität über eine formale Balance und ausgewogene Proportionen« zu stellen, wie es der Komponist und Kritiker Cecil Gray formulierte.[116] Vor allem die im 19. Jahrhundert geborenen englischen Komponisten wurden in den 1920er- und 1930er-Jahren selbst Opfer von voreingenommenen Diskreditierungen. Männer der neuen Generation wie Gray oder der Komponist Constant Lambert fegten mit schneller Feder ein ganzes Lebenswerk beiseite. »Der aggressive edwardianische Wohlstand, der Elgars Finali einen so bequemen Hintergrund gibt, ist für uns jetzt ebenso fremd wie das England, das *Greensleeves* hervorgebracht hat«, urteilte Lambert 1934 in seinem einflussreichen Buch *Music Ho!*. »Vieles von Elgars Musik hat, obwohl das nicht ihre eigene Schuld ist, für die jetzige Generation den Hauch von Spießigkeit, Selbstbewusstsein und selbstherrlichem Wohlwollen.«[117] Gray qualifizierte selbst Strawinskij als »einen künstlerischen Wetterhahn« ab, »der sich immer danach ausrichtet, woher gerade der Wind weht«, und trug wesentlich dazu bei, Sibelius als eine anerkannte Größe in Großbritannien zu etablieren.[118] Erst Jahrzehnte später gelangte man zu einer differenzierteren Sichtweise. Vorerst nützte es der Generation von Richard Strauss und Edward Elgar wenig, dass man sich modernen Techniken gegenüber aufgeschlossen zeigte und zu den Pionieren gehörte, die als die berühmtesten Komponisten ihrer Epoche für die Schallplatte sowie den Rundfunk Aufnahmen leiteten.

Innovative Medien und neue gesellschaftliche Strukturen wurden zum Gradmesser des Aufbruchs. Auch für Faschisten und Kommunisten besaßen technische Verbesserungen eine ungemeine Faszination. Der Große Krieg bewies die Dummheit der Menschen, meinten sie, doch alles Mechanische galt als ein Beleg für die menschliche Intelligenz. Maschinen sind die Zukunft, hieß es. Für die vom Futurismus inspirierten Strömungen galt die Losung: »In der Kunst ist jeder Vorstoß ›nach links‹ auch ein Vorstoß nach vorne«.[119] In der Sowjetunion drückte man es etwas drastischer aus als in England, indem es hieß, die neuen Kapitäne sollten selbst Puschkin, Dostoewskij und Tolstoj »vom Dampfschiff der Moderne über Bord werfen«.[120] Für den Musik- und Theaterpädagogen Sergej Michajlowitsch Wolkonskij war der menschliche Körper ein Dynamo, der sich darauf einstellen lässt, die für eine künstlerische Darstellung erforderlichen Emotionen in gleich- und ebenmäßige schöne Bewegungen zu übersetzen. Er postulierte, der Körper sei eine Maschine, welche »den allgemeinen Gesetzen der Mechanik« unterworfen sei, die aber »durch Gefühle geölt und in Bewegung gesetzt« wird.[121] Wie viele andere lieferte auch Schostakowitsch dafür die Musik. Das Leben in dem neuen Utopia wurde von der Kolchose bis zur Kulturmetropole durchweg mechanisiert und technisiert. Das von François Delsarte entwickelte Bewegungs- und Deklamationssystem inspirierte Isadora Duncans Ausdruckstanz, Émile Jaques-Dalcrozes ›Rhythmische Gymnastik‹, Sergej Djagilews Aufführungspraxis seines ›Ballets Russes‹ und Wsewolod Mejerholds Darstellungsweise der Biomechanik. Die Führungsspitze ließ sich von diesem mechanistischen Denken anregen: Stalin sah im Künstler den »Ingenieur der menschlichen Seele«[122] und Trozkij frohlockte: »Eine neue, ›verbesserte Version‹ des Menschen zu produzieren – das ist die künftige Aufgabe des Kommunismus.«[123]

Totalitäre Tendenzen entwickelten sich in ganz Europa in unterschiedlichen Ausprägungen. Dabei gingen Karrieristen im Westen wie im Osten ihre eigenen Wege und besetzten einflussreiche Posten in radikalen Regierungen oder diktatorischen Biotopen. Der Schotte John Reith, 1922 Mitbegründer der British Broadcasting Company, die 1927 zur British Broadcasting Corporation umbenannt wurde, konnte bis 1938 seinen medialen Einfluss als erster Generaldirektor der BBC geltend machen. Während des Generalstreiks 1926 verhinderte er, dass der Radiosender von der Regierung als Sprachrohr genutzt werden konnte, doch ebenso wenig ließ er es zu, dass antifaschistische Stellungnahmen über den Sender gingen. Wie seine Tagebücher zeigen, war er ein Bewunderer faschistoider Ordnungen. »Ich bin sicher, dass die Nazis aufräumen und Deutschland auf den Weg bringen werden, wieder eine starke Macht in Europa zu werden«, schrieb er beeindruckt am 9. März 1933.[124] Und als deutsche Truppen sechs Jahre später Prag besetzten, staunte Reith anerkennend, wie »Hitler weiterhin seine großartige Effizienz« zeigte.[125] »Die BBC ist eine Autokratie, die dem Autokraten über den Kopf gewachsen ist«, kommentierte ein Labour-Abgeordneter. Sie ist das, »was in diesem Land der Nazi-Herrschaft am nächsten kommt«.[126] Ihr Vater habe »viele Eigenschaften mit Mussolini gemein gehabt«, sagte sogar seine eigene Tochter. »Er war diktatorisch, skrupellos und ausbeuterisch. Er konnte jemanden hochbringen oder ihn innerhalb von Sekunden ruinieren, was furchteinflößend war.« Am »unduldsamsten war er mit denjenigen, die ihn fürchteten«.[127] Doch gerade auf die Einfluss- und Verbreitungsmöglichkeiten der BBC waren junge Komponisten wie Britten angewiesen.

*

Schon lange vorher standen in Russland hinter Charakterisierungen wie »diktatorisch, skrupellos und ausbeuterisch« völlig andere Dimensionen. Hier wurde eine ›harte Hand‹ mitunter als notwendig erachtet, um höhere Ziele durchzusetzen. Im Osten entwickelte sich gegen Ende des

19. Jahrhunderts der Typus des Berufsrevolutionärs, der sein Urbild in Nikolaj Gawrilowitsch Tschernischewskijs 1863 entstandenem Roman *Was tun?* hatte, von dem Lenin 1902 den Titel für seine programmatische Schrift übernahm. Einer jener professionellen Revolutionäre war Sergej Mironowitsch Kirow aus dem etwa 800 Kilometer östlich von Moskau gelegenen Urschum im Gouvernement Wjatka. Er beteiligte sich bereits an der gescheiterten Revolution von 1905 und lavierte 1917 zwischen den zerstrittenen Gruppierungen. Letztlich stellte er sich auf die Seite der Bolschewiki. Um seinen bedingungslosen Einsatz für die Revolution unter Beweis zu stellen, schlug er im Frühjahr 1919 in Astrachan einen Arbeiteraufstand blutig nieder. Hierbei ließ er 1500 unbewaffnete Menschen inhaftieren und ohne Gerichtsverfahren als vermeintliche »weißgardistische Spione« hinrichten. Anfang der 1920er-Jahre spielte er zudem eine führende Rolle bei dem Versuch, unabhängige Kaukasus-Republiken und Georgien mit Hilfe der Roten Armee dem Einflussbereich der Sowjets einzuverleiben. Im Februar 1926 wurde er schließlich zum Ersten Sekretär der Leningrader Parteiorganisation ernannt und ein gern gesehener Gast auf Stalins 35 Kilometer vor dem Moskauer Stadtzentrum gelegenen Landsitz Zubalowo. Stalin versprach sich von Kirow, dass er die immer noch präsenten Gefolgsleute seiner Vorgänger im Leningrader Parteikomitee bekämpfen und zu Parteikadern erziehen sollte, die dem laut Kirow »besten Steuermann unseres großen sozialistischen Landes«, Iosif Wissarionowitsch Stalin, so treu ergeben waren wie er selbst. Kirow hatte seine Hingabe nicht zuletzt durch seine Beteiligung an der Zerschlagung der sowjetischen Akademie der Wissenschaften in Leningrad Anfang der 1930er-Jahre bewiesen, der eine Entlassungs- und Verhaftungswelle folgte. Für Intellektuelle hatte der aus einfachen Verhältnissen stammende Kirow nie viel übriggehabt. Doch Leute vom Schlage eines Reith und eines Kirow hatten das Sagen, als Britten und Schostakowitsch begannen, sich einen Namen zu machen.

*

Für Dmitrij Schostakowitsch und Benjamin Britten gehörten die Jahre bis Anfang bzw. bis gegen Ende der 1930er-Jahre zu den prägendsten. Diese Erfahrungsphasen als Jugendliche bzw. junge Erwachsene beeinflussten viele Verhaltens- und Denkmuster und legten die Grundlagen für ein besonderes Sensorium gegenüber ihrer Umwelt: Humor, Empfindsamkeit und Niedergeschlagenheit bis hin zur Depression. Bei Britten und Schostakowitsch fiel dieser Entwicklungsprozess in eine Zeit, die manche Historiker aus guten Gründen als den Dreißigjährigen Bürgerkrieg des 20. Jahrhunderts betrachten. Erste Überlegungen in diese Richtung hatte bereits der Maler Franz Marc aufgeworfen, der schon Ende 1914 in seiner Schrift *Das geheime Europa* nahelegte: »In diesem Kriege kämpfen nicht, wie es in Zeitungen steht und wie die Herrn Politiker sagen, die Zentralmächte gegen einen äußeren Feind, auch nicht eine Rasse gegen die andre, sondern dieser Großkrieg ist ein europäischer Bürgerkrieg, ein Krieg gegen den inneren, unsichtbaren Feind des europäischen Geistes«.[128] Schließlich schlug der in die USA emigrierte Politologe Sigmund Neumann 1942 vor, »die letzten drei Jahrzehnte als einheitliche Periode, als eine Art zweiten Dreißigjährigen Krieg, zu betrachten«.[129] In die Phase von 1914 bis 1945 fielen der Erste Weltkrieg (1914–18), der Bürgerkrieg in Russland (1917–22), verschiedene Aufstände in Zentraleuropa (1918/19 ff.), der polnisch-sowjetische Krieg (1919–21), der irische Unabhängigkeitskrieg (1919–21), der sowjetisch-chinesische Grenzkrieg (1929), der Abessinienkrieg (1935–36), der spanische Bürgerkrieg (1936–39), der japanisch-sowjetische Grenzkonflikt (1938/39), der finnisch-russische Krieg (1939/40), die sowjetische Besetzung Ostpolens (1939), der von Deutschland ausgehende Zweite Weltkrieg in West- (1939–45) und Osteuropa (1941–45) sowie der Pazifikkrieg (1941–45). Die Spirale der nicht enden wollenden Massengewalt setzte sich fort mit dem griechischen Bürgerkrieg (1946–49) und dem Koreakrieg (1950–53), bei dem auch Russen und Briten umkamen.

Die Art der Kriegsführung veränderte sich in den prägenden Lebensphasen von Britten und Schostakowitsch dramatisch. Noch 1914 hielt man die erbarmungslose Massenvernichtung, die dann auf den Schlachtfeldern des 20. Jahrhunderts begangen wurde, für undenkbar, denn, so ein hochrangiger Vertreter des britischen Außenministeriums, man entscheide sich bei der Berufung von Diplomaten »meistens für einen bestimmten Menschentyp«, und alle »sprechen sozusagen dieselbe Sprache; sie haben dieselbe Denkweise und mehr oder weniger dieselben Ansichten«.[130] Und in der *Times* dozierte man noch vier Monate vor Kriegsbeginn, »die Aufteilung der Großmächte in zwei wohlausgewogene Gruppen, deren Mitglieder enge Beziehungen untereinander pflegen, ohne dass ihnen untersagt wäre, mit einem oder mehreren Mitgliedern der anderen Gruppe auf freundschaftlichem Fuße zu stehen«, sei »ein zweifaches Hindernis für übermäßige Ambitionen und den unvermuteten Ausbruch von Rassenhass«.[131] Nicht nur hielten sich die Beteiligten des Ersten Weltkriegs keineswegs mehr an ein im Sinne des »ius publicum europaeum« allgemein anerkanntes Recht – im Zweiten Weltkrieg erlebten Britten und Schostakowitsch im Hinterland auch noch zwei völlig unterschiedliche Arten der Kriegsführung. Im Westen traten Nationen gegeneinander an, die die Kapitulation des Gegners herbeizwingen wollten; auf diese Weise wurde Frankreich nach einem Waffenstillstand besetzt. Im Osten trieben von einer Rassenideologie motivierte Deutsche einen Eroberungs- und Vernichtungskrieg voran, bei dem es galt, neuen Lebensraum zu erobern, um – so lautete 1941 die »Mitteilung für die Truppe« – dem »Aufstand des Untermenschen gegen edles Blut«[132] ein Ende zu setzen und diesen auszurotten. Mussten beim Ersten Weltkrieg die Menschen in den verschiedenen Ländern noch in etwa gleich viele Opfer beklagen, so zeigte sich der Unterschied zum Zweiten Weltkrieg bei Brittens und Schostakowitschs Heimatländern deutlich: In Großbritannien zählte man weniger als 400 000 Opfer, darunter 60 000 Zivilisten; in der Sowjetunion kamen mit fast 27 Millionen Toten zehn Prozent der Gesamtbevölkerung ums Leben, davon mindestens 15 Millionen Zivilisten. Nachdem Britten genügend Abstand gewonnen hatte, stellte er in seinem 1961/62 entstandenen *War Requiem* noch dem konventionellen lateinischen Requiem-Text die Gedichte des im Ersten Weltkrieg an der Westfront umgekommenen Schriftstellers Wilfred Owen gegenüber, während Schostakowitsch in seiner gleichzeitig entstandenen 13. Sinfonie mit Gedichten seines Zeitgenossen Jewgenij Jewtuschenko die Erfahrungen von Massenausrottungen, Kriegsnot, Autoritätszweifeln und Angst verarbeitete.

Kriegstraumata führten bereits in der Zeit des Ersten Weltkriegs zur Herausbildung eines neuen Zweigs der Medizin und der Psychologie. Das Jahrhundert von Britten und Schostakowitsch wurde zum »Zeitalter der Angst«, dem von W. H. Auden in seiner sinistren Ekloge bedichteten *Age of Anxiety*. Fast ein halbes Jahrhundert später publizierte der russische Schriftsteller Daniil Aleksandrowitsch Granin in seinen mit dem Titel страх (›Strach‹, Angst) versehenen Erinnerungen, seine »Aufzeichnungen über die Angst«,[133] die übersetzt als *Das Jahrhundert der Angst* bzw. *Fear* herauskamen. Der Begriff ›anxiety‹ bezeichnet ein unangenehmes, diffuses Gefühl von Bedrohung, während ›fear‹ Bezug nimmt auf eine konkrete Gefahr. Im Verlauf der Jahrzehnte peinigte Britten in England eine unbestimmte Empfindung, während Schostakowitsch sich in der Sowjetunion konkreten Bedrohungen ausgesetzt sah.

II. »Ich meine, dass er Musiker werden kann« – Wunderkinder, Moderne und Technologie

Für Beni und Mitja war das Komponieren so natürlich wie das Erlernen von Lesen und Schreiben. Selbst als sie älter wurden, hegten sie noch immer nostalgische Sympathien für ihre ersten Kompositionsversuche. Schon mit zwölf Jahren präsentierte Dmitrij bei einer Schulveranstaltung einen *Trauermarsch in Gedenken an die Opfer der Revolution* und in die Opuszählung seiner Werke nahm er das *Scherzo in fis-Moll* für Orchester auf, das er als 13-jähriger entworfen hatte. Wie gut er sich selbst viele Jahre später noch in Jugendliche hineinversetzen konnte, zeigt sein Übungsbuch für Kinder, das Schostakowitsch 1945 zum neunten Geburtstag seiner Tochter Galina erstellte: Neben einem Marsch und einem Walzer, die in kaum einer Minute dahinhuschen, erklingt als längstes Stück eine »traurige Geschichte« als Adagio, gefolgt von einer »heiteren Geschichte« im Allegro. In dem Zyklus spiegelt sich das weite emotionale Spektrum der Kindheit wider: die anschließenden Allegretto-Abschnitte haben mit »Der Bär« und »Die mechanische Puppe« sehr anschauliche Titel und umfassen thematisch wesentliche Bezugspunkte seiner Epoche – das Natürliche, Lebendige, das für die Entfaltung des modernen Lebens immer mehr gezähmt werden muss, sowie die Faszination des Technischen. Später fügte Schostakowitsch noch einen siebten Teil an, den »Geburtstag«, dessen Fanfare fast zehn Jahre danach die *Festliche Ouvertüre* op. 96 einleiten sollte.

Während die meisten Jugendwerke von Schostakowitsch verloren gegangen sind, nutzte Britten frühe Skizzen für ausgefeilte Kompositionen. »Im Augenblick kann ich nicht eine einzige Note für irgendetwas Ordentliches schreiben«, klagte der Komponist einer Bekannten, »und so – mit der vagen Aussicht, etwas Geld herauszuholen – stelle ich altes Zeug (einiges davon entstand vor über zehn Jahren) zu einer netten kleinen Schulsuite für Streicher zusammen«.[134] Die 1933/34 entstandene *Simple Symphony* führt indirekt wieder in die Zeit, in der Britten Junior im Alter von neun bis zwölf Jahren seine ersten Kompositionen zu Papier brachte und von Sonaten über Orchesterwerke mit hochtrabenden Titeln wie *Chaos und Kosmos* bis hin zu Oratorien »alle Opuszahlen von 1 bis 100 vergeben (und katalogisiert)« hatte, wie er in den 1950er-Jahren bei seinen Anmerkungen zu einer Platteneinspielung notierte. In der offiziellen Zählung wurde die »Schlichte Sinfonie« später als Opus 4 deklariert. Natürlich wusste Britten um die handwerklichen Defizite seiner frühen Ergüsse, trotzdem fand er als damals »stolzer, junger Komponist von zwanzig Jahren (von dem sogar schon etwas im Radio übertragen worden war)« doch »einiges darin, das nicht allzu uninteressant war«.[135]

Für seine *Simple Symphony* wählte er acht musikalische Themen von frühen Klavierstücken und Liedern aus der Kinderzeit aus, die er – schon seit langem ein Bewunderer Strawinskijs – zu vier dreiteiligen Sätzen im klassizistischen Stil für ein Streichorchester und später auch für Streichquartett arrangierte. Gerade an den Streichern liebte Britten, der selbst ein versierter Bratschist war, nach eigenem Bekunden besonders die unendliche Vielfalt der Klangfarben und die große Virtuosität. Die fantasievoll alliterierenden Titel der vier Sätze sprechen für sich: ›Boisterous Bourrée‹ (Burschikose Bourrée), ›Playful Pizzicato‹ (Putziges Pizzikato), ›Sentimental Sarabande‹ (Sentimentale Sarabande) und ›Frolicsome Finale‹ (Fröhliches Finale). Interessante Details bieten die Bourrée, die auf drei Hauptthemen aufbaut, von denen zwei stets gleichzeitig zu hören sind, sowie die Sarabande, deren zweites Thema eigentlich aus einem Walzer stammt, wobei gelegentlich noch der Rhythmus des Originals in der Begleitung durchschimmert. Mit einer beneidenswerten prophetischen Gabe war der Rezensent mit den Initialen »W. L.« der *Eastern Daily Press* gesegnet, als er am 7. März 1934 anlässlich der Uraufführung der *Simple Symphony* schrieb, ihr Komponist habe eine ungewöhnlich vielversprechende Zukunft vor sich. Schon in jungen Jahren entwickelte Britten einen Sinn fürs Merkantile: Die »Schlichte Sinfonie « ist eines der ersten von etlichen Werken, die Britten auch im Hinblick auf die technischen Möglichkeiten von Amateuren schrieb, wobei zu den zahlreichen sich dadurch ergebenden Aufführungsmöglichkeiten überraschenderweise noch hinzukam, dass die Musik 1944 in Bristol auch erstmals für eine Ballettchoreografie verwendet wurde. Schostakowitschs Musik ist nicht minder emotionsgeladen und bildhaft – auch seine abstrakten Kompositionen wurden für das Tanztheater adaptiert.

*

Die Väter haben die Erfolge der Söhne nicht mehr miterlebt. Sie starben schon mit Mitte vierzig bzw. fünfzig, als Dmitrij und Benjamin gerade einmal 16 bzw. 21 Jahre alt waren. Die Mütter entwickelten sich zu den bestimmenden Persönlichkeiten. Sowohl Beni als auch Mitja erwiesen sich als talentiertere Klavierschüler als ihre Geschwister. Der Benjamin der Familie übertrumpfte die Älteren: die Schwestern Barbara und Elizabeth, »Beth«, die elf bzw. vier Jahre älter waren, zeigten keinerlei musikalische Ambitionen. Nur Robert, »Bobby«, der ihm um sechs Jahre voraus war, wurde zum kindlichen Rivalen am Klavier. Er lernte Geige, klimperte aber lieber Ragtimes am Piano. Doch der kleine Bruder drängelte ihn schon bald von den Tasten fort – ihm sei etwas eingefallen und er müsse es unbedingt gleich ausprobieren. »Wir kämpften regelrecht um das Klavier«, erinnerte sich Bobby, »und dann kam Mutter herein und sagte einfach nur: ›Lass Beni ran, er ist der Kleinere.‹ Und so durfte für gewöhnlich er ans Klavier.«[136] Ethel Britten erschien Beni als das talentierteste unter ihren vier Kindern und sie zeigte sich fest entschlossen, aus dem Jungen einen großen Musiker zu machen. Ein Schulfreund berichtete später, dass man häufig über die drei bzw. vier ›B‹s gesprochen habe: Bach, Beethoven, Brahms, und das vierte B sollte Britten selbst werden. Benjamins Bruder Robert war musikalisch genug, um später unter anderem als Klavierlehrer zu arbeiten. Förderungswürdiger erschien jedoch das Talent des Jüngsten. Dass die ersten Kompositionsversuche von Benjamin noch unausgegoren waren, tat der Begeisterung keinen Abbruch. Schon mit fünf Jahren versuchte er, Noten aufzuzeichnen, aber wie er später erzählte, »sah das Ergebnis eher aus wie die Brücke über dem Fluss Forth; die Seite war übersät mit Hunderten von Punkten, die an langen, schönen, geschwungenen Bögen miteinander verbundener Linien hafteten«.[137] Für die ersten offiziellen Klavierstunden war das Talent der Mutter noch vollkommen ausreichend. Mit fünf Jahren erhielt Beni von ihr Anfängerunterricht und konnte sie schon im ersten Schuljahr beim Liedvortrag begleiten. Die Mutter arrangierte Musikabende im eigenen Haus, bei denen der Allerjüngste als Wunderknabe in Erscheinung trat. »Ich mag meine Kindheitswerke«, erzählte später noch der gereifte Komponist, »besonders ein Lied mit dem Titel ›The Birds‹, das geschrieben wurde, als ich vierzehn oder fünfzehn war.«[138] Doch Mrs. Britten kannte ihre Grenzen und so beschloss man, dass der siebenjährige Benjamin reguläre Unterweisung bei Ethel Astles erhalten sollte, einer Klavierlehrerin in Lowestoft. Dementsprechend waren die juvenilen ernsthaften kompositorischen Bemühungen zunächst kleine Klavierstücke wie die *Fünf Walzer*, die er im Alter von zehn bis zwölf Jahren zu Papier brachte. Nachdem ab 1923 auch Bratschenunterricht bei Audrey Alston in der Nähe von Norwich hinzugekommen war, versuchte sich Benjamin alsbald an komplexeren Stücken, die er Jahr für Jahr seinen Eltern zum Hochzeitstag widmete: 1926 eine *Suite fantastique* in a-Moll für großes Orchester und obligates Klavier, 1927 die sinfonische Dichtung *Chaos and Cosmos* für großes Orchester und 1928 die *Quatre chansons françaises* für hohe Stimme und Orchester. Gewiss hatte er hierbei auch die Gesangsstimme seiner Mutter Edith im Sinn, der er einige Einzelkompositionen zueignete. Seinem Vater sind keine Werke gewidmet. Im Hause der Brittens drehte sich nur im Umfeld der Mutter alles um Musik. Bens Vater war eher das Gegenteil: streng und an musischen Dingen kaum interessiert. Er weigerte sich, für die Familie ein Grammophon oder ein Radio anzuschaffen, und so bezog Britten junior seine Kenntnisse der großen sinfonischen Meisterwerke zunächst vorwiegend aus Klavierarrangements zu vier Händen, die er mit Freunden oder Verwandten durchspielte.

Im Gegensatz zu Britten wurde Dmitrij Schostakowitsch eher unfreiwillig zum jugendlichen Pianistenwunder. Er zeigte als Kind zwar leidlich Interesse an der Musik, fühlte sich aber nicht danach gedrängt, sich ernsthaft mit ihr zu beschäftigen. Doch seine Mutter erkannte das Potenzial. »›Allzu bitter ist der Anfang des Lernens, als dass es sich lohnte, Klavier spielen zu lernen‹, dachte ich. Aber meine Mutter bestand dennoch darauf und im Sommer 1915 fing sie an, mir Klavierstunden zu geben«, erinnerte sich Schostakowitsch als 21-jähriger. »Die Sache ging sehr schnell. Es zeigte sich, dass ich das absolute Gehör und ein gutes Gedächtnis hatte. Ich lernte rasch die Noten, konnte mir leicht etwas merken und lernte mühelos auswendig – es merkte sich von selbst. Ich konnte gut Noten lesen. Damals machte ich auch die ersten Kompositionsversuche. Als meine Mutter sah, dass die Sache gut lief, beschloss sie, mich in die Musikschule von Ignati Albertowitsch Glasser zu geben.«[139] Bei dem Pädagogen wurden zwar die pianistischen Fähigkeiten an den Werken von Bach, Haydn, Mozart und Tschajkowskij geschult, aber Glasser blieb skeptisch gegenüber den ersten Kompositionsbemühungen und ermunterte diese Art von Ehrgeiz nicht. Sofija Schostakowitsch beschloss daraufhin, mit Dmitrij und seiner älteren Schwester Maria bei Aleksandra Aleksandrowna Rosanowa vorstellig zu werden, die einst ihre eigene Klavierlehrerin am Sankt Petersburger bzw. Leningrader Konservatorium gewesen war. Während Glasser vor allem Wert auf eine perfekte technische Ausführung gelegt hatte, achtete Professorin Rosanowa mehr auf die Qualität der Interpretation. Spätestens ab 1921 spielte die Musik die absolute Hauptrolle in Dmitrijs Leben. Er gab mit zwölf Jahren den Gymnasialbesuch bei der 1918 von den Bolschewiki verstaatlichten Schule auf und konzentrierte sich ausschließlich auf eine Laufbahn als Musiker. Benjamin Britten verließ die Gresham School des »Farfield«-Internats in Holt, Norfolk, mit 16 Jahren im Juli 1930. Die eigentliche Spezialausbildung zum Komponisten sollte erst beginnen, als Schostakowitsch und Britten 14 bzw. 15 Jahre alt waren. Doch es gab noch anderes, das wesentlich dazu beitrug, zum Künstler zu reifen. Als Britten einmal in einem BBC-Interview nach seiner wichtigsten Inspirationsquelle gefragt wurde, entgegnete er kurz und knapp: »Life.«[140] Das Leben. Und die ›Universität des Lebens‹ prägte sowohl ihn als auch seinen Kollegen und späteren Freund aus der Sowjetunion.

*

In Brittens Geburtsjahr entstanden zwei Gemälde, welche die Pole der Lebenswelten in den Vorkriegsjahren markieren: Natalja Sergejewna Gontscharowa, Anhängerin des russischen Futurismus, Mitglied der

Künstlergruppe ›Blauer Reiter‹ und spätere Bühnenbildnerin von Djagilews Ballets Russes, bannte mit Ölfarben das Thema »Fahrradfahrer«[141] auf eine Leinwand und der Schotte Stanley Cursiter, der den Post-Impressionismus und den Futurismus in seine Heimat brachte, zeigte »Das Erlebnis, die Straße zu überqueren« am Beispiel von Edinburgh.[142]

Natalja Gontscharowa gelang eine Verbindung aus kubistisch anmutender klarer Gliederung und dem Grundsatz des Manifests der Futuristen, dem zufolge »eine Form niemals bewegungslos vor uns ist, sondern sie erscheint und verschwindet stetig« und »verändert sich wie rasche Vibrationen«: Das Rad und der in gebückter Haltung auf ihm sitzende Fahrer, beide im Profil dargestellt, wirken durch das Verschmelzen verschiedener Perspektiven und Zeitebenen dynamisch und vital – so wie sich die junge Generation selbst sah. Allerdings wird der Vorwärtsdrang eingeschränkt durch die begrenzten technischen Möglichkeiten: hier wird ein Verkehrsmittel aus der Zeit vor der Motorisierung gezeigt, das genauso wenig mondän war wie die im Vergleich zu Bahn und Auto zehnmal langsameren Kutschen. In den fortschrittlicheren britischen Großstädten gab es 1909 noch ungefähr dreimal so viele Pferdedroschken wie motorisierte Taxen, aber nur vier Jahre später hatte sich das Verhältnis bereits umgekehrt. Cursiter zerlegte in seinem Wimmelbild Blickrichtungen, Personen, Straßenbahnen, Busse und Autos in einzelne farbige Blöcke, gerade so, als ob es sich um ein falsch zusammengelegtes Puzzle handele. Die Hektik des Verkehrs und der modernen Lebenserfahrung illustriert die unterschiedliche Anordnung der herumwirbelnden Komponenten, in denen Bewegung und Geschwindigkeit vibrieren. Der auf die lateinische Bezeichnung für ›Wirbel‹ bzw. ›Sturm‹, ›vortex‹, zurückgehende Stilbegriff ›Vortizismus‹ bezeichnet die britische Variante des Futurismus. Mit kühnem Linienschwung und leuchtenden Farben sollten alltägliche Erfahrungen auf die Leinwand gebannt werden.

Aus diesem Milieu stammte auch John Piper, Brittens langjähriger Bühnenbildner und Ehemann der Librettistin Myfanwy Piper. Seine Malerei aus den 1920er- und 1930er-Jahren ist symptomatisch für die neue Wahrnehmung der Nachkriegsgeneration. Der Bezug zur Natur ging verloren, mehr noch wurde ein idyllischer Blick für das große Ganze als verlogen empfunden. Die Erkenntnis, dass Wahrnehmung individuell und fragmentarisch ist, führte zu neuen künstlerischen Ansätzen in allen Bereichen. Dass Britten mit wachem Auge auch die bildenden Künste wahrnahm, zeigen Hinweise in seinen Tagebüchern und Briefen. In der Londoner Tate Gallery bewunderte der 18-Jährige ein »sagenhaftes Bild eines ›Toten Jungen‹ von Alfred Stevens«.[143] Später kamen noch die Anregungen durch seinen kunstbeflissenen Lebensgefährten mit der Sammelleidenschaft hinzu. Schostakowitsch begeisterte sich nie für Malerei und duldete in einer der Moskauer Wohnungen und in seinem Büro pompöse Schinken des Malers und Bühnenbildners Pjotr Wladimirowitsch Williams. Als Musiker kam Dmitrij Dmitriewitsch unmittelbar mit den praktischen Auswirkungen der sowjetischen Bildgestaltung in Berührung, als er im Alter von 17 Jahren begann, als Kinopianist für den Stummfilm Musik beizusteuern. Dies förderte die Begabung, später schnell und spontan auf Auftragsarbeiten für Theater und Kino zu reagieren und nicht tatenlos träge auf die Inspiration zu warten. Schon Tschajkowskij hatte betont, »die Inspiration ist ein Gast; ihr ist nicht daran gelegen, die Faulen zu besuchen«, denn sie »widmet sich nur denen, die sie einladen«.[144]

Während Britten und Schostakowitsch sich für die Ideale des Sozialismus und Kommunismus erwärmten, begannen etliche Komponisten mit faschistischen Regimen zu sympathisieren. Zu den bekanntesten gehörten Mascagni und Respighi in Italien sowie Pfitzner und Webern in Deutschland. Sie und viele Künstlerkollegen faszinierten die Ordnung und Disziplin, die durch die neuen Ideologien in eine als unstrukturiert, desorientiert und zerfasert erscheinende Umwelt eingebracht wurden. Vertreter der Avantgarde hegten durchaus Zuneigung für politische Konzepte, die wie der Totalitarismus einen Absolutheitsanspruch vertraten. Der Literat Wiktor Schklowskij konnte über den radikalen Dichter Majakowskij zu Recht sagen, er »trat in die Revolution wie in ein Eigenheim«.[145] Man forderte absolute Autonomie und politisches Engagement, erkannte aber nur wenige Vorläufer aus vergangenen Zeiten an. Immerhin pries Francesco Balilla Pratella bereits 1910 in seinem *Manifest der futuristischen Musiker* neben Wagner und Sibelius auch den Russen Musorgskij, der für seine »Suche nach der dramatischen Wahrheit und der harmonischen Freiheit« allem Traditionellen entsagt, und den Engländer Edward Elgar, »der mit uns an einem Strang zieht, indem er bestrebt ist, das Vergangene durch ein Ausweiten der klassischen sinfonischen Formen zu zerstören«.[146]

Mit beiden Komponisten befassten sich Schostakowitsch und Britten intensiv, indem sie Schlüsselwerke wie *Boris Godunow* bearbeiten bzw. *The Dream of Gerontius* einspielen sollten. Gerade wie diese Künstler mit kritischer Distanz und fragmentarischen Klangbausteinen ihren eigenen Kosmos gestalteten, musste faszinierend gewirkt haben. Dafür hatte sich Musorgskij von dem Shakespeare-nahen Œuvre Puschkins anregen lassen sowie westlichen Autoren wie Goethe und Flaubert; Elgar inspirierte in seinem Arbeitszimmer eine Reproduktion von Iwan Kramskojs Gemälde »Christus in der Wüste«[147] bei der Komposition von *The Apostles*. In der neuen Ära versuchte man, die ausgetretenen Pfade zu meiden und individuelle Wege zu beschreiten. Die künstlerische Expressivität nutzte die Fahrwasser der politischen Radikalität:

So wie sich die italienischen Futuristen für den Faschismus begeisterten, nutzten die russischen Künstler die Gunst der Stunde in ihrer Heimat. »Dank der Unterstützung, die uns die Oktoberrevolution erwies, wurden wir alle, junge Künstler-Erneuerer, ernst genommen«, jubelte der Komponist Naum Israilewitsch Lurja, der sich den Künstlernamen Arthur Vincent Sergeewitsch Lourié zulegte. »Erstmals sagte man den jugendlichen Phantasten, dass sie ihre Träume verwirklichen konnten.«[148] In dem 1918 herausgebrachten programmatischen Pamphlet *Futurismus und proletarische Kunst* prahlte der Maler Natan Altman, dass der »revolutionäre Futurismus im Gleichschritt mit der Revolution« marschiere.[149] Es war das Zeitalter von Maschinen und Poesie. Bewegung, Ausdruck und Geräusch begannen, Film, Bühne und Konzertsaal zu erobern. England gehörte zu den ersten Nationen, in denen mit dem Rundfunk ein völlig neuer Bereich der Kommunikation und Technologie erschlossen wurde. Russland hinkte der Industrialisierung des Westens hinterher. Doch nach dem Ende des Bürgerkriegs im Oktober 1922 strebten die siegreichen Bolschewiki unter Lenins Führung danach, Anschluss zu finden. »Kommunismus ist die Sowjetmacht plus die Elektrifizierung des gesamten Landes«, lautete Lenins Parole.[150] Nicht nur sollte die Produktionskapazität gesteigert werden, auch die Künste sollten effektiv und affirmativ zu einer besseren Welt beitragen. Die Zukunft war, wie es die Dichterin Olga Fjodorowna Berggolz auf den Punkt brachte, »elektrisch und kommunistisch«.

*

Der entscheidende Einfluss, um aus der Berufung einen Beruf zu machen, kam bei Benjamin Britten durch privaten Unterricht und bei Dmitrij Schostakowitsch durch eine Ausbildung im Kollektiv. Auf Empfehlung von Aleksandra Rosanowa durfte Schostakowitsch im Herbst 1919 in ihre Klavierklasse am Konservatorium eintreten und erhielt zusätzlich Unterricht bei Georgi Bruni, der auf die Kunst des Improvisierens Wert legte. »Bruni setzte mich ans Klavier und bat mich, einen ›Blauen Walzer‹ zu improvisieren«, erzählte Schostakowitsch. »Meine Darbietung befriedigte ihn, und er bat mich, etwas Orientalisches zu improvisieren.«[151] Schostakowitsch gab diese Treffen bald auf, da sie ihm zu wenig zielführend erschienen. Seine hartnäckigen Kompositionsversuche kamen schließlich dem Leiter des Konservatoriums, Aleksandr Konstantinowitsch Glasunow, zu Ohren, der sich von dem jungen Talent beeindruckt zeigte. Glasunow galt nach dem Tod von Tschajkowskij und Rimskij-Korsakow als der führende Musiker des Landes. Selbst die Kommunisten konnten ihm – dem Schöpfer von acht Sinfonien, beliebten Balletten und Orchesterwerken zu Themen wie Stenka Rasin und dem Kreml – hinsichtlich seiner Bedeutung und seines Rangs nichts anhaben. Als Leiter des Konservatoriums in Sankt Petersburg hatte er von 1905 bis 1928 über zwanzig Jahre lang Einfluss auf Künstler der nachfolgenden Generationen. Glasunow wurde zum ersten von vielen wichtigen Fürsprechern Schostakowitschs, die ihm in einigen Fällen später sogar das Leben retten sollten.

Der Doyen der russischen Musik förderte Dmitrijs Begabung, wurde aber nie sein Lehrer. Als Konservatoriumsdirektor verfolgte er natürlich die Fortschritte des angehenden Klaviervirtuosen und Komponisten, doch nutzte er seine Stellung nicht, um Einfluss auf den Jugendlichen zu nehmen, sondern um ihm alle erdenklichen Hindernisse aus dem Weg zu räumen. So setzte er ein Studienstipendium der Borodin-Stiftung durch und unterstützte den kranken Studenten, als dieser zur Erholungskur auf die Krim reisen musste. In Notsituationen half er Schostakowitsch auch finanziell. Als Glasunow einmal gefragt wurde: »Was meinen Sie, ob aus diesem jungen Mann nicht ein ausgezeichneter Pianist werden wird?«, entgegnete er sehr leise und nachdenklich: »Ich meine, dass er Musiker werden kann.«[152]

*

Wo sollten Schostakowitsch und Britten einen geeigneten Ort für die Weiterbildung suchen? In Großbritannien fand man die namhaftesten Ausbildungsstätten in London, wo Britten zwischen der 1822 gegründeten Royal Academy of Music am Südende des Regent's Park und dem 1883 initiierten Royal College of Music am Hyde Park wählen konnte – beide gerade einmal einen längeren Spaziergang voneinander entfernt. Zwischen den besten Konservatorien Russlands in Sankt Petersburg und Moskau lagen 650 Kilometer, die am einfachsten mit einer mehrstündigen Bahnfahrt zu überwinden waren. Moskau! Die Hauptstadt der Revolutionäre hätte für den 18-jährigen Schostakowitsch neue Freiheiten bedeutet und die Perspektive geboten, bei Nikolaj Mjaskowskij zu studieren, dem produktivsten Orchesterkomponisten des Landes, der bis 1949 allein 27 Sinfonien und 13 Streichquartette herausbrachte. Zudem hatte Schostakowitsch im April 1924, auf dem Rückweg von einem Kuraufenthalt auf der Krim, in Moskau bereits Kontakte zu einer Gruppe junger Musiker geknüpft, die sich nach französischem Vorbild »Die Sechs« nannten.

Am Konservatorium seiner Heimatstadt stöhnte er unter dem dogmatischen Kompositionsunterricht des Rimskij-Korsakow-Schülers und -Schwiegersohns Maksimilian Oseejewitsch Schtejnberg, seines Zeichens Schöpfer von fünf Sinfonien und etlichen Balletten. Andere Musiker der alten Schule wie Schostakowitschs Kontrapunktlehrer

Nikolaj Aleksandrowitsch Sokolow, der Geigenpädagoge Wiktor Walter und der Dirigierprofessor Nikolaj Malko beeindruckten den Studenten, doch wirklich prägend wurde für ihn die Begegnung mit Leonid Wladimirowitsch Nikolaew. Sein Schüler Walerian Bogdanow-Beresowskij charakterisierte den Ukrainer als »einen Musiker und Interpreten, der über die Konzeption sowie den weiten intellektuellen und kulturellen Horizont eines Komponisten verfügt. Er bildete seine Studenten nicht bloß als Pianisten aus, sondern in erster Linie als denkende Musiker.«[153] Seit 1909 lehrte Nikolaew am Sankt Petersburger, hernach Leningrader Konservatorium Klavier und Komposition. Schon drei Jahre später übertrug man ihm eine Professur und Mitte der 1930er-Jahre berief man ihn sogar kurzzeitig als Institutsleiter. Aus seiner Feder stammten Sinfonien, Chorwerke, Streichquartette und Kammermusik. »Als jemand, der die Musik ›von innen‹ spüren konnte, vom Standpunkt des Schöpfenden, nicht bloß als Hörender, vermochte er Dmitrij wirklich wertvolle Ratschläge zu geben, indem er eindringliche, sensible Hinweise zu dem gab, was er vernahm«, erzählte Dmitrij Sollertinskij.[154] Schostakowitschs Entscheidung, schließlich nicht an das von dem Anton Rubinschtejn-Eleven Konstantin Nikolaewitsch Igumnow geleitete Moskauer Konservatorium zu gehen, sondern in Leningrad zu bleiben, lag in erster Linie an der Persönlichkeit Nikolaews. »Natürlich ist Mjaskowskij 100 000-mal besser als ›Haferwitsch‹«, schrieb Schostakowitsch mit einer Anspielung auf Schtejnbergs Spitznamen, aber »Nikolaew ist ein viel besserer Musiker als Igumnow.«[155] Zusätzliche Aspekte dürften die unterschiedlichen Mentalitäten der beiden Orte sowie die Abneigung der Moskauer Führung gegen die alte Zarenstadt gewesen sein. Mit deren Umbenennung in Leningrad und der Verlegung des Regierungssitzes versuchte man, ihr nicht nur die Identität zu rauben. Kurt Sanderling betonte, dass Schostakowitschs Heimatstadt »von allen ideologischen Schlägen, die das Regime austeilte, immer besonders hart betroffen war«.[156] Die überdeutliche Dominanz von Moskau nötigte schließlich auch Schostakowitsch, 1943 zur Schaltstelle der Macht zu ziehen, um dort eine Professur anzunehmen. Doch so lange und so oft er konnte, hielt er seiner Heimatstadt ›Sankt Petersburg‹ die Treue. Während des Deutsch-Sowjetischen Krieges und der Leningrader Blockade wurde Leonid Nikolaew mit den übrigen Dozenten des Konservatoriums nach Taschkent evakuiert. Dort starb er an Typhus. Schostakowitsch widmete 1943 seine zweite Klaviersonate seinem Lehrer und Freund.

*

Im Sommer 1923 bestand Schostakowitsch sein Klavierexamen; Britten absolvierte 1926 die Klavierabschlussprüfungen des ›Associated Board of the Royal Schools of Music‹ in London. Als der 18-jährige Dmitrij Schostakowitsch damit begann, an seiner ersten Sinfonie zu tüfteln, hatte der knapp elfjährige Benjamin Britten ein für seine Laufbahn als Musiker einschneidendes Erlebnis. Beim Besuch des Norwich Triennial Festival am 30. Oktober 1924 wohnte er einer Aufführung der Orchestersuite *The Sea* bei, die 1910 entstanden war und von ihrem Komponisten, Frank Bridge, selbst geleitet wurde. Benjamin war außer sich vor Begeisterung über das Orchester und den Farbenreichtum des Werks. Das abwechslungsreiche viersätzige Klangportrait des Meeres war die einzige von Bridges Vorkriegskompositionen, die sich im Repertoire gehalten hatte, und über viele Jahre hinweg ein Renner bei den 1895 von dem Dirigenten Henry Wood initiierten Promenadenkonzerten, den ›Proms‹, in der Londoner Queen's Hall blieb. Bridge, der bereits vor dem Ersten Weltkrieg einen nachhaltigen Einfluss auf die Pflege der Kammermusik in Großbritannien ausgeübt hatte, zählte unterdessen zu den wenigen auf der Insel, die Auge und Ohr für die zeitgenössischen Komponisten aus Wien offenhielten. Werke wie seine Klaviersonate, das zweite Klaviertrio, das Cellokonzert *Oration*, das dritte Streichquartett sowie die Violinsonate aus den 1920er-Jahren offenbarten die Anregungen von Schönberg und seiner Schule auf das harmonische Denken des Engländers. Bei der Aufführung seines Orchesterstücks *Enter Spring* 1927 in Norwich faszinierte den jungen Benjamin Britten abermals »eine Orgie an melodischer und harmonischer Fülle«.[157]

Was Leonid Nikolaew für Schostakowitsch bedeutete, wurde Frank Bridge für Britten. Seine Bratschenlehrerin kannte den Komponisten persönlich und stellte den 14-jährigen Jugendlichen einem Mann vor, der sich eigentlich nicht mit Schülern zu umgeben pflegte. Doch für Benjamin änderte er seine Reserviertheit. »Wir kamen prächtig miteinander aus und ich verbrachte den nächsten Morgen mit ihm, wobei wir einige meiner Musikstücke besprachen«, erzählte Britten. »Von diesem Zeitpunkt an ging ich regelmäßig zu ihm und weilte in Eastbourne oder in London in den Ferien bei ihm.«[158] Bridge stellte gewaltige Anforderungen an den Jugendlichen, mit dem er stundenlang intensiv auf ausgesprochen professionelle Weise arbeitete. »Am Ende dieser Marathonsitzungen war ich oft in Tränen aufgelöst, nicht etwa, weil er grob zu mir gewesen wäre, sondern weil diese konzentrierte Anspannung einfach zu viel für mich war«, erinnerte sich Britten.[159] Für Ruhepausen sorgte zumeist Mrs. Bridge zur ›tea-time‹, die ihren Gatten daran erinnerte, dass er keinen erwachsenen Studenten vor sich habe und nicht nur die Kunst Leib und Seele zusammenhalte. Frank Bridge bestand darauf, dass die Beziehung zwischen dem, was in der Vorstellung eines Komponisten vor sich ging, und dem, was letztendlich auf dem Papier stand, unmissverständlich deutlich werden muss. »Für gewöhnlich wurde ich in die andere Ecke des Zimmers geschickt. Bridge spielte mir vor, was ich geschrieben hatte und fragte mich, ob dies wirklich das sei, was ich gemeint hatte«, erzählte Britten 1960 in einem Interview. »Er nahm an meiner Musik, die ich ihm recht zuversichtlich präsentierte, die schrecklichsten Eingriffe vor. Er pflegte jede Passage langsam auf dem Klavier zu spielen und sagte: ›Hör' dir das jetzt an – hast du es wirklich so gemeint?‹ Natürlich fing ich an, die Stelle zu verteidigen, aber dann erkannte man, als er die Tonfolge immer noch einmal spielte, dass ich nicht genau genug darüber nachgedacht hatte. Und er brachte mir bei, dass ich mir bei jeder Passage, bei jeder Fortschreitung, bei jeder Linie so viel Mühe wie möglich geben musste.«[160] Laut Britten lehrte ihn Bridge, »durch die Instrumente, für die ich schrieb, zu denken und zu fühlen«.[161] Entscheidend waren jedoch zwei Grundsätze: »Der erste lautete, dass man versuchen muss, sich selbst zu erkennen und getreu zu dem zu stehen, was man gefunden hat. Der andere, der offenkundig damit zusammenhing, war seine gewissenhafte Aufmerksamkeit hinsichtlich guter Technik – das klar auszudrücken, was einem vorschwebte. Er vermittelte mir einen Sinn für technischen Ehrgeiz.«[162] Auch der persönliche Einfluss von Bridge war nachhaltig. So prägte er entscheidend Brittens Einstellung zum Krieg, insbesondere bezüglich der Lehren, die aus dem ›Great War‹ zu ziehen seien. »Obwohl er mich nicht dazu ermutigte, Stellung zu beziehen nur um einer Stellungnahme wegen, brachte er mich zum Diskutieren, Diskutieren und nochmals Diskutieren«, sagte Britten. »Sein eigener Pazifismus war nicht aggressiv, sondern bezeichnenderweise sanft.«[163] Ein Jahr nach dem Tod seines Lehrmeisters widmete Britten ihm 1937 sein Opus 10, die *Variationen über ein Thema von Frank Bridge*.

*

Als junge Männer standen Britten und Schostakowitsch vor dem Dilemma, für sich in der ungefestigten, desolaten Gesellschaft der 1920er- und 1930er-Jahre ihr eigenes Wertesystem zu entwickeln. Das Herausbilden ethischer Grundlagen für ihre Kunst sollte für sie ein lebensumspannender Prozess werden. Beide wuchsen in zwei verschiedenen Konstruktionen der Wirklichkeit auf: in ihren jeweiligen Herkunftsländern war nach dem Ersten Weltkrieg die Zeit für eine neue Generation gekommen. Der »Zweite Vaterländische Krieg« – wie man ihn gut einhundert Jahre nach dem ersten gegen Napoleon in Russland nannte – bzw. der ›Great War‹ der Briten bildete einen der gravierendsten Einschnitte in der europäischen Geschichte. Für Russland stand am Ende die Auslöschung von gut 700 Jahren Zarenregentschaft. Und in dem von England dominierten Teil der Welt gerieten die Aristokratie und das Empire ins Wanken. In Russland vernichteten Kugeln die alte Autorität, in Großbritannien war es die Abrissbirne. Wie in diesen Situationen der Frage des Puschkin'schen Dilemmas zu begegnen sei, hätte jede Generation anders beantwortet.

Es fällt auf, dass in Brittens Vereinigtem Königreich die Nachkriegszeit nicht nach Monarchen benannt ist. Man spricht vom »Elisabethanischen Zeitalter«, der »Viktorianischen Epoche« und der »Edwardianischen Ära«, aber danach nur noch profan von den »Zwanziger-« bzw. den »Dreißigerjahren«. Auf der Insel ging die Monarchie nicht gewaltsam zugrunde wie in anderen europäischen Ländern, aber sie versank ganz allmählich in Bedeutungslosigkeit. Schostakowitsch erlebte, wie Russland zur Union der Sozialistischen Sowjetrepubliken mutierte und neue Machthaber, die wie Stalin ein Vierteljahrhundert regierten, eine ganze Ära prägten. Unverbrauchte politische und künstlerische Energien wurden in beiden Ländern aktiviert. Britten und Schostakowitsch standen Jahre des Experimentierens und der Neuorientierung bevor.

*

Der gewaltige Erfolg, den Schostakowitsch als Komponist beim Konzert der Leningrader Philharmoniker unter der Leitung von Nikolaj Malko am 12. Mai 1926 in seiner Heimatstadt erlebte, wäre undenkbar gewesen, wenn seine Arbeit nicht den neuen Idealen seines Landes entsprochen hätte. Schostakowitschs sinfonischer Erstling war das Ergebnis der unterschiedlichsten Entwicklungslinien in der russischen Musik, die sich bis zu den großen Orchesterwerken Rimskij-Korsakows, Tschajkowskijs, Rachmaninows und Prokofjews zurückverfolgen lassen. Den sprühenden, geistreichen Witz, der die Musik an vielen Stellen durchzieht, prägten zuvor neoklassizistische Stücke wie *Petruschka* von Strawinskij und die *Sinfonie classique* von Prokofjew. Strawinskijs Ballett, dessen Handlung in Sankt Petersburg spielt, wurde 1911 in Paris uraufgeführt und die an Haydn und Mozart angelehnte Sinfonie entstand 1916/17 und wurde im April 1918 in Petrograd erstmals gegeben – beide Werke veröffentlichte der Dirigent Sergej Aleksandrowitsch Kusewizkij 1912 bzw. 1922 in seiner »Editions Russes de Musique«, die zur Verbreitung russischer Musik beitragen sollte. Betrachtet man Schostakowitschs 1. Sinfonie vor diesem Hintergrund, ist ihr etwas Affirmatives eigen – sie bietet eine erfrischend innovative, lebensbejahende Orchestermusik für einen idealistischen Staat, der angetreten war, eine Utopie zu realisieren. Neben diesen Werken finden sich ihre Versatzstücke vorgebildet im jahrmarktsartigen Trubel des Finalsatzes von Tschajkowskijs 4. Sinfonie, der Dynamik des zweiten Satzes von

Rachmaninows ›Zweiter‹, der weit ausschwingenden Melodik von Glasunow und in den satztechnischen Finessen à la Rimskij-Korsakow. Nicht zuletzt hat Schostakowitsch mit seinem Hausinstrument, dem Klavier, dem Werk auch seine ganz eigene Signatur eingebrannt. »Im Großen und Ganzen bin ich mit der Sinfonie sehr zufrieden«, ließ er nach Vollendung der ersten beiden Sätze wissen. »Es ist eine Sinfonie wie jede andere, obwohl man sie eigentlich eine ›Sinfonie-Groteske‹ nennen sollte.«[164]

Schostakowitschs 1. Sinfonie entstand in schwierigen Zeiten. Die Versorgungslage war nach dem russischen Bürgerkrieg katastrophal; die Bevölkerung fror und hungerte, während die Regierung um Führungsposten schacherte und sich darum bemühte, im Westen Akzeptanz zu finden. »Ich bin in einer fürchterlichen Stimmung«, schrieb Schostakowitsch an einen Freund. »Manchmal würde ich am liebsten aufschreien. Vor Entsetzen losheulen. Lauter Zweifel und Probleme. All diese Düsternis erstickt mich. Aus all dem Elend heraus habe ich begonnen, das Finale der Sinfonie zu komponieren. Es wird ziemlich düster.«[165] Dementsprechend wendet sich die Stimmung der Sinfonie nach einem skurrilen Beginn allmählich im dritten Satz zu einem Trauermarsch und einem dramatischen Duktus im Schlusssatz. Die Montagetechnik der 1. Sinfonie verweist auch auf Schostakowitschs Filmmusik. Für diese hatte er bereits reichlich Erfahrung gesammelt, als im Februar 1922 der unerwartete Tod des Vaters nach einer Lungenentzündung die Familie in eine finanzielle Notlage brachte und Dmitrij begann, als Stummfilmpianist Geld zu verdienen. Im vierten Satz scheint man mit den irrwitzigen Klangeruptionen bis hin zum dreifachen Fortissimo auf einmal in die wilde Welt von Prokofjews ungebärdiger *Skythischer Suite* geraten zu sein oder bei dem schwungvollen Geschmetter der Trompeten in die Zirkusatmosphäre vom Finale aus Strawinskijs Es-Dur-Sinfonie, die 1923 bzw. 1914 bei Verlegern in Russland erschienen waren. Schostakowitsch liebte den Zirkus, bei dem sich eine vermeintlich leicht wirkende Unterhaltung mit den allerhöchsten Ansprüchen an Professionalität verband. »Der Zirkus ist die reinste Form der Kunst«, erläuterte Schostakowitsch einmal gegenüber Studenten. »Man muss beachten, dass er wie jede echte Kunst keine Scharlatanerie duldet. Die unmusikalische Frau eines Regisseurs, die Tante eines Komiteevorsitzenden oder sonst wer mag in einer Oper singen. Doch nur jemand, der fachkundig ausgebildet wurde, kann am Fliegenden Trapez auftreten. Es ist unvorstellbar, einen Löwenkäfig zu betreten, nur indem man seine Beziehungen spielen lässt.«[166] Die profunde Ausbildung sowie der Anspruch an höchste Könnerschaft wurden in der 1. Sinfonie spürbar. Dadurch gelang es Schostakowitsch, dem Werk seinen eigenen rhythmischen Duktus aufzuzwingen. Schon dieser sinfonische Erstling barg das Potenzial für 14 Folgewerke, in denen immer wieder eine gesangliche Melodik, feuerwerksartige Kaskaden der Blechbläser, eine eloquente Rhetorik der helleren Streicher und der Holzbläser, lamentoartige Phrasen der tiefen Streichinstrumente und rhythmische Intensität der Schlaginstrumente auffallen. In dem zehnten seiner Werke, die er für akzeptabel befand, bündeln sich die Kompositionserfahrungen, die Schostakowitsch bis hin zu seinem Opus 9 gesammelt hatte: Militär- und Trauermarsch, Hymnisches, Fantastisches, Tanzformen, Präludienhaftes, unheimlich-gespenstische Atmosphäre sowie Themen mit Variationen – ja, diese Sinfonie in f-Moll erschien geradezu wie Variationen über die Sinfonie schlechthin. In den Vereinigten Staaten wies man in ausführlichen Programmhefttexten auf das Besondere an der Sinfonik von Herrn »Szostakowicz« hin, als nach der amerikanischen Erstaufführung mit dem Philadelphia Orchestra im November 1928 unter der Leitung von Leopold Stokowski im April 1931 Arturo Toscanini das Werk in vier Konzerten der ›Philharmonic Symphony Society of New York‹, wie der offizielle Gründungsname der New Yorker Philharmoniker lautet, vorstellte: seine Musik zeige »deutlich erkennbare Züge westlicher Einflüsse«, hieß es in den Erläuterungen fürs Publikum. »Szostakowicz nimmt nicht nur generell Abstand davon, ein Thema vollständig oder in abgewandelter Form zu wiederholen – eine allgemein akzeptierte Gepflogenheit sinfonischer Komponisten –, sondern er vermeidet bei seinen Themen sogar die Wiederholung identischer *Motive* und melodischer Wendungen von Phrasen. Man gewinnt den Eindruck, er wolle jeden Takt seiner Komposition vom nächsten unterscheidbar gestalten«.[167]

Während Schostakowitsch sich anschickte, traditionelle Gattungen mit seinen geistreichen Klangphantasien zu bereichern, verweigerte sich Britten den konventionellen Formen. Unter seinen frühen Orchesterwerken finden sich in den 1930er-Jahren verschiedenartige Ableger der Sinfonie: eine *Simple Symphony*, eine *Sinfonietta*, eine *Sinfonia da Requiem* und *Variationen* über ein Thema seines Lehrers Frank Bridge; in späteren Jahren kamen noch die *Spring Symphony* und die *Cello Symphony* hinzu. Dem Genre der Sinfonie misstraute Britten zutiefst; Schostakowitsch hingegen belebte es auf seine Weise neu.

*

Im August 1926 besuchte der knapp 13-jährige Britten mit seiner Schwester Barbara und deren Lebensgefährtin Helen Hurst ein Konzert in der Londoner Queen's Hall. »Alles war moderne Musik«, schrieb er an seine Mutter, »und ich habe an der modernen Orchestermusik viel Gefallen gefunden.«[168] Das älteste Stück, das Britten bei dieser Gelegenheit hörte, war Saint-Saëns' ein halbes Jahrhundert zuvor entstandene *Danse Macabre*; kaum 15 Jahre vor dem Konzertabend wurden Delius' *Life's Dance* sowie Holsts *The Planets* komponiert und erst zwei Jahre vorher entstand Montague Phillips' *A Hillside Melody*. Der Musiker Arthur Bliss betonte schon in den 1920er-Jahren, dass die Musik aus Großbritannien kein regionales Phänomen sei, sondern dass »von einer kosmopolitischen Warte aus beurteilt in England deutliche Anzeichen für eine musikalische Aufklärung zu sehen sind«. In einem mit »London ist führend in der Musik« überschriebenen Beitrag konnte Bliss im Oktober 1921 in der *Daily Mail* feststellen: »Mit Ausnahme von zwei oder drei herausragenden Personen in Europa, schlägt das Herz der musikalischen Kreativität in London – Elgar und Bax in Hampstead, Vaughan Williams und Ireland in Chelsea, Holst und Howells in Hammersmith, Goossens in Bayswater. Es sind solche Persönlichkeiten, die maßgeblich dazu beigetragen haben, die Bedeutung des Musiklebens in London zu steigern.«[169] Britten begeisterte sich auch für zeitgenössische Komponisten des europäischen Festlands. Wenngleich er als Student die Bibliothek des Royal College of Music nicht überzeugen konnte, die Partitur von Schönbergs *Pierrot lunaire* anzuschaffen, so besaßen er und etliche interessierte Musiker doch bald ihre eigenen Ausgaben. Seine hatte Britten sich als Schulpreis-Auszeichnung überreichen lassen, wie auch die Partituren von Strauss' *Don Quixote* und Rimskij-Korsakows Suite aus *Der Goldene Hahn*. Britten bewunderte die »Imagination und Technik« von *Pierrot lunaire* und »schwelgte in der Romantik des Stücks«. Schönbergs viertes Streichquartett galt ihm als »Werk eines wahren Meisters & einiges darin ist wunderschön«.[170] Im Februar 1933 lernte er durch Frank Bridge Schönberg in der Pause eines BBC-Konzerts in der Londoner Queen's Hall persönlich kennen. Er zwängte sich in Smoking und Zylinder, doch unglücklicherweise erschienen ihm, laut Tagebuch, Schönbergs dargebotene *Variationen für Orchester* aufgrund einer »mit Hängen und Würgen absolvierten Aufführung« eher »ziemlich öde«.[171]

Komponisten wie Alban Berg, Darius Milhaud, Paul Hindemith und Béla Bartók besuchten die Sowjetunion, wo sich Vereinigungen wie der 1924 gegründete ›Verband der Gegenwartsmusik‹, dem auch Schostakowitsch angehörte, für Werke der westlichen Avantgardisten engagierten. Im Osten wurden deren Arbeiten als kulturpolitisch relevant betrachtet, während dieser künstlerischen Herausforderung im Westen die breite gesellschaftliche Grundlage fehlte. Die musikalische Moderne des Westens traf in den ersten Jahrzehnten des neuen Jahrhunderts in Berlin und Wien auf eine Atmosphäre, in der beim Übergang zur Republik kein so radikaler Bruch mit der Vergangenheit vollzogen wurde wie in Russland. Die Künstler im Westen nahm man zumeist als Teil einer provokativen ästhetischen Avantgarde wahr, während man den

Künstlern im Osten den Rang einer ethischen Avantgarde zubilligte. Ersteren genügte es zumeist, von ihresgleichen verstanden zu werden; die letztgenannten wurden Teil einer Volks- und Massenbewegung.

Im gleichen Alter, in dem Schostakowitsch erstmals als Schöpfer von Sinfonien und einer Oper Aufmerksamkeit erregte, trat Britten mit Kammermusik und Liederzyklen an die Öffentlichkeit. Ihm standen zwar keine umfangreichen Ensembles zur Verfügung, aber seine Vokalwerke stellten nicht minder politische Aussagen dar. Obwohl gerade erst Anfang zwanzig, präsentierte Britten selbstbewusst gesellschaftspolitisch motivierte Arbeiten, die allerdings anders als in Russland auf ein Establishment trafen, dem die Kultur vorangegangener Jahrzehnte näherstand als die gegenwärtigen Tendenzen. Seine Lieder passten wenig zum vorherrschenden Klima, da sie alles andere als affirmativ waren. Prägend wurde für Britten die Zusammenarbeit mit dem politisch links orientierten Schriftsteller Wystan Hugh Auden. »Ich wurde von Auden sehr stark beeinflusst, nicht nur in Bezug auf die Dichtung, sondern auch das Leben«, bekannte Britten später, »und natürlich spielte in den späten 1930er-Jahren auch die Politik eine sehr starke Rolle in unserem Leben.«[172] Zur Zeit des Generalstreiks im Frühjahr 1926 hatte Auden, als seine Kommilitonen den Staat als Ersatz-Busfahrer und -Wachtmeister unterstützten, im Dienste der Arbeiter hinter einem Lenkrad gesessen. Durch sein radikales, selbstbewusstes Auftreten erlebte Britten mit ihm einen völlig anderen Typus des zeitgenössischen Künstlers als mit Bridge.

Britten lernte Auden durch seine Tätigkeiten für die Dokumentarfilme des G. P. O. kennen, des General Post Office. Seine wachsende Bekanntheit und das Schreiben von Filmmusik als eine seiner wichtigsten Einnahmequellen zu jener Zeit hatten zu einem betriebsameren Leben geführt, das vornehmlich aus Herumhetzen in Taxen, Komponieren, Aufnahmesitzungen und Bearbeiten des Ton- und Bildmaterials bestand. »Ließ mir rasch die Haare schneiden, bevor Basil Wright [von der General Post Office Film Unit] mich um 10 mit dem Auto abholte und nach Colwall in der Nähe von Malvern brachte«, notierte er am 5. Juli 1935 im Tagebuch über sein normales Pensum. Am Schluss dieses Sommertages sollte eine wichtige Begegnung stehen: »Sehr schöne Fahrt über Maidenhead, Oxford, Tewkesbury. Ankunft 13.45 – Essen im Park Hotel, wo wir abstiegen. Wir sind hier, um Filmprojekte mit Wystan Auden zu besprechen (er ist hier Lehrer an der Downs School).«[173] Der sechs Jahre ältere Schriftsteller Wystan Hugh Auden, den Britten als »einen erstaunlichen Mann« erlebte,[174] hatte sich bereits damals einen beträchtlichen Ruf als einflussreicher Dichter und Sprecher der linksgerichteten jungen Generation erworben. Seine Losung »Straßenbahnlinien und Abraumhalden, Maschinenteile, das war und ist immer noch meine liebste Szenerie«[175] passte zu seinem Bekenntnis zur politischen Linken sowie zum sowjetischen »elektrisch und kommunistisch«-Prinzip. Überdies machten Auden und sein Freundeskreis kein Hehl aus ihrer Homosexualität, die zu dieser Zeit in Großbritannien noch illegal war. 1935 heiratete er zwar die deutsche Schauspielerin und Autorin Erika Mann, eine Tochter von Thomas Mann, doch nur, um ihr zu einem britischen Pass und der Flucht vor den Nationalsozialisten zu verhelfen. »Auden war eine energische, revolutionäre Person«, erinnerte sich Britten. »Er war ausgesprochen anti-bürgerlich und das reizte an ihm. Er hatte auch einige flotte, etwas verrückte Vorstellungen von Musik. Er spielte recht ordentlich Klavier und war ganz groß darin, ziemlich ungewöhnliche Worte zu anglikanischen Kirchenliedern zu singen.«[176] Auden wiederum zeigte sich fasziniert von Brittens Empfindsamkeit und seinem Einfallsreichtum. Er erkannte sogleich »eine außergewöhnliche musikalische Sensibilität in Bezug auf die englische Sprache«. »Immer hieß es, Englisch sei unmöglich zu vertonen oder zu singen«, so Auden, »doch hier haben wir endlich einen Komponisten, der ohne übertriebene Verrenkungen in dieser Sprache komponiert.«[177]

*

Der einflussreichste Intellektuelle, dem Schostakowitsch mit Anfang zwanzig begegnete, war der vier Jahre ältere Iwan Iwanowitsch Sollertinskij. Seit er 15 war, kannte er ihn vom Sehen »als den gewissenhaftesten Besucher aller Konzerte, die damals in Petrograd stattfanden«. Doch zunächst beobachtete der zurückhaltende Dmitrij den jungen Mann mit dem einschüchternden Talent nur von Ferne. »Am Musikhören hatte er anscheinend den größten aller denkbaren Genüsse«, schildert Schostakowitsch seine Eindrücke. »Nach Schluss eines Konzertes tauschte er sich immer mit Freunden ausgiebig und interessant über seine Eindrücke aus. Unwillkürlich zog seine Gestalt die Aufmerksamkeit auf sich: Angetan mit seinem alten Sommermäntelchen, trotz strengen Winters, und der Budjonnij-Mütze [wie sie die Rote Armee im Russischen Bürgerkrieg trug], versuchte er seinen Gesprächspartner leidenschaftlich zu überzeugen. Unsere gemeinsamen Bekannten pflegten zu sagen, dass er alle Sprachen spricht, die nur auf dem Erdball existieren oder existiert haben, dass er alle Wissenschaften studiert hat, dass er den ganzen Shakespeare, Puschkin, Gogol, Aristoteles und Platon auswendig kennt, dass er mit einem Wort: dass er alles weiß. Unwillkürlich bekam ich von ihm den Eindruck, dass das ein ungewöhnlicher Mensch sei, dass der Umgang mit ihm einem gewöhnlichen, mittelmäßigen Menschen schwerfallen und diesen verlegen machen müsse, und als mich 1921 ein Freund von mir mit Sollertinskij bekannt machte, zog ich mich so bald als möglich zurück, da ich empfand, dass es mir schwerfallen werde, mit einem so ungewöhnlichen Menschen Bekanntschaft zu pflegen.«[178] Beide begegneten sich gelegentlich, doch erst 1927 bei einer Feier im kleinen Kreis bei einem befreundeten Musiker lernten sich der Komponist und der Kulturwissenschaftler näher kennen. »Und hier versetzte es mich völlig in Erstaunen, dass I. I. Sollertinskij sich als ein ungewöhnlich heiterer, einfacher, blendend scharfsinniger und völlig ›irdischer‹ Mensch erwies«, erinnerte sich Schostakowitsch. »Und ich überzeugte mich wieder einmal davon, dass ein wirklich großer Mensch immer einfach, immer bescheiden ist und immer fest und sicher mit beiden Beinen auf der Erde steht.« Auf dem gemeinsamen Heimweg sprach man nicht nur über das Leben und die Kunst. Dabei stellte sich heraus, dass der Komponist keine Fremdsprachen und der Musikliebhaber nicht Klavier spielen konnte. »Also gab Iwan Iwanowitsch mir schon am nächsten Tag die erste Deutschstunde, und ich gab ihm eine Klavierstunde«, erzählte Schostakowitsch. »Übrigens fanden diese Stunden sehr bald ein Ende, und zwar ein klägliches: Ich lernte nicht Deutsch, und Iwan Iwanowitsch lernte nicht Klavierspielen; aber dafür wurden wir von da an und bis zum Ende von Sollertinskijs bemerkenswertem Leben gute Freunde.«[179] Sollertinskij nutzte seine Sprachkenntnisse gerne, solange dies nicht mit seiner patriotischen Haltung kollidierte: Kurt Sanderling berichtete, dass der Gelehrte, »der sonst jede Gelegenheit genutzt hatte, mit mir Deutsch zu sprechen«, nach Kriegsausbruch mit ihm nur noch Russisch sprach, »bis wir uns in Nowosibirsk wiedertrafen«[180] – am Fluchtpunkt der Evakuierung wurde man wieder zu Leidensgenossen.

Bis sich Schostakowitschs Verbindung mit Sollertinskij vertiefte, hatte dieser in erster Linie Artikel und Rezensionen über Literatur und Theater publiziert. Durch Schostakowitsch wandte er sich auch dem Ballett, der Oper und der Sinfonik zu. Schostakowitsch dürfte es nicht schwergefallen sein, dass der Funken seiner Begeisterung übersprang. Schon in jungen Jahren entflammte er für das Tanztheater: »Wenn ich mir Ballette anschaue, erlebe ich etwas Außergewöhnliches«, schrieb er seinem Kommilitonen Bogdanow-Beresowskij. »Die höchsten Künste sind Musik und Ballett.«[181] »Es gab nicht viele Menschen, die so heiß und leidenschaftlich die Musik liebten wie Sollertinskij«, erinnerte sich Schostakowitsch. »Er jubelte geradezu beim Auftauchen einer frischen und talentierten Erscheinung. Wütend hasste er Seichtheit und schlechten Geschmack, Routine und Mittelmäßigkeit. Eine der großartigsten Eigenschaften I. I. Sollertinskijs war, dass ihm Gleichgültigkeit in jeder Weise abging. Entweder er liebte oder er hasste. Und mit den Jahren und der Reife verlor sich diese wertvolle Eigenschaft nicht, sondern verstärkte sich immer mehr. Man warf ihm oft Parteilichkeit für die eine oder die andere Erscheinung des Musiklebens vor. Mir scheint, das war berechtigt. Aber falsch war es, dass man ihm einen Vorwurf daraus machte, statt ihn für seine Parteilichkeit zu loben. Parteilichkeit ist eine wertvolle Eigenschaft für einen Künstler. Jeder Künstler muss parteilich sein. Parteilichkeit ist nicht als subjektives Geschmacksurteil zu verstehen. Bei aller Parteilichkeit verstand Sollertinskij es, wahrhaft objektiv zu sein. Ein Beweis dafür ist seine Tätigkeit an der Leningrader Philharmonie, wo er seit 1927 arbeitete und von 1939 bis zu seinem Tode künstlerischer Leiter war. Man muss einfach sagen, dass die Konzertprogramme immer außerordentlich interessant und vielgestaltig waren. Und der Umstand, dass die Leningrader Philharmonie zu den führenden Ensembles der Welt gehört, ist das große Verdienst von I. I. Sollertinskij.«[182]

*

Dmitrij Schostakowitsch fand seine musikalische Stimme viel rascher als Benjamin Britten. Seine erste Sinfonie wurde gleich ein großer Wurf und gab eine Richtung vor; Brittens frühe Orchesterwerke liefern Belege für seine technische Versiertheit, demonstrieren allerdings kaum, ob hier jemand das Medium gefunden hat, in dem er auch künftig seinen Lebensthemen Ausdruck verleihen wird. Wie sich sein Kollege Lennox Berkeley erinnerte, hätte sich Britten genauso gut auch auf die Instrumentalmusik konzentrieren können. Erst der Erfolg von *Peter Grimes* gab ab 1945 dann den endgültigen Anstoß, mehr Opern zu schreiben. Britten fand seine Bestimmung schließlich in dem von zwei Weltkriegen ausgelaugten Großbritannien, dessen Empire zerfiel und das sich unverbrauchte Identitäten und Identifikationsobjekte suchen musste. Schostakowitsch wuchs in einem Staat auf, der sich scheinbar wie Phoenix aus der Asche erhob. Den Revolutionsführern war die Kunst wichtig. »Der Marxismus hat seine weltgeschichtliche Bedeutung als Ideologie des revolutionären Proletariats dadurch erlangt, dass er die wertvollsten Errungenschaften des bürgerlichen Zeitalters keineswegs ablehnte«, schrieb Lenin in seinem Pamphlet *Über proletarische Kultur*, »sondern sich umgekehrt alles, was in der mehr als zweitausendjährigen Entwicklung des menschlichen Denkens und der menschlichen Kultur wertvoll war, aneignete und es verarbeitete.«[183] Lenin ging es nicht darum, die bürgerliche Lebenswelt vollends zu zerschlagen. Die Verfechter der rein proletarischen Kultur erschienen ihm oft zu primitiv. »Für den Anfang sollten wir froh sein, die rohen Formen bürgerlicher Kultur abzuschaffen, d. h. die bürokratische Kultur oder die Dienerkultur etc.«, postulierte er.[184] Doch die Aneignung der traditionellen

Kultur für die neuen sozialistischen Ideale musste rasch vollzogen werden – man betrachtete Kunst nicht allein als einen Spiegel, den man der Wirklichkeit vorhält, sondern als »einen Hammer, mit dem man sie gestaltet«, wie es in einem Lenin zugeschriebenen Zitat prägnant hieß.[185] Den theoretischen Grundlagen zufolge erfasst die Kunst die Welt durch einen ästhetischen Zugang, die Wissenschaft durch die Logik. Sie lösen die durch Erfahrungen gewonnenen Eindrücke in abstrakte Kategorien auf. In den Künsten wird das sinnlich Erfahrbare abstrahiert und auf eine dem Medium entsprechende Weise in Schriftzeichen, Bildern oder Klängen dargestellt. Diese verfeinern und intensivieren Empfindungen, Gefühle und Gedanken. Flüchtige Erfahrungen des Alltags gerinnen zu verallgemeinernden Darstellungen und die Kunst wird zur Simulation der Realität. Die psychologischen, historischen und gesellschaftlichen Erfahrungen – auch jene mit Klängen, Farben und Bewegungen – werden durch optische und akustische Eindrücke transformiert, die die Wirklichkeit auf eine konkrete, sinnliche Weise festhalten. Das neue sozialistische Bewusstsein führt, basierend auf der Grundlage eines gesellschaftlichen Verständnisses, zu einer umfassenden kritischen Bewertung des Daseins, der wissenschaftlichen Erkenntnisse und der künstlerischen Einsichten. Mit den Worten »Die Wissenschaft ist der Verstand der Welt, die Kunst ihre Seele« brachte Maksim Gorkij diese Wechselbeziehung auf den Punkt.[186] Die Worte, mit denen der Schriftsteller konkret die »Aufgabe der Literatur« beschrieb, galten letztendlich auch für die Malerei und Musik, nämlich dass sie im Sinne einer marxistischen Ethik dazu beitragen müssen, »dem Menschen zu helfen, sich selbst zu erkennen, seinen Glauben an sich zu stärken und das Streben nach Wahrheit in ihm zu entwickeln, mit den kleinlichen Gewöhnlichkeiten in den Menschen zu kämpfen, das Gute in ihnen zu finden; in ihren Seelen Scham, Zorn, Mut zu erwecken und alles zu tun, dass die Menschen stark und edel werden und ihr Leben mit dem heiligen Geist der Schönheit beseelen«.[187]

In einem Interview mit der *New York Times* konstatierte Schostakowitsch dann auch im Dezember 1931: »Es gibt keine Musik ohne Ideologie«.[188] Dabei ging Schostakowitschs Ethik der Avantgarde von anderen Lebenserfahrungen aus als die gängigen Avantgarde-Konzepte im Westen. »Im Westen weckt die russische Avantgarde hauptsächlich positive historische und kulturelle Assoziationen«, verdeutlichte der Philosoph Boris Groys, denn sie gilt als »Teil des Kanons der klassischen Avantgarde«, besitzt aber »für den Westen eine besondere Exotik«, denn Russland wird »traditionell als Teil des rätselhaften, lockenden, aber zugleich auch fremdartigen, unheimlichen Ostens gesehen«. Doch »andererseits realisiert die russische Avantgarde die radikalsten westlichen Kunst- und sozialpolitischen Utopien, in denen der westliche

Intellektuelle eigene ideologische, wenngleich sonderbar und exotisch transformierte Phantasmen erkennt«, analysiert Groys. »Dieses bizarre Spiel des Identischen und Anderen veranlasst den westlichen Betrachter, die gesamte russische Avantgarde nach den klassischen Gesetzen der Verfremdung als rein ästhetisches Phänomen wahrzunehmen.«[189] Brittens Haltung wurde geprägt durch diese Außenperspektive.

Schostakowitsch wirkte indes in einer anderen kulturellen Atmosphäre, in der die Avantgarde nicht Accessoire, sondern Bestandteil des Lebens wurde und sich immer wieder einer kritischen moralischen Auseinandersetzung unterziehen musste. »In Russland erfährt die russische Avantgarde eine ganz andere Rezeption«, betonte Groys. »Hier rückt die ethische Problematik automatisch in den Vordergrund, und dabei stellt sich heraus, dass gerade das Problem der ethischen Rechtfertigung am schwersten zu lösen ist. Der Grund liegt auf der Hand: im Westen war die klassische Avantgarde nie an der Macht und nie direkt mit dem staatlichen Unterdrückungsapparat verbunden. Anders verhält es sich bei der russischen Avantgarde. Sie tat sich nach der Oktoberrevolution mit dem neuen bolschewistischen Regime zusammen, und zwar genau in der Periode des massivsten und grausamsten ›roten Terrors‹, der sich vor allem gegen die russische Intelligenzija richtete. Diese war damals eine ganz normale, liberale, eher links und fortschrittlich eingestellte, durchwegs zivilisierte Gesellschaftsschicht europäischen Typs. Die Bereitschaft der avantgardistischen Künstler und Theoretiker, widerspruchslos die Massenvernichtung dieser kulturellen Schicht zu akzeptieren, ja sogar aktiv Propaganda für den Unterdrückungsapparat zu machen, der diese Vernichtung durchführte, stellt den heutigen russischen Avantgardeforscher vor ein kaum zu lösendes ethisches Problem.«[190]

*

Ab dem elften Lebensjahr wuchs Schostakowitsch mit den neuen Lehren von Lenin und Marx auf und hatte später keine Einwände, wenn seine Jugendjahre diesbezüglich mystifiziert wurden. Die Legende, dass er Lenins Rede bei seiner Ankunft in Petrograd gehört habe, wurde von Schostakowitsch selbst während seiner Arbeit an der 12. Sinfonie in die Welt gesetzt, die die Widmung »Zur Erinnerung an Wladimir Iljitsch Lenin« trägt. Doch im April 1917 kam Lenins Zug erst gegen elf Uhr nachts am Finnischen Bahnhof an. Deswegen scheint es nahezu undenkbar, dass man einem Zehnjährigen erlaubt hätte, sich in unsicheren Zeiten im Halbdunkel auf den Straßen der Hauptstadt herumzutreiben. Nicht minder sagenumrankt ist eine erst 1927 in Zusammenhang mit der »dem Oktober« gewidmeten 2. Sinfonie aufgekommene Geschichte: Schostakowitsch, hieß es, habe mitansehen müssen, wie bei Unruhen 1917 auf der Straße ein etwa gleichaltriger Junge vor seinen Augen erschossen bzw. mit einem Säbelhieb getötet worden sei. Diese traumatische Erfahrung habe Eingang in die Sinfonie gefunden, und zwar sei sie in einer Passage kurz vor Einsatz des Chores verarbeitet. In einem Brief bezeichnete Schostakowitsch die Stelle mit »Tod eines Kindes«,[191] was nicht ausdrücklich bedeutete, dass er diese erschütternde Begebenheit selbst miterleben musste. Trotzdem taucht sie in verschiedenen Darstellungen auf, in denen sie jeweils mit anderen Details ausgeschmückt wird. Sie ist aller Wahrscheinlichkeit nach seiner drei Jahre älteren Schwester Marija widerfahren. Auf dem Heimweg vom Mädchengymnasium der Marija Stojunina soll sie mit Freundinnen eine Straßendemonstration von Arbeitern einer nahegelegenen Tabakfabrik beobachtet haben. Als die Polizei gewaltsam gegen die Menschenmenge vorging, wurde ein junger Bursche von einem Säbel tödlich verwundet. Über so manchen Geschehnissen im Leben von Schostakowitsch und Britten liegt ein Schleier des Vagen und schwer Fassbaren, bestens geeignet, um daraus Legenden zu weben. Dies passte auch in die Zeit: die Mystifizierung von Kindern zu Opfergestalten bekam wenig später in der Sowjetunion ein konkretes Gesicht, als der dreizehnjährige Pawel Morosow zum »Heldenpionier« stilisierte wurde, für den man Denkmäler errichtete. Der Bauernjunge war angeblich zusammen mit seinem Bruder Fjodor von Verwandten seines Vaters, eines ›Kulaken‹ – das heißt eines ›reichen Bauern‹ –, erschlagen worden, weil er ihn wegen des Versteckens von Getreide angezeigt haben soll. Dies lieferte der Propaganda eine Rechtfertigung, um die Kollektivierung der als rückständig geltenden Landbevölkerung durchzusetzen. Als viel wahrscheinlicher gilt mittlerweile, dass die Geheimpolizei der Sowjetunion die Kinder ermordete und das Verbrechen den »reaktionären Kulaken« anlastete.

Das Schicksal von Kindern zu Zeiten des Krieges beschäftigte auch Benjamin Britten. Er glaubte sogar, eigene Erfahrungen zu haben: Trotz der keineswegs zentralen Lage war Lowestoft im Ersten Weltkrieg um 1916 das Ziel von Zeppelinangriffen, weil sich dort ein Flottenstützpunkt befand. Die Familie mit dem dreijährigen Kind musste häufig in Kellerräumen Zuflucht suchen, und Britten erzählte seiner späteren Mitarbeiterin Imogen Holst, das erste Geräusch, an das er sich erinnern könne, sei eine Explosion im Krieg gewesen. Seine Schwester Beth hingegen meinte, es habe sich dabei um eine zischende Gasleitung oder ein Feuer gehandelt.[192] Später verfolgte Britten vor allem die Berichterstattung über Notlagen von Kindern voller Empathie. »Madrid zum x-ten Mal bei einem Luftangriff bombardiert«, notierte er am 5. November 1936 zu den Meldungen aus dem Spanischen Bürgerkrieg in seinem Tagebuch.

»Die Anzahl der getöteten Kinder unbekannt. Neulich wurden 70 mit einem Schlag umgebracht. Welchen Preis hat der Faschismus?«[193] Über dreißig Jahre später entstand der als »Lyrik, Reime und Rätsel von William Soutar für Tenor und Klavier« bezeichnete Zyklus *Who are these children?* (Wer sind diese Kinder?). Dieses Werk mit seinen zumeist sehr kurzen Liedern – acht mit schottischen, vier mit englischen Texten – lenkte den Fokus auf die Unbeschwertheit und die Bedrohungen der Jugend. Immer wieder mischen sich unbehagliche Momente selbst in die gefälligste Melodik, wie bereits beim ersten Lied, »A Riddle« (Ein Rätsel, Nr. 1), mit seinem dissonanten Klaviermarsch. Die schaurige Ostinato-Untermalung zu »Nightmare« (Albtraum, Nr. 3) begleitet einen Text über die Zerstörung der Natur, während »Slaughter« (Gemetzel, Nr. 6) und »The children« (Die Kinder, Nr. 11) unmittelbar auf die Not von Kindern Bezug nehmen, für die »der Tod aus dem Himmel kam«.[194] Dazu erzeugt Britten mit einer lamentoartigen Gestaltung eine unheimliche Atmosphäre. Offensivere musikalische Lösungen wählte er für die auf einer Vorlage von Brecht basierende »Ballade für Kinderstimmen und Orchester« mit dem Titel *Childrens' Crusade* (Kinderkreuzzug). Durch die seriellen Techniken und die Verwendung phonstarker Schlaginstrumente gehört dieses Stück zu den radikalsten Werken des Engländers. Es bietet Brittens pessimistischste, unverhüllteste Darstellung zerstörter Unschuld. Die Wurzeln der Identifikation des Komponisten mit den Opfern liegen weit in der Vergangenheit. Brittens Bewusstsein für physische und psychische Not wurde von Jugend an geschärft. Ob Britten selbst, wie sein Mitarbeiter Eric Crozier vermutete, »von einem Lehrer an seiner Schule missbraucht worden« ist,[195] bleibt unklar. Aber auch ohne ein sexuelles Vergehen zu unterstellen, ist es kaum übertrieben festzuhalten, dass Kinder in den 1920er- und 1930er-Jahren an den meisten privaten und öffentlichen englischen Schulen in einer Atmosphäre von Repression und Gewalt aufwuchsen, in der körperliche Züchtigung an der Tagesordnung war.[196] Sein Freund Auden beschrieb prägnant die Erfahrungen, die auch Britten machte: »Mein bester Grund dafür, gegen den Faschismus zu sein, ist, dass ich in der Schule in einem faschistischen Staat lebte.«[197]

*

Da Theorie und Praxis oft voneinander abwichen, mehrten sich in der Sowjetunion kritische Stimmen. »Lenin, Trozkij und ihre Anhänger sind schon angesteckt von dem verderbenden Gift der Macht, wie ihre beschämende Einstellung gegenüber der freien Meinungsäußerung und der Freiheit des Individuums zeigt, um die die Demokratie gekämpft hat«, notierte Gorkij.[198] Allerdings ließen die parteiinternen

Auseinandersetzungen einen großzügigen Spielraum für die Künstler, weitgehend unbehelligt mit experimentierfreudigen Beiträgen die revolutionäre Epoche auszugestalten. »Die Kunst als Methode, das Leben zu erkennen – das ist der höchste Inhalt der alten bourgeoisen Ästhetik«, hieß es 1923 in einem Artikel mit dem wegweisenden Titel »Unter dem Zeichen des Lebenerbauens«: »Die Kunst als Methode, das Leben zu erbauen – das ist die Losung der proletarischen Sicht der Wissenschaft der Kunst.«[199]

Dafür wurden Intellektuelle jedoch politisch sorgfältig geschult. Iwan Sollertinskij war gemäß dem kyrillischen Alphabet vor Schostakowitsch an der Reihe, als im Dezember 1926 Prüfungen zur marxistisch-leninistischen Lehre abgenommen wurden, die für einen erfolgreichen Studienabschluss Voraussetzung waren. »Ich war vor der Prüfung sehr aufgeregt«, berichtete der Komponist. »Man prüfte dem Alphabet nach. Nach einiger Zeit wurde Sollertinskij aufgerufen. Und er kam sehr schnell wieder heraus. Ich fasste mir ein Herz und fragte ihn: ›Sagen Sie bitte, war die Prüfung sehr schwer?‹ Er antwortete: ›Nein, gar nicht.‹ – ›Und was wurden Sie gefragt?‹ – ›Die Fragen waren ganz einfach: die Anfänge des Materialismus im alten Griechenland; die Dichtung des Sophokles als Ausdruck materialistischer Tendenzen; die englischen Philosophen des 17. Jahrhunderts und noch irgendwas.‹ Muss ich erst sagen, dass mir Iwan Iwanowitsch mit seinem Bericht über die Prüfung einen nicht gelinden Schrecken einjagte?«[200]

Erst 1928 zeigte der erste Fünfjahresplan die starke Hand einer zentralen Führung; bis dahin gab es noch ohne eine vorgegebene staatliche Regulierung die unterschiedlichsten Vorstellungen, wie die Kunst zur Veredelung der Menschen beitragen könnte. »Wenn die Revolution der Kunst die Seele geben kann, so kann die Kunst zum Mund der Revolution werden«, verkündete der von Lenin berufene Volkskommissar für das Bildungswesen, Anatolij Wasiljewitsch Lunatscharskij, Anfang der 1920er-Jahre. »Die Musik hat immer eine Riesenrolle in Massenbewegungen gespielt: Hymnen, Märsche sind deren notwendiges Zubehör. Es kommt nur darauf an, diese Zauberkraft der Musik zu entfalten und zielbewusst zu lenken.« Lunatscharskij strebte ein Bündnis zwischen Revolution und Künstlern an, für die das »formale Suchen« in das »Finden einer Form« münden muss, »die im höchsten Grad Gemeingut des ganzen Volks ist, die den charakteristischen Gefühlen und Gedanken der gesamten Masse in der gegebenen Epoche entspricht«.[201] Schostakowitsch orientierte sich an diesen Leitlinien. »Das Suchen, Probieren und Experimentieren begleiten notwendigerweise den jungen Künstler«, meinte er[202] und zeigte sich davon überzeugt, dass man dabei die Musik nicht vergessen soll, die dem Hörer »einfach Vergnügen und gesunde Entspannung bereiten kann«.[203] Dafür braucht man keinerlei Abstriche an der Qualität zu machen, es bedarf aber fester Überzeugungen. »Es gibt nichts Traurigeres im Schaffen eines jungen Komponisten als diese unnatürliche Geglättetheit, das Fehlen echten künstlerischen Schwungs«, notierte Schostakowitsch. Was ein Komponist benötigt, um in seiner Musik »die Gedanken und Gefühle unserer Epoche widerspiegeln« zu können, ist eine »Weltanschauung«.[204] Diese sah er beispielweise gegeben bei Künstlern wie Alban Berg und Kurt Weill; später regte er an, »sich gründlicher und ernsthafter mit der Musikkultur des Westens bekannt zu machen, denn dort gibt es viel Interessantes und Lehrreiches«.[205]

Auch Benjamin Britten schätzte Berg, aber nicht wegen der ihm zugeschriebenen Ideologie, sondern aus rein musikalischen Gründen. Künstler wie er boten eine brauchbare Alternative zur Konvention. Schostakowitsch lernte Alban Berg im Juni 1927 noch persönlich kennen, als dieser bei der russischen Erstaufführung seiner Oper *Wozzeck* in Leningrad zugegen war. Britten träumte nur davon, eines Tages bei Berg in Wien studieren zu können.

*

In Wien bahnte sich eine ganz andere Art von Revolution an, die sich erst im Zuge des Zusammenbruchs der alten Ordnung der Habsburgermonarchie entfalten konnte und sich innerhalb weniger Jahre auf andere Länder ausbreiten sollte. In Salzburg hatte sich im August 1922 auf der rechten Salzachseite, ungefähr 150 Meter von Mozarts ehemaligem Wohnhaus entfernt, die Crème de la Crème der Tonsetzer im Café Bazar versammelt, um nach den ästhetischen Umbrüchen durch die Zweite Wiener Schule der zeitgenössischen Musik eine zweckorientierte Ausrichtung zu geben. Der Serbe Rudolf Réti, der ältere Bruder des Schach-Großmeisters Richard Réti, und der Österreicher Egon Wellesz, Autor der ersten Schönberg-Biografie, initiierten die Zusammenkunft, an der sich unter anderem Béla Bartók, Paul Hindemith, Arthur Honegger, Zoltán Kodály, Darius Milhaud, Richard Strauss und Anton Webern beteiligten. Künstler wie Alban Berg, Maurice Ravel, Arnold Schönberg und Igor Strawinskij schlossen sich erst später der neu formierten Gruppierung an. Mit deutlicher Mehrheit wählten die Anwesenden den englischen Musikwissenschaftler Edward Dent zum ersten Präsidenten, der die ›Internationale Gesellschaft für Neue Musik‹ durch das erste Vierteljahrhundert ihres Bestehens führte. Ihn motivierte weniger die Musik der Wiener Avantgardisten als vielmehr das Ziel, eine nationenübergreifende Verbindung zwischen den Musikern der ehemaligen Kriegsgegner zu etablieren. Dent wurde nicht müde, vor den »Gefahren des Nationalismus« zu warnen und »die

Notwendigkeit des freien Denkens und Redens für den Künstler« anzumahnen,[206] selbst wenn die Veranstaltungen im faschistischen Italien (1925 in Venedig, 1928 in Siena und 1934 in Florenz) oder im instabilen Deutschland (1927 in Frankfurt am Main) stattfanden. Zahlreiche lebende Komponisten leisteten ihre Beiträge, auch jene, die zuweilen miteinander wenig anfangen konnten. »Ich mache mich gerade auf den Weg nach Prag zum ›Freak‹-Festival«, schrieb beispielsweise Vaughan Williams an einen Bekannten.[207]

Das musikalische Umfeld in Großbritannien empfand Benjamin Britten als zu eng und festgefahren. Eine Einrichtung wie das Royal College of Music, wo John Ireland Komposition und Arthur Benjamin Klavier unterrichteten, konnte ihm ab 1930 wenig vermitteln, weil dort nach seiner Ansicht außergewöhnlich begabte junge Musiker nicht angemessen gefördert wurden. Der ›Farrar Prize‹ für Komposition, den er im Juli 1931 gewann, tröstete kaum darüber hinweg. Frank Bridges Anregungen, England zu verlassen und »ein anderes musikalisches Klima« kennenzulernen, ließen sich nicht verwirklichen. Pläne eines Studiums bei Alban Berg in Wien zerschlugen sich, weil, wie Britten sagte, die Institutsleitung »dem Rad des Schicksals in die Speichen griff«[208] und seinem Wunsch, ein ihm verliehenes Stipendium für weitere Studien bei Alban Berg in Wien zu nutzen, nicht nachkam, da man fürchtete, der atonale Stil der Zweiten Wiener Schule könne den jungen Musiker verderben. Und so versuchte er schon als 20-Jähriger, bei der Internationalen Gesellschaft für Neue Musik Anerkennung zu finden. Kein Wunder, denn um nach Bach, Beethoven, Brahms und – aus seiner Sicht: Berg – das neue ›B‹ zu werden, musste Britten sich anderweitig orientieren. Allerdings lehnten die Gremien der IGNM seine eingereichten Beiträge wie *Friday Afternoons* op. 7, eine Sammlung von zwölf Kinderliedern, zunächst ab. Doch der junge Engländer legte seinen Ehrgeiz darein, in die Spitzenliga des modernen Komponierens aufzusteigen. Die im Juni 1931 im englischen Oxford organisierten sogenannten »Weltmusiktage« verpasste Britten wegen Studienverpflichtungen in London. Er besuchte sie erstmalig im April 1934 im heißen, aber regnerischen Florenz, wo sein Oboenquartett neben Stücken wie Dallapiccolas *Partita*, Honeggers *Mouvement Symphonique* Nr. 3, Ravels Klavierkonzert für die linke Hand, Bartóks erster Rhapsodie und Hindemiths Trio für Geige, Bratsche und Heckelphon op. 47 erklang. Zwei Jahre später gab es beim Musikfestival in Barcelona im April 1936 Brittens Suite für Violine und Klavier op. 6 zu hören, die er zusammen mit dem spanischen Geiger Antonio Brosa vortrug, der sich wenige Jahre später durch Brittens Violinkonzert auch international einen Namen machte. Das vierzehnte der jährlich stattfindenden Festivals der IGNM wurde, einem Bericht der

Times zufolge, »in einem wankenden Europa, in dem Verträge nicht immer eingehalten werden und jede Form der internationalen Zusammenarbeit zunehmend schwieriger wird«, letztlich »das großartigste, das die Gesellschaft bisher ausgerichtet hat«.[209] Nur wenige Monate später sollte Europa gewaltig ins Trudeln geraten, als der Spanische Bürgerkrieg begann.

*

In der Sowjetunion hingegen versuchte man, das Land zu konsolidieren und einen Gemeinschaftsgeist durch das Würdigen sozialistischer Kerndaten zu erzeugen. »Während in der ›Dem Oktober‹ gewidmeten Sinfonie das Hauptthema der Kampf ist, bringt die Sinfonie ›Der erste Mai‹, wenn ich so sagen darf, die festliche Stimmung einer friedlichen Einrichtung zum Ausdruck«, meinte Schostakowitsch, als er im Oktober 1929 sein neues umfangreiches Orchesterwerk als Teil seines Aufbaustudiums am Leningrader Konservatorium einreichte.[210]

Zur Ikonographie des neuen Sowjetstaats gehörte eine Phalanx von weltlichen ›Heiligen‹ und ›Feiertagen‹. Während Britten Musikstücke schrieb, die das Jesuskind, die Heilige Cäcilie, den Heiligen Nikolaus, Noah oder andere biblische Figuren thematisierten, huldigten Schostakowitsch und seine Kollegen den Recken der Revolution und sozialistischen Gedenktagen. In jener Zeit gehörte es zum Selbstverständnis sowjetischer Komponisten, ihrem Land mit imposant besetzten Monumentalwerken zu dienen. Dass diese auch verhältnismäßig kurz und einsätzig ausfallen können, gehörte zum Konzept der Sinfonik Schostakowitschs. 1955 erläuterte er in einer Rede vor der Jugendsektion des Verbands sowjetischer Komponisten: »Ich glaube, man muss die einzelnen Sätze von Sinfonien nicht nur als Glieder eines einheitlichen Ganzen auffassen, sondern auch als selbstständige Werke der großen Form. Jeder einzelne Satz – sei es nun ein Allegro in Sonatenform oder ein Scherzo, ein Adagio oder ein Finale – muss seine eigene musikalisch-dramaturgische Entwicklung haben. Diese Entwicklung muss sich nicht nur aus den inneren Eigenschaften des verwendeten thematischen Materials ergeben, sondern muss auch mit einer Bestätigung der Grundidee des ganzen Werkes einhergehen. Musik kann nicht längere Zeit eine Stimmung beibehalten: heroische, heitere, besinnliche, traurige und so weiter. Immer ist ein Kontrast notwendig, ein Aufzeigen immer neuer Zustände, ein Auftragen neuer Farben.«[211] Diesen Abwechslungsreichtum bieten die beiden Schwesterwerke ›Dem Oktober‹ und ›Der erste Mai‹, die Schostakowitsch zunächst als zwei Teile einer sinfonischen Trilogie ankündigte, die den Schlüsselmomenten der sozialistischen Utopie gewidmet ist. Dass Schostakowitsch seine

Experimentierfreude nach der 2. Sinfonie noch weitertreiben konnte, bewies er mit seiner ebenfalls einsätzigen, etwa halbstündigen 3. Sinfonie. Er meinte, so berichtete der Komponist Wissarion Schebalin, dass »es interessant sein müsste, einmal eine Sinfonie zu schreiben, in der keines der Themen jemals wiederholt wird«.[212] Neben der gängigen Besetzung kam nun als ungewöhnliches Instrument ein Solophon, eine Art Zither, hinzu, die dem Ganzen einen volkstümlichen Charakter verleihen sollte. Schostakowitsch entlockte den Instrumenten maschinenartiges Geratter, ließ Trommeln wirbeln, Trompeten und Hörner Signale schmettern, wobei er die Klangmassen im ›Allegro molto‹ bis zur Erschöpfung steigerte. An getragenere Abschnitte schließt sich in den letzten fünf Minuten der Originalfassung der Sinfonie ein majestätischer Chor an: »Am allerersten 1. Mai / warfen wir die Fackel in die Vergangenheit; / ein Funke wuchs zum Feuer, und eine Flamme verzehrte den Wald«, hebt die Hymne an. »Unser 1. Mai – / unter dem Pfeifen zorniger Kugeln, Bajonett und Gewehr in den Fäusten, so nahmen wir den Zarenpalast. Der Zarenpalast fiel – das war das Morgenrot des Mai.« Schließlich gipfelt der Hochgesang in dem Appell: »Jeder 1. Mai / ist ein Schritt zum Sozialismus. / Der 1. Mai – der Aufmarsch / der bewaffneten Bergarbeiter. / Auf die Straßen, Revolution, / marschiere mit Millionen Füßen!«[213]

Die Uraufführung der »Mai«-Sinfonie mit den Leningrader Philharmonikern und dem zur Staatlichen Akademischen Kapelle umbenannten ehemaligen Hofchor unter Leitung von Aleksandr Gauk am 21. Januar 1930 im Haus der Kultur Moskau-Narwa in Leningrad stieß zunächst auf positive Reaktionen. Die Partitur erschien zwei Jahre später sogar im Druck. Das Werk wurde noch in den 1950er- und 1960er-Jahren gelegentlich in den sowjetischen Satellitenstaaten aufgeführt und sogar im Rundfunk übertragen. Schostakowitschs Hinweise, er sei von Beethovens Chorsinfonie inspiriert worden, schienen jedoch wie bei Britten eher der Versuch zu sein, sich in eine Reihe mit den Größen vergangener Tage zu stellen. Der Schlusschor bildet ein sinnvolles Pendant zur 2. Sinfonie, ist aber keineswegs ungewöhnlich, denn in neuerer Zeit hatten bereits Gustav Mahler, Josef Suk, Ralph Vaughan Williams und Nikolaj Mjaskowskij Chöre in Sinfonien eingesetzt. Nachdem Glasunow 1928 nach Wien und anschließend nach Paris gereist war, von wo er bis zu seinem Lebensende nicht mehr zurückkehrte, bildeten gerade Mjaskowskijs Werke den entscheidenden Gradmesser für die sowjetische Sinfonik. Bis zu Schostakowitschs dritter hatte er bereits zehn seiner insgesamt 27 Sinfonien herausgebracht. Mit seiner Themenwahl stellte sich Schostakowitsch unmittelbar in Konkurrenz zu Mjaskowskijs 1924 ungemein erfolgreich uraufgeführter monumentaler 6. Sinfonie, die samt Schlusschor die Revolution thematisiert. Im

Umfeld der 2. und 3. Sinfonie von Schostakowitsch entstand Mjaskowskijs nur 20-minütige, aber gigantisch besetzte 10. Sinfonie, die auf Puschkins Dichtung *Der eherne Reiter* Bezug nimmt. Die Komposition habe einen »so massiven, monolithischen Charakter, als sei sie aus Eisen«, meinte Mjaskowskij, ja, sie sei »erfüllt von dem ohrenbetäubenden Getöse von vier Trompeten, acht Hörnern u. ä. m.«[214] Vorerst blieb Schostakowitsch noch ein kleiner Fisch in einem großen Teich. Bemerkenswerte Anerkennung wurde ihm zuteil, als Leopold Stokowski, der sich auch für Mjaskowskij engagierte, mit seinem Philadelphia Orchestra 1932 Schostakowitschs 3. Sinfonie erstmals in den USA aufführte, allerdings ohne den Schlusschor. Mit Reed hatte zwar ein Nordamerikaner einen der wichtigsten Augenzeugenberichte der Revolution geliefert, nichtsdestotrotz hielt man die rebellisch-kommunistischen Verse für unpassend an einem Industriestandort, an dem man die Gewerkschaftler nicht unnötig ermutigen wollte. Dennoch veröffentlichte *The Philadelphia Inquirer* am 31. Dezember 1932 einen Artikel über das Konzert unter der Überschrift: »Stokowsky stages Red Propaganda« (Stokowski bringt rote Propaganda auf die Konzertbühne).

*

Im Westen sorgten vor allem die Entkommenen und Ausgewiesenen für Kritik am sowjetischen System. Man kann die Emigranten aus dem zerfallenden und sich zur Sowjetunion entwickelnden Russischen Reich indes nicht nur unter der Perspektive der Opfer betrachten, denn sie waren nicht minder Vertreter der Negation einer bestimmten Unwahrheit ihrer Zeit. Aus allen Gesellschaftsschichten verließen zwischen 1917 und 1922 etwa ein bis zwei Millionen Menschen das Land. Sie bezeichneten sich selbst als Vertreter der ersten Emigrationswelle, während in Großbritannien die Bezeichnung ›white émigrés‹ üblich wurde, die auf die ›Weiße Bewegung‹ als Gegner der Bolschewiki anspielte. Diese ›weißen Emigranten‹ förderten auch das Aufkommen des Nationalsozialismus, da sie zu einem Zeitpunkt, als die Ideologie noch unausgegoren vor sich hinbrodelte, verschärft antikommunistisches und antisemitisches Gedankengut einbrachten. Prominentester Vertreter war der in Reval, dem heutigen Tallinn, geborene Alfred Rosenberg, der, noch bevor 1930 sein Buch *Der Mythus des 20. Jahrhunderts: Eine Wertung der seelisch-geistigen Gestaltenkämpfe unserer Zeit* herauskam, mit Publikationen wie *Pest in Rußland! Der Bolschewismus, seine Häupter, Handlanger und Opfer* oder *Die Protokolle der Weisen von Zion und die jüdische Weltpolitik* hervortrat. Das diffamierende Falsifikat über eine angebliche Weltverschwörung wurde 1903 in Russland angefertigt und als *The*

Protocols of the Elders of Zion 1918 ins Englische übersetzt. Auch wenn die *Times* das Pamphlet im August 1921 als Fälschung entlarvte, blieb es als ›alternative Wahrheit‹ einflussreich. Schon 1939 charakterisierte der französische Historiker Henri Rollin in seinem Buch *L'apocalypse de notre temps* den westlichen Faschismus als eine Art »antisowjetische Gegenrevolution«, die gespeist sei aus »dem Mythos einer mysteriösen jüdisch-freimaurerisch-bolschewistischen Verschwörung«.[215] So wie bereits in den 1830er-Jahren Exilanten die Stimmung gegen Russland schürten, erhielten nun die alten Vorbehalte aus dem 19. Jahrhundert gegenüber dem Osten neue Nahrung.

Vor diesem Hintergrund arbeiteten Britten und Schostakowitsch vielfach mit jüdischen Künstlern zusammen und schrieben Werke, die sich gegen Vorurteile wandten und mitunter sogar jüdische Klangelemente integrierten. Mutig kann man dies nur bedingt nennen, weil Britten sich mit *Our Hunting Fathers* keinerlei Gefahren aussetzte und Schostakowitsch Werke wie *Aus jüdischer Volkspoesie*, das 4. Streichquartett oder das 1. Violinkonzert bis zu einem geeigneten Zeitpunkt für die Uraufführung zurückhielt. In ihrer Lebenswirklichkeit, in der das Beständigste die unentwegten Veränderungen bildeten, versuchten beide, Gefahren zu entgehen und sich den Gegebenheiten anzupassen. Mit dem Establishment verstanden sie umzugehen. So pflegte Britten ab den 1950er-Jahren sogar Kontakt mit dem Königshaus und befand über Elizabeth II., dass »die Königin wirklich ein netter Mensch ist & man unglaublich leicht mit ihr reden kann!«. Ihren Gatten Philip hingegen »finde ich schwierig und glaube, er verhält sich uns gegenüber ein wenig abweisend, wenn Peg & Lu dabei sind«, heißt es nonchalant in dem Brief weiter unter Bezugnahme auf Prinz Ludwig Hermann Alexander Chlodwig Prinz von Hessen und bei Rhein und seiner Gemahlin Prinzessin Margaret.[216] Als Freund und Förderer der klassischen Musik unterstützte der Prinz von Hessen die Ansbacher Festwochen und Brittens Musikfestival in Aldeburgh. Zudem übersetzte er Texte für den Komponisten und lud ihn oft als Gast auf Schloss Wolfsgarten, 15 Kilometer südlich von Frankfurt ein, wo Britten unter anderem auch an seiner letzten Oper *Death in Venice* arbeitete. Insofern nimmt es nicht wunder, dass die deutschen Freunde Ludwig, seines Zeichens zivilrechtlich Prinz und Landgraf von Hessen sowie Urenkel von Königin Victoria, und seine Frau Margaret für einen der bedeutendsten britischen Komponisten des 20. Jahrhunderts nun einmal ungezwungen nur »Lu« und »Peg« waren. Britten war auch ein gern gesehener Gast in Sandringham House, Norfolk, bei der Mutter der Königin. »Queen Mum ist sehr nett«, meinte er, »doch man muss sich in Gegenwart der Mitglieder des Königshauses immer so blöd benehmen.«[217]

Schostakowitsch pflegte ab 1925 Freundschaft mit einem hochrangigen Mitglied des Militärs, Marschall Michail Tuchatschewskij. »Ich war ein junger Musiker, er ein berühmter Heerführer«, berichtete der Komponist. »Ich erinnere mich an die unerwartete Aufforderung, zum Befehlshaber des Militärbezirks Leningrad, B. M. Schaposchnikow, zu kommen. Er hatte, wie sich herausstellte, einen Anruf aus Moskau von Tuchatschewskij erhalten. Michail Nikolaewitsch hatte von meinen materiellen Schwierigkeiten gehört, und er bat, an Ort und Stelle für mich zu sorgen. Diese Sorge wurde mir erwiesen, ich bekam Arbeit. Und von 1928 an, als M. N. Tuchatschewskij selbst Befehlshaber der Truppen des Militärbezirks Leningrad geworden war, wurde unsere Freundschaft noch enger. Wir sahen uns, sooft wir es wünschten und ermöglichen konnten.« Schostakowitsch schätzte an Michail Nikolaewitsch das »gewinnende Wesen«, denn »die hohe Kultiviertheit« und die »umfassende Bildung Tuchatschewskijs bedrückten den Gesprächspartner nicht, sondern machten – im Gegenteil – das Gespräch lebhaft und hinreißend interessant«.[218]

Britten wandte sich in erster Linie an die höchsten Kreise, um Unterstützung für seine Konzert- und Festivalprojekte zu erhalten; Schostakowitsch setzte sich gegenüber den Behörden vielfach für Familienmitglieder und Künstlerkollegen ein. In einem besonderen Fall drang er dabei sogar bis zu Stalin vor. 1952 erhielt der jüdische Dirigent Kurt Sanderling, der seit 16 Jahren in der Sowjetunion lebte, ein unerwartetes Auftrittsverbot. »Es wurde das Wort *Prädocha* benutzt; Prädocha ist einer, der sich überall durchschlängelt, ein sehr schimpfliches Wort, ein Opportunist, das kommt dem vielleicht am nächsten«, erzählte Sanderling. »Alle waren ganz perplex, es war wie ein Blitz aus heiterem Himmel. Und da die Partei sich nie irrte, war das das Todesurteil, und das Beste, was mir noch hätte passieren können, war, dass ich Zweiter Dirigent irgendwo in der tiefsten Provinz mit einem Rundfunkorchester von 27 Leuten geworden wäre.« Kollegen mobilisierten einen der Lieblingsschauspieler von Stalin, Nikolaj Tscherkasow, der zusammen mit Schostakowitsch dem großen Führer des Volkes das Problem persönlich vortragen sollte. »Auf dem Riesenbankett nach dem Parteitag, auf dem Stalin schon nicht mehr gesprochen hat, haben sich die beiden durch alle Kordons der Abgrenzung zu Stalin durchgeschlängelt, der an einem speziellen Tisch saß«, so Sanderling, »und haben ihm in vorsichtiger Formulierung gesagt: ›Da ist in Leningrad ein Irrtum geschehen.‹ – In sehr vorsichtiger Form. – ›Der Sanderling ist wohl fälschlich dort genannt worden. Es ist ein unglücklicher Zufall, man sollte es vielleicht, wenn es geht, in Ordnung bringen.‹ Das hat mir Schostakowitsch berichtet. Stalin hat nur mit dem Kopf auf seinen Adjutanten gewiesen: ›Bring das in Ordnung.‹ Am nächsten Morgen war die Nachricht schon in Leningrad. Rehabilitiert für die Öffentlichkeit im ganzen Land wurde ich dadurch, dass nach diesem Konzert eine Pressenotiz erschien, was ganz ungewöhnlich war; sonst wurden Konzerte nur besprochen, wenn Bernstein kam, über einen normalen sowjetischen Dirigenten wurde kein Wort verloren. Am nächsten Abend stand in der *Leningradskaja Prawda* eine Pressenotiz: ›Gestern Abend wurde nach vielen Jahren zum ersten Mal wieder die Sechzehnte Sinfonie von Beresowskij gespielt. Die Sinfonie hatte großen Erfolg. Es dirigierte Kurt Sanderling.‹ Das war für alle das Signal, ich bin wieder da. Also ich kann wohl sagen, dass der Schostakowitsch mir das Leben gerettet hat.«[219]

Dies geschah durch eine demütige Bitte an einen ›gottgleichen‹ Herrscher. Schostakowitsch lebte in einer Welt, in der die Umkehrung von Symbolen durch totalitäre Machtausübung zur Regel wurde. Der 1922 aus der Sowjetunion ausgewiesene Religionsphilosoph Nikolaj Berdjaew, mit dessen Werk Britten durch Pears vertraut war, kritisierte die Profanisierung der Werte. »Kreuze und Sterne gibt es nur noch auf Offiziersuniformen, was eine Verhöhnung des Kreuzes von Golgatha und der Sterne im Himmel ist«, schrieb Berdjaew. »Die Machthungrigen lechzen immer nach Symbolen und Zeichen und fordern symbolische Beziehungen zu ihnen.« Berdjaew meinte, »der Zar, der General, der Metropolit sind Symbole, denen keine Realität entspricht«, hingegen seien »der Heilige, der Prophet, der geniale Schöpfer, der soziale Reformator Realitäten, die keiner Symbolisierung bedürfen«.[220] Auch in der Kunst begannen exemplarische Werke als Symbole der Ideologie zu dienen.

*

Britten lebte ebenfalls in einer Welt der Symbole, die indes anders konnotiert waren. Mit Anfang 20 wurde der Engländer vielfach als »linker Komponist« wahrgenommen,[221] was nicht nur an einigen Werken, sondern vor allem an seinen Bekanntschaften lag, wie beispielsweise mit den Komponisten Alan Bush und Lennox Berkeley sowie Schriftstellern wie Wystan Hugh Auden. Gerade Bush sei es »hauptsächlich zu verdanken, dass diese unselige Verknüpfung von Musik und Politik in Großbritannien existiert«, beklagte der Musikwissenschaftler Basil Maine seinerzeit.[222] Alan Bush selbst meinte, er sei »Marxist geworden durch das Studium der Wissenschaften und Philosophie«, und zeigte sich »davon überzeugt, dass die Gesellschaft auf einer rationalen und wissenschaftlichen Grundlage organisiert werden muss, und die Gesellschaft in Großbritannien nicht auf diese Weise gestaltet war«.[223] Britten wurde zwar nie Mitglied der Kommunistischen Partei

Großbritanniens, handelte aber in den 1930er-Jahren nicht selten nach der Devise der Bolschewiki, der zufolge in der Kunst »jeder Vorstoß ›nach links‹ auch ein Vorstoß nach vorne« sei. Britten und Auden ließen ihre Haltung zunehmend in ihre Werke einfließen. So übernahm der Autor für den Schluss von *Our Hunting Fathers* einen Verweis auf jene Qualitäten, die zu den wesentlichen Fähigkeiten des Berufsrevolutionärs gehören, nämlich »to hunger, work illegally, and be anonymous«. Hunger, Illegalität und Anonymität – und doch muss man die Welt dazu bringen, »keine anderen Gedanken zu pflegen als nur die unseren« (»think no thought but ours«), wie es zuvor im Text heißt. In den Schlusszeilen glaubten Auden und Britten, Lenin hiermit höchstpersönlich zu zitieren mit Worten, die der Schriftsteller in Ralph Fox' 1933 erschienener Lenin-Biografie entdeckt hatte. Doch so sehr ihn das Buch auch beeindruckt haben mochte, später stellte sich heraus, dass die Zeilen ursprünglich von Lenins Witwe Nadeschda Krupskaja stammten.

In künstlerischer Hinsicht befand sich Großbritannien in einer revolutionsaffinen Atmosphäre, doch es war unwahrscheinlich, dass die Vertreter radikaler Positionen durch Wahlen an die Macht gekommen wären. Dennoch beobachtete der Nachrichtendienst ab den 1920er-Jahren auch die Künstlerkreise. Verdächtig erschienen dabei etwa der Schriftsteller George Orwell, die Bildhauerin Clare Sheridan, eine Cousine von Winston Churchill, die die Sowjetunion bereiste und Skulpturen von Lenin, Trozkij, Dserschinskij und Kamenew schuf, sowie Benjamin Brittens Mitstreiter Christopher Isherwood, der zusammen mit Auden Stücke wie *The Ascent of F6* und *On The Frontier* geschrieben hatte, für die der Komponist die Bühnenmusik entwarf. Britten galt diese Musik indes nicht viel mehr als seine Arbeiten für den Film. Anfang 1942 war Isherwood für Britten noch ein denkbarer Kandidat als Librettist für *Peter Grimes*, stand aber nicht zur Verfügung. Umso interessanter war der Amerikaner für den britischen Nachrichtendienst MI5, der ihn observierte, da er, wie die ›Akte Isherwood‹ dokumentierte, »1933 Artikel für die britische Anti-Kriegs-Bewegung schrieb«. Seinerzeit machte es einen linksgerichteten, homosexuellen Intellektuellen zudem verdächtig, wenn er sich 1933 monatelang in Deutschland aufhielt (nachdem Hitler an die Macht gekommen war) und 1938 zusammen mit Auden China besuchte, um sich »für die Solidarität mit den chinesischen Bauern einzusetzen« (während der Zweiten Einheitsfront, die Stalin vermittelt hatte, der durch ein starkes China Japan von einem direkten Angriff auf die Sowjetunion abhalten wollte). Noch am 20. August 1951 betonte ein Vermerk in den Unterlagen, »die Aktenlage deutet darauf hin, dass Isherwood einer der frühen Vertrauten von Guy Burgess war«[224] – seines Zeichens seit den früheren 1930er-Jahren Mitglied der Kommunistischen Partei, Mitarbeiter des britischen Außenministeriums und Doppelagent. Sogar Briefe von Burgess an Isherwood sind in den Archivunterlagen erhalten. Und mit solch höchst ›verdächtigen Subjekten‹, deren erotische Neigungen als »engaged in sexual perversion« umschrieben wurde, umgab sich Benjamin Britten! Kein Wunder, dass ab den 1950er-Jahren der Nachrichtendienst auch mit Argusaugen die Aktivitäten von Peter Pears beobachten sollte.

Britten selbst lag das misstrauische Dokumentieren möglicherweise bedenklicher Verhaltensweisen nicht. Mehr in seinem Element war er indes bei der Vertonung poetischer Texte. Zugeschnitten auf die Stimme der in der Schweiz geborenen Sopranistin Sophie Adele Wyss entstanden zwischen 1936 und 1939 in Zusammenarbeit mit Auden die Liederzyklen *Our Hunting Fathers* und *On this Island* sowie die Rimbaud-Vertonung *Les Illuminations*. Wyss, die sich Mitte der 1920er-Jahre nach der Eheschließung mit einem britischen Offizier in England niederließ, machte sich vor allem mit der Interpretation von Liedern in französischer Sprache einen Namen, während ihr Englisch nie völlig akzentfrei blieb und selbst Britten »zuweilen etwas undeutlich« erschien, obwohl sie »vorzüglich singt«.[225] Sie vermochte Emotionen und Emphase in ihre Darbietungen zu legen, was Britten entgegenkam. In einer Phase, in der Lieder in englischer Sprache noch in der Tradition von Sullivans Tennyson-Zyklus *The Window* oder Butterworths Housman-Vertonungen standen, die alle mehr den natürlichen Sprachduktus betonten, wirkten Brittens ornamentreiche Klangcapricen geradezu verstörend. Doch ebenso wie Schostakowitschs Kompositionen in die künstlerisch avantgardistische Sowjetunion seiner Zeit passten, entsprachen Brittens musikalische Ausdeutungen der Verse dem Empfinden der ›Lost Generation‹, der kulturkritischen Verlorenen Generation seiner Hemisphäre. Sophie Wyss berichtete später, dass Britten sie bei den Proben antrieb, »das fast Unmögliche zu wagen, dann ging er in den Garten und spielte französisches Cricket mit meinem zehnjährigen Sohn«; später speiste man gemeinsam und »er redete mit grimmigem Humor darüber, auf welche Weise die Welt einem Krieg entgegentrieb«.[226]

*

Wie bei seiner späteren Filmmusik scheute Britten selbst bei Konzertstücken nicht vor einigen frühen Wagnissen zurück. In dem Liederzyklus *Our Hunting Fathers* für hohe Stimme und Orchester wählten Auden und Britten das Verhältnis des Menschen zum Tierreich als Chiffre für die Beziehungen der Menschen untereinander. Die Bilanz fiel nicht gerade positiv aus. In den Versen ist von Ratten, toten Affen und Jagdhunden die Rede, doch spätestens, wenn die Gesangssolistin zwei der Hunde mit Namen nennt – »German« und »Jew« –, ist klar, worauf die Texte eigentlich Bezug nehmen. »Auden hat mir einige grandiose Worte verfertigt«, schwärmte Britten, »ganz im Einklang mit meinen sozialistischen Neigungen.«[227] Viele zeigten sich ob der »schockierenden Exzesse« von Text und Musik entgeistert, als das Stück 1936 beim Musikfestival in Norwich Seite an Seite mit Vaughan Williams' distinguierten *Five Tudor Portraits* für Altstimme, Chor und Orchester uraufgeführt wurde. Den gefälligen Harmonien des Establishments setzte Britten Zorn und Engagement entgegen. Die beiden Miniatur-Dramen in englischer Sprache – *On this Island* und *Our Hunting Fathers* – bieten in jeweils fünf ›Akten‹ eine kritische Auseinandersetzung mit Großbritannien und der Natur des Menschen. Dabei umrahmen in *Our Hunting Fathers* ein Prolog und ein Epilog von Auden drei von ihm bearbeitete Texte über den Umgang mit Tieren. »Sie sind unsere Vergangenheit und unsere Zukunft«, heißt es ambivalent in der Einleitung, was sich sowohl auf die Tiere als auch auf unsere jagenden Vorväter beziehen kann; jene Ahnen, die sich die Welt untertan machten und bis hin zu Weltkriegen einen ständigen Kreislauf der Gewalt in Gang hielten. Die drei mittleren Gedichte sind bittere Varianten von Kiplings Tiergeschichten. Auden und Britten erzählen von Vertreibung, Gefangenschaft und Krieg: In »Rats away!« betet ein Gläubiger, dass alle Parasiten hinfortgejagt werden; »Messalina« spielt auf die grausam-exzessive dritte Frau des römischen Kaisers Claudius an, die einen Affen in Gefangenschaft hält und ihn noch mit »Fie, fie, fie, fie, fie!« (Pfui!) beschimpft, als er stirbt; und der »Totentanz« illustriert das Morden als Sport bei der Jagd mit Falken. Mit dem mittlerweile sicheren Instinkt eines Dokumentarfilmkomponisten gelang Britten mit einem kleinen Orchester eine treffende Charakterisierung der Szenen über Fanatismus, Herrschsucht und die Lust am Töten. Dabei scheint das Lied über »hawks« – ein Begriff, der in seiner Doppeldeutigkeit »Falken« und »Kriegstreiber« bezeichnet – von den Orchesterzwischenspielen aus Schostakowitschs Oper *Lady Macbeth* beeinflusst, während das vermeintliche Lamento über den vermenschlichten, sterbenden Affen bei den einleitenden »heigh ho«-Varianten mit einer ritualisierten Klageformel spielt: Sie fand bereits Verwendung in einem der berühmtesten Duette der englischen Oper, nämlich in der Auftrittsszene von Jack Pont und Elsie Maynard in Sullivans *The Yeomen of the Guard*, die einen Bänkelgesang über unerfüllte Liebe vortragen. Das einleitende Rattenlied wirkte bei der Uraufführung besonders skandalös. Auden modernisierte den mittelalterlichen Text eines unbekannten Dichters, für den aus Sicht des Betenden die Ratten Ungeziefer sind, das vertrieben werden muss; auf ähnliche Weise zeigte man auch im Empire wenig Verständnis für atavistische Bräuche fremder Kulturen und so galten etwa hinduistische Volks- bzw. Stammesreligionen manchen gar als Mischung von »Bestialität, Kindestötungen und Morden«.[228] Auch aktuelle Ereignisse auf dem Kontinent hatte man im Blick: Als Britten die Partitur vollendete, notierte er in seinem Tagebuch, es sei ein »ziemlich bestialischer Tag – verdorben durch die Nachrichten aus Spanien«, wo die Faschisten die Vorherrschaft übernahmen. Trotz Unterstützung der Sowjetunion und der westeuropäischen Linken sollte es nicht gelingen, wie der Komponist hoffte, »das Haus von den Ratten zu reinigen«.[229] Er besaß eine vielschichtige Haltung. »Ich habe mich immer darüber gewundert, was die Ratten wohl von Gott halten mögen (natürlich dem gleichen Gott – siehe die Bibel & Sperlinge etc.), wenn sie im Namen des Herrn vergiftet werden«, schrieb er im Juni 1936 an einen Freund. In Großbritannien war man seit Darwins Buch über den *Ausdruck der Gemütsbewegungen bei dem Menschen und den Tieren* für Gemeinsamkeiten von Verhaltensmerkmalen sensibilisiert, zudem wurden in dem 1908 veröffentlichten Buch *Der Wind in den Weiden* des Schotten Kenneth Grahame Ratten als schlau und empfindsam dargestellt. In der englischsprachigen Welt ist der Begriff der Nagetiere durchaus positiv konnotiert, wie später auch die Comics von Art Spiegelman zeigten. Da durch Repressalien der Nationalsozialisten gegen die Juden auch die Intelligenz aus Deutschland vertrieben wurde, erschien das Stück von Britten noch einmal in einem anderen Licht. Dass die Sowjetunion zu vergleichbaren restriktiven Maßnahmen greifen könnte, kam dem Komponisten nicht in den Sinn. Er freute sich, seinen Ratgeber Frank Bridge mit dem neuen Werk zu beeindrucken. »Er ist sehr wohlwollend gegenüber meinen sozialistischen Neigungen«, notierte Britten im März 1936 in seinem Tagebuch. In künstlerischer Hinsicht hatte er sich indes vollständig emanzipiert, denn er wollte weder Verbesserungsvorschläge von Bridge annehmen, noch ließ er sich von ihm seine Begeisterung für das Klanguniversum von Gustav Mahler ausreden.

Weil er als Erfinder der Musik seine Absichten am unmittelbarsten vermitteln konnte, musste Britten notgedrungen alles selbst dirigieren, auch wenn es für ihn anfangs eine deprimierende Erfahrung darstellte. Nicht nur das Orchester war nach stundenlangen Proben laut Tagebuch »am Rande der Verzweiflung«, auch der noch unerfahrene Komponist gebärdete sich »weidlich echauffiert & entnervt«.[230] Die Mitglieder des London Symphony Orchestra machten sich vor allem über »Rats away!« lustig und alberten auf der Bühne herum, indem sie imaginäre Nager verscheuchten. In dieser misslichen Lage erhielt Britten Unterstützung von unerwarteter Seite. Der wohl angesehenste Komponist des Landes, Ralph Vaughan Williams, besucht die Proben – ein Mann, der im gleichen Jahr seine *Five Tudor Portraits* und die Kantate *Dona nobis pacem* vorstellte sowie seine Oper *Riders to the Sea* veröffentlichte, für den Britten jedoch in jugendlicher Überheblichkeit nur Verachtung übrighatte. Vaughan Williams wies das Orchester zurecht, berichtete Sophie Wyss, »und daraufhin rissen sie sich zusammen und brachten eine ordentliche Darbietung zustande«.[231] Mit der Uraufführung in der St. Andrew's Hall in Norwich verbuchte Britten einen Achtungserfolg. Während der Rezensent der *Musical Times* das Werk für »gescheit, beinahe gescheit bis zum Geht-nicht-mehr« hielt, gar »je nach Standpunkt spöttisch, verärgernd, oder unterhaltsam«, hieß es im *Observer*, der Sinn der Verse bleibe »selbst nach dem zehnmaligen Lesen noch schleierhaft« und Brittens »Ruf stünde es besser an, wäre er wie die jagenden Väter am Schluss von Audens Text (oder meint er die gegenwärtige Generation? – oder den Löwen?) anonym geblieben«.[232] Völlig zahnlos war der alte Löwe, das britische Wappentier, noch nicht: Etliche Kinos im Vereinigten Königreich hießen ›The Empire‹ und die britische Kinoindustrie lieferte in den 1930er-Jahren Filme zu entsprechenden Themen wie *Clive of India*, *Lives of a Bengal Lancer*, *Stanley and Livingstone* und *The Sun Never Sets*. Die *New York Times* bezeichnete *The Four Feathers* sogar als »eine imperialistische Sinfonie«.[233]

Britten hingegen betrachtete den sowohl musikalisch als auch inhaltlich provokanten gesellschaftskritischen Zyklus *Our Hunting Fathers* vorerst als »mein wahres Opus 1«.[234] Die ein Jahr später gleichfalls in Norwich uraufgeführten Lieder von *On this Island* empfand er als »Publikumserfolg, aber keinen Erfolg bei den Kritikern – dafür sind sie als zeitgenössische Musik viel zu geradlinig & zugänglich«.[235] Nach den unangenehmen Erfahrungen mit einem »sinfonischen Zyklus für Sopran und Orchester« beschränkte sich Britten diesmal nur auf ein Klavier zur Gesangsstimme. Wieder einmal boten die Texte, die er aus Audens 1936 erschienener Gedichtesammlung *Look, Stranger!* auswählte, Assoziationssplitter, die Schlaglichter auf verschiedene Facetten des britischen Lebens warfen. Anstelle des filmisch-lautmalerischen Gestus von *Our Hunting Fathers* verwies *On this Island* trotz eines modernen Klanggewands auf Einflüsse barocker Ornamentik und klassischer Phrasenbildung. Ähnlich wie manchen Passagen aus Schostakowitschs Frühwerken ist der Musik eine latente Aggressivität eigen, die eher verhalten und unterschwellig brodelnd den Texten Farbe verleiht. Diese kontrastieren das Zentrum des Empires, in dem »hoch über den Zitadellen die imperialen Standarten wehen«, mit den vernachlässigten »Ungeliebten«, deren »Stunde noch schlagen wird«. Auch das zweite Lied ist wie mit der geballten Faust in der Tasche komponiert. Zu einem marschartigen Rhythmus erzählt es von einer Untergangsstimmung (»Now the leaves are falling fast«) und von »Krankenschwestern in den Gräbern«. Am Ort der Uraufführung musste dies als deutliche Anspielung auf die in Norwich geborene Edith

Cavell verstanden werden, die dort noch heute als Märtyrerin und Heldin verehrt wird, weil sie sich während des Ersten Weltkriegs in dem von den Deutschen besetzten Belgien als Fluchthelferin für alliierte Soldaten engagierte. Sie wurde verraten (»whisp'ring neighbours, left and right«) und im Oktober 1915 in Brüssel hingerichtet (»and the active hands must freeze«). Kurz nach Kriegsende wurde ihr Leichnam 1919 exhumiert und nach England überführt, wo man sie im Schatten der Kathedrale von Norwich beisetzte. Wenn jene, die in der Tradition der Krankenschwesterikone Florence Nightingale gewirkt haben, verstummen, ist keine Rettung zu erwarten (»And the nightingale is dumb, / and the angel will not come«). Die Zitadelle der britischen Küste wird im »Meerespanorama« des dritten Lieds in Frage gestellt. Dabei gehörte es zum jahrhundertealten Selbstverständnis der Briten, dass der Ozean nicht nur Schutz bot, sondern dem Land auch eine besondere Stellung verschaffte: In Shakespeares *Richard II.* ist bereits die Rede von der »Festung, die Natur sich baute gegen / die Hand des Kriegs und Ansteckung von außen«.[236] In seiner Kantate *Invocation to Music* ließ Hubert Parry, Komponistenurgestein und Direktorenlegende von Brittens Royal College of Music, einst machtvoll »the monstrous sea« besingen, das machtvolle Meer, das die Briten auf ihrer einer Burg gleichenden Insel mit einem gewaltigen Graben umzieht und viele Leben mit einer tragischen und tod-bringenden Zone umgürtet (»Moateth about our castled shore / His worldwide element moan, / Girdeth our lives with tragic zone«). Wem sollten sich die Musen sonst gewogen zeigen, wenn nicht diesem El Dorado an Unantastbarkeit und Weltwissen? Britten, der 1932 und zwei weitere Male mit dem ›Sullivan Prize‹ geehrt wurde, führte Arthur Sullivans Ansätze weiter, der in seiner Oper *Utopia Limited* bereits Ende des 19. Jahrhunderts im übertragenen wie im realen Sinne einen Sturm um das »sea-girt land« entfachte und aufzeigte, wie brüchig die vermeintliche Sicherheit in der scheinbar besten aller möglichen Welten sein kann. In Brittens »Seascape« sind die schützenden Felsen, die das Land umgürten, die stolzen Schiffe, ja, alles so vergänglich wie »die Erinnerung an die Wolken, die über die Spiegelfläche des Hafens ziehen«. Im anschließenden »Nocturne« werden dem Reich, in dem die Sonne niemals untergeht, jene Länder gegenübergestellt, »die durch den sanften Griff der Nacht gleiten«, doch eines Tages für einen Rollentausch bereit sein könnten: China sowie Nord- und Südamerika. Doch noch schlummert man sanft, »ungestört von feindlichen Mächten, Zugmaschinen, Bullen oder Pferden oder dem rebellierenden Sukkubus«. Der Abgesang im Cabaretstil verspottet den britischen Lebensstil mit »glücklichen Kindern, und dem Auto, ach, dem Auto«, der »hingebungsvollen Gattin«, »der Arbeit und der Bank«, dem »eine stürmische Zukunft von unnachgiebiger Art droht«.[237]

*

In der revoltierenden Welt der Kunst, der man in Brittens Umfeld und unter den russischen Idealisten begegnete, »herrscht eine andere Romantik« als »die mittelalterliche, die mystische Romantik«,[238] ließe sich mit den Worten von Anatolij Lunatscharskij sagen, dem Volkskommissar für das Bildungswesen in der Sowjetunion. In seiner aktiven Zeit von 1917 bis 1929 bestimmten die Kunstmusik zwei Fragen, die bis in die Gegenwart eine Rolle spielen: Braucht eine Gemeinschaft wie ein Orchester überhaupt einen Dirigenten? Und sind Geräusche jeglicher Art den auf Instrumenten erzeugten Tönen nicht gleichwertig?

Von 1922 bis 1932 machte das ›Erste Sinfonische Ensemble‹, das Persimfans bzw. ›первый симфонический ансамбль‹ (*Per*wij *Sim*-*f*onitscheskij *Ans*ambl) von sich Reden, das mit bis zu über hundert Musikern sowohl die Klassiker der großen Orchesterliteratur als auch Werke der Gegenwart spielte und dadurch die Gründung weiterer Instrumentalensembles ohne Dirigenten inspirierte. Zwar kam man ohne eine autokratische Führungspersönlichkeit mit Taktstock über die Runden, doch um einigermaßen ein Zusammenspiel zu gewährleisten, sah man sich genötigt, bei Konzerten das Orchester kreisförmig zu gruppieren, um intensiven Blickkontakt untereinander halten zu können. Da dadurch etliche Musiker mit dem Rücken zum Publikum sitzen mussten, blieb ein ausgewogenes Klangbild nicht mehr gewährleistet. Viele Hörer in den Kasernen und Fabriken, in denen man überwiegend auftrat, dürfte dies kaum gestört haben. Doch ein angesehener Komponist wie Nikolaj Mjaskowskij war entsetzt über die Koordinationsprobleme bei der Uraufführung seiner 10. Sinfonie, die er im April 1928 dem dirigentenlosen Orchester überlassen hatte. Otto Klemperer soll eine Persimfans-Aufführung besucht haben, kurz nachdem er mit einer eigenen Aufführung unzufrieden war. Auf die Frage, wie es ihm denn gefallen habe, knurrte er: »Ohne Dirigent geht's auch nicht.«[239] Selbst wenn Darius Milhaud, der 1926 mit seiner Musik durch Russland tourte, bezüglich der dirigentenlosen Orchester meinte, der »Versuch war vollkommen geglückt«, nur hätte »ein Orchesterchef dieselben Resultate und zweifellos schneller erreicht«,[240] hieß es 1928 über ein ähnliches Ensemble: »Mit Kunst hat die Sache nicht mehr zu tun als irgendeine Propagandarede eines bolschewistischen Agitatoren *[sic]*«.[241]

*

Immerhin hatte man es bei diesen Experimenten noch mit professionellen Musikern zu tun. Schostakowitsch hätte mit der englischen Begeisterung für das insulare Amateurwesen wenig anfangen können – er war höchste Standards gewohnt und keine Laienorchester. Ungeachtet eines beachtlichen Niveaus des regen britischen Konzertlebens im 19. Jahrhundert sollte sich die Anerkennung und soziale Absicherung von englischen Musikern nicht vor Ende des 19. Jahrhunderts erheblich bessern. Henry Wood etablierte erst 1895 für seine Promenadenkonzerte mit dem Queen's Hall Orchestra ein Konzertorchester mit Festanstellungen im Lande, nachdem zuvor lediglich aus dem vorhandenen Fundus von Musikern Orchester für bestimmte Aufführungen oder Konzertreihen zusammengestellt worden waren. Von diesem Orchester spalteten sich 1904 einige Mitglieder ab und gründeten das London Symphony Orchestra, dessen erster Hauptdirigent Hans Richter wurde. Viele Gastdirigenten folgten, darunter auch Elgar, der in den Jahren, in denen er überwiegend als reproduzierender Künstler aktiv war, von der zunehmenden Professionalisierung und Differenzierung der englischen Orchester profitierte. In Benjamin Brittens Jugendjahren konnte der Dirigent Thomas Beecham schon stolz erzählen, wie sehr man auf dem Kontinent »die technischen Fähigkeiten des Orchesters«, mit dem er auftrat, bewunderte, »insbesondere die Holzbläser und die Hörner«. Im Vergleich mit österreichischen und deutschen Klangkörpern hieß es, »diese Engländer spielen mit einer souveränen Autorität, die andernorts heute nur allzu selten ist«.[242] In der sich allmählich ausweitenden britischen Orchesterszene etablierte sich 1924 auch das ›British Women's Symphony Orchestra‹, das von Gwynne Kimpton und Malcolm Sargent geleitet wurde. Während des Krieges hatten zahlreiche ausgezeichnete Musikerinnen die Männer in den Orchestern ersetzt. Als diese nun wieder zurückkehrten, forderten sie ihre früheren Posten zurück. Die Gründung des neuen Ensembles war nicht zuletzt ein Protest gegen die Ungleichbehandlung von Frauen in Orchestern, der später unter anderem zu Kooperationen mit dem London Symphony Orchestra führte.

Den Russen Aleksandr Glasunow, der aus gesundheitlichen Gründen nicht nach Leningrad zurückkehrte und zumeist in Paris lebte, störte der »Geschäftsgeist« Westeuropas und Nordamerikas. Schon damals blieb die Anzahl der Proben auf ein Minimum reduziert, zu denen die vorgesehenen Solisten nicht immer oder erst im letzten Moment hinzustießen; mitunter sahen sich Dirigent und Virtuosen gar erst zum gemeinsamen Auftritt. Konzertveranstalter hielten ihre vollmundigen Ankündigungen keineswegs immer ein, sodass Glasunow in seinen Briefen in die alte Heimat zuweilen erwähnte, »man verspricht viel, aber ich habe gelernt, mich gegenüber allem nicht zu vertrauensselig zu verhalten«. Zu Recht, denn selbst einem namhaften Künstler wie ihm konnte es widerfahren, dass ein Agent »trotz seiner Schwüre 150 Dollar schuldig geblieben« ist; oder: »die Person, die bei mir ein Quartett bestellt hat, schuldet mir 500 Dollar, auf die ich im Sommer gerechnet hatte«. »Aus ökonomischen Erwägungen bin ich in einer billigen Pension abgestiegen«, war die entsprechende Konsequenz.[243]

Trotz der hohen Professionalität blieben die Leistungen der Orchester sehr schwankend. Dass dies vom Publikum hingenommen wurde, lag an der Begeisterung für das Improvisatorische und das Selbstgemachte. »Ich mag die Engländer als Einzelwesen«, meinte der aus Ungarn stammende Dirigent Georg Solti, »aber ihre Liebe zum Dilettantismus – den ich gerne ›Hobbyismus‹ nenne – erschien mir immer suspekt.«[244] Die landesweit musizierenden Laien belassen es bis heute nicht beim Singen in Chorgemeinschaften, sondern widmen sich den schwersten Brocken der Orchesterliteratur und Opernproduktionen. Die künstlerische Begeisterungsfähigkeit ist indes eher auf der sozialen Ebene phänomenal, weniger auf der künstlerischen – dieses Faible verschleiert nicht selten den Blick für das angemessene Niveau. Die Spitzenorchester Großbritanniens waren vor allen Dingen angewiesen auf prägende Dirigentenpersönlichkeiten, die mitunter zu gewaltigen Leistungssteigerungen führten. Wollte man in der Sowjetunion die Dirigenten noch abschaffen, so war im Westen gerade deren ausgeprägte Individualität gefragt. Als Solti 1961 seine zehnjährige Amtszeit am Royal Opera House Covent Garden antrat, modifizierte er das Repertoire von der dominierenden italienischen Oper, deren Produktionen zumeist Vehikel für die Primadonnen der 1950er-Jahre waren, hin zu mehr französischen und deutschen Werken. Solti begeisterte sich auch für Brittens Opern, obwohl er von der glänzenden Uraufführung des *Midsummer Night's Dream* in Aldeburgh anfangs irritiert war. »Meine Erfahrungen mit Shakespeare beruhten auf den schwerfälligen deutschen Übersetzungen, und so hatte ich einen gewichtigeren, eher Verdi-artigen Klang erwartet«, berichtete der Dirigent. »Als ich die Musik zum ersten Mal hörte, kam es mir vor, als vermittle Brittens lichte Instrumentierung nicht die Wirkungsmacht von Shakespeares Text. Doch damit lag ich völlig falsch. Ich erkannte bald, dass Britten vollkommen recht hatte. Die Oper ist für kleines Orchester und Stimmen geschrieben, im Stile Purcells, und die Transparenz seiner Instrumentierung fängt auf brillante Weise die Sprache des Stücks ein.«[245] Am Opernhaus Covent Garden leitete Solti den *Sommernachtstraum* und auch *Billy Budd*, die er für Brittens beste Bühnenwerke hielt. In Schostakowitschs Œuvre begeisterte ihn neben vielen anderen vor allem die 13. Sinfonie.

Der Wahl der Dirigenten lagen mitunter strategische Erwägungen zugrunde. Als Ende der 1920er-Jahre der Leiter des BBC Symphony Orchestra bestimmt wurde, hofften viele auf Frank Bridge. Aber als die Entscheidung gegen ihn ausfiel, fragte Britten einen der Orchestermusiker und erfuhr, sein Kompositionslehrer habe ungeachtet seiner unübertroffenen Kompetenz »diese eine große Macke«. »Oh, ich verstehe!«, meinte Britten.[246] Der Komponist Frank Bridge hatte früher als professioneller Bratschist in Orchestern und Streichquartetten mitgewirkt, wodurch er eine allzu offensichtliche Verachtung für alles Amateurhafte und Provinzielle zur Schau stellte. Dadurch wurde er für die BBC und das Royal College of Music zu einer ›persona non grata‹, da etliche Mitarbeiter in führenden Positionen die weit verbreitete Liebhaberattitüde an den Tag legten. Als Chefdirigent des BBC Symphony Orchestra wurde Adrian Boult erkoren, dem Britten zumeist nur Spott entgegenbrachte, weil ihm die musikalische Praxiserfahrung eines Bridge näherstand als die universitäre Bildung eines Boult. Diesen Vorbehalten sind Brittens Gehässigkeiten gegen Boult in seinen Tagebüchern geschuldet – »ein schrecklicher, scheußlicher Dirigent«, »Dreck!«[247] –, die allerdings im höchsten Maße ungerecht waren, zumal sich Boult stark für neue Musik einsetzte und Britten zumindest mit der *Matthäus-Passion* beeindruckte. In Großbritannien konnte man immerhin ein breiter gefächertes Spektrum an ästhetischen Positionen erleben als in der UdSSR: Thomas Beecham faszinierte durch seine glamourösen Auftritte, große Gesten bei der Stabführung und sein sensibles Gespür für musikalischen Impressionismus, wobei er sich auch erdreistete, Elgars 1. Sinfonie einzukürzen; Henry Wood bestach durch seine präzise Zeichengebung sowie Vielseitigkeit und Effizienz. Um diese bei den bis heute in Großbritannien üblichen knappen Probenzeiten sicherzustellen, begann er um 1910, die Orchestersitzordnung nach eigenem Gutdünken umzuarrangieren und die Streichergruppen der Tonhöhe entsprechend von links nach rechts anzuordnen. Hingegen wirkte Adrian Boult durch seine Erfahrungen in Leipzig und Wien stets im Geiste der Komponisten. Er blieb ein Verfechter der klassischen Orchesteraufstellung mit geteilten ersten und zweiten Geigen sowie den Kontrabässen »in einer Reihe im Hintergrund, nach Wiener Art«.[248] »Die Geschichte der Orchestermusik im 20. Jahrhundert ist ein Zusammenspiel der Kräfte unter offizieller Kontrolle und denen, die offiziell frei sind«, meinte der Musikjournalist Reginald Nettel kurz nach dem Zweiten Weltkrieg, »sie bildet in der Kunst geradezu jene Kräfte nach, die die Konturen der politischen Aktivitäten des Jahrhunderts prägen.«[249]

*

Als 1927 das Kommunistische Politerziehungsinstitut in Leningrad die Broschüre *Das Geräuschorchester* herausbrachte, gehörte es längst zum guten Ton, Surren, Dröhnen, Rattern, Klopfen, Tuckern, Schaben und Signalheulen in Instrumentalwerke zu integrieren. Das 1922 zum fünften Jahrestag der Oktoberrevolution uraufgeführte Konzert für Fabriksirenen von Arsenij Awraamow, die 1925 erstmals vorgestellte *Landwirtschaftssinfonie* von Aleksandr Kastalskij und die 1926 entstandene *Eisengießerei* von Aleksandr Mosolow passten sehr gut zu einer Ästhetik der Straßen- und Werkshallensinfonik, bei denen, so Kastalskij, »durch Töne und Orchestergeräusche das Arbeitsleben«[250] dargestellt wird. Geräusche der Umgebung gehörten zum Alltag und galten als natürlich, während bloßen abstrakten Klangkonstruktionen etwas Künstliches anhaftete. Auch Schostakowitsch experimentierte und baute in seine im November 1927 erstmals gespielte 2. Sinfonie eine Fabriksirene ein, die die Arbeiterschaft symbolisiert.[251] Sie erklingt kurz bevor der Chor ein Loblied auf die Oktoberrevolution skandiert. »Oktober! Das ist die Sonne des ersehnten Boten«, ruft man, »Oktober! Das ist das Glück der Felder und Fabriken!« Die Orchesterbesetzung ähnelte der 1. Sinfonie; anstelle des Klaviers bildeten die bedeutsamsten Ergänzungen die Sirene und der Chor. Diese im Auftrag des staatlichen sowjetischen Musikverlages entstandene »Oktober-Sinfonie« bot eine Weiterführung der Montagetechnik, zudem entfaltete sich die latente Aggressivität der 1. Sinfonie zu einem erweiterten Spektrum an Ausdrucksmöglichkeiten für traditionelle Konzertinstrumente. Unheimlich erhebt sich zu Beginn – begleitet von Tremoli der großen Trommel – eine amorphe, zunehmend größer werdende Masse von Streicherklängen aus einem dreifachen Pianissimo. Geteilte Kontrabässe, Celli sowie erste und zweite Geigen scheinen einen chaotischen Urzustand zu simulieren, was manche als die Stimmung des Volks vor der Revolution aufgefasst haben mögen. In der getragenen Melodie einer Trompete mit Dämpfer meint man sogar ein »Happy Birthday to you« anklingen zu hören – damit wäre die Sinfonie durchaus für die Vereinigten Staaten kompatibel gewesen, wo ›Uncle Joe‹, wie manche Stalin kumpelhaft nannten, in wirtschaftlich schweren Zeiten gerade beträchtliche Mengen neuer Traktoren für die Erfüllung des ersten Fünfjahresplans bestellen ließ und die Kommunistische Partei der USA ihre Hochzeiten erlebte. Das von den Hill-Schwestern entworfene Geburtstagsständchen erschien erstmals 1924 in der Sammlung *Harvest Hymns*, die Robert Henry Coleman in Dallas herausgab – ein Baptist, von denen etliche mit sozialistischem Ideengut sympathisierten. Doch erst die 3., die ›Mai-Sinfonie‹, schaffte nach der 1. Sinfonie wieder den Sprung über den Atlantik bzw. den Pazifik. Die Oktoberrevolution blieb, trotz vereinzelter Versuche, sie zu imitieren, ein sowjetisches Phänomen: In der *Oktober-Sinfonie* knüpfen rhythmisch lebhaftere Passagen an die subversive Frische von Schostakowitschs sinfonischem Erstling an, und bald darauf scheinen rasante Crescendi sowie Streicher in kreischender Höhe mit wilden Bläserattacken den Angriff auf die alte Ordnung zu symbolisieren. Die wilden instrumentalen Auseinandersetzungen wirken wie ein Tanz auf dem Vulkan, und schließlich versinken die infernalisch aufpeitschenden Tonmassen in ein grüblerisches Moderato, bei dem sich über den Streichertremoli eine Klarinette erhebt – ein Instrument, das zum traditionellen Klezmer-Ensemble in der von Schostakowitsch geschätzten jüdischen Musik gehört. Während deren Klang mit der Anweisung »morendo« – man denke an Schostakowitschs Hinweis auf den »Tod eines Kindes« – abrupt in die tiefe Lage wechselnd sterbend verlöscht, schwingt sich ein Lamento der Solovioline in die höchsten Sphären empor. Ein Glockenschlag leitet im letzten Drittel der Sinfonie über zum unisono einsetzenden Chorgesang: »Wir kamen und forderten: gebt Brot und Arbeit!« Um die Intensität und Authentizität der Szene noch zu steigern, setzte Schostakowitsch die Sirene ein sowie das Fortissimo-Deklamieren der Worte »Hier ist das Banner, hier der Ruf der lebenden Generationen: Oktober, Kommune und Lenin!«[252] Schostakowitsch, in dessen Wohnung in der Nikolaewska-Straße eine Lenin-Büste prangte, soll sich wenig begeistert gezeigt haben von den Versen Aleksandr Besimenskijs, der immerhin zu den führenden Poeten des Landes zählte und sich 1924 mit dem »Lied der Matrosen von Kronstadt« einen Namen machte. Der Dirigent Nikolaj Malko, der in Kombination mit den chor-sinfonischen Dichtungen *Komsomolija* und *Schwarze Stadt* von Nikolaj Roslawez die erfolgreiche Uraufführung zum 10. Jahrestag der Revolution Anfang November 1927 leitete, meinte in den nach seiner Emigration 1928 veröffentlichten Erinnerungen, die musikalische Umsetzung zeige »keinerlei Enthusiasmus«, dennoch habe Schostakowitsch »recht häufig und bereitwillig« das Werk auf dem Klavier vorgetragen.[253] Schostakowitschs Kompositionslehrer Maksimilian Schtejnberg verwunderte die »völlige Loslösung von der vertikalen Linienführung« und er fragte in einem Brief einen Kollegen, ob »dies jetzt wirklich die ›Neue Kunst‹« sein könne. »Oder handelt es sich bloß um Kühnheiten eines ungezogenen Jungen?«[254] Schostakowitsch nutzte aber lediglich die Möglichkeiten zum Experimentieren, welche die 1920er-Jahre boten. Und er genoss es, wenn man seine Werke für wertvoll genug erachtete, um gedruckt und im Radio gesendet zu werden. Dafür eigneten sich seine jugendlichen Chorsinfonien mit ihrem Agitationsmodus ebenso gut wie die in ihrem künstlerischen Wert fragwürdigen Persifams-Orchester oder spektakelnde Geräuschensembles. Aber schon bald sollte Schostakowitschs Zielsetzung als Sinfoniker eine neue Wendung bekommen.

*

Britten und Schostakowitsch gehörten zu den ersten herausragenden Komponisten, die in das Medienzeitalter hineingeboren wurden. Sie wuchsen mit Grammophonplatten auf und erlebten die Ära der Rundfunkpioniere. Britten betonte stets die nachhaltige Bedeutung dieser Medien für seine musikalische Grundausbildung: Lange Zeit war Strawinskijs eigene Einspielung der *Psalmensinfonie* seine »Lieblingsschallplatte«;[255] und für eine zum 60. Geburtstag im November 1973 ausgestrahlte BBC-Rundfunksendung mit dem Titel »Britten's Choice« wählte er unter anderem das Doppelkonzert von Brahms mit Thibaud und Casals, weil ihn diese Aufnahme durch seine Schulzeit begleitet hatte. Auch Schostakowitsch können die Vorzüge der neuen Techniken nicht entgangen sein, denn bereits der russische Bass Fjodor Schaljapin verdankte seinen Ruhm den Schellackplatten. Im Juni 1945 nutzte der Komponist das Angebot, eine Rundfunkreihe für Jugendliche zu betreuen, um gehaltvolle Musik zu popularisieren. Dabei trug er sogar höchstpersönlich am Klavier den Zyklus mit jenen sieben Stücken vor, die er für seine eigenen Kinder geschriebenen hatte.

In Westeuropa und den USA sorgten mit Beginn der 1920er-Jahre Rundfunkübertragungen und neue Tonaufzeichnungsverfahren für Furore. Dieses Jahrzehnt wurde zur Pionierzeit der mit technischen Möglichkeiten geförderten Vermittlung von Musik. Die Anfänge lagen gerade erst wenige Dekaden zurück. Bis zur Jahrhundertwende hatte sich die mit Wachs überzogene Zinkplatte des Grammophonerfinders Emil Berliner gegenüber Edisons Walzen-Phonographen durchgesetzt und mittlerweile war man bereits zu einer Serienherstellung übergegangen. Aber noch ließ die Tonqualität sehr zu wünschen übrig, was den Musikgenuss in Brittens und Schostakowitschs Jugendzeit gewaltig trübte. Außerdem konnte man durch die nur wenige Minuten dauernde Laufzeit einer Schellackplatte nur Aufnahmen relativ kurzer Arien ungestört überstehen, da bei längeren Stücken die Plattenseiten ständig gewechselt werden mussten. Aus diesem Grund sahen sich Komponisten gezwungen, selbst kürzere Werke zurechtzustutzen, damit sie auf eine Vier-Minuten-Platte passten. Erst mit der um 1920 entwickelten elektronischen Verstärkerröhre war der Weg bereitet für den Übergang von der akustischen zur elektronischen Aufnahme, was erhebliche Fortschritte hinsichtlich der Spieldauer und des Klangs bedeutete. Ein gewaltiger Schritt vorwärts gelang im Oktober 1922 durch die Gründung der British Broadcasting Company, der BBC, und die Weiterentwicklung der Aufnahmetechnik. Bald nach dem ersten Rundfunkbeitrag am 14. November 1922 bemühte sich der Sender um die Rechte an Konzertübertragungen mit verschiedenen Orchestern. Künstler wie Edward Elgar, Percy Pitt, Richard Strauss, Hamilton Harty, Eugene Goossens, Bruno Walter, Ernest Ansermet und Pierre Monteux leiteten Radiokonzerte. Ab 1927 übernahm die BBC die Ausstrahlung der von Henry Wood geleiteten ›Promenade Concerts‹ aus der Londoner

Queen's Hall, und drei Jahre später etablierte man als eine der ersten Rundfunkanstalten seinen eigenen Klangkörper: das BBC Symphony Orchestra. Andere Musiker wie etwa Rutland Boughton kritisierten heftig die negativen Begleiterscheinungen von Rundfunkübertragungen und Platteneinspielungen, die immer mehr zu einer passiven Beschäftigung mit Musik führten und zu einem erheblichen Rückgang beim Verkauf von Notenmaterial. Die bereits 1914 gegründete Performing Right Society, die britische Gesellschaft für Verwertungsrechte, konnte erst allmählich ihren Einfluss für die finanziellen Ansprüche der Komponisten geltend machen, während sowjetische Tonsetzer je nach Genre und Umfang ihrer Werke nach festgelegten Regelsätzen entlohnt wurden. Bis auf durch äußere Einflüsse bedingte vorübergehende Engpässe – wie Krieg oder In-Ungnade-Fallen – konnten sich sowohl Britten als auch Schostakowitsch mit ihren Kompositionen ein angenehmes Auskommen sichern.

Britten erlebte schon im Februar 1933 die Übertragung seines zwölfminütigen *Phantasy*-Quintetts bei der BBC, der die Ausstrahlung der zwanzigminütigen A-cappella-Chorkomposition *A Boy was born* im Juli folgte. Die bescheidene Tonqualität brachte indes selbst bei Sololiedern manche Einbußen mit sich. »Abgesehen von ›Our hunting fathers‹ konnte ich kaum eines der anderen Worte verstehen & deshalb haben sich alle gewundert, um was es überhaupt geht«, teilte Frank Bridge Britten nach einer Rundfunksendung im April 1937 mit.[256]

Bedingt durch die Zeitumstände hinkte Russland den Entwicklungen im Westen hinterher. Die zentral gelenkte, planmäßige Entwicklung des Sendewesens begann erst im Jahre 1928. Relativ isoliert von anderen Regionen der Welt war sowohl die Röhren- als auch die Apparateherstellung ausschließlich in sowjetischer Hand und man verwendete fast überhaupt kein ausländisches Material. »Der Rundfunkverwaltung Moskau kommt im Rahmen des russischen Rundfunkwesens besondere Bedeutung zu, da sie in kultureller und technischer Hinsicht als Zentralstelle fungiert«, meldete das Fachmagazin *Die Sendung – Das Rundfunkwesen* im November 1931. »Sie wird vom Vertreter des Volkskommissärs, Smirnow, geleitet, dem die technische Abteilung unter Schostakowitsch, der Programmdienst unter Potechin sowie eine administrative Hilfsabteilung unterstehen.«[257] Auch wenn ein Detektorempfänger mit Kopfhörer etwa 7½ Rubel kostete, belegen die etwa 14 Millionen Empfangsgeräte die Beliebtheit des Radios. In Großbritannien begann es, dem heimischen Musizieren den Rang abzulaufen: Statistiken aus dem Jahr 1928 verzeichneten einen Absatz von etwa 100 000 Klavieren, zugleich gingen aber bereits 500 000 Rundfunkempfänger über den Ladentisch. Durch den Ausbau des Netzes und die stetig sinkenden Strompreise wurde aus einem Luxusartikel ein

Alltagsgegenstand. Schon im Jahr 1930 setzte man 600 000 Radios ab und nur zwei Jahre später stieg die Anzahl rapide auf 1,26 Millionen. Die Rundfunkprogramme dienten in erster Linie der Unterhaltung, doch im Osten erkannte man sehr bald die sich dadurch ergebenden Propagandamöglichkeiten, während im Westen die Produktwerbung eine stärkere Rolle spielte. Nicht zuletzt konnten durch die vielfache Verwendung von Musik breite Schichten der Bevölkerung mit bedeutsamen kulturellen Leistungen vertraut gemacht werden. Herausragende Musiker wie Edward Elgar und Richard Strauss kamen zwar erst im Alter von über fünfzig Jahren mit dem neuen Medium in Berührung, gehörten indes anfangs zu den wenigen Komponisten von Rang, die sich ausgiebig dieser ungeahnten Verbreitungsmöglichkeit gehaltvoller Kompositionen bedienten. Benjamin Britten folgte ihnen bereits mit dreißig Jahren im Mai 1944, als er das Boyd Neel String Orchestra bei einer Einspielung seiner im Vorjahr entstandenen *Serenade* für Tenor, Horn und Streicher in der Londoner Kingsway Hall leitete. Bis zum November 1972, als es ihm aus gesundheitlichen Gründen nicht mehr möglich war, spielte er fast alle seine wichtigen Werke als Pianist bzw. Dirigent ein; hinzu kamen einige handverlesene Stücke anderer Komponisten. Von Britten ist sogar ein Mitschnitt der von ihm geleiteten westeuropäischen Erstaufführung von Schostakowitschs 14. Sinfonie überliefert. Seine Diskographie ist viel reichhaltiger als die von Schostakowitsch und umfasst neben zahlreichen Aufnahmen seiner eigenen Werke auch Einspielungen von Purcells *The Fairy Queen*, Schumanns *Szenen aus Goethes Faust*, Elgars *The Dream of Gerontius* und Schubert-Liedern. In einem Fernsehinterview beschrieb Peter Pears Brittens pianistische Fähigkeiten damit, dass er »ein außergewöhnliches Wahrnehmungsvermögen zwischen seinem Verstand, seinem Herz und seinen Fingerspitzen« besaß: »Man konnte beobachten, wie Ben seine Hände über dem Klavier hielt, bereit, einen langsamen Satz zu spielen, einen ganz sanften Akkord – und man sah dabei, wie hellwach, lebendig und mitunter sogar vor Intensität bebend seine Finger waren.« Für Pears war es »verblüffend, welche Farben er erzeugen konnte – er musste nur an eine Farbe denken und konnte sie erklingen lassen«.[258]

Zwar hatte Schostakowitsch am Konservatorium ebenfalls Dirigierunterricht genossen, allerdings stellte er sich im Gegensatz zu Rachmaninow, Prokofjew oder Britten äußerst ungern und höchstens in Ausnahmefällen vor ein Orchester. Von allen diesen Kollegen sind ihre Leistungen als Dirigent in Aufnahmen überliefert, selbst von Rostropowitsch, als dieser um 1970 seine zweite Laufbahn als Orchesterleiter begann. Erst im Juni 1962 nahm Schostakowitsch auf Drängen von Mstislaw Leopoldowitsch erstmals den Taktstock in die Hand, um sein 1. Cellokonzert aufzuführen. Er war so nervös, dass man eine halbe

Stunde vor der ersten Probe »einen halben Liter Wodka verputzte«, wie sich Rostropowitsch erinnerte. »Ich glaube, danach fiel es mir schwerer, Cello zu spielen, als ihm zu dirigieren.«[259]

Immerhin sind aus der Zeit von 1945 bis 1968 Schostakowitschs Interpretationen als Pianist überliefert, obwohl ihn ab 1958 die ersten Anzeichen einer unheilbaren degenerativen Erkrankung des motorischen Nervensystems beeinträchtigten: eine amyotrophische Lateralsklerose. Schostakowitsch war wie Britten ein ausgezeichneter Pianist und hatte neben eigenen Werken auch die ersten Klavierkonzerte von Tschajkowskij und Prokofjew im Repertoire. Doch bereits im Februar 1930 beschloss er nach einem Konzert mit dem ortsansässigen Orchester in Rostow-am-Don, nur noch eigene Werke zu spielen. Schostakowitschs erstes Klavierkonzert von 1933, sein Opus 35, zeigt ebenso wie Brittens Klavierkonzert op. 13 von 1938 die pianistische Brillanz der beiden Komponisten. Sie schrieben die virtuosen Solistenparts für sich selbst und wurden bei den Uraufführungen in Leningrad bzw. London entsprechend bejubelt. Britten trat noch in den 1970er-Jahren als Kammermusikpartner bei Werken von Schubert und Mozart öffentlich auf; Schostakowitsch bedauerte später, dass er nicht ebenfalls diesen Weg gewählt hatte. »Nach dem Abschluss des Konservatoriums stand ich vor dem Problem: Was sollte ich werden, Pianist oder Komponist?«, schrieb er 1956 in einem Artikel. »Den Sieg errang das zweite. Um die Wahrheit zu sagen, ich hätte beides werden müssen.«[260]

Sein Können lässt sich bei den 1945 bzw. 1949 entstandenen Einspielungen seines zweiten Klaviertrios op. 67 und des Klavierquintetts op. 57 genießen. Mit Rostropowitsch nahm Schostakowitsch zudem in Moskau seine Cellosonate op. 40 auf – später noch einmal mit Daniil Schafran – und solistisch die *Drei fantastischen Stücke* op. 5 nebst Auszügen aus den *Präludien und Fugen* op. 87. Bei einem Aufenthalt in Paris spielte Schostakowitsch zusammen mit dem Orchestre National de la Radiodiffusion Française unter der Leitung von André Cluytens seine beiden Klavierkonzerte ein, ebenso wie in Moskau mit dem Philharmonischen Orchester unter Samuil Abramowitsch Samosud und dem dortigen Radiosinfonieorchester unter Aleksandr Gauk. Von den späten Werken ist noch ein Mitschnitt der Violinsonate op. 134 mit dem Geiger Dawid Fjodorowitsch Ojstrach überliefert. »Was auch immer Dmitrij spielte, das Klavier klang, als ob es sich nicht nur um ein Instrument handeln würde, sondern ein ganzes Ensemble«, beschrieben die Sollertinskijs ihre Eindrücke. »Er konnte subtile perkussive oder glockenartige Effekte, die er in der Musik erkannte, hervorheben und bisweilen ein Pizzikato, dann wenn erforderlich ein sonores Tutti erzeugen, als ob ein ganzes Orchester spielt.«[261] Schostakowitschs Schüler Samarij Sawschinskij meinte: »Die kristalline Klarheit und

Präzision seines Denkens, der nahezu asketische Verzicht auf Zierrat, der präzise Rhythmus, die technische Perfektion und das sehr persönliche Timbre, das er am Klavier zum Klingen brachte, ließen Schostakowitschs Spiel zu etwas in höchstem Maße Individuellem werden und machten ihn zu einem unersetzlichen Interpreten von Werken wie dem Quintett und den besten seiner Präludien. Wer sich noch an Schostakowitschs Aufführung von Beethovens gewaltiger Hammerklavier-Sonate erinnert, der einige Chopin-Stücke folgten, kann nur bedauern, dass sein Talent als Pianist sich nie vollständig entwickeln und entfalten konnte.«[262]

*

Das Klavierspielen war für Schostakowitsch letztlich Mittel zum Zweck. Mal nutzte er seine Fähigkeiten, um als Kinopianist zum Familienbudget beizutragen, mal um seine Werke Kollegen oder Funktionären vorzustellen und wiederum ein anderes Mal, um seine musikalischen Einfälle auszuprobieren. Auch der Film war für ihn eine praktische Notwendigkeit, bot sich dadurch doch eine verlässlichere Einkommensquelle als Kammermusik oder Sinfonik. Während 1929 eine Wirtschaftskrise den Westen erschütterte, erhielt der Russe bereits für seine erste Filmmusik mit 2000 Rubel das 15-fache eines normalen Durchschnittseinkommens in der UdSSR, während Britten »für fünf Pfund in der Woche«, wie er sagte, »aber vielleicht mit der Aussicht auf Erhöhung auf zehn Pfund in der Woche oder gar zwei Pfund pro Tag« Mitte der 1930er-Jahre erstmals an Filmproduktionen beteiligt war.[263] Einige Jahre vor ihm wurde Schostakowitsch einer der ersten namhaften Komponisten, die für die Filmindustrie arbeiteten. In weiten Kreisen des russischen Publikums waren amerikanische Komödien weitaus beliebter als der belehrende Duktus, der vielen sowjetischen Produktionen anhaftete. Doch in Westeuropa stießen gerade diese wegen ihrer Schnitttechnik und Kameraführung in gebildeten, linksgerichteten Kreisen auf Anerkennung, und das nicht nur in politisch wenig gefestigten Gebieten wie Deutschland. Selbst britische Intellektuelle begannen, vom Sozialismus bis zum Kommunismus mit politischen Schattierungen aller Art zu sympathisieren, die sich für den um seine Anerkennung gebrachten ›kleinen Mann‹ engagierten. Dabei konnte man viel von einer Kunstform lernen, die in der UdSSR regelrecht aufblühte. Die prachtvolle Bühne bildete ein Divertissement der alten Ära, denn für den Aufbau der sozialistischen Kunst gewann der Lichtspielpalast zunehmend an Bedeutung. »Für uns ist das Kino die bedeutendste aller Künste«, wurde Lenin zitiert[264] und seine Gefolgsleute stießen in das gleiche Horn. Mit der prägnanten Formulierung

»Das Theater ist ein Spiel. Das Kino ist das Leben«,[265] umriss 1927 ein russischer Kritiker den Wert dieser Medien für die politische Ideologie.

Die Nachfrage explodierte und die Staatsführung erkannte eine wirkungsvolle Möglichkeit für Propaganda und Einflussnahme, denn fast die Hälfte des Kinopublikums in der Sowjetunion der frühen 1920er-Jahre war zehn bis 15 Jahre alt. Er habe sich »ins Kino verliebt«, formulierte es Schostakowitsch einmal gegenüber Isaak Glikman, einem Leningrader Konservatoriumsprofessor, den er über Sollertinskij kennengelernt hatte.[266] Filmmusik sollte nicht nur eine seiner Haupteinkommensquellen werden, sie vermittelte – zumindest in den Anfangsjahren – einem jungen Menschen das Gefühl, aktiv auf das gesellschaftspolitische Leben einzuwirken. Ab 1929 schrieb Schostakowitsch im Verlauf von 42 Jahren die Musik zu 37 Filmen von 21 Regisseuren – nahezu die Hälfte davon, nämlich 17 Filmmusiken, entstanden bis zum Beginn des Großen Vaterländischen Krieges 1941. Wie Britten hatte auch Schostakowitsch nie mit wirklich namhaften Regisseuren vom Rang eines Eisenstein oder Tarkowskij zusammengearbeitet. Doch während Britten mit der Einstellung »Ich nehme Filmmusik als Musik nicht ernst« die Aufträge anging,[267] zeigte sich Schostakowitsch äußerst aufgeschlossen gegenüber neuen Ausdrucksmöglichkeiten. »Die Filmmusik hat ihre eigenen Probleme und Besonderheiten. Bei der Verbindung mit der filmischen Darstellung erlangt die Musik zuweilen eine neue Bedeutung, bringt sie ein bestimmtes drittes Genre hervor«, meinte er. »Mir kommen oft die Worte in den Sinn, dass Musik Feuer aus dem Herzen schlagen muss.«[268]

Als Schostakowitsch Ende 1928 erstmals angeboten wurde, gut neunzig Minuten Musik zu einem bereits abgedrehten Film beizusteuern, rangen sowjetische Filmemacher noch mit dem technischen Problem, Bild und Tonspur zu synchronisieren. In den meisten Lichtspieltheatern wurden Filme von Pianisten oder Orchestern unterschiedlicher Größe musikalisch begleitet. Deren Leiter zeigten sich alles andere als erfreut, dass sie um Tantiemen für ihre eigenen musikalischen Bearbeitungen gebracht wurden. Sobald Schostakowitschs Instrumentierung von *Das neue Babylon* zu schwierig erschien, ersetzte man sie gerne durch Potpourris vertrauter Melodien. Regisseure legten zunehmend Wert darauf, dass die Musik ein integraler Bestandteil des Films sein sollte, allerdings, wie es offiziell hieß, musste sie »mehr mit der inneren Bedeutung als der äußeren Handlung verbunden« sein.[269] Dies versuchte Schostakowitsch in so unterschiedlichen Filmen wie *Das neue Babylon* (1929), *Der Gegenplan* (1932), *Einfache Menschen* (1945), *Die Hornisse* (1955), *Hamlet* (1964) und *König Lear* (1970) zu realisieren. Zu Beginn seines Engagements im Filmbereich wurde die russische Kinoindustrie unter staatlicher Kontrolle zunehmend vereinheitlicht. In den

1920er-Jahren gab es zwar verschiedene dem Staat unterstellte Produktionsunternehmen, doch wurden diese nicht oder nur unzulänglich gefördert. Erst mit den 1930er-Jahren begann eine besonders produktive Ära des sowjetischen Kinos. Wie Britten war auch Schostakowitsch nicht von Anfang an in den Entwicklungsprozess mit einbezogen. Das musikalische Ausgestalten von lebhaften, heiteren, dramatischen und emotionalen Szenen für die große Leinwand erforderte ganz andere Fähigkeiten als das Begleiten von Filmen am Klavier. »Beim Komponieren von Filmmusik hatte ich die Gelegenheit, meine Kräfte auch im rein illustrativen Genre zu erproben«, formulierte es Schostakowitsch.[270] Dies schult ebenfalls hinsichtlich von Vokal- und Instrumentalkompositionen die Sinne dafür, sich so prägnant wie möglich auszudrücken. Britten empfand es ebenso unbefriedigend wie Schostakowitsch, wenn er am Ende feststellen musste, dass die Musik für den Film bearbeitet wurde. »So schrieb ich zum Beispiel für den Film *Der Fall von Berlin* ein großes sinfonisches Bild von acht Minuten Dauer, das den Kampf mit den Hitlertruppen darstellte«, erzählte Schostakowitsch über ein 1950 entstandenes kinematographisches Epos. »Darin verwendete ich Sinfonie-Hauptthemen, die in der Einleitung zum 2. Teil des Films vorkamen, sowie einige schlachtengemäldeartige Elemente. Es ist schade, dass diese sinfonische Episode im Film nicht vollständig gespielt wurde und an vielen Stellen von Dialogen und Geräuscheffekten überdeckt war.«[271]

Der Stil der mahnend-belehrenden russischen Agitprop-Filme mit ihrer neuartigen Montage-Technik beeinflusste vor allem Dokumentarfilme ambitionierter Jungregisseure in Westeuropa. Diese Gestaltungsform hatte sich eher zufällig entwickelt, da aufgrund eines chronischen Mangels an Filmmaterial im Osten bereits bestehende Aufnahmen in den Film hineingeschnitten wurden. Auch wenn – verglichen mit anderen Tätigkeiten im Musikbereich bei großen Filmproduktionen – mitunter fürstlich gezahlt wurde, sahen sich in Westeuropa etliche junge Komponisten damit konfrontiert, sich aus Kostengründen mit eher kleinen Instrumentalensembles zu bescheiden. Um den von sozialistischen Idealen beseelten, appellativen Charakter ihrer Produktionen zu unterstreichen, unterlegte man Bilder und Texte mit einer einfallsreich produzierten, eindringlichen Musik.

Für Benjamin Britten bedeutete die Arbeit an Filmmusiken eine finanziell einträgliche, künstlerisch unliebsame, aber insgesamt lehrreiche Tätigkeit. »Buchstäblich ein höllischer Tag«, schrieb er über den 1. Mai 1935. »Ich verbrachte den lieben langen Tag damit, mich auf meinem Zimmer mit Filmmusik herumzuplagen – mit der Uhr in der einen und einem Stift in der anderen Hand –, wobei ich ausprobierte, meine wenigen Einfälle (und es sind herzlich wenig bei diesem gottverdammten

Thema) auf die Sekunden abzustimmen.« In diesem Fall bestand die Aufgabe darin, einen Kurzfilm über den Entwurf und die Herstellung einer neuen Briefmarke zum Thronjubiläum von König George V. zu vertonen – *The King's Stamp*. »Ich musste rasch arbeiten, und mich zur Arbeit zwingen, selbst wenn ich nicht wollte; zudem musste ich mich daran gewöhnen, unter allen erdenklichen Gegebenheiten zu arbeiten«, erzählte Britten. »Ich hatte Partituren für nicht mehr als sechs oder sieben Instrumentalisten zu schreiben und auch dafür zu sorgen, dass diese Instrumente alle Effekte erzeugen, die jeder Film benötigte.«[272]

Auden lieferte laut Britten »wunderbare Verse« für den Dokumentarfilm *Night Mail*, der die Fahrt eines Postzuges von der Londoner Euston Station bis nach Aberdeen im Norden Schottlands zeigt. Der Rhythmus, in dem der Text zu rezitieren ist, und Brittens Musik ahmen das Anrollen, Dahinrasen und Abstoppen eines Zuges nach. Natürlich musste alles zu den optischen Eindrücken passen, für die viele Außen- und Luftaufnahmen des fahrenden Zuges verwendet wurden, während Szenen, in denen in den Waggons Post sortiert wird, im Studio nachgestellt werden mussten. Auden verwarf Entwurf um Entwurf bis Text, musikalischer Rhythmus und Bild sich perfekt ineinanderfügten.

Da das Filmteam vom General Post Office auch die Freiheit erhielt, andere Themen umzusetzen, entstanden zudem Dokumentationen wie *Coal Face*, die das mühselige Handwerk von Bergarbeitern heroisch in Szene setzte. Britten betrachtete seine Musik zu diesem Film als »voll und ganz experimentelles Zeug – geschrieben für Holzblöcke, Ketten, Filmrückspulungen, Wassertassen usw.«. Noch Jahre später erinnerte er sich »gut daran, was für ein Chaos wir anrichteten«: »Wir benutzten Eimer voll Wasser, das überall herumschwappte, Abflussrohre, aus denen Kohle herausrutschte, Modelleisenbahnen, Pfeifen und allerlei Krimskrams.«[273]

Die bewegten Bilder auf Großleinwänden waren nicht mehr aus dem Leben wegzudenken. Doch während Schostakowitsch seine Kunst auch in den Dienst von abendfüllenden Filmen stellte, ließ Britten sich höchstens dazu herab, kürzere Dokumentarfilme mit Musik anzureichern. Britische Kollegen wie Walton, Bliss oder Vaughan Williams entwarfen oft Musik für längere Zelluloidstreifen; Britten brachten nur ein einziges Mal 200 Pfund dazu, sich 1936 als Komponist an der Agatha-Christie-Verfilmung *Love from a Stranger* zu beteiligen. Britten äußerte sich sehr unzufrieden über die Arbeitsbedingungen beim Film. Als er einmal gefragt wurde, was geändert werden sollte, meinte er: »Ich wünschte, man würde mich stets konsultieren, während das Skript geschrieben wird, so viel Zeit & Möglichkeiten (Orchestergröße) zu bekommen, wie ich möchte; und so viel Geld & Publicity zu erhalten wie die Filmstars. Eine Hoffnung!«[274]

Worüber genau Schostakowitsch und Britten bei ihren persönlichen Begegnungen in den 1960er-Jahren gesprochen haben, ist nicht detailliert überliefert. Ein gemeinsames Interessengebiet war aber die Verbindung von Film und Musiktheater. Schostakowitsch, der sich bereits 1956 in einem Artikel zu seinem 50. Geburtstag über den bisher »zurückgelegten Weg« Gedanken machte, betonte, die »Arbeit beim Film erweckte in mir den lebhaften Wunsch, eine Filmoper zu schreiben«. Dass beide gut zehn Jahre später um der Oper willen noch einmal mit Filmteams zusammenarbeiteten, legt nahe, dass dies auch Thema bei Unterhaltungen war. »Ich stelle mir das als eine sehr fesselnde und verlockende Aufgabe vor«, betonte Schostakowitsch seinerzeit. »In einer Filmoper ist es notwendig, eigene spezifische Gesetze für den Aufbau der Handlung und der musikalischen Dramaturgie, die nicht an Ort und Zeit gebunden ist, zu finden. Ich denke an die unbegrenzten Möglichkeiten, eine Handlung zu entwickeln, indem zum Beispiel eine erste Episode in Moskau spielt und dann die Handlung in den Kaukasus, nach Paris oder New York verlegt wird und dergleichen. Ich würde sehr gern meine Kräfte auf diesem Gebiet erproben, aber leider scheitert alles am Fehlen eines literarischen Szenariums für eine solche Oper.«[275] Der Einfachheit halber griff Schostakowitsch auf sein früheres Leskow-Sujet zurück, als er 1966 mit dem Regisseur Michail Schapiro eine Kinoversion seiner zweiten Oper unter dem Titel *Katerina Ismajlowa* mit Galina Wischnewskaja in der Titelrolle realisierte. Wenige Jahre später konzipierte Britten *Owen Wingrave* als Fernsehoper für die BBC. Noch bevor sie am Opernhaus Covent Garden auf die Bühne gebracht wurde, strahlte sie der Sender im Frühjahr 1971 erstmals aus.

*

Nachdem Schostakowitsch das Terrain der Sinfonik erschlossen hatte, lag es nahe, sich auch in der Königsdisziplin der musikalischen Gattungen zu beweisen, der Oper. Während des Bürgerkriegs war die Relevanz dieser Kunstgattung generell in Frage gestellt und sogar gefordert worden, das kostenintensive Bolschoj-Theater in Moskau zu schließen. Bei einer Diskussion am 10. November 1921 verwies der Regisseur Wsewolod Mejerhold auf »die außerordentliche Bedeutung des Bolschoj-Theaters als einer sehr wichtigen Erscheinung in der Geschichte der russischen Theaterkultur« und darauf, dass in Anbetracht der neuen Lage »unbedingt neue Methoden in der künstlerischen und organisatorischen Arbeit gefunden werden« sollten. »Die Künstler selbst müssen den Weg zur Erneuerung des Theaters festlegen, müssen auf der Erneuerung des Spielplans und der Inszenierungsmethoden bestehen«, wird »Genosse Mejerhold« in einer zusammenfassenden Mitschrift zitiert.

»Das Heranziehen von Meistern der linken Kunst widerspricht nicht dem Geist dieser Akteure, haben doch viele von ihnen mit Djagilew zusammengearbeitet, der seine Inszenierungen mit linken Künstlern und Komponisten erarbeitet hat.«[276] In Petrograd bzw. Leningrad hatte Mejerhold bereits vorgeführt, wie zeitgemäße Opernproduktionen aussehen können. Neben einer psychologisch-realistischen Darstellungsweise für die Klassiker des westeuropäischen und russischen Musikdramas ließ er sich von Volkstheatertraditionen und der italienischen Commedia dell'arte inspirieren. Schostakowitsch zeigte sich stark beeindruck von Mejerholds mitunter gewagten Inszenierungen, wenngleich ihm manches zu kühn erschien. »Vielleicht war es nicht nötig, am Schluss von Tschajkowskijs Oper *Pique Dame* Hermann im Irrenhaus zu zeigen«, meinte er, doch »zweifellos übte er Einfluss auf mein Schaffen aus. Ich begann sogar, irgendwie anders zu komponieren. Ich wollte gerne Mejerhold irgendworin ähnlich sein. Ich sah, wie Wsewolod Emiljewitsch sich auf jede Probe vorbereitete. Nach der Begegnung mit Mejerhold begann ich, mir noch mehr Mühe zu geben und jede meiner Kompositionen gründlicher zu durchdenken. Mich begeisterte das unablässige Streben Mejerholds, sich vorwärts zu entwickeln, ständig zu suchen und jedesmal etwas Neues zu sagen, und es steckte mich an.«[277] Nicht zuletzt lehrte Mejerhold, so Schostakowitsch, die Darsteller »die Schauspielkunst und fand in ihnen das, was das Wertvollste war: ihre Individualität«.[278] Eigenständige Persönlichkeiten – diese konnte das Regime gegen Ende der 1920er-Jahre immer weniger gebrauchen. Eine Phase der Konsolidierung begann sich abzuzeichnen, in der Experimentieren und Selbstverwirklichung die Herausbildung einer geschlossenen, starken Gemeinschaft nur beeinträchtigten.

Anatolij Lunatscharskij sollte die unterschiedlichen Strömungen in geregelte Bahnen lenken und erwies sich dabei als ein Freund der Oper. Tief beeindruckt von Wagners Werken und theoretischen Schriften wie *Kunst und Revolution* verkündete er, dass die soziale Revolution einhergehen müsse mit der »Rettung des Theaters von der arbeitenden Klasse« und dass »das Drama vom Philistertum befreit« werde solle.[279] Komponisten lieferten frische Beiträge für die neue Sicht auf die Geschichte. Statt Zaren wurden nun Recken zu Protagonisten, die einst in Konflikt mit den überwundenen Herrschern standen: In Andrej Paschtschenkos Oper *Adlerbund* war dies 1925 der Anführer des nach ihm benannten Bauernaufstands von 1773 bis 1775, Emeljan Iwanowitsch Pugatschjow, und 1925/26 präsentierten Pjotr Triodin und S. V. Berschadskij am Experimentellen Theater in Moskau bzw. am Leningrader Konservatorium Opern über den im 17. Jahrhundert rebellierenden Kosaken Stepan Rasin, den Schostakowitsch später in seinem Opus 119 auf dem Konzertpodium vorstellen sollte. Als Dmitrij Dmitriewitsch als junger

Mann von Anfang zwanzig Ende der 1920er-Jahre selbst nach einem geeigneten Libretto suchte, verfiel er auf die Erzählung *Die Nase.* Damit griff er auf einen Dichter zurück, der bereits Lisenko *(Taras Bulba)*, Musorgskij *(Die Heirat, Der Jahrmarkt von Sorotschinzi)*, Rimskij-Korsakow *(Mainacht, Die Nacht vor Weihnachten)* und Tschajkowskij *(Der Schmied Wakula)* Stoffe geliefert hatte – Nikolaj Gogol. Der Autor war nach wie vor ausgesprochen beliebt, wie eine Verfilmung seiner Erzählung *Der Mantel* und eine Inszenierung des Schauspiels *Der Revisor* an Mejerholds Theater bewiesen. Schostakowitsch befasste sich erstmals 1927 mit dem Gogol-Stoff. Er knüpfte mit dieser Themenwahl an eine Tradition der russischen Oper des 20. Jahrhunderts an, Gesellschaftskritik im Gewand einer phantastischen Geschichte zu üben, wie vor ihm etwa Rimskij-Korsakow mit seiner 1909 in Moskau posthum uraufgeführten Oper *Der Goldene Hahn* und Prokofjew mit *Die Liebe zu den drei Orangen*, eine Auftragsarbeit der ›Lyric Opera of Chicago‹. Obwohl im fernen Ausland herausgebracht, wurde dieses Werk schon 1926 am Staatlichen Akademischen Theater für Oper und Ballett in Leningrad nachgespielt in einer Inszenierung, deren »Glanz und Beschwingtheit« Prokofjew begeisterte.[280]

*

Das eine Reihe von komplizierten Entwicklungen auslösende Moment in *Die Nase* besteht darin, dass eines Tages die Nase des Kollegienassessors Kowaljow verschwunden ist. An ihrer Stelle findet sich in seinem Gesicht nur eine vollständig glatte Stelle. Dies lässt an die glatte Oberfläche des Spiegels denken, den ein zu Lebzeiten Schostakowitschs ebenfalls in Sankt Petersburg aktiver Autor den Menschen vorhalten wollte: Fjodor Sologub. Dieser Spiegel, »mehrfach ausgemessen und sorgfältig überprüft, weist keine Krümmungen auf«, betonte Sologub, er spiegelt »präzise das Hässliche gleichermaßen wie das Schöne wider«.[281] Schon Gogol hatte in *Der Revisor* die Wendung geprägt: »Man soll den Spiegel nicht schelten, wenn er eine schiefe Fratze zeigt.« Auch Schostakowitsch bediente sich bei der Verwendung von *Die Nase*, die für ihn »die stärkste von allen Erzählungen Gogols ist«, dieses Spiegels.[282] Möglicherweise hätte er – ähnlich wie 1908 noch Sologub im Vorwort seines Erfolgsromans *Der kleine Dämon* über das Wesen des realen Anschauungsmaterials – behaupten können, die psychologischen Hintergründe »beruhen auf sehr genauen Beobachtungen«, habe er doch »genügend ›Natur‹« um sich herum vorgefunden.[283] Schostakowitsch nutzte für seine Oper *Die Nase* Nikolaj Gogols Geschichte, um sie im Geiste von Fjodor Sologub auf die Bühne zu bringen. Unmittelbar Sologubs Roman zu verwenden, in dessen Erfolgsphase er aufgewachsen war, wäre für den Komponisten zu riskant gewesen: Der Dichter war – ungeachtet seines Ruhms – nach der Revolution in Ungnade gefallen, weil er die von ihm dargestellten Grausamkeiten und Leiden nicht beschönigte; hingegen wurde im neuen Staat ein Schriftsteller wie Gorkij favorisiert, der dem Elend ein romantisierendes Pathos abgewann. Unter den Hunderten von Gedichten Sologubs finden sich aus den 1920er-Jahren auch die Verse: »Nein, der Vers, er klingt nicht mehr, / neues Material muss her! / Aufgefressen haben Schweine / Wiesen, Wälder, Felder, Haine.«[284]

Schostakowitsch begann 1927 – in dem Jahr, in dem Fjodor Sologub von vielen ignoriert in Leningrad verstarb – mit der Komposition seiner Oper. Gewiss hatte fast jeder Einwohner, der zur Welt kam, als die Stadt noch Sankt Petersburg hieß, Sologub erfolgreichsten Roman in Erinnerung, sodass die Parallele vom mittlerweile verfemten Gegenwartsautor zu dem anerkannten Klassiker Gogol präsent war. Wie den Geschehnissen in *Die Nase* ist auch dem *Kleinen Dämon* etwas Halluzinativ-Albtraumhaftes eigen: Bei Sologub wird der Gymnasiallehrer Peredonow in seinem sich steigernden Wahn von einem »grauen gespenstischen Tierchen verfolgt«, dem Недотыкомка: »Seine kleinen Äuglein schossen Blitze« und es machte sich über ihn »lustig und quälte ihn unablässig«. Die Wortschöpfung Sologubs bedeutet in etwa »das Fass-mich-nicht-an-Wesen«. Dieses Phantomgeschöpf ›Nedotikomka‹ taucht auch in Sologubs Gedicht »Das graue Nedotikomka« auf (Недотыкомка серая), bei dem »das Böse sich mit mir einschließt / in einen einzigen unheilbringenden Kreis«.[285] Peredonow wird angetrieben von der Angst – sei es, um einen Posten zu erhalten, um sich Zuneigung zu sichern oder um Anerkennung zu finden, wofür er sogar vor Denunziation nicht zurückschreckt. Wie in *Die Nase* wird die Angst zur Triebfeder des menschlichen Handelns und der Name des Ehrgeizlings Peredonow prägte den Negativbegriff Передоновщина, der Menschen seines Schlags und mit seinem Verhalten bezeichnet. Mit dieser Peredonowschtschina, der ›Peredonowerei‹, schilderte Sologub »das russische Leben in der Provinz und demonstrierte nicht nur dessen grauen Staub, wie Tschechow, sondern auch den ekelerregenden Geruch – ein Bouquet aus stickiger Schlafzimmerluft und dem Geruch zerdrückter Wanzen«, meinte der Literaturhistoriker Aleksandr Eliasberg, ein Freund Thomas Manns. »Und durch diese Luft tönt ein Kichern, das dem dämonischen Lachen Gogols verwandt ist.«[286] Gogols *Die Nase* passte zu den zeichenreich aufgeladenen Stoffen jener Phase der Experimentierkunst, hatte doch seit der Jahrhundertwende der Dichterzirkel der Symbolisten Aufmerksamkeit gefunden. Prokofjew wählte Walerij Brjusows Roman *Der feurige Engel* als Opernvorlage und noch in seinem Spätwerk sollte Schostakowitsch mit Vertonungen von Versen Aleksandr Bloks auf einen Dichter aus seinen

Jugendtagen zurückgreifen. So wie die Peredonowschtschina im kollektiven Gedächtnis des frühen 20. Jahrhunderts haftete, machte zu Zeiten Gogols der Begriff пошлость die Runde. Für Puschkin war der Terminus seinerzeit eine Bezeichnung für »die Banalität des Lebens«, geradezu »die Banalität des banalen Menschen«.[287] Über ›Poschlost‹ sagte Vladimir Nabokov 1944 in seinem Gogol-Buch: »Die russische Sprache vermag mit Hilfe eines einzigen mitleidlosen Wortes die Quintessenz eines weitverbreiteten Defekts zu bezeichnen, für den die anderen drei europäischen Sprachen, deren ich mächtig bin, über keinen speziellen Begriff verfügen.« Als Beispiele führte der Schriftsteller und Literaturwissenschaftler verschiedene englische Begriffe an, die einige, aber keineswegs alle Aspekte von Poschlost umreißen: cheap (billig), sham (unecht, falsch), common (gemein), smutty (seimig), high falutin (hochgestochen), inferior (minderwertig), trashy (schrottig), scurvy (niedrig), tawdry (aufgedonnert) oder gimcrack (flittrig). All dies verweise jedoch nur auf gewisse falsche Werte »in einer bestimmten Periode der Menschheitsgeschichte«, analysierte Nabokov. »Was indessen Russen *Poschlost* nennen, ist von herrlicher Zeitlosigkeit und mit einem guten Tarnanstrich versehen, sodass ihr Vorhandensein (in einem Buch, in einer Seele, einer Institution, an Tausenden von anderen Stellen) oft dem Spürsinn entgeht. Seit Russland zu denken lernte, bis hin zu der Zeit, wo unter dem Einfluss des ungewöhnlichen Regimes, unter dem es seit fünfundzwanzig Jahren leidet, sein Geist verlosch, waren sich gebildete, sensible und freigeistige Russen der schleimig-flüchtigen und klebrigen Berührung der Poschlost höchst bewusst.« Die Vielschichtigkeit der Bedeutungen ist nicht nur ein Kennzeichen der russischen Literatur, sondern auch der Malerei und der Musik. Was Nabokov an einem einzelnen Begriff exemplifizierte, lässt sich auch auf andere gehaltvolle Kunstwerke übertragen. »Merken Sie sich das Wort«, befahl Nabokov geradezu seinen amerikanischen, des Russischen kaum mächtigen Studenten. Der Begriff charakterisiere nicht nur das offensichtlich Minderwertige, sondern auch alles Unechte und Philiströse – auch in anderen Ländern. »Zu Kriegs- und Revolutionszeiten öffnet sich weltweit ein Abgrund an Poschlost«, mahnte Nabokov. »Poschlost ist dem Totalitarismus unentbehrlich, da sie der natürliche Ausdruck eines abgetöteten Bewusstseins ist, welches davon überzeugt ist, hehren Zwecken zu dienen, und gleichzeitig ist sie das Mittel, falsche Werte aufzunötigen, immer noch menschliche Vorstellungen zu betäuben, bis die Leute keine geistig gesunden Unterscheidungen mehr zu treffen vermögen: Das Hässliche wird zum Schönen, der Tod wird zu Leben, und über die Eingangstore einer von Menschen geschaffenen Hölle hängt man ein demonstrativ edles Sentiment wie ›Arbeit macht frei‹.«[288]

Wie bei Sologub herrscht auch bei Gogol eine unbestimmte Atmosphäre der Angst. In *Die Nase* heißt es mehrfach »Der Teufel hat mir einen argen Streich spielen wollen!«, »Ein Mensch ohne Nase – der Teufel weiß, was das ist: Nicht Fisch und nicht Fleisch – man kann ihn einfach nehmen und zum Fenster hinauswerfen« oder »Nur der Teufel begreift die ganze Geschichte!«[289]

Schostakowitsch ließ im Sinne von Sologubs Geschichte auch Gogols Kowaljow gegen eine unsichtbare Bedrohung kämpfen. Für die Opernbesucher muss 1930 die Erinnerung an Sologubs Dämon mitgeschwungen haben. Auch Kowaljows Los spiegelte deutlich die Gegenwart: Um Karriere zu machen, konnte sich niemand leisten, das Gesicht zu verlieren – eine Redewendung, die es wörtlich auch im Russischen gibt (потерять лицо) bzw. auch im übertragenen Sinne im Einbüßen des Namens (запятнать своё имя), was ja der Stadt Gogols, Sologubs und Schostakowitschs dauerhaft widerfahren war, kurz nachdem sie ihren Status als Hauptstadt verloren hatte.

In dem symbolreichen Pandämonium der gefallenen Engel gibt es verschiedene Protagonisten, die in der russischen Literatur eine bedeutsame Rolle spielen: Dostoewskij betitelte einen Roman mit Бесы, was früher mit *Die Dämonen* übersetzt wurde und in neuerer Zeit – dem Charakter der Akteure und ihrer Vorbilder gemäß – mit *Böse Geister*. Sologub verwendete den gleichen Begriff mit Мелкий бес, was in den verschiedenen deutschen Fassungen zu den Buchtiteln *Der kleine Dämon* und *Der kleine Teufel* führte. Ein Dämon sieht aus wie ein Mensch, wie unter anderem Pawel Wiskowatows Dichtung Демон und Anton Rubinschtejns gleichnamige Oper *Der Dämon* zeigen. Gogol lässt seine Figuren in *Die Nase* vom Einfluss des Teufels der Hölle, eines чёрт, sprechen. So wie in den von Schostakowitsch vertonten Versen die Lyrikerin Marina Zwetaewa ihre Gedichte mit »kleinen Teufeln«, mit Мелкий чёрти, den ›melkij Tschjorti‹, verglich, die sie wie glühende Funken »in einen Tempel voller Schlaf und Weihrauch« entlässt, setzten auch Britten und Schostakowitsch mitunter verstörende Werke in die Welt.

In Brittens theatralischem Kosmos werden ebenfalls psychologische Abgründe durch den Einfluss böser Mächte dargestellt. Hier erscheinen sie als Unheilsboten einer jenseitigen Welt wie Miss Jessel und Mister Quint in *The Turn of the Screw*, der Bariton, der in *Death in Venice* als Todesbote in unterschiedlicher Gestalt auftritt, oder der jagohafte Claggart in *Billy Budd*. Selbst im *War Requiem* ist von der Hölle die Rede: Die Bitte um Erlösung von den Höllenqualen überträgt Britten Kinderstimmen: »libera animas omnium fidelium / defunctorum de poenis inferni« – »Bewahre die Seelen aller verstorbenen Gläubigen / vor den Qualen der Hölle … / Bewahre sie vor dem Rachen des Löwen, / dass die Unterwelt sie nicht verschlinge, / dass sie nicht hinabstürzen in die Finsternis.«

Britten und Schostakowitsch gehören zu den Künstlern, die, wie einst Shakespeare, den Umgang mit den uralten Figuren und Archetypen virtuos handhabten. Bereits Goethe meinte, »Shakespeare ist reich an wundersamen Tropen, die aus personifizierten Begriffen entstehen und uns gar nicht kleiden würden, bei ihm aber völlig am Platze sind, weil zu seiner Zeit alle Kunst von der Allegorie beherrscht wurde«.[290] Zu Zeiten von Britten und Schostakowitsch waren sie erneut nötig. Die Bilder, die Shakespeare verwendete, entstammten – wie jene von Gogol und anderer Künstler – aus früheren Epochen. »Die spitzigen, geschärften Züge dieses Satans hat erst das Mittelalter ins ursprünglich größere antike Dämonenhaupt geätzt«, analysierte der Kulturphilosoph Walter Benjamin. »Die Materie, nach gnostisch-manichäischer Doktrin geschaffen um der ›Detartarisation‹ der Welt willen, bestimmt also, das Teuflische in sich zu nehmen, auf dass mit ihrer Abscheidung die Welt gereinigt sich darstelle, besinnt im Teufel sich auf ihre Tartarusnatur.«[291] Diese ›Tartarusnatur‹, die ›Höllennatur‹, findet sich auch in Schostakowitschs Opern sowie der 4., 7., 8., 10., 13. und 14. Sinfonie. Eine ›Enthöllung‹, eine Art musikalischer ›Detartarisation‹, ereignet sich in der 6., 9. und 15. Sinfonie sowie in einer Musikkomödie wie *Moskau-Tscherjomuschkij* und seinen satirischen Liedern. Durch den virtuosen Wechsel zwischen den ›Höhengefällen‹ und ›Spielebenen‹ werden Britten und Schostakowitsch zu zwei der bedeutendsten Dramatiker der Musikgeschichte.

Was bei Britten im *Sommernachtstraum* ein böser Spuk in der Nacht ist, wurde in *Die Nase* Schostakowitschs Albtraum bei Tage. Gogol selbst hatte das Irreale nicht verschleiert: Im russischen Titel spielte der Autor mit den Wortbedeutungen нос (›nos‹, Nase) und der Umkehrung сон (›son‹, Traum). In der Erstfassung wird die Geschichte des Kontrollverlusts noch als Traum geschildert, aber ohne diese logische Grundierung gewinnt in einer rein fantastischen Erzählung das Skurrile an Profil. Im Russischen gibt es verschiedene Wörter für ›Träumen‹: сновидение bzw. сон für den Traum beim Schlafen und мечта bzw. сокровенная мечта für den Tag- bzw. Wunschtraum. Die Nase, die mitunter Kowaljows Fantasien auszuleben scheint, wenn sie eine vergrößerte Gestalt annimmt und als Staatsrat durch die Straßen paradiert, erreicht hier eine inkubusartige Bedrohlichkeit.

*

Sologub hatte für das Wechselspiel der Ereignisse das einprägsame Bild der »Teufelsschaukel« gefunden, die wie ein Pendel mal der einen, mal der anderen Seite Höhenflüge beschert: »Im Schatten dunkler Eiche, / am lauten Flussesrand, / da schaukelt mich der Teufel / mit schwarzbehaarter Hand. / Er stößt die Schaukel heiter / hinauf, hinab, / hinauf, hinab, / im Baume knarrt und kreischt es, / im Seile zerrt und reißt es, / der Ast bricht beinah ab.«[292]

Auch der Teufel, der in *Die Nase* die Fäden führt, hätte seine Freude an dem Spiel. In Menschengröße taucht Kowaljows Riechorgan, gehüllt in die Uniform eines Staatsrats, an verschiedenen Orten in Sankt Petersburg auf: Es betet in der Kasaner Kathedrale und flaniert durch die Stadt. Schostakowitschs Oper über den Profilgeber ohne Gesicht ist nicht zuletzt die Geschichte eines Identitätsverlustes. Seines Profils beraubt macht sich Kowaljow auf eine kafkaeske Suche nach seiner Nase. Zu seinem Glück wird man letzten Endes ihrer habhaft und gibt sie Kowaljow zurück. Ihm gelingt es allerdings nicht, sie sich selbst wieder in seinem Gesicht anzubringen. Doch gerade so, als ob sich manche Dinge von selbst regeln, ist die Nase eines Morgens beim Erwachen wieder an der üblichen Stelle und Kowaljow schon bald wieder der Alte. »Das Vorgefallene lässt Kowaljow unbelehrt zurück, ist aber nicht ohne Lehre für uns«, sagte Schostakowitsch 1968 in einem Interview. »Schluss: Die Gesellschaft ändert sich nicht von selbst, sie muss verändert werden.«[293]

Gogols 1836 veröffentlichte Erzählung, aus der Schostakowitsch etliche Dialogpassagen für sein Libretto übernahm, war ursprünglich als Kritik an den Menschen und der Bürokratie aus der Epoche von Nikolaj I. gedacht. Hingegen entstand die Oper in einer Phase, in der die alte Herrschaftsform bereits als überwunden galt. Schostakowitsch schrieb für ein Publikum, das Kriegsversehrte mit entsetzlichen Verstümmelungen und Gesichtsverletzungen kannte, denen innovative Behandlungsverfahren der Nasenchirurgie mit Rhinoplastiken helfen konnten; er komponierte für das Musiktheater in einer Zeit, in der man mit urbanen Themen »die Zitadellen der Aidas und Troubadoure erstürmen konnte«, wie es in einer Besprechung der Uraufführung hieß.[294] Zudem arbeitete Schostakowitsch in einer Phase, in welcher der Staat von anderen Kräften organisiert und geleitet wurde: Wenn die Sonne tief steht, werfen auch Zwerge lange Schatten und so machte Ende der 1920er-Jahre so manches kleine, anpassungsfähige Licht Karriere. Während viele politisch aktive Sowjets – einem Peredonow gleich – überall Bedrohungen durch einen imaginierten Klassenfeind sahen, nahm man im Westen eingedenk der *Theory of Moral Sentiments*, der »Theorie der ethischen Gefühle« von Adam Smith, zunächst einmal alles positiv auf, was der Wirtschaft diente: Zwar half es während der Weltwirtschaftskrise einer durch gewaltige Entlassungswellen gebeutelten Firma wie John Deere, dass die Sowjetunion zwischen 1927 bis 1932 die Lieferung von 8200 Traktoren in Auftrag gab; allerdings geschah dies nicht, um sich mit den Arbeitern in den USA solidarisch zu zeigen. Dieser Eindruck entstand als positiver Nebeneffekt, der die Weltrevolution nach sowjetischem

Verständnis voranbringen konnte – in erster Linie benötigte man jedoch Arbeitsgeräte, um den ersten Fünfjahresplan durchzupeitschen, in dessen Folge bei Zwangskollektivierungen Millionen von Menschen umkamen. Dafür interessierte sich seinerzeit im Westen kaum jemand.

*

In der kapitalistischen Welt vermerkte man nicht ohne Stolz, dass sich auch die Literatur von Hemingway bis Wells sowie etliche neue Opern exportieren ließen. Auf russischen Bühnen gab es bereits Werke zu sehen wie Křeneks *Der Sprung über den Schatten*, Hindemiths *Neues vom Tage* und Weills *Dreigroschenoper.* Dies wiederum provozierte eine Kampagne zur Förderung des eigenen Opernschaffens. Ende Januar 1929 veröffentlichte der Komponist und Forscher Boris Wladimirowitsch Asafjew, der 1925 am Leningrader Konservatorium die Musikwissenschaftliche Fakultät eingerichtet hatte, ein Thesenpapier, dem zufolge man sich mit den westlichen Produktionen vertraut machen und sich die künstlerischen Gestaltungsweisen kritisch aneignen sollte. Der andersartige Operntypus für den neuen Staat müsse eine »Orientierung am avancierten sowjetischen Theater als einer mächtigen Erscheinung der sowjetischen Kultur« bieten.[295] Im Idealfall war die sowjetische Oper nicht mehr der Geniestreich eines Individuums, sondern – wie einst das dirigentenlose Persifams-Orchester – eine Kollektivleistung, an der Komponist, Librettist, Bühnenbildner, Regisseur und Dirigent schon in der Entstehungsphase zusammenwirken. Inhaltlich müsse man sich nach den Bedürfnissen des neuen Hörers richten und gesellschaftlich relevante Themen aufgreifen. Mit *Die Nase* glaubte Schostakowitsch nach eigenem Bekunden »genügende Interessiertheit an der Entwicklung der sowjetischen Opernkunst« an den Tag zu legen.[296] Doch dann wurde im Juni 1929 in Leningrad die »Erste Allrussische Musikkonferenz« veranstaltet, an der nur wenige Repräsentanten der sowjetischen Gesellschaft für zeitgenössische Musik wie Asafjew beteiligt waren. Die Mehrzahl der Aktiven waren die Vertreter der russischen Gesellschaft für proletarische Musiker, welche die Debatten dominierten und sich brüsteten, die »marxistisch-leninistische Methodik ebenso zu beherrschen« wie Massengesänge, Sinfonik und Oper.[297] Der Konflikt zwischen den Hauptkonkurrenten – der ›Assoziation sowjetischer Musiker‹ (ASM) und der Russischen ›Assoziation proletarischer Musikanten‹ (RAPM) – verschärfte sich. In den ideologisch entsprechend ausgerichteten Musikzeitschriften warf man den Intellektuellen »das Ignorieren der Frage nach der Ausarbeitung einer soziologischen Methode der Musikwissenschaft« vor, worin sich bereits die Hinwendung zur dogmatischen Vereinheitlichung andeutete.[298]

Mit seiner Themenwahl stellte sich Schostakowitsch zwischen alle Stühle. Gesellschaftskritik war willkommen. Musste sie aber derart verklausuliert werden wie in seinem Opernerstling? Im Gegensatz zu manchen Kollegen in den 1920er- und 1930er-Jahren brachte er keine wagemutigen Widerständler auf die Bühne, sondern überzeichnete Situationen, die mehr Fragen offenließen als beantworteten. Wie bei seinen frühen Sinfonien und Filmmusiken fügte Schostakowitsch scheinbar disparate Elemente ineinander, um ein Gesamtkunstwerk zu schaffen, das nicht lediglich die Summe seiner Teile ist. »Das Libretto ist nach dem Prinzip der literarischen Montage angelegt«, erläuterte er. »Die Musik ist in diesem Stück nicht um ihrer selbst willen da. Das Schwergewicht liegt auf der Darbietung des Textes.« Der Komponist betonte ausdrücklich, dass »die Musik nicht absichtlich ›parodistisch‹ gefärbt« sei. »Trotz der ganzen Komik des Geschehens auf der Bühne will die Musik nicht komisch wirken«, meinte er. »Ich halte das für richtig, weil Gogol alle komischen Vorgänge in ernstem Ton schildert. Darin liegen die Stärke und der Wert des Gogol'schen Humors. Er ›witzelt‹ nicht. Die Musik ist ebenfalls bemüht, nicht zu ›witzeln‹.«[299]

Um potenzielle Besucher auf die Klangsprache vorzubereiten, stellte der Dirigent Nikolaj Malko schon im November 1928 eine Orchestersuite mit Motiven aus *Die Nase* in Moskau vor. In Leningrad kam es unter der Leitung von Samuil Samosud am 16. Juni 1929 zu einer konzertanten Aufführung. Der Komponist war davon alles andere als angetan. »Rimskij-Korsakow schrieb in der Einleitung zu seinen Opern, dass ›die Oper in erster Linie ein musikalisches Werk‹ sei; wenn man dieser Haltung folgt, sollten alle Opernhäuser geschlossen werden und Opern in Konzertkleidung in der Philharmonie gegeben werden«, meinte Schostakowitsch. »*Die Nase* verliert für mich jeden Sinn, wenn man sie ausschließlich vom musikalischen Standpunkt aus betrachtet. Der musikalische Anteil ergibt sich ausschließlich durch die Handlung.«[300]

Am 18. Januar 1930 wurde *Die Nase* im Leningrader Malij-Operntheater, das vor der Revolution noch als das altehrwürdige Michajlowskij-Theater bekannt war, erstmals szenisch aufgeführt. Diesmal fielen die Reaktionen längst nicht mehr so positiv aus wie noch bei der 1. Sinfonie. »Der Komponist begeistert sich zweifellos für die sexuelle Ebene, die in der Tat Gogol veranlasste, *Die Nase* zu schreiben«, echauffierte man sich in dem Magazin *Arbeiter und Theater*. »Die Oper ist ein Experiment, das am Rande der sowjetischen Opernentwicklung, aber auch der des Komponisten selbst bleibt.«[301] In der Zeitschrift *Der proletarische Musiker* warf man Schostakowitsch vor, er sei »vom Hauptpfad der sowjetischen Kunst abgewichen«.[302] In anderen Blättern hieß es, das Werk sei »ein destruktives Stück, ein nicht schlechter ›Skandal‹, ein jugendlicher Unfug, der gegen die Opernroutine gerichtet ist«.[303]

Schostakowitsch zeigte sich bereit, die Konsequenzen zu ziehen. »*Die Nase* war ein Reinfall«, schrieb er dem Leiter des Theaters. »Ich bin überzeugt, dass *Die Nase* eines meiner gelungensten Werke ist. Die Realisierung im ehemaligen Michajlowskij-Theater hat meine Überzeugung nur vertieft. Der Weg, der mit der *Nase* eingeschlagen worden ist, ist richtig. Wenn aber *Die Nase* nicht so aufgenommen wird, wie ich dies gerne hätte, muss sie vom Spielplan genommen werden.«[304]

Doch das Theater gab dem Werk noch eine Chance, da es auch ein paar freundlich gesinnte Stimmen gab, wie jene von Iwan Sollertinskij, für den die neue Oper bewies, dass »die Schaffung einer neuen Musiksprache notwendig« sei. Schostakowitsch habe neuartige rhythmische und klangliche Elemente verarbeitet, mit denen er »die so unbewegliche Opernszene dynamisiert«. »Zum ersten Mal haben wir in der russischen Oper anstatt der konventionellen Arien und Kantilenen eine lebendige Musiksprache«, meinte Sollertinskij, »es ist dies die Musikalisierung der menschlichen Sprache«.[305] Damit war Schostakowitsch das gelungen, woran Musorgskij seinerzeit bei dem Versuch, Gogols Komödie *Die Heirat* wörtlich zu vertonen, noch gescheitert war.

Das Leningrader Theater ignorierte die Bedenken des jungen Komponisten und lockte noch ausreichend Zuschauer an, um zwischen Januar und Juni 1930 14 und zu Beginn der nächsten Spielzeit zwei weitere Aufführungen auf die Bühne zu bringen. In Moskau wurde das vollständige Werk erstmals 1974 gegeben, wo es Schostakowitsch kurz vor seinem Tod noch einmal erleben konnte. Zuvor war es bereits 1957 in Düsseldorf, 1965 in Florenz und Santa Fe, 1969 in Ost-Berlin und 1973 am Londoner Sadler's Wells Theatre erstmals gespielt worden.

Gut vier Monate nach Schostakowitschs Bühnenstück zeigten sich die Leningrader im Mai 1930 viel stärker von der Oper *Eis und Stahl* des Ljadow-Schülers Wladimir Deschewow beeindruckt, die lange auf dem Spielplan stand, selbst nachdem sie in Moskau weniger gut angekommen war. Das dortige Erfolgsstück wurde die Oper *Nordwind* des Glière-Eleven Lew Knipper, das nur wenige Wochen nach Schostakowitschs umstrittenem Werk herauskam und von der größten Metropole des Landes ausgehend bald in zahlreichen anderen sowjetischen Städten übernommen wurde. In einer Phase zunehmender Spannungen mit dem Westen bewies Knipper den richtigen Riecher: Passend zur allgemeinen politischen Lage thematisierte er den Aspekt, dass man wohl den Bolschewiki, nicht aber deren Feinden und ausländischen Mächten rückhaltlos vertrauen sollte. Nach Wladimir Kirschons Drama *Stadt der Winde* erzählt die Oper *Nordwind* von historischen Ereignissen, die sich 1917/18 zugetragen hatten. Die Handlung setzt im ersten Jahr der Revolution ein, als die Bolschewiki zusammen mit menschewistischen und sozialrevolutionären Gruppierungen die Macht in Baku, der sogenannten ›Stadt der schlagenden Winde‹, festigen wollten. Um den größten Ort in Aserbaidschan vor einer türkischen Invasion zu bewahren, setzten die Bolschewiki eher auf Unterstützung der Sowjets aus Zentralrussland, während die Menschewiki und die Sozialrevolutionäre erwogen, englische Intervenienten um Hilfe zu bitten. In der Hoffnung auf Brot unterstützte sie die Bevölkerung darin. In der Opernhandlung erfüllen die Briten die in sie gesetzten Hoffnungen nicht, sondern bauen eine Terrorherrschaft auf und inhaftieren bolschewistische Anführer. Ein Aufstand gegen die Engländer kommt zu spät, denn die Bolschewiki hatte man bereits heimlich hingerichtet. Am 20. September 1918 wurden tatsächlich 26 bolschewistische Kommissare von britischen Kämpfern liquidiert, wodurch das Bühnenwerk noch zusätzlich Identifikationspunkte bot.

Während Knipper den Sowjets, die dafür Opfer gebracht hatten, ein musikalisches Denkmal setzte, wartete Schostakowitsch lediglich mit Gogol'schem Poschlost auf. Der Komponist hatte seine Lage nach den aktuellen politischen Entwicklungen falsch eingeschätzt. *Die Nase* hätte vortrefflich in die experimentelle Zeit des sowjetischen Kulturlebens gepasst. Als Schostakowitsch 1927 mit der Arbeit begann, achtete er jedoch nicht darauf, dass sich sein Land in einer Umbruchphase befand. Im Jahr der Uraufführung, 1930, war der Leninist Lunatscharskij schon nicht mehr im Amt und sein Nachfolger Andrej Bubnow ein militanter bolschewistischer Funktionär.

Einen vereinzelten Fehltritt konnte man Schostakowitsch durchgehen lassen. Noch war er jung, ungestüm und unerfahren. Und hatte nicht Dmitrij Andrejewitsch Furmanow 1923 in seinem Roman *Tschapajew* mit dem Typus des Irrenden und Lernenden eine Heldenfigur kreiert?

*

Ungeachtet der unverzichtbaren Handelsbeziehungen blieb Großbritannien die Hochburg des Klassenfeinds. Schon 1922 war unter anderem ein Buch mit dem dramatischen Titel *Die Geschichte des Großen Verrats* erschienen, in dem sich der Komintern-Vertreter Michail Borodin über den »Schwarzen Freitag« ausließ, an dem sich die Führung der britischen Transport- und Eisenbahngewerkschaften dazu entschied, einen Streik der Bergleute nicht solidarisch zu unterstützen. In Großbritannien schwankte man zwischen Verständnis, sogar Begeisterung für den neuen Sowjetstaat und brüsker Ablehnung. Basil Thomson, der zurückgetretene Leiter des Nachrichtendienstes, mahnte schon 1921 in einer Artikelserie für die *Times* an, man verhalte sich zu lasch gegenüber der neuen Ideologie. »Revolutionäre Aktivitäten sind wie das Zentrum eines Zyklons, der immer die stärksten Stürme mit sich bringt«, warnte er, »und wir sind darauf nicht besser vorbereitet als ein Mensch, der sich in den Orkan hinausbegibt, für den er zu seinem Schutz nur einen Regenschirm mitnimmt.«[306]

Ein Jahr später musste der liberale Premierminister David Lloyd George im Oktober 1922 zurücktreten und erstmals seit fast zwanzig Jahren erhielt Großbritannien wieder eine wertkonservative Tory-Regierung. Sie stand zunächst unter der Führung von Andrew Bonar Law, der aber schon im Mai 1923 von seinem Parteikollegen Stanley Baldwin abgelöst wurde. Dieser hatte zwischen 1923 und 1937 drei Mal das Amt des Premierministers inne. In Schostakowitschs Heimatland bot man den Bürgern keine Auswahl: Die Führungseliten machten die Posten unter sich aus und ließen den politischen Gegner aus Gründen der eigenen Sicherheit mitunter vorsichtshalber gleich liquidieren. Im Ausland erhob sich kein Einspruch, solange die Aktivitäten der Kommunisten nicht auf andere Territorien ausgeweitet wurden. Obwohl man die 1922 gegründete UdSSR am 1. Februar 1924 offiziell anerkannte, regte die neue britische Regierung ein energischeres Vorgehen gegen sowjetische Aktivitäten in Großbritannien an. Warum sollte man es sich gefallen lassen, dass eine ›All-Russian Co-operative Society‹, kurz ARCOS genannt, die seit 1920 die Wirtschaftsbeziehungen des neuen Landes organisierte, immer mehr Mitarbeiter ins Land schleuste und sich unliebsam breit machte? Viele Briten argwöhnten, dass die Kommunisten im Mai 1926 die Hauptschuldigen am Generalstreik waren. Man sehe »höchst beunruhigt die Fortführung subversiver Propaganda in diesem Land durch die Vertreter der Union der Sozialistischen Sowjets aus Russland«, hieß es im Herbst 1926 auf einer Konferenz der Tories, der Konservativen Partei.[307] Es sei nun geboten, alle Vereinbarungen mit den Sowjets zu beenden und alle Mitarbeiter ihrer Auslandsvertretungen auszuweisen. Das demokratische Großbritannien stand vor dem Problem, wie man mit einem zentralistisch regierten Staat umgehen soll. Einerseits erschien es unabdingbar, einem zu diktatorischen Unterdrückungsmaßnahmen neigenden Regime Grenzen aufzuzeigen, andererseits wollte man eine gewisse Toleranz gegenüber Andersdenkenden wahren. Doch wie tolerant kann man sein, ohne sich dabei selbst aufzugeben? Toleranz fordern zumeist diejenigen ein, die die Grundregeln des gemeinverträglichen Zusammenlebens zu ihrem eigenen Vorteil brechen. Wie schon im 19. Jahrhundert zeigte sich wieder einmal das Auseinanderklaffen von kultureller Verbundenheit und politischen Diskrepanzen in den Beziehungen der Briten und Russen. Der »Kreuzzug«, um das »hydraköpfige Monster« des Bolschewismus »zu strangulieren«, müsse sich »in jeden Winkel des Landes ausweiten«, tönte der Parlamentsabgeordnete Locker-Lampson, ja, man solle

»die Roten« so lange »auf Trab halten, bis wir sie ins Meer getrieben haben«.[308] Verbal schenkte man sich nichts. »Kräftig der Welt ran an die Kehle, mit proletarischen Händen«, dichtete der als propagandistischer Agitator äußerst aktive Wladimir Majakowskij in seinem »Linken Marsch« und giftete gegen das Empire: »Lasst den britischen Löwen brüllen – zahnlosfletschende Sphinx. Keiner zwingt die Kommune zu Willen.«[309]

Wenn auch der ›Krieg‹ nicht zu gewinnen war, so doch einzelne ›Schlachten‹. Im Januar 1927 wurden dem MI5 Informationen zugespielt, dass ARCOS-Mitarbeiter einen Leitfaden der britischen Armee in ihren Besitz gebracht hätten. Die Prüfung der Lage zog sich hin, denn, wie es aus höchsten Kreisen hieß, »die Tasse sollte schon bis zum Überlaufen gefüllt sein, damit die Regierung ihrer Majestät nicht durch einen falschen oder überhasteten Schritt voreilig agiert«.[310] Doch als Innenminister William Joynson-Hicks in die Einzelheiten eingeweiht wurde, handelte er entschlossen. »Führen Sie bei ARCOS eine Razzia durch«, befahl er, »oder wollen Sie das etwa noch schriftlich?«[311]

Als Schostakowitsch mit Gogols *Die Nase* beschäftigt war und Britten mit seinen Schulaufgaben, erregten am Donnerstag, den 12. Mai 1927, Beamte einer 200 Mann starken Einsatztruppe der Polizei erhebliches Aufsehen in der Bevölkerung, als sie die Büros von ARCOS in London, Moorgate, Hausnummer 49, stürmten. Mehrere Lastwagen wurden benötigt, um während der fünftägigen Durchsuchung der Räumlichkeiten durch Agenten und Regierungsbedienstete das Material abzutransportieren, das die Sowjets in aller Eile nicht hatten verbrennen können. Am 24. Mai 1927 verkündete Premierminister Stanley Baldwin vor dem Unterhaus, dass die Regierung Ihrer Majestät »Geduld und Langmut« gezeigt habe, wenn aber »diplomatische Beziehungen derart vorsätzlich und systematisch missbraucht werden, gefährdet dies den Frieden«. Deswegen haben die Verantwortlichen beschlossen, »die Handelsvereinbarungen zu beenden, die Ausreise der Handelsdelegation und der sowjetischen Niederlassung aus London zu fordern und die britische Niederlassung aus Moskau abzuziehen«.[312]

Damit wurden die diplomatischen Beziehungen Großbritanniens mit der UdSSR in dem Jahr beendet, in dem Dmitrij Schostakowitsch seine 2. Sinfonie entwarf, sein Land beim ersten Internationalen Fryderyk-Chopin-Wettbewerb in Warschau vertrat und Bruno Walter die 1. Sinfonie in Berlin vorstellte. Währenddessen komponierte Benjamin Britten eifrig Jugendwerke und begann seinen Unterricht bei Frank Bridge. Ungeachtet der Massendemonstrationen von Arbeitern vor der britischen Vertretung in Moskau war der Bruch vollzogen. Möglicherweise bestärkten die Turbulenzen der Außenpolitik die sowjetische Führung darin, von nun an eine streng kontrollierte Planwirtschaft voranzutreiben.

Obgleich der damalige Finanz- und Wirtschaftsminister Winston Churchill mahnte, sobald die Labour Party an die Macht komme, »werde sie bestimmt die russischen Bolschewisten zurückbringen, die unverzüglich in den Minen und Fabriken aktiv werden, wie auch in den bewaffneten Streitkräften, und einen neuen Generalstreik planen«,[313] scheiterte seine Partei Ende Mai 1929 bei den Wahlen. Die Tories hatten zwar noch das Frauenwahlrecht erweitert, indem man das Mindestalter auf 21 Jahre senkte, aber das Motto der Konservativen »Safety First« konnte sich nicht gegen die Versprechungen der Arbeiterpartei durchsetzen, die eine Verbesserung der Lebensverhältnisse und des Verkehrswesens verhießen. Die Forderung nach »electrification« und »reorganisation« erinnerte ein wenig an Olga Berggolzs Paraphrasierung revolutionärer Ideale als »elektrisch und kommunistisch«. Kein Wunder, dass die Labour-Partei immer wieder betonte, man sei »weder bolschewistisch noch kommunistisch«.[314]

Nach dem gewaltigen Eklat knüpfte MacDonald in seiner zweiten Amtszeit über die sowjetische Botschaft in Paris Kontakte, um das britisch-russische Verhältnis neu zu beleben. Es sollte zu Lebzeiten von Britten und Schostakowitsch nicht die einzige Eskalation der diplomatischen Beziehungen bleiben. Man musste allmählich anerkennen, dass die Sowjetunion ein selbstbewusster neuer Staat war – jung, aber kraftvoll genug, um im Ensemble der Großmächte eine einflussreiche Rolle zu übernehmen.

*

Britten und Schostakowitsch interessierten sich für Diplomatie auf anderen Ebenen. Der Zugang des Engländers erfolgte mehr auf intellektuelle Weise, wie seine Arbeiten im Stile des *Pacifist March*, des *War Requiem* oder *Voices for Today* zeigen. Der Russe reagierte hochemotional: Mit welcher Begeisterung und fiebernder Spannung Schostakowitsch Fußballspiele erlebte, illustrierte er musikalisch im zweiten Stück der Suite *Russischer Fluss* op. 66 und im Ballett *Das Goldene Zeitalter.* Schostakowitsch und Britten gehörten zu den sportlichsten Komponisten überhaupt. Während der Engländer zumeist im Grünen und am Meer ausreichend Bewegung hatte, installierte sich Schostakowitsch, der höchstens in der vom Komponistenverband verwalteten Künstlerkolonie in Repino die Natur genießen konnte, in seiner Stadtwohnung eine Sprossenwand für gymnastische Übungen. Beide gingen gerne schwimmen und spielten Tennis; nicht zuletzt gab es in zahlreichen Briefen Bezugnahmen auf Fußball, Volleyball, Hockey, Kricket und Schach. Zu Schostakowitschs Zeit wurden an vielen russischen Institutionen Schachturnier ausgerichtet, auch an den Konservatorien.

Beide Komponisten thematisierten den Sport auch in einigen ihrer Werke. Schostakowitsch schrieb sogar über Fußball in Zeitungen und obwohl er keine reguläre Ausbildung zum Schiedsrichter absolviert hatte, erhielt er als Anerkennung für seine Verdienste vom sowjetischen Fußballverband ehrenhalber ein entsprechendes Schiedsrichter-Zertifikat, das ihn zum kostenlosen Besuch von Spielen berechtigte.[315] Nur ein einziger Bericht ist überliefert, dass er ein Spiel gepfiffen hätte, und zwar im privaten Kreis 1964 in den Sommerferien in Armenien, als Musiker im Haus des Komponistenverbands gegeneinander antraten. »Schostakowitsch übernahm mit großem Vergnügen die Rolle des Fußball-Schiedsrichters«, erinnerte sich sein Kollege Rodion Schtschedrin.[316]

Die ethische Bedeutung des Sports hatte in den Heimatländern von Britten und Schostakowitsch Tradition. Noch aus der Zeit vor den katastrophalen Weltkriegen des 20. Jahrhunderts stammt die Idee, blutige Konfliktlösungsstrategien bei Streitigkeiten zwischen Völkern zu vermeiden und die Energien in andere Bahnen zu lenken. Der englische Ethnologe Charles Hose meinte, man müsse an die Stelle kriegerischer Auseinandersetzungen »irgendeine andere, gleichermaßen gewalttätige, aber weniger verheerende Tätigkeit setzen«. Er experimentierte unter Eingeborenenstämmen auf Borneo mit Sport und schlug »ein jährliches Wettrennen zwischen den Kriegskanus sämtlicher Dörfer« vor.[317] Seine Anregung setzte man erfolgreich um. Sie beruht auf der alten olympischen Idee des antiken Griechenlands, die man in England schon ab dem 17. Jahrhundert in verschiedenen Grafschaften wieder aufleben ließ. Nach dem von Großbritannien und Russland unterstützten griechischen Unabhängigkeitskampf gegen die Herrschaft des Osmanischen Reichs, bei dem unter anderem auch der für Puschkin einflussreiche Lord Byron ums Leben kam, entwickelte im Ursprungsland der Olympischen Spiele der griechische Poet und Verleger Panagiotis Soutsos die ersten Anregungen für einen Neubeginn. In seinem von Lucian und Byron inspirierten, 1833 veröffentlichten Gedicht »Dialog der Toten« beschwor Soutsos den Geist Platons, den er fragen lässt: »Wo sind all eure Theater und Marmorstatuen? Wo sind eure Olympischen Spiele?« Dieser Verweis auf ein Wiederaufleben des olympischen Geistes in neuerer Zeit inspirierte seine Landsleute und mobilisierte Aktivisten in vielen Ländern. Die ersten Olympischen Spiele der Neuzeit fanden im Sommer 1896 in Athen statt. Ab 1900 waren sogar kurzfristig Cricket und Croquet sowie regelmäßig Fußball als Disziplinen vertreten. Die athletische Revolution um die Wende vom 19. zum 20. Jahrhundert sollte ab den 1920er-Jahren auch die Themenwahl in der Musik beeinflussen. Einen prägenden Teil während Brittens und Schostakowitschs erster Lebenshälfte bildeten die internationalen Anstrengungen,

Rivalitäten zwischen den Nationen in einen friedvollen Wettstreit zu kanalisieren. Zudem bewiesen die Olympischen Spiele vor allem 1936 in Berlin, dass eine durch Rassenideologie erzeugte Selbstüberschätzung von der Leistungsfähigkeit verachteter Gruppierungen Lügen gestraft wurde. Weder Britten noch Schostakowitsch erlebten die Wettkämpfe jemals in der Sowjetunion, da beide, nachdem das Internationale Olympische Komitee im Oktober 1974 die Spiele für 1980 an Moskau vergeben hatte, zehn bzw. 26 Monate später verstarben. Zu ihren Lebzeiten fanden die Spiele zwei Mal, 1908 und 1948, in London statt. Auch wenn die Sowjetunion 1948 nicht teilnahm, waren Russland bzw. die UdSSR und Großbritannien maßgeblich am Wiederaufleben des friedlichen Länderwettstreits beteiligt: Zu den Gründungsmitgliedern des IOC gehörten unter anderem der russische General und Militärpädagoge Alexeij Dmitriewitsch Butowskij, der auch das Nationale Olympische Komitee Russlands initiierte, und der britische Adlige und Diplomat Arthur Oliver Villiers Russell.[318] Zwischen 1912 und 1948 bezog man bei Olympiaden auch die Künste mit ein: es gab Medaillen in den Kategorien Architektur, Malerei, Graphik, Skulptur, Literatur und Musik zu gewinnen. Mit Musik-Medaillen wurden zumeist Werke à la »Olympischer Schwur« oder »Olympischer Triumphmarsch« gewürdigt. Letztlich tauchten unter den Gewinnern mit Josef Suk 1932 und Werner Egk 1936 zwar nur zwei bekanntere Komponistennamen auf, doch bereits um die Jahrhundertwende hatten sich etliche Künstler sportlichen Themen zugewandt: So komponierte Leoš Janáček 1893 *Musik zum Keulenschwingen* für die Sokol-Turnervereinigung, Charles Ives 1898 das Werk *Yale-Princeton Football Match* und 1908 das Baseball-Stück *All the way around and back*, Edward Elgar vertonte als Anhänger der Wolverhampton Wanderers im gleichen Jahr eine Zeile aus einem Sportbericht – »he banged the leather for goal« (er donnerte den Ball ins Tor) –, Bohuslav Martinů schrieb 1924 *Half-Time* und Arthur Honegger vier Jahre später *Rugby*. Die grundlegende Idee, die Musik als Bestandteil des friedlichen Wetteiferns mit einzubeziehen, stellte etwas Besonderes dar. Hervorgegangen war das Konzept der Olympiaden aus den in verschiedene Kategorien gegliederten Weltausstellungen, handelte es sich beim technischen und sportlichen Wetteifern doch um zwei Weltfeste, die 1900 in Paris sogar zusammen stattfanden.[319] So hatte Giuseppe Verdi 1862 für London seine Kantate *Inno delle nazioni* komponiert. Als der vor den Faschisten in die Emigration entwichene Arturo Toscanini bei einem Verdi-Konzert in den USA im Juli 1943 die »Hymne der Völker« aufführte, variierte er den Text, indem er die Wendung »O Italia, o patria mia« zu »O Italia, o patria mia tradita« (Oh Italien, mein verratenes Vaterland) abwandelte. Zudem bezog er – mitten im Zweiten Weltkrieg – in eigener Instrumentation die vom Chor gesungene damalige

Hymne der Sowjetunion, *Die Internationale*, nebst *The Star-Spangled Banner* mit in das Stück ein und machte es dadurch zu einem aparten Nebeneinander von Symbolen der sozialen und nationalen Revolutionen. In diesem demonstrativen Akt waren alle vier Mächte der Alliierten repräsentiert. Man könnte allerdings auch sagen, Toscanini missbrauchte Verdis Hymne der Verständigung für aggressive Botschaften. Britten und Schostakowitsch schufen ›sportlich‹ eher Botschaften der Versöhnung. Benjamin Britten führte diesen Ansatz weiter, indem er die Solistenpartien seines *War Requiem* für Künstler aus England, Deutschland und der Sowjetunion schrieb – einige der im Krieg am meisten in Mitleidenschaft gezogenen Nationen. Wenn Dmitrij Schostakowitsch nicht gerade wie in Kriegszeiten »British and American Folk Songs« der Alliierten instrumentierte, vertonte er ausschließlich Texte in russischer Sprache bzw. Übersetzungen. Dadurch vereinte er ›sportlich‹ sehr viele Kulturen in seinem Œuvre: In seinen Vokalwerken finden sich zwischen 1928 und 1974 Romanzen auf Übertragungen von Texten japanischer und englischer Autoren, Arrangements finnischer, englischer und amerikanischer Volkslieder, spanische und griechische Lieder sowie die Suite auf Verse von Michelangelo Buonarroti. In seiner 14. Sinfonie fügte Schostakowitsch neben nur einem russischen Dichter französische, spanische und deutsche Texte zusammen, bei denen er zwar übersetzte Fassungen nutzte, jedoch Aufführungen in den Originalsprachen sanktionierte.

Diente Musik im 19. Jahrhundert noch der Selbsterkundung und Selbstbestimmung, indem sie die Emotionalität und die Nationalitätszugehörigkeit hervorhob, verschoben sich im 20. Jahrhundert die Akzente hin zur Individualität und Übernationalität. Britten und Schostakowitsch legten einen durchaus sportlichen Ehrgeiz an den Tag, mit einigen ihrer Stücke kriegerische Impulse zu reflektieren und zu einem tiefergehenden Verständnis anderer Kulturen beizutragen.

*

Am deutlichsten findet sich der Krieg als Urgrund des Sports im Schachspiel wieder. In der Sowjetunion galt Schach als eine Art Volkssport; auch Schostakowitsch begeisterte sich dafür und führte ein Notizbuch, in das er Fußballresultate und die Ergebnisse von Schachmeisterschaften eintrug. Doch nicht ein Russe, sondern der Engländer Arthur Bliss brachte 1937 Schach in einem Tanztheaterstück auf die Bühne, in dem gut fünfzigminütigen Drama *Checkmate*. Möglicherweise hatten ihn sowjetische Sportballette inspiriert wie 1926 Asaf Messerers choreographische Szene *Fußball*, sein Solostück *Ein Fußballspieler* und Wiktor Oranskijs *Die Fußballspieler*.

Auch Schostakowitsch schloss sich dem Reigen an. Am Abend des 26. Oktober 1930 wirbelten im Leningrader Mariinskij-Theater Tänzer zu einem turbulenten Wechselspiel von Foxtrott, Tschetschotka, Polka, Tango und Cancan über die Bühne. Der Sport als Lösung aller Konflikte zwischen den Nationen – wie passend, dass sein neues Ballett den Titel *Das Goldene Zeitalter* trug. Doch gemeint war vielmehr »Das Goldene Zeitalter der Industrie«, eine große Ausstellung, die laut Szenenanweisung in einer »westlichen Metropole« abgehalten wird. Die Anspielung auf die seit Mitte des 19. Jahrhunderts in unregelmäßigen Abständen stattfindenden Weltausstellungen ist unverkennbar. Vier Jahre zuvor waren in Philadelphia als Neuheit der Tonfilm und die elektrische Schreibmaschine vorgestellt worden, drei Jahre später sollten es in Chicago das Fernsehen und der Scheinwerfer sein. Das Sujet des Balletts legt eher nahe, dass die Hauptstadt des Ursprungslands der »Grand Exhibitions« und des Fußballs gemeint ist: London. Dorthin reist eine sowjetische Fußballmannschaft, um im Rahmen einer Industrieausstellung Freundschaftsspiele auszutragen. Das sportliche Kollektiv findet sich aber unversehens verstrickt in Boxkämpfe, Intrigen, Spitzeleien, Glamour und Skandale. Das Finale bietet einen Vorgeschmack auf die Idylle nach der Weltrevolution in einem Solidaritätstanz der westlichen Arbeiter mit den sowjetischen Sportlern. Mit zwanzig Aufführungen war das Fußball-Ballett *Das Goldene Zeitalter* durchaus ein Publikumserfolg. Schostakowitschs Opus 22 würdigt ganz im Sinne des Staates die positiven Folgen sportlicher Begegnungen. Die von dem Filmregisseur Aleksandr Iwanowskij ersonnene Geschichte nötigte Wasilij Wajnonen, auf der Bühne – die ansonsten Primaballerinen für ›Battement tendu jeté‹ und ›Entrechat‹ vorbehalten war – ein Fußballspiel zu choreografieren. Doch dies war ganz nach dem Geschmack des Komponisten, der kein Spiel des von ihm hochgeschätzten Vereins ›Zenit Leningrad‹ im heimischen Stadion verpasste. In Zeiten, in denen sich die Anhängerschaft noch eher in Grenzen hielt, schätzte Schostakowitsch »ein faires, offenes, ehrliches und ritterliches Spiel«, beschrieb es ein Freund. »Die Selbstlosigkeit, Hingabe und Ekstase der Spieler, mit der sie um das scheinbar illusionäre Ziel stritten, Tore zu schießen, rührte ihn bis zum äußersten.«[320] Mit seiner Vorliebe für ein Team seiner Heimatstadt zeigte Schostakowitsch eine Oppositionshaltung gegenüber Moskau, das die stärksten Vereine des Landes stellte. Sein 1925 noch als ›Stalinez‹ gegründeter Klub ›Zenit‹ stieg erst 1938 in die höchste Liga des sowjetischen Fußballs auf. Im Sommer 1944 brach man die Dominanz der Moskauer: Mit einem 2:1-Sieg im Finale gegen ZDKA (heute ZSKA) Moskau sicherte man sich den Gewinn des UdSSR-Pokals – damit errang erstmals ein nicht aus der Hauptstadt stammender Verein diese Trophäe!

Zwar dominierten sowjetische Schachspieler spätestens nach dem Zweiten Weltkrieg die Einzel-Weltmeisterschaften und Schach-Olympiaden, allerdings taten sich die Fußballer schwer. Auf internationaler Ebene bestritt die Mannschaft der UdSSR ab der Staatsgründung 1922 siegreiche Freundschaftsspiele gegen Finnland, Schweden und die Türkei. Bei der Olympiade in Finnland 1952 nahm das Team erstmals an einem großen Wettbewerb teil. Im Rahmen der Weltmeisterschaften erreichte man 1958 mit einem 1:0-Sieg im Entscheidungsspiel gegen England das Viertelfinale, in dem man gegen den Gastgeber Schweden ausschied. Schostakowitsch hatte fest geplant, 1966 zur Weltmeisterschaft nach England zu fahren, doch leider verpasste er das bisher erfolgreichste WM-Abschneiden seiner Mannschaft, da er nach einem Herzinfarkt behandelt werden musste.

Britten und Schostakowitsch übertrugen das Völkerverbindende des Sports auf die Kunst. Während Schostakowitsch stets den Gemeinschaftsgeist des Sports betonte, sah Britten jedoch darin auch immer wieder den grausamen Ursprung des Kämpfens und Tötens durchschimmern. Er kam aus einer Kultur, in der sogar die Jagd als Sport galt.[321] Anfang 1931 vertonte Britten das Gedicht »Sports« von William Henry Davies für Bassstimme und Klavier, in dem es in der zweiten Strophe heißt: »Sagt an, Jäger, sagt, / ist es ein vornehmer Sport? / So wie die Ratten / Babys in der Wiege beißen, so / finden solche Ratten und Menschen / daran Vergnügen.«[322] Benjamin Britten hob somit immer das Gewaltpotenzial im Sport hervor; auch bevorzugte er mit Kricket, Tennis und Schwimmen ein Kräftemessen, bei dem es zu keinem unmittelbaren Körperkontakt mit dem Gegner kommt. Im Allgemeinen galt ihm der Sport nur als Sublimierung roher Energien. Der Engländer integrierte in bildungsbürgerlicher Tradition den sportlichen Wettkampf im Gewand der Antike in seine Oper *Death in Venice.* »Eine Gruppe von Kindern übt sich in Strandspielen«, heißt es in einer Anweisung zur 5. Szene, und im Schlussbild kulminiert das Kampfsubstitut Sport in einer Auseinandersetzung von Tadzio und Jaschiu, doch bei ihnen, so das Libretto, »wird das Spiel ruppiger«. In Anbetracht von Thomas Manns literarischer Vorlage *Tod in Venedig* mit Aschenbachs vorangegangenen Reflexionen über griechische Philosophen kann es sich bei diesen Spielen nur um olympische Disziplinen wie Ballspiel und Ringen handeln.[323]

Sowohl im Ballett als auch in der Oper ersetzen die sportlichen die kriegerischen Auseinandersetzungen. Dass die konkreten Kunsterzeugnisse nichts miteinander gemein haben, liegt an den unterschiedlichen Produktionsbedingungen, unter denen Schostakowitsch und Britten arbeiteten. Schostakowitschs Welt war geprägt durch Werte, wie sie die ›Assoziation der Künstler des Revolutionären Russland‹ vertrat, die

1922 im Geiste Lenins verkündete, man wolle »die Gegenwart darstellen« und werde »ein getreues Abbild von Ereignissen liefern und keine abstrakten Konzeptionen«.[324]

Britten war ein Individualist. Der Sport war indes für beide Musiker ein bedeutsamer zivilisatorischer Faktor. Dieser und die Kultur boten wesentliche Möglichkeiten für einen Austausch.

III. Den »pervertierten Geschmack des bourgeoisen Publikums« kitzeln – Aufstieg und Fall

»Die Musik von Schostakowitsch ist nicht für jeden Hörer geeignet«, warnte das Magazin *Radio Times* bereits auf Seite 3 in der Ausgabe vom 13. März 1936, die das Programm vom 15. bis zum 21. März abdeckte. Ein vorausschauender Hinweis in einer modernen Welt, in der das neue Massenmedium einen wichtigen Teil des Tagesablaufs bildete. Rundfunkempfänger glichen damals eher Möbelstücken, die als kostbares Einzelstück im Haus pfleglich behandelt wurden. Zu bestimmten Tageszeiten musste man sich im Wohnzimmer oder in der Küche aufhalten, um allein, mit Freunden oder der Familie die Wettervorhersage und die Nachrichten zu hören sowie Orgelmusik, Sinfoniekonzerten, Liedern, Arien oder Unterhaltungsorchestern zu lauschen. »Für jene zahlreichen Hörer, die Tanzkapellen für die tragende Säule des Rundfunkprogramms halten, widmeten sich die Leitartikel größtenteils Jazz-Themen«, hieß es unter der Überschrift »Swing Music and Shostakovich«. Doch selbst wenn weiterhin der gewohnte Anteil von schwungvollen Tanzklängen vertreten sei, bilde »den wichtigsten Programmpunkt in dieser Woche möglicherweise die Aufführung von *Lady Macbeth von Mzensk* am Mittwoch; eine moderne Oper, die britische Musikfreunde bisher noch nicht hören konnten«. Zugleich beugte man vor, dass Schostakowitschs Vertonung zwar nicht allen behagen möge, aber »genauso gibt es Hörer, für die Jazz die pure Langeweile ist«: »So unambitioniert und wenig unternehmungslustig ein Programmmacher auch sein mag, es ist ihm unmöglich, es allen Leuten jederzeit recht zu machen. Der einzige Weg besteht darin, so viele wie möglich ständig zufriedenzustellen und reihum allen zu gefallen.«[325]

Das neue Leitmedium etablierte sich, als Benjamin Britten und Dmitrij Schostakowitsch Anfang bis Mitte zwanzig waren. Für sie bot es Informationen, Verbreitungsmöglichkeiten und Freiheit. Noch zu Beginn der 1970er-Jahre hörte Schostakowitsch regelmäßig den ›BBC Russian Service‹. Der Komponist Weniamin Basner berichtete, dass er in der Künstlerkolonie in Repino im Haus mit der Nummer 20 oft zusammen mit dem Kollegen den ausländischen Sender verfolgte, dessen Programme immer ab 13:45 Uhr übertragen wurden: »Dmitrij Dmitriewitsch ließ es nur seinen engsten Freundeskreis wissen, dass er die BBC hörte. Mich fesselte immer ein Detail, das typisch war für seine Förmlichkeit: Nach dem Zuhören achtete er stets darauf, dass er die Sender auf die Wellenlänge von Radio Moskau zurückstellte – nur für alle Fälle, falls jemand sich die Mühe machen sollte, es zu überprüfen.«[326]

Fünf Tage bevor am 18. März 1936 um 20 Uhr die landesweite Übertragung der englisch gesungenen *Lady Macbeth* begann, trat Britten erstmals für die BBC auf. Trotz aller Anspannungen bei den Proben »fällt die ganze Nervosität von mir ab«, berichtete Britten, sobald das rote Licht angeht und die Sendung beginnt.[327] In dem ausgewählten Programm positionierte er seine Leistungen neben denen eines der anderen großen Komponisten mit B: Zusammen mit Antonio Brosa spielte Britten eine Beethoven-Sonate und präsentierte seine eigene Suite für Violine und Klavier op. 6. Bereits zuvor war Musik von Britten gesendet worden. Im Februar und August 1933 übertrug die BBC das *Phantasy Quartet* für Oboe und Streichtrio op. 2 und im Februar 1934 das Chorstück *A Boy was born* op. 3. Da Rundfunkanstalten bis zu einem gewissen Grad nicht auf eine gefällige Programmgestaltung angewiesen waren, um Konzertsäle zu füllen, bot sich ihnen die Möglichkeit, eine unvorbereitete Hörerschaft mit der Musik von zeitgenössischen Komponisten vertraut zu machen. Dementsprechend sorgte in Großbritannien die BBC für die Verbreitung der Musik noch lebender Künstler, was Schostakowitsch und Britten zugutekam. Wenige Tage nach den Premieren von Schostakowitschs zweiter Oper in Leningrad und Moskau konnte der Engländer Ende Januar 1934 bei einer Rundfunksendung eine Orchestersuite aus der Oper *Die Nase* seinem Erfahrungsschatz hinzufügen. »Sehr unterhaltsam & anregend«, notierte er im Tagebuch, »aber ich wäre nicht überrascht, das Stück eintönig & konventionell zu finden, wenn man den ganzen Glitzerglanz weglässt.« Äußerst kreativ war er noch bei der Schreibweise des Namens, der hier noch »Shoshtakovitch« lautete,[328] während er später zu »Shostakowitch«,[329] »Shostakovitch«[330] und dem später im Englischen gängigen »Shostakovich« überging. Schostakowitschs Musik zu dem Ballett *Das Goldene Zeitalter* erschien in England auf Schallplatte – ein weiterer Versuch, die Kultur des neuen Staats im Osten dem Klassenfeind näher zu bringen.

Im Vorfeld der britischen Erstaufführung der *Lady Macbeth* stellte der Chefdirigent des BBC Symphony Orchestra, Adrian Boult, in der Londoner Queen's Hall am 14. März 1934 jene Oper vor, deren formaler Aufbau Schostakowitsch nachhaltig beeinflusst hatte: *Wozzeck* von Alban Berg. Der Österreicher verfolgte die Rundfunkübertragung, und seine einzige Kritik in einem Brief an den Dirigenten bestand darin, dass er beklagte, dass es bloß eine einzige Aufführung gab. Als nur 21 Monate später die Nachricht eintraf, Alban Berg sei unerwartet an den Folgen einer Blutvergiftung gestorben, zeigten sich viele schwer erschüttert. »Ich glaube, es ist eine echte & schreckliche Tragödie«, schrieb Britten kurz nach Weihnachten 1935 in einem Brief. »Die echten Musiker sind rar, nicht wahr? Abgesehen von den Bergs, Strawinskijs, Schönbergs & Bridges fallen einem kaum Namen ein … Schostakowitsch – vielleicht – möglicherweise.«[331]

Bei der konzertanten Aufführung von *Lady Macbeth von Mzensk* in der Londoner Queen's Hall war Britten persönlich zugegen. Die neue Oper über eine mehrfache Mörderin war in einem ganzseitigen Artikel in der *Radio Times* mit zwei Szenenfotos aus den Moskauer Aufführungen als »Grim Masterpiece of Russian Realism« angekündigt worden. Das »düstere Meisterwerk« habe sich als »die bedeutendste russische Oper seit der Revolution etabliert«, hieß es.[332] In der Titelrolle trat Oda Slobodskaja auf, eine russische Sopranistin, die Schostakowitsch höchstwahrscheinlich noch als Jugendlicher im Mariinskij-Theater gehört hatte. Sie war 1921 in den Westen emigriert und ließ sich in den 1930er-Jahren in England nieder. Sie brillierte vor allem mit russischen Werken und nahm sogar die *Sechs Spanischen Lieder* op. 100 von Schostakowitsch für die Schallplatte auf. Als Dirigent bei dem konzertanten Opernabend stand ihr Albert Coates zur Seite, der als Sohn englischer Eltern in Sankt Petersburg zur Welt kam und aufwuchs. Er verließ Russland 1919, blieb aber den Werken russischer Komponisten treu, die er immer wieder bei seiner abwechslungsreichen Karriere in Westeuropa auf den Spielplan setzte. Britten fand Albert Coates' Dirigat des Sinfonieorchesters der BBC »kompetent (insofern als das Ensemble gut war)«, aber »geistlos hinsichtlich der Wahl der Tempi«. Von den Protagonisten war Britten sehr angetan, denn die »Slobodskaja singt schön als Katerina«; den Rest schätzte er als »passabel« ein;[333] wahrscheinlich hatte damals der Darsteller des zweiten Vorarbeiters noch keinen besonderen Eindruck hinterlassen: es war nämlich Peter Pears, sein späterer Lebensgefährte.

Einen Monat nach der Aufführung erschien in den *World Film News* ein Artikel von Britten, in dem er von den seiner Ansicht nach »beiden bedeutendsten Ereignissen der BBC-Konzertprogramme in dieser Saison« berichtete: Den Aufführungen von Strawinskijs *Oedipus Rex* im Februar und Schostakowitschs *Lady Macbeth* im März. Für Britten standen beide Werke an entgegengesetzten Enden einer breiten Skala an Ausdrucksmöglichkeiten: Das Werk des Mannes, der seit 1920 im Westen lebte, demonstriere »ein bemerkenswertes Gespür für Stil, indem aus jeder Musikepoche Eingebungen gewonnen und dadurch dem Ganzen eine vollkommene Gestalt verliehen wird, die allen ästhetischen und emotionalen Ansprüchen genügt«. Doch »ein tiefer Gegensatz zu dieser Methode« zeige sich in dem Werk des Vertreters der »Schule junger sowjetischer Komponisten«, der Oper *Lady Macbeth von Mzensk*: »Hier ist die Musik das schreckliche sadistische Drama selbst, und nur in den bemerkenswerten Orchesterzwischenspielen gibt Schostakowitsch unparteiische Kommentare zu den vorangegangenen grausamen Geschehnissen auf der Bühne ab.«[334] Britten fiel das Verfassen von Rezensionen schwer. Abgesehen von seinen orthographischen

Eigenheiten – so notierte er im Tagebuch, er habe sich bei Boosey »eine Partitur von *Lady MacBeth* ausgeliehen«[335] – stöhnte er bei einem Eintrag vom 15. Februar 1936, das Schreiben von Pressebeiträgen sei »ein Fluch & ich finde es ungemein schwierig, mich in einer angemessenen Sprache auszudrücken. Die Ergebnisse sind miserabel, aber es bleibt einem wenig Zeit zum Nachdenken & der Text muss schon an diesem Nachmittag telegraphiert werden.«[336] In Brittens Entwurf zu dieser Publikation finden sich unter anderem Passagen zu den Lebensumständen der beiden Komponisten, die in der veröffentlichten Fassung entfielen, aber ein bezeichnendes Licht auf Brittens Haltung zu dieser Zeit werfen: Mit den Aufführungen von *Oedipus Rex* und *Lady Macbeth* seien konzertante Aufführungen zu erleben von »Werken, die für das Theater gedacht sind«: »Beide stammen von in Russland geborenen Komponisten, bilden aber einen interessanten Kontrast. Das eine ist das Werk einer allseits gefeierten Persönlichkeit, die ihr Publikum mit ihren letzten Werken anscheinend enttäuscht hat; das andere stammt von einem jungen Mann mit stetig wachsender Reputation, der jedoch momentan eher eine Kultfigur unter den Intellektuellen ist als ein Komponist, der dem breiten Publikum etwas bedeutet. Der eine ging aus dem Russland vor der Revolution hervor – jetzt lebt er in Frankreich; der andere ist ein Mitglied des sowjetischen Systems, das unter den gegenwärtigen Bedingungen lebt und sie genießt.«[337]

Britten verwendete im Originaltext zwar den Begriff »member of the Soviet regime«, doch deutet nichts darauf hin, dass er dieses gemäß seiner politischen Haltung und seinem damaligen Kenntnisstand negativ sah. Den englischen Begriff »regime« dürfte er hier vielmehr im Sinne der lexikalischen Bedeutung als »a social system or order« gesehen haben. Auch Beethoven hatte ja einst eine hohe Meinung von Napoléon Bonaparte und erwog sogar, selbst nach Paris zu ziehen, weil dort die Künste nachhaltig vom Staat gefördert wurden. Vielen westlichen Intellektuellen galt die Sowjetunion als ein antikapitalistisches, kulturoffenes Land der unbegrenzten Möglichkeiten.

Im Frühjahr 1936 sah man in Großbritannien Schostakowitsch noch am Beginn einer vielversprechenden Opernkarriere. Zwar sei die Protagonistin der Oper, Katerina Ismajlowa, »weniger eine Lady Macbeth als vielmehr eine Emma Bovary«, hieß es im Vorbericht der *Radio Times*, aber »Schostakowitsch plant schon seit langem eine Serie von vier Opern, welche die sozialen Bedingungen von Frauen in Russland zu verschiedenen Epochen beleuchten«. Und mit einer gewissen Erwartungsfreude erläuterte der Berichterstatter das Projekt: »*Lady Macbeth von Mzensk* wurde gegen Ende 1932 fertiggestellt, aber der Rest der Tetralogie ist noch nicht geschrieben. Die zweite Oper wird in den 1860er-Jahren spielen, jener kurzen Periode politischer Reformen, als russische Frauen plötzlich ihre Haare stutzten, rauchten und anfingen, über Politik zu reden, während die dritte und vierte sich mit der Revolutionszeit bzw. der Gegenwart auseinandersetzen.«[338] Zu dieser russischen Tetralogie sollte es jedoch nicht kommen. Was die Briten gerade erst als Werk einer neuen Ära für sich entdeckten, bereitete Schostakowitsch zur gleichen Zeit existenzielle Probleme. Dabei hatten die 1930er-Jahre für ihn verheißungsvoll begonnen.

*

»Gegenwärtig empfinde ich mit Seele und Körper mein bescheidenes Glück. Nina Wasiljewna ist ein solches siebentes (oder) achtes Weltwunder, dass es sich kaum beschreiben lässt«, notierte Schostakowitsch über die drei Jahre jüngere Mathematik- und Physikstudentin Nina Warsar, die er im Sommer 1927 kennengelernt hatte. Als jüngstes von drei Kindern einer Gelehrtenfamilie – die Mutter war Astronomin, der Vater Jurist – hatte Nina ebenfalls polnischstämmige Vorfahren; darunter sogar Jarosław Dąbrowski, einen namhaften Streiter der Unabhängigkeitsbewegung in den 1860er-Jahren, dem Schostakowitschs Großvater seinerzeit zur Flucht nach Frankreich verholfen hatte, wo er im Mai 1871 als General der Pariser Kommune bei Barrikadenkämpfen am Montmartre ums Leben kam. Der einstige Widerstandskämpfer gegen das russische Reich mutierte dadurch zur Heldenfigur eines Vorläufers der Diktatur des Proletariats und der Rätedemokratie. Dementsprechend nannte man im Spanischen Bürgerkrieg einen Teil der XI. Internationalen Brigade für die Republik das Jarosław-Dąbrowski-Bataillon. Dmitrij und Nina heirateten am 13. Mai 1932. In Schostakowitschs längster Beziehung, aus der zwei Kinder, Galina und Maksim, hervorgingen, führten sie 22 Jahre lang eine offene Ehe, so wie auch Britten und Pears ihre Beziehung je nach Bedarf und sich bietenden Gelegenheiten flexibel gestalteten. Als Schostakowitsch es 1935 bei einer Leidenschaft für eine junge Sängerin zu weit trieb, demonstrierte ihm Nina ihr Selbstbewusstsein, indem sie die Scheidung einreichte. Wenige Monate später raufte sich das Paar wieder zusammen und Schostakowitsch schrieb an Sollertinskij: »Von einer Scheidung von Nina ist nun nicht mehr die Rede«, denn »ich habe jetzt erkannt und begriffen, was für eine bemerkenswerte Frau sie ist und wieviel sie mir bedeutet«.[339] Die gemeinsamen Kinder festigten die Beziehung und Nina nahm nach der Versöhnung schließlich auch den Namen ihres Mannes an. Für die Öffentlichkeit stand sie nicht so im Mittelpunkt wie Pears an der Seite von Britten: Ungeachtet ihrer Musikalität konnte sie sich nicht als professionelle Interpretin für die Werke ihres Partners einsetzen. Nina Warsar leistete vielmehr Entscheidendes im Hintergrund. Neben ihrer

Arbeit und der Versorgung der Kinder hielt die Physikerin Schostakowitsch beim Komponieren den Rücken frei, indem sie Anrufer vertröstete oder abwimmelte, die Terminplanung organisierte sowie lästigen Besuchern unmissverständlich zu verstehen gab, dass sie sich nicht weiter um ein Treffen mit Dmitrij Dmitriewitsch bemühen müssten, dem es schwerfiel, »Nein« zu sagen. Bei vielen galt sie als rüde, bestimmend und schroff, aber sie wusste, was gut für ihren Mann war. Als dieser bei einem Urlaub auf der Krim während einer schaukeligen Bootstour keine Begeisterung für die Landschaft aufbrachte und ohne Arbeit dem fernen Leningrad hinterhertrauerte, verriet Nina einer Freundin: »Es ist unbedingt erforderlich, dass er etwas Erholung bekommt. Und auch wenn er sich langweilt, ruht er sich aus.«[340] Ihr Sinn für Pragmatismus verbunden mit Lebensfreude und gesundem Menschenverstand war notwendig für den Künstler. Nina lachte viel und galt als lebhaft, aber launisch. Neben der jungen Frau, die gerne Sport trieb, tanzte und sich in Gesellschaft ungezwungen gab, wirkte Schostakowitsch mürrisch und zurückgezogen. Britten eignete seinem Lebenspartner sinistre Werke zu, wie die *Holy Sonnets of John Donne* – »For Peter« – und zusammen mit Kathleen Ferrier das *Canticle II,* bevor er erst seine letzte Oper mit dem Vermerk »To Peter« versah. Schostakowitsch widmete Nina zu Lebzeiten seinen Liederzyklus Opus 21, das Lied »Unter den verschneiten Feldern« aus den *Sechs Romanzen nach Versen englischer Dichter* op. 62 und seine zweite Oper.

Mit *Lady Macbeth von Mzensk* wollte er sich seinem Land als gereifter Künstler vorstellen, der zudem bereit war, Verantwortung zu übernehmen. Am 20. Oktober 1931 veröffentlichte Schostakowitsch in dem Magazin *Arbeiter und Theater* eine »Erklärung über die Pflichten eines Komponisten«. Während er die meisten seiner bisherigen Werke für das Theater und das Kino als »Gebrauchsmusik« abtat, entwickelte er zugleich Konzepte für eine Musik von »eigenständiger Bedeutung«. »Das einzige Werk, das meiner Meinung nach ›einen Platz‹ in der sowjetischen Musikgeschichte einnehmen könnte, ist die Sinfonie ›Der 1. Mai‹, ungeachtet aller ihrer Schwächen«, schrieb Schostakowitsch und machte zugleich einen Führungsanspruch deutlich, indem er betonte, es sei kein Geheimnis, dass sich »die musikalische Front am 14. Jahrestag der Oktoberrevolution in einem katastrophalen Zustand« befinde. Dafür seien die Musiker selbst verantwortlich, denn die »allgemeine Flucht der Komponisten zum Theater« habe in erster Linie negative Folgen. »Das Niveau der Theaterorchester ist nicht befriedigend; der Komponist aber muss sogar seine gelungenen Ideen diesen schwachen Orchestern anvertrauen, und infolgedessen klingt die Musik armselig und schlecht«, klagte Schostakowitsch, zudem seien die »Arbeitsmethoden in allen Schauspieltheatern und Tonfilmkinos unerträglich schematisiert«, ja, »die Unvollkommenheit der Aufnahmemöglichkeiten beim Film« mache letzten Endes »sogar die Arbeit eines hervorragenden Orchesters und Komponisten zunichte«.[341] Es sei »gegenüber der Partei und der Herrschaft der Arbeiterklasse unehrlich, der Musik eine derart untergeordnete Rolle zuzuweisen und sie nach dem Geschmack oft schlechter und schändlicher Theater zu schreiben«, bei denen »standardisierte Kunstgriffe« angewandt werden müssen wie beispielsweise »ein Paukenschlag beim Auftritt eines neuen Helden, ein ›forscher‹ Tanz des positiven Helden, ein Foxtrott zur Illustrierung der ›Verderbnis‹ und ein Finale, das immer positiv klingen muss«.[342] Dann schickte er sich an, die Produktionsbedingungen seiner gescholtenen Oper *Die Nase* in ein besseres Licht zu rücken, denn »das Theater sollte nur fertige Werke annehmen (oder ablehnen) und nur Opern oder Ballette inszenieren, die in einer völlig ausgearbeiteten Fassung angeboten werden«. So verhielt es sich mit der Gogol-Vertonung: »Dieses Werk schrieb ich unabhängig vom Theater, und es entstand ein Stück, das berechtigterweise den Anspruch erheben kann, als ›große Kunst‹ bezeichnet zu werden.« Dadurch entstand eine Oper, bei der die Gesetzmäßigkeiten des Dramas und der Musik im Vordergrund standen, »und dem Theater, das über ein ausgezeichnetes Ensemble verfügte, gelang eine hervorragende Aufführung«. Zusammenfassend betonte Schostakowitsch: »Ich bin dafür, der Musik eine erstrangige Rolle im Theater zuzusprechen! Weg mit der fehlenden kompositorischen Verantwortung! Auf Distanz zum Schauspieltheater und zum Tonfilm!«[343]

Die zu erwartende scharfe Kritik ließ nicht lange auf sich warten. Er schreibe sein eigenes Versagen einer angeblichen Fehlentwicklung im sowjetischen Kulturbetrieb zu, hieß es, er mache andere verantwortlich für seine eigene künstlerische Krise, in die er nach formalistischem Herumexperimentieren mit Werken wie *Die Nase* geraten sei. Auf diese Weise »hüllt man sich nur in die Toga stolzer Abgeschiedenheit, indem man erklärt, es sei nur durch die Isolation von den Sphären künstlerischen Schaffens möglich, das prachtvolle Gebäude der musikalischen Zukunft zu errichten«[344] – doch damit widersetze sich Schostakowitsch den sozialistischen Prinzipien des kollektiven Zusammenwirkens! Allerdings sträubte er sich keineswegs gegen das große Ganze, sondern gegen Reglementierungen und zu eng gezogene Grenzen. Schostakowitsch kündigte sogar eine Sinfonie an, die Karl Marx gewidmet sein sollte, und merkte nicht, wie sich das kulturelle und politische Klima allmählich wandelte. Kollegial reiste er im April 1932 mit fünf anderen Komponisten als Leningrader Delegation zu einer zweitägigen Konferenz nach Moskau, die der Volkskommissar für Kultur, Andrej Sergeewitsch Bubnow, organisiert hatte. Zusammen mit anderen Rednern äußerte Schostakowitsch sich weiterhin kritisch über den Zustand des sowjetischen Musiklebens. Noch während der Tagung veröffentlichte die KPdSU einen Beschluss über die »Neustrukturierung von literarisch-künstlerischen Organisationen«. Man habe erkannt, dass die Vorgaben im »Rahmen der vorhandenen proletarischen Literatur- und Kunstorganisationen (VOAPP, RAPP, RAPM u. a.) zu eng« seien; dies »hemmt die ernsthafte Verbesserung des künstlerischen Schaffens«. Doch zur Entfaltung der Kultur sei es erforderlich, »die sowjetischen Schriftsteller und Künstler möglichst umfassend für die Aufgaben des sozialistischen Aufbaus zu mobilisieren«. Um die »politischen Gegenwartsaufgaben« zu meistern, sei es wesentlich, die »bedeutenden Schriftsteller- und Künstlergruppen, die mit dem Aufbau des Sozialismus sympathisieren«, zusammenzubringen.[345] Fortan sollten alle sowjetischen Schriftsteller, Komponisten und bildenden Künstler in eigenen Verbänden wirken. Die Regierung selbst schien den alten Vorstellungen von ›proletarischer Kunst‹ mit ihren Massengesängen und Märschen, ihrer Kolchosenkultur und Klischeelastigkeit abzuschwören, und sich anspruchsvolleren Werken im Bereich der Sinfonik, Oper und Kammermusik zuzuwenden. Schostakowitsch votierte dafür, so rasch wie möglich einen »Verband sowjetischer Komponisten« ins Leben zu rufen. Als im August 1932 die Zweigstelle in Leningrad aufgebaut wurde, ließ er sich in den Vorstand wählen, um an vorderster Front die weitere Entwicklung mitzugestalten. In jener Phase entwickelte er seine Überlegungen zu einem Zyklus über Frauen in Russland und der Sowjetunion, von dem sogar in der *Radio Times* erwartungsvoll berichtet wurde. Jedoch blieb die Oper *Lady Macbeth von Mzensk* letztlich sein einziger Beitrag dazu – ein Werk, das ihn unabhängig von einem Theater oder einer bereits anvisierten Inszenierung schon seit Herbst 1930 beschäftigte. Boris Asafjew, der Schostakowitsch für einen »außerordentlich begabten Komponisten« hielt,[346] regte an, sich eingehender mit der gleichnamigen Erzählung von Nikolaj Leskow zu beschäftigen. Die zweijährige Entstehungszeit des Werkes legt nahe, dass sich Schostakowitsch nach der Kritik an seinem Erstling *Die Nase* nun näher mit grundsätzlichen Überlegungen zu seinem zukünftigen Opernschaffen auseinandersetzte. Im Gegensatz zu *Die Nase* gestaltete er seine *Lady Macbeth von Mzensk* melodischer. »Das musikalische Material der *Lady Macbeth* unterscheidet sich deutlich von meiner vorangegangenen Arbeit auf dem Gebiet der Oper, der *Nase*«, betonte der Komponist. »Es ist meine tiefe Überzeugung, dass in einer Oper gesungen werden muss. Und alle Vokalpartien in der *Lady Macbeth* sind sanglich, kantilenenhaft.«[347] Dennoch wollte die Theaterleitung zur Uraufführung im Januar 1934 den Gehalt des neuen Stücks noch durch ein für die damalige Zeit ungewöhnlich umfangreiches Programmheft vermitteln. In seinem darin enthaltenen Artikel bezeichnete Schostakowitsch Leskow als einen »herausragenden Vertreter der vorrevolutionären Literatur«. Durch seinen dokumentarischen Stil passte Leskow gut zu den Idealen des ›Sozialistischen Realismus‹. Doch von einer ›Revolution‹ konnte der Schriftsteller seinerzeit noch nichts ahnen; in der Mitte des 19. Jahrhunderts entstand die Novelle noch vor einem anderen Hintergrund: Indem sie im Titel als »Lady Macbeth des Mzensker Kreises« bezeichnet wird, gestaltete sie Leskow 1865 als bewussten Gegenentwurf zu der 16 Jahre zuvor herausgekommenen Erzählung »Hamlet aus dem Kreise Schtschigrij« von Turgenew. Den schlaffen, herumlavierenden Protagonisten der russischen Literatur des 19. Jahrhunderts stellte er eine lebenshungrige, lustbetonte und zur Tat entschlossene Frauenfigur zur Seite. Katerina, wie sie bei Leskow heißt, erduldet nicht mehr klaglos ihre kinderlose Ehe mit einem dreißig Jahre älteren, reichen Kaufmann – sie vergiftet den tyrannischen Schwiegervater und beginnt eine Affäre mit einem jungen Hausknecht, mit dem zusammen sie ihren Mann und dessen minderjährigen Neffen umbringt, um an das Erbe zu gelangen. Selbst als Katerina später Selbstmord begeht, reißt sie noch jemand anderen mit in den Tod. »Bei uns trifft man bisweilen Menschen, an die man niemals ohne innere Bewegung denkt, auch wenn schon viele Jahre seit der Begegnung mit ihnen vergangen sind«, leitete Leskow seine fast nüchterne Darstellung der Geschehnisse ein, die 1922 auch in englischer Sprache veröffentlicht wurde. »Zu diesen Menschen gehört die Kaufmannsfrau Katerina Lwowna Ismajlowa, die nach ihrer Verstrickung in ein schreckliches Drama von unseren Adligen kurzerhand die Lady Macbeth des Mzensker Kreises genannt wurde.«[348] In der Region, in der sie lebte, dominierten die Atmosphäre der unangenehmsten Form von Gogols Poschlost und Sologubs Peredonowschtschina.

Schostakowitschs Darstellung der Geschichte ist nicht die eines neutralen Beobachters. Ihn interessierte nach eigenem Bekunden das Los »einer begabten, klugen und überdurchschnittlichen Frau, die unter den bedrückenden Bedingungen des vorrevolutionären Russlands zugrunde geht«.[349] Der führende Künstler der jungen sowjetischen Komponistenriege berief sich kurz vor Fertigstellung der Oper auf den repräsentativsten Literaten der UdSSR, Maksim Gorkij. »Man muss lernen«, zitiert Schostakowitsch den Autor sinngemäß aus seiner Dankesansprache anlässlich seines vierzigjährigen Schriftstellerjubiläums am 25. September 1932. »Man muss sein Land und dessen Vergangenheit, Gegenwart und Zukunft kennenlernen.«[350] Allerdings handelte es sich bei Leskows Text keineswegs um eine historische Darstellung, sondern um einen literarischen Text, zu dem er durch Vorfälle während seiner Zeit als Assistent beim Kriminalgericht angeregt worden war. Die Erzählung von Leskow, fuhr Schostakowitsch fort, »entspricht dieser Forderung von Maksim Gorkij in einem Maße, wie es besser nicht sein könnte«, und er resümierte: »Sie ist eine ungewöhnlich eindrucksvolle Darstellung einer der dunklen Epochen des vorrevolutionären Russlands.«[351] Doch hier verknüpfte Schostakowitsch eine kulturhistorisch bedeutsame Formulierung mit einem Werk, zu dem sie nur bedingt passt. Für das erste Stück seiner Trilogie russischer Frauen wäre Katerina Kabanowa aus Aleksandr Ostrowskijs 1859 uraufgeführtem Schauspiel *Das Gewitter* – die ebenfalls an den Verhältnissen zugrunde geht, aber nicht zur Verbrecherin wird – viel geeigneter gewesen.[352] Schostakowitsch betonte jedoch im Januar 1934, dass für ihn »kein anderes Werk in der russischen Literatur« als Leskows Erzählung »die Stellung der Frau in der alten Zeit vor der Revolution lebendiger und ausdrucksvoller charakterisiert«.[353] Doch es galt, den Bericht der brutalen Mordserie mit den aktuellen Prinzipien des Sowjetstaats in Einklang zu bringen, denn, so der Komponist, Leskow habe »die Geschehnisse, die er in seiner Geschichte schildert, nicht korrekt interpretiert«.[354] Anstatt sich an Ostrowskijs Opferfigur zu halten, zog Schostakowitsch es nach eigenem Bekunden vor, Leskows Täterin »zu rechtfertigen, damit sie die Zuschauer als positiver Charakter beeindruckt«.[355] Um die ›Lady Macbeth‹ des Mzensker Kreises entsprechend umzugestalten, verlieh ihr Schostakowitsch Züge von Ostrowskijs Katja Kabanowa, um die Taten einer dreifachen Mörderin ebenfalls zu einem »Lichtstrahl im Reich der Finsternis«[356] umzuformen. Damit verwies er unmittelbar auf die Tradition »vorrevolutionärer« Denker, die einen Realismus in Literatur und Drama inspirierten, der nicht den westlichen Theorien folgte, sondern an russische Kulturkritiker des 19. Jahrhunderts wie Wissarion Grigorjewitsch Belinskij und Nikolaj Aleksandrowitsch Dobroljubow anknüpfte. Belinskij propagierte »die Wiedergabe der Wirklichkeit in ihrer ganzen Wahrheit«[357] und stellt die »natürliche Schule«, als deren Hauptvertreter Gogol galt, über die »rhetorische«, jene ästhetisierende Richtung der russischen Literatur, die sich nicht engagiere, sondern als ein Produkt des zu abstrakten Spekulationen neigenden deutschen Geistes auf reines Wohlgefallen abziele. Das Anliegen, der Gesellschaft durch die Kunst zu helfen, sich ihrer selbst bewusst zu werden, wurde von Belinskijs Schüler Dobroljubow noch viel radikaler vertreten und dementsprechend stilisierte man ihn in der Sowjetunion zu einem vorrevolutionären »radikalen Demokraten«. Bereits 1859 charakterisierte Dobroljubow anhand einer zweibändigen Ausgabe der Dramen Aleksandr Ostrowskijs das geschilderte Milieu der russischen Mittelschicht als das »Reich der Finsternis«: Aus der dumpfen Stagnation der zaristischen Gesellschaft gebe es keinen Ausweg. »Nicht abstrakte Ideen und allgemeine Prinzipien interessieren den Künstler, sondern lebendige Bilder, in denen eine Idee erscheint«, postulierte Dobroljubow. »In diesen Bildern kann der Dichter – sogar ohne es zu merken – ihren inneren Sinn bei weitem früher einfangen und ausdrücken, als er ihn mit dem Verstand bestimmt.«[358] Dadurch enthüllen sich unverrückbare Gewissheiten. Mit dem als Losung ausgegebenen Namen правда, ›Wahrheit‹, hatte der von Schostakowitsch in der 2. Sinfonie besungene Lenin die Tageszeitung seiner Partei *Prawda* getauft: Wie bei den führenden russischen Denkern ging es darum, alles Wahre zu erkennen und darzustellen, ja, buchstäblich Licht in das von Dobroljubow Mitte des 19. Jahrhunderts dargestellte »Reich der Finsternis« zu bringen. Bezeichnenderweise lautet für die Epoche der ›Aufklärung‹ bzw. ›aufklären‹ der russische Begriff просвещение (prosweschtschenie), was wörtlich soviel wie ›Durchlichtung‹ bedeutet. Pikanterweise wurde diese Terminologie übernommen, als man für Lunatscharskij 1917 das ›Volkskommissariat für Bildungswesen‹ einrichtete, dessen originale Bezeichnung Народный комиссариат просвещения (Narodnij Kommissariat Prosweschtschenija) auf eine Institution für die Aufklärung des Volkes verweist. Eine aufgeklärte, ›erleuchtete‹ Frau war auch Ostrowskijs Katerina Kabanowa. Ihren Ausbruch aus dem Gefängnis ihrer Ehe verstand man als spontane Rebellion gegen die Unterdrückung durch die Vertreter des »finsteren Reichs«. »Sie kämpft um ein neues Leben, wenn sie auch in diesem Kampfe sterben müsste«, analysierte Dobroljubow. »Sie lehnt sich gegen die rückständigen Meinungen auf, geleitet einzig und allein von der Stärke ihres Gefühls, von dem instinktiven Bewusstsein ihres direkten, unveräußerlichen Rechts auf Leben, Glück und Liebe.«[359] Verglichen damit sind sechs Jahre später hingegen die Taten von Leskows Katerina Ismajlowa berechnende, geplante Morde und alles andere als ein »Lichtstrahl im Reich der Finsternis«. In seiner Opernversion protokolliert Schostakowitsch nicht wie einst Leskow die Verbrechen, sondern idealisiert sie – seine Protagonistin bringt im vollen Besitz ihrer geistigen Kräfte mehrere Menschen um und wird dennoch zum Opfer stilisiert. »Obwohl Katerina Lwowna die Mörderin ihres Mannes und ihres Schwiegervaters ist, habe ich Sympathie für sie«, bekannte Schostakowitsch, wobei er eine weitere Tat vorerst wohlweislich nicht erwähnte. Spricht Leskow nach dem dritten Mord noch vom »sündenbeladenen Haus«, in dem seine Katerina lebt, so sind die Schuldigen bei Schostakowitsch die Anderen. Dabei behauptete er, das zusammen mit Aleksandr Germanowitsch Preis erstellte Libretto »folgt fast vollständig Leskow«, bevor er einräumt: »ausgenommen den 3. Akt, der sich zugunsten eines stärker ausgeprägten sozialen Gehalts ein wenig von Leskow unterscheidet; eingefügt wurde eine Szene auf der Polizei, weggelassen die Ermordung des Neffen der Katerina Lwowna.«[360] Dieser ›stärker ausgeprägte soziale Gehalt‹ war ganz im Sinne des vorherrschenden bolschewistischen Weltbilds. »Leskow war nicht in der Lage, die Ereignisse, die sich in der Geschichte zutragen, richtig zu deuten«, schrieb Schostakowitsch 1934 im Vorwort zum Libretto. »Meine Rolle als sowjetischer Komponist besteht darin, die Kraft der Leskow'schen Erzählung zu bewahren und mir einen kritischen Zugang anzueignen, um diese Geschehnisse vom sowjetischen Standpunkt aus zu deuten.«[361] Die Umgestaltung der Vorlage von Leskow umnebelte Schostakowitsch mit einer vielseitig auslegbaren Wendung. »Die Oper geht bei mir tragisch aus. Ich würde sagen, man kann *Lady Macbeth* eine tragisch-satirische Oper nennen«, erläuterte er und vermittelte dabei den Eindruck, Ironie und Satire seien probate Mittel, um im Klassenkampf den Gegner bloßzustellen: »Ich war bemüht, den ganzen sie umgebenden Lebensverhältnissen einen finster-satirischen Charakter zu geben. Das Wort ›satirisch‹ verstehe ich durchaus nicht im Sinne von ›lächerlich, spöttisch‹. Im Gegenteil: in der *Lady Macbeth* habe ich mich bemüht, eine Oper zu schaffen, die eine entlarvende Satire ist, die Masken herunterreißt und dazu zwingt, die ganze schreckliche Willkür und das Beleidigende des Kaufmannsmilieus zu hassen.«[362]

An den Vorbereitungen zur ersten Inszenierung arbeitete mit Smolich, Dmitriew und Samosud das gleiche Team von Regisseur, Bühnenbildner und Dirigent zusammen, das bereits Schostakowitschs Gogol-Vertonung herausgebracht hatte. Und so bescherte die Uraufführung am 22. Januar 1934 im Leningrader Malij-Theater allen einen gewaltigen Erfolg. Zwei Tage später ging die neue Oper im Moskauer Nemirowitsch-Dantschenko-Theater unter dem alternativen Titel *Katerina Ismajlowa* über die Bühne. In der Schaltzentrale des bolschewistischen Macht- und Ideologieapparats wäre für Schostakowitschs Deutung ein Titelbezug auf die unrühmliche ›Lady Macbeth‹ unpassend gewesen. Regie führte Wladimir Iwanowitsch Nemirowitsch-Dantschenko höchstpersönlich, der zusammen mit Stanislawskij 1897 das Moskauer Künstlertheater gegründet, das Libretto zu Rachmaninows Oper *Aleko* geschrieben und etliche Tschechow-Dramen herausgebracht hatte. Die nicht minder erfolgreiche Moskauer Inszenierung wurde sogar als Teil einer ›Produktionskampagne‹ zum 17. Parteikongress angekündigt, als Pendant zu den ›Produktionsquoten‹ der Arbeiter in den Kohleminen. Schostakowitsch äußerte sich offiziell zufrieden mit beiden Ansätzen zu der Oper. Insgeheim gestand er jedoch, dass er die Leningrader Aufführung bevorzuge, da sie »das Publikum erreicht« und »durchgehend die Spannung und das Interesse aufrechterhält und dabei Sympathie für Katerina weckt«.[363]

Dieses Mitgefühl für die Titelfigur vermitteln in erster Linie drei der fünf orchestralen Zwischenspiele. Sie bilden den emotionalen Resonanzraum für ihre seelischen Spannungen durch Enttäuschungen, Demütigungen, Verlockungen und Begierden. Das düstere erste

Interludium illustriert Katerinas Befindlichkeit, nachdem ihr Schwiegervater sie genötigt hat, bei der Abreise ihres Mannes vor einer Ikone Treue zu ihrem Gemahl zu schwören. Das lebhafte zweite Zwischenspiel mag man als die Erregung der jungen Frau nach einer ersten Begegnung mit ihrem späteren Liebhaber verstehen. Mehr als drei Mal so lang wie die jeweils etwa zweiminütigen anderen Interludien ist die Passacaglia, die erklingt, nachdem Katerina ihren Schwiegervater mit Pilzen vergiftet hat und bevor sie mit ihrem Liebhaber ihren Gatten umbringt. Die Musik ist sinister und beschwört bedrohlich sowohl das »Reich der Finsternis« herauf als auch das Verhängnisvolle jener Kette von Verbrechen, die nötig erscheinen, um es zu beseitigen. Alles vereint mit der Passacaglia, bei der es sich ursprünglich um einen Tanz aus der Barockzeit handelte, der im 20. Jahrhundert eine wahre Renaissance erlebte. Durch den getragenen Charakter eignete sich diese Form, die Wiederholungstäterin mit einem ›Danse macabre‹ zu illustrieren – völlig unabhängig von Schostakowitsch sinnierte Hugo Distler im Vorwort zu seiner gleichzeitig entstandenen Motette *Totentanz* auch davon: »wie anders wäre sonst darstellbar jener gespenstische Reigen, jene ›Passacaglia‹ im wahrsten Sinne des Wortes«.[364] Als eine Variationsform in einem Dreiermetrum ist die Passacaglia eine nahe Verwandte der Chaconne, die Benjamin Britten gerne verwendete. »Ich glaube, es ist in der englischen Musik eine gute Form für uns«, erläuterte Britten auf Deutsch in einem Rundfunkinterview. »Purcell hat so wunderschöne Variationen für uns geschrieben, es ist oft in Chaconne-Form, aber es liegt vielleicht in unserem Blut, kann man sagen.«[365] Die eher melancholische Passacaglia steht zumeist in Moll, wohingegen die frühbarocke italienische Ciaccona eher ein munteres Ostinato in Dur war. Für sein bei einem Konzert zum 250. Todestag von Henry Purcell erstmals gegebenen zweiten Streichquartett fügte Britten als dritten Satz eine »Chacony: sostenuto« ein und lieferte seine umfangreichste Auseinandersetzung mit dieser Form in den 1937 entworfenen *Variationen über ein Thema von Frank Bridge* op. 10. Bemerkenswert sind jedoch die Passacaglien, die Britten in die *Cello-Sinfonie* einfügte und mit denen er Höhepunkte in seinen Opern kommentierte: den Selbstmord der Lucretia in *The Rape of Lucretia*, die wachsende Anspannung, die in *The Turn of the Screw* im Tod eines Kindes kulminiert, oder den Gewaltausbruch von Grimes in *Peter Grimes*, nach dem die Dorfbewohner sich aufmachen und ihn zur Rede stellen wollen; eine brütend-unruhige Musik, die auch in die *Four Sea Interludes* aufgenommen wurde. Schostakowitsch verwendete die Form der Passacaglia noch für einige langsame Sätze komplexerer Instrumentalwerke wie der 8. und 15. Sinfonie, dem 2. Klaviertrio, dem 1. Violinkonzert sowie dem letzten Lied seines Michelangelo-Zyklus.

In der Oper *Lady Macbeth von Mzensk* klingen die Zwischenspiele Nummer 4 und 5 eher nach spektakelnden Zirkusnummern – sie stehen zwischen der Entdeckung der Leiche des ermordeten Ehemanns und der Szene auf der Polizeistation sowie der sich anschließenden Verhaftung der Täterin. Die Interludien bilden an den Schnittstellen der emotionalen Entwicklung retardierende Momente. Insgesamt beeindruckte Schostakowitsch mit seinem Opus, aber natürlich blieben kritische Anmerkungen nicht aus, die die Anerkennung seiner Leistung zumindest vorerst nicht schmälerten. Durch den realistischen Ansatzpunkt der Moskauer Bühne mag manches drastischer dargeboten worden sein. Nicht zuletzt werden laut Libretto und Partitur die Verbrechen auf offener Bühne gezeigt, und wenn Katerina sich mit ihrem Verehrer Sergej körperlich vereint, erklingt eine orgiastische Beischlafmusik. Der Dirigent Aleksandr Gauk erinnerte sich daran, dass es heftige Debatten gab, weil »viele Leute von einigen der naturalistischen Szenen und Situationen abgestoßen wurden«.[366] Für den Musikwissenschaftler Daniel Schitomirskij gestaltete Schostakowitsch erst in der Schlussszene der *Lady Macbeth von Mzensk* »mit unglaublicher Kraft den Ausdruck menschlichen Leids und der Verzweiflung der verlorenen Seele«. Vorher, so erkannte er deutlich, sei die Oper »nicht frei von den Tendenzen der Propaganda in den 1920er-Jahren«, sie mache sich obendrein eine »primitive Satire« zunutze: »Die Karikatur des Priesters am Ende der vierten Szene und die gesamte siebente Szene auf der Polizeiwache erinnerten mich an die sogenannten ›Blauhemden‹, die gemeinsam Propaganda in Klubs und Fabriken machten, in denen ich mir während meiner Studentenzeit etwas Geld verdiente«, meinte Schitomirskij.[367]

Die Diskrepanz zwischen Propaganda und dem Psychogramm einer protestbereiten Protagonistin ergab sich durch die Kluft zwischen den einfühlsamen Momenten, in denen die Instrumente die Gefühlstiefe der mehrfachen Mörderin ausloten, und dem Agitprop-Stil der 1920er-Jahre. Aber verdient Leskows bzw. Schostakowitschs Katerina diese Anteilnahme, zumal sie ja offensichtlich ein anderer Charakter ist als eine Emma Bovary, Katja Kabanowa, Effi Briest und Anna Karenina? Als ein großer Fan von Chaplin-Filmen fügte Schostakowitsch in die Oper ein Bild mit Keystone-Cop-artigen Polizisten ein, doch rechtfertigt das die im Westen im Zusammenhang mit dieser Oper oft beschworene ›Ironie‹? »Die russische Kultur war praktisch vom Beginn ihrer bewussten Entwicklung an humoristisch und nicht ironisch«, betonte der Philosoph Boris Groys. »Der russische Mensch empfand sich immer als nichtiges, glückloses Wesen am Rande der zivilisierten Welt und keineswegs als den Herrn, der im Mittelpunkt des Weltganzen steht.«[368]

Die Szene auf der Polizeistation unterbricht eher den Handlungsfluss der Oper und Schostakowitsch selbst betonte, dass er die Besucher in erster Linie dazu bringen wollte, »die ganze schreckliche Willkür und das Beleidigende des Kaufmannsmilieus zu hassen«.[369] Durch die westliche Ironieversessenheit wird der Komponist zur Projektionsfläche eines imaginierten Widerständlertums, das der ›Obrigkeit‹ mit ihrer ›Fratze des Bösen‹ die ›Maske‹ vom Gesicht reißt. Nichts dergleichen geschah. Der Philosoph Boris Groys verdeutlichte anhand von Kierkegaards Ironietheorie, inwiefern insbesondere die russische Kunst der Gegenwart nicht ironisch, sondern vielmehr humorvoll ist. »Das Subjekt der Ironie gehe ständig von einer Erscheinung zur anderen, von einer kulturellen Form zur anderen. Alles, worauf es stoße, erscheine ihm begrenzt, relativ und unfähig, seine Aufmerksamkeit gänzlich zu fesseln. Ironie sei eben das distanzierte, spielerische Verhältnis der potenziell unendlichen romantischen Phantasie zu allem Begrenzten und Partiellen«, heißt es bei Groys. »Der Humor entsteht nach Kierkegaard dagegen dann, wenn sich das Subjekt seiner eigenen Endlichkeit und Begrenztheit sowie seines partiellen Charakters bewusst wird. Ironie ist Spott des Menschen über die Welt. Humor ist Spott der Welt über den Menschen.«[370] Kein Wunder, dass Schostakowitsch gerade dem Humor mit seiner fulminanten Vertonung der Verse Jewtuschenkos im zweiten Satz seiner 13. Sinfonie ein Denkmal gesetzt hat.

Der Humor, der der Oper *Die Nase* einen eigenen Charme verleiht, wirkt in *Lady Macbeth von Mzensk* aufgesetzt. Kritische Bemerkungen, die bereits nach der Uraufführung aufkamen, enthielten »viel Berechtigtes«, räumte Schostakowitsch ein, deshalb habe er »es für notwendig befunden, eine Reihe von Veränderungen, ja Verbesserungen vorzunehmen«. Dennoch, so betonte er: »Auf keinen Fall aber kann gesagt werden, dass es sich bei der neuen Redaktion um eine neue Oper handelt«.[371] Im Grunde genommen verfuhr die Titelfigur nach wie vor wie die Bolschewiki, die sich der alten Gesellschaftsform entledigten. Dadurch konnte Schostakowitsch mit einigen Modifikationen die Oper Anfang 1963 erneut am Nemirowitsch-Dantschenko-Theater in Moskau unter dem eigentlichen Namen der Protagonistin als *Katerina Ismajlowa* herausbringen. Dabei ersetzte er die expressionistische Sinnlichkeit der Erstfassung durch eine weniger plakative Ausgestaltung der Mordgeschichte. Vulgär erscheinende Textpassagen wurden umformuliert sowie zahlreiche rhythmische Härten und aggressive Dissonanzen abgemildert. Statt der 124-taktigen Klangorgie zum Ehebruch erklang nun eine Überleitungsmusik mit nur 16 Takten. Zwei der fünf Orchesterzwischenspiele ersetzte Schostakowitsch, darunter die aufwühlende Passacaglia, an deren Stelle er ein düster-brütendes, sich bedrohlich steigerndes instrumentales Intermezzo setzte. Einigen Änderungen hatte Schostakowitsch bereits 1935 zugestimmt, als das Werk erstmals in Druck ging. So wurde ein Rezitativ des Sergej im 3. Bild wegen seiner erotischen Anspielungen getilgt. Den Text von Katerinas Arie zu Beginn des 3. Bildes veränderte man noch vor der Premiere zwar nicht inhaltlich, aber in der Ausdrucksweise. »Alles paart sich: Der Hengst läuft der Stute nach, dort der Kater das Kätzchen jagt, und hier deckt der Täuberich die Taube. Warum aber kommt denn keiner zu mir?«, hätte Katerina dem Libretto der Urfassung nach singen sollen. »Wer streichelt mir zart den Hals, und wer küsst mir wie Feuer den Mund? Ach, wer wird mir lustvoll die Brüste liebkosen? Wer liebt mich, bis ich vor Erschöpfung nicht mehr kann?« Im Vorfeld der öffentlichen Präsentation wurde für die Bühnenfassung die Geilheit zur Sehnsucht abgemildert: »Vor langer Zeit sah ich aus meinem Fenster, unterm Dache ein kleines Nest, worin ein Taubenpaar wohnte; sie waren so glücklich, flatterten froh«, hieß es dann. »Wie sehr ich die beiden beneiden muss, da ich doch niemanden habe, den ich lieben könnte, weil ich doch keine Freiheit habe und keine Flügel zu fliegen. Ich habe keinen Geliebten, um zärtlich zu sein und um glücklich zu sein und zu lieben den, der mich liebt.« (Ob die Hoffnung auf ein besseres Leben eine bessere Motivation für die Morde ist als der sexuelle Notstand? Hätte es ausschließlich die zuletzt zitierten Verse gegeben, wären wahrscheinlich viel eher Parallelen der einsamen Katerina zu Peter Grimes' Reflexion im letzten Bild des 1. Akts von Brittens gleichnamiger Oper gezogen worden.) In dieser Version wurde das Werk 1964 erstmals in einem Tonstudio für die Schallplatte eingespielt und 1966 verfilmt.

Zuvor, in den 1930er-Jahren, gab sich Schostakowitsch als junger gipfelstürmender Künstler mitunter noch zu unbedacht. Dabei fielen seine Oper und ein neues großes Orchesterwerk in Zeiten einschneidender Veränderungen, in der die Ausrichtung einer Kultur neu definiert werden sollte.

*

Anders als Schostakowitsch, der sich in der Sowjetunion einem Komponistenverband anschließen musste, damit seine Werke überhaupt aufgeführt wurden, buhlte Britten als ehrgeiziger Vertreter der jungen Generation auf dem freien Markt um Aufträge von Filmgesellschaften, Theatern und dem Rundfunk. Ihm blieb nichts anderes übrig: Anfang April 1934 verstarb sein Vater nach längerer Krankheit an einem Schlaganfall. Dieser Verlust »brachte uns ziemlich in die Klemme«, schrieb Benjamin Britten an das Komitee des Mendelssohn-Stipendiums. »Ich werde gezwungen sein, Arbeit zu finden.«[372] Die Zeit für einen Wandel war gekommen. Drei Wochen nachdem mit Elgar der ›grand old man‹ der britischen Musik verblichen war, wurde mit Brittens Opus 3, dem Chorstück *A Boy was Born*, erstmals ein Werk von ihm von der BBC übertragen. Während Britten sich bemühte, Anerkennung zu erlangen, liefen in Cleveland, New York, Philadelphia, Stockholm, Buenos Aires, Zürich, Prag und Bratislava die Vorbereitungen, um 1935 die ersten Auslandsinszenierungen von Schostakowitschs Oper *Lady Macbeth von Mzensk* herauszubringen.

Brittens Anstrengungen blieben nicht unbeobachtet. Die Entscheidungsträger des Musikverlags Boosey & Hawkes hatten sein Talent und Vermarktungspotenzial erkannt, und am 3. Januar 1936 unterzeichnete der Komponist einen Vertrag, der ihm ein vorläufiges Auskommen durch monatliche Vorschusszahlungen garantierte, wofür er seinem Finanzier eine Option auf alle nun folgenden Kompositionen einräumte. Im August 1937 konnte er es sich durch eine kleine Erbschaft nach dem Tod seiner Mutter zudem leisten, die ›Old Mill‹ im Dorf Snape, fünf Meilen westlich von Aldeburgh, zu kaufen und einzurichten.

Britten und Schostakowitsch waren Anfang der 1930er-Jahre viel zu sehr mit sich selbst beschäftigt, um den Entwicklungen in Mitteleuropa besondere Beachtung zu schenken. Dort zeichnete sich eine ungeahnte Bedrohung ab. »Ich bin völlig verwirrt, wenn ich die Ereignisse in Deutschland betrachte – was treiben die da?«, schrieb bereits Elgar an einen Freund, wenige Wochen nachdem die Nationalsozialisten im Frühjahr 1933 an die Macht gekommen waren. »In der heutigen Morgenzeitung heißt es, dass der große Dirigent Bruno Walter und, was noch merkwürdiger ist, Einstein verbannt sind: Sind wir alle verrückt? Die Juden waren stets meine besten und liebenswürdigsten Freunde – der Schmerz, den diese Nachrichten bereiten, ist unerträglich und ich weiß nicht, was das alles bedeuten soll.«[373] Erst als der 21-jährige Benjamin Britten mit seiner Mutter Edith im Herbst 1934 das europäische Festland bereiste, nahm er die Atmosphäre in Deutschland gleichfalls mit Unbehagen zur Kenntnis. In seinen Briefen und Tagebüchern sprach er von »Naziland«.[374] Doch die musikalischen Eindrücke auf dieser Tour waren eine Offenbarung für ihn. Strauss' Oper *Salome* galt ihm fortan als »ein großes & epochales Werk«,[375] eine vom Komponisten selbst geleitete Aufführung von *Ariadne auf Naxos* »erlesen & kultiviert«.[376] Ferner erlebte er eine »einfach entzückende« Mozart'sche *Zauberflöte* und war bei Wagners *Meistersingern von Nürnberg* von »der Fülle der herrlichen Melodien, dem Humor, dem Pathos im besten Sinne« sehr angetan.[377] Zu jener Zeit begann Großbritannien mit der Wiederaufrüstung, um gewappnet zu sein, falls es durch die Entwicklungen in Deutschland zum Äußersten kommen sollte. Die Kriegsgefahr brachte den Komponisten wegen seiner pazifistischen Einstellung in die Bredouille: Britten vertrat eine radikale Grundhaltung und lehnte Kriegseinsätze prinzipiell ab. Er hegte zudem starke Zweifel an der Handlungsfähigkeit politischer Organisationen. Es sei »die Aufgabe der

Politik, die Welt zu gestalten und Spannungen zu entschärfen«, betonte er in einem Interview Anfang der 1960er-Jahre. »Meine sozialen Empfindungen sind die gleichen, die sie immer waren. Ich glaube einfach nicht an Macht und Gewalt.«[378] Im Jahr 1937 schrieb Britten einen *Pacifist March* für ein kurz zuvor von Reverend Dick Sheppard gegründetes Bündnis für den Frieden, die Peace Pledge Union, die PPU. Er war einer von gut 100 000 Menschen, die 1935 dem Aufruf Sheppards, des Pfarrers von St-Martin-in-the-Fields in London, folgten und eine Postkarte einsandten mit der Erklärung: »Ich widersage dem Krieg, und niemals wieder werde ich, direkt oder indirekt, einen anderen unterstützen oder billigen.«[379] Die daraus entstehende PPU wurde zur Dachorganisation verschiedener Friedensbewegungen, wie etwa der Fellowship for Reconciliation. Britten unterstützte die Vereinigungen durch seine Werke und Wohltätigkeitskonzerte. »Der Pazifismus ist keine neue Doktrin, aber es ist noch immer die revolutionärste von allen«, schrieben Britten und Pears in einem »Aufruf« im Programmheft eines Schubert-Liederabends zur Unterstützung der War Resisters' International. »Er verlangt nach einer neuen sozialen Ordnung und nach einem weltumfassenden Patriotismus. Im Atomzeitalter ist er nicht eine Alternative zum Krieg geworden, sondern der einzig mögliche Weg, um zu einer Weltordnung zu gelangen, durch die es keinen Krieg mehr geben wird, sondern ›Redefreiheit, Glaubensfreiheit, Freiheit von aller Not und Freiheit von Furcht‹.«[380] Der Haltung der Epoche entsprechend, galt diese Einstellung nicht nur als idealistisch, sondern sogar als unwissenschaftlich. Ein Cambridge-Gelehrter, der Mathematiker und Statistiker Karl Pearson, errechnete, dass »der Fortschritt einer Nation von der ethnischen Tauglichkeit abhängt, und der ultimative Test für diese Tauglichkeit war der Krieg«.[381]

Durch die Zeitumstände sah sich Britten gezwungen anzuerkennen, dass für ›eine gute Sache‹ sogar Freunde sich aktiv am Spanischen Bürgerkrieg gegen die von Hitler unterstützten rechtsgerichteten Putschisten unter General Franco beteiligten. Zwar hätte er nie selbst zur Waffe gegriffen, doch bereits im Sommer 1936 nahm Benjamin Britten neben anderen links stehenden Komponisten wie Alan Bush, Bernard Stevens, Rutland Boughton und Christian Darnton mit der Arbeit an verschiedenen Werken direkt oder indirekt Bezug auf die Kämpfe in Spanien. Der Regisseur Paul Rotha bat Britten, Musik zu dem Dokumentarfilm *Peace of Britain* beizusteuern. Die Idee dazu war entstanden, als Rotha und seinen Kollegen an einem Märznachmittag des Jahres 1936 in der Londoner Oxford Street Zeitungsplakate auffielen, die anmahnten: »Großbritannien muss aufgerüstet werden«. Kurzentschlossen sagte man sich: »Warum, zum Teufel, machen wir eigentlich Filme, wenn wir uns nicht dafür einsetzen, die Leute zum Frieden im Sinne der allgemeinen Sicherheit aufzufordern?« Der nur dreiminütige Streifen *Peace of Britain* warnte vor den Gefahren eines Krieges, appellierte an den Völkerbund, seine internationale Verantwortung wahrzunehmen, und forderte jeden Einzelnen dazu auf, sich an seinen Abgeordneten zu wenden. Man solle von ihm »Frieden aus Vernunft« verlangen, da dies in der Krise die einzige Lösung sei. Das Projekt bekam größtenteils finanzielle Unterstützung durch den linksgerichteten Abgeordneten Stafford Cripps. Da aber das Geld knapp wurde, konnte man Britten nur ein »Orchesterchen« mit fünf Musikern des London Symphony Orchestra zugestehen, wobei er selbst noch die Schlaginstrumente zu übernehmen hatte. Als die Zensur in Gestalt der ›British Board of Film Censors‹ zuschlug und die Auslieferung des Films zu verhindern suchte, indem man vorgab, das verwendete Archivmaterial unterstehe der Krone, handelte Rotha umgehend. Er machte die Behinderung seiner Arbeit in einer Pressekampagne öffentlich, und als der Film schließlich die Aufführungsgenehmigung erhielt, zahlte sich der Wirbel aus: Über zwei Millionen Menschen sahen in 570 Kinos in Großbritannien *Peace of Britain* mit der Musik von Benjamin Britten. Institutionen wie die Londoner Co-operative Society, eine im September 1920 gegründete Verbraucherkooperative, beauftragten Britten daraufhin mit Arbeiten wie dem kurzen Chorstück *Advance Democracy*. In diesem warnte der sozialistische Dichter Randall Swingler vor den Gefahren totalitärer Staaten: »Man muss sich erheben und dafür einsetzen, wofür die Väter gekämpft haben!« Swingler wurde zudem neben Auden Mitautor der *Ballad of Heroes*, die Britten als Kantate für Tenor, Chor und Orchester vertonte. Auch wenn er aus einer wohlhabenden Industriellenfamilie in den Midlands stammte und sein Onkel und Taufpate Randall Davidson einst Erzbischof von Canterbury und Cousin des Schriftstellers Walter Scott war, hatte sich Swingler Anfang der 1930er-Jahre dem Kommunismus zugewandt. Mittlerweile leitete er das Magazin *Left Review* und lieferte voller Begeisterung Texte, um bei einem ›Festival of Music for the People‹ mit Chören der Verbraucherinitiative und der Arbeiterbewegung ein Stück uraufzuführen, mit dem der in Spanien umgekommenen britischen Angehörigen der Internationalen Brigaden gedacht werden sollte. Der Titel ›Musikfestival für das Volk‹ besaß eine deutliche kommunistische Konnotation – der feine Unterschied zwischen »for people« und »for the people« sollte bei unbedachten Äußerungen Brittens in den 1960er-Jahren noch zu heftigen Debatten führen.

Britten schrieb die Musik zu seinem Opus 14 innerhalb weniger Tage. Swinglers Zeilen ist ein einleitender Trauermarsch unterlegt, wenn sie mahnen: »Ihr, die ihr an der Ecke lehnt und sagt: ›Wir haben unser Bestes gegeben‹, an Euch unzählige Engländer wenden wir uns, um Euch an die Größe zu erinnern, die immer noch unter Euch weilt … Euer

Leben gehört Euch, dafür starben sie.«[382] Daran schließt sich ein wüstes, totentanzartiges Scherzo zu Versen Audens an, gefolgt von einem machtvollen Rezitativ und einem Epilog, in dem das Trauermarschmotiv zurückkehrt und die *Ballad of Heroes* abschließt.

Hätte Britten, der fast zwanzig Jahre später sein *War Requiem* dramaturgisch völlig anders konzipieren sollte, nicht längst wissen können, wie lächerlich sein Besingen von Heldentum jeglicher Art in Westeuropa wirkte? Während es in Russland bis heute keine post-heroische Gesellschaft gibt, veränderte »der Große Krieg«, wie man den Ersten Weltkrieg damals nannte, im Westen nicht nur die gesellschaftliche und politische Lage, er wurde zu einer traumatischen Erfahrung für eine ganze Generation. Hatte Großbritannien im Burenkrieg innerhalb von zweieinhalb Jahren noch 22 000 Menschenleben in Südafrika verloren, so starben im ersten hochtechnisierten Krieg der Geschichte allein zu Beginn der Schlacht an der Somme am 1. Juli 1916 genauso viele Briten an einem einzigen Tag. Für den Schriftsteller D. H. Lawrence bedeutete dies den Zusammenbruch von 2000 Jahren Zivilisationsentwicklung. Auch Elgar äußerte sich voller Verbitterung und fürchtete, »alles Gute & Schöne & Reine & Frische & Süße ist weit fort – und wird niemals wiederkehren«.[383] Die Kriegstechnik hatte sich dramatisch gewandelt, sodass es absurd erschien, wie der Historiker Dan Diner es beschrieb, auf gegnerische Stellungen zuzumarschieren und »stoisch im mörderischen Maschinengewehrfeuer unterzugehen«.[384] Schon seit 1919 ehrt jeder britische Monarch an dem Sonntag, der dem Tag des Waffenstillstands am 11. November am nächsten liegt, am Cenotaph im Londoner Stadtteil West End keine Helden, sondern die Toten des Ersten Weltkriegs. Zudem findet sich seit dem Ende des Ersten Weltkriegs im Eingangsbereich der Westminster Abbey das Grabmal des Unbekannten Soldaten, wodurch bei offiziellen Anlässen selbst jedes Mitglied der königlichen Familie genötigt ist, ihm beim Betreten des Sakralbaus die Ehre zu erweisen. Das Gedenken für den ›Unbekannten Soldaten‹ ersetzte die Feierlichkeiten, die den ›Heldentod‹ beschworen. Der seit Beginn des 20. Jahrhunderts »maschinell reproduzierbare Tod« hatte in den Materialschlachten seine »Aura« eingebüßt, so der Soziologe und Philosoph Roger Caillois, für den der unter den entstellten Leichen durch Losentscheid für die Bestattung ausgewählte Körper eines unbekannten Soldaten das Sinnbild für das »Ende des heldenhaften Krieges« bedeutete.[385]

Schostakowitsch lebte in einer Kultur ohne pazifistische Tradition. Zwar findet sich seit 1967 auch in Moskau am nördlichen Parktor des Aleksandergartens am Kreml ein Grabmal des unbekannten Soldaten, doch noch heute prangen am Flughafen Pulkowo (in dessen Kürzel LED sich der sowjetische Städtename erhalten hat) und an der

Einfahrtsstraße der zweitgrößten Stadt des Landes die Schriftzüge ›Sankt Petersburg‹ und ›Heldenstadt Leningrad‹ nebeneinander. Aus Erfahrung pflegte Schostakowitsch keinen idealistischen Blick auf das Dasein. Neben der Anarchie der Revolution kamen für ihn noch die einschüchternden Erlebnisse der Jahre 1935 bis 1937 hinzu, die ihn vieler Illusionen beraubten und zu einem kettenrauchenden, dem Alkohol zugetanen Menschen verwandelten. Nur gut zehn Jahre später sollte ein geplanter Weltfriedenskongress in New York bei ihm keinen Enthusiasmus hervorrufen und er empfand die von ihm geforderte Teilnahme eher als eine Last. »Schließlich trete ich nur unregelmäßig auf und habe nicht ausreichend Bühnenerfahrung«, schrieb er einem Freund. »Zudem ist mein momentaner Gesundheitszustand zu unbeständig; ich fühle mich die ganze Zeit krank.«[386] Trotz allen Widerstrebens musste er sich auf Geheiß von Stalin Ende März 1949 aber doch der sowjetischen Delegation anschließen. Er widersprach nicht. Schostakowitsch war vorsichtig geworden, denn zu diesem Zeitpunkt hatte er begriffen, dass die experimentelle Phase vorbei und die Sowjetunion erwachsen geworden war. Um sich gegenüber Krisensituationen zu stabilisieren, wie sie nach dem Abbruch der diplomatischen Beziehungen mit dem britischen Empire 1927 entstanden waren, erließ man 1928 den ersten Fünfjahresplan zur Regulierung aller volkswirtschaftlichen Aktivitäten. Seinerzeit achtete Schostakowitsch nicht darauf, dass zu Beginn der 1930er-Jahre auch die Künste ganz allmählich einer zunehmenden Kontrolle unterlagen und – wie in Brittens Oper *The Turn of the Screw* – die Schraube allmählich angezogen wurde. Spätestens ein Zwischenfall in Leningrad hätte dem Russen schon Ende 1934 eine Warnung vor den weitreichenden Konsequenzen sein sollen. Die Geschehnisse zeigten, dass man sich in dem sozialistischen Musterland – dem Reich, das »einzig und allein auf Basis der Vernunft« erbaut wurde,[387] wie es Lion Feuchtwanger und andere Intellektuelle gutgläubig anpriesen – auf dünnem Eis bewegte.

*

Während Benjamin Britten der Uraufführung seiner *Simple Symphony* entgegenfieberte und stundenlang mit seinem neuen Freundeskreis aus Musikern und Literaten über Marx und die Revolution debattierte, festigte Stalin seine Position zunehmend. Wieder einmal ging eines der folgenreichsten Ereignisse der sowjetischen Geschichte zu Lasten von Schostakowitschs Heimatstadt. Es war bereits dunkel an jenem verhängnisvollen 1. Dezember 1934 und künstliches Licht erhellte die Flure des Smolnij-Instituts, als ein bewaffneter Mann das Gebäude betrat. In dieser alten Klosteranlage, in der 1917 die Revolution geplant worden war, hatte mittlerweile die Leningrader KPdSU ihren Hauptsitz. Am späten Nachmittag wartete der dreißigjährige Leonid Wasiljewitsch Nikolaew – nicht zu verwechseln mit Schostakowitschs Lehrer Leonid *Wladimirowitsch* Nikolaew – vor dem Büro des Ersten Sekretärs der Leningrader Parteiorganisation, Sergej Mironowitsch Kirow. In seiner Aktenmappe hatte er einen siebenschüssigen Nagant-Revolver. Als Kirow in Begleitung mehrerer Personen heraustrat, überschlugen sich die Ereignisse. Der Spitzenpolitiker muss dem Fremden keine Beachtung geschenkt und sich abgewendet haben, denn mehrere Schüsse trafen ihn in den Rücken. Bereits von der ersten Nagant-Patrone im Kaliber 7,62 Millimeter im Genick tödlich verwundet, brach er zusammen. Dann richtete Nikolaew die Waffe gegen sich selbst. Doch ein Handwerker warf ihm einen Schraubenzieher mitten ins Gesicht, sodass der Schuss, mit dem sich der Attentäter umbringen wollte, daneben ging. Das Wachpersonal stürzte sich auf den Eindringling und überwältigte ihn. Die anschließende Deutung des Vorfalls ist symptomatisch für die vielseitigen Erklärungs- und Theoriemuster, die den Ausgangspunkt zahlreicher Gräueltaten in der Sowjetunion der 1930er-Jahre umranken: Bei den Verhören gestand der Täter, den Mord aus Eifersucht begangen zu haben, da Kirow ein Verhältnis mit seiner Frau gehabt habe. Unterlagen zufolge soll Nikolaew bereits sechs Wochen vorher schon einmal unweit des Hauses des Leningrader Parteiführers aufgegriffen worden sein. Bei der anschließenden Durchsuchung seiner Wohnung wurde zwar eine Waffe gefunden, dennoch ließen die Ermittler des Volkskommissariats ihn wieder von dannen ziehen. Anderen Theorien zufolge ging die Ermordung von Kirow auf einen Auftrag von Stalin höchstpersönlich zurück. Besonders merkwürdig war, dass der ansonsten so aufmerksame Sicherheitsdienst ausgerechnet bei Nikolaew auf die übliche Leibesvisitation verzichtet hatte und es ihm gelingen konnte, die Tatwaffe unbehelligt in die Parteizentrale zu schmuggeln. Letztendlich ließen sich die genauen Umstände nie klären. Die Ereignisse boten indes die willkommene Möglichkeit, daraus propagandistisch und innenpolitisch Kapital zu schlagen. Nikolaew wurde der Prozess gemacht. Doch stand er als mutmaßlicher eifersüchtiger Amokläufer nicht allein vor Gericht. Mit Hilfe von gefälschten Indizien stellte man ihn als Mitglied einer terroristischen Organisation dar, dem angeblichen ›Leningrader Zentrum‹. In knapp vier Wochen wurden nicht nur er, sondern auch zwölf andere Hauptverdächtige und 103 weitere Personen, die sich teilweise illegal in der Sowjetunion aufhielten, abgeurteilt und erschossen – ein Vorgang, der ganz im Geiste Kirows gewesen sein dürfte, der sich selbst nie zimperlich gezeigt hatte. Mit den Jahren war Sergej Kirow stetig zu einem Konkurrenten Stalins aufgestiegen, der sowohl bei den Parteigenossen als auch beim Volk immer beliebter wurde. Auch wenn sich sein Einfluss vornehmlich auf Leningrad und den Nordwesten der Sowjetunion beschränkte, muss es Stalin ein Dorn im Auge gewesen sein, dass bei der geheimen Wahl zum Zentralkomitee auf dem 17. Parteitag der KPdSU Ende Januar 1934 – nur wenige Tage nach der Uraufführung von *Lady Macbeth von Mzensk* – 292 Delegierte gegen Stalin stimmten und nur drei gegen Kirow. Auch wenn Kirow auf dem Parteitag Stalin noch als »größten Strategen im Befreiungskampf der Werktätigen« gelobt hatte,[388] konnte seine Präsenz zur Bedrohung werden, sein Ableben hingegen zu einem Ereignis, aus dem sich Kapital schlagen ließ.

In den folgenden Monaten wurden nicht nur Nikolaews Angehörige verfolgt und teilweise umgebracht. Stalin nutzte auch die Gelegenheit, sich nun der ›alten Garde‹ der Bolschewiki endgültig zu entledigen, indem man missliebigen Kadern konterrevolutionäre Bestrebungen vorwarf und sie festnehmen ließ. Der Tod des Leningrader Parteiführers wurde zum Auftakt einer Säuberungswelle, bei der auch Künstler nicht verschont blieben. Ungeachtet seiner Reputation wurde Wsewolod Mejerhold, mit dem Schostakowitsch seit 1928 an Film- und Theaterprojekten zusammengearbeitet hatte, festgenommen und verschwand ohne Rücksichtnahme auf öffentliche Reaktionen. Der Komponist war schockiert. Die ganze Wahrheit über Mejerholds Ermordung sollte Schostakowitsch erst 1955 erfahren, als er sich zusammen mit Kollegen für die Rehabilitierung des Regisseurs einsetzte. In den 1930er-Jahren wagte in Anbetracht des rücksichtslosen Vorgehens niemand, die Stimme zum Protest zu erheben. Jeden tatsächlichen oder vermeintlichen Kritiker räumte die Obrigkeit kurzerhand aus dem Weg. Menschen wurden nachts in ihren Wohnungen abgeholt und zuweilen, ohne viel Federlesens, einfach in muffigen Hinterhöfen exekutiert, wobei ein laut laufender Automotor die Schüsse übertönte. »Um jene Zeit hatte bereits jedermann Grund, sich vor seinen eigenen Gedanken, darüber hinaus aber auch vor jenen zu fürchten, die er für seine Freunde hielt«, bemerkte der nach Moskau ausgewanderte ungarische Kommunist Ervin Sinkó in seinem Tagebuch.[389]

Kirow selbst wurde durch das Regime zum Märtyrer stilisiert. Bei seinem Begräbnis in Moskau trugen Molotow, Woroschilow, Kalinin und Stalin höchstpersönlich die Urne, die man an der Kremlmauer beisetzte. Das Opernhaus in Leningrad wechselte den Namen von der Mäzenin Marija Aleksandrowna zum ›Märtyrer‹ und wurde vom Mariinskij- zum Kirow-Theater umbenannt. Selbst mehreren Städten verpasste man neue Namen wie Kirow (ehemals Wjatka), Kirowsk (Chibinogorsk) oder Kirowograd (Jelisawetgrad). Stalin kam der Tod jenes Mannes, den viele schon als seinen Nachfolger betrachtet hatten, äußerst gelegen. Die physische Vernichtung von Oppositionellen sah er als eine Präventivmaßnahme an, um seine Macht zu erhalten und zu festigen. Geplagt von seinem persönlichen Nedotikomka plante er, in öffentlichen Gerichtsverhandlungen in Moskau jeden realen oder eingebildeten Gegner an den Pranger zu stellen und sich weiterer hoher Parteifunktionäre wegen angeblicher staatsfeindlicher Aktivitäten zu entledigen.

Der 29-jährige Dmitrij Schostakowitsch schlug sich zu dieser Zeit mit der Arbeit an seiner 4. Sinfonie herum. Mit diesem Werk gedachte er, etwas völlig Neuartiges zu bieten. Sein Freund Iwan Sollertinskij eröffnete ihm neue Perspektiven, indem er ihn mit der Welt von Gustav Mahler vertraut machte.

*

In einem Brief an Isaak Glikman schwärmte Dmitrij Schostakowitsch, er müsse »ununterbrochen an Mahlers *Lied von der Erde* denken«, er vertrat überdies die »Überzeugung, dass es nichts Schöneres gibt als die Erde«. Der Freund betonte: »Schostakowitsch liebte Mahler leidenschaftlich, und dessen *Lied von der Erde* vergötterte er.«[390] Vergleichbares lässt sich auch von Benjamin Britten sagen. Ihm galt als Schlüsselwerk »meine kostbare Vierte von Mahler (für die ich, so glaube ich, mehr echte Zuneigung hege als für irgendein anderes Stück auf der Welt)«.[391]

Wie kam es, dass zwei Musiker, die Tausende Kilometer voneinander entfernt unter völlig unterschiedlichen Bedingungen aufwuchsen, sich für ein und denselben Komponisten begeisterten? Nach Mahlers Tod 1911 gab es bis in die 1960er-Jahre zwar immer wieder Dirigenten, die sich für seine Werke einsetzten, doch hatte er keineswegs den Rang, den man ihm über ein halbes Jahrhundert später allmählich zugestand. Das Neuartige an Mahler war von anderer Art als jenes von Berg oder Schönberg.

Wie Schostakowitsch hegte auch Britten Vorbehalte gegen so manches aus der Feder ›romantischer‹ Komponisten. »Was für ein blasses a-Moll-Konzert hat Brahms geschrieben«, wunderte sich Schostakowitsch, während er sich für die »außergewöhnlichen Sinfonien« des Hamburgers begeistern konnte.[392] Britten verachtete Brahms, betonte aber gegenüber Skeptikern, dass er trotzdem jede Note von ihm kenne.[393] Laut Britten war sein Musikgeschmack lange beeinflusst vom »Wagner-Fieber«. Er zeigte sich ungemein beeindruckt durch Beechams Aufführung vom *Ring des Nibelungen* am Opernhaus Covent Garden in London, aber er liebte es auch, »Beethoven-Sonaten zu spielen & Mahler-Partituren zu studieren«.[394] Später ging er indes auf Abstand zu dem Rheinländer. »Erst gestern habe ich mir die *Coriolan*-Ouvertüre von Beethoven angehört«, erzählte er Anfang der 1960er-Jahre in einem Interview. »Was für ein großartiger Beginn, und wie schön ist die Themenverarbeitung der Reihe nach ausgeführt! Aber was mir bitter aufstieß, war die Derbheit des Klangs; die Orchesterklänge scheinen oft so willkürlich zu sein. Selbstverständlich habe ich keine Abneigung gegen alles von Beethoven, aber manchmal habe ich das Gefühl, dass ich nicht mehr verstehe, worauf er eigentlich hinauswill. Kürzlich habe ich mir die Klaviersonate op. 111 angehört. Die Variationen klangen so grotesk, ich konnte einfach nicht erkennen, um was es da ging.«[395] Lediglich zu Mahler wuchs die Zuneigung mit den Jahren sowohl bei Britten als auch Schostakowitsch.

Engagierte Mahler-Verfechter stellten bereits in den 1920er-Jahren einige seiner Werke in der Sowjetunion vor. Schon im November 1922 leitete der Dirigent Emil Cooper eine Aufführungsreihe, die mit der 5. Sinfonie begann. In Leningrad nahmen Fritz Stiedry, Albert Coates, Aleksandr Gauk und Karl Eliasberg Mahlers Werke so oft wie möglich in ihre Konzertprogramme auf; eher selten geschah dies in Moskau. Als Gastdirigent trat Otto Klemperer zwischen 1924 und 1929 regelmäßig in Moskau und Leningrad auf, wobei er dort unter anderem auf Russisch erstmals *Das Lied von der Erde* präsentierte. Er empfand »die musikalische Atmosphäre« als »absolut frei«,[396] während Bruno Walter viel Überzeugungskraft benötigte, um sein Projekt durchzusetzen. Als er im Winter 1923 nach Moskau kam und drei Jahre später nach Leningrad, fand er Berichte bestätigt, dass »noch überall die Zerstörung zu spüren war, die von der gewaltsamen Umwälzung herrührte«, und dass »die Bevölkerung in sehr bedrückten Zuständen lebte«. Zudem »beherrschten noch Erzählungen von vergangenen Schrecken die Gespräche, lebten noch viele in der Sorge um ihre und ihrer Nächsten persönliche Sicherheit«, schilderte Walter seine Eindrücke, ja, »der Verdacht gegen antirevolutionäre Gesinnung war wach und wütete, noch zitterte die Erregung von dem Ungeheuren, das sich ereignet hatte, nach«.[397] In dieser Lage wagte es Bruno Walter, ein umfangreiches Orchesterwerk mit Texten aus *Des Knaben Wunderhorn* auszuwählen. »Ich hatte Mahlers 4. Sinfonie auf eines meiner Programme gesetzt und die Worte des letzten Satzes, die vom himmlischen Leben handeln, der Direktion zur Übersetzung und zum Abdruck im Programm übergeben«, erzählte Bruno Walter. »Ich erhielt sie zurück mit dem Ersuchen, das Gedicht zu ändern; im neuen Russland dürfe man nicht von Himmel und Engeln, von St. Peter und anderen Heiligen singen. Ich lehnte natürlich jede Änderung ab, und man gab schließlich nach, als ich mich bemühte, dem pedantischen Vertreter des Atheismus den Sinn des Gedichtes als symbolisch zu erklären.«[398]

Britten erlebte erstmals im September 1930 mit dem Orchester der Londoner Queen's Hall eine Mahler-Sinfonie. In einem von Henry Wood geleiteten Konzert der ›Proms‹ erklang neben Werken von Humperdinck,

Mozart und Elgar als umfangreichstes Stück des Abends die 4. Sinfonie. Während in Leningrader Musikkreisen vor allem die Orchesterwerke von Bruckner, Strauss und Mahler, vornehmlich in Klavierarrangements, studiert und intensiv diskutiert wurden, vermochte sich Mahler in England nur schwer durchzusetzen. Dort begeisterte man sich in erster Linie für die Sinfonik von Sibelius, sodass Britten zumeist auf das Studium der Partituren angewiesen war, von denen er sich als erstes im November 1934 die ›Vierte‹ in Wien zulegte. 15 Jahre später zollte er den Vokalsinfonien Mahlers mit seiner *Spring Symphony* Tribut, die im Sommer 1949 im Amsterdamer Concertgebouw uraufgeführt wurde, einem Konzertsaal mit einer langen Mahler-Tradition. Die Krönung von Brittens Mahler-Leidenschaft war schließlich im Juni 1961 die von ihm geleitete Einspielung der 4. Sinfonie mit dem London Symphony Orchestra.

Entscheidend bei der Mahler-Begeisterung von Britten und Schostakowitsch waren nicht allein die Anregungen, die sie in den Partituren entdeckten. Autoren wie die Musikschriftsteller Paul Stefan, Richard Specht und Paul Bekker machten deutlich, dass bei Mahlers Kompositionen noch eine weiterreichende Komponente hinzukam: die Dimension von Ethik und Moral.

»Was fesselt an seiner Musik?«, fragte Schostakowitsch in seinem Vorwort zu dem 1964 in russischer Sprache herausgegebenen Sammelband *Gustav Mahler: Briefe, Erinnerungen*. »Vor allem die tiefe Menschlichkeit. Mahler verstand die hohe ethische Bedeutung von Musik.«[399] Schon als junger Mann erahnte Britten die Tiefendimension von Mahlers Musik, als er Ende Juni 1937 über *Das Lied von der Erde* an einen Freund schrieb: »Vielleicht wenn ich etwas von indischen Philosophien verstünde, könnte ich dem Stück näher auf den Grund gehen.«[400]

Wichtige Publikationen waren schon früh ins Russische und Englische übersetzt worden. Paul Bekkers Buch *Die Sinfonie von Beethoven bis Mahler* erschien 1926 in der Sowjetunion, wo seine Darstellung der Sinfonik als »gemeinschaftsbildende Kraft« besonderen Zuspruch fand. Dadurch erklärt sich auch, warum Mjaskowskij und Schostakowitsch mit der zunächst aristokratischen und später »bourgeoisen« Kunstform der Sinfonik in einem kommunistischen Staat akzeptiert wurden und Erfolge feiern konnten. Boris Asafjew übersetzte Bekkers Buch ins Russische. Im Jahr 1932 legte Schostakowitschs Freund Iwan Sollertinskij ein Buch über Gustav Mahler vor. Als Grundlage verwendete er die von Richard Specht in seinem 1913 veröffentlichten Band *Gustav Mahler* vorgegebene Nomenklatur. Sollertinskij gliedert mit leichten Akzentveränderungen gegenüber Specht das Schaffen in einen »Prolog« (1. Sinfonie), eine »erste Trilogie« (die Sinfonien mit Texten Nr. 2 bis 4), eine »zweite Trilogie« (die textfreien Sinfonien Nr. 5 bis 7), die »Synthese aus beiden Trilogien« (die Achte) und die »beiden ›posthumen‹

Sinfonien« (die Neunte und *Das Lied von der Erde*). Specht betonte, »in diesen Werken lebt eine unantastbare ethische Kraft«,[401] wobei er die Meinung vertrat, Mahler habe »die stärkste moralische Wirkung der letzten zwanzig Jahre« ausgeübt,[402] und Sollertinskij paraphrasiert diese Einschätzung mit den Worten: »Musik sah er in absoluter Einheit mit den sozial-ethischen und weltanschaulichen Aufgaben, die dem Menschen gestellt sind«.[403] Die Haltung, die in Formulierungen dieser Art gebündelt zum Ausdruck kommt, muss Gesprächsthema in zahlreichen Begegnungen von Sollertinskij und Schostakowitsch gewesen sein. Der Beginn der 1930er-Jahre wurde zu einer prägenden Phase für den russischen Komponisten. Je mehr er erkannte, dass die experimentelle Periode der sowjetischen Staatsbildung vorbei war und zunehmend alle Bereiche des Lebens reglementiert, vereinheitlicht und kontrolliert wurden, desto mehr sah er sich gezwungen, Stellung zu beziehen. Sollertinskij präsentierte ihm einen Mahler, der als Vorbild dienen konnte. »Als Romantiker und Utopist suchte Mahler den Ausweg nicht im politischen Kampf, sondern im moralischen Heroismus, den seine Sinfonik mit ihrem hohen gesellschaftlich-ethischen Pathos verkündet«, schrieb der Wissenschaftler.[404] Der Utopist Schostakowitsch war hilflos in einer politischen Auseinandersetzung mit der Staatsmacht, doch ihm blieben Ethik und Moral. Der von Specht als »Pantheist« charakterisierte Gustav Mahler hatte einst selbst geschrieben: »Wir kehren alle wieder, das ganze Leben hat nur Sinn durch diese Bestimmtheit und es ist vollkommen gleichgültig, ob wir uns in einem späteren Stadium der Wiederkunft an ein früheres erinnern. Denn es kommt nicht auf den einzelnen und sein Erinnern und Behagen an; sondern nur auf den großen Zug zum Vollendeten; zu der Läuterung, die in jeder Inkarnation fortschreitet. Deshalb muss ich ethisch leben; um meinem Ich, wenn es wiederkommt, schon jetzt ein Stück Weges zu ersparen und um ihm sein Dasein leichter zu machen. Dahin geht meine sittliche Pflicht, ganz gleichgültig, ob mein späteres Ich davon weiß oder nicht und ob es mir danken wird oder nicht.«[405]

Diese philosophisch-ethische Einstellung sprach sowohl Britten als auch Schostakowitsch an. Jene Haltung, die in den Büchern von Specht und Sollertinskij zum Ausdruck kommt, prägte auch das 1913 in einer englischen Version erschienene Mahler-Buch von Paul Stefan. Britten konnte darin Formulierungen finden wie: »The phenomenon Mahler must be valued according to its ethos, just like Mahler's music …«,[406] die zum Ausdruck brachten, dass man einen Komponisten nach seiner Gesinnung, Moral und Musik beurteilen muss. Unabhängig voneinander entwickeln Britten und Schostakowitsch für sich ethisch hohe Ansprüche, an denen sich im Einzelfall fragwürdige moralische Handlungen messen lassen müssen. Ihr aus unterschiedlichen Anregungen gespeistes sittliches Verständnis, ihre Ethik, geriet immer wieder in Konflikt mit der Frage, welches konkrete Handeln, welche Ausrichtung in bestimmten Situationen erwartet bzw. für richtig gehalten wird oder gar erforderlich erscheint. Orientierung inmitten des Dilemmas zwischen ethischem Anspruch und moralischem Agieren bot nur die Philosophie. Angeregt von Specht und Bekker erhob Sollertinskij Mahlers Sinfonik sogar zu »zehn Kapiteln eines großen, philosophischen Poems«.[407] Sie sei »kein belletristischer Roman« wie manche programmorientierten Werke von Berlioz oder Strauss, sondern »philosophische Lyrik«.[408] Schostakowitsch sprachen in erster Linie die Haltung und die große Konzeption der Sinfonik Mahlers an – das, was Sollertinskij als die »allgemeinen philosophischen Ideen« beschrieb.[409] In sein eigenes Œuvre übernahm der russische Komponist, was Sollertinskij als charakteristisch für die Orchesterwerke des Böhmen erachtete: Die Schlusssätze bilden »weniger den formalen Abschluss der Sinfonie als vielmehr den Höhepunkt der Handlung«. Diese »Verlagerung des Schwerkraftzentrums«, so Sollertinskij, »vom ersten Satz hin zum Finale«, gehört, wie das Paul Bekker in seinem grundlegenden analytischen Werk *Gustav Mahlers Sinfonien* 1921 feststellte, zu den »wichtigsten Konstruktionsprinzipien der Mahler'schen Sinfonik«.[410]

Britten begeisterte sich vornehmlich für konkrete kompositorische Details. Auch wenn ihm die Darbietung bei seinem ersten Konzerterlebnis einer Mahler-Sinfonie »nachlässig, unzureichend geprobt und zaghaft« erschien, so faszinierte ihn die Instrumentierung, die »hauptsächlich ›solistisch‹, völlig klar und transparent« war. »Die Farbgebung erschien bis in die kleinsten Schattierungen hinein ausgetüftelt und das Ergebnis klang herrlich«, meinte Britten. »Vor allen Dingen war das Material außergewöhnlich und die melodische Gestaltung höchst originell, voller rhythmischer und harmonischer Spannung vom Anfang bis zum Schluss.«[411]

Auf diese Weise wurde für die beiden Idealisten Schostakowitsch und Britten Gustav Mahler zum entscheidenden Katalysator, in dessen Geiste sie ab Anfang dreißig bewusst Sinfonien und Streichquartette bzw. Opern und Liederzyklen komponierten. Mit den großformatigen Arbeiten zeigten sie ihr öffentliches Gesicht, in den anderen manifestierten sich ihre individuellen Persönlichkeiten. Mit der 4. Sinfonie wollte Schostakowitsch nach den experimentellen Frühwerken nun seine erste Komposition gestalten, die auf Mahlers Prinzipien gründete.

*

Der 28. Januar 1936 setzte Schostakowitschs ambitionierten Plänen ein Ende. Erst zwei Tage zuvor hatte Stalin in Begleitung von Molotow,

Mikojan und Schdanow in Moskau eine Aufführung von *Lady Macbeth von Mzensk* besucht, bei der auch Schostakowitsch auf der Durchreise zu Konzertauftritten zugegen war. »Die Aufführung ist gut ausgefallen«, teilte Schostakowitsch Sollertinskij in einem Brief mit. »Am Schluss wurde der Komponist (vom Publikum) herausgerufen.«[412] Persönlich mag er ihm erzählt haben, was der Tenor Sergej Radamskij in seinen Erinnerungen überlieferte. »Stalin, Schdanow und Mikojan saßen in der Regierungsloge rechts über dem Orchestergraben, unmittelbar über den Blechbläsern und dem Schlagzeug«, berichtete Radamskij. »Schostakowitsch, Mejerhold, Achmatelij und ich (als Schostakowitschs Gäste) saßen Stalins Loge genau gegenüber. Wir konnten ganz deutlich in seine Loge blicken; nur Stalin war nicht zu sehen. Er saß hinter einem kleinen Vorhang, der ihm den Überblick über die Bühne erlaubte, ihn jedoch gleichzeitig den Blicken des Publikums entzog. Jedes Mal, wenn Schlagzeug oder Bläser fortissimo losbrachen, konnten wir sehen, wie Schdanow und Mikojan zusammenfuhren und sich dann erheitert zu Stalin umdrehten. Während der Pause rechneten wir damit, dass Schostakowitsch in Stalins Loge gebeten würde. Als er auch in der zweiten Pause nicht aufgefordert wurde, wurden wir alle etwas nervös. Schostakowitsch sah, wie die drei in der Regierungsloge lachten und sich amüsierten, er verbarg sich hinten in unserer Loge und bedeckte das Gesicht mit den Händen. Er war schweißüberströmt vor Aufregung.«[413] Erst eine Woche zuvor hatte Schostakowitsch miterleben müssen, wie Iwan Dserschinkijs Oper *Der stille Don* verdammt wurde. Von den führenden Regierungsvertretern in der Pause oder nach der Aufführung nicht empfangen zu werden, ließ nichts Gutes ahnen. Der Kritiker der Zeitung *Iswestija*, den ›Mitteilungen‹, erzählte später, Stalin habe ihm auf seine Frage, wie ihm die Oper zugesagt habe, entgegnet: »Das ist Blödsinn und keine Musik!«[414]

Zusammen mit dem Cellisten Wiktor Kubazkij, dem Widmungsträger seiner 1934 entstandenen Cellosonate, fuhr Schostakowitsch in die nordrussische Hafenstadt Archangelsk, um Konzerte zu geben. Zunächst ließ er Iwan Sollertinskij noch wissen, bei der Opernaufführung sei »alles gut gelaufen«. »Das Publikum hat mich auf die Bühne gerufen, ich habe mich verbeugt und bedauert, dass ich es nicht schon vorher gemacht hatte«, schrieb der Komponist dem Freund.[415] Aber als er am 28. Januar die Rückreise antrat und am Bahnhof von Archangelsk die Tageszeitung *Prawda* aufschlug, prangte links unten auf der Titelseite ein Artikel, der sich ausgiebig mit seiner Oper *Lady Macbeth von Mzensk* auseinandersetzte. Mit wachsendem Entsetzen las Schostakowitsch die Überschrift und dann den gesamten Beitrag. Der Titel »Chaos statt Musik« verhieß Unheil. Und schon in den ersten Absätzen wurde dieses Urteil über Schostakowitschs Komposition aufgeschlüsselt: »Von den ersten Minuten an erschlägt den Zuhörer ein absichtlich unharmonischer, chaotischer Klangstrom. Bruchstücke einer Melodie, Ansätze einer musikalischen Phrase ertrinken, versuchen sich herauszureißen, verschwinden von neuem in Gepolter, Geknirsche, Gekreisch. Dieser ›Musik‹ zu folgen, ist schwer, sie zu behalten unmöglich.«[416]

Doch der Artikel war weit mehr als der bloße Verriss einer modernen Oper. »Diese Musik ist vorsätzlich ›verkehrt‹ gemacht, damit nichts an klassische Opernmusik erinnere«, warf man Schostakowitsch vor. Der offiziellen Doktrin des »Sozialistischen Realismus« gemäß – die in der eigens gegründeten Monatszeitschrift *Sowjetskaja musika* (Sowjetische Musik) Verbreitung fand – lauteten die ästhetischen Forderungen: »Der sowjetische Komponist muss seine Hauptaufmerksamkeit auf die sieghaften, fortschrittlichen Urquellen der Wirklichkeit lenken, auf die heroische Klarheit und Schönheit, die die Seelenwelt des sowjetischen Menschen auszeichnet. Das alles muss mit musikalischer Bildhaftigkeit erfasst werden, die voller Schönheit und lebensbejahende Kraft ist. Der Sozialistische Realismus verlangt einen unerbittlichen Kampf gegen die anti-völkischen, modernen Tendenzen, die den Niedergang und Zerfall der zeitgenössischen bourgeoisen Kultur begleiten.«[417] Schostakowitsch hingegen bot – dem *Prawda*-Artikel zufolge – mit dieser Musik ein Machwerk, das »nach dem gleichen Prinzip der Verleugnung der Oper gebaut« ist, mit dem »generell die pseudoradikale Kunst im Theater Einfachheit, Realismus, die Verständlichkeit eines Bildes, den natürlichen Klang des Wortes negiert.« Und dann wurde der Komponist in die Nähe Mejerholds gerückt, eines Künstlers, der sich in den 1930er-Jahren von staatlicher Seite immer wieder den Vorwürfen ausgesetzt sah, antisowjetische Propaganda zu betreiben und dem Volk nicht das zu geben, was es zur moralischen und sittlichen Erbauung bedurfte. »Dies ist die Übertragung der negativsten Züge des ›Mejerholdtums‹ in potenzierter Form auf die Oper, die Musik«, urteilte die *Prawda* und fuhr fort: »Dies ist pseudoradikales Chaos anstelle von natürlicher, menschlicher Musik.« Auf Grundlage der Wertmaßstäbe eines veränderten Kulturkonzepts wurde die Bedeutung einer Musik in Frage gestellt, die zehn Jahre zuvor den futuristisch-avantgardistischen Ansprüchen entgegengekommen wäre. »Die Fähigkeit guter Musik, die Massen zu ergreifen, wird kleinbürgerlichen, formalistischen Anstrengungen geopfert, der Anmaßung, Originalität durch billige Originalitätshascherei erreichen zu können«, hieß es weiter. »Dies ist ein ausgeklügeltes Spiel, das sehr böse enden kann. Die Gefährlichkeit einer solchen Richtung der sowjetischen Musik ist klar. Die pseudoradikale Abnormität in der Oper entspringt derselben Quelle wie die pseudoradikale Abnormität in der Malerei, der Poesie, der Pädagogik, der Wissenschaft. Das kleinbürgerliche ›Neuerertum‹ führt zur Abtrennung von echter Kunst, echter Wissenschaft, echter Literatur. Der Autor der *Lady Macbeth von Mzensk* musste seine nervöse, verkrampfte, epileptische Musik beim Jazz entlehnen, um seinen Helden ›Leidenschaft‹ zu verleihen.« Der Artikel setzte ein deutliches Signal: Auch wenn die Erfolge im Ausland ein positives Licht auf die Sowjetunion warfen, intern wurden Abweichungen von der offiziellen Ausrichtung nicht mehr geduldet. »*Lady Macbeth* hat beim bourgeoisen Publikum im Ausland Erfolg«, spöttelten diejenigen, die sich in der UdSSR als die ›wahren Demokraten‹ verstanden. »Lobt dieses bourgeoise Publikum diese Oper nicht, weil sie chaotisch und absolut unpolitisch ist? Nicht deshalb, weil sie den pervertierten Geschmack des bourgeoisen Publikums durch ihre zuckende, kreischende, neurasthenische Musik kitzelt?«[418]

Der Komponist stand unter Schock. Sein Versuch, die – wie er es ausdrückte – »›Leichtigkeit‹ und Schablonenhaftigkeit« des russischen Theaters zu durchbrechen, war gescheitert.[419] Auf einmal war Dmitrij Dmitriewitsch Schostakowitsch zum Aussätzigen geworden.

*

Die Lage war gefährlich, selbst wenn die Ereignisse um Schostakowitsch letzten Endes nur einen Nebenschauplatz bildeten. In der Phase der innerparteilichen ›Säuberungsaktionen‹ und der öffentlichen Schauprozesse war politischer Kannibalismus an der Tagesordnung. Auch über missliebigen Intellektuellen wie Mejerhold oder eigenwilligen Funktionären wie dem mittlerweile zum Marschall aufgestiegenen Tuchatschewskij ballten sich düstere Wolken zusammen. Es nützte dem Komponisten gar nichts, dass, wie der Mejerhold-Schüler Aleksandr Gladkow berichtete, der namhafte Regisseur »leidenschaftliches Mitgefühl für Schostakowitsch« hegte; er »hatte es abgelehnt, in einem Interview den berüchtigten Artikel gutzuheißen«. »Zu der Zeit ein Beweis großer Zivilcourage«, befand Gladkow,[420] allerdings schaufelte sich Mejerhold mit solchen Aktionen sein eigenes Grab. Selbst für sich rechnete Schostakowitsch mit dem Schlimmsten. Die Koffer standen gepackt und schlaflos erwartete er, dass Sicherheitsbeamte eines Nachts an seine Tür klopften. Der als Jude aus Deutschland in die UdSSR emigrierte Kurt Sanderling erinnerte sich, dass er mit Einzelheiten über die Lage im Deutschen Reich »denen nicht imponieren« konnte. »Dann sagten sie: ›Na ja, sowas mag passiert sein, aber das ist doch nichts im Vergleich zu dem, was hier passiert ist und was du gar nicht so richtig weißt …‹«, schilderte er die allgemeine Stimmung im Land. Es dominierte »eine furchtbare Angst, weil es unberechenbar« war. »Wenn ich in Deutschland zur Nazi-Zeit gelebt habe und ich nicht Kommunist und nicht Sozialdemokrat und nicht Jude war, was ein Sonderfall war, so konnte ich eigentlich damit rechnen, morgens in meinem Bett aufzuwachen«, sagte Sanderling. »In der Sowjetunion gab es absolut keine Spielregeln. Prominenteste Kommunisten, nicht prominente Kommunisten, normale Ingenieure, Arbeiter, wenn auch sie seltener, wurden plötzlich verhaftet.« In dieser Phase konnte sich sogar ein Musiker, selbst wenn er sich Verdienste erworben hatte, nicht mehr sicher fühlen. »Das Wissen von dem, was gewesen ist, kam erst allmählich, aber das Erlebnis dessen, was ist, das war jeden Tag da«, betonte Sanderling. »Von dem Nachbarn meines Onkels, mit dem ich viele Abende Schach gespielt habe, hieß es eines Tages: Der ist gestern Abend verhaftet worden. Das hat Schrecken ausgelöst. Ich habe, nachdem ich bei meinen Verwandten ausgezogen war, die ganze Zeit bis 1941 dort zu Mittag gegessen, und wenn ich mich danach verabschiedete und nach Hause ging, haben wir uns gefragt: ›Sehen wir uns morgen noch wieder?‹ Wir haben es nicht ausgesprochen, aber gedacht haben es alle.«[421]

»Heutzutage ist die politische Denunziation weniger Fehlverhalten als ein philosophisches System«, kommentierte Gladkow bitter.[422] Andere Künstler plagten diese Sorgen nicht. Nicolas Nabokov erzählte, dass er mit Prokofjew – der nach langen Jahren des Pendelns zwischen Moskau und Paris noch 1936 aus dem Exil in die Sowjetunion zurückkehrte – ganz offen »über die Schdanow'schen Säuberungsaktionen« reden konnte. »Er schien gereizt und verbittert«, erinnerte sich Nabokov, »und sprach auch davon, wieviel Feinde er unter den ›offiziellen‹ Kritikern und seinen Kollegen habe. ›Schostakowitsch ist auf Eis gelegt worden‹, sagte er, ›und mit ihm Chatschaturjan und noch ein paar andere.‹« Prokofjew war indes verschont geblieben. Laut Nabokov hat Prokofjew ihm gesagt, er sei »nur auf Stalins Befehl von den Listen gestrichen worden«.[423]

Doch wer schützte Schostakowitsch? Hatte er während seiner kreativen Phasen das Umdenken in der Sowjetunion völlig ausgeblendet? Der Staat war jung, die bestimmenden Persönlichkeiten ambitioniert, aber unerfahren. Und so blieben diplomatische Konflikte wie jene mit Großbritannien oder Unstimmigkeiten, wie sie sich durch den Einfluss westeuropäischer Künstler in der Sowjetunion ergaben, nicht aus. Nach einigen Jahren, in denen vieles möglich war, erschien es sinnvoll, die Erfahrungen zu kanalisieren und die Zügel anzuziehen.

Auf den ersten Blick unscheinbare Ereignisse und bestimmte hervorstechende Begebenheiten waren nur Indizien für einen allmählichen Stimmungswandel. Dabei drängt sich der Eindruck auf, dass der Komponist von »Der 1. Mai« und der »Oktober-Sinfonie« sowie so unterschiedlicher Werke wie *Die Nase* und *Lady Macbeth* nebst der 1. und 4. Sinfonie die Zeichen der Zeit nicht verstanden hatte. Erst etliche Jahre später gelang es in Schostakowitschs letztem Lebensjahr dem russischen Kulturwissenschaftler Wladimir Papernij mit der Arbeit an seiner Studie über die Stalin-Ära, die Vorkommnisse zu Beginn der 1930er-Jahre in eine einleuchtende Ordnung zu bringen. In seinem Buch über die »Kultur Zwei« stellte Papernij, primär ausgehend von der Architektur, den Paradigmenwechsel dar, der sich ›von oben‹ oktroyiert innerhalb weniger Jahre vollzog. Dabei veranschaulichte er die Unterschiede zwischen der Sowjetunion in den 1920er-Jahren (zur Verdeutlichung ›Kultur Eins‹ genannt) und dem Land ab den 1930er-Jahren (›Kultur Zwei‹). Auf einen Nenner gebracht, bezeichnet Kultur Eins die Phase der sogenannten ›russischen Avantgarde‹ und Kultur Zwei die Stalin-Zeit. »Die Feindseligkeit von Kultur Eins gegenüber dem Wort scheint das Ergebnis des Interesses zu sein, das man allem Fremden und Unverständlichen entgegenbrachte«, analysierte Papernij. »Es ist, als ob Kultur Eins sich in einer Fremdsprache äußern möchte, und wenn es notwendig ist, in seiner eigenen Sprache zu reden, aber dann muss diese verzerrt sein, sodass sie fremd wirkt.«[424] Als Beispiele nannte der Kulturwissenschaftler sowjetische Futuristen, die dada-ähnliche Laute entwickelten. Zu Beginn der 1930er-Jahre schwenkte das Pendel um. »Die Bedeutung der Literatur in Kultur Zwei zeigt sich insbesondere am Umfang der 1937 stattfindenden Feierlichkeiten zum Gedenken des 100. Todestags von Puschkin«, sagte Papernij. In Kultur Zwei bildete sich seiner Ansicht nach eine besondere Hierarchie der Künste heraus, unter denen die Literatur den Spitzenplatz einnahm, wobei »das Ganze auch eine versteckte Polemik wie etwa gegen Majakowskij beinhaltete, der vormals davon geträumt hatte, ›Puschkin vom Dampfschiff der Moderne über Bord zu werfen‹«.[425] Bereits im April 1930 hatte sich der einstige Revolutionsdichter erschossen; Kränze wurden dem Agitator nicht geflochten. »In der Kultur Zwei wird das ›Lebendige‹ ständig als positiver Wert im Mund geführt und dem ›Mechanischen‹ der vorangegangenen Kultur gegenübergestellt«, erläuterte Papernij. »In gewissem Sinn hat sie recht, weil der Kultur Eins das Pathos des Mechanischen tatsächlich innewohnte.«[426] In der Zusammenarbeit mit Mejerhold und Künstlern aus dessen Umfeld hatte sich Schostakowitsch der Faszination der neuartigen Maschinen-Kultur nicht entziehen können. Für den Komponisten war der frische Trend, der sich im Laufe der 1920er-Jahre andeutete, in erster Linie eine Möglichkeit, sein Ausdrucksspektrum zu erweitern. Statt *Landwirtschafts-* und *Fabrik-Sinfonien* seiner Kollegen nachzuahmen, steigerte er analog zu den vom zentralen Organisationskomitee ›Gosplan‹ 1925 aufgestellten Plänen und Produktionsziffern seine ›Effizienz‹ als Künstler auf seine Weise und bereicherte seine 2. und 3. Sinfonie – passend zum 1928 in Kraft getretenen ersten Fünfjahresplan – um die menschliche Stimme. Damit glaubte er anscheinend, nicht nur den Erwartungen nach Erhöhung der Effizienz und nach technischen Verbesserungen auf jeder Ebene Genüge zu tun, sondern auch den Forderungen einer Staatsführung zu entsprechen, die das Loslösen von einer als abgestorben betrachteten Kultur verkündete, weil »sich lebendige Menschen stets für eine lebendige Sache begeistern«.[427]

Doch das Verständnis dessen, was auf dem Gebiet der Kunst und Architektur dafür nützlich sein konnte, wandelte sich innerhalb weniger Jahre. Hatte der Architekt Le Corbusier noch 1928 einen ungemein positiven Eindruck von der Sowjetunion, deren Regierung nach seinen Plänen in Moskau das Haus des Zentralverbands der Konsumgenossenschaften der UdSSR bauen ließ, so scheiterte er 1932 mit seiner Beteiligung an der Ausschreibung für den geplanten Palast der Sowjets. »Natürlich ist im Westen, jenseits der Grenzen ›unserer‹ Welt, das *Lebendige* verschwunden wie auch die aktive Wahrnehmung der Welt, die Freude am Dasein und der Stolz darauf, ein Mensch zu sein«, analysierte der sowjetische Architekturkenner E. Kriger. In einem 1947 veröffentlichten Essay über »Das Erscheinungsbild der Großstadt« erläutert er, dass sich die sowjetischen und westlichen Architekten zueinander verhielten wie Mozart und Salieri in Puschkins Drama. »Die wie ein Leichnam sezierte Musik der Architektur« schrieb Kriger, »konnten wir sehen, als Le Corbusier das Haus mit den Glaswänden in der Kirowstraße gebaut hatte.« Papernij verdeutlichte später überzeugend, dass hier jenem der Kultur Eins zugehörige »Hausleichnam« die »lebendigen« Bauwerke der Kultur Zwei gegenübergestellt wurden.[428]

Da die Staatsführung allmählich die Deutungshoheit übernahm, wandelten sich auch in anderen Bereichen die Wertmaßstäbe. Die ›Mozarts‹ der Gegenwart – seien es Architekten, Maler, Bildhauer, Literaten oder Musiker – sollten nicht mehr in rivalisierenden Gruppierungen miteinander wetteifern, sondern sich in leistungsstarken Zentralverbänden organisieren. Den unterschiedlichsten Gruppen mit ihren zerfaserten Auffassungen galt es, eine Richtung aufzuzwingen. Die Schriftsteller orientierten sich an Gorkij und gingen voran. Am 23. April 1932 begann mit der Gründung des Autorenverbands die Umgestaltung der literarischen und künstlerischen Vereinigungen. Mit der Etablierung von Organisationen für bildende Künstler, Architekten und Musiker war sie bis 1934 abgeschlossen. Der Einheitsverband der Komponisten war der letzte, der erst entstand, nachdem sich Architekten, Literaten und bildende Künstler schon längst Stalins Idealen gefügt hatten. Nun galt es, wie Asafjew es formulierte, »die Entwicklung des politischen Bewusstseins des sowjetischen Komponisten« zu fördern, »der beharrlich nach schöpferischen Lösungen sucht«.[429]

*

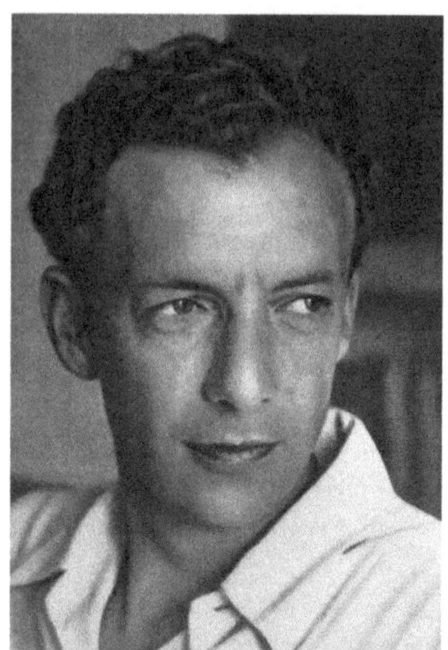

Benjamin Britten

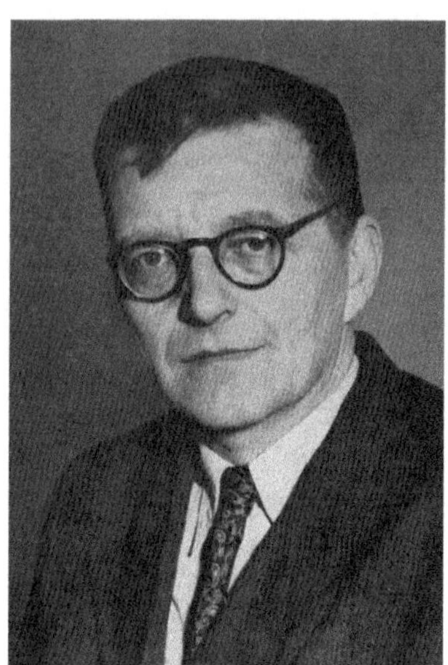

Dmitrij Schostakowitsch

In Deutschland wurden die Künstler erst ab den 1950er Jahren angemessen gewürdigt: Britten in dem 1955 erschienen Band Benjamin Britten – Das Opernwerk *(Musik der Zeit, hrsg. von Heinrich Lindlar) und Schostakowitsch in dem Buch* Musik in der Sowjetunion, *in dem Fred K. Prieberg 1965 auch auf Brittens Erfolge in der UdSSR hinwies.*

Britten hatte sich seinerseits den landesüblichen Gepflogenheiten unterzuordnen. Er lebte wiederum in einer Welt, in der die Hierarchien anders strukturiert waren. Der gesellschaftliche Druck, den politische Gruppierungen, Glaubensgemeinschaften, Universitäten und Medien erzeugten, beeinflusste in hohem Maße die Moralvorstellungen und die Zusammensetzung der Führungseliten. Als Homosexueller musste Britten in diesem Umfeld seine Nischen finden. Er suchte sich ein Ambiente, in dem gleichgeschlechtliche Beziehungen nichts Anstößiges besaßen. Auden hatte die homosexuelle Subkultur im Berlin der 1920er-Jahre kennengelernt und bestärkte Britten, seine Neigungen nicht zu unterdrücken. Bereits 1934, im Jahr seines ersten großen Erfolgs, hatte Britten flüchtig einen Sänger kennengelernt, der ihm drei Jahre später bei Konzertprojekten wiederbegegnete. Anfangs schrieb Britten in Briefen noch der Aussprache folgend von einem gewissen »Peter Piers«, der ihn beeindruckt hatte, doch schon bald gewöhnte er sich an die korrekte Version: »Pears«. Dieser junge Tenor wurde 1936 nach einer Ausbildung in Oxford und am Royal College of Music in London Mitglied der BBC Singers, bevor er von 1938 an seinen Weg als Solist ging. Erst nach dem Dahinscheiden von Brittens Mutter und dem Tod des gemeinsamen Freundes Peter Burra, der bei einem Flugzeugunglück starb, kamen sich die beiden Männer im April 1937 näher. »Hab' eine schöne Zeit in Amerika – singe gut und komme mit viel Geld in den Taschen zurück«, schrieb der Komponist in dem ersten erhalten gebliebenen Brief vom 24. Oktober 1937, als der Tenor zu einer fast dreimonatigen Tournee mit den ›New English Singers‹ aufbrach. »Bis du zurückkommst, werde ich vier weitere Bände Musik geschrieben haben. Mehr Lieder & mit etwas Glück ein Klavierkonzert. Momentan verstehe ich mich bestens mit den Musen.«[430] Kurz zuvor hatten Benjamin Britten und Peter Pears in Oxford ihr erstes gemeinsames Konzert gegeben, bei dem unter anderem Brittens Zyklus *On This Island* auf dem Programm stand – der Grundstein für die Zusammenarbeit von zwei der bedeutendsten Liedinterpreten des 20. Jahrhunderts war gelegt. Eine Kollegin von Pears bei den BBC Singers meinte, Pears habe »keine große Stimme gehabt«, zudem brauchte er »mehr Volumen« und einen größeren Tonumfang, denn »in der Höhe fehlten ihm einige Noten«. Doch er sei »ungemein sensibel im Umgang mit den Worten, wobei sich bei ihm die Musik aus den Worten entwickelte« und er in der Lage war, »seiner Stimme Klangfarben zu verleihen, ohne groß darüber nachdenken zu müssen«.[431] Brittens Schwester Beth glaubte, »Peters Stimme hatte irgendetwas, was Ben brauchte, da er am kreativsten war, wenn er für die Stimme komponierte«.[432]

Britten und Pears pflegten eine offene Beziehung. »Als Pazifisten und Künstler mit einer aufrichtigen Sorge um die Menschen im Allgemeinen und Kinder im Besonderen kamen wir uns näher«, berichtete der Komponist Michael Tippett, der beide im November 1942 kennenlernte. »Sie haben mich damals recht oft in Oxted besucht. Als Peter einmal nach London zum Singen abreiste, blieb Ben zurück. Er glaubte, es sei schön, wenn wir zusammen schliefen, was wir gemacht haben, obwohl ich einer sexuellen Beziehung auswich; Peter war dennoch über unsere Intimität bei dieser Gelegenheit ziemlich beunruhigt.«[433]

Hinsichtlich ihres Privatlebens können Künstler es kaum jemandem recht machen. Haben sie wie Sullivan eine Beziehung zu einer verheirateten, aber von ihrem Mann getrennt lebenden Frau, gelten sie als moralisch fragwürdig. Führen sie wie Holst eine glückliche Ehe, werden sie als spießig betrachtet. Über Brittens homosexuelle Beziehung zu Pears sprach man lange Zeit nur hinter vorgehaltener Hand. Waren Zärtlichkeiten auf offener Straße schon völlig undenkbar, so erschien es auch zu gewagt, diese ›Angelegenheit‹ literarisch zu verarbeiten. Will man sich ein Bild machen vom Umgang der Gesellschaft mit der Homosexualität, braucht man sich lediglich das Schicksal des Romans *Maurice* von Edward Morgan Forster zu vergegenwärtigen. Britten schätzte den Schriftsteller außerordentlich und gestand, dass es immer zu seinen »wildesten Träumen gehörte, mit E. M. F. zusammenzuarbeiten«.[434] Dies sollte sich bei der ausschließlich mit Männerrollen besetzten Oper *Billy Budd* erfüllen. Forsters *Maurice* als Opernstoff zu verwenden, wäre ebenso undenkbar gewesen wie Sologubs Roman für Schostakowitsch. Das Buch Forsters wurde 1913 in Brittens Geburtsjahr begonnen und 1914 vollendet. »Gewidmet einem glücklicheren Jahr«, heißt es auf den ersten Seiten. Publiziert werden konnte der Roman erst 1971, ein Jahr nach Forsters Tod. In dem Buch erzählte der Autor vom Selbstfindungsprozess eines jungen Mannes der ›upper middle class‹, der durch die Liebe zu einem gleichgeschlechtlichen Partner in Konflikt mit den herrschenden gesellschaftlichen Normen gerät. Eine strafrechtliche Verfolgung von Homosexuellen gefährdete gleichgeschlechtliche Beziehungen bis 1967, doch allein die unbefangene Schilderung heterosexueller Verhältnisse führte schon in Brittens Jugend zu Skandalen und Verboten wie etwa 1921 bei James Joyces *Ulysses* oder 1928 bei D. H. Lawrences *Lady Chatterley's Lover.* Homophobie war weit verbreitet; symptomatisch ist ein Bericht des Magazins *People* im Juli 1955 über »eine Kampagne gegen Homosexualität in der Musik«, bei der Sir James Steuart Wilson – seines Zeichens Administrator für Projekte des Arts Council of Great Britain, der BBC und des Royal Opera House Covent Garden – kein Blatt vor den Mund nahm und verkündete, »der Einfluss der Perversen in der Welt der Musik ist mittlerweile ins Unerträgliche gewachsen«.[435] Britten dürfte die Diskretion von Forster gefallen haben. Im September 1960 notierte der Schriftsteller, dass sich, seit *Maurice* geschrieben wurde, ein Wandel in der Öffentlichkeit vollzogen habe, »der Wechsel von Ignoranz und Angst zu Gewohnheit und Verachtung«.[436] Forsters Buch blieb privat im Umlauf, obgleich es sicher möglich gewesen wäre, das Werk zumindest auf dem Kontinent zu publizieren wie etwa Manuskripte von Joyce und Lawrence.[437] *Maurice* bleibt letztlich ein Text, in dem der literarische Anspruch hinter dem persönlichen Anliegen, das das Thema bestimmte, zurückstand. Auch in Russland und später der Sowjetunion war Vorsicht geboten, doch immerhin fanden gegen Ende des 19. Jahrhunderts Benjamin Tarnowskijs und Richard von Krafft-Ebings Theorien Aufmerksamkeit, denen zufolge man Homosexualität als Krankheit definierte, die zu behandeln, aber nicht unbedingt zu bestrafen sei. Auch in Schostakowitschs Freundes- und Bekanntenkreis gab es etliche Homosexuelle wie Lew Oborin oder Swjatoslaw Richter. Dass Britten und Pears ein Paar waren, »wussten wir natürlich«, meinte Irina Schostakowitsch, aber sie vermutete, dass ihr Mann »daran nicht interessiert war«.[438]

Britten trat nie öffentlich für die Belange der Homosexuellen ein, so wie etwa Tippett in seiner 1991 erschienenen Autobiografie unbefangen über seine gleichgeschlechtlichen Partnerschaften erzählte. Welche Qualen Britten sein Coming-out bereitete, verrieten nur die Tagebücher. »Das Leben ist heutzutage ein ganz schön heftiger Kampf – auch sexuell. Es ist so schwer, Entscheidungen zu treffen, und es ist schwierig, offensichtlich abnormale Dinge ohne Vorurteile zu betrachten«, notierte er am 5. Juni 1936, und am 5. März 1937 hieß es: »Jetzt ist für mich die Zeit gekommen, eine Entscheidung über mein Sexualleben zu fällen.«[439] Aus der Freundschaft mit Pears wurde ab dem Juni 1939, als beide über Kanada in die USA reisten, eine intime Liebesbeziehung. Der Briefwechsel zwischen Britten und Pears – »Honey my darling«, »My heart«, »All my love, for ever & ever …« – vermittelt einen kleinen Einblick in die Vertrautheit und zärtliche Zuneigung zwischen den beiden Männern.

Dass beide eine gemeinsame Wohnung bezogen, gab der Gerüchteküche und dem Klatsch in den 1950er- und 1960er-Jahren zusätzlich Nahrung. Über Brittens Heim in Aldeburgh wurde mit »Homo sweet homo« gelästert; zudem spottete der Dirigent Thomas Beecham, Covent Garden führe aus gegebenem Anlass noch die »Schwuchteldämmerung« (The Twilight of the Sods) auf, und er verprellte Britten mit der Bemerkung, er gebe niemals Kommentare ab über junge, sich noch abmühende Komponisten.[440] Neun Jahre nachdem Beecham das Zeitliche gesegnet hatte, konnte Britten im Dezember 1970 noch erleben, wie bei der Uraufführung von Tippetts Oper *The Knot Garden* am Royal Opera House Covent Garden in London sich erstmals ein männliches Liebespaar auf der Bühne küsste. Britten redete nie öffentlich über, wie Thomas Mann es einst ausdrückte, das Tiefste in ihm. Das Wort »homosexuell« kam in seinem Wortschatz nicht vor. Die gleichgeschlechtlichen Verbindungen blieben seine und Pears Privatangelegenheit. Schostakowitschs gelegentliche heterosexuelle Affären führten zu ernsthaften Krisen, bei Britten wurde genossen und geschwiegen. Für den Russen hatten die Beziehungen zu Frauen fast keine Auswirkungen auf seine Kompositionen – abgesehen von Widmungen und kleineren Anspielungen; für den Engländer hingegen wurde seine sexuelle Orientierung zu einem wesentlichen Teil seiner Kreativität. So bereicherten die ätherischen Klänge von Knabenstimmen seine Wahrnehmung des Daseins; desgleichen umfingen seine Emotionen den Sänger Peter Pears sowohl als Mensch wie auch als Künstler. »Bei ihren gemeinsamen Auftritten ergänzte der eine den anderen«, meine Galina Wischnewskaja. »Wenn ich Peter zuhörte und Ben spielte, waren sie eins, als ob sie zusammen atmen würden.«[441] Treffend hieß es auch »Nel vostro fiato son le mie parole« in dem von Britten vertonten 30. der *Michelangelo-Sonette* – in deinem Atem bildet sich mein Wort. Und zudem der Klang: Das erste Werk, das Britten für den Freund schrieb, waren die *Seven Sonnets of Michelangelo* op. 22, vollendet im Herbst 1940; das letzte, 33 Jahre später uraufgeführt, die Oper *Death in Venice* nach der Erzählung von Thomas Mann.

*

Der Bedeutungswandel von Werten und Worten zog sich wie ein roter Faden durch die Leben von Britten und Schostakowitsch. Das Motiv der ›Metamorphose‹ begleitete und faszinierte beide Komponisten. Britten bündelte die Erfahrungen im Sommer 1951 sogar explizit in Klänge mit seinen *Sechs Metamorphosen nach Ovid* für Solo-Oboe op. 49, die er als ein »echtes Freiluft-Stück« charakterisierte.[442] Unter den Balletten von Schostakowitschs Kompositionsprofessor Maksimilian Schtejnberg findet sich auch das »musikalisch-mimische Triptychon« *Metamorphosen*. Das Opus 10 ging ebenfalls auf Ovid zurück, der in Russland eine ähnliche Wertschätzung genoss wie Puschkin. Schostakowitsch dürfte das Werk, das 1913 in seiner Heimatstadt Premiere feierte, durchaus auf der Bühne gesehen oder zumindest die fünfsätzige Suite gekannt haben. Mit seinen eigenen Metamorphosen immer wiederkehrender Motive sollte er später in den unterschiedlichsten Kontexten seiner Werke den Bedeutungswandel von Begriffen und Konnotationen reflektieren.

Schon als Kinder erfuhren Benjamin und Dmitrij, dass das Leben durch Krieg und Revolution ständigen Umbrüchen unterworfen ist. Für Britten vollzog sich der gesellschaftliche Wandel nach dem Ersten Weltkrieg fließend, für Schostakowitsch radikal. Insbesondere in seinen Puschkin-Liedern verdichten sich frühe Erfahrungen in symbolreiche künstlerische Umsetzungen. Als Geste des Verstehens und des Respekts überraschte ihn auch Britten mit seinen eigenen Puschkin-Vertonungen in russischer Sprache. Für Schostakowitsch zeichneten sich die Veränderungen allein an den mehrfachen Umbenennungen seines Geburtsorts ab. Nachdem seine nach einem Vertrauten Jesu benannte Heimatstadt über 200 Jahre lang den Namen Sankt Petersburg getragen hatte, wurde sie im September 1914 nach dem Beginn des Ersten Weltkriegs von der Regierung in »Petrograd« umgetauft, die »Stadt Peters«, um die deutschen Wortbestandteile »Sankt« und »Burg« zu eliminieren. Im Februar 1924 tilgten die Bolschewiki den Namen des Apostels und des Zaren und ehrten mit der Umbenennung in »Leningrad« ihren im Januar verstorbenen Führer Lenin. Schostakowitsch soll in einem Brief an seine Jugendfreundin Tatjana Gliwenko den Namen scherzhaft zu »Sankt Leninburg« verballhornt haben.[443] Erst 16 Jahre nach dem Tod des Komponisten hat die Metropole an der Ostsee, die vom 18. bis ins 20. Jahrhundert hinein die Hauptstadt des Russischen Kaiserreiches war, wieder ihren Gründungsnamen zurückerlangt. Kunstwerken erging es nicht besser als Millionenstädten. Eine von Schostakowitschs eigenen Opern blieb der Bühne zu seinen Lebzeiten nur erhalten, indem er sie revidierte und umbenannte. Seit 1963 konnte die in den Augen des Regimes verruchte *Lady Macbeth von Mzensk* nur als *Katerina Ismajlowa* gegeben werden. Der ersten bedeutenden russischen Oper war es kaum besser ergangen. Der ursprüngliche Titel von Glinkas 1836 uraufgeführtem Musikdrama lautete *Iwan Susanin*, doch auf Wunsch des Zaren benannte er es kurz vor der Uraufführung um. Als *Ein Leben für den Zaren* feierte das Stück dann Erfolge, bis das Werk nach der Oktoberrevolution 1917 in der UdSSR verboten wurde. Erst als sich Stalin im Zweiten Weltkrieg dem nationalrussischen Erbe zuwandte, kam Glinkas Oper wieder auf die Bühnen, allerdings unter dem ursprünglichen Titel *Iwan Susanin*. Seit dem Zerfall der Sowjetunion 1991 steht sie wieder als *Ein Leben für den Zaren* auf dem Spielplan.

Der in jener Phase im Westen populär gewordene Ausdruck перестройка war Schostakowitsch bereits in den 1930er-Jahren geläufig. Der Begriff ›Perestrojka‹ bezeichnet eine ›Umgestaltung‹ und fand seinerzeit Verwendung bei der Etablierung der Künstlerverbände. In der schönen neuen Welt lebte Schostakowitsch nicht in einer Kultur des Zweifels, sondern in einer, die wusste, was zu tun war: Bereits Karl Marx las eifrig Werke des revolutionär gesinnten Publizisten Nikolaj Tschernischewskij im Original, und zu Beginn des 20. Jahrhunderts hatte Lenin für die programmatische Schrift über seine politischen Ziele aus Bewunderung für Tschernischewskijs bekanntesten Roman noch dessen Titel *Was tun?* übernommen. Mitunter bekommen unentschlossen wirkende Menschen noch die Redensart »Lies doch mal Tschernischewskij!« zu hören, der manchen als einflussreicher galt als das Marx'sche *Kapital*.

Anfangs hatte Schostakowitsch die Perestroika der 1930er-Jahre noch begrüßt, ohne zu ahnen, dass sie sich in wenigen Jahren gegen ihn wenden sollte. Für die Kultur Zwei brauchte man keine Experimente, sondern selbstbewusste Kunstwerke, welche die Ideologie bestätigten. Als Schostakowitsch bei seiner zweiten Oper vollständiges künstlerisches Versagen vorgeworfen wurde, war er schon längst mit einem anderen Großprojekt beschäftigt: mit seiner 4. Sinfonie. Sein Opus 43 hatte er im Geiste Gustav Mahlers gestaltet. Doch selbstzerfleischende Reflexionen und morbide Eskapaden waren nicht im Sinne dieser Perestroika.

*

Mit Rücksicht auf die Staatsideologie sahen sich sowohl Britten als auch Schostakowitsch im Alter von 26 bzw. 28 Jahren mit Widerstand gegen eine geplante Uraufführung konfrontiert. Für beide wurde es eine lehrreiche Erfahrung. Bei Britten bestand aber nie eine Gefahr für Leib und Leben – er hatte die *kulturellen* Codes einer Nation missachtet und musste sich lediglich dorthin orientieren, wo er sich verstanden fühlte. Schostakowitsch hingegen hatte *politische* Spielregeln ignoriert, doch er konnte in kein anderes Land ausweichen – zum Schutz seiner Familie und seiner eigenen Person war er gezwungen, Kompromisse einzugehen. Ohne einen Auftrag hatte er seine 4. Sinfonie entworfen; Britten reagierte – wie zumeist – auf eine Anfrage.

Im Jahr 1939 erhielt der Engländer die Bitte des British Council, ein Orchesterwerk zu Ehren »der herrschenden Dynastie einer ausländischen Macht« zu schreiben. Er akzeptierte die Bestellung, solange man nicht »irgendeine Art musikalischen Hurrapatriotismus« von ihm verlangte.[444] Der Auftraggeber war Japan, das den 2600. Jahrestag seiner Gründung durch die Mikado-Dynastie prunkvoll mit internationalem Glamour zu begehen beabsichtigte. Er gedenke, »eine kurze Sinfonie bzw. eine sinfonische Dichtung« fertigzustellen, ließ Britten wissen: »Das Ganze nennt sich *Sinfonia da Requiem* (ziemlich aktuell, aber natürlich werden keine Daten oder Orte erwähnt!), was ganz danach klingt, als ob es ihnen gefallen könnte.«[445] Britten dachte weniger an die Kultur, von der die Bestellung ausging, sondern viel mehr an das dringend benötigte und nicht unbeträchtliche Honorar sowie an seine unlängst dahingeschiedenen Eltern, denen er das Werk widmen wollte, sowie an »meine eigenen gegen den Krieg gerichteten Überzeugungen«.[446] Zwar hatten die Japaner zunächst den Erwägungen eines »sinfonischen Totengedenkens« zugestimmt – wahrscheinlich weil die Ehrung der Verstorbenen bei ihnen eine besondere Rolle spielt –, doch Britten nahm bei der Umsetzung keinerlei Rücksicht auf spezifische Befindlichkeiten. Etwa ein halbes Jahr nach Abgabe der im Juni 1940 fertiggestellten Partitur erhob sich stürmischer Protest, da das Werk die Erwartungen nicht erfüllte. Die drei Sätze hatten mittlerweile die Bezeichnungen »Lacrymosa« (Tag der Tränen), »Dies irae« (Tag des Zorns) und »Requiem aeternam« (Ewige Ruhe) erhalten, was eindeutig dem Vokabular des christlich-spirituellen Bereichs entlehnt war. Die Ignoranz gegenüber der japanischen Kultur, den nicht affirmativen Charakter der Musik und das offensichtliche Verfehlen des Themas dieses Auftrags betrachtete man als eine Beleidigung des Mikado und lehnte Brittens Beitrag verständlicherweise ab. In den USA, wo Britten zu diesem Zeitpunkt lebte, fand der Komponist hingegen Fürsprecher in dem italienisch-englischen – und katholischen – Dirigenten John Barbirolli, der die *Sinfonia da Requiem* schließlich am 30. März 1941 in einem Konzert der New Yorker Philharmoniker zur Uraufführung brachte, und dem russischen Emigranten Sergej Kusewizkij, der das Stück im Januar 1942 in ein Programm des Boston Symphony Orchestra integrierte. Am

22. Juli 1942 erlebte Britten die europäische Erstaufführung in London. Zu diesem Zeitpunkt befand man sich schon im Krieg mit Japan. Britten hatte es leicht, dem Auftraggeber die Schuld zuzuweisen, doch die Ablehnung hatte er sich wegen seiner kulturellen Ignoranz selbst zuzuschreiben. Gegenüber Japan zeigte Britten nur spöttische Verachtung und sprach in seinen Briefen mehrfach von »Japsen«.[447] Sein Verleger Ralph Hawkes ermahnte ihn, sich nicht so schnippisch zu gebärden. »Gab es irgendeine Notwendigkeit, sich derart gedankenlos zu verhalten?«, schrieb er verärgert im November 1940 an Britten. »Mir wurde nun mitgeteilt, dass die von Richard Strauss und Pizzetti eingereichten Werke – die großen Komponisten der Achsenmächte – sich ausgiebig den Festlichkeiten und der Bedeutung der Dynastie widmeten, wodurch nur umso deutlicher wurde, dass dein Werk dieser Zueignung entbehrt; ich vermute deshalb, dass dies zu der ablehnenden Haltung beigetragen hat. Dein Entschuldigungsschreiben an Mr. Mori hat nach Auffassung des British Council allerdings kaum dazu beigetragen, die Situation zu entschärfen; und auch ich muss sagen, du hättest Prinz Konoe ruhig mit seinem korrekten Titel ansprechen können anstatt plump mit ›Mr‹.«.[448] Doch wer seine Vorurteile revidieren kann, der hat keine – Britten sollte in reiferen Jahren zu einer differenzierteren Einstellung gegenüber Asiaten gelangen.

Vergingen zwischen der Ablehnung von Brittens gut zwanzigminütiger *Sinfonia da Requiem* und der Uraufführung nur einige Monate, so lag zwischen der kurzfristig abgesagten und der letztendlich realisierten Uraufführung der etwa einstündigen 4. Sinfonie von Schostakowitsch ein Vierteljahrhundert. Im Herbst 1936 liefen die Vorbereitungen für die Uraufführung in Leningrad auf Hochtouren, da das Werk im Dezember der Öffentlichkeit vorgestellt werden sollte. Der Beginn der Entstehungsphase der 4. Sinfonie fiel in die Zeit nach der Kritik an *Die Nase* und dem Erfolg von *Lady Macbeth*. Bereits im November 1934 konzipierte Schostakowitsch einen ersten Satz und kündigte an, er wolle ein »monumentales, programmatisches Stück voll großer Ideen und großer Leidenschaften« zu Papier bringen.[449] Es ließ sich nie klären, ob hinter dieser Ankündigung Ideen zu einer angedachten Karl-Marx-Sinfonie im Stil von Mahlers »Der Titan« standen, wie der sinfonische Erstling des Idols in Anspielung auf Jean Pauls gleichnamigen Roman zeitweilig genannt wurde. Auch wenn die endgültige Fassung von Schostakowitschs 4. Sinfonie mit diesen embryonalen Entwürfen nicht mehr allzu viel gemein hatte, war seine Charakterisierung des Orchesterwerks passend. Letztlich gab es kein in Worte gefasstes ›Programm‹. Mit der Niederschrift der überlieferten Fassung begann Schostakowitsch im September 1935. Gawriil Popow, dessen 1. Sinfonie Schostakowitsch 1935 beeindruckte, beschrieb den Kopfsatz als »äußerst stringent, stark und nobel«.[450] Anfang Januar teilte Schostakowitsch Sollertinskij mit, dass er den zweiten Satz seiner Sinfonie fertiggestellt habe. »Er hat den Charakter eines Intermezzos im Allegretto«, schrieb er dem Freund. »Er dauert zehn Minuten. Ich bin zufrieden damit, wie er sich entwickelt hat.«[451] Dann wurde der Komponist von der Verdammung seiner zweiten Oper in der *Prawda* überrumpelt. Doch im Februar hatte er sich wieder gefangen und konnte Ende April Kollegen mitteilen, dass er auch den Schlusssatz vollendet habe.[452] Die 4. Sinfonie – ähnlich wie später *Peter Grimes* für Britten – bildet eine ästhetische Wende im Schaffen Schostakowitschs: Zum ersten Mal schrieb er eine Sinfonie unter dem Eindruck seiner intensiven Auseinandersetzung mit dem Œuvre Gustav Mahlers, so wie er es durch Sollertinskij und Konzerte in den 1920er-Jahren kennengelernt hatte. Die 4. Sinfonie wurde zu einem Werk von neuen Proportionen. Wie Mahler reflektierte Schostakowitsch seine Welt in Klängen und versuchte bei dieser ersten Hommage an das Vorbild, dieses sogar zu übertrumpfen, indem er die gewaltigste Orchesterbesetzung all seiner Werke verlangte. Drei- bis vierfach besetzten Holz- und Blechbläsern musste ein entsprechend phonstarkes Aufgebot an Streichinstrumenten zur Seite stehen. Hinzu kam eine massive Phalanx an Schlaginstrumenten, darunter auch exotische Klangkolorierungen wie jene von Kastagnetten, Tamtam, Xylophon, Glockenspiel und Celesta sowie die zarten Töne von gleich zwei Harfen. In diesen Klangmassen und -farben bündelten sich die neuen Erfahrungen in grellen Dissonanzen, in einem aufpeitschenden Presto für Streicher, das allmählich das ganze Orchester erfasst, einem wiederkehrenden Trauermarschmotiv und expressivem Schlagwerk. Sechs Jahre lang hatte Schostakowitsch kein sinfonisches Werk mehr geschrieben – nun gedachte er, mit diesem virtuosen Aufschrei sein Innerstes nach außen zu kehren, und zwar mit einer Sinfonie, die ähnlich wie jene von Gustav Mahler dem Publikum ein monumentales Seelengemälde bietet, das seine Situation widerspiegelte. Die ausgewogene Disposition bietet zwei ungefähr gleich lange Außensätze und einen mittleren langsamen Satz, der nur ein Drittel der jeweiligen Ecksätze ausmacht. Wie bei Mahler steht Grelles neben Grüblerischem: Im einleitenden ›Allegretto, poco moderato‹ dominiert der Rhythmus über die Melodie. Ein motorisches Stakkato mit Holzbläsern in den höchsten Lagen mit schreienden Einwürfen der Blechbläser gemahnt an die ungetrübte Experimentierfreude der 1920er-Jahre. Während Mahler Walzer und Ländler aufblitzen lässt, verwendet Schostakowitsch – mit modernerer Unterhaltungsmusik im Stil seiner Ballett- und Filmmusik – Kapriolen der anderen Art, wie skurril schnatternde, kicksende und schnarrende Kapricen der Holzbläser oder einen galoppartigen Marsch. Die zunehmend atemlos werdende Musik kommt erst in der Individualität zur Ruhe bei den Solopassagen für Englischhorn, Violine bzw. Fagott. Der Satz endet mit der Anweisung »morendo«, und auch das sich anschließende ›Moderato con moto‹ bietet keine Entspannung. Noch im ›Largo – Allegretto‹-Finale rumoren maschinenhafte Tonwiederholungen neben einer vorwärtsdrängenden Rhythmik und ein erneutes Aushauchen im »morendo« verheißt nichts Lebensbejahendes. Schostakowitschs Maßstab bildeten nicht die offiziellen Vorgaben, sondern die theoretischen Grundlagen seines Freunds Iwan Sollertinskij, der in seiner Mahler-Studie und etlichen Artikeln und Entwürfen jene Gedankengänge überlieferte, die auch in Gesprächen mit dem Komponisten eine Rolle gespielt haben müssen. Sollertinskij differenzierte zwischen dem Shakespeare'schen und dem Byron'schen Typus der Sinfonie. Den ersteren sah er in Beethovens Schaffen realisiert. »Diesen Typ der Sinfonik kann man in erster Linie definieren als einen Typ, aufgebaut auf der objektiven und verallgemeinerten Widerspiegelung der Wirklichkeit und den sich in dieser Wirklichkeit vollziehenden Prozessen und Kämpfen«, notierte Sollertinskij. »Beethovens Sinfonik geht nicht vom monologischen, sondern vom dialogischen Prinzip aus, von dem Prinzip des pluralistischen Bewusstseins, der Vielheit widerstreitender Ideen und Willen.«[453] Der Kulturwissenschaftler verdeutlichte, das Shakespeare'sche sei »hier in dem Sinne zu verstehen, dass der englische Dramatiker die Kunst des ›polypersonalen‹ Schauspiels, der erschöpfenden psychologischen Verkörperung und feinsten psychologischen Charakterisierung der unterschiedlichsten menschlichen Gestalten und Typen bis zu den letzten künstlerischen Möglichkeiten entwickelt hat. Keine einzige Rolle hat Shakespeare zum Sprachrohr seines ›Ichs‹ gemacht; die Idee eines Stücks erwächst aus der objektiven Schilderung des Schicksals der Helden, nicht aber aus lyrischen oder didaktischen Äußerungen des Autors.« Eine Sinfonie, die sich an diesem Grundmuster orientiert, benötige wie die ›Eroica‹ oder die Fünfte von Beethoven ein charakteristisches »›Impulsthema‹, ein ›Raketenthema‹, das schon das Element des Widerspruchs und der Bewegung in sich birgt«.[454] Man könnte beispielsweise die 7. und 12. Sinfonie von Schostakowitsch in diesem Sinne auffassen. Doch selbst wenn Beethoven »einen Haupttypus der Weltsinfonik geschaffen« hatte, so Sollertinskij, dem »auch in der sowjetischen Sinfonik ohne Zweifel eine große Zukunft« bevorsteht, so ist er »nicht der einzige, sondern nur einer von mehreren möglichen Typen der sinfonischen Dramaturgie«.[455] Nach Ansicht von Schostakowitschs Vertrautem entwickelte sich nach Beethoven ein anderer Typ der Sinfonik, »der eng mit der gesamten romantischen Philosophie und Ästhetik, dem romantischen Weltverständnis und ›Lebensstil‹ zusammenhängt. Das ist der Typ der lyrischen oder auch monologischen Sinfonik«. Bei diesem »Byron-Typ« handle es sich »um eine besondere Spielart der Sinfonik«, deren Ursprünge sich »in die Epoche des ›Sturm und Drang‹ und der Frühromantik zurückverfolgen« lassen, »insbesondere in manchen subjektiv gefärbten Werken Mozarts und namentlich in seiner g-Moll-Sinfonie«. Bei dieser Art Sinfonik wird »der gesamte reale Prozess des Kampfes zwischen den Ideen und Personen, wird die Welt der sozial-ethischen Konflikte durch das Prisma des zutiefst individuellen Schöpfer-Ichs gebrochen und einzig durch die Stimme des Autors vorgetragen. Die Musik verwandelt sich in eine Reihung leidenschaftlicher persönlicher Äußerungen, in die Seiten eines imaginären Tagebuchs, in eine flammende und zuweilen quälende Beichte«.[456] Dem Byron-Typus entsprechen eher Werke wie die 4. und 6. Sinfonie von Schostakowitsch, denn in ihnen zeigt sich das, was Sollertinskij für diese Art der Sinfonik diagnostizierte, dass ihr nämlich »das Problem der Widerspiegelung der objektiven Welt« immer wieder »besondere Schwierigkeiten bereitete«. Die Realität löst sich nur allzu leicht »im subjektiven Bewusstsein des Verfassers auf, ging im Strom der leidenschaftlichen lyrischen Empfindungen unter«.[457] Dies war allerdings keineswegs im Sinne der sowjetischen Sinfonik der 1930er- bis 1950er-Jahre. Erst recht heikel wurde es, wenn Schostakowitsch mit seiner 5. Sinfonie ein Opus vorlegte, bei dem unklar war, ob es zum Byron- oder zum Shakespeare-Typus zu zählen sei.

Die 4. Sinfonie erschien indes entschieden zu subjektiv. Der aus Deutschland emigrierte und von Schostakowitsch hochgeschätzte Dirigent Fritz Stiedry sollte die Leitung der Uraufführung mit den Leningrader Philharmonikern übernehmen. Bei den Proben, die – wie Isaak Glikman berichtete – »überaus beeindruckend waren«, zog Stiedry »bei der Einstudierung dieses neuen, hochrangigen Werkes alle ihm zu Gebote stehenden Register seines Könnens und Talentes«. Der Freund hatte auch den Eindruck, dass »die Atmosphäre im Saal angespannt« war. Glikman zufolge ging »in Musikerkreisen und hauptsächlich auch in musiknahen Kreisen das Gerücht« um, Schostakowitsch habe »die Kritik an der *Lady Macbeth* ignoriert und eine teuflisch komplizierte, von Formalismus strotzende Sinfonie geschrieben«. »Und siehe da, eines schönen Tages erschienen zur Probe der Sekretär des Komponistenverbandes, W. E. Iochelson, und noch eine autoritative Persönlichkeit aus dem Smolnij, Jakow Smirnow, woraufhin der Direktor der Philharmonie, I. M. Rensin – von Beruf Pianist – Dmitrij Dmitriewitsch bat, in die Direktion zu kommen«, erzählte Glikman. »Sie begaben sich über eine Wendeltreppe nach oben, und ich wartete im Saal. Nach 15 bis 20 Minuten kam Dmitrij Dmitriewitsch zu mir, und wir gingen zu Fuß zum Kirow-Prospekt 14. Ich war verwirrt und in Sorge wegen des anhaltenden Schweigens meines betrübten Begleiters, schließlich aber sagte er mit ruhiger, fast tonloser Stimme, dass die Sinfonie nicht aufgeführt werde, dass sie auf Rensins nachdrückliche Empfehlung hin abgesetzt sei, dieser aber keinerlei administrative Maßnahmen zu unternehmen wünsche und daher den Komponisten inständig bitte, von sich aus auf die Aufführung der Sinfonie zu verzichten.«[458] Es war ein Angebot, das Schostakowitsch nicht ablehnen konnte. Jetzt musste er endgültig einsehen, dass die experimentelle Phase der Revolution vorbei war.

Die theoretischen Grundlagen jener ästhetischen Position, die ihm im Verlauf der kommenden Jahrzehnte bei Bedarf immer wieder zum Vorwurf gemacht wurde, war einst im Westen definiert worden: Im April 1909 hatten zwei der Bloomsbury Group nahestehende Kritiker – Roger Fry mit dem Beitrag »An Essay in Aesthetics« in dem Magazin *New Quarterly* und 1913 Clive Bell in seinem Buch *Art* (Kunst) – die Konturen einer Kunst umrissen, bei der das Formale zum wesentlichsten Merkmal der Gestaltung erhoben wurde. »Einige Künstler, die besonders empfindsam hinsichtlich der formalen Gestaltung von Kunstwerken sind«, unterschied Fry, »hatten nahezu keinen Sinn für die Emotionen des Lebens, deren Ausgestaltung man von ihnen erwartete.«[459] Deswegen erachtete man es als dringlich, das rein Formale deutlich von anderen Deutungsaccessoires zu lösen. Für eine Staatsführung, die die Kunst als Waffe betrachtete, wurde der ›Formalismus‹ bald zum Schimpfwort.

Schostakowitschs Sinfonie geriet jedoch nie vollends in Vergessenheit. In den 1940er-Jahren wurde eine Fassung für zwei Klaviere veröffentlicht, die, wenngleich es auch nur sehr begrenzt Verbreitung fand, in Musikerkreisen die Erinnerung an das Werk wachhielt. Selbst wenn sie erst im Dezember 1961 der Öffentlichkeit vorgestellt wurde, prägte sie Schostakowitschs künstlerisches Selbstverständnis und führte ein inoffizielles Eigenleben. Die 4. Sinfonie war Schostakowitschs bis dahin längstes Orchesterwerk: Es ist mit einer guten Stunde fast so lang wie die ersten drei Sinfonien zusammen. Was ihn einst an Mejerholds Arbeiten fasziniert hatte, kann man als prägende Idee seiner neuen Sinfonik und zukünftigen Kammermusik betrachten: »Jedes Mal etwas Neues sagen.«[460]

*

Die 1930er-Jahre wurden zum Jahrzehnt der Desillusionierungen. Während Schostakowitsch die eigene und die Sicherheit seiner Familie unruhige Nächte bereitete, diskutierte Benjamin Britten mit seinen Kumpanen wie Auden und Isherwood nächtelang über Gerechtigkeit, Revolution und Ismen aller Art. »Nach dem Essen noch viel mehr Marx gelesen«, lautet ein typischer Tagebucheintrag jener Zeit, »Mühsam, aber lehrreich.«[461] Für die Londoner Arbeiterchorvereinigung lieferte er voller Hingabe einen Marsch – das *Russian Funeral* für Blechbläser (vier Hörner ad lib., drei Trompeten, drei Posaunen und Tuba) nebst Schlaginstrumenten – und verwirklichte seine sozialistischen Träume in einem per se kostenintensiven, kommerziellen Medium, dem Film. Dessen ungeachtet vergnügte sich der Couchkommunist Britten gelegentlich damit, Monopoly zu spielen: »Ein großartiges amerikanisches Spiel«, wie er im Tagebuch vermerkte, »das die verhängnisvolle Anziehungskraft & die hoffnungslose Einfältigkeit des Kapitalismus zeigt – aber abgesehen davon ein sehr gutes Spiel.«[462]

Vielen seiner Mitdiskutanten hingegen reichte das Theoretisieren nicht mehr. Ein Anlass, die angestauten Energien freizusetzen, bot sich 1936 in Spanien. Es schien, als ob die Russische Revolution noch zwanzig Jahre später ihre Nachwirkungen zeigte, als im Westen Tausende zumeist linksgerichtete junge Männer das Nichtstun nicht mehr ertragen konnten und nun unvermittelt vom Schwadronieren zum Schießen übergingen. Viele hatten noch nie eine Waffe in der Hand gehalten. Für den Pazifisten Britten war es ein schwerer Schlag, als ihm selbst Auden im Januar 1937 eröffnete, er habe sich entschlossen, als Fahrer eines Ambulanzfahrzeugs am Spanischen Bürgerkrieg teilzunehmen. »Nach dem Essen sagte er mir, dass er nach Weihnachten nach Spanien gehen und kämpfen will – ich versuchte ihn davon abzubringen, denn das, was die spanische Regierung von seiner Teilnahme hat, ist nichts verglichen mit dem, was die Welt davon hätte, wenn er weiter schreibt; aber niemand kann W. H. A. von seiner Meinung abbringen«, notierte Britten. »Es ist furchtbar bedrückend, und ich empfinde es als entsetzlich, dennoch glaube ich, dass es für ihn vielleicht nur logisch ist – er ist eine so direkte Person. Trotzdem zeigt es einen phänomenalen Mut.«[463]

Da die Vertreter extrem linker Positionen stets die besseren Autoren auf ihrer Seite hatten, wird Gewalt von links zumeist mit ›Widerstand gegen Autoritäten‹ und ›Kampf für die Freiheit‹ konnotiert und Gewalt von rechts mit Repressalien und Diktatur. Dabei gelangten radikale linke Positionen stets mit viel Blutvergießen an die Regierung, betont rechtsgerichtete Politiker häufig durch Wahlen oder Ernennungen. Nach Italien und Deutschland war Spanien ein besonderer Fall, weil die Machtübernahme der Rechten in gewalttätige Auseinandersetzungen mündete. Der Spanische Bürgerkrieg der 1930er-Jahre hatte ein von den Idealisten unbeachtetes, aber im Bewusstsein der Spanier präsentes historisches Vorbild im Ersten Carlistenkrieg einhundert Jahre zuvor: Dieser erste Spanische Bürgerkrieg entbrannte im Oktober 1833, um einen Prätendenten zu inthronisieren, und zog sich sieben Jahre hin. In beiden großen Auseinandersetzungen wurden mehrere Streitigkeiten gleichzeitig ausgetragen, denn es kämpften Republikaner gegen Alleinherrscher, Modernisten gegen Landbesitzer, Bauern gegen Arbeiter, Städter gegen Landbewohner. Fand der frühere Krieg fast unbeachtet von den Medien statt, so geriet das blutige Ringen im Spanien Mitte der 1930er-Jahre nach Auffassung eines Berichterstatters zum »fotogensten Krieg, den man je gesehen hat«.[464] Die Authentizität etlicher ikonischer Anti-Kriegs-Bilder zog man später zu Recht in Zweifel. Wie beim Carlistenkrieg griffen auch ausländische Mächte entscheidend ein, doch erst im 20. Jahrhundert kam es bei den Kämpfen zu Auseinandersetzungen mit vollautomatischen Feuerwaffen, Fliegerbomben, Fotos und Formulierungen.

Britten hatte schon seit Monaten intensiv die Nachrichten aus Spanien verfolgt, nachdem im Juli 1936 die Truppen rechtsgerichteter Putschisten unter General Francisco Franco gegen die demokratisch gewählte Volksfrontregierung der Zweiten Spanischen Republik vorgingen. Noch schwelgte der Engländer in Erinnerungen an seinen erst wenige Wochen zurückliegenden Besuch des Landes, als er beim Festival der Internationalen Gesellschaft für Neue Musik in Barcelona weilte, was ihn zusammen mit seinem Kollegen Lennox Berkeley zu einer *Suite of Catalan Dances* inspirierte. »Die Nachrichten aus Spanien machen mich krank«, notierte Britten im Juli in seinem Tagebuch. »Die aufständischen Faschisten scheinen voranzukommen & dem eindeutig pro-faschistischen *Daily Telegraph* zufolge haben sie praktisch ganz Nordspanien, Marokko & große Teile des Südens unter Kontrolle.«[465] Noch, so schien es ihm, hatten »die Regierung & die Leute die Situation in der Hand« gegen »diese verfluchten Faschisten«.[466] Aber schon fünf Monate später beklagt er in einem Brief »Tragödie über Tragödie«, abgesehen von dem »wunderbaren Widerstand, den Madrid leistet«.[467] Die Belagerung Madrids durch Francos Truppen hatte am 6. November 1936 begonnen und sollte bis zum Ende des Bürgerkriegs über zwei Jahre andauern.

Nachdem der Kampf um eine bessere Welt daheim genügsam vor sich hin köchelte, begaben sich etliche linksorientierte Intellektuelle und Künstler aus Großbritannien dorthin, wo er voll entfacht war und das Land in Flammen stand. Auden zog mit der Einstellung in den Kampf, er werde »möglicherweise ein verdammt schlechter Soldat sein, aber wie kann ich zu ihnen und für sie sprechen, ohne je einer gewesen zu sein?«.[468] Der ambitionierte linke Widerstands-Tourismus florierte. »Idealisten aus der ganzen Welt kommen hierher, um im Bürgerkrieg zu kämpfen«, hieß es in einem Pressebericht. »Die meisten treten den Internationalen Brigaden bei, die sich sehr für die Verteidigung Madrids einsetzen.«[469] Während Italien und Deutschland Francos faschistischem Regime zur Seite standen, erhielt die ehrgeizige linke Bewegung nur halbherzige Unterstützung aus der Sowjetunion. Auch wenn »die politische Moral hoch« sei, hieß es auf russischer Seite, gebe es »viel Impulsivität und Gedankenlosigkeit« bei den militärischen Aktionen.[470] Stalin war wenig daran gelegen, moderate Linke an die Macht zu bringen; vielmehr nützte es ihm in der momentanen Situation, dass Mussolini und Hitler ihre Energien in eine andere Richtung lenken mussten.

So tollkühn Audens Entschluss, mit Schusswaffen in der Hand gegen den Faschismus zu kämpfen auch sein mochte, Britten hielt es für einen Fehler, sich derart in Gefahr zu begeben. »Er ist die charmanteste, vitalste, aufrichtigste & wichtigste Person, die ich kenne«, schrieb Britten, »& wenn die spanischen Rebellen ihn töten, wird das eine widerliche Gräueltat sein.«[471] Neben Auden hatte auch der Schriftsteller George Orwell zu jenen ausländischen Idealisten gehört, die – obgleich sie schlechte Schützen waren und nur unzulänglich Spanisch sprachen – für ihre Träume von einer besseren Welt in den Kampf zogen. Orwells wichtigste Erinnerungen an den Krieg hängen »untrennbar mit dem widerwärtigen Gestank menschlichen Ursprungs« zusammen. Die schier unerträglichen Ausdünstungen auf den Latrinen in den Baracken trugen mit dazu bei, alle »Illusionen über den Spanischen Bürgerkrieg erheblich herabzumindern«.[472] Statt Heroismus fanden die vermeintlichen Verteidiger der Freiheit widerwärtigen Dreck, verpestete Luft, peinigende Langeweile, zermürbenden Hunger im Schützengraben, aufreibende Zänkereien mit Kameraden und einen quälenden Mangel an Schlaf. Die Berichterstattung, die Britten mit großer Aufmerksamkeit verfolgte, hielt Orwell zunehmend für »romantischen, kriegshetzerischen Stuss«. »Ich las Berichte über große Schlachten an Orten, wo es nie zu Kämpfen gekommen war«, notierte er, »während Kämpfe, bei denen Hunderte gefallen waren, totgeschwiegen wurden.«[473]

Der Komponist konnte alles nur aus über tausend Kilometer Entfernung mitverfolgen. Ihm war der Abschied schwerer gefallen als seinem Freund Auden. »Er ist eine so große Persönlichkeit & ich bin entsetzlich traurig über seine Entscheidung, nach Spanien zu gehen, um zu kämpfen«, schrieb er an einen Vertrauten. »Ich gebe zu, das ist schon in Ordnung & sehr mutig von ihm – aber was die Regierung braucht, sind keine Märtyrer – davon hat sie genug, sondern Waffen & Geld; & Wystan kann hier daheim mehr Gutes tun als da draußen.« Was Britten zudem nach eigenem Bekunden »krank« machte, war, dass er »so viel Arbeit mit ihm in Planung hatte«, darunter Musik zu Audens neuem Theaterstück *The Ascent of F6*, einer Oper und einer Revue.[474]

*

Das bei Arbeitern und Kulturschaffenden des Westens positive Bild vom Kommunismus wurde in den 1930er-Jahren durch einflussreiche Intellektuelle bestärkt. Die Briten lernten Iosif Stalin näher kennen durch ein ausführliches Interview des Präsidenten des P.E.N.-Klubs (›Poets, Essayists, Novelists‹), H. G. Wells, das am 27. Oktober 1934 in einer Sonderbeilage von *The New Statesman* erschien. Nach einer zwischenzeitlichen Fusion von 1930 bis 1964 firmierte die Wochenzeitung als *New Statesman and Nation* während einer Phase, in der die Auflage von 13 000 auf 70 000 Exemplare anstieg. In seinem antifaschistischen Furor kritisierte das Blatt – wie auch Benjamin Britten – die Appeasement-Politik der Regierung, verteidigte aber das Vorgehen Stalins in einer Weise, die George Orwell zu der Äußerung verleitete, dass jede Kritik an der Sowjetunion derzeit eine Kritik am Sozialismus an sich sei.[475] Wells war in der UdSSR ausgesprochen populär, da seine Werke in zwölf Bänden bereits 1909 in Russland herausgekommen waren und noch 1964 eine 15-bändige Edition folgte. In den 1920er-Jahren hatte Wells bereits Lenin in einem guten Licht dargestellt; nun präsentierte er einen höflichen und gebildeten Stalin, der als anregender Gesprächspartner mit ihm über die internationale Wirtschaft und die Weltgeschichte diskutierte, wobei er insbesondere englische Leser durch seine profunden Kenntnisse der Cromwell-Zeit und der Chartistenbewegung verblüfft haben mag. Wells, der über zukünftige Kriege der Welten und Zeitreisen Romane schrieb, durchschaute die Gegenwart nicht. »Sie, Mr. Wells, gehen offensichtlich von der Annahme aus, dass alle Menschen gut sind«, sagte Stalin. »Ich hingegen vergesse nicht, dass es sehr viele schlechte Menschen gibt. Ich glaube nicht an das Gute in der Bourgeoisie«. Äußerungen Stalins wie »Erziehung ist eine Waffe« und die Kommunisten »wären froh, wenn sie auf gewaltsame Methoden verzichten könnten und die herrschende Klasse den Weg für die Arbeiterklasse frei machen würde«, hinterfragte der Engländer nicht.[476] Da Wells 1946 hochbetagt verstarb, sollte er nicht mehr mitbekommen, dass ein junger englischer Opernkomponist in seinem Œuvre das Gute im Menschen durch Verrohung und Verführung gefährdet sah und dass das im Westen populäre Stalin-Bild als der joviale ›Onkel Joe‹ Risse bekam. Sollten Zeitreisen, wie Wells sie ersann, eines Tages tatsächlich möglich sein, müsste man darauf achten, dass manche Begriffe zwar vertraut erscheinen, aber in anderen Jahrzehnten eine völlig andere Bedeutung haben. In Großbritannien und der Sowjetunion wandelten sich im 20. Jahrhundert etwa alle zehn Jahre die Wertvorstellungen. Bei den einmal mehr, ein andermal weniger radikalen Veränderungen prägten die jeweils variierenden Erfahrungen die Charaktere von Britten und Schostakowitsch. Aus den forschen jungen Gipfelstürmern wurden anpassungsfähige Lebenspartner, aus den ästhetisch und ethisch noch ungefestigten Musikern wurden Künstler mit einer Aussage. In England bekamen Ausdrücke wie ›viktorianisch‹ oder ›edwardianisch‹ in den 1920er-Jahren einen negativen Beigeschmack. In der UdSSR hingegen versprach nach der chaotischen Orientierungsphase in den 1920er-Jahren nun die Perestroika der künstlerischen Institutionen in den 1930er-Jahren viel Verheißungsvolles. Selbst wenn man Phrasen durchschaute, tat man gut daran, dies nicht deutlich zu zeigen. »Das ganze Leben und – wenn ich das Wort benutzen darf – auch die Seelen der Menschen waren überzogen mit einer Staubschicht der Heuchelei«, erinnerte sich Kurt Sanderling. »Dort wurde ununterbrochen das Bestätigen der Ideologie und der Macht verlangt. Ich hatte dort ständig zu sagen, dass ich in der besten aller Welten lebe, die geleitet und angeleitet wird von den größten und bedeutendsten Wissenschaftlern, Kriegsmännern und Politikern aller Zeiten. Das ist so übergegangen in den Tagesgebrauch, dass es lange Zeit gedauert hat, bis ich erkannt habe, dass es Heuchelei war.«[477] Gerade aus dem nationalsozialistischen Deutschland geflohen, kam es ihm »sehr gelegen, eine Gesellschaft vor mir zu sehen, die positiv war, und dies auch einem im Prinzip sehr positiven Ziel gegenüber«. Immerhin war er einer Gesellschaft entkommen, in der man ein Einverständnis mit einer Ideologie pflegte, »die etwas absolut Inhumanes zum Ziel hatte«. In der UdSSR erschien ihm die Lage genau umgekehrt. »Als ich dieses scheinbare Einverständnis mit einem Ziel sah, das mir instinktiv als sehr erstrebenswert erschien, war ich sehr glücklich«, sagte Sanderling. »Was ich sonst gesehen habe, na gut, das waren die berühmten Späne, die eben fallen, wenn man hobelt.«[478]

Stalins Gewaltsystem wurde planmäßig und systematisch organisiert und von einer kalkulierten Willkür bestimmt. Solange seine Anhänger Verhalten und Sprache kontrollierten, belegte man Künstler, die heute zu den Ikonen der Nichtangepassten zählen, mit Negativbegriffen wie ›Bulgakowschtschina‹, die ›Machenschaften des Schriftstellers Michail Bulgakow und Seinesgleichen‹. Von solchen Feinheiten nahm Wells keine Notiz. Gegen Ende seines Gesprächs mit Stalin äußerte der Schriftsteller den Wunsch, im Namen seiner 1921 gegründeten Organisation zur Wahrnehmung der Interessen von Dichtern, Essayisten und Romanautoren Kontakte zu Kollegen in Osteuropa aufnehmen zu können. »Die Organisation ist noch schwach, hat aber Gruppierungen in vielen Ländern und, was noch wichtiger ist, die Presse berichtet umfangreich über die Stellungnahmen ihrer Mitglieder«, meinte Wells. »Sie besteht darauf, frei die Meinung zu äußern – selbst wenn es eine gegenteilige Meinung ist. Ich hoffe, dass ich diesen Aspekt mit Gorkij besprechen kann. Ich weiß nicht, ob Sie für so viel Freiheit bereit sind.«

»Wir Bolschewisten nennen das ›Selbstkritik‹«, meinte Stalin. »Sie ist in der UdSSR weit verbreitet. Wenn ich auf irgendeine Weise behilflich sein kann, werde ich dies gerne tun.«[479] Auch Schostakowitsch sollte in den Genuss einer kritischen Auseinandersetzung mit sich selbst kommen.

*

In der zweiten Hälfte der 1930er-Jahre hatte sich Benjamin Britten noch keinen Status erworben, der ihn davor bewahrt hätte, im Kriegsfall eingezogen und an der Front verheizt zu werden. Dmitrij Schostakowitsch hingegen fand seine Fürsprecher – er war lebendig mehr wert als tot. Bereits im März 1936 erhielt Stalin einen Brief von Maksim Gorkij, der anstatt des für andere üblichen »Werter Genosse Stalin« mit den Worten »Lieber Iosif Wissarionowitsch« begann und im weiteren Verlauf auch auf den wegen seiner *Lady Macbeth von Mzensk* gemaßregelten Komponisten zu sprechen kam: »Was diese Sache mit Schostakowitsch betrifft; es sind ja begeisterte Besprechungen in den zentralen Presseorganen und in vielen Regionalzeitungen veröffentlicht worden. Die Oper lief erfolgreich in Theatern in Leningrad und Moskau und erhielt im Ausland hervorragende Kritiken. Schostakowitsch ist ein junger Mann um die 25, und unbestreitbar talentiert, aber sehr selbstbewusst und ziemlich übernervös. Der *Prawda*-Artikel hat ihn getroffen, als hätte man ihm einen Ziegelstein über den Schädel geschlagen, und nun ist der Bursche völlig niedergeschmettert. Natürlich versteht es sich von selbst, dass ich mit Ziegel natürlich nicht die Kritik an sich meine, aber den Tonfall der Rezension. Und auch die Kritik selbst ist nicht zwingend. ›Chaos‹ – aber wieso? Worin und wie zeigt sich dieses ›Chaos‹? Hier müssen die Kritiker eine technische Beurteilung von Schostakowitschs Musik bieten. Doch der *Prawda*-Artikel lieferte lediglich einer Horde untalentierter Leute, der Journaille, die Gelegenheit, in jeder erdenklichen Weise auf Schostakowitsch einzuschlagen. Und das machen sie noch immer. Schostakowitsch lebt von dem, was er hört, er lebt in einer Welt der Klänge, er will ihr Gestalter sein, um eine Melodie aus dem Chaos zu schaffen. Die Haltung, die ihm gegenüber in der *Prawda* zum Ausdruck kommt, kann man nicht als ›beschützend‹ bezeichnen, und er verdient voll und ganz genauso Protektion wie der Begabteste unserer gegenwärtigen sowjetischen Musiker.«[480] Andere zeigten sich weniger besorgt als Gorkij. »Es gibt keinen Grund, um über rein gar nichts so ein Theater zu machen«, meinte der Schriftsteller Isaak Babel. »Das hat doch keiner ernst genommen. Die Leute halten die Klappe, aber innerlich amüsieren sie sich gut. Budjonnij hat mich noch schlimmer verdammt, und wir haben es überstanden.«[481] Drei Monate nach seinem Brief verstarb Gorkij im Alter von 68 Jahren. Dass er sich im gleichen Schreiben auch für »die Intelligentesten unserer Schriftsteller«, womit er Isaak Babel und Michail Koltsow meinte, sowie den »brillanten« Mejerhold einsetzte, nützte den Gemeinten wenig: Sie wurden Anfang 1940 verhaftet und ermordet. Dass er, wie Gorkij sagte, »in einer Welt der Klänge« lebte, bewahrte Schostakowitsch möglicherweise vor einem ähnlichen Los. Allein durch die Sprachbarriere blieb der überwiegende Teil der russischen Publikationen für die meisten Menschen im Westen ein Buch mit sieben Siegeln, da sie auf Übersetzungen angewiesen waren. Die Musik hingegen erschloss sich unmittelbar und ermöglichte es viel besser, ein positives Bild der anderen Kultur zu vermitteln, was Schostakowitsch vor allem mit seiner 1. Sinfonie und dem 1. Klavierkonzert auch gelungen war. Im eigenen Land ließen sich Musiker zudem leichter kontrollieren als Autoren. Selbst wenn eine Veröffentlichung in einer Zeitung oder einem Buchverlag nicht möglich war, konnten Abschriften von Artikeln und Büchern im Untergrund kursieren. Allerdings nützte es einem Komponisten, der vom Verband kaltgestellt wurde, kein Notenpapier erwerben konnte und nicht die geringsten Aufführungsmöglichkeiten für seine Orchesterwerke und Lieder fand, nichts, seine Partituren im ›Samisdat‹, im ›Selbstverlag‹, herauszubringen; ein Begriff, der ohnehin erst in den 1950er-Jahren aufkam. Ralph Vaughan Williams brachte das Dilemma von Musikern treffend auf den Punkt, als er in seinem 1920 in der Zeitschrift *Music and Letters* publizierten Artikel »The Letter and the Spirit« betonte, eine musikalische Komposition sei »nach ihrer Erstellung nur halb fertig, und solange nicht der eigentliche Klang hergestellt wird, existiert diese Komposition nicht«. In seiner pointierten Ausdrucksweise resümierte der Engländer: »Hätte sich Odysseus etwa an den Mast binden lassen müssen, wenn ihm die Sirenen – anstatt zu singen – mit Noten bedrucktes Papier unter die Nase gehalten hätten?«[482] Gegen eine zu befürchtende verbale Sabotage ging der sowjetische Staatsapparat mit körperlicher Gewalt vor, für eine akustische Sabotage reichten Aufführungsverbote. Schostakowitsch war leicht einzuschüchtern, zudem hatten seine Frau und er im Mai 1936 die Tochter Galina bekommen. Man musste sich gar nicht erst an ihm oder an seiner eigenen Familie vergreifen; es reichte, vorübergehend seine Schwester Marija nach Sibirien zu deportieren, ihren Mann zu verhaften und seine Großmutter nach Karaganda umzusiedeln, unweit des Verbannungsortes ihres Mannes. Schostakowitsch hatte bereits Anfang Februar 1936 »aus eigener Initiative«, wie es in einem Bericht an Stalin und Molotow hieß, das Komitee für künstlerische Fragen aufgesucht, um kundzutun, dass er »die Kritik an seiner Kunst vollständig annehme, aber sie noch nicht gänzlich verstanden« habe. Man riet ihm, »dass es am wichtigsten sei, sich zu läutern, formalistischen Fehlern zu entsagen und seine Kunst so zu gestalten, dass sie auch den breiten Massen verständlich« sei. Zudem legte man ihm nahe, sich »aus dem Einfluss gewisser kulanter Kritiker wie Sollertinskij zu lösen, die die schlechtesten Aspekte in seiner Kunst bestärken, die unter dem Einfluss des westlichen Expressionismus zustande gekommen« seien. Er solle »dem Beispiel von Rimskij-Korsakow folgen, durch die Dörfer der Sowjetunion reisen und Volkslieder aus Russland, der Ukraine, Weißrussland und Georgien aufzeichnen, von denen man die hundert besten Lieder auswählen und harmonisieren« könne.[483]

Schostakowitsch benötigte etliche Monate, um sich von den traumatisierenden Anschuldigungen und Strafmaßnahmen in seinem nächsten Umfeld zu erholen. Er steuerte Musik zu dem Film *Maksims Rückkehr* bei und vertonte zunächst einmal für sich vier Gedichte von Puschkin, die dann als sein Opus 46 erst im Dezember 1940 in Moskau offiziell aufgeführt wurden. Im April 1937 begann er mit der Arbeit an einer neuen Sinfonie, die er schon im September abschloss. Während dieser ganzen Zeit schwebte die Verhaftung seines Freundes Michail Tuchatschewskij wie ein Damoklesschwert über ihm. Der Marschall sollte im Mai 1937 als Vertreter der UdSSR zu den Krönungsfeierlichkeiten von König Georg VI. nach Großbritannien reisen, jedoch wurde der Besuch offiziell aus gesundheitlichen Gründen abgesagt. Tuchatschewskij war inhaftiert und, wie das mit Blutspritzern übersäte Geständnispapier belegt, unter Folter gezwungen worden, eine vorgebliche geheime Zusammenarbeit mit der deutschen Reichswehr zu gestehen. Wenige Jahre später sollte es sich als schwerer Fehler erweisen, den Mann zu beseitigen, auf dessen Initiative eine fortschrittliche Militärhochschule gegründet worden war. Aber »Stalin vermutete in der Akademie ein ›antistalinistisches Militärzentrum‹«, erinnerte sich der Generalmajor Pjotr Grigorenko. »Der Lehrkörper wurde fast vollzählig ausgelöscht.«[484] Während man Tuchatschewskij am 12. Juni 1937 im Innenhof der Lubjanka, dem Moskauer Hauptquartier des Nachrichtendienstes, hinrichtete, befand sich Schostakowitsch mitten in der Arbeit an der neuen Sinfonie. Die unter Schachspielern mal dem Großmeister Tartakower, mal Nimzowitsch zugeschriebene Redensart »Die Drohung ist stärker als die Ausführung« umschreibt auch die Taktik der indirekten Einschüchterung. Man ging davon aus, dass der junge Familienvater Schostakowitsch in Anbetracht dieser Entwicklungen schon keine offene Rebellion wagen würde.

Da bekannt war, dass er im vorangegangenen November seine 4. Sinfonie kurz vor der Uraufführung zurückgezogen hatte, ging man bei der Zählung gleich zur Nummer 5 über. Zunächst stellte der Musiker seine neuen Werke im privaten Umfeld vor. »Zur vereinbarten Stunde erschien Schostakowitsch, denn absolute Pünktlichkeit war eine seiner hervorstechendsten Eigenschaften«, erzählte der Komponist Grigorij Fried über ein Treffen bei einem gemeinsamen Freund, dem Musikwissenschaftler

Nikolaj Sergeewitsch Schiljaew. »Sein schmächtiger Körper war unablässig in Bewegung; im späteren Leben nahmen seine raschen, kantigen Bewegungen einen übertriebenen Charakter an. Damals war er dreißig Jahre alt. Er brachte seine neuen Puschkin-Romanzen und die ersten beiden Sätze der noch unvollendeten 5. Sinfonie mit, um sie Nikolaj Sergeewitsch zu zeigen. Das Partiturmanuskript war in der für Schostakowitsch charakteristischen nervösen Handschrift abgefasst, die die Geschwindigkeit zeigte, in der er arbeitete. (Später wurde ich selbst Zeuge dieser erstaunlichen Schnelligkeit beim Komponieren, als er die Präludien und Fugen für Klavier im Haus des Schaffens in Ruza zu Papier brachte.) Ich verstand die Romanzen nach Puschkin überhaupt nicht, aber die Sinfonie hinterließ bei mir einen gewaltigen Eindruck. Schiljaew tätschelte Schostakowitsch mit väterlicher Zärtlichkeit den Kopf und wiederholte dabei fast unhörbar: ›Mitja, Mitja…‹«[485] Sowohl Fried als auch Schiljaew betrachteten die Lieder und die Sinfonie als kaum zu vereinbarende Gegensätze. »In den Romanzen hat er sich noch etwas von seinem ›Rabaukentum‹ bewahrt«, meinte Schiljaew. »Aber die Sinfonie ist ganz wundervoll. Mitja ist ein Genie, ein Genie …«[486]

Andere bezweifelten dies. Bei offiziellen Debatten unter Musikern über die Vorkommnisse gab es etliche Stimmen, die meinten, Schostakowitsch solle »der *Prawda* dankbar sein, wieder neues Leben in ihm zu entfachen und ihm die richtigen Wege der Kreativität aufzuzeigen«, denn der Beitrag in dem Parteiorgan sei »ein Aufruf zu großer Kunst«.[487]

Schostakowitsch mimte den Bescheidenen. Kurz vor der Moskauer Erstaufführung erschien ein Artikel von ihm unter dem Titel »Meine kreative Antwort«. In diesem Beitrag erwähnte der Komponist, dass ihn unter den kritischen Anmerkungen zu seinem Opus 47 »besonders die erfreut habe, in der es hieß, die 5. Sinfonie sei die praktische kreative Antwort eines sowjetischen Künstlers auf eine berechtigte Kritik«.[488] Diese häufig dem Komponisten selbst in den Mund gelegte Wendung war nur Teil einer längeren Stellungnahme, in der Schostakowitsch Deutungsmöglichkeiten seiner Sinfonie bot. »Thema meiner Sinfonie ist das Werden der Persönlichkeit. In diesem durchgehend lyrischen Werk will ich den Menschen mit all seinem Erleben zeigen«, schrieb Schostakowitsch. »Wenn es mir tatsächlich gelungen ist, in meine Musik all das hineinzulegen, was ich nach den kritischen Artikeln in der *Prawda* durchdacht und empfunden habe, kann ich zufrieden sein.«[489]

*

Um offiziell Aufmerksamkeit und Anerkennung zu finden, boten Jubiläen immer willkommene Gelegenheiten. Zum 20. Jahrestag der Oktoberrevolution wurde sein Opus 47 – man bedenke die Zeitverschiebung durch die Kalenderumstellung – pünktlich im November im Großen Saal der Leningrader Philharmonie uraufgeführt. Während Britten bei Uraufführungen als Pianist und als Dirigent zumeist sein eigener Interpret war, überließ Schostakowitsch seine Orchesterwerke den Spezialisten. Der Vorstand der Komponistenvereinigung übertrug die verantwortungsvolle Aufgabe dem erst 34-jährigen Dirigenten Jewgenij Aleksandrowitsch Mrawinskij. Er hatte sich durch sein Engagement für zeitgenössische Musik einen Namen gemacht und empfahl sich als kompetenter, karrierebewusster Orchesterleiter. Wie wichtig der Premierenabend für Schostakowitsch in seiner prekären Situation war, ahnte er nicht. »Es muss eingeräumt werden, dass ich als erster Interpret dieses Werks weder seine Größe erkannte noch die vollständige Bedeutung dessen, was mir hier zugeteilt wurde«, räumte Mawrinski später ein. »Natürlich hilft es in solchen Fällen, jung zu sein. Die Jugend gibt einem immer Selbstvertrauen.«[490] Mrawinskij war gerade einmal drei Jahre älter als Schostakowitsch, aber er überzeugte den Komponisten mit einem psychologischen Trick von seinem Können. Schostakowitsch gab sich bei den Vorbereitungen misstrauisch und verschlossen. »Anfangs konnte man überhaupt nichts aus ihm herausholen, nicht einmal Angaben zu den Tempi«, beklagte Mrawinskij, der auf mehr Unterstützung gehofft hatte. Dann kam ihm eine treffliche Idee: »Während unserer Vorbereitungen am Klavier spielte ich absichtlich eine Passage in einem eindeutig falschen Tempo«, schildert er den Beginn einer langen Zusammenarbeit. »Dmitrij Dmitriewitsch wurde wütend, unterbrach mich und stellte klar, in welchem Tempo sie gespielt werden sollte. Schon bald begriff er, worum es mir ging und legte von sich aus seine Vorstellungen dar.«[491] Bis auf die ›Siebte‹ und die ›Elfte‹ brachte Mrawinskij zwischen 1937 und 1961 fast ein Vierteljahrhundert lang Schostakowitschs Sinfonien zur Uraufführung und leitete etliche Erstaufführungen. 1943 widmete ihm Schostakowitsch die 8. Sinfonie. Erst im Oktober 1961 endete die lange Zusammenarbeit, als Mrawinsky bei der 13. Sinfonie so lange zögerte, bis Schostakowitsch die Uraufführung Kirill Kondraschin übertrug, der im Dezember 1961 auch die Erstaufführung der lange verfemten 4. Sinfonie leitete. Mrawinskij arbeitete äußerst ungern mit Gesangssolisten und Chören – er dirigierte noch nicht einmal Beethovens ›Neunte‹, zudem gab es seinerzeit keinen professionellen Chor in Leningrad. Der wahre Grund, warum er für den Freund keine Ausnahme machen konnte, war die schwere Krebserkrankung seiner Frau, um die er sich kümmern wollte. Allerdings teilte er seine privaten Sorgen mit niemandem. Mrawinskij führte bis zu seinem Lebensende Werke von Schostakowitsch auf und spielte sie vielfach für die Schallplatte ein. Der Komponist schätzte seine Arbeit auch weiterhin hoch.

Über die Uraufführung der 5. Sinfonie von Dmitrij Schostakowitsch am 21. November 1937 äußerten sich alle Seiten zufrieden. »Die große musikalische Qualität des Werkes steht außer Zweifel, aber für die beinahe rauschhafte Begeisterung, die es auslöste, muss man vielleicht noch die Ereignisse jener Zeit, die Stimmung und die Atmosphäre innerer Auflehnung gegen den Geist der Unfreiheit in Rechnung ziehen«, erinnert sich der Geiger Juri Jelagin. »Dass eine solche Musik trotzdem geschaffen worden war, löste die Begeisterung und den unbeschreiblichen Jubel aus. Er brach im gleichen Augenblick los, als der letzte Takt der 5. Sinfonie verklungen war. Die Menschen sprangen auf und der ganze Saal erbebte unter dem Getöse, dem Klatschen, Rufen und Trampeln. Niemand wollte gehen, Schostakowitsch musste ein Dutzend Mal erscheinen und kam nicht mehr hinter die Bühne.«[492]

*

Die neue Sinfonie brachte die Rehabilitierung. Nicht nur von offizieller, auch von inoffizieller Seite wurde das Stück als Erfolg verbucht. »Die Menschen waren aufgewühlt und liefen bis zum frühen Morgen durch die Straßen Leningrads, fielen sich in die Arme und gratulierten einander, dass sie diesem Ereignis hatten beiwohnen dürfen«, schildert Rostropowitsch den Abend. »Sie hatten die Botschaft verstanden, die den ›unteren‹ Boden der 5. Sinfonie ausmacht. Es ist die Botschaft von Leid, Schmerz und Einsamkeit, jemand, der von der Folter der Inquisition getroffen ist, versucht, noch unter Schmerzen zu lächeln.«[493] Allerdings war der Cellist im Jahr der Premiere gerade erst zehn Jahre alt und lebte nicht im Norden. Doch stehen seine Aussagen paradigmatisch für eine Deutungstradition, die in Schostakowitschs instrumentalen Dramen neben tragisch-theatralischen Elementen das Groteske als charakteristisch erachtet. Demzufolge knüpfen die einzelnen Sätze dieser und etlicher folgenden Sinfonien mit Sonatensatz, Menuett und Rondo pflichtschuldig an die vom Kulturdogma gebilligten klassischen Formen an, auf deren Grundlage Schostakowitsch ein Klangfeuerwerk mit Märschen, Fanfaren, zarten Pianissimoschleiern und aufpeitschender Rhythmik abbrennt. Und in den stillen Momenten, wie bei dem an Mahler gemahnenden neckischen Violin-Ländler im zweiten Satz, soll der Komponist auf die Staatskonzerte angespielt haben, zu denen die Führungsspitze des Landes erschien, um neben Kosakenchören und Volksmusikensembles auch Dankesbezeigungen einfacher Bürger an den Genossen Stalin entgegenzunehmen, worauf auch Kurt Sanderling verwies.[494] Dies war ein gängiger Topos in künstlerischen Darstellungen der 1930er-Jahre, wie unter anderem das 1936/37 entstandene, überlebensgroße Gemälde »Eine unvergessliche Begegnung« von Wasilij

Jefanow belegt.[495] Die Deutungstradition, der zufolge Schostakowitsch mit seiner Ausgestaltung der Sinfonie auch Systemkritik verband, entwickelte sich erst später.

Den unbestreitbaren Erfolg beim Publikum schrieben in den späten 1930er-Jahren manche Funktionäre bestellten Claqueuren zu, denn – so berichtete der Komponist Michail Tschulakij – man glaubte, der Schöpfer dieses Stücks »hätte seine Haltung kaum in so kurzer Zeit ›umgestalten‹ und eine hundertprozentig sowjetische Sinfonie erschaffen können«.[496] Das für dieses ›Umgestalten‹ verwendete Verb перестройлся, ›perestrojlsja‹, spielt dabei natürlich auf das in der Stalin-Ära gebräuchliche Verständnis von Perestroika an. Für andere, wie etwa Walerian Bogdanow-Beresowskij, erblickte hier »ein großes, philosophisches, tiefes und durchlittenes Werk von enormer Kraft das Licht der Welt«.[497]

Durch unterschiedliche Deutungsmuster wurde die ›Fünfte‹ von Schostakowitsch zu einem der vielschichtigsten Orchesterwerke überhaupt – die Interpretationskakophonie sollte sich bei Brittens Oper *Peter Grimes* wiederholen. »In seiner 5. Sinfonie erscheint Schostakowitsch zum erstenmal als bewusst realistischer Künstler«, meinte der Musikwissenschaftler Georgij Chubow. »Zum ersten Mal versucht er, sich den großen philosophischen Problemen ernsthaft und tief zu stellen, zum ersten Mal wandte er sich an einen breiten Hörerkreis und bemühte sich, diesem seine Gedanken in einer einfachen und klaren Sprache zu vermitteln. Und dies alles macht die besondere Bedeutung der Sinfonie Nr. 5 aus, und zwar nicht nur im Lebenswerk von Schostakowitsch, sondern auch im ganzen sowjetischen sinfonischen Schaffen.« Und der Komponist Dmitrij Kabalewskij resümierte ein vielfach wiederholtes Urteil: »Wer dieses Werk gehört hat, weiß, dass der Komponist als wahrhaft großer sowjetischer Künstler seine früheren Fehler losgeworden ist und einen neuen Weg beschritten hat.«.[498] Da es Schostakowitsch gelang, sich mit dem neuen Opus den Funktionsträgern bewusst als »realistischer Künstler« zu präsentieren, indem er eine Sinfonie schuf, die man dem von Sollertinskij charakterisierten und dem Staat genehmen Shakespeare-Typus zuschreiben kann, konnte er mit Anerkennung rechnen. In Frankreich versah man die Sinfonie bei der ersten Aufführung außerhalb der UdSSR in einem antifaschistischen Konzert am 14. Juli 1938 mit dem Titel »Lied des Friedens«. »Wie aufrichtig und frisch diese Musik ist!«, schwärmte der Rezensent von *L'Humanité*, ja, so der *France Soir*, sie hinterlasse »den Eindruck von Größe und Einfachheit«.[499]

Jahrzehntelang wurde Schostakowitschs Anregung zur Deutung vom »Werden der Persönlichkeit« übernommen, und fand sogar Eingang in deutsche Konzertführer. Damit stellte sich der Musiker in eine künstlerische Tradition der UdSSR, die Anerkennung versprach. Dmitrij Furmanows 1923 erschienener Erfolgsroman *Tschapajew* gehörte spätestens seit seiner Verfilmung elf Jahre später zur sowjetischen Mythologie. Bereits in dieser auf realen Ereignissen beruhenden Geschichte aus dem Bürgerkrieg spielte das Reifen von Persönlichkeiten eine Rolle – wie hier des Revolutionskommissars Fjodor Kljutschkow (ein Selbstportrait des Autors) und des zum Volkshelden gewordenen Feldkommandeurs Wasilij Tschapajew. Wesentlich war das Verständnis, dass Menschen durch die »Verhältnisse geformt« werden, was später auch dazu führte, dass sogar Wissenschaftler rigoros unterdrückt wurden, die neueste Forschungserkenntnisse der in Brünn entwickelten Vererbungslehre einbringen wollten.[500] »Die Bedeutung eines Schriftstellers, eines Künstlers, eines Schaffenden liegt nicht in den Dimensionen seiner Begabung zu einem gegebenen Zeitpunkt, sondern in den Dimensionen seiner Entwicklung, seiner Befähigung zu dieser Entwicklung«, betonte der Schriftstellers Aleksander Serafimowitsch in einer Analyse des Romans.[501] Schostakowitsch hatte richtig erfasst, dass bereits das Bemühen um einen anderen Stil Anerkennung finden musste, denn Isaak Babel hatte betont, dass »jeder Mensch, in dem ein sowjetisches Herz schlägt, ein ehrliches, unbestechliches Herz, jeder Mensch, der leidenschaftlich, angestrengt, selbstlos, ohne Lärm und List danach strebt, die wahren Gipfel der Kunst und Wissenschaft zu erreichen«, Tschapajews Werk unmittelbar fortsetzte.[502] Man müsse sich selbst »über alles Weitere klarwerden« und wissen, wofür man kämpfen will, fordert Fjodor Kljutschkow im Roman, denn das Land, könne »nur mutige, aufrechte und überzeugte Verteidiger der Sowjetmacht brauchen, nur solche, auf die wir uns unter allen Umständen verlassen können. Denkt darüber nach!«[503]

Schostakowitsch hatte genug Zeit zum Nachdenken, um den für sich und seine Familie sichersten Weg zu wählen. Die 5. fand wie die 1. Sinfonie auch in den USA große Aufmerksamkeit. »Viel stärker als in allen anderen Werken Schostakowitschs, die wir bisher Gelegenheit hatten zu hören, ertönen hier slawische Elemente«, meinte ein Rezensent in Boston. »Er steht nun in einer Reihe mit Musorgskij, Tschajkowskij und Borodin.«[504] Von den Hintergründen der Entstehung ahnte im Ausland kaum jemand etwas. Und wie viele Hörer in der Sowjetunion jene viel später von Rostropowitsch angesprochene »Botschaft von Leid, Schmerz und Einsamkeit«, weil jemand »von der Folter der Inquisition« betroffen ist, wahrnahmen, bleibt fraglich. Die meisten werden das Werk als eine Sinfonie des Shakespeare-Typs aufgefasst haben. Wenn man die Vorgeschichte der Sinfonie berücksichtigt, kann man auch Facetten des Byron-Typs in dem Stück erkennen, wie er von Sollertinskij charakterisiert wurde. Manche ahnten eine unangenehme Vielschichtigkeit, wie etwa der geschäftsführende Vorsitzende des Komponistenverbands in Leningrad. Er sehe sich »gezwungen, darauf aufmerksam zu machen«, dass sich um die besagte ›Fünfte‹ des Herrn Schostakowitsch »ein ungesundes Überbieten in der Erfindung von Beinamen entwickelt hat, das schon fast an eine Psychose grenzt«, und gab zu bedenken, »die allgemeine und unwiderrufliche Bezeichnung des Komponisten als genial verdreht den Leuten den Kopf und schafft bei einem bedeutenden Teil unserer Musikerkreise einen ungesunden ›Boom‹«.[505]

Doch Geschichte wird nicht nur von den militärischen, sondern auch von den moralischen Siegern geschrieben. Bei dem von manchen als eher schwerfällig empfundenen Schluss der Sinfonie – wenn die Streicher in schier endlosen Sequenzierungen nur noch einen einzigen Ton in fast unerträglichen Höhenlagen repetieren, während die Pauke unerbittlich den Rhythmus vorantreibt –, sprach man Ende der 1930er-Jahre in der Bostoner Rezension von »teilweise primitivem Material«, durch das das Finale »etwas weniger beeindruckend« sei. Man kann sich durchaus des Eindrucks nicht erwehren, der Schluss der 5. Sinfonie mute an wie eine Fortführung einer markanten Passage aus der 4. Sinfonie: Dort findet sich im Schlusssatz bei Partiturziffer 160 eine nur zehn Takte lange triumphale Steigerung mit zumeist monotonen Tonwiederholungen in den höchsten Lagen – was in der c-Moll-Sinfonie wie ein kurzes Höhenflug-Intermezzo wirkt, wird später im Finale der 5. Sinfonie in vereinfachter Form ausgewalzt. Jahrzehnte später, als die Vierte schon längst öffentlich vorgestellt worden war, hieß es über das Finale der 5. Sinfonie in einer geschichtsträchtigen Deutung: »In diesem Schmettern der Trompeten und dem endlos wiederholten A, das sich wie ein Nagel ins Gehirn hämmert, taucht in diesem Finale das Bild des geschändeten Russland auf.«[506] Auf diese Weise beschrieb Galina Wischnewskaja nachträglich ihren Eindruck und ihr Ehemann krönte die Interpretationsstrategie, die das Subversive betonte, indem er behauptete: »Die gellenden Repetitionen des Tones ›a‹ am Ende der Sinfonie empfinde ich wie bohrende Lanzenstiche in den Wunden eines Gepeinigten. Mit diesem Gepeinigten identifizierten sich die Zuhörer der Uraufführung. Wer das Finale als Glorifikation empfindet, ist ein Idiot – ja, es ist ein Triumph für Idioten.«[507] Deutungen dieser Art kamen erst nach Schostakowitschs Tod auf. Vor allem Emigranten halfen dadurch westlichen Bewunderern von Schostakowitschs Musik, den als sowjetischen Komponisten mittlerweile geschmähten Künstler wieder salonfähig zu machen. Es war eine Phase, in der es in Westeuropa und den USA geradezu als Ritterschlag galt, aus der UdSSR ausgewiesen zu werden oder nach einer – nur Privilegierten zugestandenen – Auslandsreise nicht mehr in sie zurückzukehren. Unterschiedliche Gruppierungen fanden jeweils für sich den ›Dissidenten‹, der ihnen am genehmsten war:

Einige Literaten favorisierten Solschenizin, den andere wiederum als zu religiös-moralisierend abtaten; wieder andere unterstützten Sacharow, den manche Menschenrechtler aber noch als Schöpfer der russischen Atombombe kritisierten. Die Musikwissenschaft wollte hinter den Männern und Frauen des Wortes nicht zurückstehen und schnitzte sich aus Schostakowitsch ihren eigenen ›Dissidenten‹ – ein Terminus, der seit dem 17. Jahrhundert im Kontext von Religionsstreitigkeiten üblich war, aber erst ab den 1970er-Jahren vor allem für oppositionelle Intellektuelle aus dem kommunistischen Einflussbereich Verwendung fand. Zur Zeit von Stalin gab es keine Dissidenten und wenn jemand diesen Status für sich in Anspruch hätte nehmen wollen, hätte er sich in kürzester Zeit in einem Straflager oder zwei Meter unter der Erde wiedergefunden.

Die 5. Sinfonie zeigt Möglichkeiten und Grenzen der Interpretation auf. Wie weit darf der Bogen gespannt werden? In einer (möglicherweise von Stalin und Schostakowitsch auch besuchten) Inszenierung von Tschajkowskijs Oper *Mazeppa* am Kirow-Theater in Leningrad aus dem Jahr 1950, die noch heute – nach der Rückbenennung zu Mariinskij-Theater und Sankt Petersburg – im alten Haus zu sehen ist, gibt es einen Moment gegen Ende des 1. Akts, in dem der Heerführer Mazeppa, bei einem Streit in die Enge getrieben, seine Kämpfer die Gewehre auf die Kontrahenten anlegen lässt und dann vorschlägt, nun könne man die Differenzen in aller Ruhe weiter besprechen. Sah das Publikum dies Anfang der 1950er-Jahre als eine Anspielung auf Polizeiwillkür? War dies eine subversive Tat des Regisseurs? Ein Fallbeispiel aus späterer Zeit: Als abgetippte Übersetzungen von Kafkas *Der Prozess* ohne Angabe von Autor und Entstehungszeit erstmals in der UdSSR kursierten, hielten Leser um 1961 den Roman für ein gut getarntes Werk eines einheimischen Autors, der die Geschehnisse zwischen 1935 und 1953 symbolisch darstellen wollte. Lässt sich die Bedeutung eines Kunstwerks daran ermessen, ob es noch lange nach dem Tod des Urhebers und unabhängig von der Entstehungszeit die Menschen bewegt?

Entwertet es die Kompositionen von Schostakowitsch und Britten, wenn man sie nur durch Hintergrundkenntnisse ihrer Epoche erfassen kann? Dadurch ergibt sich im Hinblick auf Musik ohne Texte ein Problem, das man als das Schostakowitsch'sche Dilemma bezeichnen kann: Ist abstrakte Musik ein Gebilde aus Tönen, das im Hörer eine vom Komponisten nicht steuerbare emotionale Reaktion evozieren kann (die Forschungsergebnissen zufolge bei Europäern, Afrikanern und Asiaten völlig unterschiedlich ausfällt), oder ist abstrakte Musik eine künstlerische Botschaft ohne Worte, deren enigmatischer Code sich nur mit einer Alan-Turing-haften Sensibilität entschlüsseln lässt?

Wenn man beispielsweise weiß, dass Elgars Cellokonzert 1918/19 entstand, kann man es als Dokument einer Zeitenwende auffassen.

Jedoch gibt es in John Priestleys 1947 uraufgeführtem Drama *The Linden Tree* (dt. *Familie Linden*) eine paradigmatische Szene, in der dieses Konzert für Cello und Orchester in die moderne Zeit integriert wird. Der Protagonist, Robert Linden, ist ein älterer Professor, der genötigt werden soll, sich aus dem Berufsleben zurückzuziehen. Im 2. Akt übt seine Tochter Dinah, eine Cellistin, den Kopfsatz des e-Moll-Konzerts, jenes »traurige Lebewohl an die Welt vor dem Krieg von 1914«, ein Stück voller Erinnerungen. »Und doch«, reflektiert Linden, »es ist wie ein Wunder, dass diese junge Frau, die weder Urlaube in Bayern in den 1890er-Jahren kennt noch diese interessieren, und auch nicht die behüteten, goldenen Nachmittage in König Edwards England«, dennoch in der Lage ist, »uns für die Quintessenz empfänglich zu machen, ja, uns die Zärtlichkeit und Trauer zu enthüllen, die ebenso zu unseren Leben gehören wie zu dem Elgars.« Dieses »Und doch« – das enthüllt, was in der Musik von Schostakowitsch und Britten zu ihrem wie auch zu unserem Leben gehört – würde helfen zu erkennen, was viele Kompositionen des Russen und des Engländers zu zeitlosen Meisterwerken macht.

Was sich bei Schostakowitsch bereits in der 4. und 5. Sinfonie andeutete, wurde durch Lebenserfahrung spätestens ab der 6. Sinfonie zum zentralen Thema: Angst. »Ich fürchte mich vor ihnen zu Tode«, zitierte ein befreundeter Kollege Schostakowitsch, der das Trauma der 1930er-Jahre bis zu seinem Lebensende nie überwinden sollte.[508] Der größte Teil des Publikums, so spottete bereits Puschkin, »betrachtet den Dichter / wie einen fahrenden Gaukler«: »Trifft den Sänger jähe Aufregung, gramvoller Verlust, Verbannung, Kerker – / ›um so besser‹, sprechen die Liebhaber der Künste, / ›um so besser! Er sammelt neue Gedanken und Gefühle / und wird sie uns nahebringen.‹«[509] Befriedigt Schostakowitschs Werk eine zynische Erwartungshaltung des Publikums? Eine Gefahr für das Land war der Komponist kaum. Einen Mann wie Schostakowitsch vermochte der Staat mit wohldosierten Einschüchterungen in Schach halten.

*

Britten konnte es sich leisten, bei negativen Reaktionen mit der Attitüde des verkannten Genies aufzutreten. Auch er strebte mit seinem Liederzyklus *Les Illuminations* auf Texte von Rimbaud nach Anerkennung. Er sei »sehr zufrieden damit« und betrachtete das Stück »definitiv als mein Opus 1«.[510] Das hatte er auch schon von *Our Hunting Fathers* behauptet. Nachdem Britten wenige Jahre zuvor mit diesem Zyklus noch angeeckt war, hatte er diesmal etwas zu Papier gebracht, von dem er sich wünschte, dass es weite Verbreitung finden sollte. »Ich möchte breite

Publikumskreise erreichen«, schrieb er seinem Verleger im Juni 1939. »Diese Lieder sind nicht für langhaarige Intellektuelle geschrieben worden!«[511]

Im Oktober 1939 übermittelte Britten drei Monate vor der Londoner Uraufführung in einem ausführlichen Brief an die Interpretin und Widmungsträgerin Sophie Wyss »einen grob skizzierten Überblick« über die Lieder. »Die Stücke sollen ohne Unterbrechung aufeinander folgen«, betonte er. »Damit du am Schluss des Werks kein nervöses Wrack bist, habe ich in der Mitte ein Orchesterzwischenspiel eingefügt. Der Charakter des Ganzen ist schwer zu beschreiben, da alles, was mit Rimbaud zu tun hat, zwangsläufig enigmatisch bleiben muss. Aber es geht ungefähr um Folgendes: *Les Illuminations* sind, so sehe ich es, die Visionen des Himmels, die dem Dichter gewährt wurden, und, so hoffe ich, dem Komponisten. Das heißt natürlich nicht, dass die Visionen tatsächlich vom Himmel handeln, sondern eher von den himmlischen Facetten der jeweiligen Sujets. Es ist eher wie bei den Aposteln, denen – ich glaube an Pfingsten – der sechste Sinn verliehen wurde. Der Schlüssel zu dem ganzen Werk findet sich meiner Meinung nach in der letzten Zeile von ›Parade‹: ›J'ai seul la clef de cette parade sauvage‹, die ich insgesamt drei Mal verwendet habe.«[512] Dieses »Ich allein besitze den Schlüssel zu diesem wilden Possenspiel« verweist einerseits auf die Allmachtsphantasien des Dichters – in einem Programmhefttext verwies Britten darauf, dass Rimbaud sich laut seiner Biografin Enid Starkie »in gewisser Weise selbst mit Gott identifizierte« – andererseits aber auch mit »der Welt, in der er lebte, die brutal und verkommen war«.[513] Britten nutzte Rimbauds rätselhafte Originalverse, um in seinem Zyklus für Sopran bzw. Tenor und Streichorchester eine Gegenwart darzustellen, die er ähnlich empfand. Die Temperamente, die der Duktus anderer Sprachen einbrachte, bereicherte Brittens vokalen Ausdrucksreichtum und inspirierte ihn zu einer differenzierten und nuancenreichen Dramatik. Ähnlich wie bei Schostakowitsch verbirgt sich unter der explosiv-vitalen Oberfläche des Klangs ein sinistrer Subtext.

Anders als Schostakowitsch hatte Britten Mitte der 1930er-Jahre schwere Enttäuschungen ertragen müssen. Viele Freunde kehrten gar nicht oder mit schweren seelischen Wunden aus Spanien wieder. Wer trügerischen Heldenlegenden anhing und sich einbildete, ein Mann an der Schreibmaschine ließe sich in kürzester Zeit in einen Mann mit Sturmgewehr verwandeln, wurde Zeuge eines Debakels. Sogar Auden kam desillusioniert aus Spanien zurück, und Britten erlebte den Freund bei späteren Projekten als »einen sehr veränderten Wystan«.[514] In den folgenden Jahren sollte sich Auden zunehmend vom engagierten Kampf gegen den Faschismus abwenden. Er hatte für sich entschieden, dass »meine Position es mir verbietet, als Kombattant in irgendeinem Krieg mitzuwirken«.[515] Stattdessen widmete er sich verstärkt seiner schriftstellerischen Tätigkeit. In dem 1937 veröffentlichten Gedicht »Spain« verarbeitete er seine Eindrücke. Wortmächtig schilderte er in den ersten Strophen die glorreiche Vergangenheit der einstigen Seemacht Spanien – »the bustling world of the navigators« –, bevor er sich der düsteren Gegenwart zuwandte: »But to-day the struggle …« Dieser Kampf von dem erfahrungsreichen Leben der Welterkunder und den Hoffnungen der Gegenwart auf eine bessere Zukunft erschien ihm jedoch ambivalent: »To-morrow, perhaps the future«, schrieb Auden – ob es Aussichten auf eine gute Zukunft sind, vermochte er nach seinen Erfahrungen an der Front nicht zu sagen. Auch wenn das Gedicht 1942 in einem seiner Bücher noch einmal publiziert wurde, verbannte er es aus späteren Textsammlungen, da ihm Zeilen wie jene vom »bewussten Akzeptieren von Schuld beim erforderlichen Mord« mittlerweile zuwider waren.

Benjamin Britten beschäftigten die Ereignisse weiterhin. Indem er die Uraufführung seines Violinkonzerts im März 1940 einem befreundeten spanischen Geiger anvertraute, traf er zugleich eine politische Entscheidung. In seinem dritten Solokonzert – nach dem zu Lebzeiten nie aufgeführten jugendlichen Doppelkonzert für Geige, Bratsche und Orchester sowie dem Klavierkonzert – reflektierte Britten eine bedrückende Epoche. So zerrissen wie die Zeit ist auch die Anlage des Violinkonzerts. Die traditionelle Abfolge spielt keine Rolle mehr in einem Stück ohne langsamen Satz. Stattdessen findet sich an zentraler Stelle ein nervöses Scherzo, das nach einer Largamente-Überleitung in eine Cadenza mündet. Umrahmt wird die instrumentale Tour de force von rhapsodisch angelegten Teilen, in denen zuweilen auch spanische Klangelemente aufblitzen. So attestierte der Widmungsträger Antonio Brosa bereits dem einleitenden zarten Paukenmotiv mit den Beckenakzenten einen spanischen Rhythmus. Die Idee, ein Violinkonzert zu einer Art Requiem auszugestalten, übernahm der überzeugte Pazifist Britten von Alban Bergs Violinkonzert, dessen Uraufführung er in Barcelona beim Festival der Internationalen Gesellschaft für Neue Musik erlebt hatte. Das Gedenken an die Opfer von Krieg und Gewalt zeigt sich bereits im ›Moderato con moto – Agitato – Tempo primo‹-Kopfsatz mit seiner sensiblen Klangfarbendramaturgie und den Anspielungen auf Spanien. Die abschließende Passacaglia mit ihren neun Variationen im dritten Satz ist mit ihren ›Andante lento‹-Grübeleien von Brittens Lieblingskomponisten Henry Purcell inspiriert. Das Violinkonzert steht der im Folgejahr entstandenen *Sinfonia da Requiem* näher als dem auf mehr Virtuosenglanz hin angelegten Doppelkonzert und Klavierkonzert. »Bis jetzt ist es fraglos mein bestes Stück«, meinte

Britten – wieder einmal – gegenüber seinem Verleger. »Es ist ziemlich ernst, fürchte ich – aber es gibt durchaus einige Melodien!«[516]

*

Die widersprüchlichen Reaktionen auf die 5. Sinfonie von Dmitrij Schostakowitsch und das Violinkonzert von Benjamin Britten werfen Fragen hinsichtlich der ›utopischen Potenziale‹ von Kunstwerken auf. Die Auslegung ihrer Charaktere kann unter dem Blickwinkel der Politik, der Religion bzw. des Fortschrittglaubens völlig unterschiedlich ausfallen. Nicht zuletzt muss man sich der grundsätzlichen Problematik stellen, ob die jeweils zugeschriebenen Aspekte eher etwas über das Kunstwerk, den Interpreten oder den Betrachter bzw. Hörer verraten.

Sowohl Schostakowitsch als auch Britten waren von der kultivierenden Kraft der Kunst überzeugt. Ihren Werken ist demnach – wie auch denen etlicher Komponisten anderer Epochen – ein utopisches Potenzial eigen. Mit zunehmender Lebenserfahrung veränderten sich die unterschiedliche Art und Radikalität ihrer Botschaften. In seinen späteren Jahren komponierte Britten für Veranstaltungen mit der britischen Königin etwas in der Art einer Variation über ein »Elizabethan Theme« oder die Konzertouvertüre *The Building of the House* zur Einweihung eines neuen Konzertsaals in Suffolk. Als von sozialistisch-kommunistischen Idealen beseelter junger Idealist der 1930er- und 1940er-Jahre schrieb der Kriegsgegner Britten zur Erfüllung einer Auftragsarbeit für das Jubiläum des japanischen Kaiserhauses bewusst provozierend eine *Sinfonia da Requiem*. Als die Japaner die »Requiem-Sinfonie« ablehnten, verwendet er in seinen Briefen an seinen Verleger und sicher auch in Gesprächen den aggressiven rassistischen englischen Begriff »Japs«, ›die Japse‹.[517]

Schostakowitsch agierte vorsichtiger. Seine Grundhaltung legt aber nahe, dass er sich ähnlich verhalten hätte wie der Pazifist Jewgenij Jewtuschenko bei seiner Begegnung mit Salvador Dalí in Paris. Als der Maler äußerte, für ihn sei »der größte Künstler-Surrealist Adolf Hitler«, sprang der Dichter vom Tisch auf und rief: »Wie können Sie das behaupten! Sie kennen nicht das Grauen des Krieges und des Totalitarismus, aber wir wissen darum. Mit Ihnen kann ich nicht länger am selben Tisch sitzen!«[518]

In beiden Fällen benahmen sich die Friedensfreunde aggressiver und kriegerischer als die Befürworter militanter Utopien. Derartige Paradoxien, Ambiguitäten und Widersprüche erschweren die Orientierung. Britten hob noch rückblickend über dreißig Jahre später hervor, er wollte mit seiner *Ballad of Heroes* jene »tapferen, unglücklichen Menschen ehren«, die antraten, »den Zerstörer zu zerstören«.[519]

Um die ästhetische Neuorientierung im Schaffen von Britten und Schostakowitsch zu verdeutlichen, erscheint es sinnvoll, in Anlehnung an Papernijs Kulturmodell zwischen zwei Hauptkategorien von Utopien zu unterscheiden, die im Laufe der Musikgeschichte in unterschiedlichen Ausprägungen und Intensitäten als Antriebsquellen auftraten. Politik und Religion gehörten dabei zu den häufigsten Triebfedern.

Bei der ›Utopie I‹ basiert die Hoffnung auf eine bessere Welt auf der Grundlage eines aufgeklärten Humanismus. Utopie I ist geprägt durch eine Entwicklung; diese Form der Utopie ist offen, nachdenklich, hinterfragt und pflegt eine kritische Selbstreflexion.

Bei der ›Utopie II‹ finden sich Heilsversprechen, die politisch realisierbar erscheinen bzw. durch den Umsturz einer alten Ordnung (vermeintlich) realisiert werden. Utopie II zeichnet sich aus durch eine Unverrückbarkeit; hier ist die Form der Utopie fixiert, behauptend, kompromisslos und verhindert jegliche Kritik. Utopie I prägt die utopische Intention als Bewegung; Utopie II bietet die utopische Intention als Endlösung. Utopie I gedeiht in Demokratien, Utopie II in Diktaturen.

Mitunter verschwimmen bei Britten und Schostakowitsch die Grenzen von extrem linken Positionen und einer allgemeinen humanistischen Orientierung ineinander oder werden undeutlich. Auch wenn sich bei den Kompositionen vielfach Zwischenformen und Überschneidungen finden mögen, lässt sich festhalten, dass ein Werk wie Brittens *Ballad of Heroes* eher von Utopie II geprägt ist, das *War Requiem* hingegen von Utopie I. Schostakowitschs Sinfonie »An den Oktober« ist inspiriert von der Welt der Utopie II, die 5. Sinfonie steht Utopie I nahe.

Brittens *Heldenballade* entstand wie Schostakowitschs *Oktober-Sinfonie* während einer Phase, in der beide Komponisten einem einflussreichen kommunistisch geprägten Umfeld ausgesetzt waren. In Anbetracht des Publikums, für das sie die Werke schrieben, ging es darum, Menschen zu ehren, die – wie Britten es formulierte – »den Tod hassten und das Leben liebten«: Für den Engländer »schien es selbstverständlich, ein Werk zu wählen, in dem ich meine Sympathie mit der belagerten spanischen Republik ausdrücken« konnte, und Schostakowitsch bekundete seine Sympathie mit den Revolutionären und den Idealen von 1917. In Anbetracht ihrer Werke der 1960er- und 1970er-Jahre könnte man nun – rückblickend – vermuten, sie hätten die Titel ironisch gemeint: Wie kann man es wagen, die Integrität der Schöpfer des *War Requiem* und der Sinfonie »Babij Jar« in Frage zu stellen?

Allerdings liegt zwischen den genannten frühen und späten Werken ein Abstand von einem Vierteljahrhundert – beide Komponisten waren längst nicht mehr die, die sie in den 1930er-Jahren waren. Im Publikum, für das die *Heldenballade* und die *Oktober-Sinfonie* entstanden, waren auch Hinterbliebene der ›Freiheitskämpfer‹: Sie brauchten echte Trauer,

Ironie wäre eine Beleidigung für sie gewesen, da sie die Sinnlosigkeit des Aufbruchs in die Revolte deutlich gemacht hätte.

Nach dem Zweiten Weltkrieg griff der Schriftsteller Vladimir Nabokov die Interpretationsmanie in einer der bedeutendsten Kurzgeschichten des 20. Jahrhunderts auf: In *Signs and Symbols* erzählte er 1947 von russischen Emigranten in den USA, deren kranker Sohn an referenzieller Manie leidet: In allem und jedem erkennt er nur noch Zeichen und Symbole, die bedrohlich auf ihn einwirken. Ohne sie konkret zu benennen, erschafft Nabokov in dem prägnant formulierten Text eine Welt, die geprägt ist von der Atmosphäre von Poschlost und Nedotikomka, von Andeutungen und Zahlensymbolik, von Erinnerungen und Verweisen. Symposien und Monographien beschäftigten sich mit Nabokovs Erzählung, bei deren Analyse man in einen Deutungstaumel geraten kann, dass man als Leser letzten Endes an sich selbst die darin beschriebene referenzielle Manie diagnostiziert.

Selbst wenn die Komponisten in den genannten Stücken – *Heldenballade/Kriegsrequiem* und *Oktober-* bzw. *Babij-Jar-Sinfonie* – mit musikalischen Versatzstücken hantieren, die sie im späteren Werk viel effizienter und überzeugender einsetzten, kann man keine Verbindungslinien zwischen diesen Stücken herstellen. Die erstgenannten sind spontane Reaktionen, ideologisch beeinflusst von den in Utopie II beschriebenen Motivationen; die Werke der 1960er-Jahre entstanden durch Lebenserfahrung nach langer Reflektion und sind geprägt durch die Ideale von Utopie I.

Im Œuvre Brittens ziehen sich Verbindungslinien aus den 1930er-Jahren, in denen er bewusst provokativ auftrat mit Werken wie *Our Hunting Fathers* und *On this Island*, zu seiner ersten Oper *Paul Bunyan*, die ein letztes Nachklingen der rebellischen frühen Jahre darstellte. Der ästhetische Wandel vollzog sich möglicherweise durch die Beziehung zu Peter Pears, mit dem sich ein Entwicklungsstrang mit psychologisch differenzierteren und textlich subtileren Werken wie der *Serenade* und den *Michelangelo-Sonetten* entwickelte, der zu *Peter Grimes* und den Kammeropern führte.

Wie bei Mahler umfasste auch bei Schostakowitsch die Sinfonik eine ganze Welt. Imitiert Mahler hierbei öfter reale Musik von Volksfesten, Trauerfeiern, Natur und Alltagsgeräuschen bis hin zur menschlichen Stimme, so vermittelt der Russe eher das Universum der menschlichen Psyche. Der humanistische Sozialist Schostakowitsch hat mehr zu sagen als der Kommunist in ihm. Kein Sinfoniker des 20. Jahrhunderts verfügt über die emotionale Bandbreite von Schostakowitsch: Bei ihm stehen Momente tiefster Depression neben Ausbrüchen absurder Heiterkeit, erwachsener Ernst neben kindlicher Ausgelassenheit, Tragik neben Freude, Zweifel neben Vertrauen. Fernab der politischen und zeitbezogenen Konnotationen mancher seiner Exegeten, erschließt sich dadurch ein viel reichhaltigeres Bild des Sinfonikers Schostakowitsch: Ein Kunstwerk ist ein Brennspiegel, in dem sich Hunderte von Erfahrungen bündeln, um tausendfach auszustrahlen in die Lebenswelten anderer Menschen. Seine Werke eröffnen ein Kaleidoskop von Daseinsstrukturen mit den unterschiedlichsten Intensitätsebenen.

Vorerst hatte Schostakowitsch mit der 5. Sinfonie für eine gewisse Zeit ein Ventil für seine psychische Befindlichkeit gefunden. Doch er machte sich auf die Suche nach anderen, die privater, intimer und weniger für die breite Öffentlichkeit bestimmt waren. Die d-Moll-Sinfonie war ein neuer Anfang: Sie stellt das Schwesterwerk der 4. Sinfonie in c-Moll dar, und gemeinsam markierten beide Stücke eine ästhetische Wende in Schostakowitschs Schaffen, die für alle folgenden Arbeiten genauso prägend wurde wie für Britten 1945 die Uraufführung der Oper *Peter Grimes*. Wichtige Vorboten dieses Werks bildeten die für Pears entstandenen Liederzyklen und dramatische Kompositionen für große Orchester. Wesentlich für diesen ästhetischen Umbruch war, dass Britten klar wurde, er könne seine Ideale in erster Linie als Opernkomponist umsetzen, während Schostakowitsch davon Abstand nahm, weiterhin Opern zu komponieren, und seinen sich immer deutlicher herausbildenden Prinzipien als Schöpfer von Sinfonien und Streichquartetten Ausdruck verlieh. Mit der 5. Sinfonie hatte sich Dmitrij Schostakowitsch seine Position innerhalb des sowjetischen Musiklebens vorerst zurückerobern können. Gesichert war sie dadurch keineswegs.

*

Das Streichquartett war für Schostakowitsch »eine der schwierigsten musikalischen Gattungen«. Den Beginn seines ersten Versuchs schrieb er »als eine Art Übung und dachte überhaupt nicht daran, es zu beenden oder gar zu publizieren«, wie er im September 1938 in einem Artikel bekannte.[520] Das Werk vom Sommer war die erste substanzielle Arbeit nach den Strapazen der zurückliegenden Jahre, der positiven Aufnahme der 5. Sinfonie im November 1937, der Geburt seiner Kinder und den Sorgen um die junge Familie. Selbst wenn das C-Dur-Streichquartett nur »aus vier kleinen Sätzen besteht« und der Komponist gegenüber Sollertinskij einräumte, »das, was dabei herauskam, ist nicht gerade umwerfend«, so fällt doch Schostakowitschs Bekenntnis auf, »die Arbeit hat mich aber so in den Bann gezogen, dass ich den Rest unglaublich schnell fertig hatte«.[521] Bis dahin spielte die Kammermusik für Schostakowitsch so gut wie keine Rolle, abgesehen von Streichquartett-Arrangements kurzer Nummern aus *Lady Macbeth* und *Das Goldene Zeitalter* im Jahre 1931 sowie einer Sonate für Cello und Klavier von 1934, der mit der Nummer 40 sogar eine eigene Opuszahl zugewiesen wurde – Brittens Pendant entstand erst 1961 nach der Begegnung mit Schostakowitsch und Rostropowitsch. Mit dem von Schostakowitsch als »frühlingshaft« bezeichneten ersten Streichquartett, das als Opus 49 ins Werkverzeichnis aufgenommen wurde, wandte sich der erfahrene Künstler erst sehr spät dem diffizilsten aller musikalischen Genres zu. Die skelettartige Konzentration auf die grundlegenden Streichinstrumente des Sinfonieorchesters – die erste und zweite Geige, die Bratsche und das Cello – erforderte laut Schostakowitsch »eine höchst vollkommene Technik und Gedankentiefe«. Da der »›Glanz‹ des Orchesterklanges«, der »Reichtum an Klangfarben, über den das moderne Sinfonieorchester verfügt«, einem kleinen Kammerensemble nicht zugänglich ist, erschien es ihm als einem der brillantesten Instrumentatoren der Musikgeschichte »auch viel schwerer, ein Kammermusikwerk zu schreiben, als ein sinfonisches Werk«. Schostakowitsch war sich bewusst: »Wenn ein üppig und farbig instrumentierter armseliger Gedanke mit Orchester für das Ohr noch mehr oder weniger auszuhalten ist, so ist ein armseliger Gedanke in einem Kammermusikwerk einfach unerträglich.«[522] Er hegte keineswegs die Absicht, mit den schlichter besetzten Instrumentalwerken seiner Sinfonik Konkurrenz zu machen, sondern liebte die Kammermusik, da er mit ihr die ersten musikalischen Eindrücke seiner Jugend verband. Zwei Jahre später trieben Schostakowitsch zwar Überlegungen zu einem zweiten Streichquartett um, doch er vollendete es erst 1944. Dazwischen entstanden noch andere kammermusikalische Werke. Gegenüber Glikman räumte er ein, dass er »sich nicht nur von künstlerischen Überlegungen leiten lasse, sondern auch von äußerst persönlichen und alltäglichen Motiven«. Und so überraschte Schostakowitsch auf einmal die sowjetische Musikwelt im November 1940 mit einem Klavierquintett, bei dessen Uraufführung in Moskau er selbst in die Tasten griff. »Weißt du, wieso ich zu dem Quartett einen Klavierpart hinzugeschrieben habe?«, behauptete er gegenüber dem Freund. »Um ihn selbst zu spielen und so einen Grund zu haben, zu Konzerten in verschiedenste Städte und Dörfer zu reisen. Jetzt können die Glasunower und Beethovener, die doch überall herumreisen, nicht mehr ohne mich auskommen! So bekomme ich nun auch die weite Welt zu sehen.«[523]

Beide lachten und Glikman fragte: »Du machst keinen Witz?«

»Überhaupt nicht!«, erwiderte der Komponist. »Du bist doch der leidenschaftliche Stubenhocker, und ich bin im Grunde meines Herzens jemand, der leidenschaftlich gern verreist!«

Zwar fügte Glikman der Schilderung dieser Begegnung hinzu, »seinem Gesichtsausdruck war nur schwer zu entnehmen, ob er scherzte oder es vollkommen ernst meinte«,[524] doch Schostakowitschs rege Reisetätigkeit legt nahe, dass in diesem Fall pragmatische Erwägungen eine größere Rolle gespielt haben als künstlerische.

Das erste Streichquartett trug noch keine Widmung. Erst sechs Jahre später eignete Schostakowitsch sein nächstes Quartett dem Komponistenfreund Wissarion Schebalin zu. Er entdeckte für sich, dass diese intime Form des musikalischen Ausdrucks eine besondere Art der Kommunikation darstellt. Und sie brachte ihn in engen Kontakt zu einem neuen Kreis von Vertrauten: 13 seiner 15 Streichquartette, vom 2. bis zum 14., wurden vom Beethoven-Quartett uraufgeführt. Die Geiger Dmitrij Ziganow und Wasilij Schirinski, der Bratschist Wadim Borisowskij sowie Wasilijs Halbbruder Sergej Schirinskij als Cellist hatten 1922 als Absolventen des Moskauer Konservatoriums zusammengefunden und sich neun Jahre später genug Selbstvertrauen erspielt, um sich statt ›Moskauer Konservatoriums-Quartett‹ nach einem der bedeutendsten Quartettkomponisten überhaupt zu benennen: Ludwig van Beethoven. Ein gutes halbes Jahrhundert, in denen man Hunderte von Werken aufführte und einspielte, firmierte die Gruppe unter diesem Namen; später natürlich mit wechselnden Besetzungen. Schostakowitsch lernte die Musiker 1938 kennen und widmete dem Beethoven-Quartett als Zeichen seiner Wertschätzung das 3. und 5. Streichquartett. In seinen letzten Lebensjahren ehrte er mit seinen Quartetten Nummer 13 und 11 die 1964 bzw. 1965 verstorbenen Gründungsmitglieder Wadim Borisowskij und Wasilij Schirinskij sowie mit dem 12. Quartett Ziganow und dem 14. Sergej Schirinskij. Diese Instrumentalisten gaben seinen musikalischen Empfindungen und Ideen eine Stimme. Doch erst nach dem Großen Vaterländischen Krieg sollte das Streichquartett zum grundlegenden persönlichen Ausdrucksmittel werden. Streichquartette entstanden wie Trabanten der Sinfonien in wechselseitiger Folge: Während zwischen dem 1. und 2. Quartett noch die 6. bis 8. Sinfonie lagen und sich 1945 noch ›die Neunte‹ anschloss, schrieb Schostakowitsch in den darauffolgenden Jahren drei gewichtige Streichquartette. Ab der 10. Sinfonie von 1953 entstanden die Quartette im steten Wechsel zu den sinfonischen Arbeiten, bis dann nach der letzten Sinfonie von 1973 noch zwei gehaltvolle Streichquartette folgten. An diese sollte sich eigentlich noch ein 16. Quartett anschließen, womit Schostakowitsch dann genauso viele Werke in diesem Genre wie Beethoven geschrieben hätte. »Das 16. wird dreiteilig, mit einer Fuge im Finale, verstehen Sie, mit einer Doppelfuge«, zitierte Krzysztof Meyer den Russen. »Der zweite Satz sanglich, sehr sanglich …« Das Konzept, das er dem polnischen Kollegen anvertraute, konnte Schostakowitsch nicht mehr selbst realisieren. Gut zwanzig Jahre später schrieb Meyer sein Quartett »Au-delà d'une absence«, das er als seine »imaginäre Fortsetzung von Schostakowitschs Zyklus« bezeichnete.[525]

*

Während Beethoven bereits in jungen Jahren noch vor der Sinfonik eine stattliche Zahl von Streichquartetten entworfen hatte, widmete sich Schostakowitsch erst als reifer Komponist dieser Gattung. Seine entsprechenden Werke lassen sich dadurch nicht in eine frühe, mittlere und späte Phase gliedern; vielmehr bilden sie Wegmarken an bestimmten Stationen seiner persönlichen und musikalischen Entwicklung. Sowohl Schostakowitschs als auch Brittens Œuvre ist somit eine private und eine öffentliche Seite eigen. Große Werke für die Bühne und den Konzertsaal zählen zu den repräsentativen Formen; Streichquartett und Lieder eher zu den intimen Genres, die am besten in kleineren Räumen zur Geltung kommen. Während für Britten die Sprache eine unerlässliche Inspirationsquelle darstellte und er sich dementsprechend der Oper und dem Lied widmete, konzentrierte sich Schostakowitsch vornehmlich auf nonverbale, abstrakte Musik im Bereich der Sinfonik und Kammermusik. Für den Bratschisten Fjodor Druschinin, der 1964 im Beethoven-Quartett den Platz seines erkrankten Lehrers Borisowskij übernahm, brachten diese Streichquartette etwas Neuartiges in die Musikliteratur ein. »In den Quartetten von Schostakowitschs großen Vorgängern Haydn, Mozart und Beethoven bildeten die extremen Lagen das thematische Fundament: die erste Geige und das Cello; die Bratsche und die zweite Geige dienten hauptsächlich dazu, die Harmonik und die Textur zu festigen«, meinte Druschinin. »Für Schostakowitsch stellte das Streichquartett eine Einheit nicht nur bei den vier Stimmen dar, sondern es bot ein Annähern im Spiel der vier Musiker und jedem ihrer Instrumente, Spielweisen und einzigartigen Persönlichkeiten.«[526]

Die Streichquartette bildeten ein Ventil für innere Anspannungen und eine intellektuelle Herausforderung. Zudem ließen sie sich leichter aufführen und in einer Epoche ohne Fotokopiergeräte gegebenenfalls durch Abschriften des Notenmaterials einfacher verbreiten. Nicht zuletzt sprach die Kammermusik eher gleichgesinnte Musikkundige an und stand weniger unter Beobachtung von offizieller Seite. Viele Komponisten hatten sich neben Oper und Sinfonik auch intensiv dem Streichquartett gewidmet, allen voran Haydn, Mozart, Beethoven, Schubert und Dvořák, aber ebenso russische Komponisten wie Glasunow, Taneew und Mjaskowskij. Neben Beethoven wurde Glasunow zum Namensgeber bedeutender Quartettformationen.

Britten begeisterte sich vor allem für die Streichquartette von Schostakowitsch. »Ich war vollkommen erschüttert vom Zehnten«, erzählte der Engländer Ende 1964 einem BBC-Reporter. »Ich glaubte, es war das außergewöhnlichste Musikstück – völlig neu für ihn, ungemein schlicht, ungemein direkt, aber äußerst, wirklich äußerst überraschend und neuartig.«[527]

Britten schrieb nur drei Streichquartette, dafür aber 15 Liederzyklen. So wie das Beethoven-Quartett für Schostakowitsch zum Katalysator und Vermittler seiner Kammermusik wurde, war Peter Pears für Britten der bevorzugte Interpret. Bereits in seiner Jugend wurde im Hause Britten viel gesungen und ein naher Freund von Benjamin, der auch die Mutter gut kannte, bemerkte gegenüber Brittens Schwester Beth, »dass Peters Stimme jener der Mutter sehr ähnelte«.[528] Der Musiker konnte bei den Liedvertonungen seine Leidenschaft für Literatur mit einbringen. Einst gab sich ein Komponist wie der von Benjamin Britten erst in seinen späten Jahren geschätzte Edward Elgar zumeist noch mit weniger bekannten Lyrikern zufrieden, da er die Ansicht vertrat, es sei besser zweitklassige Dichtung zu vertonen, weil die unsterblichsten Verse bereits selbst Musik *sind.* Wie schon seine Vorgänger Henry Purcell und Arthur Sullivan legte Britten seinen Ehrgeiz darein, auch prominente Poeten zu verwenden. »Eines meiner Hauptziele besteht darin, zu versuchen, der Vertonung von englischen Texten wieder eine Brillanz, Freiheit und Lebendigkeit hinzuzufügen, die seit dem Tod Purcells merkwürdigerweise ziemlich rar geworden sind«, verkündete Britten. »Während der letzten hundert Jahre wurden englische Vokalkompositionen von einer strengen Unterordnung unter den logischen Sprachrhythmus beherrscht, ungeachtet der Tatsache, dass eine dem Sinn entsprechende Betonung einer Betonung des gefühlsbedingten Gehalts oft zuwiderläuft«, führte er weiter aus. «Der Komponist sollte nicht absichtlich unnatürliche Betonungen vermeiden, wenn die Prosodie eines Gedichts oder die emotionale Situation sie erfordern, auch braucht er eine eigenmächtige Wortbehandlung nicht zu fürchten, die eine Verlängerung erforderlich machen mag, die weit über die gewöhnliche Sprechdauer hinausreicht oder eine rasche Vortragsweise, die im Gespräch undenkbar wäre.«[529]

Wurde für Schostakowitsch das Streichquartett zum wichtigen Begleiter der umfangreichen Werke, so stehen bei dem Engländer mit den Liedern kleiner dimensionierte thematische Reflexionen seinen großen Kompositionen zu Seite. Sie ergänzen bzw. begleiten wesentliche Aspekte: Beispielsweise begann der Komponist kurz nach der Uraufführung seines ersten Opernerfolgs, der Geschichte um das ungeklärte Ableben der Lehrjungen beim Fischer *Peter Grimes*, im Juni 1945 mit der Vertonung der *Holy Sonnets of John Donne*, in denen der Tod gleichfalls ein zentrales Thema ist. Und nur wenige Wochen nach der Premiere von *Billy Budd* stellte Britten dem jungen Matrosen im

Januar 1952 in seinem *Canticle II* »Abraham and Isaac« mit dem Sohn, der getötet werden soll, ein weiteres unschuldiges Opfer zur Seite. Auf ihre zurückgenommene, unaufdringliche Art sollte die instrumentale und die vokale Kammermusik zum intensivsten Ausdruckmittel der Humanität von Schostakowitsch und Britten werden.

Eine Sensibilisierung dafür war dringend geboten, denn der Erste Weltkrieg und gewaltige Wirtschaftskrisen hatten das friedvolle Zusammenleben schwer beeinträchtigt. Großbritannien drohte an Bedeutung einzubüßen, und für viele Intellektuelle und Künstler wurden die Vereinigten Staaten von Amerika in den 1930er-Jahren zunehmend zum Sehnsuchtsort. Für Schostakowitsch schien es vorerst noch ausgeschlossen, dass er jemals dorthin gelangen konnte. Doch seine Musik ging um die Welt, denn sie wurde auch kommerziell erfolgversprechend: Stokowski nahm mit seinem Philadelphia Orchestra im April 1939 die 5. und im Dezember 1940 die 6. Sinfonie von Schostakowitsch erstmals mit einem westlichen Orchester auf. Um zu der Ausdrucksintensität des Spätwerks zu gelangen, die sich erst Ende der 1930er-Jahre andeutete, benötigten beide Komponisten eine lange Reifezeit und einschneidende neue Erfahrungen.

*

In dem von der Niederlage der antifaschistischen Kombattanten in Spanien und der ungewissen politischen Atmosphäre verunsicherten Benjamin Britten reifte der Plan, Europa den Rücken zu kehren. »Ich glaube kaum, dass man die Situation zu sehr vereinfachen würde, wenn man sagt, dass viele aus unserer jüngeren Generation zu dieser Zeit die Empfindung hatten, dass Europa mehr oder weniger am Ende war«, erläuterte der Komponist 1960 in einem BBC-Interview. »Über Europa lag dieser große faschistische Schatten der Nazis, die jeden Moment alles zugrunde richten konnten, und man hatte das Gefühl, dass Europa weder den Willen hatte noch irgendetwas unternahm, sich dem zu widersetzen.« Im Mai 1939 nutzte er mit Pears die noch nicht beeinträchtigte Reisefreiheit: »Ich ging nach Amerika und glaubte, dass dort meine Zukunft liegen würde.«[530]

Die Zeichen der Zeit in Bezug auf Europa deutete Britten richtig, ob er allerdings die symbolreich pathetisch als sogenanntes ›Land der unbegrenzten Möglichkeiten‹ bezeichneten USA zutreffend einschätzte, sollte sich zeigen. Die Verwendung und der Missbrauch derartiger Symbole, den Berdjaew schon Anfang der 1920er-Jahre angesprochen hatte, wurde spätestens ab dem Ende der 1930er-Jahre geradezu inflationär – nicht nur auf politischer Ebene, sondern auch in den Künsten. Als seine 6. Sinfonie zum wiederholten Male als ›Kriegs-Sinfonie‹

apostrophiert wurde, meinte Ralph Vaughan Williams genervt von all den Bedeutungszuschreibungen für seine Kompositionen, ob es den Leuten nie in den Sinn komme, dass »jemand nur ein Stück Musik schreiben wollte«.[531] Kurz vor Beginn des Zweiten Weltkriegs, als Britten sich im Frühjahr 1939 auf der Schiffsreise nach Nordamerika in die Arbeit an *Les Illuminations* und seinem Violinkonzert vertiefte und Schostakowitsch mit seiner 6. Sinfonie begann, ahnte noch niemand, dass eine Gegenwart bevorstand, die so unerträglich war, dass man sich eines Tages nur noch durch Zeichen und Symbole über sie verständigen konnte.

IV. »Die Macht des Lachens und der Tränen« – Tod und Zerstörung

Krieg ist ein Thema mit vielen Variationen. Was man im Westen gemeinhin als ›Zweiten Weltkrieg‹ bezeichnet, umfasst im Kern den Widerstand gegen die von Deutschland und Japan begonnenen Angriffskriege. Dadurch ging der als ›Großer Vaterländischer Krieg‹ bezeichnete Kampf der Russen mit den Eckpunkten 1941 bis 1945 eher in die sowjetische Geschichtsschreibung und Gedenkkultur ein. Die UdSSR war seit September 1939 aber auch als Angreifer am Kriegsgeschehen beteiligt.

Der im August 1939 ausgehandelte deutsch-sowjetische Nichtangriffspakt garantierte den Sowjets durch ein geheimes Zusatzprotokoll »für den Fall einer territorial-politischen Umgestaltung«, sich im Ersten Weltkrieg verlorene Territorien des Russischen Kaiserreichs wieder anzueignen: Vor allem Ostpolen und Finnland weckten Begehrlichkeiten. Als gut zwei Wochen nach dem deutschen Überfall auf Polen im September 1939 Soldaten der Sowjetunion im Osten des Landes und in Litauen einmarschierten, wurde die alte Heimat von Schostakowitschs Vorfahren wieder russisch. Kommentare des Künstlers dazu sind nicht überliefert.

Noch unheimlicher muss für viele Russen gewesen sein, was nördlich von Leningrad vor sich ging. Seit die Sowjetunion 1920 die Unabhängigkeit Finnlands in den Umrissen des ehemaligen Großfürstentums anerkannt hatte, war Schostakowitschs Geburtsort Grenzstadt – das nur gut 35 Kilometer entfernte Repino lag bereits auf finnischem Territorium und die einstige Hauptstadt Russlands in Reichweite der finnischen Artillerie. Die Sympathie der Finnen für das nationalsozialistisch regierte Deutschland beunruhigte die Bürger und die Staatsführung der UdSSR. Zudem befürchtete man nicht zu Unrecht, der Westen könnte Kämpfe mit den Finnen nutzen und »die englischen und französischen Imperialisten zu einem Krieg gegen die UdSSR« aufrufen.[532] Nachdem man zuvor die baltischen Staaten und Finnland durch Nichtangriffspakte auf Abstand halten wollte, begann die sowjetische Führung zehn Tage nach dem deutschen Einmarsch in Polen mit neuerlichen Verhandlungen, um die Grenzen zu Finnland strategisch umzugestalten. Im Austausch für ein Überlassen der kritischen Regionen bot man den Finnen an, ihnen flächenmäßig etwa doppelt so große Gebiete in Karelien zuzugestehen. Als Finnland auf diese Regelung nicht einging, überschritten Truppen der Roten Armee Ende November 1939 die Grenze. Der sogenannte »Winterkrieg« zwischen der Sowjetunion und Finnland kostete bis zum März 1940 Tausende Menschenleben. »Wie sehr muss es den Russen missfallen haben, im finnischen Schnee zu erfrieren«, schrieb Britten im April 1940 in einem Brief.[533] Für die Russen war es ernüchternd zu erleben, welchen erbitterten Widerstand ihnen die zahlenmäßig unterlegene finnische Armee entgegensetzte. Erst unter Aufbietung erheblicher Verstärkung und besser organisierter Truppenteile gelang es der Sowjetunion, die eigenen Interessen durchzusetzen. Britten bereiteten in erster Linie die Vorkommnisse in Mitteleuropa Sorgen. »Oh – memorable day!«, notierte er über den »denkwürdigen« 1. September 1939, den Tag des deutschen Angriffs auf Polen, den er in den USA beiläufig registrierte.[534] Auch Schostakowitsch beschäftigten andere Dinge mehr. So wie Britten, der gerade einen Partner fürs Leben gefunden hatte, befand sich Schostakowitsch in einer Situation, die es zu bewahren und zu beschützen galt. Im Mai 1938 wurde seine Familie durch die Geburt des Sohnes Maksim bereichert und ab Mai 1939 hatte er am Leningrader Konservatorium den Rang eines Professors inne. Allerdings ließ sich bereits ahnen, wie fragil die internationale Lage war.

*

Die Desillusionierung von Dmitrij Schostakowitsch vollzog sich abrupt, jene von Benjamin Britten eher phasenweise. Der englische Komponist trat seine Reise mit Pears nach Nordamerika im Mai 1939 an und erreichte nach einem längeren Aufenthalt in Kanada Ende Juni New York. Schon während der elftägigen Schiffsreise über den Atlantik übermannte ihn das Heimweh. »Je mehr ich an Snape denke«, schrieb Britten in einem Brief, »umso mehr überkommt mich das Gefühl, was für ein Narr ich bin, das alles zurückgelassen zu haben.«[535] Doch angesichts eines grandiosen Landschaftspanoramas bei seiner ersten Anlaufstelle in Kanada vergaß er alle Erwägungen einer baldigen Rückkehr. »Ich habe mir den Ausblick hier angeschaut – Berge & Seen & – nun ja, meine Meinung geändert & meine Entscheidung noch verschoben.«[536]

Während Schostakowitsch in den großen Städten stets in einen regen intellektuellen Austausch mit Kollegen und Freunden eingebunden war, schätzte Britten in erster Linie die Rückzugsmöglichkeiten. »Ich denke intensiv über meine Zukunft nach. Dies hier *könnte* das Land sein«, schrieb er. »Es ist unglaublich groß & schön. *Und* es ist unternehmungslustig & vital.«[537] Wenig später verkündete der Musiker: »Ich bin *sicher*, dass Nordamerika der Platz der Zukunft ist.«[538] Britten finanzierte den Aufenthalt durch seine Tantiemen, die ihm durch die Niederlassung von Boosey & Hawkes in Toronto zugestellt wurden. Kanada bot für seine künstlerischen Ambitionen wenig Entfaltungsmöglichkeiten – abgesehen von Gelegenheitswerken im Auftrag der Canadian Broadcasting

Corporation wie *Young Apollo* für Klavier, Streichquartett und Streichorchester. Nicht zuletzt mangelte es an der für seinen Bedarf erforderlichen kulturellen Infrastruktur. Ihm blieb nichts anderes übrig, als sich im Sommer 1939 in die großen Kulturmetropolen der USA zu begeben. »Ich freue mich auf New York«, verkündete er. »Aber es macht mich auch ein bisschen nervös – mit all der Perfektion & dem Glanz des *New Yorker*.«[539] Der Musikverleger Hans Heinsheimer führte Pears und Britten an ihrem ersten Abend zum Broadway. »Nie in meinem ganzen Leben habe ich einen größeren Fehler gemacht«, erinnerte sich Heinsheimer später. »Es war ein absolutes Fiasko. Der Lärm, der Schmutz, dieser Zigarre rauchende Mann [auf der Reklamewand], der den Rauch auf den Broadway paffte, die rotierenden Lichter – und ich sagte sogar: ›Ist das nicht toll?‹ Es war absolut grässlich. Ich erinnere mich noch an dieses unglaublich freundliche Lächeln von Ben – Ben konnte wahrlich immer liebenswürdig lächeln –, aber es war wirklich ein Reinfall.«[540] Spätestens als Britten durch Boosey & Hawkes die Partituren von *Ballad of Heroes* und *Advance Democracy* an Heinsheimer schicken ließ, wusste er die Haltung des Engländers besser einzuschätzen.

Britten entwickelte ein zwiespältiges Verhältnis zum ›Big Apple‹. »Du wärst begeistert von dieser Stadt«, schrieb er an seine Schwester Beth, »doch sei lieber ein bisschen verunsichert, so wie ich derzeit. Sie ist sehr intellektuell, aber charmant. Sie ist sehr schön & die Wolkenkratzer sind unglaublich! So ungemein riesig!«[541] Als sich die ersten Erfolge einstellten, fühlte Britten sich von den Metropolen verstanden und begeisterte sich dafür, dass die New Yorker Philharmoniker seine *Variationen auf ein Thema von Frank Bridge* sogar bei einem Stadionkonzert vor 5000 Besuchern spielten. In Chicago wurde er als Solist bei seinem eigenen Klavierkonzert freundlich aufgenommen. »Mr. Britten – groß, schlank und 26 – ist so englisch wie der Regen«, hieß es in der *Chicago Tribune*, aber seine Musik wirke alles andere als englisch: »Das Konzert besitzt eine Souveränität, eine Leichtigkeit, eine Verve und einen Humor, wodurch es eher an Frankreich oder sogar Russland denken lässt als an England.«[542] Britten arbeitete gleichzeitig an verschiedenen Projekten, bemühte sich um Aufführungs- nebst Auftrittsmöglichkeiten und knüpfte Kontakte zu Dirigenten und Ensembles. »Amerika ist so gastfreundlich!«, schwärmte er, doch da sich der große Durchbruch nicht unmittelbar einstellte, kippte seine Stimmung bald. »Amerika ist äußerst anti-europäisch & pro-amerikanisch«, grollte er dann. »Es ist sehr schade, dass sie nicht von den Fehlern der Europäer lernen.«[543] In Chicago fand Britten wegen des Lärms keine Ruhe – um schlafen zu können, begann er, Pillen zu schlucken – und an der Ostküste steigerten sich seine Ausfälle bis zu der Bemerkung: »Ich hasse New York.«[544] Mitunter mäßigt sich sein Tonfall und dann heißt es bloß noch: »Amerika ist eine große Enttäuschung.« Hatte Britten sich zu viel versprochen? »Das Land hat alle Fehler Europas & keine seiner Attraktionen«, lamentiert er. »Wo Hoffnung darauf zu finden ist, weiß ich nicht – ausgenommen natürlich in der Kunst & den eigenen Freunden.«[545] Eine schwere Streptokokken-Infektion Anfang 1940 beeinträchtigte Britten das ganze Jahr über, was auch seine Wahrnehmung der potenziellen Wahlheimat beeinflusste.

Der Kriegsbeginn in Europa bereitete zunächst einmal monetäre Probleme. »Wir gerieten in eine sehr prekäre Situation, als England beschloss, gegen die Nazis zu kämpfen – Peters Wintersaison in England wurde abgesagt (eine umfassende finanzielle Krise für ihn)«, schrieb Britten im April 1940. Als Komponist erhielt er weiterhin seine Tantiemen durch die New Yorker Filiale von Boosey & Hawkes: Im Jahr 1939 beliefen sich diese auf 350 englische Pfund, was heute etwa 22 000 Pfund entspricht, doch im Kriegsjahr 1940 wurden keine Gelder mehr ins Ausland transferiert. »Beängstigende finanzielle Neuigkeiten aus England, die unsere ganze Zukunft mehr als ungewiss machen«, meinte Britten im Mai 1940.[546]

Damit nicht noch auf seine Auslandseinkünfte Steuern für seinen Grundbesitz in der Heimat erhoben wurden, überschrieb Britten »The Mill« seinen Schwestern. Zudem verkaufte er eine Lebensversicherung, um die Finanzprobleme in den Griff zu bekommen. Der Aufenthalt in Nordamerika geriet zur emotionalen Achterbahnfahrt. Mal frohlockte Britten, als in Aussicht gestellt wurde, von dem Pianisten Wittgenstein für ein Klavierkonzert in Gold bezahlt zu werden, dann wiederum fühlte er sich von Amerika »in jeder Form im Stich gelassen«. Ohne jemals wie Schostakowitsch die unmittelbare Kriegsangst erlebt zu haben, schrieb er an die Daheimgebliebenen: »Ihr lebt in einer aktiven Form der Hölle, wir leben hier in einer passiven Form.«[547]

*

Den ursprünglich einmal angedachten Plan, eine Operntrilogie bzw. -tetralogie mit russischen Frauengestalten zu realisieren, verwarf Schostakowitsch. Obwohl zudem alle weiteren Opernprojekte unvollendet blieben, nutzte er von nun an seinen dramatischen Instinkt zur Ausgestaltung von Sinfonien. Seiner Ansicht nach war eine Sinfonie »wie ein Roman oder ein Drama von Shakespeare«.[548] Sein neuestes Werk beschäftigte ihn von April bis November 1939. Die 6. Sinfonie sollte ursprünglich eine großangelegte »Lenin-Sinfonie« werden – ein oft angekündigtes, doch ebenfalls nie in die Tat umgesetztes Projekt. Schostakowitsch hatte einst im September 1938 verlauten lassen, dass er begierig auf die Arbeit an seiner ›Sechsten‹ wäre, die eine monumentale

Komposition für Solisten, Chor und Orchester werden und das Gedicht »Wladimir Iljitsch Lenin« von Wladimir Majakowskij einbeziehen sollte, das 1924 kurz nach Lenins Dahinscheiden verfasst worden war. Nach den Erfahrungen mit der 2. und 3. Sinfonie, die jeweils ein unbefriedigender Chor-Appendix zierte, verzichtete der Komponist wohlweislich darauf, der schwulstgeschwängerten Wucht des Poems mit seinem »Lenin lebte, Lenin lebt, Lenin wird leben!« durch seine Musik noch etwas hinzuzufügen. Zwar versuchte Schostakowitsch noch andere Literatur über Lenin in seine neue Sinfonie mit einzubauen, blieb dabei jedoch erfolglos. Im Januar 1939 sprach er in einem Radiointerview über seine Sinfonie Nummer 6, ohne dabei Lenin oder andere außermusikalische Bezüge zu erwähnen.

Letztendlich beschied sich Schostakowitsch einmal mehr mit einer rein instrumentalen Stellungnahme. »Der musikalische Charakter der 6. Sinfonie wird sich von der Stimmung und dem Gefühl der 5. Sinfonie unterscheiden, in der Momente der Tragik und Anspannung charakteristisch waren«, kommentierte Schostakowitsch in der Presse das im September 1939 fertiggestellte Opus 54. »In meiner neuesten Sinfonie herrscht eine Musik nachdenklicher und lyrischer Ordnung vor. Ich wollte dies in den Stimmungen von Frühling, Freude und Jugend vermitteln.«[549]

Am 21. November 1939, genau zwei Jahre nach der Premiere der Sinfonie Nr. 5, fand die Uraufführung der ›Sechsten‹ im Großen Saal der Leningrader Philharmonie mit den Leningrader Philharmonikern unter Jewgenij Mrawinskij am gleichen Ort und mit denselben Interpreten wie bei der Uraufführung der vorhergehenden Sinfonie statt. Ungeachtet der erfolgreichen Premiere, bei der das Finale wiederholt werden musste, wurde das Werk später wegen seiner vermeintlich unbeholfenen Struktur und jähen Stimmungswechseln kritisiert. Die Sinfonie in h-Moll sei selbstgefällig und kühn, geradezu unförmig, hieß es in der UdSSR, ein »sonderbarer Rumpf ohne Kopf«.[550] Während der Komponist meinte, er habe »zum ersten Mal ein gelungenes Finale geschrieben«, spotteten andere, die um seine Fußballleidenschaft wussten, der Presto-Ausklang illustriere lediglich das Hin und Her eines Ballspiels.

Schostakowitsch, der noch immer unter dem Schock der drei Jahre zuvor ausgesprochenen Verdammung seiner Oper *Lady Macbeth von Mzensk* gelitten haben dürfte, reagierte resigniert. »Wenn beschlossen wurde, eine ›Anhörung‹ zu organisieren, ist meine ganze Arbeit zum Teufel«, schrieb er an einen Freund. »Was soll ich tun – anscheinend habe ich es nicht recht gemacht. Auch wenn ich mich noch so sehr bemühe, mich nicht zu grämen, zieht es mir das Herz zusammen.«[551] Mrawinskij stand ihm zur Seite und führte die neue Sinfonie auf, so oft er konnte. Schon 1940 kam die erste Aufnahme mit dem Philadelphia

Orchestra unter der Leitung von Leopold Stokowski heraus. Wie sich Schostakowitschs Freund Isaak Glikman erinnerte, wiederholte sich »die Erschütterung, die bei der ›Fünften‹ den ganzen Saal ergriffen hatte«, bei dem neuen Stück nicht.[552] Wurde bei der 5. Sinfonie noch die unterminierende Absicht der Kombination von vordergründiger Formstrenge und hintersinniger Doppelbödigkeit der Tonsprache erkannt, löste das Nebeneinander scheinbar unvereinbarer Elemente bei der 6. Sinfonie selbst bei der Intelligenzia Irritation aus. Doch was konnte falsch sein an einer Sinfonie, bei deren erster Aufführung immerhin das Publikum das spritzige Finale gleich noch einmal zu hören wünschte?

Im Gegensatz zu der formalen ›Von der Dunkelheit zum Licht‹-Dramaturgie seiner 2. und 5. Sinfonie unterlief Schostakowitsch mit seiner ›Sechsten‹ radikal die traditionellen Grundlagen der Sinfonik. Die Proportionen wirken verzerrt: Der erste Satz ist, entgegen den Gepflogenheiten, der langsame Satz, zudem geriet er länger als die beiden anderen zusammen – ein aus wenigen thematischen Gedanken bestehender Klagegesang, der zwanzig Minuten lang um sich selbst zu kreisen scheint. Dennoch ist dieser Beginn die folgerichtige Fortsetzung des Finales der 5. Sinfonie. Bereits das unmittelbar nach der Fünften entstandene erste Streichquartett hatten Rezensenten als »lyrisches Intermezzo nach der Sinfonie Nr. 5« bezeichnet. Dementsprechend führt der mit ›Largo‹ überschriebene Kopfsatz der 6. Sinfonie diese Stimmung fort – auf die Scheinapotheose folgt die Apathie. Eine requiemartige, mit Pianissimo-, »tenuto«- und »morendo«-Anweisungen durchsetzte Einleitung voller Binnenspannung, deren intensive kontrapunktische Arbeit Parallelen zu Johann Sebastian Bach heraufbeschwor.

Bei der Komposition dürfte Schostakowitsch mehr an seine Erfahrungen zur Zeit der ›Säuberungen‹ gedacht haben als an Lenin, mit dessen Würdigung als denkbarem sinfonischem Thema er die Presse monatelang hingehalten hatte. Das ›Allegro‹ und das ›Presto‹ der 6. Sinfonie nahmen Bezug auf die 1938 von der Partei verordnete vermehrte Produktion von »leichter Musik«. Bereits ein Jahr vor der Uraufführung der neuen Sinfonie konnte Schostakowitsch seine populäre »Suite Nr. 2 für Jazz-Band« herausbringen. Wie in diesem Jazzpotpourri brennt er in den letzten beiden Sätzen der Sinfonie ein Feuerwerk an virtuoser Rhythmik und grotesken Klangkapriolen ab, die zwischen grimmiger Posse und vor Temperament überschäumender Zirkusmusik oszillieren. Eine Sinfonie als eine Mischung aus Requiem und Burleske, in der das Komödienhafte als ruheloser Gegenpol zum Lamento an Schostakowitschs Worte zum 70. Geburtstag von Charles Spencer Chaplin erinnert, der, so der Komponist, überzeugt war, dass »die Liebe zum Menschen den Sieg über die Unwissenheit und das Böse davontragen werde«, deswegen verbreite er seinen Glauben an »die Macht des Lachens und der Tränen als Gegengift gegen Hass und Terror«.[553] Schostakowitsch mag in dem tragischen und humorvollen Duktus der Filme Chaplins Parallelen zu seinem eigenen Schaffen erkannt haben: »Der Inhalt seiner Kunst – höchste Humanität und die Liebe zum Menschen – ist die einzige würdige Schaffensbasis für alle Zweige der Kunst. Chaplin wendet sich immer wieder edlen Ideen zu, und das ist sein sicherer Weg zu den Herzen der Menschen. Chaplin hat die Gipfel der Kunst erklommen, indem er nicht nur seine Liebe zum Menschen bekundet, sondern auch seinen Hass auf diejenigen, die andere Menschen unterdrücken.«[554]

Während Schostakowitsch mit der Sinfonik und dem Streichquartett – zu dem er sich immer wieder zurückzog, da dieses Genre weniger im Fokus der Medien stand – seine grundlegenden Ausdrucksmittel gefunden hatte, befand sich Benjamin Britten in einer Übergangsphase. Diese sollte ihn von der Instrumental- und Orchestermusik zur Oper führen. Zu seinem Verdruss wurde die New Yorker Uraufführung seines Violinkonzerts unter der Leitung von John Barbirolli nicht im Radio übertragen: Üblicherweise sendete man Konzerte aus der Carnegie Hall am Sonntagnachmittag, doch Brosa trat an einem Donnerstag und einem Freitag auf. Im nächsten Jahr hatte Britten bei den Darbietungen der *Sinfonia da Requiem* an einem Samstagabend und Sonntag mehr Glück. Der selbstkritische Britten ließ auch manche Möglichkeiten der Verbreitung seiner Musik vorerst verstreichen: Mit der Veröffentlichung eines Mitschnitts des Violinkonzerts, die Barbirolli 1949 mit dem holländischen Geiger Theo Olof plante, war er nicht einverstanden, da er an dem Werk noch Revisionen vornehmen wollte. Erst 1952 spielte Brosa das Konzert mit dem schottischen Rundfunkorchester der BBC ein – Schostakowitsch hingegen vertrat die Auffassung, ehe er ein Werk überarbeite, schreibe er lieber gleich ein Neues. Welche große Bedeutung Britten dem Orchester beimaß, verdeutlichte bereits eine Bemerkung in einer Pressebesprechung: In der *New York Times* verwies der Rezensent darauf, dass »man an manchen Stellen sagen könnte, der Geiger übernahm beinahe die Aufgabe eines Begleiters des Orchesters«.[555] Die souveräne Beherrschung des impulsgebenden Klangapparats wurde auch zum wesentlichen Motor seiner Opern.

*

Ein Vierteljahr nach der Uraufführung von Brittens Violinkonzert begann die ›Battle of Britain‹, die Luftschlacht um England, bei der die Royal Air Force massive Angriffe der deutschen Luftwaffe zurückschlug. Doch die Kämpfe gingen weiter. Die Lage in London wurde zunehmend bedrohlicher. Zwar beschwor der Schriftsteller Graham Greene den »Liebeszauber der Bomben« und faselte davon, die Grenzerfahrungen des Krieges könnten gewaltige sinnliche Energien freisetzen, aber so manche Tagebucheintragung brachte die Angst Tausender Menschen zum Ausdruck, »unter riesigen Trümmerhaufen verschüttet zu werden, Tropfgeräusche zu hören und das Gas zu riechen, das immer näher kriecht«.[556] Hin und wieder sorgte der Kriegsalltag für surreale Momente, wie etwa an jenem Nachmittag, als nach der Bombardierung des Zoos ein Zebra in dem nahegelegenen vornehmen Stadtteil Marylebone südlich des Regent's Park umherirrte, oder als anderntags eine V-2-Bombe auf dem Golfplatz im Vorort Wanstead niederging und ein Kaninchen tötete.

»In der gegenwärtigen Situation neigt man dazu, an Amerika nur das Schlechte zu sehen & an England das Gute«, schrieb Britten an seine Schwester Beth, die im Januar 1938 den Arzt Christopher Welford geheiratet hatte.[557] Dennoch war der Krieg auch in den USA »fast ausschließlich das einzige Gesprächsthema«, ließ Britten seine Verwandten wissen, »und natürlich denkt man die meiste Zeit daran. Ich bin fast verrückt geworden während der schweren Luftangriffe bei Euch!«[558] Die Kriegsführung erreichte eine neue Dimension, als am 14. November 1940 die deutsche Luftwaffe mit einem zehnstündigen Bombardement Coventry zerstörte. Bei dem Angriff auf die Industriestadt in den West Midlands im Herzen Englands kamen zwar längst nicht so viele Menschen ums Leben wie bei späteren Aktionen, aber der Ort wurde dem Erdboden gleichgemacht und die Attacke öffnete die Schleusen für den Kriegsterror gegen die Zivilbevölkerung. Ein neues Wort fand seinerzeit Eingang in die deutsche Sprache – »coventrieren«, das Ausradieren ganzer Städte durch flächendeckende Bombenangriffe.

Britten bedauerte, nicht bei den Seinen zu sein, zugleich hätte er dort nichts ausrichten können. »Du schuldest es England hierzubleiben«, ließ ihn der Komponist Aaron Copland wissen. »Schließlich kann jeder eine Knarre abfeuern – aber wie viele können Musik wie du schreiben?«[559]

*

Die Sage von Paul Bunyan war noch frisch, als Auden und Britten sich des Themas annahmen. Ende des 19. Jahrhunderts kursierten Geschichten in den Holzfällercamps in Norddakota, die 1904 erstmals Erwähnung in der Presse des benachbarten Minnesota fanden. Die Studentin K. Bernice Stewart und ihr Professor Homer Andrew Watt sammelten Erzählungen um Paul Bunyan von den Holzfällern, die sie 1916 in einem schmalen Bändchen mit dem Titel *Legends of Paul Bunyan, Lumberjack* veröffentlichten, wobei das wissenschaftliche Interesse unter anderem darin bestand zu überprüfen, inwiefern »französisch-kanadische Holzfäller Erzählungen aus der Alten Welt mitgebracht hatten« und ob die modernen amerikanischen Sagen von Rabelais und anderen Autoren beeinflusst waren.[560] Besonders bekannt wurden die Erlebnisse des erfundenen tatkräftigen Riesen Paul Bunyan durch die Werbebroschüren der Red River Lumber Company, für die der Journalist William B. Laugheads ab 1916 erstmals »Mr. Paul Bunyan of Westwood, California« vorstellte. In den 1920er-Jahren erschienen Bucheditionen mit den Geschehnissen um den mittlerweile legendären Paul Bunyan, sodass die Figur in Nordamerika bestens bekannt war. Paul Bunyan wurde nicht nur zu einem Symbol für den Unternehmungsgeist der Frontier – die das Grenzland in einer Expansionsbewegung nach Westen hin ausdehnte –, und zu einer modernen Identifikationsfigur für überdimensionale Leistungsbereitschaft und -fähigkeit, sondern fand auch Verbreitung in den Publikationen der 1919 gegründeten Kommunistischen Partei Amerikas. In der Zeitung *Daily Worker* propagierte man Cowboy-Lieder, Squaredance sowie die Paul-Bunyan-Geschichten als Paradebeispiele für Arbeitsmoral und Arbeiterkultur. Ein Holzfällerriese, der unzugängliche Natur in Kulturlandschaft verwandelt, den Mount Hood erschafft, indem er Steine auf sein Lagerfeuer legt, um es zu löschen, und den Grand Canyon entstehen lässt durch das Hinterherschleifen seiner Axt, ist einerseits das Idealbild eines Werktätigen; andererseits ist er ein Held der Arbeiterklasse, wie am anderen Ende der nördlichen Hemisphäre die überdimensionale zentrale Persönlichkeit in Boris Michajlowitsch Kustodiews 1920 entstandenem Gemälde »Der Bolschewik«.[561] Auch dieser schreitet als Riese durch eindrucksvolle Landschaften – sein entschlossener Gesichtsausdruck erinnert an Lenins Kampfgefährten Aleksander Parwus. Mit einer gewaltigen roten Fahne führt er eine Massenbewegung zielbewusst in die im Hintergrund angedeutete Moderne. Das Bildmotiv, die Kraft des Kommunismus als bolschewistischen Giganten darzustellen, der ›den Hütten Frieden‹ und ›den Palästen Krieg‹ bringt, hatte bereits Chagall 1918/19 in einem Tafelentwurf zur festlichen Ausschmückung von Witebsk verwendet. Um gewaltige Reiche wie das der Bolschewiken oder der Nordamerikaner aufzubauen, bedarf es übermenschlicher Kräfte. Auch wenn die Kommunistische Partei der USA keinen relevanten Anteil an Wählerstimmen erhielt, inspirierte sie dennoch die Gewerkschaften und warb in der Phase von 1935 bis 1945 mit dem Slogan »Der Kommunismus ist Amerikanismus des 20. Jahrhunderts«. Der Komponist Elie Siegmeister erinnerte sich, dass »jeder, der etwas mit Folk Music zu tun hatte, in jener Zeit automatisch für einen Kommunisten gehalten wurde«.[562] Dass sich in dieser Atmosphäre Auden und Britten der Figur des Paul Bunyan annahmen, passte zu ihrer politisch linken Orientierung.

»Wystans & meine Oper ist für den Broadway gedacht«, ließ der Komponist die Daheimgebliebenen in einem Brief wissen.[563] Letzten Endes konnte man das Werk im Mai 1941 nur in einer semi-professionellen Produktion an der Columbia University herausbringen. Für den Broadway wäre das episodenhafte, handlungsarme Werk mit seiner losen Aneinanderreihung von Chornummern, Songs, Ensembleszenen und Melodrama völlig ungeeignet gewesen, zumal ein Hauptproblem darin bestand, dass die Titelfigur musikalisch keinerlei Profil besitzt und sich nur mit Worten äußert.

Vier Monate zuvor war im New Yorker Alvin Theatre Kurt Weills *Lady in the Dark* über die Bühne gegangen. Obwohl es das eher heikle und sperrige Thema Psychoanalyse behandelte, ging das Ensemble mit dem dramaturgisch und musikalisch ausgefeilten Stück nach 467 Aufführungen am Broadway noch auf Tournee. Britten hatte Weill im August 1940 sogar persönlich kennengelernt, als dieser gerade mit der Komposition seines Musicals *Lady in the Dark* beschäftigt war – bei dem in einer spektakulären Solonummer in dreißig Sekunden fünfzig Namen russischer Komponisten heruntergerasselt werden, darunter (in der Reihenfolge des Lieds und der Schreibweise des Librettisten Ira Gershwin) Rubinschtejn, Tschaikowsky, Prokofjeff, Glinka, Metner, Balakireff, Shostakovitsch, Borodine, Gliere, Liadoff, Dargomyzski, Skriabine, Stravinsky, Rimsky-Korsakoff, Mussorgsky, Glazounoff, Caesar Cui und Rachmaninoff. An Weill beeindruckten Britten seine Intellektualität – »some pretty sophisticated talk« – und seine Freundlichkeit: »Wir haben ziemlich viel Zeit mit ihm verbracht & er war wirklich unglaublich nett & sympathisch«, schrieb Britten einer Freundin.[564]

Seine Oper *Paul Bunyan* stand eher in der Tradition moralisierender Gesellschaftsstücke im Geiste von Brecht, die Weill bis dahin längst überwunden hatte. Allerdings sind Brittens melodische Erfindungen blass, verglichen mit Weills *Aufstieg und Fall der Stadt Mahagonny* oder Gershwins Satire *Strike up the Band!*. Bei Auden und Britten erlebt man den legendären Holzfäller weniger als Abenteurer und Vollbringer heroischer Werke, der ihn zu einem modernen Gründungsmythos der USA machte, sondern vielmehr als politischen Agitator. Auden wies in einem Vorwort zum Libretto darauf hin, Mythen seien »die Produkte kollektiver Schöpfungsakte; sie verschwinden, wenn eine Gesellschaft sich so weit differenziert hat, dass die individuellen Mitglieder ihre eigenen Vorstellungen von ihren Aufgaben entwickelt« haben. Die »Nutzbarmachung der Natur in der Anfangszeit einer neuen Zivilisation«, die Auden beschwört, war sowohl eine wesentliche Komponente im Reich Peters des Großen als auch Lenins. »Auf den ersten Blick mag es arrogant erscheinen, wenn ein Ausländer einen volkstümlichen amerikanischen Stoff zum Thema wählt, aber die Aussage dieser Legende ist nicht auf Amerika beschränkt, sondern hat universale Geltung«, betonte Auden. »Bis zur Erfindung der ersten Maschine blieb die Unterwerfung der Natur unvollständig, und als Maschinenbenutzer haben alle Länder eine gemeinsame Geschichte. Sie alle sehen sich heute zum ersten Mal mit dem gleichen Problem konfrontiert. In materieller Hinsicht können wir heute fast alles tun, was wir wollen, aber wie können wir sicher sein, dass wir das Richtige tun und das Falsche unterlassen, da die Natur nicht mehr mit raschen Belohnungen und Bestrafungen unsere Amme spielen kann? Was geschieht, wenn der Mensch sich weigert, die Notwendigkeit dieser Wahl zu akzeptieren, wenn er sich vor seiner Entscheidungsfreiheit fürchtet oder sie missachtet, das haben wir nur allzu deutlich gesehen.« Zwischen den Zeilen schimmern Anspielungen auf die aktuelle politische Weltlage durch und selbst wenn Auden hervorhebt, in der Geschichte stehe der Kampf um die Beherrschung der Natur im Mittelpunkt, durchweht – wenn auch unausgesprochen – seine Rede der Hauch von »kommunistisch und elektrisch«: In »einer Situation kollektiver Gefährdung« haben »alle individuellen Auseinandersetzungen in den Hintergrund zu rücken«. Zwar besitze »Paul Bunyan keine magischen Kräfte«, doch »was er tut, könnte an sich jeder tun, der über seine Körpergröße und Erfindungsgabe verfügt«, ja, Bunyans Leistungsfähigkeit erreicht das Kollektiv: Er versinnbildlicht »die Holzfäller als Gruppe mit Hilfe ihrer Maschinen«. Auden meinte, Bunyans »Träume haben den naiv-stolzen Optimismus des 19. Jahrhunderts« und fügte hinzu: »er ist ebenso viktorianisch wie New York«, wobei er implizierte: er realisiert die Visionen der kommunistischen Ideologen und Vorkämpfer des Ottocento.

Die ausgedünnte Musik zu *Paul Bunyan* lässt das Geschehen leider kaum lebendig werden und Rezensionen verständlich erscheinen, dass »das Libretto wie die Musik ohne einen überzeugenden Plan und Zusammenhalt von einer Idee zur nächsten schweifen«.[565] Brittens Opernexperiment bereicherte dennoch seine Erfahrungen. Fast weitsichtig schrieb der Kritiker der *New York Times* nach der Uraufführung, »was Mr. Britten gemacht hat, zeigt deutlicher als je zuvor, dass Opern in englischer Sprache – die für eine kleine Bühne konzipiert werden, bei den Aufführungen einen eher bescheidenen Aufwand erfordern und in gewisser Weise angenehm frei sind von den steifen Traditionen der großen Oper oder der früheren Oper mit gesprochenen Dialogen –, nicht nur eine Möglichkeit bieten, sondern eine Entwicklung, die uns beinahe schon erreicht hat«.[566]

Verständlicherweise blieben Aufträge größerer nordamerikanischer Bühnen, für das Musiktheater zu schreiben, aus. Auch Hollywood ersparte Britten die Mühen, sich herabzulassen, für einen Kinofilm Musik beizusteuern. »Ich will einen Job in Hollywood ergattern«, bekannte er freimütig in einem Brief an seine Schwester Beth in England, »und wie reich werden wir dann alle sein – ich werde in der Lage sein, Euch einen Haufen Geld zu schicken!«[567] Die Illusion eines »Telegramms aus Hollywood«, wie es einer der Protagonisten am Ende von *Paul Bunyan* erhält, konnte nie Realität werden – eher lernte später Schostakowitsch bei seinen USA-Aufenthalten Hollywood-Berühmtheiten kennen. Mochten Britten üppige Honorare auch willkommen sein, im Grunde seines Herzens verachtete er es, für kommerzielle Filme zu schreiben. So uninteressant, wie er für die Kinoindustrie war, blieb seine erste Oper fürs Theater. Das Stück wurde erst 1976 wieder gespielt. Wie wichtig *Paul Bunyan* indes für Britten persönlich war, zeigt sich daran, dass er kurz vor seinem Tod noch einige Nummern überarbeitete. Ob ihn die Begegnungen mit Schostakowitsch wieder an sein Frühwerk erinnert hatten? Bemerkenswert ist ein Hinweis in der Rezension des Komponisten Virgil Thomson im *New York Herald Tribune* vom 6. Mai 1941: »Mr. Brittens Arbeit in *Paul Bunyan* ist bestenfalls mehr oder weniger geistreich; ansonsten eher mittelmäßig«, meint er. »Seine spezielle Mischung von melodischem ›Reiz‹ mit unverantwortlichem Kontrapunkt und halb-angesäuerter Instrumentation erkennt man leicht als das, was man bei der British Broadcasting Corporation für sowohl modernistisch als auch sicher hält. Ihr wahres Vorbild, glaube ich, ist die Musik von Schostakowitsch.«[568]

*

Während Britten sich noch über die ablehnenden Reaktionen zu seiner ersten Oper grämte, sah sich der Russe gut 7500 Kilometer entfernt mit völlig anderen Problemen konfrontiert. In den Morgenstunden des 22. Juni 1941 begann der Angriff. Auf breiter Front rückten deutsche Truppen zwischen der Ostsee und den Karpaten auf das Hoheitsgebiet der Sowjetunion vor. Als der deutsche Botschafter in Moskau Außenminister Molotow aus dem Bett holte, um ihm mitzuteilen, dass sich von jetzt an ihre beiden Länder im Krieg miteinander befänden, vergaß der Minister darauf zu verweisen, dass noch in der Nacht Züge mit russischen Warenlieferungen für Deutschland über die Grenze gerollt seien. Er soll einfach nur gesagt haben: »Das haben wir doch nicht verdient!«[569]

Als die Nachricht von dem Überfall eintraf, war Schostakowitsch gerade damit beschäftigt, Kompositionsstudenten des Leningrader Konservatoriums die Prüfungen abzunehmen. Da sein Sehvermögen eher schlecht war, taugte er weder für den Militärdienst noch für die Bürgerwehr. Nichtsdestotrotz fand ein gestelltes Foto Verbreitung, das Schostakowitsch in der Montur der Brandwache auf dem Dach des Leningrader Konservatoriums zeigte – ein entsprechendes Profilportrait mit Schutzhelm zierte bald darauf das amerikanische *TIME Magazine*, auf dem wenige Jahre später Benjamin Britten ebenfalls als namhafte Künstlerpersönlichkeit abgebildet war, nachdem *Peter Grimes* auch New York für sich eingenommen hatte. Dmitrij Schostakowitsch sollte den Widerstand gegen die deutschen Invasoren auf andere Weise unterstützen. Noch weitere in den 1930er-Jahren zeitweilig verfemte Künstler konnten ihren Beitrag an der Heimatfront leisten: Die Lyrikerin Olga Berggolz ließ ihre Erfahrungen der Inhaftierungen einfließen in ihre Wahrnehmung des belagerten Leningrad. In ihren Rundfunkansprachen und Gedichten, die sie 1946 unter dem Titel *Hier spricht Leningrad* herausgab, trug sie dazu bei, den Durchhaltewillen an der Heimatfront zu stärken. Diejenigen, die zum Sterben verurteilt waren, heißt es in ihrem *Leningrader Poem*, »lauschen der Lyrik / wie nie zuvor – mit tiefem Vertrauen / in düsteren Wohnungen, wie Höhlen / neben stummen Lautsprechern.«[570] Die mutige Lyrikerin hatte ein Pendant in der eloquenten britischen Reporterin Mollie Panter-Downes, die für das Magazin *The New Yorker* aus London berichtete und ebenfalls versuchte, die Moral hochzuhalten. Auch Britten dürfte ihre Stimmungsberichte aus seiner alten Heimat zur Kenntnis genommen haben. Panter-Downes konstatierte ebenfalls, dass »während der Kriegsjahre sich immer mehr Londoner dem Lesen von Gedichten, dem Hören von Musik und dem Besuch von Kunstausstellungen zuwandten, obwohl es von allen dreien in dieser heruntergekommenen, kampfesmüden Stadt immer weniger gab«.[571]

Musikalisch unterstützte Schostakowitsch Aufführungen von Konzertbrigaden an der Front, indem er 27 Arien, Romanzen und beliebte Lieder von Glinka bis zur Gegenwart für mobile Ensembles mit Sänger, Geige und Cello arrangierte; ferner lieferte er für Auftritte und Radiosendungen eine *Hymne der Gardedivisionen* mit dem Titel »Die furchtlosen Regimenter marschieren«. Britten befand sich derweil in der Nähe von San Diego, gut 9000 Kilometer entfernt vom Geschehen. »Ich verbringe die Sommermonate mit Freunden von mir in Südkalifornien – und in den Zwischenpausen von äußerst intensivem Arbeiten hole ich mir einen Sonnenbrand am Strand«, schrieb der Engländer in einem Brief zwei Tage nach der Invasion und notierte in Anbetracht der aktuellen Meldungen unter Verwendung eines deutschen Worts: »Der russische Bombenmantel ist gerade geplatzt – was für eine verrückte Welt diese Welt der ›Realpolitik‹ doch ist!«[572]

Er konnte sich kaum eine Vorstellung davon machen, wie erbarmungslos die Situation werden sollte. Der Leningrader Sowjet beschloss fünf Tage nach Beginn des Großen Vaterländischen Krieges, wie man ihn in der UdSSR nannte, die Menschen zur Anlage von Befestigungen zu mobilisieren. Auch Schostakowitsch, 34 Jahre jung, kurzsichtig, aber kräftig, meldete sich als freiwilliger Helfer. Wie Tausende andere seiner Mitbürger hob er Gräben für Panzersperren aus und half, Waffenlager in den Randbereichen der Stadt einzurichten. Im Norden musste man sich gegen die Finnen zur Wehr setzen, die mit den Deutschen zwar kein offizielles Bündnis eingegangen waren, aber nach den Gebietsverlusten im finnisch-sowjetischen Winterkrieg 1939/40 nun den deutschen Überfall für einen Gegenschlag nutzen wollten. Verteidigungsanlagen in den nördlichen Vorstädten Leningrads sollten dem vorbeugen. Weitere Stellungslinien verliefen von der Mündung der Luga über Tschudowo, Gattschina, Urizk, Pulkowo zur Newa sowie von Peterhof nach Gattschina, Pulkowo, Kolpino und Koltuschij. Um die damals gut drei Millionen Bewohner Leningrads zu schützen, wurden von Zivilisten insgesamt 190 Kilometer Balkensperren, 635 Kilometer Stacheldrahtverhaue, 700 Kilometer Panzergräben, 5000 Erd-Holz-Stellungen und Stahlbeton-Artilleriestellungen sowie 25 000 Kilometer Schützengräben angelegt. Die entschlossene Kampfbereitschaft demonstrierte ein Geschütz des Kreuzers »Aurora«, das man auf den Pulkowskij-Höhen südlich der Stadt installierte.

Die deutschen Armeen, unterstützt durch italienische Truppenteile, rückten rasch vor. Die sowjetische Führung traf der Überfall weitgehend unvorbereitet. Nach nur 14 Wochen begann bereits die Schlacht um die Hauptstadt. Doch im Winter 1941/42 scheiterten die Deutschen bei dem Versuch, Moskau einzunehmen. Im Januar 1942 gelang es der sowjetischen Armee, den Angriff zurückzuschlagen und in einer umfassenden Gegenoffensive auf einer etwa tausend Kilometer breiten Front bis zu 250 Kilometer nach Westen vorzurücken.

Auch wenn diese ersten Erfolge die Moral in der Bevölkerung stärkte, nützte es Schostakowitschs Heimatstadt nichts. Bereits Ende August 1941 war die Metropole eingekreist. Am 8. September wurden mit der Schließung des Blockaderings alle Versorgungslinien über den Landweg für Leningrad abgeschnitten. Lediglich über den östlich gelegenen Ladogasee, dem größten See Europas, konnten über die Newa-Verbindung noch einige Versorgungsgüter in die Stadt gebracht werden.

Schostakowitsch arbeitete unterdessen fieberhaft an einem neuen Orchesterwerk. Zunächst plante er ein einsätziges Stück mit Chor. Doch als in nur sechs Wochen der erste Satz zu einer fast halbstündigen Manifestation anwuchs, erkannte er das Potenzial für eine neue Sinfonie. Fünf Tage vor Beginn der Blockade beendete Schostakowitsch den ersten Satz der 7. Sinfonie. Als er den zweiten Satz fertiggestellt hatte, lud er einige befreundete Komponisten ein, um ihnen das neue Werk am Klavier vorzuführen. »Die gewaltigen Bögen des Manuskriptpapiers, die offen auf dem Schreibtisch des Komponisten herumlagen, zeugten von der umfangreichen Orchesterbesetzung«, berichtete Walerian Bogdanow-Beresowskij. »Schostakowitsch spielte sehr nervös, aber mit großem Elan. Es schien, als zielte er darauf ab, aus dem Klavier jede Nuance der Instrumentalfarben herauszuholen. Er hinterließ einen immensen Eindruck. Dies ist ein außergewöhnliches Beispiel für eine zeitlich abgestimmte, unmittelbare kreative Reaktion auf Ereignisse, die man gerade durchlebt und die übertragen werden in eine komplexe, großformatige Anlage, ohne dabei im mindesten die Standards des Genres zu vernachlässigen.«[573]

In kürzester Zeit entstand im belagerten Leningrad der dritte Satz, das Adagio. Damit hatte Schostakowitsch einer seiner am größten besetzten Sinfonien in wenigen Wochen noch zwei weitere Sätze hinzugefügt, die zusammen so lang waren wie der erste. »Am 29. September beendete ich in größter Erregung den dritten Satz«, erzählte der Komponist im April 1942 einem Reporter. »Die ersten drei Sätze – 52 Minuten Musik – sind also fertig, in kurzer Zeit geschrieben. Ich fürchtete, dass dieses rasche Entstehungstempo sich auf die Qualität der Musik auswirken würde. Deshalb bat ich einige Freunde, sich das anzuhören, was ich bisher geschrieben hatte. Sie haben mich beruhigt. Bis heute weiß ich alle Daten: Den ersten Satz beendete ich am 3. September, den zweiten am 17. und den dritten am 29. Ich arbeitete Tag und Nacht. Manchmal fielen Bomben rundherum, und die Flugabwehr trat in Aktion. Aber ich unterbrach meine Arbeit nicht für einen Augenblick.«[574]

Dann beschlossen die Stadtoberen die Evakuierung führender Persönlichkeiten: Zwei Tage nach Vollendung des Adagios saß Schostakowitsch mit seiner Frau Nina und den beiden Kindern in einem Flugzeug nach Moskau, das trotz Bodenbeschuss durch die Deutschen sicher dort landete. Gleich danach holte er erneut Rat bei einem befreundeten Kollegen ein, den er schätzte. »Schostakowitsch spielte für mich die 7. Sinfonie in meiner Wohnung in der Miuskaja-Straße durch, kurz nachdem er das Flugzeug aus dem belagerten Leningrad verlassen hatte«, erzählte der armenische Komponist Aram Chatschaturjan, der Dmitrij Dmitriewitsch als »ungemein aufgewühlt« beschrieb.[575] Die Arbeit am letzten Satz zog sich jedoch hin. »Es ist möglich, dass ich bald auch mit dem vierten soweit bin, obwohl er bis jetzt noch nicht fertig ist, ja schlimmer noch: ich habe ihn noch nicht angefangen«, teilte Schostakowitsch Glikman mit. »Dafür gibt es offensichtlich verschiedene Gründe und einen Hauptgrund, und zwar Erschöpfung infolge der großen Konzentration aller Kräfte, die für die Komposition der ersten drei Sätze verausgabt wurden.«

»In Moskau wohnten wir die erste Zeit im Hotel ›Moskwa‹«, berichtete Schostakowitsch seinem Freund. »Am 14. Oktober abends zogen wir in eine für uns hergerichtete Wohnung um, und am 15. Oktober morgens fuhren wir zum Bahnhof, von wo aus wir 10 Uhr abends nach Swerdlowsk abgefahren sind.«[576] Die beschwerliche Reise in gesicherte Teile des Landes führten Schostakowitsch und seine Familie in die Millionenstadt Samara an der Wolga, die von 1935 bis 1990 zum Gedenken an den im Januar 1935 verstorbenen Politiker Walerian Wladimirowitsch Kujbischew dessen Namen trug. »Aus Kujbischew lässt man mich vorläufig nicht weg«, schrieb Schostakowitsch Ende November 1941. »Man bittet mich, hier zu leben. Materiell (finanziell) bin ich hier vollkommen versorgt.«[577] Dennoch belastete ihn, dass seine Mutter sowie die ältere Schwester Marija und ihr Sohn sich noch immer in Leningrad befanden. Unbehagen bereitete Schostakowitsch zudem die Aussicht, in die seinerzeit am Krieg noch unbeteiligten Vereinigten Staaten ausgeflogen zu werden. »Man hält mich hier auch wegen meiner Reisemöglichkeit in die USA fest«, notierte er. »Auf diese Reise verzichte ich allerdings von mir aus gern, weil ich überhaupt nicht fahren möchte. Eher möchte ich die Sinfonie beenden und in der Heimat sein, als in der Fremde.«[578] Zwei Monate später erübrigte sich die Frage, denn die Japaner hatten den USA den Krieg aufgezwungen.

*

Bereits Anfang April 1940 notierte Britten in einem Brief: »Ich vermute, dass Amerika innerhalb eines Jahres in diesen Krieg verstrickt sein wird & dann kehre ich zurück.«[579] Er täuschte sich nicht. Am 7. Dezember 1941 griffen die mit Deutschland verbündeten Kaiserlich-Japanischen Marineluftstreitkräfte die im Hafen Pearl Harbor vor Anker liegende Pazifikflotte und das Hauptquartier der United States Navy auf der Hawaiianischen Insel O'ahu an. Dies zwang die USA, unmittelbar in den Krieg einzutreten, bei dem sie sich vorher bereits durch beträchtliche materielle Unterstützung Großbritanniens und der UdSSR indirekt beteiligt hatten. Britten war nach Nordamerika gegangen, weil er glaubte, dass ihm dort eine aussichtsreichere Zukunft beschieden sei. »Ich brauchte sehr lange, um zu erkennen, dass dem nicht so war, und vielleicht ist es interessant, zu erzählen, dass diese Erkenntnis teilweise durch eine Erkrankung kam«, beschönigte er später seine Erfahrungen. »Etwa ein gutes Jahr lang war ich sehr krank, gerade in den ersten Kriegstagen in Amerika. Als die Erkrankung fast vorbei war, wurde mir völlig klar, dass dies nicht meine Heimat war, dass ich, wie auch immer die Lage sein mochte, ein Europäer war, und so kehrte ich zurück.«[580] Nichts hätte ihn dazu bewogen, wie Auden amerikanischer Staatsbürger zu werden. Vor allem mag er gefürchtet haben, als Pazifist in den USA einem noch größeren Druck ausgesetzt zu sein, in die Armee einzutreten.[581] Der Krieg hatte Britten eingeholt.

Im Frühjahr 1942 begab er sich ein zweites Mal auf die Flucht. Nach einem fast drei Jahren währenden Aufenthalt in Nordamerika betraten Britten und Pears am 17. April 1942 in Liverpool wieder englischen Boden. Vom Kriegsdienst wurden sie aus Gewissensgründen freigestellt unter der Voraussetzung, dass sie sich verpflichteten, Konzerte zur Stärkung der Moral in der Heimat zu geben. Andere der insgesamt etwa 60 000 Kriegsdienstverweigerer in Großbritannien mussten vielfach in Landwirtschaft, Sozialdiensten oder Krankenhäusern Ersatzdienst leisten – etwa 3000, darunter Michael Tippett, gingen ins Gefängnis. Den jungen Männern, die an der Heimatfront aktiv waren, blieb das Gemunkel über Drückebergerei nicht erspart. Noch im Mai 1947 hieß es in dem Magazin *The Illustrated London News* unter der Rubrik »The World of the Theatre«: »Wenn Benjamin Brittens Kunst sich als würdig erweisen soll, muss er ein Mann sein, bevor er ein Künstler ist und dazu bereit, die Verpflichtungen und Risiken eines Mannes zu übernehmen.«[582] Die Bilder von Schostakowitsch in der Kluft der Bürgerwehr waren auch im Westen noch in Erinnerung. Im England des Jahres 1943 erwarteten die meisten, dass man seine »maskulinen Pflichten« erfüllte, denn zum Zeitpunkt der Rückkehr hatte der Krieg bereits ungeahnte Dimensionen erreicht.

*

In Leningrad sollte das große Sterben erst noch beginnen. Die Lebensmittel wurden knapp. Hunger und Krankheiten zehrten an den Kräften und ständiger Beschuss an den Nerven. Im Oktober 1941 verzeichnete die offizielle Statistik 6199 Tote. Im November betrug die Anzahl bereits 9183 Opfer. Und dann begann der Winter. Der Schnee lag kniehoch, und Tausende von zivilen Hilfskräften mussten die Straßen vom Eis befreien. Dabei hatten sie kaum etwas zu essen und keinerlei Aussicht auf eine Verbesserung der Versorgungslage. Es gab mittlerweile keine Katzen und Hunde mehr in der Stadt. Im Dezember 1941 verzeichneten die Akten des Volkskommissariats für Interne Angelegenheiten die ersten Fälle des Verzehrs von Menschenfleisch. Der Krieg verwandelte alle – viele erkannten »ihr damaliges Ich«, wie es der Schriftsteller Daniil Granin nannte, später kaum wieder.[583] Die Sterberate stieg um ein Vielfaches. 39 073 Tote wurden im Dezember 1941 gezählt, 96 751 im Januar 1942, 96 015 im Februar, für den März lagen keine Angaben vor. Bis zum Februar 1942 wurden 1025 Fälle von Kannibalismus bekannt. Man unterschied zwischen dem Verzehr von Leichen und dem Töten, um den Körper zu essen. Wer sich des ersten Vergehens schuldig machte, ging ins Gefängnis, letztere wurden erschossen. April: 64 294 Tote. Die Leichenberge der Entkräfteten,

Erfrorenen und Verhungerten türmten sich an den Straßenrändern. Mai: 49 794 Tote. Erst mit Beginn des Tauwetters konnten die Verstorbenen beerdigt werden. Juni: 33 668 Tote. Für eine scheinbar endlose Zeit war keine Hilfe abzusehen.

Das Grauen der Belagerung dauerte zwei Jahre, vier Monate, zwei Wochen und fünf Tage. Mit insgesamt 872 Tagen handelte es sich um eine der längsten Belagerungen der Geschichte. Das Ende der Blockade Leningrads 1944 fällt auf den gleichen Tag wie die Befreiung von Auschwitz ein Jahr später: den 27. Januar. In Auschwitz wurden etwa 1,1 Millionen Menschen umgebracht, darunter auch 15 000 sowjetische Kriegsgefangene; in Leningrad starben groben Schätzungen zufolge durch Bombenangriffe 16 470 und durch Unterernährung ungefähr eine Million Zivilisten. Dadurch eignet sich der 27. Januar, um als Gedenktag der Befreiung von Rassenwahn und Kriegsverbrechen ins kollektive Gedächtnis einzugehen. Zugleich erinnert das Datum auch, zu welchen Höchstleistungen von Kultur und Humanität Menschen fähig sind, denn es ist auch der Geburtstag des von Britten und Schostakowitsch gleichermaßen geschätzten Wolfgang Amadé Mozart.

*

Die Aufarbeitung der traumatisierenden Ereignisse dauerte Jahrzehnte. Als der einst populäre Schriftsteller Konstantin Michajlowitsch Simonow 1967 seine nicht unkritischen Reminiszenzen an das Kriegsjahr 1941 unter dem Titel *Hundert Tage des Krieges* herausbringen wollte, wurde ihm dies untersagt – sie erschienen erst 1999 –, und seine Tagebücher von 1941 bis 1945 durften erst 1977/78 in einer stark gekürzten Ausgabe veröffentlicht werden. Leonid Breschnew, Regierungschef in jener Phase, wies Simonow darauf hin, so wahr seine Erfahrungen auch sein mögen, es sei eine Frage des Stils, nicht grell das Negative in der Geschichte zu betonen, sondern auch Stolz auf die Errungenschaften zu zeigen. »Ganz gleich, was wir gesehen haben, die Hauptwahrheit ist, dass wir gesiegt haben. Alle anderen Wahrheiten verschwinden davor«, meinte Breschnew und brachte damit sicher die Empfindungen vieler Kriegsteilnehmer zum Ausdruck. »Wir sollten auf die Menschen Rücksicht nehmen, die Sieger, ihre Kinder und Enkel, und nicht alles auf einmal ausbreiten.«[584] Der Schriftsteller Daniil Granin zitierte in seinem *Blockadebuch* einen Tagebucheintrag, der in der belagerten Stadt am 26. April 1942 vorgenommen wurde: »Man hat mir erzählt, ein alter Mann mit gewissen künstlerischen Neigungen sei gestorben. Unter seinen Habseligkeiten fand man eine von ihm hergestellte Medaille mit der Aufschrift: ›Ich habe 1942 in Leningrad gelebt.‹ Vielleicht sollte man nach dem Krieg allen

Leningradern eine solche Medaille überreichen. Außerdem würde ich an einer schönen Stelle in der Stadt oder in einem der Parks all denen ein Denkmal errichten, die während der Blockade gestorben sind, und die Zahl der Toten in Stein hauen. Das wird beeindruckender sein als der Löwe von Luzern.«[585]

In der UdSSR haben, anders als in England, noch viele der Überlebenden die Einweihung entsprechender Gedenkstätten erlebt. War es für die Briten ein Krieg wie jeder andere auch? Bei den Luftangriffen auf England, die die britische Presse »The Blitz« taufte, und die allein London ununterbrochen 56 Tage mit Bombardierungen bescherten, kamen 1940 und 1941 schätzungsweise 43 000 Menschen ums Leben. Erst im Mai 1991 weihte die Mutter der Königin südlich von Saint Paul's Cathedral zur Erinnerung an die Ereignisse ein kleines Denkmal ein, das drei Feuerwehrleute zeigt, die Brände bekämpfen. Churchills Ausspruch von den »Helden mit verrußten Gesichtern« ziert das bescheidene Monument. In Leningrad und noch im heutigen Sankt Petersburg gibt es seit Mai 1960 auf dem Piskarjowskoje-Friedhof eine Gedenkstätte, wo etwa 470 000 Opfer der Blockade beigesetzt sind. Auf der Mauer des Mahnmals findet sich ein Gedicht von Olga Berggolz: »Hier liegen Leningrader. / Hier liegen Bürger – Männer, Frauen und Kinder. / Neben ihnen Soldaten der Roten Armee. / Mit ihrem Leben / verteidigten sie dich, Leningrad. / Die Wiege der Revolution. / Nicht alle ihre edlen Namen können wir hier nennen. / So viele sind es unter dem ewigen Schutz von Granit. / Aber wisse, der du diese Steine betrachtest: / Niemand ist vergessen und nichts wird vergessen.«

Zwischen dem Flughafen und der Stadt, etwa auf Höhe des Blockaderings, befindet sich zudem das 1975 eingeweihte Denkmal für die Verteidiger Leningrads, das schon von Weitem durch einen fast fünfzig Meter hohen Obelisken aus Granit erkennbar ist. 900 elektrisch beleuchtete Fackeln erinnern an die Anzahl der Belagerungstage. Im unterirdischen Museum zeigt ein gewaltiges Wandrelief die unterschiedlichen Methoden, mit denen sich Menschen gegen die Aggressoren zur Wehr setzten: Soldaten und Frauen mit Arbeitsgeräten, Gewehren und Granaten sowie einen Mann mit Brille, Stift und Notenpapier: Schostakowitsch. In einer der Vitrinen mit den verschiedenen Artefakten aus der Kriegszeit finden sich unter anderem Schallplatten, eine Geige und ein Programm der Leningrader Erstaufführung der 7. Sinfonie. Dieses Denkmal für Zivilcourage erinnert damit an eine Sinfonie, die auf einzigartige Weise eine zentrale Empfindung des 20. Jahrhunderts und ihr Überwinden in Klänge fasst: Fear. Страх. Anxiety. Angst.

*

In der Zeit ihrer Entstehung bedeutete die »Leningrader Sinfonie« das, was ihr Name zum Ausdruck brachte: ein Symbol für die Bedeutung, die Moral und den Durchhaltewillen der ehemaligen Hauptstadt. Große Kunstwerke weisen stets über sich selbst hinaus: In der weltweiten Berichterstattung wurde ihr Gehalt viel weiter gefasst, bis hin zu einer »*Eroica* unserer Tage«[586] und später sogar zu einer Anprangerung des Faschismus jeglicher Couleur. Der Literaturwissenschaftler Abraam Gozenpud, der Schostakowitsch 1934 kennenlernte, zog Parallelen zu Dostoewskij. »Schostakowitsch zeigt wie Dostoewskij, wie das Böse entsteht und wie etwas, das anfangs harmlos erscheint, sich in etwas Gefährliches und Zerstörerisches verwandeln kann«, meinte Gozenpud.[587] Schostakowitsch fand großen Gefallen an Gozenpuds Buch über Dostoewskij und die Musik. Er erzählte ihm, dass er während der Komposition seiner Oper *Lady Macbeth von Mszenk* Dostoewskijs Buch *Aufzeichnungen aus einem Totenhaus* nie außer Acht gelassen habe. Gozenpud erkannte auch eine auffällige Parallele zwischen der 7. Sinfonie und Dostoewskijs Roman *Böse Geister.*[588] Im fünften Kapitel des zweiten Teils divertiert der kleine Beamte Ljamschin eine Gesellschaft am Klavier mit einem Stück, das er »Der französisch-preußische Krieg« nennt. Dabei vermischt er die Marseillaise mit dem Lied »O du lieber Augustin«: Die kämpferische französische Nationalhymne kontrastiert mit einem wehmütigen Wiener Lied, das ebenfalls um 1800 entstand und mit dem Refrain »Alles ist hin« auf die Legende anspielt, dass der vermeintliche Schöpfer, der Dudelsackpfeifer und Volkssänger Markus Augustin aus dem 17. Jahrhundert, einmal derart betrunken gewesen sei, dass man ihn für tot hielt und versehentlich zu den Leichen in eine Pestgrube warf. Erst mit dem Spiel auf seinem Dudelsack konnte er am nächsten Morgen auf sich aufmerksam machen. Was bei Ljamschin als harmloses Klangexperiment anfängt, erhält allmählich immer bedrohlichere Züge: »Es begann mit den gewaltigen Klängen der Marseillaise: Eine hochtrabende Herausforderung war zu hören, der Rausch künftiger Triumphe«, heißt es bei Dostoewskij. »Aber plötzlich, zwischen den meisterhaft variierten Takten der Hymne, irgendwo abseits, unten, irgendwo in einem Winkel, aber doch ganz nahe, ertönte die armselige Melodie ›O mein lieber Augustin!‹. Die Marseillaise überhört sie, die Marseillaise erreicht den höchsten Gipfel ihres Rausches; aber der ›Augustin‹ wird immer kräftiger, der ›Augustin‹ wird immer dreister, und schon hält der ›Augustin‹ irgendwie unerwartet Schritt mit der Marseillaise. Nun ist sie gleichsam ungehalten; nun fällt ihr endlich der ›Augustin‹ auf, sie möchte ihn loswerden, verjagen, wie eine aufdringliche, nichtswürdige Fliege, aber ›mein lieber Augustin‹ hat festen Fuß gefasst; er ist vergnügt und selbstbewusst; er ist unbekümmert und dreist; und plötzlich benimmt sich die Marseillaise furchtbar töricht:

Sie macht keinen Hehl daraus, dass sie gereizt und beleidigt ist; es sind Zornesschreie, es sind Tränen und Schwüre mit gen Himmel erhobenen Armen: ›Pas un pouce de notre terrain, pas une pierre de nos forteresses!‹ Aber schon ist sie gezwungen, mit ›meinem lieben Augustin‹ im Takt zu singen. Ihre Klänge gehen in der albernsten Manier in den ›Augustin‹ über, sie beugt sich ihm, sie beginnt zu erlöschen. Nur ab und zu bricht von neuem das ›qu'un sang impur …‹ durch, um sogleich fatalerweise in den armseligen Walzer überzugehen. Sie ist endgültig gezähmt: Das ist Jules Favre, der an Bismarcks Brust schluchzt und alles hingibt, alles … Aber auch mit dem ›Augustin‹ geht etwas vor: Er wird gewalttätig, man hört heisere Rufe, das unmäßig genossene Bier macht sich bemerkbar, die Raserei der Selbstzufriedenheit, die Forderung nach Milliarden, teuren Zigarren, Champagner und Geiseln; der ›Augustin‹ steigert sich zum furiosen Gebrüll.«[589] Die Parallelen zu dem sogenannten ›Invasions-Motiv‹ aus dem ersten Satz von Schostakowitschs 7. Sinfonie sind offensichtlich. »Allmählich verändert das harmlose kleine Lied seinen Charakter und erhält einen bedrohlichen Beiklang; es fängt an zu toben und wütet monströs und beängstigend«, analysierte Gozenpud. »Im ersten Satz von Schostakowitschs 7. Sinfonie entwickelt das harmlose Marschlied allmählich die Kraft eines Hurrikans, der alles beiseite fegt. Natürlich besteht ein gewaltiger Unterschied zu Ljamschins Improvisation, die sich auf die französische Niederlage im 1870er Krieg gegen Preußen bezog, und der 7. Sinfonie, die während des Zweiten Weltkriegs entstand und nicht nur den Aspekt des gegnerischen Angriffs darstellt, sondern auch den Glauben an den sowjetischen Sieg. Doch es schien mir, dass die Überlegungen hinter der Konzeption der zentralen Episode im ersten Satz der Sinfonie eine gewisse Ähnlichkeit mit Ljamschins Improvisation hat.« Als der Literaturwissenschaftler den Komponisten direkt darauf ansprach, konnte dieser keine konkrete Antwort geben. »Möglicherweise ist irgendwo in seinem Unterbewusstsein die Erinnerung an ›O du lieber Augustin‹ kurz aufgetaucht«, meinte Gozenpud. »›Aber hier brauchen wir die Hilfe eines Freud‹, fügte er hinzu.«[590]

Im Zusammenhang mit der Entstehungszeit verstand man das sich im ersten Satz einschleichende Marschmotiv, das in knapp einer Viertelstunde zu einer dämonischen Lawine anschwillt, als ein bedrohliches musikalisches Thema, das die Invasion symbolisiert. Dabei begannen die ersten Ideen von Schostakowitsch schon vor dem Einmarsch der Deutschen ganz allmählich zu reifen. Selbst die einst sogar vom Komponisten befürchteten Vergleiche mit Ravels *Bolero* sind letztendlich irrelevant: Was bei Ravel im schlimmsten Fall das Ergebnis seiner Erkrankung war – wahrscheinlich einer frontotemporalen lobären Degeneration – und bestenfalls ein interessantes, aber sinnfreies

Klangexperiment, wird bei Schostakowitsch zum Ausdruck unausgesprochener Ängste und unkontrollierbarer Bedrohungen. Rein technisch sah Schostakowitsch sich von der »produktiven Wirkung der Instrumentationskunst Glinkas und vor allem seiner *Kamarinskaja*« beeinflusst, sodass für ihn bei der Konstruktion und Orchestrierung des ersten Satzes seiner neuen Sinfonie die unmittelbare Wirkung dieser 1848 entstandenen Fantasie über die Themen eines Hochzeitsliedes und eines Tanzliedes dominierte, denn sie war ein Vorbild, das »ich immer studiert habe und bis zum Ende meiner Tage studieren werde als das höchste Musterbeispiel einer Instrumentation, die sich organisch aus dem Bildgehalt der Musik ergibt«.[591] Inhaltlich gibt es etliche Indizien, die 7. Sinfonie nicht mit allzu konkreten Bezügen zu belasten, sondern genereller aufzufassen. Schostakowitschs bester Freund war begeistert von dem neuen Werk. »Mit den Mitteln der Instrumentalsinfonik lieferte er in der Partitur seines Werkes eine erschütternde Verallgemeinerung all der Gefühle und Überlegungen, häufig auch der tragischen Erlebnisse und leidenschaftlichen Hoffnungen, welche die sowjetische Bevölkerung im Verlauf des unvergesslichen letzten Jahres beherrschten«, schrieb Iwan Sollertinskij.[592] Er sollte nicht mehr erleben, dass die Angst und ihr Überwinden bis hin zu Werken wie der 14. Sinfonie und der Bratschensonate zu zentralen Themen in Schostakowitschs Œuvre wurden.

Die 7. Sinfonie machte Schostakowitsch endgültig zu einer international anerkannten Autorität. Die Instrumentation und die formale Anlage des Werkes besitzen die Kohärenz und Geschlossenheit der besten Sinfonien Mahlers und die in ihr zum Ausdruck gebrachten Empfindungen erscheinen zeitlos. Davon lenkt natürlich die Entstehungs- und Verbreitungsgeschichte des Stücks ab, die an Dramatik kaum zu überbieten ist: Das gleichfalls nach Kujbischew evakuierte Orchester des Moskauer Bolschoj-Theaters sollte unter der Leitung seines Chefdirigenten Samuil Samosud die vor Ort für den 5. März 1942 angesetzte Uraufführung übernehmen. Dort hatte der Dirigent Gelegenheit, die komplizierte Partitur unmittelbar mit Schostakowitsch zu besprechen. Da für die gewaltige Besetzung nicht genügend Musiker in der Stadt waren, erließ man Sondergenehmigungen, um Orchestermitglieder von der Front in den Konzertsaal zurückzubeordern. Unter diesen Umständen blieb die Premiere vielmehr ein politisches als ein künstlerisches Ereignis, denn etliche Musiker waren durch die Kriegseinsätze aus der Übung geraten.

Da die deutsche Armee, die bereits einen Monat nach dem Einmarsch bis Moskau vorgestoßen war, durch einen groß angelegten sowjetischen Gegenschlag Anfang Dezember 1941 weit zurückgedrängt werden konnte, plante man zudem Aufführungen in der Hauptstadt, ungeachtet dessen, dass noch bis April 1942 mit Fliegerangriffen zu rechnen war. Das auch im Radio übertragene Konzert am 22. März 1942 im Bolschoj-Theater schuf, wie sich Zeitzeugen erinnerten, »eine unvergessliche, mitreißende Atmosphäre«, bei der »die stürmische Ovation« überging »in eine leidenschaftliche Manifestation patriotischer Gefühle«. »Vor Beginn des dritten Satzes trat unerwartet der für die Flugabwehr Verantwortliche neben den Dirigenten«, berichtete ein Musikwissenschaftler. »Er hob die Hand und meldete in ruhigem Ton, um keine Panik hervorzurufen, das Einsetzen des Fliegeralarms. In jenen Tagen versuchten die nationalsozialistischen Bomber häufig, bis nach Moskau vorzudringen. Trotz des Alarms verließ niemand seinen Platz.«[593]

Schon lange vor Fertigstellung des Werkes hatte sich Sergej Kusewizkij bereits im Januar 1941 um die Rechte zur Erstaufführung der nächsten Sinfonie von Schostakowitsch mit seinem Boston Symphony Orchestra bemüht. Als dann Gerüchte durchsickerten, der Komponist schreibe im belagerten Leningrad an einem großen Opus, fingen die namhaftesten Dirigenten an, sich mit Angeboten geradezu zu überbieten: Da die amerikanischen Erstaufführungen der meisten Sinfonien von Schostakowitsch »traditionsgemäß durch unser Orchester erfolgt sind, bitte ich höflichst um Verbindung mit dem Komponisten auf diplomatischem Wege, damit ich ihn bitten kann, mir die Partitur und die Orchesterstimmen möglichst rasch zu übermitteln«, ließ Eugene Ormandy vom Philadelphia Orchestra am 16. September 1941 wissen. Leopold Stokowski übertrumpfte ihn am 12. Februar 1942, indem er der sowjetischen Botschaft in den USA mitteilte, er wolle die Sinfonie »so schnell wie möglich in New York dirigieren, das Konzert im Rundfunk übertragen sowie eine Plattenaufnahme vornehmen und die Sinfonie in einem großen Musikfilm in Hollywood verwenden«. Und Artur Rodziński protzte nur wenige Tage später damit: »Wie Sie sicherlich wissen oder leicht erfahren können, bin ich der alleinige Vorkämpfer für Schostakowitschs Musik in diesem Lande. Kürzlich habe ich bei der Columbia eine Platte mit seiner Sinfonie Nr. 1 aufgenommen, und vor zwei Jahren habe ich als Erster seine Sinfonie Nr. 5 aufgeführt, deren Plattenaufnahme ich nächste Woche plane. Am wichtigsten war jedoch meiner Meinung nach die von mir vor fünf Jahren geleitete Erstaufführung der Oper *Lady Macbeth von Mzensk* in den USA«. Er folgerte daraus, dass ihm das Recht der Erstaufführung in den USA gebühre, denn »die Aufführung der Sinfonie Nr. 7 kann mindestens das Äquivalent für mehrere Waffentransporte sein, mit dem Unterschied jedoch, dass die Musik ihr Ziel sicherer und wirkungsvoller erreichen wird«.[594]

Auf einem Mikrofilm gelangte die Partitur mit Flugzeugen und Militärtransportern in den Iran, danach in den Irak, nach Ägypten, quer durch Afrika und mit einem Schiff über den Atlantik nach New York. Von dort aus wurde sie dann weiter übermittelt nach Stockholm, London und andere Orte, die gegen die faschistischen Mächte Krieg führten. Die ersten Darbietungen außerhalb der UdSSR leiteten schließlich Henry Wood am 22. Juni 1942 mit dem London Symphony Orchestra in London und Arturo Toscanini am 19. Juli 1942 mit seinem NBC Symphony Orchestra in New York. Beide hatten zunächst mehr Symbolwert als künstlerische Bedeutung: Für die »under the patronage of the Allied Governments and the British Council« stehende Konzertreihe des BBC Symphony Orchestra in der Royal Albert Hall traf die Partitur bis Ende Mai nicht rechtzeitig ein. Als endlich die heißersehnte Sendung mit 900 Mikrofilmbändern geliefert wurde, stellte man fest, dass es in dem Orchestermaterial zahlreiche Fehler gab. Der Musikverlag Novello schickte mehrere Kopisten zu Woods Wohnung in Hove, wo man fieberhaft bemüht war, eilends eine spielbare Fassung zu erstellen. Zu allem Überfluss konfrontierte die BBC Wood noch mit einem weiteren Problem: Die Rundfunkübertragung durfte auf gar keinen Fall eine Stunde überschreiten, weil die in Kriegszeiten besonders wichtige Nachrichtensendung um neun Uhr abends eine unverrückbare Größe im Programm war: Wenn man bis dahin nicht fertig ist, würde erbarmungslos ausgeblendet, hieß es. »Henry schwitzte Blut und Wasser deswegen«, erzählte seine Frau Jessie später. »Sollte er die Pausen zwischen den Sätzen so kurz wie möglich halten und jene Stellen straffer durchziehen, bei denen er das Tempo lieber etwas weniger streng handhaben würde …«. Höchstwahrscheinlich nahm er letzten Endes auch leichte Kürzungen vor, um im Zeitrahmen der Übertragung zu bleiben. Das Konzert in den Londoner BBC-Studios in Maida Vale zog zwar weniger Besucher an als in einem der prominenten Säle, doch mit der Direktübertragung erreichte Henry Wood für Schostakowitschs »Leningrader Sinfonie« ungleich mehr Zuhörer. Beim Schlusstakt »blickte er zur großen Studiouhr auf und konnte es kaum erwarten, dass das rote Licht erlosch, damit er voller Freude mit breitem Lächeln verkünden konnte: ›Wir haben's geschafft! Und genau auf die Sekunde.‹«[595] Einen Monat später war sich auch Toscanini bewusst, dass die ersten Aufführungen unter den gegebenen Umständen vorerst nur ein Zeichen setzen konnten. »Jetzt mögen die Interpreten kommen«, soll er nach der Generalprobe gesagt haben.[596] Eine Flut von Aufführungen folgte, unter denen eine ganz besondere Symbolkraft besaß: Jene in der Stadt, die der Sinfonie ihren Namen gab. Einem mutigen Piloten gelang es, die Blockade zu umfliegen und die Partitur vor Ort zu bringen. Doch das Spitzenorchester und Aushängeschild Leningrads, die Philharmoniker, war evakuiert und es befanden sich nur noch Musiker des weniger renommierten Rundfunkorchesters in der Stadt. Deren Leiter Karl Iljitsch

Eliasberg übernahm die verantwortungsvolle Aufgabe, die Erstaufführung vorzubereiten. Zunächst bestand das Problem darin, dass etliche Musiker von der Front zurückberufen werden mussten, um das Orchester auf eine angemessene Besetzungsgröße zu bringen. Am Tag der Aufführung, dem 9. August 1942, erteilten die Leiter der sowjetischen Verteidigung den Befehl, für die Zeit des Konzerts das Artilleriefeuer einzustellen, um das Konzert nicht zu stören. »Die Musiker erschienen in Uniform, zogen sich aber in der Garderobe um. An den Haken hingen Mäntel und Uniformgürtel, an den Wänden lehnten Karabiner und Pistolen«, berichtete ein Zeitzeuge, »daneben lagen die Instrumentenkästen.«[597] Das umjubelte Konzert, das, so Bogdanow-Beresowskij, »großartig und feierlich – wie ein Nationalfeiertag« den Alltag durchbrach, wurde im Rundfunk gesendet und inspirierte auch in der UdSSR zahlreiche Aufführungen von Eriwan über Alma-Ata bis Nowosibirsk. »Am liebsten war mir jedoch die Interpretation von Jewgenij Mrawinskij und der Leningrader Philharmonie«, meinte Schostakowitsch. »Das ist einer der besten Dirigenten, die ich je kennenlernte – er ist präzise, erkennt hervorragend die Intentionen des Komponisten und hat die seltene Gabe, genau und klug zu arbeiten.«[598]

Neun Tage nach der Uraufführung in Kujbischew reisten Britten und Pears per Schiff zurück nach England. An Bord grübelte der Komponist über seine Opernpläne, konkret brachte er – unberührt vom Kriegsgeschehen – weniger gewichtige Chorstücke zu Papier: die *Hymn to St Cecilia* und *A Ceremony of Carols*.

*

Die Wende brachten im Westen und Süden die Großoffensive der Briten gegen das deutsche Afrikakorps bei El Alamein im November 1942, die Landung der Amerikaner und Briten in Italien im Juli 1943 sowie die alliierte Invasion in der Normandie im Juni 1944. Dennoch zog sich der Krieg durch den fanatischen deutschen Widerstand in die Länge. In den letzten beiden Kriegsjahren starben so viele Menschen wie zwischen 1939 bis 1943. Essensrationierungen (drei Eier pro Monat für jeden Stadtbewohner) und das Herumnagen am berüchtigten ›Woolton pie‹ (eine nach dem Ernährungsminister benannte, mit Haferflocken angedickte Gemüsepastete) waren noch die geringsten Probleme der Engländer. »Man kann ein Flugzeug mit einem Menschen darin akzeptieren«, meinte ein Londoner. »Aber etwas Vollautomatisches war nicht hinnehmbar. Das hat uns psychologisch fertiggemacht und unsere Nerven blankgelegt.«[599] Ab dem Frühjahr 1944 kam mit der sogenannten Vergeltungswaffe V1 der erste Marschflugkörper vor allem gegen London zum Einsatz. Dieses als »doodlebug« bezeichnete »Ferngeschoss in Flugzeugform« kündigte sich noch geräuschvoll an; ab September kam der Tod lautlos in Form der V2. Die beabsichtigte Demoralisierung zeigte bei einigen Wirkung: Zermürbt durch die zahlreichen Bombenangriffe beging Anfang 1945 im Londoner Stadtteil Croydon eine 58-jährige Frau mit Gas Selbstmord. »Der Krieg dauert für mich zu lange«, schrieb sie in ihrem Abschiedsbrief, »ich kann einfach nicht mehr.«[600] Dabei betraten deutsche Truppen noch nicht einmal britischen Boden. In der UdSSR hingegen kamen im Zweiten Weltkrieg fast 27 Millionen Menschen ums Leben, darunter gut 15 Millionen Zivilisten.

Wie gelang es, den Überlebenswillen aufrecht zu erhalten? »Auch in moderneren Zeiten hat sich die Musik ihren politischen Einfluss vollständig bewahrt«, betonte einst Arthur Sullivan bei seiner bereits im Oktober 1888 in Birmingham gehaltenen und seinerzeit publizierten Rede »Über Musik«. Er zählte etliche Beispiele auf, darunter »schon 514 v. Chr. die erste echte politische Revolution« in Griechenland, bei der »die Ermordung des Tyrannen Hipparchus und die Einsetzung einer freien Regierung mit einem Lied gesegnet« wurde, die gewaltige Macht, die die walisischen Barden mit ihren Gesängen ausübten, die Reformation in Deutschland mit Luthers berühmtem Kirchenlied »Ein feste Burg« und andere Choräle – während des deutsch-französischen Krieges 1870/71 »lebendige Symbole heldenmütiger Freude und Losungen für den nationalen Glauben« –, ferner Melodien wie »Malbrouk«, die »Marseillaise« und »Ça ira«, das Mjaskowskij 1923 im letzten Satz seiner 6. Sinfonie zitierte. Brittens Vorgänger nannte etliche Beispiele für die politische Bedeutung der Musik, wie etwa die »Schlacht bei Dunbar 1296 im schottischen Unabhängigkeitskrieg, bei dem ein Heerführer seine Soldaten vorantrieb, indem er sie den 117. Psalm brüllen ließ in jener Fassung, die noch heute in der schottischen Kirche zu einer bis jetzt erhaltenen Melodie gebräuchlich ist«. Dabei könne, so Sullivan, Musik sogar eine subversive Energie freisetzen, die dazu führt, dass »bestimmte Musikstücke wegen ihres Einflusses verboten« wurden. »In Polen erlaubten die Russen weder Mann noch Frau noch Kind, irgendwelche ihrer eigenen nationalen Lieder zu singen«, sagte Sullivan. »Dadurch konnten Gefühle wachgerufen werden, die für die Eroberer gefährlich waren.«[601] In diese Tradition stellte sich Dmitrij Schostakowitsch mit den Zitaten von Volks- und Kampfliedern in seinen ›Revolutions-Sinfonien‹, den Nummern 11 und 12, sowie seiner emotional aufgeladenen 7. Sinfonie. Von Benjamin Britten sind keine vergleichbaren Werke überliefert. Man könnte höchstens die Edition seiner dreibändigen Ausgabe eigener Volksliedbearbeitungen, die zwischen Juni 1943 und Dezember 1947 als Beitrag zur Stärkung des nationalen Selbstbewusstseins herauskam – insgesamt über zwei Stunden Musik –, sowie seine Purcell-Bearbeitungen und die

Neuinstrumentierung der *Beggar's Opera* als Ausdruck seiner patriotischen Nostalgie betrachten. Auch Schostakowitsch solidarisierte sich mit den Alliierten und legte für ein Konzert mit englischer Musik am 25. Mai 1943 in Moskau seine Orchestrierung englischer und amerikanischer Volkslieder vor. Im Westen steuerte Ralph Vaughan Williams die gewichtigsten sinfonischen Beiträge in Kriegszeiten bei. Mochte der Doyen der britischen Musik auch ein Künstler der ›alten Garde‹ sein, für den Benjamin Britten wenig übrighatte, so verfügte er doch über Lebenserfahrung. Im Jahr 1914 gehörte Vaughan Williams zu den Künstlern, die sich freiwillig zum Militär meldeten. Die Eindrücke vom Kriegsgeschehen wurden wichtig für sein persönliches Reifen; in seinem 1940 veröffentlichten Artikel »Der Komponist in Kriegszeiten« vertrat er einen Standpunkt, der sicherlich schon 1914 das Agens seines Handelns war. »Einige Glückspilze können, so glaube ich, ihre Kunst weiterbetreiben, als ob nichts geschehen wäre. Für sie ist der Krieg lediglich eine ärgerliche Belästigung ihres geistigen und demnach ihres wahren Lebens. Ich habe junge Komponisten gekannt, die verärgert von diesem ›langweiligen Krieg‹ gesprochen haben. Ich muss zugeben, dass mich solch eine Bezeichnung schockiert«, schrieb Vaughan Williams und fuhr fort: »Was immer dieser Krieg sein mag, er ist nicht langweilig. Er mag unnötig sein, er mag falsch sein, aber man kann ihn nicht ignorieren: Er wird unser Leben genauso beeinflussen wie das der nachfolgenden Generationen.«[602] Vaughan Williams reagierte neben Filmmusiken vor allem mit seiner 5. und 6. Sinfonie auf den Zweiten Weltkrieg. Bereits 1936 hatte er in Zeiten des Bürgerkriegs in Spanien mit *Dona nobis pacem* ein komplex angelegtes Werk für Sopran, Bariton, Chor und Orchester vorgelegt, das man als einen Vorläufer von Brittens *War Requiem* ansehen kann. Britten brauchte fünfzehn Jahre, um musikalisch zum Krieg Stellung zu nehmen. Im Gegensatz zu ihm befanden sich Dmitrij Schostakowitsch und sein Land in einer derart extremen Notlage, dass dem russischen Komponisten gar nichts anderes übrig blieb, als unmittelbar zu reagieren.

*

Schostakowitsch drängte es geradezu danach, so bald wie möglich eine 8. Sinfonie zu schreiben. In ihr führte er Themenaspekte der Vorgängerin weiter, allerdings betrachtete er sie in dem fünfsätzigen Werk, bei dem drei Sätze die Bezeichnung ›Allegro‹ bzw. ›Allegretto‹ tragen, aus anderen Blickwinkeln. »Die philosophische Konzeption dieser Sinfonie ist in wenigen Worten ausgedrückt: Alles, was dunkel und schändlich ist, wird zugrunde gehen; alles, was schön ist, wird triumphieren«, sagte der Komponist.[603] Die gut einstündige Sinfonie entstand ungewöhnlich rasch zwischen Juli und September 1943. Jewgenij Mrawinskij benötigte für die Einstudierung des komplexen neuen Werkes genau so lange wie sein Erfinder, um es aufs Papier zu bringen. Wieder einmal war Schostakowitsch gefesselt von der Sorgfalt, mit der sich der Dirigent der Vertiefung in Details und dem Erfassen der gewaltigen Gesamtstruktur annahm. Zum ersten Mal in der jahrelangen Zusammenarbeit wagte es der reproduzierende Künstler sogar, dem Kreativen einen kleinen Verbesserungsvorschlag zu machen. »In der 8. Sinfonie, in der die Kühnheit der Instrumentierung dem Innovativen der Musik entspricht, gab es eine Stelle im zweiten Satz, bei der die Verdoppelung der Holzbläser durch die Trompeten erforderlich war und auf ähnliche Weise im dritten Satz durch die Hörner«, erinnerte sich Mrawinskij. »Diese Veränderungen wurden, wenn auch nicht unmittelbar, vom Komponisten akzeptiert und fanden Eingang in die gedruckte Ausgabe der Partitur.«[604] Dies war allerdings dem besonderen Verhältnis des Dirigenten zu Schostakowitsch geschuldet; ansonsten konnte sich höchstens Rostropowitsch erlauben, bei Cellokompositionen seine Meinung darzulegen. In anderen Situationen machte Schostakowitsch seinen Gesprächspartnern mehr als deutlich, dass er sie nicht ernst nahm. Als sich während einer Probenpause zur *Festlichen Ouvertüre* der erste Hornist des Orchesters vom Moskauer Bolschoj-Theater an den Komponisten wandte und meinte: »Darf ich Sie bitte etwas fragen? Da gibt es diese lange Passage für Solohorn, könnten das nicht auch zwei Hörner spielen?«, blickte ihm Schostakowitsch direkt ins Gesicht und entgegnete: »Glänzende Idee! Drei Hörner! Vier, nein fünf! Zehn! Nein, zwanzig Hörner wäre toll.«[605] Seinen Studenten war erst recht klar, dass man ihm auf gar keinen Fall Ratschläge geben durfte. Wenn Schostakowitsch im kleinen Kreis in seiner Wohnung ein Stück von sich vortrug, forderte er mitunter die angehenden Musiker auf: »Vielleicht haben Sie etwas dazu zu sagen?« Als ein vorwitziger Eleve zu bemerken wagte, seinem Empfinden nach würden am Schluss vielleicht ein paar Takte fehlen, die man ergänzen könnte, damit das Ende nicht ein bisschen zu früh käme, wurde ihm höflich deutlich gemacht, dass diese Art von Kommentaren nicht erbeten war: »Schostakowitsch ging fast in die Luft«, berichtete Rudolf Barschaj. »Zwar blieb er äußerlich ruhig, aber er sagte schnell: ›Ja, vielleicht haben Sie recht, aber ich werde das in meiner nächsten Komposition besser machen.‹«[606]

Auch bei Benjamin Britten hätte niemand gewagt, ihm hineinzureden – außer Schostakowitsch! Bis es soweit war, kannten sich die beiden aber schon elf Jahre persönlich. Seinen Interpreten konnte Britten hingegen auf sehr dezente Weise vermitteln, was er von ihnen erwartete. Als Rostropowitsch die Cellosonate mit ihm probte, unterbrach der Komponist nach mehrmaligem Durchspielen die Sitzung und schlug vor, ins nahegelegene Restaurant zu gehen. Während man schweigend das Essen einnahm, summte Britten das zweite Thema des ersten Satzes vor sich hin. »Ich erkannte, dass Ben mir auf sehr taktvolle Weise beibrachte, wie ich diese Passage zu spielen habe«, erzählte der Cellist, »es sollte ein wenig freier im Umgang mit dem Rubato sein, und er zeigte mir, wie ich das kleine Crescendo und Diminuendo anzugehen habe, und wann genau ich mit dem Glissando beginnen sollte. Ich habe die Stimmung dieses Themas erfasst, indem ich das, was er mir vorsummte, nachahmte. Ben gab nie genaue Anweisungen und eigentlich haben wir nie darüber gesprochen, wie seine Musik aufgeführt werden sollte. Alles ergab sich im Verlauf des Spielens von selbst. Aber ich musste lernen, Hinweise wie diesen aufzuschnappen.«[607]

Wenn beide Komponisten der Musik lauschten, konnten sie minuziöse Details wahrnehmen. Schostakowitsch »hörte alles im Orchester als Einheit«, wusste Mrawinskij, »und zur gleichen Zeit jedes Instrument einzeln, sowohl in seinem Kopf als auch beim tatsächlichen Erklingen«. Besonders bezeichnend war ein Erlebnis bei den Proben zur 8. Sinfonie: »Im ersten Satz gibt es kurz vor dem eigentlichen Höhepunkt eine Episode, bei der das Englischhorn in ziemlich hohe Lagen bis zur zweiten Oktave steigen muss. Das Englischhorn wird von den Oboen und Celli verdoppelt und ist im allgemeinen Orchesterklang kaum wahrzunehmen. Im Hinblick darauf beschloss der Instrumentalist, seinen Part eine Oktave tiefer zu spielen, um seine Lippen für das wichtige lange Solo zu schonen, das gleich nach dem Höhepunkt einsetzt. Es war fast unmöglich, das Englischhorn inmitten der übermächtigen Phonstärken des Orchesters auszumachen und den kleinen Trick des Musikers zu entlarven. Doch plötzlich ertönte hinter mir aus dem Parkett deutlich Schostakowitschs Stimme: ›Warum spielt das Englischhorn eine Oktave tiefer?‹ Wir waren alle sprachlos. Das Orchester hörte auf zu spielen und nach einer Sekunde absoluter Stille brach Applaus aus.«[608]

Mrawinskij hatte es mehr als verdient, dass ihm Schostakowitsch diese Sinfonie widmete. Im alliierten Ausland bot man hohe Summen für die Erstaufführungsrechte – die Rundfunkstation Columbia soll 10 000 Dollar gezahlt haben, was sich aber durchaus rentierte, denn die New Yorker Aufführung unter der Leitung von Artur Rodziński wurde von 114 Rundfunkstationen in den USA und 99 Sendern in Lateinamerika übertragen – Schätzungen zufolge dürften gut 25 Millionen Menschen das neue Werk gehört haben.

Die Urteile fielen geteilt aus. In den USA tendierte man allmählich zu der Ansicht, dass der Russe zu schnell zu lange Sinfonien schreibe. Ein Hauptvorwurf in der Sowjetunion lautete, dass »diese erschütternden Erfahrungen, diese durch das Böse hervorgerufenen Leiden nicht überwunden, sondern nur durch eine Passacaglia und eine Pastorale ersetzt werden«. Die wesentliche Schwäche sah man »in dem Übergang zu den letzten drei Sätzen«.[609]

Doch mittlerweile verstand es Schostakowitsch, mit derartigen Vorwürfen umzugehen und schrieb an seinen Vertrauten Isaak Glikman über die Sinfonie: »Im sowjetischen Komponistenverband sollte eine Erörterung über sie stattfinden, die infolge meiner Krankheit verschoben wurde. Nunmehr wird diese Erörterung stattfinden, und ich zweifle nicht, dass sie wertvolle kritische Bemerkungen hervorbringen wird, die mich zu weiterem Schaffen anregen, in dem ich mein vorheriges Schaffen revidiere und anstelle eines Schritts zurück einen nach vorn mache.«[610] Das uneigentliche Sprechen, das Mehrdeutige und die Ambiguität wurde ein häufiges Mittel der Verständigung unter Freunden. Glikman bestätigte dies, als er erläuterte, »seine Erlebnisse kleidete Schostakowitsch, wie so oft, in eine groteske Form der Vorhersage, wie man auf der Sitzung seine mit Herzblut geschriebene Komposition beurteilen und einordnen würde«.[611] Auch andere nutzten verklausulierte Ausdrucksweisen, beispielsweise Michail Bulgakow, wenn er in einem Brief darauf hinwies: »Die Eule nehme ich mir noch vor …«, und damit in einer Anspielung auf seinen Roman *Hundeherz* meinte, er werde jemanden so fertigmachen, dass die Fetzen fliegen. Die Korrespondenz mit Isaak Glikman zeigt, wie differenziert auch Schostakowitsch seine Worte wählte. Da Briefe der Zensur unterworfen waren, wurde es wichtig, zwischen den Zeilen zu lesen. Im November 1942 beispielsweise schrieb Schostakowitsch in einem bewusst unbeholfenen Stil an einen Freund: »Ich habe gerade im Radio die Ansprache des Genossen Stalin gehört. Mein Freund! Wie traurig bin ich doch, dass wir diese Ansprache gehört haben und dabei so weit voneinander entfernt waren.«[612] Diese Mehrdeutigkeit der Formulierung – ist er traurig, vom Freund getrennt zu sein oder weil er die hohlen Phrasen der Stalin-Rede über sich ergehen lassen musste? – findet sich zunehmend in der Korrespondenz und den Kompositionen. Und dementsprechend kann man auch in die Begegnung mit der 8. Sinfonie mit ihren expressiven Eruptionen im vierfachen Fortissimo und dem aushauchenden »morendo«-Abgesang Persönliches einbringen. »In ihr werden keine konkreten Ereignisse beschrieben, sie drückt meine Gedanken und Erfahrungen aus«, äußerte Schostakowitsch bereits am 18. September 1943 in einem Interview. Diese Sinfonie »enthält viele innere Konflikte, sowohl tragische als auch dramatische«, betonte der Komponist, »aber insgesamt ist es ein optimistisches, lebensbejahendes Werk«.[613]

Mit der Passacaglia im vierten Satz verwendete Schostakowitsch eine Klangchiffre, die er bereits in einem Zwischenspiel seiner *Lady Macbeth von Mzensk* nutzte. Dieser modernen Form des Totentanzes sollte sich Britten auch in einem Intermezzo seiner Oper *Peter Grimes* bedienen.

Bezeichnenderweise schwankte er, ungefähr zu der Zeit, als Schostakowitsch seine 8. Sinfonie umtrieb, ob er Grimes, wie ursprünglich angedacht, als Mörder darstellen oder die Hintergründe aus Mangel an Beweisen im Unklaren lassen sollte. In einem Entwurf bezeichnete er das »Interlude« des Orchesters zunächst mit »Boy's suffering, fugato« und ersetzte dann das letzte Wort durch »passacaglia«. In einem späteren Artikel seines Freundes Edward Sackville-West, der mit Britten abgestimmt war, ist nicht mehr von dem »Leiden des Jungen« die Rede, sondern dass die Passacaglia »die Tragödie von Grimes' ambivalenter Persönlichkeit versinnbildlicht«.[614]

Schostakowitsch besaß die gleiche Sensibilität für die Grauschattierungen des Lebens, für das Entsetzliche, aber auch für das Schöne. »Ich bin fest davon überzeugt, dass die Musik von Schostakowitsch der nicht allzu fernen Zukunft angehört«, meinte Solomon Michoels, der dem Komitee für die Verleihung des Stalin-Preises angehörte. »Wir, die Erbauer der Zukunft, sollten besonders aufmerksam gegenüber jenen Künstlern sein, die die Zukunft vorausahnen und ihre Zeit überflügeln. Schostakowitsch gehört zu diesen Künstlern.«[615] Trotz der Fürsprache von Mjaskowskij und anderen Musikern wurde Schostakowitsch für die 8. Sinfonie kein Preis zuerkannt. Einige Jahre später sollte Prokofjew dem sinistren Schluss seiner 7. Sinfonie noch eine fröhlich-aufmunternde Koda aufpfropfen, um sich das dringend benötigte Preisgeld zu sichern. Für Schostakowitsch wäre das zu diesem Zeitpunkt undenkbar gewesen; er sah in dem Werk, das wie die 4. Sinfonie in c-Moll steht, »eine Antwort auf die Ereignisse« einer »schwierigen Zeit«. Etliche Jahre später sollten die beiden vielfach kritisierten Kompositionen rehabilitiert werden.

*

In dem Jahr nach Benjamin Brittens Rückkehr erschien erstmals ein Buch über Dmitrij Schostakowitsch in englischer Sprache. Wiktor Iljitsch Serow publizierte in Zusammenarbeit mit Dmitrijs Tante Nadejda Gallij-Schohat, einer geborenen Kokulina, einen 260 Seiten starken Band über »Das Leben und den Hintergrund eines sowjetischen Komponisten«, wie es im Untertitel hieß.[616] Britten musste gut dreißig Jahre warten, bis zwei Jahre vor seinem Tod erstmals eine umfangreiche Biografie auf Russisch herauskam. Bereits 1952 erschien in London eine von Donald Mitchell und Hans Keller edierte, über 400 Seiten starke Aufsatzsammlung mit dem Titel *Benjamin Britten: a Commentary on his works from a group of specialists*, eine Anerkennung, die bis dahin noch keinem lebenden Komponisten, weder in England noch sonstwo, vor Vollendung des 40. Lebensjahres zuteilgeworden war. Auch in der

UdSSR konnte man dadurch des aufsteigenden jungen Künstlers aus dem Westen gewahr werden.

Doch vorerst sehnte man das Ende des Krieges herbei. Bereits zum Jahreswechsel 1943/44 hatte Schostakowitsch mit bitterem Humor an Glikman geschrieben, »die freiheitsliebenden Völker werden nun endlich das Joch des Hitlerfaschismus abwerfen«, woraufhin Friede »in aller Welt herrschen« werde und im eigenen Land könne man dann »unter der Sonne der Stalin'schen Verfassung von neuem ein friedliches Leben führen«.[617] Das Leben mit den kanonisierten Formeln aus den Vorkriegsjahren und der staatlichen Reglementierung ging weiter. Dennoch: »Ich träume davon«, teilte Schostakowitsch am 2. Januar 1945 Glikman mit, »dass wir 1945 in Berlin die Fahne des Sieges aufstellen.«[618]

Nach dem Schweigen der Waffen sollten die Karten neu gemischt werden. Eine Wiederholung des Kalten Krieges, wie man ihn in den 1920er-Jahren erlebt hatte, stand unmittelbar bevor.

V. Von »der wildesten Schönheit der Welt« – Eiszeiten und Tauwetter

Der bislang verheerendste Krieg der Weltgeschichte hatte Vertreter der unterschiedlichsten politischen Systeme gegen den militanten Faschismus zusammengeschweißt. Doch im Grunde genommen verachteten die Amerikaner Kommunisten und Untertanen eines Königs, die Franzosen jene, die nicht ihre Lebensart pflegten, die Sowjets jeden Vertreter der Bourgeoisie und die Briten alle anderen zusammen. Die in Schostakowitschs »Leningrader Sinfonie« zum Ausdruck gebrachte Solidarität mit der eingekesselten Stadt und der antifaschistische Impetus aus Brittens »Heldenballade« gerieten bald in Vergessenheit. »Die meisten von uns sind keine Männer oder Frauen mehr, sondern elende, überarbeitete und geschlechtslose Wesen«, konstatierte der Schriftsteller Cyril Connolly im August 1947. »Wir haben Lebensmittelkarten und können vom Tod erzählen, wir sind neidisch, gebeutelt, apathisch und verbittert – wir sind ein verhärmtes Volk.«[619] Verglichen mit der Epoche vor 1914 sinnierte man dreißig Jahre später eher über düstere Zukunftsperspektiven. »Wir dürfen nicht die Wiedergeburt jener Welt, ihre Erneuerung und Besserung erwarten, sondern wir müssen mit einer endlosen Folge von Konflikten, Umsturz und Vernichtung durch Revolutionen und Kriege rechnen«, notierte der italienische Philosoph Benedetto Croce im März 1944 in seinem Tagebuch. Man sollte sich »an ein Leben ohne Stabilität gewöhnen«, fuhr er fort, »so sehr es uns, die wir Männer waren, die arbeiteten, sich wohldurchdachte Programme setzten und sie ruhig ausführten, widerstrebt. Auf dieser Weltbühne, auf der wir bei jedem Schritt straucheln, müssen wir unser Möglichstes tun, um mit Würde zu leben.«[620] Am Ende des Zweiten Weltkrieges, der den Kulminationspunkt eines dreißig Jahre währenden Bürgerkrieges brachte, teilten viele Europäer zweifellos diesen Pessimismus. Nach den Kämpfen sahen sich die Nationen gezwungen, sich neu zu erfinden.

Schostakowitsch und Britten waren 1945 daran beteiligt. Die Nachkriegszeit begann für beide mit markanten Werken in ihren repräsentativen Genres: Der Russe schuf eine Sinfonie in der mit positiven Assoziationen belegten Tonart Es-Dur, während der Engländer mit *Peter Grimes* ein sinistres Musikdrama schuf. Doch entgegen den Erwartungen löste die Premiere in Leningrad eher Irritationen aus, während mit der Uraufführung in London eine neue Ära der europäischen Oper begann.

*

Schon das sich abzeichnende Kriegsende ermöglichte es Britten und Schostakowitsch wenige Monate vor dem Mai 1945, bei größeren Werken wieder einem geregelten Arbeitsalltag nachzugehen. Solange noch die Gefahr bestand, dass deutsche Bomben auf London fielen, trug Britten in der Hauptstadt das Manuskript von *Peter Grimes* ständig in einer großformatigen Notenmappe mit sich herum und ließ es nicht aus den Augen. In Snape arbeitete er nach dem Frühstück bis ein oder zwei Uhr, unternahm nachmittags einen Spaziergang und machte sich nach dem Tee noch einmal ans Werk, bis es Zeit fürs Abendessen war. Für sich fand Britten das Niederschreiben von Musik leichter als das Verfassen von Briefen und vertraute den Einfällen vom Vormittag am meisten. Nachts arbeitete er nie, doch mitunter instrumentierte er seine Stücke nach dem Abendessen, weil ihm dies als eine weniger kreative und kräftezehrende Tätigkeit erschien. Britten benutzte weder das Klavier, noch machte er viele Skizzen; Überarbeitungen nahm er weitgehend während des Kompositionsprozesses vor. Ähnlich ging Schostakowitsch an seine Werke heran. Er komponierte sie »im Kopf«, schilderte Glikman, und »erst danach ging er ja in der Regel an die Fixierung des ausgereiften Materials auf dem Papier«.[621]

Auch Britten arbeitete konzentriert und konnte auf Luxus verzichten. Er war ein Ästhet, dessen puritanische Ader ihn zu einer asketischen, streng organisierten Lebensweise anhielt. So liebte der Engländer die Häuslichkeit und speiste maßvoll – laut Pears konnte er kaum ein Ei kochen und verdrückte am liebsten »Kinderessen« wie Rosinenpudding. Er nahm regelmäßig kalte Bäder, ging früh zu Bett und komponierte nach einem korrekt eingehaltenen Arbeitsplan etwa acht, beim Instrumentieren manchmal zwölf Stunden täglich. So wie Britten sich mit spartanisch eingerichteten Arbeitszimmern begnügte, stellte auch der Russe keine hohen Ansprüche. »Schostakowitsch setzte sich morgens für zwei bis drei Stunden an ein kleines Tischchen«, schilderte der Musikwissenschaftler Daniel Schitomirskij seine Beobachtungen in der Künstlerkolonie in Iwanowo, etwa 250 Kilometer nordöstlich von Moskau. »Er verlangte dabei weder eine besondere Abgeschiedenheit noch Stille (die von den Kollegen aus einfachen Holzbalken zusammengezimmerte Bank stand in der Nähe der Umzäunung gleich bei der Straße). Für jeden Satz fertigte er eine schematische Skizze an (wobei er nur zwei oder drei führende Stimmen festlegte), danach schrieb er sogleich die ganze Partitur ins Reine. Das mit der Präzision eines Juweliers ausgefeilte Werk schuf er mit erstaunlicher Leichtigkeit und Schnelligkeit.«[622] Während Schostakowitsch auf diese Weise intensiv an der 9. Sinfonie arbeitete, war der Engländer damit beschäftigt, Operngeschichte zu schreiben.

*

Mit *Paul Bunyan* hatte Britten nach Anerkennung in einem ihm fremden Sagenkreis gesucht. Nur einige Wochen später fiel ihm im Sommer 1941 in Kalifornien eine Ausgabe der BBC-Zeitschrift *The Listener* in die Hände, in der ein Artikel von Edward Morgan Forster mit der Zeile begann: »Über Crabbe zu reden bedeutet, über England zu reden.« Kurz darauf ließ Britten eine Freundin in einem Brief wissen: »Wir entdecken gerade wieder die Dichtungen von George Crabbe (es geht nur um Suffolk!) & sind sehr aufgeregt – vielleicht wird eines Tages eine Oper daraus …!!«[623]

Forster bekannte freimütig, dass viele Crabbes Werke nicht mögen, doch gelang es ihm, den Geschichten eine gewisse Faszination abzugewinnen. Atmet man mit Crabbes Beschreibungen denn nicht die Seeluft, sieht karge Landschaften nebst düsteren Wolkenungetümen und spürt die rauen Steine, die das Laufen am Strand seines Geburtsdorfs Aldeburgh erschweren? Britten muss dadurch in der unscheinbaren Welt des heimatlichen East Anglia einen ganzen Kosmos an Möglichkeiten erkannt haben. Nur 45 Kilometer südlich von Lowestoft lag dieses Aldeburgh. »Das ist ein trister, kleiner Ort; keineswegs schön«, schrieb Forster. »Er duckt sich um eine Kirche mit einem Turm aus Feldsteinen und fällt in Richtung Nordsee ab – mit was für einem Getöse bricht sich die See, wenn sie auf den Kieselstrand trifft. Nahebei an einer Meeresbucht befindet sich eine Mole, und hier wird die Szenerie melancholisch und flach; Ablagerungen von Schlamm, salzige Marsch, kreischende Vögel des Watts. Crabbe hat dieses Tönen gehört und diese Melancholie empfunden, und sie sind in seine Verse eingegangen.« Britten kannte diese Szenerie und liebte sie. Und er schätzte den Realismus Crabbes, der ein Leben an der Küste beschrieb, das sich seit Beginn des 19. Jahrhunderts kaum verändert zu haben schien. Crabbe, so Forster, »wuchs unter armen Leuten auf und wurde als ihr Dichter bezeichnet. Aber er mochte die Armen nicht. Als er zu schreiben begann, war es Mode, von ihnen als glücklichen Schäfern und Schäferinnen zu berichten, die ständig tanzten, oder dass jeder von ihnen ein Herz aus Gold habe. Crabbe jedoch kannte das örtliche Armenhaus, das Hospital und das Gefängnis und jene Menschen, die dorthin gelangen; er las in den Kirchenregistern vom Tod der Erfolglosen, den Heiraten der Mittelmäßigen und den Geburten der Unehelichen. Doch hält er den selten vorkommenden Heroismus fest, sein Urteil über die arbeitenden Klassen gereicht diesen im Allgemeinen nicht zum Vorteil. Und wenn er über die reicheren und angesehenen Einwohner des Städtchens schreibt, die ihre Schwächen mit Geld verschleiern können, so bleibt er sarkastisch und sieht in ihnen unglückliche Menschen, die sich nicht entwickeln konnten.«[624] Während Crabbe aus Aldeburgh floh, sobald er konnte, setzte Britten alles daran, sich dort eines Tages niederzulassen.

*

In der letzten Phase des Zweiten Weltkriegs stellte Britten, der mit Pears mittlerweile in der Alten Mühle im Dorf Snape bei Aldeburgh lebte, die Komposition der Oper *Peter Grimes* zwischen Januar 1944 und Februar 1945 fertig. Das Libretto verfasste der Schriftsteller Montagu Slater. Dieser stand als Mitglied der Kommunistischen Partei und Leiter der Drehbuchabteilung bei der ›MOI Film Division‹ des Propagandaministeriums (Ministry of Information) allerdings unter Beobachtung der Behörden. Bezüglich der Gestaltung von *Peter Grimes* zeigte sich Britten »begeistert von seiner Einstellung« zu dem Stoff und wie »zügig er vorankommt«, wie er Pears schon Mitte Juni 1942 in einem Brief wissen ließ, aber »ich fürchte, er könnte einberufen werden, das der MI5 (eine Art FBI) ihm bezüglich seiner Beschäftigung bei MOI Hindernisse in den Weg legt, weil er Parteimitglied ist – ein nettes Paradoxon, wenn man die neue ›Allianz‹ bedenkt.«[625] Beide mussten zwar nicht an die Front, wurden aber von den Nachrichtendiensten beobachtet.

Das Ambiente, das den Hintergrund von Crabbes Geschichte bildet, bot die ideale Anregung zur Auseinandersetzung mit dem Los des Fischers Peter Grimes, der ein Außenseiter in seinem Heimatdorf ist. Die Anschuldigung im Prozess zu Beginn, den Tod eines Lehrjungen verursacht zu haben, lastet schwer auf ihm; geblieben sind nur wenige Freunde wie die Lehrerin Ellen Orford und Kapitän Balstrode. Doch auch sie können Grimes nicht helfen, der sich immer mehr von den Dorfbewohnern entfremdet. Dem Wahnsinn nahe, nimmt der Vereinsamte sich nach dem Tod eines weiteren Jungen schließlich das Leben. Kurz nach dem Ende des Krieges war dies ein gewagter Stoff, auch wenn Britten aus den dramaturgischen Mängeln von Schostakowitschs *Lady Macbeth von Mzensk* gelernt hatte und nicht kaltblütige Morde zur Befreiungstat stilisierte, sondern Grimes' Charakter modifizierte. In der Endfassung gibt es keinerlei eindeutige Belege dafür, ob Grimes die Fischerjungen zu grob behandelt oder ob sie durch Unfälle umkommen. Die Oper besaß das Format eines Psychothrillers und war nach all dem Leid und den Entbehrungen, die die Menschen auf sich genommen hatten, schwere Kost. Den Orchestermusikern der Sadler's Wells Opera hätte ein heiteres Bühnenstück sicher mehr zugesagt. Im Ensemble regte sich Widerstand gegen die komplizierte Rhythmik, die heikle Harmonik und die vertrackten Massenszenen in Brittens Drama. Der Unmut gegen diese Art neuer Musik, die jene bereits aus den Liederzyklen bekannte individuelle Klangsprache Brittens erstmals auf die große Bühne brachte, war derart groß, dass die Vorbereitungen für *Peter Grimes* nichts Gutes erhoffen ließen. »Ich hatte eigentlich kein Vertrauen in *Grimes*«, bekannte Britten später, »zumal zu dieser Zeit eine so ungewöhnliche Geschichte kaum als geeignet für eine Oper erachtet wurde. Dies zusammen mit den Querelen im Ensemble war wirklich kein gutes Omen. Bei der Generalprobe dachte ich, das Ganze würde eine Katastrophe.«[626] Das Sadler's Wells Theatre im Londoner Stadtteil Islington war seit September 1940 geschlossen. Die Neueröffnung mit der Uraufführung am 7. Juni 1945 mit Peter Pears als Grimes, Joan Cross als Ellen und Reginald Goodall am Dirigentenpult wurde als Triumph gefeiert.

Für Britten bedeutete dies im Alter von 31 Jahren den großen Durchbruch, den Schostakowitsch schon mit 19 Jahren durch seine 1. Sinfonie erzielt hatte. Hierzu trugen vielfältige Faktoren in einem denkbar günstigen Moment bei: Während *Paul Bunyan* noch durch ein artifizielles Handlungskonstrukt geprägt war, bot *Peter Grimes* glaubwürdige Situationen und Charakterstudien. Einen Monat vor der Uraufführung hatte man den Krieg siegreich beendet – dementsprechend wuchs in der Gesellschaft eine Stimmung von Erleichterung und Euphorie, sodass von vornherein eine gewisse Aufnahmebereitschaft gegeben schien. Und einen Monat nach der Premiere stand – nach dem kriegsbedingten Ausfall der ›general elections‹ 1940 – die erste Wahl seit zehn Jahren an: Sie zeigte, wie sehr die Menschen der Einschränkungen durch den Krieg überdrüssig waren, die sie schon zu lange hinnehmen mussten. Man wollte endlich wieder zu einem normalen Alltag zurückkehren, in dem die Gedanken nicht darum kreisten, ob man den nächsten Bombenangriff überleben wird, sondern um Familienplanung, Freizeit und Kultur. Mochte Churchills motivierende Entschlossenheit auch wesentlich zum Kriegsgewinn beigetragen haben, so hatte man doch nicht das Gefühl, ihm beim Urnengang Dankbarkeit bezeugen zu müssen. Die Labour Party setzte auf geschickte Versprechungen einer besseren Zukunft und letzten Endes bescherte ihr dies den gewaltigsten Erdrutschsieg, den Großbritannien je erlebt hat: 11,6 Prozent Stimmverluste der Konservativen und 9,7 Prozent Gewinne der Labour Party katapultierten Clement Attlee in das Amt des Premierministers. Die Briten wollten den Blick nach vorne richten, doch im Innersten trug man die Trauer um den Verlust zahlreicher Freunde und Angehöriger in sich. In Brittens Sozialdrama *Peter Grimes* brachte die Musik auf einzigartige Weise Sorgen, Melancholie und Hoffnung zum Ausdruck; paradigmatisch umfasste das Sinnbild der See einerseits die Weite und den unaufhaltsamen Zyklus der Natur und andererseits das Wasser als Versorgungsquelle und Bedrohung. Der Komponist betonte seinerzeit, er wolle seinem »Wissen um den ewigen Kampf der Männer und Frauen, die ihr Leben, ihren Lebensunterhalt dem Meer abtrotzen, Ausdruck verleihen – trotz aller Problematik, ein derart universelles Thema dramatisch darzustellen«.[627]

Manchen mochte Grimes als eine Art Systemgegner erscheinen, der sich bewusst außerhalb der Gemeinschaft stellt, sich seiner gesellschaftlichen Verantwortung entzieht, Kinder ausbeutet und sogar kapitalistische Ambitionen entwickelt, wenn er im 1. Akt tönt: »Ich werde das Meer leerfischen und den guten Fang verkaufen. Der reiche Händler Grimes wird dann einen Hausstand und ein Geschäft aufbauen. Ihr werdet's noch sehen!« Schließlich versammelt sich im 2. Akt die Dorfgemeinschaft wie eine revoltierende Rotte, um Grimes zur Rechenschaft zu ziehen.

Während Forster ausdrücklich darauf hinwies, Crabbes Grimes sei »ein grausamer Fischer, der seine Lehrjungen ermordete und dann von deren Geistern heimgesucht wurde«, entschied sich Britten bewusst dafür, aus Grimes keinen eindeutigen Täter zu machen. Wie Schostakowitsch in seiner zweiten Oper wollte er vielmehr Sympathie für die Titelfigur wecken und manipulierte ebenfalls die literarische Vorlage, in der Grimes ein roher Gewaltmensch ist. Doch anders als Schostakowitsch ging Britten subtiler vor. »Ich finde zahlreiche Verbesserungsmöglichkeiten, insbesondere beim Charakter von Grimes selbst, der sich meiner Meinung nach nicht recht deutlich vermittelt«, schrieb er im März 1943 in einem Brief. »Momentan ist er bloß ein Fall für die Pathologie – keine Beweggründe & nicht viele Symptome! Er muss sich sehr ändern.«[628] Letztendlich war Brittens Lesart von Crabbes Vorlage Schostakowitschs Zugriff auf Leskow ähnlich. Wie bei Katerina Ismajlowa ist auch bei Britten die Titelfigur im Gegensatz zur literarischen Vorlage nicht nur Täter, sondern auch Opfer. Die einflussreiche Rolle der Gesellschaft in der Bühnenfassung zeigt einen sozialkritischen Blickwinkel. Peter Pears räumte später ein, für ihn sei Grimes »ein frustrierter Mensch, der noch genug Vorstellungskraft besitzt, für sich bessere Verhältnisse anzustreben«. Gut 15 Jahre nach der Uraufführung äußerte auch Britten, dass die Grundkonstellation, bei der ein Individuum der Masse gegenübersteht, »ironische Zwischentöne zu unserer eigenen Situation« hatte. »Wir konnten nicht sagen, dass wir körperlich litten, aber natürlich spürten wir eine ungeheuere Anspannung«, erzählte er. »Ich glaube, dass es teilweise diese Empfindung war, die uns dazu brachte, aus Grimes einen Charakter der Vision und des Konflikts zu machen, den gepeinigten Idealisten, der er ist, und nicht den Schurken, der er bei Crabbe war.«[629]

Zwar ist die Figur der Lehrerin Ellen weniger differenziert gezeichnet – in der Vorlage erfährt man von ihrem harten Leben: unter anderem, dass ihr Bruder einst hingerichtet wurde; die Oper bietet indes keine Informationen über die Hintergründe dieser Protagonistin. Dafür versuchte Britten, Grimes' Wesen durch eine facettenreiche Instrumentation und subtile Textnuancen zu humanisieren. Insbesondere

Grimes' Monolog »Now the Great Bear and Pleiades« im 1. Akt zeigt den russischen Einfluss: »Nun treiben der Große Bär und die Pleiaden, die die Erde bewegen, die Wolken des menschlichen Leids zusammen und hauchen feierlichen Ernst in die tiefe Nacht«, sinniert Grimes geistesabwesend in der Dorfkneipe. »Wer kann aus Stürmen und Sternenlicht entziffern, ob für ihn dort ein günstiges Schicksal geschrieben steht?«[630] Niemandem sei es gegeben, den Kreislauf des Himmels zurückzudrehen, um einen neuen Anfang geschenkt zu bekommen. Dass ein einfacher Fischer zu solch poetischen Anwandlungen fähig ist, mag in der westlichen Literatur verwunderlich sein, in Russland machte bereits im 19. Jahrhundert der Bauerndichter Spiridon Droschin von sich reden, der sich selbst Lesen und Schreiben beibrachte, von Frühling bis Herbst das Feld bestellte und im Winter seine Dichtungen aufschrieb. Im Arbeiter- und Bauernparadies der 1920er-Jahre wurde Droschin zum Paradebeispiel für unbeeinträchtigtes, naturbegabtes Künstlertum.

Vieles in der Oper bleibt jedoch ambivalent. Dass Peter Grimes' vermutete Mitbeteiligung nicht nachgewiesen werden kann, ist kein Beleg für seine Unschuld. Diese Vielschichtigkeit, ein individueller musikalischer Tonfall, ein lokales Ambiente, Identifikationsbereitschaft und kritisches Abstandhalten sind seit Sullivan kennzeichnend für die Oper in Großbritannien.

Die Entwicklung der englischen Oper vor Britten lässt sich durchaus mit den Vorkommnissen in Russland und zuvor in Deutschland vergleichen, wo Arthur Sullivan bei seinem Studium in Leipzig zwischen 1858 und 1861 Erfahrungen sammelte. Bis ins 19. Jahrhundert waren Opern englischer Komponisten mit englischen Texten eher Zufallsprodukte. Erst Arthur Sullivan entwickelte mit über zwanzig Bühnenwerken konsequent eine authentische Oper in englischer Sprache und machte das Londoner Savoy Theatre zur ursprünglichen Heimat der englischen Oper. Komponisten wie Edward Elgar, Rutland Boughton, William Walton und Ralph Vaughan Williams konnten seine Leistungen für die englische Musik weiterführen: Durch Arthur Sullivans Œuvre wurde die in Großbritannien so lange verpönte englische Oper etabliert, doch bedingt durch die Zeitumstände wurde sie erst nach dem Zweiten Weltkrieg mit Benjamin Brittens *Peter Grimes* akzeptiert.[631] Mit seinem 1953 für die anstehende Krönung von Königin Elizabeth II. entworfenen neuen Bühnenwerk *Gloriana* knüpfte Britten beispielsweise an Werke wie Sullivans *Ivanhoe* an. Seinem Vorgänger, den er von Jugend an schätzte, eiferte er auch thematisch nach durch Werke, die mit dem Meer, dem Übersinnlichen, der Feenwelt, dem englischen Dorf- und Stadtleben, dem fernen Osten und Venedig zu tun haben.[632] Als Opernkomponist widmete sich Britten wie Sullivan vor ihm fast ausschließlich englischen Themen – dafür verlegte er sogar bei der Ausgestaltung einer Novelle Maupassants die Handlung nach Suffolk. Britten wagte sich zudem an eine große Literaturvertonung mit einer Erzählung des Nobelpreisträgers Thomas Mann – zu Sullivans Zeit galt Walter Scott als einer der bedeutendsten Autoren der Epoche. Als Sullivan im 19. Jahrhundert Bühnenmusik zu fünf Shakespeare-Stücken schrieb und etliche Liedtexte vertonte, war der Dichter noch umstritten; Britten schuf mit seiner Opernfassung des mittlerweile anerkannten *Sommernachtstraums* ein Pendant zu *Iolanthe*.

Weiter östlich war die Ausgangssituation ähnlich. In Russland stand die Oper wie einst in England unter dem Einfluss der dominierenden Komponisten aus Frankreich und Italien. Allgemein versuchte eine einflussreiche Gruppe russischer Komponisten, sich vom Westen abzugrenzen und einen eigenen Stil zu etablieren. Hierbei spielte, wie auch in England, die Sprache eine besondere Rolle, da es galt, sich von den Vokalstilen der deutschen und welschen Vorbilder zu lösen. Schrieb einst Tennyson den Text zum ersten englischen Liederzyklus, Sullivans *The Window*, so nutzte Glinka für den ersten russischen Liederzyklus, *Ein Abschiedsgruß an Sankt Petersburg*, Verse von Nestor Kukolnik. Dargomischskijs bzw. Musorgskijs Versuche, in der zweiten Hälfte des 19. Jahrhunderts Schauspieltexte wie Puschkins *Der steinerne Gast* bzw. Gogols *Die Heirat* wortwörtlich zu vertonen, blieben unvollendet. Es gelang erst Leoš Janáček mit der 1904 uraufgeführten Oper *Její pastorkyňa*, die später als *Jenufa* um die Welt ging, und Alban Berg mit seinem zwischen 1915 und 1921 erstellten *Wozzeck*, für das Schauspiel entworfene Bühnendialoge mit musikalischer Prosa zu einem Musikdrama umzuformen, wie auch in England Vaughan Williams mit Synges *Riders to the Sea* und Walton mit Tschechows *The Bear*. Lange Jahre hatten englische und russische Komponisten gleichermaßen um Anerkennung in den etablierten Musiknationen zu kämpfen. Tschajkowskijs Klage über »den beleidigenden Ton der Herablassung, den man gegenüber einem russischen Musiker an den Tag legt« und darüber, dass man »es ihnen an den Augen ablesen kann«, ist symptomatisch für die mit Vorurteilen behafteten Haltungen, mit denen sich Künstler aus Großbritannien und Russland auseinandersetzen mussten.[633]

So wie Sullivan mit seinem Œuvre die Ausrichtung der englischen Oper vorgab,[634] wurde Michail Glinka richtungsweisend für das russische Musiktheater. Über diesen Komponisten drehte Schostakowitschs Jugendfreund, der Regisseur Lew Arnstam, 1946 sogar einen Film. Glinkas realistische historisch-episch-nationale Oper *Ein Leben für den Zaren* und die fantastische mythologisch-märchenhafte Oper *Ruslan und Ljudmila* prägten die wesentlichen Entwicklungszweige der Bühnenwerke bei Musorgskij, Tschajkowskij, Rimskij-Korsakow, Prokofjew und Schostakowitsch.[635] Die Wirklichkeitsnähe von Schostakowitschs *Lady Macbeth von Mzensk* und die fantastischen Elemente von *Die Nase* greifen Glinkas Initialzündung für die russische Oper wieder auf. Mit seiner Bearbeitung von Musorgskijs *Boris Godunow* und *Chowanschtschina* hinterließ Schostakowitsch auch Spuren im Bereich der großen historischen Oper, und 1940 gestaltete er eine Fassung der Tschechow-Vertonung *Rothschilds Geige*, als er die Partitur seines im Krieg umgekommenen Schülers Weniamin Flejschman theatertauglich ausarbeitete.

Die Bühnenwerke von Schostakowitsch und Britten besaßen eine solide musikhistorische Grundlage. Der Erfolg von Brittens erster in Europa uraufgeführten Oper war so überwältigend, dass der Engländer sein wenig gelungenes Vorgängerstück vorerst unterschlug. »Ich war sehr erfreut, dass Sie an *Peter Grimes* Gefallen gefunden haben«, antwortete er im August 1945 auf das Schreiben des respektierten Schöpfers eines Artus-Zyklus, Rutland Boughton, mit dem er bis zu dessen Lebensende in Kontakt stand. »Ich muss zugeben, dass ich sehr nervös war bei meinem ersten Versuch im Operngenre, doch ich fühle mich ermutigt durch die Freundlichkeit, die so viele Menschen darüber zum Ausdruck gebracht haben. Ich nehme es als echtes Kompliment, wenn ein so erfahrener Opernkomponist wie Sie sich anerkennend äußert.« Die Rezensenten überschlugen sich zumeist vor Begeisterung. »Es ist wirklich lange her, seit sich ein englischer Komponist mit einer neuen abendfüllenden Oper der Herausforderung gestellt hat, bei der kleinen Anzahl von Werken akzeptiert zu werden, die sich auf den Bühnen behaupten und den musikalischen Erfahrungen etwas Neues hinzufügen«, hieß es in der *Times*, der zufolge »Originalität in der Substanz der Musik« zu finden sei, die sich durch »dramatische Wirksamkeit, die sich unmittelbar von der Bühne auf den Zuschauer überträgt« und orchestral durch »diabolische Raffinesse« auszeichnet.[636] »Die Massenszenen sind einzigartig außerhalb der Welt der russischen Oper«, fuhr der Rezensent fort und merkte an, dass die lyrischen Momente zwar rar sind, doch »traditionsgemäß und zu Recht« gebe es auch sie für Tenor und Sopran.[637] »So jung Benjamin Britten auch sein mag, diese Oper wird ihn überleben«, prophezeite die Rezensentin des *Evening Standard*.[638] Das Werk trat nicht nur auf europäischen Bühnen einen Siegeszug an. Schon in den nächsten drei Jahren gab es gut zwanzig Inszenierungen, unter anderem am Opernhaus Covent Garden und auf Bühnen in Stockholm, Zürich, Basel, Hamburg, Berlin (unter Robert Hegers Leitung), Mailand (Tullio Serafin) sowie Tanglewood (dirigiert vom jungen Leonard Bernstein) und New York.

Noch Monate nachdem sich die ersten Wogen geglättet hatten, hieß es beispielsweise in einem Nachbericht in der Londoner *Times*, *Peter Grimes* sei »auf jeden Fall ein Meilenstein in seiner Karriere, ebenso wie in der wechselhaften Geschichte der englischen Oper«.[639]

*

Auch in der Sowjetunion waren viele festlich gestimmt und erwarteten große Dinge von Schostakowitschs nächster Sinfonie. Da in der Zählung nun die Nummer ›9‹ anstand, befand sich Schostakowitsch unter Zugzwang: Seit Beethovens letzter vollendeter Sinfonie und der ›Neunten‹ von Bruckner und Mahler besaß diese Zahl etwas Magisches. Unvorsichtigerweise hatte Schostakowitsch bereits Ende 1944 geäußert, falls er »einen entsprechenden Text« fände, möchte er die nächste Sinfonie »nicht nur für Orchester komponieren, sondern auch für Chor und Solisten«.[640] Dass etwas Neues, etwas Großes aus der Feder des weltweit namhaftesten sowjetischen Komponisten zu erwarten sei, machte in seinem Land rasch die Runde. Viele waren auf ein »monumentales sinfonisches Fresko« vorbereitet, wie es Dawid Rabinowitsch nannte, der Verfasser einer der ersten umfangreicheren Studien über den Komponisten.[641] Doch Schostakowitsch verwarf seine ersten Überlegungen und begann mit der endgültigen Version erst elf Wochen nach der Kapitulation Deutschlands. In gut einem Monat hatte er das Werk bis Ende August 1945 fertiggestellt. Noch während der Arbeit kam es Anfang des Monats zu zwei Ereignissen, die den noch andauernden Krieg im Pazifik abrupt beendeten: Daniil Schitomirskij notierte in seinem Tagebuch, dass er Schostakowitsch und seine Frau, eine Physikerin, am Bahnhof in Iwanowo abholte, und kaum angekommen »erzählte mir Dmitrij Dmitriewitsch als erstes von der ›Uranium‹-Bombe, von dieser unvorstellbaren, schrecklichen Katastrophe in Hiroshima. Nina Wasiljewna erläuterte mit großer Kompetenz, welche Bedeutung die Spaltung des Atoms habe. Dmitrij Dmitriewitsch wirkte niedergeschlagen und wortkarg, und doch gelang es ihm nicht, seine innere Erregung zu verbergen. Er sprach in kurzen, schnellen Phrasen; der heisere, näselnde Klang seiner Stimme, sein abwesender Blick und die blasse Gesichtsfarbe zeigten seine Bestürzung. Dann gingen wir schweigend zu seiner kleinen Datscha. Fassungslos dachte ich an Hiroshima, an die Schwierigkeiten, die sich gerade zu diesem Zeitpunkt ergaben (obwohl der Krieg für uns bereits beendet war), und ich fragte mich, was die nahe Zukunft wohl bringen würde. Ich versuchte, meiner Verzweiflung Ausdruck zu verleihen, aber Dmitrij Dmitriewitsch, dessen Augen auf irgendeinen Punkt über meinem Kopf fixiert waren, unterbrach mein Gejammer: ›Unsere Aufgabe ist es, zu jubeln‹.«[642]

Als die japanische Militärführung nach dem Beweis der Zerstörungskraft des »Little Boy«, wie der Codename der Atombombe lautete, immer noch nicht kapitulieren wollte, kam es drei Tage nach Hiroshima im 300 Kilometer weiter nordöstlich gelegenen Nagasaki am 9. August 1945 zum Einsatz des »Fat Man«. Auch diese über drei Meter lange und gut 4000 Kilogramm schwere Bombe explodierte in 500 bis 600 Metern Höhe. Allerdings nutzten ihre Entwickler diesmal Plutonium anstelle von Uran als Spaltmaterial und mit 21 statt 13 Kilotonnen TNT-Äquivalent Sprengkraft war die Wirkung noch verheerender. Kernwaffen dieses Typs wurden die ersten, die die Vereinigten Staaten nach dem Krieg in ihr Arsenal aufnahmen – durch Spionage gelangte schließlich eine Kopie des Fat-Man-Entwurfs in die UdSSR, sodass die Nagasaki-Bombe zum Vorläufer der ersten sowjetischen Atombomben wurde. Britten schien diese Ereignisse nur am Rande wahrzunehmen: »Wir machen uns gerade auf den Weg zu einem Picknick«, schrieb er am 6. August an »my darling«, Peter Pears.[643]

Schostakowitsch nahm in seiner Musik nicht unmittelbar Bezug. Eine gewisse Karenzzeit nach traumatisierenden Ereignissen ist üblich, bevor Künstler allmählich darauf reagieren können. So erzählte Benjamin Britten einmal, er sei mehrfach darauf angesprochen worden, ein Werk zum Gedenken des bei einem Attentat ermordeten Präsidenten John F. Kennedy zu schreiben. »Ich habe es abgelehnt – nicht weil mir die Idee in irgendeiner Weise unsympathisch war; ganz im Gegenteil, ich war bestürzt und bewegt vom tragischen Tod eines sehr bemerkenswerten Menschen«, erläuterte der Komponist. »Aber meinem Empfinden nach ist die Zeit nicht reif; ich kann noch nicht Abstand nehmen und klar sehen.«[644] Dementsprechend brauchte es 13 Jahre, bis der von Schostakowitsch in seiner Anfangszeit beeinflusste Jewgenij-Golubew-Schüler Alfred Schnittke 1958 als Abschlussarbeit am Moskauer Konservatorium die Kantate *Nagasaki* komponierte, ein frühes Pendant zu Brittens *War Requiem* und Schostakowitschs 13. Sinfonie.

Unmittelbar nach dem Kriegsende in Europa verblüffte es vorerst so manchen, wie beschwingt die 9. Sinfonie von Schostakowitsch letzten Endes ausfiel. Sie entstand größtenteils fernab von allem Elend in dem Rückzugsort Iwanowo. Dort muss Schostakowitsch froh gewesen sein, dass seine Heimatstadt während des Krieges von den Deutschen nicht eingenommen worden war; zwar belagert, beschossen, ausgehungert, aber nicht besetzt und zerstört. Wie er selbst war sie mehr als einmal einem schlimmen Los entgangen. Vor dem Krieg hatten Geldmangel und schließlich der Überfall der Wehrmacht Leningrad davor bewahrt, dass auch sein historischer Kern, das alte Sankt Petersburg, im Sinne der Kultur Zwei umgestaltet wurde. In den Außenbereichen hat sich bis heute die zweckorientierte sowjetische Architektur erhalten, doch im Zentrum lebt noch immer die Altstadt aus der zaristischen Epoche. »Jene prachtvollen pockennarbigen Fassaden, hinter denen – zwischen alten Klavieren, abgewetzten Teppichen, staubigen Gemälden in schweren Goldrahmen, Überresten des während der Blockade von den Eisenöfen aufgezehrten Mobiliars (Stühle am allerwenigsten) — schwaches

Leben aufzuflackern begann«, erinnerte sich Joseph Brodsky. Obwohl er bereits zu sowjetischer Zeit geboren wurde, bekannte der Schriftsteller, dass er den Namen Leningrad »für die Stadt verabscheue, die vor langer Zeit von den einfachen Leuten kurz und liebevoll ›Pieter‹ – von Petersburg – genannt wurde.« Die Begründung leuchtet ein: »Ein alter Zweizeiler heißt: Alt Pieter zuzeiten / reibt den Leuten die Seiten«, fuhr Brodsky fort. »Von der Nation wird diese Stadt entschieden als Leningrad erlebt; mit der zunehmenden Vulgarität dessen, was sie umfasst, wird sie mehr und mehr zu Leningrad. Außerdem klingt dem russischen Ohr ›Leningrad‹ als Wort bereits so neutral wie ›Bau‹ oder ›Wurst‹. Und doch sage ich lieber ›Pieter‹, denn ich erinnere mich an diese Stadt in einer Zeit, wo sie noch nicht wie ›Leningrad‹ aussah – gleich nach dem Krieg. Graue, blassgrüne Fassaden mit Einschlägen von Kugeln und Granatsplittern; endlose leere Straßen mit wenigen Passanten und schwachem Verkehr; ein beinahe verhungertes Aussehen mit infolgedessen ausgeprägteren und, wenn man so will, edleren Zügen. Ein mageres, hartes Gesicht, in dessen Augen, den Fensterhöhlen, sich das abstrakte Glitzern des Flusses spiegelte. Ein Überlebender kann nicht nach Lenin heißen.«[645]

Schostakowitsch dürfte ähnlich gedacht haben, wie bereits seine gegenüber Freunden verwendete scherzhafte Bezeichnung »Sankt Leninburg« zeigte. Formell verwendete er natürlich den offiziellen Namen, und er brachte seine Verbundenheit mit der Stadt einmal dadurch zum Ausdruck, dass er auf eine Ausgabe von *Riemanns Musiklexikon* deutete und sagte: »Sollte ich jemals für Wert erachtet werden, in diesem Buch erwähnt zu werden, dann will ich darin lesen, dass ich in Leningrad geboren wurde und verstarb.«[646]

Die 9. Sinfonie ist das Werk eines Menschen, der, wenn auch schwer angeschlagen, überlebt hat. Das Stück ist kürzer als die jeweiligen ersten Sätze der 7. und 8. Sinfonie und ohne Gesang. Die Instrumente ergehen sich fünf Sätze lang abwechselnd in einer Klangrede, die vom beschwingten zum getragenen Gestus reicht. Wer auf Pathos hoffte, wurde enttäuscht. »Die Musiker werden sie mit Vergnügen spielen, aber die Kritiker werden sie vernichten«, meinte Schostakowitsch noch vor der Premiere.[647] Wie vorhergesagt fand beim Publikum der Uraufführung mit den Leningrader Philharmonikern unter der Leitung des bewährten Jewgenij Mrawinskij am 3. November 1945 die 9. Sinfonie im Großen Saal der Philharmonie viel Zustimmung: Der Klangzauber des Werks war wie geschaffen für die glasklare Akustik in dem prachtvollen, hellen Ambiente. Warum hätte der Komponist auch Beethovens Neunter nacheifern sollen? Schließlich stammte diese Musik von einem Künstler, dessen Land den Russen Unvorstellbares angetan hatte. Und die 9. Sinfonien von Haydn, Mozart, Bruckner und Mahler waren auch kaum spektakulär, sondern eher zurückhaltend. Und hatte nicht zuletzt Schostakowitschs Zeitgenosse, der große russische Sinfoniker Nikolaj Mjaskowskij, fünf Monate nach Schostakowitschs Chorsinfonie »An den Oktober« im April 1928 noch eine Neunte vorgestellt, die er selbst als »sinfonisches Intermezzo« bezeichnete? Der russische Tonsetzer mit dem umfangreichsten sinfonischen Œuvre der russischen und – abgesehen von Kalevi Aho, Leif Segerstam, Havergal Brian oder Alan Hovhaness – der neueren Musikgeschichte überhaupt, bot ein Vorbild dafür, dass einer ›Neunten‹ nichts Magisches anhaftet und es sich lediglich um eine Ziffer handelt. Einst hatte Mjaskowskij bei seinem, wie er es nannte, »undefinierbaren Musiktierchen« geschwankt, ob es eher sinfonie- oder suitenartig ausfallen sollte.[648] 1945 präsentierte er lediglich sein 10. und 11. Streichquartett; und mit seiner 25. Sinfonie im übernächsten Jahr setzte der Altmeister einen scharfen Kontrapunkt zu Schostakowitschs Neunter und folgte dem jungen Kollegen zugleich: Das Stück bietet zumeist langsame Tempi, die nur zuweilen im Marsch- oder Tanzrhythmus gesteigert werden, doch trotz des getragenen Duktus nahm auch Mjaskowskij keinen unmittelbaren Bezug auf den Krieg. Wie bereits der ungewöhnliche Kopfsatz von Schostakowitschs 8. Sinfonie steht der erste Satz von Mjaskowskijs Nummer 25 im ›Adagio‹, gefolgt von einem ›Moderato‹-Satz. Das dreisätzige Werk ist kaum länger als die fast halbstündige Einleitung zu Schostakowitschs Achter und vermittelt so affirmativ, aber nicht so grell wie dessen ›Neunte‹ statt Drama zumeist den Eindruck abgeklärter, heiterer Gelassenheit.

Prokofjew hielt sich zurück und brachte möglicherweise im Hinblick auf die Reaktionen gegenüber seinen Kollegen erst über zwei Jahre nach Kriegsende seine tragische 6. Sinfonie heraus.

Schostakowitsch schien seine 9. Sinfonie im Geiste von Haydn und Mozart geschrieben zu haben. Damit erweiterte er den emotionalen Horizont seiner Sinfonik zu einem Zeitpunkt, an dem viele es am wenigsten erwartet hätten. Bei etlichen Rezensenten sorgte sein Opus 70 für Irritationen. Marian Kowal, seines Zeichens Komponist und Funktionär, sah im Seitenthema des ersten Satzes das Abbild »eines derb fröhlichen Yankees, der unbedarft ein heiteres Motiv vor sich her pfeift«, und resümierte über »diesen von Schostakowitsch fabrizierten und in aller Öffentlichkeit vorgeführten musikalischen Bubenstreich«: »Der alte Haydn und ein waschechter Sergeant der US-Army, wenig überzeugend auf Charlie Chaplin getrimmt, jagten im Galopp mit allen Gebärden und Grimassen durch den ersten Satz dieser Sinfonie.«[649] Im Juli und August 1946 machte Kusewizkij mit seinem Boston Symphony Orchestra in Konzerten und Rundfunkübertragungen das amerikanische Publikum mit Schostakowitschs 9. Sinfonie vertraut. Doch nicht nur in der Sowjetunion, auch im Westen stieß das Werk auf wenig

Verständnis. Zwar beeindrucke die »Schlichtheit und Direktheit«, hieß es in der Presse, dennoch »fühlt man sich ein wenig enttäuscht und unzufrieden, so als ob man um das Emotionale geprellt« wird. Insgesamt sei das Ganze »im Grunde genommen banal und oberflächlich«.[650] Eröffnet hatte Kusewizkij das Konzert mit Beethovens »Eroica« und etliche spätere Exegeten stilisierten Schostakowitschs ›Neunte‹ zum Gegenentwurf dieses Werks oder zu Beethovens Chorsinfonie – man verstand sie mal als Groteske, mal als Kriegs-, mal als Anti-Kriegs-Sinfonie. Dadurch wurde dem Werk die Bürde auferlegt, nicht als autonomes Kunstwerk bestehen zu können, sondern nur in einem bestimmten Kontext Sinn zu ergeben. Selbstverständlich muss Schostakowitsch der Ernst der Lage bewusst gewesen sein, doch seine emotionale Reaktion ist nicht diejenige, die New Yorker Kritiker und sowjetische Funktionäre erwarteten, sondern geprägt durch den russischen Humor, mit dem es ihm gelang, die schweren Kriegs- und Krisenjahre zu überstehen. Die 9. Sinfonie unterlief die Erwartungen und erfüllte sie zugleich. Eine weitere Sinfonie mit Chor wäre nur eine Imitation gewesen. Schostakowitsch schuf etwas einzigartig Neues: Noch nie hatte jemand in einer Sinfonie solch extreme Gegensätze vereint! Die ›Neunte‹ ist eine konsequente Fortführung von musikalischen Versatzstücken der Ersten, welche bereits wesentliche Bauelemente der folgenden Sinfonien enthielt. Ihr erster Satz begann mit einer Fanfare, doch wurde die sich daraus entwickelnde Marschmusik im weiteren Verlauf zunehmend zersetzt. Die 9. Sinfonie zerfiel in einen Friedhof der Marschmelodik, indem nach dem Krieg die durch Haydn, Mozart und Schubert noch positiv belegten ›Vierviertaltakter‹ ad absurdum geführt wurden. Was sich bei Sullivan in *Iolanthe* und bei Elgar in der Konzertouvertüre *Cockaigne* mit Parodien nur andeutete, steigert Schostakowitsch bis zum Exzess. Im Gegensatz zu seiner 1. Sinfonie setzt in der ›Neunten‹ das Düstere nicht erst in den letzten beiden Sätzen ein, sondern infiltriert die fünfsätzige Sinfonie vor und nach dem mittleren Satz. Es entsprach nicht der russischen Tradition, um eine Sinfonie mit der Nummer 9 viel Aufhebens zu machen. Dennoch behagte seinem Förderer Jewgenij Mrawinskij das Stück gar nicht. Zwar übernahm er die ersten Aufführungen in Leningrad und Moskau, danach wendete er sich aber wieder Werken vom Schlage der 5. und 7. Sinfonie zu. Nicht zuletzt gehörten auch die Sinfonik Haydns oder Beethovens ›Achte‹ keineswegs zu seinen Stärken, aber Schostakowitschs ›Neunte‹ atmet den Geist dieser Werke. Sein Freund Gawriil Judin zeigte sich begeistert, dass er nach Mrawinskij und Gauk der dritte Dirigent sein durfte, der das Werk aufführte. Schostakowitsch umriss den Charakter seiner letzten Orchesterwerke mit Relativierungen und gab ihm als Hinweis mit auf den Weg: »Nun, dir ist aber doch wohl klar, dass meine ›Achte‹ pseudo-tragisch war.

Und die ›Neunte‹ ist pseudo-komisch.«[651] Da es unwahrscheinlich ist, dass Schostakowitsch seine eigenen Werke nicht ernst nahm, lässt sich dieser Hinweis auch dahingehend verstehen, das Offensichtliche nicht überzubetonen. Natürlich ist das Tragisch-Dramatische der 8. und das Heiter-Skurrile der 9. Sinfonie inhärent – ›ma non tanto‹.

Aus Schostakowitschs mitunter widersprüchlichen Aussagen und manchen seiner orakelhaften Hinweise noch zwei Generationen später punktgenaue Deutungen ableiten zu wollen, erscheint zuweilen kühn. Vladimir Nabokov, der Verfasser von *Signs and Symbols*, hätte gewiss die Stirn gerunzelt. Natürlich wurde mit Recht darauf verwiesen, dass Schostakowitsch in seiner 9. Sinfonie mehrfach auf das elfte Lied der Orchesterversion von Mahlers Vertonungen aus der Gedichtesammlung *Des Knaben Wunderhorn* anspielt:[652] Beim »Lob des hohen Verstandes« lassen Kuckuck und Nachtigall ihren Disput, wer von beiden besser singen kann, von einem Esel als Richter entscheiden. Wahrscheinlich wollte sich Mahler seinerzeit bloß über Musikkritiker lustig machen. Im 21. Jahrhundert die Schlussfolgerung zu ziehen, Schostakowitsch habe mit seiner musikalischen Reverenz gegenüber seinem Komponistenidol nun Stalin als Esel bloßstellen wollen, ist mutig. Peter Pears oder Benjamin Britten, einer der besten Mahler-Kenner seiner Zeit, haben auch nach Schostakowitschs Tod derartige Vergleiche nicht angestellt. Sie wären viel eher in der Lage gewesen, die musikalischen Anspielungen zu erkennen, als es sowjetische Hörer vermochten. Und selbst wenn russische Musikkundige die Bezugnahmen hätten würdigen können, wäre eine damals naheliegende Assoziation eine Kritik am Klassenfeind gewesen, denn der Esel ist seit dem 19. Jahrhundert das inoffizielle Maskottchen der Demokratischen Partei, der auch Roosevelt und Truman angehörten – insofern scheint Kowals Eindruck, im ersten Satz werde das Bild »eines derb fröhlichen Yankees« gezeichnet, gar nicht so unpassend. Nicht in allen Kulturen gelten Esel als dumme Tiere, die sie keineswegs sind. Schostakowitsch hatte schon zuvor Texte des namhaftesten russischen Fabeldichters Iwan Andreewitsch Krilow vertont, welche die Klischees auch im Osten verbreiteten. Seine bekanntesten Eselsgeschichten handeln von einem Esel, der sich von Gott wünscht, groß gewachsen zu sein, aber nicht bedenkt, dass seine geistigen Kräfte auch mitwachsen sollten, sowie von einer Herde Esel, die auf ihrer Weide so laut ›singen‹, dass sie in den Stall weggesperrt werden. Diese Texte hat Schostakowitsch nie vertont. Dass der Komponist angeblich eine Art ›Krieg‹ gegen den Diktator geführt habe, ist eine mediale Erfindung des späten 20. Jahrhunderts. Man kann es nicht mit jemandem aufnehmen, der nur mit dem Finger zu schnippen und zu sagen braucht: »Lasst es wie einen Unfall aussehen.« Das wäre er dem Musiker in Anbetracht von Schostakowitschs Status zumindest schuldig gewesen. Was Schostakowitsch wirklich dachte, weiß niemand. Vielleicht wollte er einfach nur Musik schreiben, die nach den vorangegangenen grauenvollen Jahren ihm und dem Publikum bloß Spaß bereiteten sollte.

Nicht zuletzt klingt Schostakowitschs Hinweis auf Pseudo-Komik und Pseudo-Tragik auch wie ein fernes Echo der *Prawda*-Vorwürfe gegen die zeitgenössische Malerei, Musik, Poesie, Pädagogik und Wissenschaft, die alle angeblich »pseudoradikales Chaos« produzierten und »pseudoradikale Abnormität« böten. Zudem stellte sich der belesene, hochgebildete und traditionsbewusste Schostakowitsch in eine russische Entwicklungslinie, die vor allem im literarischen Bereich Schein-Wahrheiten entlarvte wie die Legitimation auf Herrschaftsansprüche bei Puschkins ›Pseudo-Dmitrij‹ in dem Drama *Boris Godunow*, die ›Pseudo-Revolutionäre‹ in Turgenjews Roman *Rauch* oder den Pseudoanspruch der Provinz in Gogols *Die toten Seelen*. Schließlich charakterisierte Schostakowitsch den zweiten Satz der 8. Sinfonie als »einen Marsch mit Elementen eines Scherzos« und verwendete nach dem monumentalen Kopfsatz auffallend oft die Bezeichnung ›Allegretto‹.[653] In der ebenfalls fünfsätzigen 9. Sinfonie kontrastieren zwei bewegende langsame Sätze die Eleganz der lebhaften Abschnitte. Die miteinander verbundenen letzten drei Sätze wirken wie ein Pendant zu dem gewaltigen ›Adagio‹, mit dem die 8. Sinfonie anhebt.

Beide Werke missfielen den offiziellen Stellen. Obwohl die 9. Sinfonie 1946 für den Stalin-Preis vorgeschlagen wurde, erhielt sie keine Würdigung. Für die nächsten acht Jahre sollte Schostakowitsch die Lust auf sinfonische Werke vergehen.

*

Die Erfahrungen mit den Kriegen der vergangenen dreißig Jahre mündeten in die Gründung der Vereinten Nationen, deren Charta am 24. Oktober 1945 in Kraft trat. Zum zwanzigjährigen Jubiläum wurde genau an diesem Tag im Jahr 1965 ein bei Benjamin Britten in Auftrag gegebenes Vokalstück, *Voices of Today*, parallel in New York, Paris und London uraufgeführt. Bereits 1942 war unter dem Titel »United Nations on the March« ein Musikstück von Schostakowitsch veröffentlicht worden: Dafür hatte Harold J. Rome einfach dessen Vertonung des Lieds »Dem kühlenden Morgen entgegen« aus dem 1932 erstmals vorgestellten und auch im Westen bekannten Film *Der Gegenplan* mit einem neuen Text unterlegt: »Sun and the stars are all ringing with song rising strong from the Earth, / A hope of humanity singing / A hymn to a new world in birth!« (Die Sonne und die Sterne erklingen alle mit einem Lied, das sich kraftvoll von der Erde erhebt, / eine Hoffnung der Menschheit, die einen Hymnus singt auf eine im Entstehen begriffene neue Welt!) Das unter anderem durch eine 78er-Schallplatteneinspielung mit dem Bariton Igor Gorin populäre Werk lernten seinerzeit auch die Kinder in der Schule. Es war Ausdruck der Einstimmung auf eine neue Weltordnung. Wenige Monate zuvor hatte die im August 1941 veröffentlichte Atlantik-Charta die Grundlage zur Deklaration der Vereinten Nationen am 1. Januar 1942 gebildet. Da die Sowjetunion nicht daran beteiligt wurde, beraumte man weitere Besprechungen der Alliierten unter Mitwirkung Chinas im Rahmen der Moskauer Außenministerkonferenz an, bei der sich alle für die Bildung einer »internationalen Organisation zur Friedenssicherung« aussprachen. Aber der Kalte Krieg, der sich bereits bei der diplomatischen Krise 1927 angedeutet hatte, wurde schon bald nach Kriegsende arktisch kühl. Der Oppositionsführer Winston Churchill prägte in seiner Rede, die er in Anwesenheit von Präsident Truman am 5. März 1946 am Westminster College in Fulton, Missouri, hielt, einen Schlüsselbegriff der kommenden Jahrzehnte, als er konstatierte, dass »von Stettin an der Ostsee bis hinunter nach Triest an der Adria sich ein Eiserner Vorhang über den Kontinent hinabsenkt«.[654] In Anspielung auf Ciceros Worte aus den Philippischen Reden, dass unbegrenzt viel Geld die Lebenskraft des Krieges sei – »primum nervos belli, pecuniam infinitam« – betitelte er seine Ansprache mit »Die Lebenskraft des Friedens«. Dieser könne nur gesichert werden durch »ein in allen Punkten gutes Verhältnis mit Russland unter Führung der Vereinten Nationen«.[655] Dabei müsse die gesamte englischsprachige Welt zusammenstehen, denn niemand solle »die beständige Stärke des Britischen Empire und des Commonwealth« unterschätzen.[656] Churchill wurde für seinen Vorstoß scharf kritisiert, vor allem von den Linken: George Bernard Show tobte, die Rede sei »nichts weniger als eine Kriegserklärung an Russland« und Stalin zog eine Woche später in einem *Prawda*-Interview Parallelen von Churchill zu Hitler und sprach von einem »Aufruf zum Krieg«.[657] Aber auch amerikanische Abgeordnete verglichen den ehemaligen Premierminister mit »Tories, die in ihrem anti-sowjetischen Kreuzzug die Nazis unterstützten«.[658] Von Britten und Schostakowitsch sind keine Stellungnahmen überliefert. Beide sollten in ihren Werken ihre eigenen Kontrapunkte zu den politischen Entwicklungen setzen.

Harry S. Truman konnte Churchills Angebot einer Allianz nicht allzu viel abgewinnen. Es zeichnete sich ab, dass Großbritannien mit dem ›Kaiserreich Indien‹ sein einst größtes Juwel in die Unabhängigkeit entlassen musste – eine der ersten Auflösungserscheinungen des Empires –, und da man »keine Kompromisse mit dem Bösen« eingehen wollte, erschien es dem amerikanischen Präsidenten Truman am geschicktesten, am 12. März 1947 vor beiden Häusern des Kongresses zu verkünden, dass »die Vereinigten Staaten die Prinzipien der Vereinten

Nationen verwirklichen« und »den freien Völkern beistehen, die sich der angestrebten Unterwerfung durch bewaffnete Minderheiten oder durch äußeren Druck widersetzen«.[659]

Die angespannte politische Lage durchkreuzte vorerst Brittens Vorhaben, das Land Tschajkowskijs und Puschkins persönlich kennenzulernen. »Peter & ich planen, nach Russland zu fahren, was möglich sein könnte – aber schwierig, da ich persönlich als ›schlechter‹ Komponist herausgepickt wurde!«, schrieb Britten am 1. Januar 1949 an Reverend Wilfred Derry. »Lieber das als diesen schrecklichen Vorhang stillschweigend zu akzeptieren – ich habe ohnehin den Eindruck, dass sich viel eher ein Eiserner Vorhang durch den Atlantik zieht …, aber das ist eine andere Geschichte!«[660] Dass sein Name in der UdSSR vorerst auf einer ›Schwarzen Liste‹ stand, erfuhr Britten durch das Buch *Musical Uproar in Moscow* (Musikalischer Aufruhr in Moskau) von Alexander Werth, der in Russland zur Welt gekommen war, später aber als Korrespondent für die BBC und den *Guardian* arbeitete. Er berichtete über den Krieg und veröffentlichte auch ein Buch über die Belagerung Leningrads. Einen ›Krieg‹ anderer Art führte der Generalsekretär des Komponistenverbandes der Sowjetunion, Tichon Nikolaewitsch Chrennikow, in seinem Feldzug gegen »westliche Modernisten«. Laut Werth beschrieb er sie als »dekadente, pathologische, erotisierte, kakophone, religiöse bzw. sexuell pervertierte Monster« und nannte namentlich Messiaen, Jolivet, Hindemith, Berg, Menotti und Britten.[661]

Zu diesem Zeitpunkt erschien es unwahrscheinlicher denn je, dass sich Britten und Schostakowitsch in dieser gespaltenen Welt jemals begegnen sollten. »Welchen Weg wir 1945 und in den folgenden Jahren einschlagen sollten, hing größtenteils von unserem Alter ab«, meinte der Schriftsteller Jeff Nuttall, »denn genau zu diesem Zeitpunkt, als die Bomben auf Hiroshima und Nagasaki fielen, wurden die Generationen auf ganz entscheidende Weise gespalten. Die Leute, die zur Zeit der Bombe die Pubertät hinter sich hatten, fanden, dass es unmöglich sei, sich ein Leben *ohne* Zukunft vorzustellen. Diejenigen, die damals die Pubertät noch nicht erreicht hatten, konnten sich kein Leben *mit* einer Zukunft vorstellen.«[662]

*

Für Britten bestand die Zukunft darin, aus der Vergangenheit zu lernen und sich als Künstler so viel Spielraum wie möglich zu verschaffen. Als Mitglied der Peace Pledge Union organisierte er im Sommer 1945 parallel zur Potsdamer Konferenz ein »foodless lunch«, ein ›Mittagessen ohne Lebensmittel‹, um inmitten der Siegeseuphorie die Aufmerksamkeit auf die hungernden Menschen in Deutschland zu lenken. Dorthin hatte er sich als Klavierpartner zusammen mit dem Geiger Yehudi Menuhin auf eine Konzertreise durch Konzentrationslager begeben. Das Ganze sei »eine unheimliche & furchtbare Erfahrung gewesen, doch ungemein lohnend«, schrieb er einer Freundin. »Ich versuche andere dazu zu bewegen, sich das auch zuzumuten, denn es *ist* notwendig.«[663] Ursprünglich war Gerald Moore als Pianist vorgesehen, doch Britten – dessen pianistische Fähigkeiten laut Krzysztof Meyer denen eines Swjatoslaw Richter ebenbürtig waren[664] – drängte sich förmlich danach, von Moore diese heikle Aufgabe zu übernehmen. »Ich glaube, er hatte das Gefühl, dass er sich als Brite verleugnet hatte, als jemand, der in jener Epoche gelebt hat; er versagte sich dadurch eine wesentliche Erfahrung, die ein Teil seiner Nation war, ein Teil der Existenz seiner Menschen«, äußerte Menuhin später, »und indem er sich alles sozusagen auf einen gewaltigen Schlag zumutete, zog es sich nicht über Jahre hin – alles kam mit gewaltiger Macht.«[665]

Bei dieser gemeinsamen Konzertreise hatten Benjamin Britten und Yehudi Menuhin täglich etwa zwei bis drei Recitals in Konzentrationslagern zu geben. Britten komponierte zu dieser Zeit gerade die *Holy Sonnets of John Donne*, Gedichte, die inhaltlich um Sterben und Untergang kreisen. »Es war in vielerlei Hinsicht ein fürchterliches Erlebnis«, erinnerte sich Britten. »Das Thema der *Donne Sonnets* ist bekanntlich der Tod. Ich glaube, dass die Verbindung zwischen persönlichen Erfahrungen und meinen Empfindungen gegenüber der Dichtung sehr stark war. Sie prägten die Musik.«[666] Und nicht nur die Vertonung *dieser* Texte. »Peter Pears sagte mir Jahre später, für Britten sei es eine so grauenvolle Erfahrung gewesen, dass er nie darüber gesprochen habe, nicht einmal mit seinem Geliebten«, berichtete der Regisseur Tony Palmer, »nur einmal habe er ihm, Pears, erzählt, was er und Yehudi gesehen hatten, habe eine so tiefe Wunde in ihm hinterlassen, dass er danach kein Stück mehr komponieren konnte, das nicht von dieser Erinnerung geprägt war.«[667] Erst Menuhin nannte über vierzig Jahre später Einzelheiten. »Man zeigte uns die sterblichen Überreste von … Menschen«, sagte er stockend, »und wo sie vergast und ihre Leichen verbrannt wurden. Das Einzige, was übrigblieb, waren … Goldzähne, die die Nazis einschmelzen wollten. Natürlich hatte damals noch keiner die Filme über Bergen-Belsen oder Auschwitz gesehen. Wir wussten ungefähr, was uns erwartete, aber nichts hätte uns seelisch oder visuell auf das vorbereiten können, was wir dort fanden.«[668]

*

Während in Deutschland, vor allem in den Großstädten der britischen Besatzungszone, wie auch in der Sowjetunion und anderen europäischen

Ländern die Opernhäuser allmählich ihre Arbeit wieder aufnahmen, stand Britten in England vor dem gleichen Problem, das bereits anderen Komponisten seines Landes zu schaffen gemacht hatte: Es gab eine unzulängliche Infrastruktur für englische Opern und zudem war das Konzert- und Musiktheaterleben auf die Hauptstadt konzentriert. Am Royal Opera House Covent Garden zeigte man in erster Linie Interesse an den italienischen und deutschen Klassikern mit Starbesetzung; die D'Oyly Carte Opera Company hatte zwar mit den Opern von Arthur Sullivan die grundlegenden Werke der englischen Oper uraufgeführt, doch man verfügte über kein eigenes Theater mehr und konzentrierte sich aus urheberrechtlichen Gründen nur auf diese Werke, anstatt andere Komponisten zu fördern; zudem verweigerte sich das Ensemble der Sadler's Wells Opera Company, das *Peter Grimes* herausgebracht hatte, einer weiteren Zusammenarbeit. Und so nahm ein bereits früher angedachter Plan zunehmend Gestalt an: »Einigen der Sänger, Autoren und Musiker, die an *Peter Grimes* beteiligt waren, erschien dies als der geeignete Moment, eine Gruppe zusammenzustellen, die sich neuen Werken widmete, welche sich mit den denkbar geringsten Ausgaben herausbringen ließen und neue Publikumsschichten erschließen sollten, indem man im ganzen Land auf Tournee geht«, erläuterte Britten rückblickend. »Wir konnten es uns mit diesem Ensemble nicht leisten, Ausgaben für einen großen Chor, Orchester und eine wuchtige, aufwändige Dekoration zu riskieren. Wir hatten kein eigenes Theater und eine sehr begrenzte finanzielle Unterstützung, und so beschlossen wir, zu experimentieren und eine Oper für nur acht Charaktere zu schreiben, ein kleines Orchester und eine schlichte Produktion.«[669]

Bereits 1943 ahnte Britten, dass man sich bei Musiktheaterinszenierungen den eingeschränkten finanziellen Möglichkeiten anpassen muss. »Es wäre großartig, ein festes Haus zu haben, an dem man seine Opern herausbringen kann (& ich habe vor, zu meinen Lebzeiten einige zu schreiben!)«, ließ er seinen Verleger Ralph Hawkes wissen. »Es mag bedeuten, dass man sie nach seinen Möglichkeiten ein wenig zurechtstutzen muss (keine 4 Flöten oder 8 Hörner!) – aber das tut niemandem weh – schau dir die *Zauberflöte* oder *Figaro* an, die haben auch bloß ein kleines Orchester. Aber es kommt auf die Ideen an. Dies ist lediglich ein Vorhaben, das ich im Hinterkopf habe, aber ich vermute, dass es Joan Cross und Tony Guthrie ähnlich geht, da sie mich wegen irgendetwas sprechen wollen.«[670] Britten verstand es wie Schostakowitsch, seine Ideale mit pragmatischen Lösungen zu verbinden. Der etwa gleichaltrige, glühend-kommunistische Komponist Alan Bush musste sein Land noch verlassen, um einige seiner Opern in der DDR herauszubringen, während dem ›rot angehauchten‹ Britten, der sich in den 1930er-Jahren noch mit seinem linken Freundeskreis für das Monopoly-Spiel begeistern konnte, es nun gelang, die mit Parkstraße und Schlossallee einhergehenden Assoziationen Wirklichkeit werden zu lassen.

*

Für Britten war *Peter Grimes* ein durchaus verführerischer Triumph. »Einige Leute scheinen von mir noch einen weiteren *Grimes* haben zu wollen, und noch einen, und noch einen!«, klagte er. »Aber sie täuschen sich, wenn sie von mir erwarten, dass sie ihn bekommen. Vor mir liegen andere Herausforderungen, und diesen muss ich mich stellen.«[671] Zusammen mit der Sängerin Joan Cross und dem Theaterregisseur Tyrone Guthrie trieb Britten seine ambitionierten Pläne voran. »Ich brenne darauf, eine neue Kunstform zu entwickeln (die Kammeroper, oder wie immer man es nennen will), die sich neben der großen Oper behaupten wird, so wie das Quartett neben dem Orchester«, hieß es in einem Brief.[672] Ein geeigneter Kooperationspartner für das Projekt fand sich in der Glyndebourne Festival Opera. Der Millionär John Christie hatte 1934 das Grundstück seines ehemaligen Landhauses Glyndebourne beim Dorf Lewes in Sussex genutzt, um dort zusammen mit dem emigrierten Dirigenten Fritz Busch, dem Regisseur Carl Ebert und dem Manager Rudolf Bing Opernfestspiele zu initiieren. Nachdem sich Britten mit *Peter Grimes* einen Namen gemacht hatte, sprach nichts dagegen, neben dem Kernrepertoire von Mozart und Verdi auch eine zeitgenössische englische Oper zuzulassen. Mit Unterstützung des nach dem Krieg neu gegründeten Arts Council brachte man am 12. Juli 1946 mit *The Rape of Lucretia* die erste von Brittens Kammeropern heraus. Britten konnte dabei mit den ihm vertrauten Künstlern zusammenarbeiten. Bereits durch seine Filmarbeit für die G. P. O. Unit war er versiert darin, mit einem konzentrierten, ökonomischen Einsatz der Mittel äußerst effektvolle Wirkungen zu erzielen. Dass er nach eigenem Bekunden durch Frank Bridge gelernt hatte, durch die Instrumente »zu denken und zu fühlen«, trug dazu bei, in der Bühnenerzählung um die Vergewaltigung der Lucretia der Harfe eine besondere Rolle zuzuweisen, um die Sensibilität der Titelfigur hervorzuheben. Die zweiaktige Kammeroper, die Ronald Duncan nach der Tragödie *Le viol de Lucrèce* von André Obey zu einem Libretto umgestaltete, bot eine andere Form der Auseinandersetzung mit der Vernichtung unschuldigen Lebens. Bei der Zusammenstellung der zwölf Instrumentalisten orientierte sich Britten an seinem Opus 1, der *Sinfonietta*: Neben Flöte, Oboe, Klarinette, Fagott und Horn setzte er jeweils einen Solisten der traditionellen Streichergruppe ein, zu denen noch Harfe und Schlagzeug hinzukamen. »Ich schreibe gern für kleinere Besetzungen und bedaure die Einstellung des heutigen Zuhörers, der von einem Orchester nichts anderes als die widerliche Tutti-Wirkung erwartet«, rechtfertigte er diese Zusammenstellung 1946 in einem BBC-Interview.[673] Durch die Konzentration auf ein kleines Ensemble konnten Strukturen transparent und durchhörbar gemacht werden, auch stellte der reduzierte Personal- und Materialaufwand in der Nachkriegszeit keine übermäßigen Anforderungen an die Räumlichkeiten und den Etat. »Die Seltenheit moderner englischer Opern hat ihren Grund in den beschränkten Möglichkeiten, die sich für Aufführungen bieten«, gab Britten bereits 1945 zu bedenken. »Theaterleiter werden neue Werke kaum herausbringen, wenn sie nicht eine begründete Hoffnung haben, die Kosten der Einstudierung wieder hereinspielen zu können: es gibt kein Fortkommen für Komponisten und Librettisten, wenn sie nicht erleben können, dass ihre Opern angemessen inszeniert und gesungen werden; die konservative Haltung des Publikums steht experimentellen Abweichungen von der Norm des Repertoires hemmend im Wege.«[674] Dementsprechend schien sich Glyndebourne als das angemessene Refugium für die neue Oper zu entpuppen.

Das Thema mochte etwas spröde anmuten, war jedoch mit Bedacht gewählt. Die Geschichte von Lucretia, der treuen Gattin des Römers Collatinus, die in Abwesenheit ihres Mannes einen Sohn des etruskischen Königs als Gast beherbergt, der sie dann in der Nacht vergewaltigt, stammt aus dem 6. Jahrhundert vor der Zeitenwende und gehört zu den bedeutenden Gründungsmythen der europäischen Geschichte. Sie bot nicht nur Diskussionsstoff für die römische Moralkultur, sondern markierte auch eine grundlegende politische Wende, weil die Tat zu einer Rebellion gegen die Königsherrschaft führte und den Beginn der römischen Republik einleitete. Auch Großbritannien erlebte in dieser Phase nach dem Zweiten Weltkrieg einen politischen Umbruch: Zehn Jahre lang hatte die Bevölkerung nicht mehr zu den Urnen gehen können, da Wahlen durch den Krieg ausgesetzt waren. Der Mann, der während des Kampfes gegen Deutschland fast wie ein Alleinherrscher vom britischen Volk in seiner Ansprache vom 13. Mai 1940 »Blut, Plackerei, Tränen und Schweiß« gefordert hatte, Winston Churchill,[675] wurde nur zwei Monate nach der deutschen Kapitulation am 5. Juli 1945 auf demokratische Weise gestürzt. Während in der Sowjetunion die Menschen der Gunst der Machthaber hinterherliefen und versuchten, nicht in Ungnade zu fallen – Stalin betrachtete dies als »das Vertrauen des russischen Volkes in die sowjetische Regierung«[676] –, richteten sich in Großbritannien die Politiker nach der Gunst der Wähler und bemühten sich um gefällige Parteiprogramme. Die alten Recken hatten sich als Kämpfer bewährt, doch nachdem man dem Land in Kriegszeiten das Äußerste abverlangt hatte, versprachen sich die Bürger für den friedlichen Wiederaufbau von einer Arbeiterpartei mehr.

Die Produktion in Glyndebourne wurde mit gemischten Gefühlen aufgenommen. Im *New Chronicle* lobte man *The Rape of Lucretia* als »meisterliches Werk«, das »von großem Talent zeugt«, und in der *New York Times* sprach man sogar davon, dass »das Bemerkenswerteste an Brittens neuer Oper die Erweiterung des Spektrums« sei, denn »die tiefere Anteilnahme findet ihren Ausdruck durch eine Musik, die mitunter ebenso wild und robust ist wie jene in *Grimes*, und zudem feiner und auf empfindsame Weise schöner als die gelungenste Partiturseite der früheren Oper«.[677] Weniger gut kam Duncans Textbuch weg, das den meisten zu literarisch verstiegen und bemüht erschien.

Bei den Aufführungen in Glyndebourne traf das Werk auf ein Publikum, das Duncan als »höflich, aber unwissend« charakterisierte, und das Britten kess als »Frack-Brigade« bezeichnete.[678] Doch immerhin zeigten die Besucher ihr Wohlwollen. Als man mit *The Rape of Lucretia* auf Tournee ging, blieben die Theater in Edinburgh, Glasgow, Liverpool, Manchester und Oxford allerdings halb leer. John Christie übernahm zwar die Deckungslücke bei den finanziellen Verlusten, sah aber seine Haltung, *The Rape of Lucretia* sei eine Oper ohne Musik, bestätigt. Britten hatte bereits eine zunehmende Abneigung gegen ihn und den Manager von Glyndebourne, Rudolf Bing, entwickelt. Bing beklagte, dass Britten und sein Team »nicht die Tatsache hinnehmen wollten, dass man in jener Zeit in der englischen Provinz keine zeitgenössischen Opern hören wollte, und so versuchte man, alle Schuld auf das unglückselige Management abzuwälzen, das ihrer Ansicht nach sich nicht ausreichend um die Öffentlichkeitsarbeit gekümmert hatte«.[679] Britten beklagte gegenüber Christie, in Glyndebourne habe man »zu wenig Vertrauen in unsere Integrität und Zielsetzung«, zudem »kann man für Anfänger wie uns keine Geduld aufbringen«.[680] Christie bot immerhin noch die Möglichkeit an, »im nächsten Jahr als unabhängige Besucher zu kommen«.[681] Britten hatte ihn wissen lassen, ihm schwebe eine eigenständige Organisation vor, mit der man »am besten unser besonderes Konzept von zeitgenössischer Oper umsetzen und ausbauen kann«.[682] Dass es ein interessiertes Publikum für Werke wie *The Rape of Lucretia* gab, zeigte sich an Einladungen zu Aufführungen in Amsterdam und Luzern. Britten und Crozier machten John Christie gegenüber deutlich, dass ihnen eine »Aufteilung der Kontrolle« zwischen Administration und künstlerischer Leitung nicht behagte.[683] »Es hatte etwas Absurdes, dass wir so weit reisen mussten, um mit britischen Opern Anerkennung zu finden«, erinnerte sich Crozier. »Aber es war auch spannend, britische Musik bei internationalen Festspielen zu repräsentieren.«

»Warum sollten wir nicht«, schlussfolgerte Peter Pears, »einfach unser eigenes Festival gründen? Ein bescheidenes Festival mit wenigen Konzerten, die Freunde veranstalten? Warum organisieren wir nicht einfach Festspiele in Aldeburgh?«[684] Britten, der in seinem Arbeitszimmer im obersten Stock von Crag House in der Crabbe Street auf die Nordsee blicken konnte, kam der Ort entgegen. »Inwiefern ihre Präsenz ein Stimulus für mich ist, kann ich nicht sagen«, bekannte der Komponist, »aber ich liebe das Meer und bestimmte Werke von mir vermitteln diese Leidenschaft.«[685] Mit Unterstützung seiner Freunde nahm das Vorhaben Gestalt an.

Die Gründung der eigenen »English Opera Group« war 1947 der erste Schritt in diese Richtung. »Wir glauben, dass der beste Weg, den Grundstein für ein Repertoire englischer Opern zu legen, darin besteht, eine Form der Oper zu schaffen, die einer kleinen Anzahl von Sängern und Instrumentalisten bedarf, aber für Aufführungen in großen und kleinen Häusern bzw. Theatern geeignet ist«, lautete die offizielle Maxime des Ensembles.[686] Mit der Kammeroper *Albert Herring* stellte Britten dem Antikendrama eine Komödie zur Seite. Hierfür verlegte man die Handlung von Maupassants Novelle *Le rosier de Madame Husson* über einen jungen Mann, der unter der Fuchtel seiner Mutter steht, einfach aus dem Frankreich des 19. Jahrhunderts in das fiktive Marktstädtchen Loxford in East Suffolk. Das Stück über Albert Herrings Versuche, sich von Daheim und seinem Dorf abzunabeln, bot ein harmloses Vergnügen. John Christie ließ noch einmal zu, dass das Ensemble im Sommer 1947 *Albert Herring* in Glyndebourne herausbringen konnte. Doch er machte gegenüber den Premierengästen keinen Hehl daraus, dass »dies nicht unser Ding ist«.[687]

Benjamin Britten konnte sich hingegen über die Publikumsreaktionen auf seine neue Oper freuen. Sie entsprachen »all dem, worauf wir gehofft hatten«, schrieb der Komponist an einen Freund, »ich wünschte mir nur, wir könnten das gleiche von den Kritikern sagen – aber das ist die alte Geschichte«.[688] Im Vergleich zu seinen vorangegangenen Werken hatte Britten ähnlich wie Schostakowitsch eine neue Ausdrucksweise gewählt: Nach den gewaltigen Sinfonien des Russen, in denen es unter anderem auch um die Leidensfähigkeit geht, und zwei Opern des Engländers, in denen das Ertragen- und Erdulden-Müssen sowie der Selbstmord eine Rolle spielen, wandten sich beide leichteren, burleskeren Werken zu. Die 9. Sinfonie und *Albert Herring* wirken beschwingter und faszinieren durch ihre transparente Orchesterbesetzung. Britten verwendete abermals ein zwölfköpfiges Orchester, wie es sich bereits bei *The Rape of Lucretia* bewährt hatte und auch für seine folgenden Kammeropern charakteristisch war. Schostakowitsch schränkte sich bei der Bläserbesetzung ein, die mit jeweils zwei Holzbläsern, vier Hörnern, zwei Trompeten und drei Posaunen der einer Schumann-Sinfonie entsprach; lediglich eine Tuba und ein umfangreiches Ensemble an Schlaginstrumenten kamen noch hinzu. Brittens *Albert Herring*-Orchester begleitet mit munteren Kommentaren eine Komödie über das Erwachsenwerden bis hin zu einem Zitat aus *Tristan und Isolde*, wenn Albert ein Glas mit Alkohol versetzer Limonade trinkt. Wie bereits bei den von ihm bearbeiteten Volksliedern passte Britten alles seinem Personalstil an, wenn er Alberts Geschichte entwickelte, der im Gemüseladen seiner Mutter hilft. Da die Honoratioren des Ortes keine unbescholtene Maienkönigin finden können, kürt man kurzerhand den etwas einfältigen Albert Herring. Glücklich wird man mit dieser Entscheidung nicht. Dass der große Befreiungsschlag von Albert darin besteht, einmal über die Stränge zu schlagen und sich zu besaufen, wirkt als Akt der Abgrenzung und Loslösung von der Dorfgemeinschaft zu dürftig, um aus dem Werk letzten Endes mehr zu machen als eine charmante Komödie. Es fehlt eine substanzielle zwischenmenschliche Erfahrung. Ein Rezensent ging in seiner Premierenbesprechung im Juni 1947 sogar so weit, das Stück als »eine Fehlkalkulation« zu bezeichnen: Mit Musik »aus der kinematographischen Schule, leicht flackernd, aber fantasie- und einfallsreich gemacht«, seien »all diese Talente für nicht mehr aufgewendet worden, als um etwas Gekicher hervorzurufen«.[689] Britten war verärgert. Bei der Generalprobe fand sich ein »herzliches, dankbares Publikum ein, das ganz unkompliziert reagierte und laut und lange über alles lachte, was es lustig finden sollte – sehr zu Mr. Christies Missfallen, der die Zuschauer *vulgär* fand«, schrieb der Librettist Eric Crozier. Am Premierenabend waren die Besucher »weniger einfach gestrickt, weniger gewillt, sich zu amüsieren«, was die Darsteller nervös machte. Nach einem schwerfälligen Beginn »tauten sie jedoch ziemlich auf, und man hatte den Eindruck, dass alle ihren Spaß hatten«. Doch Crozier und seine Kollegen wurden bald auf den Boden der Tatsachen zurückgeholt. »Und jetzt – heute Morgen! – diese Kritiker!«, stöhnte er. »Die *Times* hasst die Oper, nennt sie eine Farce und beklagt sich über den Mangel an Musik, die ›zu Herzen geht‹.«[690]

Britten zeigte sich nicht minder eingeschnappt. Schostakowitsch war es hingegen gewohnt, Kritik zu ertragen und seine Konsequenzen daraus zu ziehen. Er lebte in einer Sphäre, die den Geniestatus nie so kultiviert hatte wie der Westen. Britten zeigte sich zumeist äußerst dünnhäutig. Selbst einer der größten Advokaten seiner Werke, der Dirigent Charles Mackerras, gestand später, er habe sich »in der Gegenwart von Ben und Peter immer unwohl gefühlt, weil man niemals sagen konnte, was man wirklich dachte«. Stets musste man »alles mit ein wenig unaufrichtigen Begriffen umschreiben, damit sie nicht beleidigt waren«.[691]

Allerdings wollte Britten selbst auch niemandem zu nahe treten. Er stand mit seinem Projekt, die englische Oper weiter voranzubringen, erst am Anfang und musste dementsprechend auch um die Gunst der führenden Gesellschaftsschichten buhlen. Dass ihm dies Jahre später eine Verbindung zum Königshaus und letztlich mit der Erhebung in den Rang eines Peers einen Adelstitel einbringen sollte, war zu diesem Zeitpunkt noch nicht abzusehen. Bereits in den 1950er-Jahren spottete Montague Slater, Britten sei ein »Hofkomponist« geworden.[692] Der Musiker konnte es sich nicht leisten, wie der Verleger Alfred Harmsworth zu verkünden: »Wenn ich die Peers-Würde haben will, kaufe ich mir eine, wie ein ehrlicher Mann.«[693] Harmsworth hatte nach dem Ersten Weltkrieg die Offerte abgelehnt, in die Regierung einzutreten, weil ihn dies daran gehindert hätte, die Regierung zu kritisieren. Britten, der musikalische Revolutionär Englands, gab hingegen viel auf traditionelle Werte und schrieb, ebenso wie Schostakowitsch nach der Kritik an *Lady Macbeth von Mzensk*, private Stücke in kammermusikalischen Dimensionen und große, repräsentative Werke. Dabei gebärdete er sich aber nach seinem Nachkriegserfolg nie mehr wie noch in den 1930er-Jahren als Bürgerschreck. Wie Schostakowitsch mit der 5. und 7. Sinfonie hatte sich Britten mit *Peter Grimes* einen Status erworben, den er nicht mehr fahrlässig aufs Spiel setzen wollte. Dementsprechend blieb die Gesellschaftskritik in *Albert Herring* harmlos. Dabei hätte er vom Begründer der englischen Oper, Arthur Sullivan, lernen können, dass man gewagtere Stücke schreiben, ein wenig konformes Leben führen und trotzdem gesellschaftliche Anerkennung der höchsten Kreise genießen kann. Nicht zu Unrecht befand man im *Manchester Guardian*, Brittens neues Werk sei »ein unterhaltsames Stück zweiter Klasse, eine angenehme Petitesse«.[694] Britten lebte in einem Herrschaftssystem, in dem er flexibel nur mehr oder weniger angepasst, aber nicht völlig unabhängig agieren konnte, wenn er Teil der etablierten Schichten werden wollte. Es war eine Art modernes Hofnarrenwesen, in dem sich Künstler dadurch auszeichneten, dass sie kritische Distanz hielten – ihre Werke konnten der Gesellschaft Bestätigung bieten, aber auch zur Selbstreflexion anregen. In beiden Fällen war die Anerkennung der führenden Kreise wichtig, um in den Genuss finanzieller Unterstützung zu gelangen. Im westlichen System regulierten eine Melange aus akademischer Wertschätzung, Pressekritik und öffentlicher Meinung den Marktwert eines Künstlers. In der Sowjetunion musste dieser sich über den Komponistenverband den Auffassungen von politischen Entscheidungsträgern und Musikern stellen. Wirklich frei und unabhängig waren Künstler unter beiden Herrschaftsverhältnissen nie.

*

Obgleich Britten als Persönlichkeit lebenslustiger wirkte als Schostakowitsch, zeigt sich sein Humor nur indirekt in den Kompositionen. Bei Schostakowitsch findet sich nicht nur in etlichen Nebenwerken und den repräsentativen öffentlichen Stücken eine mitunter überbordende Ausgelassenheit. Britten mochte vor allem Schostakowitschs Streichquartette, in denen wie bei etlichen Liedern ein ernster Duktus dominiert. Zudem hatte sein Komponistenkollege Hans Werner Henze einmal prägnant formuliert: »Kammermusik begreift sich als eine tönende Welt, die zwar Grenzen nach außen, aber keine nach innen kennt.«[695] Mit den Sinfonien konnte der Engländer ebenso wie mit den humorvollen Episoden in Schostakowitschs Orchesterwerken kaum etwas anfangen. Britten entbehrte eines Sinns für das Absurde. Schostakowitsch verarbeitete seine Traumata auf andere Weise. »Der Humor verwandelt die Niederlage nicht in einen Sieg, sondern konstatiert einfach die Niederlage als solche in Form des Lachens«, schrieb der russische Philosoph Boris Groys. Und dass ihn das Lachen bzw. das Lächeln als Reaktion auf seine Kompositionen erfreute, hatte Schostakowitsch mehr als einmal betont. Doch selbst diese Anerkennung bewahrte ihn anders als Britten nicht davor, in kritischen Momenten seines Lebens ernsthaft mit dem Gedanken zu spielen, sich das Leben zu nehmen. Er lebte in jener Phase des 20. Jahrhunderts, in der der Literatur-Nobelpreisträger Albert Camus den Selbstmord als das einzige »wirklich ernste philosophische Problem« schlechthin erkannte, denn »die Entscheidung, ob das Leben sich lohne oder nicht, beantwortet die Grundfrage der Philosophie«. Das »Gefühl für das Absurde«, dieser bedrückende »Zwiespalt zwischen dem Menschen und seinem Leben, zwischen dem Schauspieler und seinem Hintergrund«, so Camus, »zwischen dem sehnsüchtigen Geist und der enttäuschenden Welt« führt den Menschen, der sich dessen bewusst ist, zur Revolte gegen diese Herausforderung, denn »für einen Menschen ohne Scheuklappen gibt es kein schöneres Schauspiel als die Intelligenz im Widerstreit mit einer ihm überlegenen Wirklichkeit«.[696]

Dieser hatte sich Britten in Aldeburgh zu stellen, wo er sich fest niedergelassen hatte. Dort standen viele einflussreiche Menschen, fast wie die Autoritäten in der Sowjetunion, ›moderner‹ Musik äußerst skeptisch gegenüber. Die Honoratioren des Jacht- und des Golfklubs wollten aus dem Küstenort lieber eine Hochburg für den Sport machen, doch Britten und seinen Unterstützern gelang es, einflussreiche Leute von sich zu überzeugen. In persönlichen Gesprächen konnte man den Bürgermeister Colonel C. E. Colbeck, den Pastor und die adelige Musikmäzenin Fidelity Cranbrook auf die kulturaffine Seite ziehen. Die Gräfin von Cranbrook wusste, dass ihr Titel äußerst nützlich war, um Förderer zu werben und Gegner des Festivals, die sie scherzhaft als »die Antikörper« bezeichnete, in Schach zu halten.

Unter dem Slogan »Erstes jährliches Festival für Musik und Malerei in Aldeburgh« fanden vom 5. bis zum 12. Juni 1948 die Gründungsveranstaltungen statt. Was mit Aufführungen in der Jubilee Hall, speziellen

Kino-Programmen und Ausstellungen von Künstlern der Region begann, sollte sich zu einem etablierten Kulturfestival entwickeln, bei dem für die kleine Kultur-Kommune später auch sowjetische Künstler eine bedeutsame Rolle spielen. Mit »unserem verrückten Festival«, wie es der Pianist, Dirigent, Komponist und Initiator der Veranstaltungen gegenüber Lennox Berkeley bezeichnete,[697] und seinen Opern gab Benjamin Britten den Engländern etwas, auf das sie stolz sein konnten. Dmitrij Schostakowitsch hingegen hatte die Erwartungen seiner Landsleute mit seiner ›Neunten‹ enttäuscht. Dies konnte langfristig nicht ohne ernsthafte Folgen bleiben.

*

Das Kulturleben im Westen folgte anderen Gesetzmäßigkeiten als in der Sowjetunion. Britten musste sich mit seinen künstlerischen Projekten an nüchternen Markterwägungen orientieren. Er komponierte nur Auftragswerke. In Anbetracht der Vielzahl der Aufführungen seiner Stücke und der positiven Berichterstattung konnte er allmählich auch mit negativer Kritik umgehen, wenn er sie erst einmal verdaut hatte. Er sei an den »Dschungel«, wie er die Musikwelt nannte, gewöhnt, ließ er einen Mitarbeiter wissen, dennoch sei »die Barbarei der wilden Tiere immer ein Schock«.[698] Rezensenten, Musiker und Publikum äußern ihre persönlichen Meinungen, die sich nach ihrer individuellen ästhetischen Orientierung ausrichteten. In der UdSSR sorgte eine zentralisierte Kulturbehörde für das Einhalten festgelegter künstlerischer Regeln. Ein Verstoß gegen diese Grundsätze bedeutete eine unmittelbare Bedrohung der Existenz. Es galt, sorgfältig darauf zu achten, wie die aktuelle Lage aussah.

Ein frühes Anzeichen für die »Umwertung der Werte«, wie man in der Sowjetunion die 1946 einsetzenden Kampagnen gegen Intellektuelle und Künstler euphemistisch nannte, zeigte sich an dem gewaltigen Erfolg von Prokofjews Opernfassung von Tolstojs Romanepos *Krieg und Frieden*, während *Die Verlobung im Kloster* nach der Komödie *Duenna* von Richard Sheridan auf Ablehnung stieß. Die offizielle Uraufführung musste man durch die Invasion der deutschen Truppen fünf Jahre zuvor auf bessere Zeiten verschieben, doch nach wie vor zeigte sich Prokofjew davon überzeugt, dass er »mit der besonderen Betonung des Lyrischen in der *Duenn*a recht habe«.[699] Schostakowitsch fand Gefallen sowohl an der Inszenierung als auch dem Stück, und gemeinsam mit Isaak Glikman erstellte er eine positive Besprechung für die *Sowjetskoje iskusstwo* (Sowjetische Kunst). Noch schien man nicht zu ahnen, welcher Sturm sich zusammenbraute. Ein Jahr nach dem Krieg richtete sich die Kritik der Kulturpolitiker zunächst gegen Schriftsteller, allen voran Michail Soschtschenko und Anna Achmatowa, die beide mit Schostakowitsch bekannt waren. Die später als »Schdanowschtschina« bezeichnete Phase der Säuberungen im Kulturbereich wurde nach Andrej Schdanow benannt, der sie zwar in die Wege geleitet hatte, aber nicht auskosten konnte, da er unerwartet im August 1948 verstarb. Er machte sich geschickt den Zorn der Zukurzgekommenen gegen die Etablierten zunutze und schürte bei Treffen, die er »schöpferischer Gedankenaustausch« nannte, den Hass gegen jene, »die einen unsowjetischen Geist der Kriecherei vor der zeitgenössischen bürgerlichen Kultur des Westens pflegen«.[700] Anfang 1948 begann auch der Moskauer Komponistenverband, seine Künstler ins Visier zu nehmen. Vorerst blieben Größen wie Prokofjew unbehelligt. »Seine Position schien gesichert und sein Ruf ließ – abgesehen von Schostakowitschs – den aller seiner Rivalen hinter sich«, meinte Nicolas Nabokov. »Tatsächlich galt damals, während Schostakowitsch der ›Star‹ der sowjetischen Musik war, Prokofjew als ihr Altmeister.«[701]

Doch die Zeit für weitere Demütigungen war gekommen. Das Mittel, um schließlich auch allzu etablierte Künstler zu maßregeln, wurde die sogenannte ›Formalismus-Debatte‹. ›Formalismus‹ bedeutete im Sinne der Doktrin des Sozialistischen Realismus ein Komponieren nach akademischen Formeln, das gemäß der Resolution des Zentralkomitees der KPdSU von 1948 als »volksfeindlich« galt. Man postulierte, die sowjetischen Komponisten seien dazu aufgefordert, »von der Erkenntnis der hohen Anforderungen durchdrungen zu sein, die das sowjetische Volk vom musikalischen Schaffen fordert und unter Loslösung von allem, was unsere Musik schwächt und ihre Entwicklung stört, eine schöpferische Arbeit zu gewährleisten, die die sowjetische Musikkultur schnell vorwärts treibt und auf allen Gebieten des Musikschaffens zur Schöpfung hochwertiger, qualifizierter Werke führt, die dem sowjetischen Volke würdig sind«.[702] Die Entwicklung der Musik in der UdSSR sei nur gewährleistet, wenn die Sowjetkomponisten sich der Ansprüche, die das Volk an ihre Tonschöpfungen stellt, restlos bewusst seien. Bei Schostakowitsch sah man dies in jener Phase nicht mehr als gegeben an – er wurde seiner Lehrämter in Moskau und Leningrad enthoben und an den Pranger gestellt.

»Das ganze sowjetische Volk ist gegenwärtig mit dem Wiederaufbau des Vaterlandes beschäftigt«, verkündete der Komponist Wladimir Sacharow während der Versammlungen. »Täglich sind wir Zeugen von heldenhaften Taten in den Fabriken und Kolchosen. Fragen wir diese Leute, ob sie die Sinfonie Nr. 8 oder Nr. 9 von Schostakowitsch wirklich so lieben, wie es in unserer Presse dargestellt wurde? Um mit dem Volk Kontakt aufzunehmen, muss man in einer verständlichen Sprache sprechen. Im belagerten Leningrad baten die sterbenden Menschen, man möge sie noch ein Volkslied hören lassen, nicht aber die Sinfonie Nr. 7 von Schostakowitsch.«[703]

Die Masse dieses idealisierten ›Volkes‹ hatte bescheidene Ansprüche. »Den ganzen Krieg über haben wir kein Weißbrot zu sehen gekriegt«, zitierte Pjotr Grigorenko eine alte Frau in seinen Memoiren, »und jetzt habe ich 30 Kopeken ausgegeben, kann essen so viel ich will. Dabei bleiben mir noch 70 Kopeken am Tag übrig, für Tee und Zucker, und noch allerlei sonst …« »So«, resümierte Grigorenko, »dankten die Menschen Stalin für ein Stück Brot, dafür, dass er sie bei Wasser und Brot leben ließ und sie nicht Hungers sterben mussten.«[704] Ein Resümee des Literatur-Nobelpreisträgers John Steinbeck von seiner kurzen Reise in die UdSSR, das er im April 1948 zusammen mit dem Fotografen Robert Capa in dem Buch *A Russian Journal* präsentierte, lautete zudem, dass sich die Menschen weniger vor Stalin fürchteten als vor einem neuen Weltkrieg.

In dem Arbeiterparadies glaubte man, auf anspruchsvolle Sinfonien und Opern verzichten zu können. Bei der Verdammung von Wano Muradelijs Oper *Die große Freundschaft* im Februar 1948 fand das Wort »formalistisch« erstmals Verwendung, mit dem man eine Musik charakterisierte, die als »unmelodisch, modernistisch, losgelöst von der Tradition« galt.[705] Bald darauf wurden vergleichbare Vorwürfe gegen Chatschaturjan, Schebalin, Popow, Mjaskowskij und Schostakowitsch erhoben, denen man »stark formalistische Bestrebungen und antidemokratische Tendenzen« vorhielt.[706] Dies war ein äußerst ernst zu nehmender Vorwurf, denn als Antidemokrat stellte man sich auf die Seiten der Bourgeoisie gegen das eigene Volk. Die Begründung folgte einer eigenen Gesetzmäßigkeit. »Sehr kennzeichnend ist für die formalistische Richtung auch, dass sie in Musik und Gesang auf Polyphonie verzichtet, die auf der Verwebung und Entwicklung einer Reihe gleichzeitiger selbstständiger melodischer Linien beruht und Unisono-Musik und -Gesang mit nur einer Stimmführung und meistens ohne Worte vorzieht: Das stellt eine Verletzung der vielstimmigen Musik- und Gesangsharmonie dar, die unserm Volke eigen ist, und führt zur Verarmung, zum Verfall der Musik«, hieß es in einer Veröffentlichung des Zentralkomitees der Kommunistischen Partei. »Indem viele Sowjetkomponisten die besten Traditionen der russischen und westlichen klassischen Musik verschmähten, diese Tradition als angeblich ›veraltet, altmodisch, konservativ‹ ablehnten und auf die Tondichter, die sich bemühen, die Methoden der klassischen Musik gewissenhaft zu meistern und weiterzuentwickeln, als auf Anhänger eines ›primitiven Traditionalismus‹ und ›Epigonentums‹ von oben herabsahen, verloren sie auf der Jagd nach falsch verstandenem Neuerertum in der Musik die Fühlung mit den Anforderungen und dem künstlerischen Geschmack des Sowjetvolkes, kapselten sich in einem engen Kreis von Fachleuten und musikalischen Feinschmeckern ab, setzten die hohe gesellschaftliche

Rolle der Musik herab und schmälerten ihre Bedeutung, die sie auf die Befriedigung des entarteten Geschmacks ästhetelnder Individualisten beschränkten.«[707]

Als logische Konsequenz konnte man gar nicht anders, als Schostakowitsch aller Posten zu entheben, denn ein Formalist, so betonte man, »erzieht die Studenten nicht zur Achtung vor den besten Traditionen der russischen und westlichen klassischen Musik, weckt in ihnen nicht die Liebe zum Volkskunstschaffen, zu demokratischen Musikformen«. Eine Karikatur aus jener Zeit illustriert, dass »die Tonschöpfungen vieler Zöglinge der Konservatorien eine blinde Nachahmung der Musik von D. Schostakowitsch, S. Prokofjew und anderen« sind.[708]

»Schostakowitsch saß in jener Februar-Versammlung, in deren Gedränge keine Stecknadel mehr Platz gefunden hätte, allein in einer leeren Sitzreihe«, berichtete Galina Wischnewskaja. »Das ist bei uns so üblich: Niemand setzt sich neben das Opfer – wie bei einer öffentlichen Hinrichtung.«[709] Auch Komponisten des Westens klagte man an, doch gut 2000 Kilometer weit weg in sicherer Entfernung, konnten Britten verbale Attacken nichts anhaben. Während der Engländer sich 1948 mit der Gründung der Musikfestspiele in Aldeburgh weitere Aufmerksamkeit verschaffte, erkannte man Schostakowitsch in der Sowjetunion alle Ämter und Würden ab. Für Britten flossen Tantiemen, Schostakowitsch sah sich erneut mit einer finanziellen Notlage konfrontiert.

*

Die Beziehungen zum Westen wurden zunehmend angespannter. Die Zeiten, in denen man seinen Stolz bekundete, wenn von dort positive Reaktionen auf sowjetische Künstler kamen, waren vorbei. »Nun, im Ausland wurden die Sinfonien Nr. 8, Nr. 9 und die Sinfonie Nr. 7 als genial angesehen«, giftete der Komponist Wladimir Sacharow. »Wer hat das aber festgestellt? Im Ausland leben verschiedene Leute. Neben Reaktionären, die wir bekämpfen, Banditen, Imperialisten und Ähnlichem gibt es auch andere Menschen. So ist es denn interessant zu wissen, bei wem sich die genannten Sinfonien einer Anerkennung erfreuen? Bei den gewöhnlichen Leuten? Auf diese Frage antworte ich kurz und bündig: nein!«[710]

Hatten wenige Jahre zuvor noch Virgil Thomson und William Glock in ihren Artikeln positive Vergleiche zwischen Britten und Schostakowitsch gezogen, prasselten nun gegen die »Neutöner« im Westen und Osten die Vorwürfe nieder, sie pflegten »eine Vorliebe für chaotische und neurotische Klangverbindungen, welche die Musik in Kakophonie verwandeln. Eine solche Musik ist eng verbunden mit dem Geist der gegenwärtigen modernistischen, bürgerlichen Musik in Europa und

Amerika, die den Marasmus der dortigen Kultur und die völlige Negation der Musikkunst widerspiegeln«.[711]

In der UdSSR hingegen betonte das Zentralkomitee, alle Komponisten seien »dazu aufzurufen, sich der ehrenvollen Aufgaben anzunehmen, die das sowjetische Volk dem musikalischen Schaffen stellt, sowie alles das von sich zu weisen, was unsere Musik schwächt und ihren Fortschritt bremst. Es sollen dagegen schöpferische Anstrengungen unternommen werden, um die sowjetische Kultur möglichst rasch aus dem Niedergang herauszuholen und alle Musikbereiche auf einen Stand zu bringen, der die Entstehung von wertvollen, unseres Volkes würdigen Werken ermöglicht«.[712]

Aufmüpfige Repliken, wie sie Britten geäußert hätte, konnte sich Schostakowitsch nicht leisten. In seiner Entgegnung auf die Anschuldigungen äußerte er Bedauern: »Auch wenn es mir schwerfiel, die Verurteilung meiner Musik, vor allem die Kritik des ZK, anzuhören, so weiß ich, dass die Partei Recht hat, dass es die Partei mit mir gut meint und dass es meine Aufgabe ist, Wege zu suchen und zu finden, die mich zum sozialistischen, realistischen und volksnahen Schaffen führen. Ich bin mir bewusst, dass dieser Weg für mich nicht einfach sein wird, dass es mir nicht leichtfallen wird, anders zu schreiben, und vielleicht wird es nicht so schnell gehen, wie ich es selbst und wohl auch meine Gefährten möchten. Aber ich darf die Suche nach neuen Wegen nicht aufgeben, denn ich bin ein sowjetischer Künstler, und ich bin in der Sowjetunion aufgewachsen. Ich sollte und ich will einen Weg zum Herzen des Volkes finden.«[713]

Der Generalsekretär des Komponistenverbandes, Tichon Chrennikow, musste am Ende der Debatten anerkennen, wie sehr »der heutige Auftritt von Dmitrij Schostakowitsch zeigte, dass Dmitrij Dmitriewitsch sein künftiges Musikschaffen gründlich und aufrichtig durchdacht hat«. Unter Bravorufen der Anwesenden fügte er hinzu, Schostakowitschs Rede stehe »in scharfem Kontrast beispielsweise zu dem Brief, den uns Wissarion Schebalin geschickt hat, der nur Allgemeinplätze enthält«.[714]

Schostakowitsch schien nach etlichen Irrungen und Wirrungen wieder in der gleichen Sackgasse zu stehen wie bereits Ende Januar 1936. »Als man mich des Formalismus beschuldigte, kann man sich kaum vorstellen, wie viele gehässige anonyme Briefe ich von völlig Fremden erhielt, die kaum etwas von Musik verstanden«, erzählte Schostakowitsch 1953 rückblickend. »Darin fanden sich Formulierungen wie: ›Man sollte Sie hinrichten, umbringen, ausrotten, Sie Halunke‹ und dergleichen.«[715] Inmitten dieses Orkans an Entrüstungen und Beschimpfungen schien es kaum vorstellbar, dass der Spuk je ein Ende haben könnte.

*

Werteorientierungen waren schwer zu finden. In den Welten, in denen Schostakowitsch und Britten aufwuchsen, befand sich das Religiöse eher auf dem Rückzug. Zur Verbesserung des menschlichen Daseins sollte der Verzicht auf das »Opium des Volkes« beitragen, wie Marx die Religion nannte. Das orthodoxe Christentum wurde zunehmend zurückgedrängt, und führende Vertreter in der Sowjetunion zogen sich aus der Öffentlichkeit zurück oder gingen in die Emigration. Bedeutende Wegmarken der ›Religion‹ des neuen Staates wurden die Revolutionen von 1905 und 1917. Um die Zeit herum, in der Schostakowitsch Britten persönlich kennenlernte, thematisierte er die Ereignisse in den Sinfonien Nummer 11 und 12. Auch wenn Dmitrij Schostakowitsch noch nach dem orthodoxen Ritus in der nicht mehr erhaltenen Kirche des Heiligen Nikolaj in Sankt Petersburg getauft wurde, belegt sein Leben, dass man auch ohne Religion ethische Grundsätze entwickeln kann.

Bei beiden Komponisten wurden die Grundlagen dafür in der Jugend gelegt. Schostakowitsch wäre nie wie Britten auf die Idee gekommen, aus dem Leben einer Heiligen oder eines Bischofs Kirchenparabeln oder Kantaten zu gestalten. Britten hingegen inspirierten ›Ikonen‹ mit biblischen und christlichen Motiven wie die Jünglinge im Feuerofen, Noah, Cäcilia von Rom oder Nikolaus von Myra. Mit Werken über Gestalten, die ihm seit den Kindertagen etwas bedeuteten, versuchte Britten, die Gepflogenheiten von Konzert- und Opernhäusern zu umgehen, indem er sie für Sakralräume und Schulen vorsah. Die 1948 für die Festveranstaltung zur Hundertjahrfeier des Lancing College in Lancing, Sussex, entstandene *Saint Nicolas Cantata* war sein erstes Werk, das ausdrücklich für Amateurmusiker gedacht war. Zehn Jahre später basierte *Noye's Fludde* auf einem alten ›Chester Mystery Play‹, einem Mysterienspiel aus dem 15. Jahrhundert. Im Osten war dagegen mit dem Aufbau der UdSSR die Zeit längst vorüber, in der Komponisten noch Stücke im Geiste der russisch-orthodoxen Kirchenmusik schrieben wie Rachmaninow oder Tschajkowskij.

Britten war hinsichtlich seiner religiösen Ausrichtung sehr flexibel. Natürlich wurde er wie die meisten Engländer in einer anglikanischen Kirche getauft, doch seine Mutter begeisterte sich zunehmend für die Angebote der Christian-Science-Bewegung. Eine Hochphase wissenschaftlicher Entdeckungen und Forschungen hatte auch religiöse Eigenbrötler auf den Plan gerufen: Bei der »Christlichen Wissenschaft« handelt es sich um eine von der Pädagogin Mary Baker Eddy aus New England um 1866 entwickelten Lehre, in der sie Theologie und Medizin miteinander verknüpfte und in Büchern wie *Wissenschaft und Gesundheit mit Schlüssel zur Heiligen Schrift* propagierte. Im Juni 1935 begleitete der 21-Jährige seine Mutter zu einer Versammlung in Kensington. »S[ehr] hübsches neues Gebäude – und einiges an dem Gottesdienst s[ehr] eindrucksvoll & schlicht«, notierte Britten, »aber ich fürchte, ich kann diese Überzeugungen nicht teilen.«[716]

Im Gegensatz zu Schostakowitsch besaß Britten einen Sinn für Transzendentes. Als er in einem Kloster in Spanien 1937 einen Chor Werke des Renaissancekomponisten Tomás Luis de Victoria singen hörte, notierte er im Tagebuch: »es ist schwer, an einem Ort wie diesem nicht an das Übersinnliche zu glauben«,[717] und bei der Lektüre von Ronald Firbanks 1926 erschienenem Roman *Concerning the Eccentricities of Cardinal Pirelli* gefiel ihm die erotisierende Atmosphäre der Welt der Chorknaben. »Ich glaube, es fehlt nicht viel, um mich zum römisch-katholischen Glauben zu bekehren«, notierte er.[718] Letztlich war Britten die Botschaft wichtiger als die Beteiligung am Ritus. »Ben ging nicht so oft in die Kirche«, meinte Peter Pears einmal über die Phase, als er Britten kennenlernte. »Ich bin nicht sicher, ob er sich selbst wirklich als Christen bezeichnen würde.« Die Musik stimulierte die religiöse Empfindsamkeit des Komponisten. Britten hatte von November 1928 bis März 1930 privaten Klavierunterricht bei dem angesehenen Bach-Interpreten Harold Solomon Samuel genossen, dessen Spiel ihm metaphysische Höhenflüge bescherte. »Selbst wenn ich nie wieder ein solches Spielen hören werde, sterbe ich glücklich«, notierte der 17-Jährige in seinem Tagebuch.[719]

Während mitten im Krieg Schostakowitschs 7. Sinfonie uraufgeführt wurde, befasste sich Britten mit Oden und Weihnachtsliedern. Auf der Rückfahrt von Nordamerika nach England überarbeitete er an Bord des Schiffes seine *Hymn to St Cecilia* und *A Ceremony of Carols*. Als Britten seine Haltung im Mai 1942 vor einem Kriegsdienstverweigerertribunal rechtfertigen musste, suchte er den Beistand des Kanonikers Stuart Morris, dessen Buch *Conscripting Christianity* die Peace Pledge Union 1937 herausgebracht hatte. »Ich kann das Leben eines Menschen nicht zerstören, denn in jedem Menschen ist der Geist Gottes«, rechtfertigte sich Britten. »Ich wurde in der anglikanischen Staatskirche aufgezogen. Ich habe sie in den vergangenen fünf Jahren nicht besucht. Ich glaube nicht an die Göttlichkeit Christi, aber ich denke, dass seine Lehre vernünftig ist und dass man seinem Beispiel folgen sollte.«[720] Selbst wenn er Kirchen selten besuchte, blieb Britten seinen Überzeugungen treu. »Natürlich bin ich ein gläubiger Christ«, bekannte er Anfang der 1960er-Jahre explizit in einem Interview, »doch ich muss gestehen, dass ich durch den Bischof von Woolwich und Bonhoeffer beeinflusst bin sowie die Leute, die er zitiert, aber momentan gehe ich nicht so regelmäßig zum Gottesdienst, wie ich es später vielleicht einmal machen werde.«[721]

Mit dem Titel ›Bishop of Woolwich‹ stand von 1959 bis 1969 John Arthur Thomas Robinson der Diözese von Southwark im Bezirk Canterbury vor. In seinem 1963 erschienenen Buch *Honest to God* strebte er eine Synthese der theologischen Konzepte von Paul Tillich, der ab 1933 in den USA wirkte, und Dietrich Bonhoeffer an, dessen Briefe und Schriften 1953 auf Englisch herauskamen. Anders als in der biblischen Offenbarungsreligion geht Robinson in seiner Individual- bzw. Situationsethik davon aus, dass sittliches Verhalten nicht auf Grundlage höchster Werte und Normen geschieht, sondern durch äußere, in der Lebenssituation des Menschen liegende Umstände hervorgerufen wird. Gott, so heißt es in dem schmalen Band über die Aufrichtigkeit gegenüber dem Schöpfer, sei »nicht ›irgendwo da draußen‹«, sondern »das ›Jenseitige‹ inmitten unseres Lebens«, die »tiefere Versenkung in die Existenz«, »der kreative Urgrund und die Bedeutung all unseres Daseins«.[722] So manche Einstellung Robinsons, die Britten beeindruckte, hätten auch russische Religionsphilosophen teilen können. Mit ihrem religiösen und ethischen Pragmatismus beeinflussten Tillich und Robinson unter anderem auch den amerikanischen Geistlichen Robert Watson Wood, der 1960 sein Buch *Christ and the Homosexuals* publizierte, in dem er konstatierte, »die Homosexualität ist von Gott erschaffen (denn Gott ist der Schöpfer von allem); und als solche ist sie genauso gut wie jede andere Schöpfung Gottes«.[723] Zusätzlich dürfte Paul Tillichs Buch *The Courage to Be* (Der Mut zum Sein) Orientierung geboten haben. Einer der zentralen Begriffe in Tillichs im Original erstmals 1952 auf Englisch erschienener Analyse ist »anxiety«. Sie wird unter den Blickwinkeln »Ontologie der Angst«, »Typen der Angst« und »Epochen der Angst« untersucht. Was man ihr entgegenhalten kann, sind »Sein und Mut«, »Mut und Tapferkeit«, »Mut und Weisheit«, »Mut und Selbstbejahung«, »Mut und Leben«, »Mut und Partizipation«, »Mut und Individuation«, »Mut und Transzendenz«, »die Macht des Seins als die Quelle des Mutes zum Sein« sowie »der Mut zum Sein als Schlüssel zum Sein selbst«.[724] Benjamin Britten hat in seinem noch erhaltenen Exemplar, wie auch in anderen seiner Bücher, für ihn wichtige Stellen am oberen Rand mit einem Eselsohr markiert: Auf Seite 145 in seiner Ausgabe findet sich gegen Ende des Unterkapitels »Der Mut der Verzweiflung in der zeitgenössischen Kunst und Literatur« eine vielsagende Bezugnahme auf die Bedeutung der Kunst für das Leben: »Die Welt der Angst ist eine Welt, in der die Kategorien, die Strukturen der Wirklichkeit, ihre Gültigkeit verloren haben. Jedem würde es schwindeln, wenn die Kausalität plötzlich aufhörte, gültig zu sein. In der existenzialistischen Kunst (wie ich [Tillich] sie nenne) hat sie ihre Gültigkeit verloren. Man hat die moderne Kunst als Vorläufer totalitärer Systeme angegriffen. Die Antwort, dass alle totalitären Systeme ihre Karriere damit begannen, die moderne Kunst zu beseitigen, ist keine ausreichende Entgegnung. Denn man könnte sagen, dass die totalitären Systeme gegen die moderne Kunst gerade deswegen kämpften, weil sie der darin ausgedrückten Sinnlosigkeit Widerstand zu leisten versuchten. Daher ist zu fragen: Ist die Enthüllung einer Situation Propaganda für diese Situation? Wäre das der Fall, so müsste alle Kunst unredliche Verklärung werden. Die Kunst, wie sie von beiden, dem Totalitarismus und dem demokratischen Konformismus, propagiert wird, ist unredliche Schönfärberei. Ein idealisierter Naturalismus wird vorgezogen, weil er jede Gefahr beseitigt, dass die Kunst kritisch und revolutionär wird. Die Schöpfer der modernen Kunst waren imstande, die Sinnlosigkeit unserer Existenz zu sehen. Sie partizipieren an ihrer Verzweiflung. Zugleich hatten sie den Mut, sie ins Auge zu fassen und in ihren Gemälden und Bildwerken auszudrücken. Sie hatten den Mut, man selbst zu sein.«[725]

Während Britten Trost und Ermutigung in der Religion fand, ging man in Schostakowitschs Heimatland anderen Ritualen nach. Kurt Sanderling erinnerte sich, dass auch Künstlerkollektive regelmäßig zu Vorträgen über die Politik in der Sowjetunion oder die internationale Lage antreten mussten. »Das war obligatorisch, man ging da hin, man separierte sich davon nicht, weil einen das sofort verdächtig gemacht hätte«, erzählte der Dirigent. »Da ging man hin, wie viele nicht-religiöse Menschen jeden Sonntag in die Kirche gehen.«[726] Schostakowitsch brauchte in einem Staat, in dem eine Utopie an die Macht gelangt war, keine Religion, um zu einer humanistischen Haltung zu finden. »Jetzt werde ich Ihnen etwas sehr Böses sagen«, ließ Sanderling einen Interviewer wissen. »Ich bin etwas nachsichtiger gegenüber einigen Mitläufern des Nationalsozialismus geworden, nachdem ich gesehen habe, was tagtägliche Propaganda anrichten kann. Ich kann mir vorstellen, dass sehr viele der Bewohner des damaligen Deutschlands nicht mehr in der Lage waren, zwischen Gut und Böse zu unterscheiden, was keineswegs zur Entschuldigung des Regimes gilt.« Wie hätten dann die Menschen in der UdSSR diese Entscheidung treffen können? Als Künstler sah er es im Grunde genommen als seine Hauptbeschäftigung an, sich »durch Partituren zu wühlen«. Doch auch wenn ihm Vergleiche missfielen, wagte Kurt Sanderling – nach seinen persönlichen Erfahrungen in beiden Ländern – sich an die Einschätzung: »Es waren beides Diktaturen, aber die Zielsetzung der Diktaturen war eine grundsätzlich andere. Die Zielsetzung der Sowjetunion war eine, ich scheue mich nicht zu sagen, zutiefst humanistische, und die Zielsetzung des deutschen faschistischen Regimes war eine zutiefst menschenfeindliche und arierfreundliche. Das macht einen Unterschied aus, der es mir nicht gestattet, aufgrund gleicher oder ähnlich angewandter Mittel Vergleiche zu ziehen, auch nicht darüber, wer schrecklicher gewesen ist, Stalin oder Hitler. Beide sind schrecklich gewesen. Stalin ist noch mehr zu verurteilen, denn der hat ein gutes Ziel missbraucht, während Hitler ein schlechtes Ziel aufgestellt hat.«[727]

Religiöse Themen wären in Schostakowitschs Welt undenkbar gewesen. Ein Beweis dafür ist die Entlassung der Pianistin und Klavierpädagogin Marija Weniaminowna Judina vom Leningrader Konservatorium, mit der Schostakowitsch oft vierhändig spielte. Die 1919 vom Judentum zum russisch-orthodoxen Glauben übergetretene Musikerin und Theologin wurde 1930 mit dem Vorwurf konfrontiert, eine Vertreterin des religiösen Mystizismus zu sein, und deswegen nach Tiflis vertrieben. Und Schostakowitsch? Der sieben Jahre jüngere Künstler war seit seinem elften Lebensjahr mit der Indoktrination des Sozialismus und Kommunismus aufgewachsen. Er erlebte, wie 1931 Aleksandr Mossolows halbstündige *Antireligiöse Sinfonie* für großes Orchester und zwei Chorgruppen bejubelt wurde, in der die gängigen chromatisch-modernistischen Formeln mit Revolutionsliedern inklusive Marseillaise einen Gottesdienst zerschlagen und im Finale den Beginn einer gottfreien Welt besingen. Der litauische Philosoph Antanas Maceina betonte in seinem Buch *Sowjetische Ethik und Christentum*: »Schon die Tatsache allein, dass der Kommunismus imstande war, im Laufe einiger Jahrzehnte eine die ganze Welt umspannende soziale Bewegung auszulösen und seine Anhänger zu jedem Opfer zu bewegen, beweist uns, dass er nicht nur eine Seinslehre und eine Geschichtsdeutung, sondern zugleich auch eine Morallehre ist«. Aus diesem Blickwinkel bedeutet die Religion ein »entfremdetes Dasein«, doch »der Atheismus als Befreiung« kann Abhilfe schaffen, denn die Sinngebung sei »nichts anderes als die Fortsetzung der schöpferischen Tätigkeit des Menschen an sich selbst«. »Auf dem aus der Natur hervorgegangenen Dasein errichtet er sein Sosein und gibt ihm seinen Sinn«, analysierte Maceina. »Er selbst bestimmt, was er in der Geschichte ist und wozu er ist. Das klingt gewiss wie eine Hymne auf die absolute Autonomie des Menschen. Ein Wesen, das sich selbst das Sosein und den Sinn gibt, ist wirklich das höchste Wesen. In dieser Hinsicht ist die marxistische Lösung der Sinnfrage nichts anderes als die extreme Bejahung des Menschen.« Und die Sinngebung als »Ausdruck der größten geistigen Macht des Menschen« wird der kommunistischen Ethik gemäß »nicht von der Person, sondern vom Kollektiv vollzogen«, denn »die Person ist nur der Vollbringer dieses Aktes in seiner Konkretheit, nicht aber sein eigentlicher Autor und Träger«.[728] Aus diesem Grund war es völlig undenkbar, dass Schostakowitsch wie Britten jemals für Rostropowitsch eine Sonate bzw. eine Suite für *Solo*-Cello geschrieben hätte. Selbst als Atheist waren Schostakowitsch natürlich Bachs Cembalowerke vertraut und als versierter Klaviervirtuose wurde er 1950 als Mitglied der Jury zum ersten Bach-Wettbewerb nach Leipzig eingeladen. Für Schostakowitsch zählten jedoch nicht die theologischen Implikationen von Bachs Œuvre. Er schätzte den späteren Thomaskantor vor allem als »eine Erscheinung von gewaltiger kulturhistorischer Bedeutung« und auf Grund seines Einflusses, »den er auf die nachfolgende Entwicklung der klassischen Musik ausgeübt hat«. Letztlich stand er damit auch in der Tradition der russischen Musik, denn, so sagte Schostakowitsch, »es ist bekannt, mit welcher Begeisterung Glinka sich dem Studium der Schöpfungen Bachs hingab. Die Präludien und Fugen des *Wohltemperierten Klaviers* gehörten zu seinen Lieblingswerken, denen er nicht selten ganze Tage widmete. Ein glänzendes Werk über die Kunst Bachs schrieb einer der ersten russischen Musikkritiker, der Schriftsteller Wladimir Odojewskij. Er stellt Bach all denen gegenüber, die vor der Tiefe der Gefühle in der Musik zurückschrecken, und nennt den Komponisten den ›ewig Jungen‹. Beständig lernten bei Bach auch die russischen Musiker der zweiten Hälfte des 19. Jahrhunderts.«[729] Doch in seinem umfangreichsten Klavierwerk distanzierte sich Schostakowitsch auch von Bach: Anders als bei dem Deutschen, der die einzelnen Teile in seinem Zyklus *Das Wohltemperierte Klavier* nach der chromatischen Tonleiter in Halbtonschritten aufbaute, folgte Schostakowitsch dem Quintenzirkel wie Chopin bei seinen »24 Préludes«. Hatte Bach im 18. Jahrhundert seine Stücke noch als Unterrichtsmaterial und Kunstwerk konzipiert, so strebte Schostakowitsch nach eigenem Bekunden danach, »die Grenzen der rein technischen Übung zu transzendieren«.[730] Regte Bach noch Brittens religiöse Sensibilität an, so stimulierte er Schostakowitschs musikalische Fantasie. Anfang der 1950er-Jahre entstand mit Schostakowitschs *Präludien und Fugen* ein ungleich komplexerer Zyklus in dem Bewusstsein, dass ihm »etwas Ernsthafteres vorschwebte, als lediglich die Technik zu schulen«.[731] Natürlich finden sich Verweise auf das B-A-C-H-Motiv sowie im letzten Stück Zitate aus der *Kunst der Fuge* und aus dem *Wohltemperierten Klavier* im ersten, einem choralartigen Sarabande-Präludium in C-Dur. Vornehmlich dienten ihm die Präludien aber dazu, freiere, rhapsodische Entfaltungsmöglichkeiten zu nutzen. Selbst bei den nach strengen formalen Vorgaben gestalteten Fugen findet sich eine unglaubliche Bandbreite hinsichtlich des Umfangs und der Komplexität: von der zwei- (Nr. 9) über die drei- (Nr. 2, 3, 5, 7, 8, 11, 14, 16, 19, 21, 23) bis zur vierstimmigen Fuge (Nr. 1, 4, 6, 10, 12, 15, 17, 18, 20, 22, 24) und darüber hinaus zu einer Fuge mit fünf Stimmen (Nr. 13). Bachs Passionen und Kantaten schienen Schostakowitsch hingegen nie interessiert zu haben. Im Zusammenhang mit Benjamin Britten, der Bachs Passionen aufführte, wurde er auf seine religiösen Überzeugungen angesprochen: Als Schostakowitsch – der nach eigenem Bekunden das *War Requiem* des Engländers dem Requiem von Mozart vorzog[732] – sich die von seinem Freund dirigierte Schallplattenaufnahme anhörte, fragte ihn jemand, ob er an Gott glaube. Seine Antwort: »Nein, und ich bedauere es sehr.«[733] Gegen Ende August 1963 organisierte

Schostakowitsch mit seinem Kompositionsschüler Boris Tischtschenko eine Präsentation des *War Requiem* mit Partitur und Musikbeispielen von Schallplatte für eine ausgewählte Schar von Studierenden am Konservatorium. »Es ist wirklich wichtig für Sie und Ihre Kommilitonen, sich dieses Requiem anzuhören«, schrieb er ihm. »Sie sollten sich mit dem Werk dieses bemerkenswerten Komponisten vertraut machen.«[734] Glikman ließ er bereits am 1. August 1963 wissen, kurz nachdem er die Vinylplatten erhalten hatte: »Ich spiele sie und begeistere mich an der Genialität dieser Schöpfung. Das ist auf dem Niveau von Mahlers *Lied von der Erde* und einer Reihe anderer großer Werke der Menschheit. Wenn ich B. Brittens Requiem höre, werde ich irgendwie heiterer und noch fröhlicher.«[735]

Auch wenn er zum Sakralen und Jenseitigen keinerlei Bezug hatte, komponierte Schostakowitsch als nicht-jüdischer Musiker doch etliche Werke, die jüdische Themen aufgreifen. Dies eröffnet jedoch keinerlei Einblick in eine religiöse, sondern in die humanistische Dimension von Schostakowitschs Musik. Viele Freunde des Komponisten waren Juden, darunter Weniamin Flejschman, Iwan Sollertinskij, Isaak Glikman, Lew Arnschtam, Lew Lebedinskij und Dawid Ojstrach. Seine dritte Frau Irina Antonowna Supinskaja war Halbjüdin. »Schostakowitsch ist von Juden umgeben«, hieß es in der Partei.[736] Vor allem in der Nachkriegszeit hatte der Antisemitismus in der UdSSR Konjunktur. Vertreter der ›Schwarzen Hundert‹ schrieben anonyme Hetzbriefe an jüdische Künstler und ihre Unterstützer, wodurch sie die negative Stimmung anheizten. Wie weit die Vorbehalte gegen Juden in Russland zurückreichen, belegt, dass Чёрная сотня (Tschjornaja sotnja) eine noch heute in Russland gebräuchliche Bezeichnung für Antisemiten ist, obwohl der Begriff aus den letzten Jahren der Zarenzeit stammt, in denen diese präfaschistische radikale Gruppierung ihr Unwesen trieb. Aufgrund der Stimmung im Land konnte Schostakowitschs 1948 entstandener Liederzyklus *Aus jüdischer Volkspoesie* erst sieben Jahre später uraufgeführt werden. Das erste Violinkonzert, in dessen zweitem Satz sich Anspielungen auf Klezmer-Melodik finden, und das 4. Streichquartett mussten noch lange in den Schubladen liegen. Im Falle des Violinkonzerts kam ein unerwarteter Glücksfall hinzu: Ein amerikanischer Konzertmanager plante eine Tournee für Dawid Ojstrach durch die USA. Er hatte von dem Solokonzert gehört und wollte es unbedingt in das Programm mit aufnehmen. Damit die Uraufführung nicht auf fremdem Boden stattfand, organisierte man 1955 – sieben Jahre nach der Fertigstellung – kurzerhand die Premiere in Leningrad. Deshalb wurde Schostakowitschs Stück zunächst offiziell als »Opus 99« ausgegeben; später korrigierte man die zu hohe Opuszahl passend zur Entstehungszeit in den Jahren 1947/48 zu Opus 77. Es dürfte damit das erste seiner

Werke sein, in dem das Motiv der Initialen ›D. Sch.‹ vorkam. Das aus den Tönen D, Es, C und H gebildeten Namensmotiv ist ein prägnanter Code, den man auch lesen kann als die deutsche Schreibweise der Anfangsbuchstaben von *D*mitrij *Sch*ostakowitsch. Damit deutete der Künstler an, dass die Musik dieser Stücke sein wahres Selbst zeigt, im Gegensatz zu den Auftragswerken im Staatsdienst, wie den Kantaten, Märschen oder Filmmusiken. Im zweiten und dritten Satz des Violinkonzerts bleibt das Motiv mitunter im Hintergrund verborgen, tritt aber gegen Ende des zweiten Satzes besonders markant in Erscheinung. Der zweite Satz enthält jüdische Melodien, die nicht zuletzt in dem Liederzyklus *Aus jüdischer Volkspoesie* eine Rolle spielen. Der Widmungsträger des Konzerts, der Geiger Dawid Ojstrach, sah im Nocturne des ersten Satzes »unterdrückte Gefühle« und betrachtete das Scherzo des zweiten als »dämonisch«. Passenderweise werden in der folgenden Passacaglia unter anderem das ›Invasions-Thema‹ der 7. Sinfonie sowie das Schicksals-Motiv aus Beethovens Fünfter zitiert, wohingegen der abschließenden ›Burlesque‹ etwas Schelmisches und Narrenhaftes eigen ist. Dies macht Ojstrachs Haltung verständlich, dem der Violinpart wie eine »prägnante Shakespeare-Rolle« erschien.

In offiziellen Zirkeln beargwöhnte man die Musikerkreise misstrauisch. »Chrennikow und Schostakowitsch«, warnte das Innenministerium den Komponistenkollegen Wano Muradelij, »sind besessen von den Juden, sie haben jüdische Frauen, aber warum machen Sie mit? Schauen Sie, dass Sie diese Juden loswerden!«[737] Schostakowitsch bekundete seine Solidarität in seinen Kompositionen: Im letzten Satz des dem 1944 verstorbenen Freundes Iwan Sollertinskij gewidmeten zweiten Trios für Klavier, Geige und Cello erklingt ein ›Freylekhs‹, ein schwungvoller Tanz im 2/4-Takt, der die Kurzfassung von »a freylekhs shtikele«, »ein fröhliches Stückchen«, darstellt. Als sein Kompositionsschüler Weniamin Flejschman am 14. September 1941 bei der Schlacht um Leningrad umkam, vollendete Schostakowitsch dessen Tschechow-Oper *Rotschilds Violine*, die 1968 in Leningrad unter Leitung von Maksim Schostakowitsch uraufgeführt wurde.[738] Besonders kühn war es, für die 13. Sinfonie Jewtuschenkos Dichtung »Babij Jar« zu verwenden: In der ukrainischen Babyn Jar, der ›Weiberschlucht‹ nahe Kiew, verübte die Wehrmacht Ende September 1941 eines der größten Massaker an Juden.

So wie Britten mit der Situationsethik von Robinson, Bonhoeffer und Tillich sympathisierte, beeinflussten Schostakowitschs Haltung eine individuelle Ethik sowie ein Verantwortungsgefühl gegenüber der Gemeinschaft. Lenin beantwortete die Fragen »Aber gibt es denn eine kommunistische Moral? Gibt es eine kommunistische Sittlichkeit?« eindeutig positiv. »Natürlich gibt es sie«, betonte der Revolutionsführer.

»Jede Sittlichkeit, die aus einem übersinnlichen klassenlosen Begriff abgeleitet wird, lehnen wir ab. Wir sagen, dass das Betrug ist, dass das ein Schwindel ist. Wir sagen, dass unsere Sittlichkeit völlig den Interessen des proletarischen Klassenkampfes untergeordnet ist. Unsere Sittlichkeit ist abgeleitet aus den Interessen des proletarischen Klassenkampfes.« Und dieser hat, so Lenin, ein klares Ziel vor Augen: »Die Grundlage der kommunistischen Sittlichkeit ist der Kampf für die Festigung und Vollendung des Kommunismus. Darin besteht denn auch die Grundlage der kommunistischen Bildung, Erziehung und Schulung.«[739] Die Interessen des Sozialismus standen für Lenin über dem Selbstbestimmungsrecht des Einzelnen, was weitreichenden Einfluss auf die nachfolgenden Generationen ausübte. »Das Prinzip der Selbstbestimmung muss ein Mittel im Kampf für den Sozialismus sein und den Prinzipien des Sozialismus untergeordnet sein«, ergänzte Stalin später.[740] Mit diesen Absichten im Fokus erschien die westliche, christlich geprägte Mitleidsethik als dekadent. Schostakowitsch integrierte indes in sein Werk alles, was er für seinen auf Empathie gründenden Humanismus als wertvoll erachtete und was ihm zum jeweiligen Stand seiner persönlichen Entwicklung passend erschien – wie die ›kommunistischen‹ Sinfonien Nummer 2 und 3 Ende der 1920er-Jahre sowie die ›Reminiszenzen an die alten Revolutions-Ideale‹ mit der 11. und 12. Sinfonie während der politischen Neuorientierung des Staates in den 1950er-Jahren. Mochte er auch später den Kommunismus kritisieren; es gibt keine Indizien, dass er seine sozialistischen Ideale völlig aufgegeben hätte. Der Sozialismus galt laut Karl Marx als Vorstufe zum Kommunismus in der Utopie einer klassenlosen Gesellschaft. Auch Künstler leisteten dazu ihren Beitrag. »In dieser Situation wird die Aufgabe des Komponisten eine besonders verantwortungsvolle«, betonte Schostakowitsch. »Er ist nicht einfach jemand, der Musik schafft, er ist ein Erzieher, der für das allgemeine Niveau der musikalischen Kultur des Volkes verantwortlich ist. Wieder erinnern wir uns an die Worte Lenins: ›Unsere Arbeiter und Bauern verdienen wirklich mehr als Zirkusspiele. Sie haben ein Anrecht auf echte, große Kunst.‹ Der Komponist darf sich nicht auf ein ›mittleres‹ kulturelles Niveau der Massen hinunterbegeben, sondern muss sie emporheben, sie an die großen ästhetischen Werte heranführen.«[741] In seiner persönlichen Ethik stand Schostakowitsch der Komponist Gustav Mahler nahe, dessen Werke der Russe durch Sollertinskij kennengelernt hatte. Im Sinne des Freundes führte er seine Sinfonik als eine Art »Kapitel eines großen philosophischen Poems« weiter.[742] Mahler selbst leitete seine Erkenntnis, er müsse »ethisch leben«, aus kruden Vorstellungen von »Wiederkunft« und wiederholten Leben ab.[743] Schostakowitsch glaubte nicht an die Ewigkeit. Dennoch erkannte er in Mahlers Musik »tiefe Menschlichkeit«. »Im Kampf um die Verwirklichung der höchsten Ideale der Menschheit wird Mahler ewig bei uns sowjetischen Menschen sein, bei den Erbauern des Kommunismus, der gerechtesten Gesellschaftsordnung auf Erden«, postulierte Schostakowitsch.[744] Doch die Musik des Böhmen berührte ihn noch auf einer sehr individuellen Ebene. »Mahler«, meinte Schostakowitsch, »drang in die verborgensten Winkel des menschlichen Bewusstseins, ihn bewegten die höchsten Ideale der Welt. Humanismus, unbändiges Temperament, heiße Liebe zu den Menschen in Verbindung mit einer wundervollen kompositorischen Begabung halfen Mahler, seine Sinfonien, die *Lieder eines fahrenden Gesellen*, die *Kindertotenlieder* und das grandiose *Lied von der Erde* zu schaffen.«[745]

Britten und Schostakowitsch sahen sich mit Widersprüchen konfrontiert, die ihr moralisches Bewusstsein prägten. Beide mussten um der Karriere willen Kompromisse eingehen. Doch schon der von beiden verehrte Mahler hatte seine kulturelle Identität aufgeben müssen, um durch den Übertritt vom Judentum zum Christentum Akzeptanz zu finden. Bei Britten kam noch ein weiterer Aspekt hinzu: Bei einer seiner wesentlichen Inspirationsquellen bewegte er sich nach damaliger und heutiger Rechtsprechung am Rande der Legalität. Britten fand Kinder sexuell attraktiv – sein Ideal waren dreizehnjährige Jungen –, wobei nach dem heutigen Wissensstand nur ein Fall aus den 1930er-Jahren bekannt ist, bei dem ihm ein Junge vorwarf, er habe die Grenze des Erlaubten überschreiten wollen, was die Mutter jedoch nicht glaubte. Auf die Frage, warum er so einfühlsam für Kinder komponieren könne, meinte er einmal, »das liegt daran, dass ich selbst noch 13 bin«.[746] Das Thema war heikel und man konnte Britten damit auch schnell verdrießlich stimmen, wie etwa sein Komponistenkollege Walton. »Eines Tages lud uns Ben zu einer Spazierfahrt in seinem alten Rolls Royce ein«, berichtete Susana Walton, »und wir kamen zufällig bei einer Knabenschule vorbei. Ben fragte William, ob er sich für kleine Jungen interessiere. Dies war eine völlig arglose Bemerkung, aber William entgegnete, nein, er interessiere sich nur für kleine Mädchen. Abermals war Ben keineswegs amüsiert.«[747]

Obwohl er in Aldeburgh mit Pears zusammenlebte, gab es Tratsch über sein Kokettieren mit Kindern. Seine Favoriten überhäufte er mit Geschenken und Briefen; nicht selten brach der Kontakt ab, wenn die Jungen älter wurden. Was sich daraus für Hörer und Interpreten ergibt, könnte man als das Britten'sche Dilemma bezeichnen: Darf man noch guten Gewissens Werke eines Komponisten rezipieren bzw. aufführen, wenn man Zweifel an den lauteren Absichten des Künstlers hegt? Doch man sollte auch bedenken: Müssen sich die Kunstwerke bewähren, indem ihre Schöpfer sich rechtfertigen (Britten für die Kinderrollen in seinen Stücken bzw. vor ihm Wagner für Figuren wie Alberich oder Beckmesser) oder wir *uns* durch die Art, wie wir auf die Werke reagieren und sie interpretieren? Einen anderen Blickwinkel bot David Hemmings, der erste Darsteller des Miles in *The Turn of the Screw*. Er bezeichnete Brittens Verhalten als »Schwärmerei«,[748] was auch die Sicht eines neutralen Beobachters bestätigt, der das Festival in Suffolk besuchte: »Niemand hätte die Unschuld der Beziehung angezweifelt, der wie ich an der Küste zugegen war, als eines Tages David gerade aus London angekommen war, Ben unter den vielen anderen Leuten erspähte, die die Sonne genossen, auf ihn zurannte, ihn mit einem Freudenschrei begrüßte und sich mit einem großen Satz in seine Arme warf. Dafür erhielt er lachend einen Kuss auf die Stirn, bevor Ben ihn absetzte. Das Publikum war gerade aus einem Konzert in der Jubilee Hall gekommen, sodass mehrere Dutzend ganz normale Festivalbesucher zugeschaut haben müssen, und sie waren eindeutig amüsiert und nicht schockiert.«[749]

Britten und Schostakowitsch lebten in Zeiten, in denen ihre Ideale immer wieder auf eine harte Probe gestellt wurden: Viele mussten in den 1940er-Jahren einsehen, dass gewaltfreier Widerstand nur zum Erfolg führen kann in einer Welt, in der Menschen einander als Menschen anerkennen, was jedoch bei der nationalsozialistischen Ideologie und den bolschewistischen Radikalen nicht der Fall war. Brittens Pazifismus sollte sich als machtlos erweisen gegenüber Invasoren mit einem Weltherrschaftsanspruch, und Schostakowitschs sozialistischer Jugendtraum von einer gerechteren Gesellschaft zerplatzte in Anbetracht von Politikern, die ihre Ziele mit Gewalt und Mord realisierten. Mit Todesnähe, Todeserfahrungen und dem Tod selbst als Begleiter veränderten sich die Persönlichkeiten.

*

Bei einer Tischrede nach Ehrungen für hochrangige Militärführer betonte Stalin am 24. Mai 1945, er erhebe sein Glas »zuallererst auf die Gesundheit des russischen Volkes, denn es ist die herausragendste Nation unter allen zur Sowjetunion gehörenden Nationen« sowie »die führende Kraft« im Lande.[750] Darin schwang unausgesprochen mit, dass Tataren, Wolgadeutsche und vor allem Juden Bürger zweiter Klasse seien.

Patriot zu sein, genügte nicht mehr, das Nationale nahm nach den Kriegen bedenkliche Dimensionen an. Bereits ab den 1920er-Jahren war in England und ab den 1930er-Jahren in der Sowjetunion ein zunehmender Nationalismus zu beobachten. Entscheidende Wegmarken bildeten 1924 das ›Pageant of Empire‹ in London – ein ›Empire-Historienspiel‹ mit großen Festveranstaltungen im Rahmen der ›British

Empire Exhibition‹ im Londoner ›Empire Stadium‹, wo später das Wembley-Fußballstadion errichtet wurde – sowie 1931 die ›Erste Konferenz zur nationalen Musik‹ in Moskau. Dabei entwickelten sich die einstigen imperialen Rivalen in völlig entgegengesetzte Richtungen. Das Phänomen, dass in Großbritannien nationale Tendenzen umso stärker wurden, je mehr das Empire sich zersetzte, während der Nationalismus in der Sowjetunion sich verschärfte, als das Reich expandierte und sich stabilisierte, zeigt, dass sowohl die Bedrohung als auch das Erhalten der Macht zu einer verstärkten Selbstbezogenheit führen kann.

Die Konzepte nationaler Musik schrumpften mit der Zeit. Gab es einst noch Volksopern und patriotische Kantaten, so entwickelte sich um die Wende vom 19. zum 20. Jahrhundert eine Tendenz zur Selbsterkundung und Beschäftigung mit regionalen und ländlichen Einflüssen. In Mähren, Böhmen, Ungarn und England begann man, oft ausgerüstet mit einem Phonographen, in den Dörfern Volksmelodien zu sammeln, bevor sie der Vergessenheit anheimfielen. Die gesellschaftlichen Veränderungen hatten auch das Musikleben auf dem Lande entscheidend beeinflusst, und der Ethnologe Cecil Sharp wies bereits 1907 darauf hin, dass zwar »noch vor dreißig oder vierzig Jahren in England jedes Dorf auf dem Lande ein Nest von Singvögeln« war, es aber mittlerweile sinnlos werde, ein Lied von einem Menschen aufzunehmen, der nicht älter als fünfzig Jahre sei.[751] Zeigten Komponisten wie Sullivan mit seiner Oper *Utopia Limited* oder Elgar mit seiner humorvollen *Cockaigne Overture* noch einen von Matthew Arnolds zeitkritischer Analyse *Culture and Anarchy* inspirierten vornehmlich distanzierten Ansatz, so engagierten sich Künstler wie Gustav Holst und Ralph Vaughan Williams in der English Folk Music Society. Vaughan Williams betonte stets, dass ein Komponist nicht willentlich »international« oder »universal« schreiben kann, sondern stets eigene Wurzeln haben müsse. »Wir sollten einander durch unsere Kunst kennen und lieben«, formulierte er 1953 in einer Ansprache, »und es muss unsere eigene Kunst sein, nicht ein farbloser Kosmopolitismus. Ich glaube, dass die eigene Gemeinschaft, die eigene Sprache, die Gebräuche und die Religion wesentlich sind für unser geistiges Wohlbefinden. Aus diesen Merkmalen, diesen ›starken Verknüpfungen‹ können wir ein vereintes Europa und eine Weltföderation errichten. Aber ohne eine Treue zur Heimat gibt es nichts, worauf man weiter aufzubauen vermag. Alles, was in unserem geistigen und kulturellen Leben einen Wert hat, entspringt aus unserem eigenen Boden.«[752] Auch Lenin hatte einst vor der Revolution als Fernziel »die völlige Abschaffung aller nationalen Spannungen und allen nationalen Misstrauens« propagiert, was allerdings seiner Ansicht nach nur durch die Abschaffung des Kapitalismus und die Einführung des Sozialismus zu erreichen war.[753]

Selbst Britten und Schostakowitsch konnten sich der Volksmusik nicht vollends verschließen. Beide wandten sich ihr aber nicht aus einem inneren Antrieb heraus zu, sondern infolge der zeitpolitischen Umstände. Doch nicht nur die Engländer, auch Stalin wollte den Mythos und keine Wissenschaft. Starke Persönlichkeiten einer imaginierten ›großen Vergangenheit‹ – darunter Elizabeth I. und Iwan Grosnij – traten in den Fokus. In der Sowjetunion wurde Stalins Formel »national in der Form, sozialistisch im Inhalt« zur Leitlinie. Der vielfach bewunderte Anführer wandelte schon 1925 in einer einflussreichen Ansprache eine programmatische Passage aus dem *Kommunistischen Manifest* ab. Dort hieß es bei Marx und Engels 1848 noch: »Obgleich nicht dem Inhalt, ist der Form nach der Kampf des Proletariats gegen die Bourgeoisie zunächst ein nationaler.«[754] Stalin ließ in seiner offiziellen Rhetorik die Wurzeln auswuchern, indem er die Begriffe »proletarisch« zu »sozialistisch« und »Kampf« zu »Kultur« abwandelte. »Wir erschaffen die proletarische Kultur«, verkündete er. »Aber proletarische Kultur, die sozialistisch in ihrem Inhalt ist, bedient sich unterschiedlicher Ausdrucksformen und -mittel bei den verschiedenen Völkern, die sich am Aufbau des Sozialismus beteiligen, entsprechend der jeweiligen Unterschiede hinsichtlich der Sprache, der Lebensweise usw. jeweils proletarisch im Inhalt und national in der Form, das ist die pan-humane Kultur, die der Sozialismus anstrebt.«[755] Auch wenn Stalin betonte, dass die individuellen Nationalkulturen nicht abgeschafft, sondern mit Inhalt gefüllt würden, ließ er alles danach ausrichten, dass die russische Kultur zur Leitkultur wurde. Hatte man in den 1920er-Jahren noch das lateinische Alphabet für etliche Sprachen der Gemeinschaft zugelassen, wurde dies 1937 durch kyrillische Buchstaben ersetzt. Bereits am 1. Februar 1936 charakterisierte man die Russen aufgrund ihrer führenden Rolle während der Revolution als »Erste unter Gleichen« der sowjetischen Völker; eine hierarchische Ordnung, die durch die im Dezember 1936 neu ratifizierte Verfassung etabliert wurde. Die Kultur Zwei wurde auch nach dem Krieg lebensfähig erhalten, indem man das Nationale verstärkt akzentuierte.

*

Auch wenn es der sowjetischen Führung nicht passte, blieb Schostakowitsch der bekannteste russische Komponist im Westen. Bei den Vorbereitungen zu einem im Frühjahr 1949 geplanten Friedenskongress in New York war es mehr als naheliegend, dass auch der Komponist der Melodie von Harold J. Romes beliebtem »United Nations on the March« in der sowjetischen Delegation vertreten sein sollte. Im Februar 1949 fragte der Außenminister Wjatscheslaw Molotow bei Schostakowitsch an, doch dieser versuchte, der ihm lästigen Verpflichtung zu entgehen, indem er erklärte, er sei krank; zudem fehle ihm die Bühnenpraxis, um bei Bedarf als Pianist in Aktion treten zu können. Nicht zuletzt graute ihm davor, mit Fragen der Journaille zu den unangenehmen Ereignissen des Vorjahrs gelöchert zu werden – keineswegs zu Unrecht, musste er doch bei einer Zwischenlandung in Frankfurt plumpe Vertraulichkeiten über sich ergehen lassen wie Schulterklopferei verbunden mit der Frage: »Hey, Schosti, mögen Sie lieber Blonde oder Brünette?«[756] Da er ungeachtet seines Sträubens bereits offiziell nominiert worden war, berichtete die *New York Times* am 20. Februar 1949, der berühmte russische Komponist werde ein Vertreter der Delegation sein. Seine Verweigerungshaltung bescherte Schostakowitsch einen Telefonanruf von Stalin höchstpersönlich. »Stalin schlug vor, dass ich in die USA reisen sollte, erinnerte sich Schostakowitsch, »und ich platzte heraus, dass ich krank sei, nicht fahren könne und dass die Musik von Prokofjew, Mjaskowskij, Chatschaturjan und mir nicht aufgeführt werde.« Aber dies war für Stalin ein leicht zu lösendes Problem. »Am nächsten Tag marschierte eine ganze Brigade von Ärzten auf, untersuchte mich und erklärte mich tatsächlich für krank«, erzählte Schostakowitsch, aber der Privatsekretär des Landesvaters »sagte, *das* würde er dem Genossen Stalin nicht übermitteln.«[757]

Am 16. März 1949 wurde die Order vom 16. Februar 1948 die Aufführungsverbote diverser Komponisten betreffend aufgehoben. Auch Schostakowitschs Werke durften wieder regelmäßig gespielt werden, schließlich wollte man bei der Öffentlichkeit anlässlich des ›Kultur- und Wissenschaftskongresses für den Weltfrieden‹, der vom 25. bis 28. März 1949 im New Yorker Hotel Waldorf-Astoria angesetzt war, einen positiven Eindruck hinterlassen. Dessen Teilnehmer waren exklusiv. Unter ihnen fand man zwar illustre Namen wie Marc Blitzstein, Aaron Copland, Artur Schnabel und Sam Wanamaker sowie prominente Geldgeber wie George Antheil, Leonard Bernstein, Marlon Brando, Adolf Busch, Charles Chaplin, Lion Feuchtwanger, Norman Mailer, Erika Mann, Thomas Mann und Frank Lloyd Wright. Aber kein einziger englischer Komponist – noch nicht einmal der Musterkommunist Alan Bush – hatte sich auf den Weg nach New York gemacht. Der Kongress entpuppte sich als eine Propagandaveranstaltung für den Friedenswillen von Stalins Sowjetunion. Auf die Weise sollte der gute Wille demonstriert werden, der durch Churchills Reden drei Jahre zuvor in den USA in Abrede gestellt worden war. Es formierte sich Widerstand, für den Nicolas Nabokov Gleichgesinnte um sich scharte. Er hatte sich lange Zeit nicht mehr in politische Dinge eingemischt, aber nach eigenem Bekunden »doch mit einer leicht amüsierten Genugtuung beobachtet, wie sich nicht nur das amerikanische Bürgertum, sondern auch die linksgerichteten Intellektuellen von der

Stalin-Verehrung der Kriegszeit ab- und zu verschiedenen Abstufungen des Antikommunismus hinwandten.«[758] Die von ihm als »abstruse Farce des Waldorf-Astoria-Kongresses« bezeichnete Konferenz stachelte ihn an, Gegenmaßnahmen zu organisieren. Es überraschte ihn keineswegs, dass die UdSSR »amerikanische Geldgeber für die große Show im Hotel Waldorf-Astoria gefunden« hatten, denn »auch im zaristischen Russland pflegten reiche Kaufleute mit schlechtem Gewissen große Summen für die Zwecke der Revolution herzugeben«.[759] Nabokov initiierte ein Ad-hoc-Komitee unter der Bezeichnung »Amerikanische Intellektuelle für die Freiheit«. In der Außenpolitik des Westens habe sich »besonders nach der Berliner Blockade« von 1948 »ein entscheidender Wandel« gezeigt. »Der Kalte Krieg blies allen heiß in den Nacken«, beschrieb der emigrierte Komponist die Stimmung. »Doch leider rief diese neue Außenpolitik im Innern sehr bedauerliche Begleiterscheinungen hervor. Während nur wenige nicht-kommunistisch oder anti-kommunistisch gesinnte Intellektuelle in Amerika etwas dagegen einzuwenden hatten, dass man sich dem Stalinismus widersetzte (im Gegenteil, viele waren der Meinung, dass die Regierung viel zu matt und zu langsam reagierte), waren die meisten, vornehmlich aus dem liberalen und radikalen Flügel, doch voller Unwillen über die Entwicklung im Innern des Landes. Eine Hexenjagd hatte eingesetzt, die Reihe der Spionage-Prozesse begann, und das Verhalten einiger darin verwickelter Behörden konnte, milde ausgedrückt, gewisse Zweifel hervorrufen. Das schuf eine besonders schwierige Lage für diejenigen unter uns, die zwar in jüngster Zeit überzeugte Anti-Stalinisten geworden waren, aber in tiefstem Misstrauen gegen das kapitalistische System aufgewachsen waren und infolgedessen ihre Bindungen an den Marxismus als geschichtsphilosophische Doktrin und gesellschaftliche Idealvorstellung nicht so leicht aufgeben konnten. Für sie war Stalin jemand, der eine an sich höchst ehrenwerte Revolution verraten hatte, während Lenin in ihren Augen als Revolutionsheld fest auf seinem Piedestal verankert blieb.«[760]

Nabokov und seine Mitstreiter verteilten Informations- und Pressematerial, woraufhin sich zahlreiche Fürsprecher in Telefonaten oder mit Telegrammen zu Wort meldeten und protestierten, darunter Benedetto Croce, T. S. Eliot, Karl Jaspers, Bertrand Russell und Igor Strawinskij – »Selbst der allgegenwärtige Elsässer aus Afrika, Dr. Albert Schweitzer, übermittelte uns seinen Segen, obgleich sein Name auch unter den Förderern der Waldorf-Astoria-Konferenz selbst auftauchte«, berichtete Nabokov.

Am Vormittag des 25. März besuchte Nicolas Nabokov eine Veranstaltung, für die auch Dmitrij Schostakowitschs Kommen angekündigt war. Dies bot die große Gelegenheit, mit einer irritierenden Frage »die inneren Gesetze des russischen Kommunismus zu entlarven«, meinte der Emigrant. »Die Sitzung dauerte lang und war unendlich wortreich. Als Schostakowitsch als letzter der Redner gesprochen hatte, konnte ich meine Frage stellen: ›An dem und dem Datum in der und der Nummer der *Prawda* erschien ein nicht gezeichneter Aufsatz, der wie ein Leitartikel aufgemacht war. Er betraf die Musik der Komponisten Paul Hindemith, Arnold Schönberg und Igor Strawinskij. In diesem Artikel wurden alle drei als Obskurantisten, dekadente bourgeoise Formalisten und Lakaien des imperialistischen Kapitalismus gebrandmarkt. Aus diesem Grund solle die Aufführung ihrer Musik in der Sowjetunion verboten werden. Stimmt Schostakowitsch persönlich dieser offiziellen in der *Prawda* gedruckten Ansicht zu?‹ In die Gesichter der Russen trat Verwirrung. Der neben Downes Sitzende murmelte hörbar: ›Prowokatsja.‹ Der KGB-Übersetzer flüsterte Schostakowitsch etwas ins Ohr. Dieser stand auf, man gab ihm ein Mikrophon und zu Boden starrend sagte er auf Russisch: ›Ich stimme der in der *Prawda* gemachten Äußerung voll zu.‹«[761]

Auch auf den Straßen mobilisierten die radikalen Antikommunisten Protestmärsche und Sitzdemonstrationen. »Red Visitors Cause a Rumpus«, lautete eine Schlagzeile in dem Magazin *Life* vom 4. April 1949: Die (politisch) roten Gäste sorgen für Krawalle. Bei Gegenveranstaltungen hielt Nabokov Vorträge »über die Leiden der Komponisten in der Sowjetunion und die Tyrannei des Kulturapparats der Partei«, bei denen er nach eigenem Bekunden die Art und Weise beklagte, »in der unsere Gegner, zum Beispiel Dmitrij Schostakowitsch, missbraucht hatten, der selbst gerade erst ein Opfer, ja der Hauptangeklagte der Schdanow'schen Säuberungen geworden« war.[762] Aus diesem Engagement ging der in Paris ansässige ›Kongress für kulturelle Freiheit‹ hervor, eine vom amerikanischen Geheimdienst CIA finanzierte antikommunistische Kulturorganisation, in der sich zwischen 1950 bis 1969 zahlreiche linksliberale Intellektuelle gegen den Totalitarismus positionierten. Britten unterstützte die Vereinigung nicht.

Aus anderen Gründen als wenige Jahre zuvor noch Benjamin Britten dürfte sich Dmitrij Schostakowitsch inmitten des New Yorker Trubels höchst unwohl gefühlt haben. Bei Aufmärschen von Widerständlern war auf einem riesigen Schild sogar die Aufforderung zu lesen: »Schostakowitsch! Spring aus dem Fenster!« – eine Anspielung auf einen diplomatischen Skandal, den die Lehrerin Oksana Kasenkina verursacht hatte, als sie im August 1948 aus dem dritten Stock des sowjetischen Konsulats gesprungen war, um der Rückführung in die UdSSR zu entgehen. Die Moraljournalisten und -prediger im Westen hatten gut reden: Schostakowitsch musste eine Familie mit zwei Kindern versorgen, konnte kaum Fremdsprachen und wäre als Künstler außerhalb seines vertrauten Umfelds auf verlorenem Posten gewesen. Eine Emigration stand für ihn nie zur Debatte.

*

Obwohl Britten eine nach der Rechtsprechung der 1950er- und 1960er-Jahre illegale Lebensweise pflegte, wurde er nicht wie vorübergehend Schostakowitsch von den Staatsautoritäten als Künstler zur ›persona non grata‹ erklärt. Um nicht ernsthaft in Konflikt mit der Obrigkeit zu geraten, verfolgte der Engländer eine ähnliche Strategie wie der Russe: Diskretion und Anpassung.

Auch wenn im Vereinigten Königreich homosexuelle Handlungen noch als Sittlichkeitsvergehen bestraft wurden, war Großbritannien hinsichtlich diesbezüglicher Gesetzesregelungen dennoch liberaler als die meisten deutschsprachigen Länder. Während mit der Einführung des ersten Schweizerischen Strafgesetzbuches im Jahr 1942 Homosexualität in dem neutralen Land faktisch straffrei war, wurde der § 175 in der von den Nationalsozialisten verschärften Fassung in der Bundesrepublik Deutschland im Jahr 1957 durch das Bundesverfassungsgericht noch einmal bestätigt. Im Zuge der Gesetzesnovellierung nach der Wiedervereinigung fiel er erst 1994 weg. In Österreich gab es bis 2002 eine vergleichbare Regelung. In England und Wales wurden entsprechende Paragraphen 1967, in Schottland 1981 und in Nordirland 1982 abgeschafft. Noch in den 1950er-Jahren sorgten in England Prozesse und Haftstrafen wegen des Vorwurfs von Sittlichkeitsvergehen für Aufsehen, wie etwa 1953/54 der sogenannte ›Montagu-Fall‹, der mit einem Anwaltssohn und einem Journalisten namhafte Mitglieder der Gesellschaft in einen Strudel von Beschuldigungen und Klatsch zog. Kurz nach der Verurteilung der Beklagten ließ der Innenminister ein Komitee zusammenstellen, das die Gesetzeslage überprüfen sollte. Drei Jahre später legte man der Regierung nahe zu beschließen, dass »homosexuelles Verhalten zwischen zwei einwilligenden Erwachsenen im Privaten nicht länger verfolgt werden solle«, denn »Homosexualität kann nicht legitim begründet als Krankheit betrachtet werden, da sie in vielen Fällen das einzige Symptom darstellt und in allen anderen Zusammenhängen mit einer vollkommenen geistigen Gesundheit kompatibel ist«.[763] Sogar der Erzbischof von Canterbury begrüßte den Bericht. Die im Mai 1958 gegründete ›Homosexual Law Reform Society‹ engagierte sich für die politische Umsetzung der gewonnenen Erkenntnisse. Schließlich wurden mit dem Sexual Offences Act Homosexuelle erst neun Jahre vor Brittens Tod entkriminalisiert. Bis dahin waren selbst anerkannte Persönlichkeiten des öffentlichen Lebens wie Britten und Pears nicht vor einer Verurteilung gefeit. »Sie teilten das gleiche Bett«, erzählte Michael Tippett, »das geschah ganz offen, obwohl es illegal war. Sie ignorierten jeden und führten ihr Privatleben, als ob das Gesetz kaum existierte.«[764]

In dem Haus, in dem Britten gemeinsam mit Peter Pears in der Crabbe Street in Aldeburgh lebte, befand sich im Raum neben dem Arbeitszimmer des Komponisten ein großes Doppelbett. Als ein Fotograf Aufnahmen für eine Reportage im *Ladies' Journal* machte, wurde kein Bild davon veröffentlicht, sondern nur von dem schmalen Bett in Pears' Räumlichkeiten mit der Unterzeile »Peter Pears' Schlafzimmer«. Das geräumige ›Red House‹ außerhalb des Ortskerns neben dem Golfplatz, in das man 1957 umzog, bot mehr Entfaltungsmöglichkeiten. Der Name bezog sich auf die roten Backsteine, allerdings dürften viele die Bezeichnung auch politisch verstanden haben. Der Komponist und der Sänger verhielten sich ausgesprochen vorsichtig in der Öffentlichkeit, doch in der Musikwelt war ihre Beziehung ein offenes Geheimnis.

*

Die 1950er-Jahre brachten die Institutionalisierung. Am Ende stand für Britten 1962 sein Chor- und Orchesterarrangement der Nationalhymne »God save the Queen«; Schostakowitsch hatte bereits 1943 eine nicht als Nationalhymne verwendetes Arrangement zum »Lied der Roten Armee« umgestaltet und lieferte später Stücke wie *Über unserer Heimat strahlt die Sonne* op. 90 (1952) und *Die Glocken von Noworossijsk* op. 111a (1960). Für Schostakowitsch entspannte sich ab 1953 die Situation in der Sowjetunion und Britten gelang der Spagat zwischen unangepasstem Leben und establishmentkonformer Kunst. Selbst wenn er sich mit der Gründung des eigenen Opernensembles demonstrativ von den etablierten Institutionen abgrenzen wollte, so blieb Britten stets offen für die Schmeicheleien der feinen Gesellschaft und die Akzeptanz in blaublütigen Kreisen. Einen wichtigen Schritt in diese Richtung stellte ein Auftrag für das 1951 anvisierte ›Festival of Britain‹ dar, eine von der Regierung initiierte Großveranstaltung, für die die South Bank in London in knapp zwei Jahren zu einem Ausstellungsgelände umgestaltet wurde. Einhundert Jahre zuvor hatte der Prinzgemahl von Königin Victoria, Albert von Sachsen-Coburg-Gotha, die ›Grand Exhibition‹ in London initiiert, deren Erfolg den Auftakt für etliche weitere Weltausstellungen bot. Bei dem im Jubiläumsjahr abgehaltenen Festival of Britain flanierten im Verlauf des Jahres acht Millionen Besucher zwischen Karussellen, Zuckerwatte, Raketen, Motoren, Radargeräten nebst Skulpturen und bestaunten die Ausstellungen im ›Dome of Discovery‹ und das Stahlgebilde ›Skylon‹, das wie eine aufrecht stehende Zigarre 91 Meter in den Himmel ragte. Nach den Demütigungen des Krieges ging es, wie ein farbenfroher Filmbericht verkündete, um die Frage »how to show the essence of Britain« – symbolisch standen für das Wesentliche an Britannien Abbildungen und Darstellungen von Löwe und Einhorn als Symbol für Stärke und Imagination. Die BBC bemühte sich, bei den offiziell ab Mai laufenden Veranstaltungen einen Bezug zum Jahr 1851 deutlich werden zu lassen. Zum Auftakt ernannte der Sender die Tage vom 23. bis zum 29. April zur »1851 Week« und übertrug nur Musik sowie von Schauspielern gelesene Nachrichten und Vorträge, die die Menschen zur damaligen Zeit hören konnten. Im Sommer achtete man bei den Promenadenkonzerten, den ›Proms‹, sorgfältig darauf, wie ein BBC-Mitarbeiter betonte, dass »über 25 Prozent der gespielten Musik (30 Minuten pro Abend) britisch sein musste«.[765]

Andere Länder, insbesondere Osteuropa, waren höchstens Statisten. Wieder einmal gab es diplomatische Konflikte mit der Sowjetunion, als sich im Frühsommer 1951 die Regierungsmitarbeiter Burgess und Maclean nach Moskau absetzten, das sie jahrelang mit internen Informationen versorgt hatten. Dies weckte Reminiszenzen an die diplomatischen Konflikte der 1920er-Jahre, und selbst die Festveranstaltungen erinnerten stark an das 1924 abgehaltene ›Pageant of Empire‹. Das Festival of Britain geriet zu einer Pervertierung des angeblichen Vorbilds von Prinz Alberts Grand Exhibition einhundert Jahre zuvor. Dieser hatte einst mit seinem ungebremsten Optimismus in einer Rede verlauten lassen, niemand könne daran zweifeln, dass man »in einer Zeit herrlichsten Übergangs« lebe, in der schnell das große Ziel zu erreichen sei, »auf das alle Geschichte hinstrebt: die Verwirklichung der menschlichen Eintracht«.[766] Von Prinz Alberts Vision, das Zusammenwirken der Nationen zu fördern, war bei den Gedenkveranstaltungen ein Zentennium später nicht mehr viel übrig geblieben. Seinerzeit hatten sich Russland und ab 1925 die Sowjetunion regelmäßig an den Weltausstellungen beteiligt. Schon 1851 waren 363 russische Aussteller in London vor Ort, die mit architektonischen und technologischen Entwicklungen die Aufmerksamkeit auf sich zogen. Aus einer völkerverbindenden ›Großen Ausstellung‹ aus der mittlerweile verpönten viktorianischen Zeit, die damals noch kulturell und technisch Außergewöhnliches aus aller Welt vereinen sollte, war mit den ›Festtagen Britanniens‹ ein insulares Ereignis geworden. Zu diesem patriotischen Brusttrommeln gehörte, dass man Aufträge an einheimische Komponisten vergab und sich mit der Royal Festival Hall am Südufer der Themse ein 2500 Zuschauer fassendes Konzertgebäude errichtete, dessen Akustik bis heute Probleme bereitet. Nachdem Brittens Erfolg mit *Peter Grimes* der englischen Oper die ihr gebührende Anerkennung verschafft hatte, wandte der Arts Council 17,6 Prozent des Budgets für die Realisierung von Opernaufträgen auf. Die am meisten beachteten Uraufführungen am Royal Opera House Covent Garden waren im Mai Vaughan Williams' *The Pilgrim's Progress* nach Bunyans Allegorie und im Dezember Brittens *Billy Budd* nach Melville. Brittens neuem Opus widmeten die Herbst-Ausgabe von

Tempo, dem Hausmagazin seines Verlags Boosey & Hawkes, und das von Brittens Freund Lord Harewood herausgegebene Fachmagazin *Opera* eine wirkungsvolle Vorberichterstattung.

Britten hatte sich Großes vorgenommen. Vordergründig zierte er sich, als der Art Council bereits im Herbst 1948 wegen eines Auftrags vorgefühlt hatte, und er behauptete, es sei »ungewiss, ob sich überhaupt ein geeignetes Sujet und ein Librettist« finden lasse.[767] Dabei hatte er mit Forster längst Herman Melvilles erst 1924 wiederentdeckte Erzählung im Visier. Die Geschichte von William Budd spielt auf einem britischen Kriegsschiff Ende des 18. Jahrhunderts während des britisch-französischen Kolonialkonflikts. Brittens bewusste Bezugnahme auf eine Epoche, in der das britische Weltreich sich entscheidende Zugewinne erkämpfte, bildet einen scharfen Kontrast zu dem nunmehr unübersehbaren Zerfall des Empires. Britten bewunderte den gewaltfreien Widerstand von »großen originellen Denkern wie Gandhi und Nehru«, die, wie er in einem Brief betonte, »es mit friedlichen Mitteln und intelligenten, mutigen Taten ermöglichten, sich von den britischen Herrschern zu lösen, ohne sie zu Feinden zu machen«.[768] Im Januar 1965 besuchte er bei einer Indienreise auch Gandhis Grab. Billy Budd ist eine ghandihafte Gelassenheit eigen, zudem vergleicht ihn Melville zu Beginn seiner Erzählung mit einem einfachen englischen Seemann, der »so tiefschwarz wie nur ein Afrikaner aus reinstem Hamitenblut« war. Der Hamitische Mythos von einem auserwählten Volk – dessen ideologische Analogie in Russland die Japhetitentheorie bildete – rechtfertigte in der Kolonialpolitik die indirekte Herrschaft einer bereits etablierten feudalen Schicht. Die Andersartigkeit des Matrosen wird noch unterstrichen durch seine mangelnde Sprachkompetenz – er stottert – und sein Analphabetentum. Der als personifizierte Unschuld betrachtete und dank seiner athletischen Wohlgestalt allseits beliebte Vortoppmann Billy Budd fällt der zivilisatorischen Hierarchie und Ordnung zum Opfer. Er wird versetzt von dem Handelsschiff »Rights-of-Man« – das nach Thomas Paines 1791 veröffentlichter Schrift über die *Rechte des Menschen* benannt wurde – und zwangsrekrutiert auf das Kriegsschiff »Indomitable«, das ›Unbezwingbare‹. Auch Indien war als Teil eines britischen Handelsimperiums einst den Weg zu einem von Armeen zur Disziplin gebrachten Kolonialstaat gegangen.

In der Novelle und in der Oper gibt es weder Frauen noch Romanzen. *Billy Budd* fokussiert das Wesen der modernen Gesellschaft im Mikrokosmos des Schiffes, das eine Welt für sich bildet. Die staatliche Gewalt repräsentieren die Kommandierenden des Schiffes, allen voran: Kapitän Vere. Er wird gegen seine Überzeugung genötigt, die Rechtsprechung schonungslos durchzusetzen, als Billy im Affekt einen Menschen tötet. Vere argwöhnt, dass der Waffenmeister Claggart

Billy Budd zu Unrecht beschuldigt, eine Meuterei zu planen. Bei einer Anhörung bekommt Billy wegen seines Sprachfehlers kein Wort zu seiner Verteidigung heraus, stattdessen schlägt er, wie es bei Melville heißt, »mit voller Wucht die wohlgeformte Stirn des Waffenmeisters, sodass sein Körper wie eine schwere Planke der Länge nach hinfiel«.[769] Nach kurzem Röcheln stirbt Claggart. Hin- und hergerissen zwischen seinen moralischen Bedenken und der militärischen Pflicht, muss Kapitän Vere als Leiter der Kriegsgerichtverhandlung Billy Budd zum Tod durch den Strang verurteilen.

Der Stoff zeigt das Dilemma zwischen der von Menschen geschaffenen Zivilisation mit ihren Moralvorstellungen einerseits und der staatlichen Ordnung mit ihren Gesetzen andererseits. Erstere strebt danach, die bedrohte Unschuld zu schützen, letztere verlangt Rudeldisziplin, um die Gesamtgesellschaft zu stabilisieren. Durch die Diskrepanz zwischen den beiden Polen wird die Gerechtigkeit des Urteils in Frage gestellt.

Wie verhängnisvoll blinder Obrigkeitsgehorsam sein kann, verdeutlichte Britten im Folgejahr in seinem *Canticle II* mit der biblischen Geschichte von Abraham und Isaak. Bei Britten steht diese Unschuld in Verbindung mit dem mythologischen ›Goldenen Zeitalter‹, das einen vermeintlichen Idealzustand in der friedlichen Urphase der Menschheit vor der Entstehung der Zivilisation symbolisiert. Nur zwei Jahre nach der Oper brachte Britten das Problem im letzten Lied seines Zyklus *Winter Words* nach Texten von Thomas Hardy auf den Punkt: »A time there was«, heißt es darin, »before the birth of consciousness, when all went well.« – »Einst gab es eine Zeit – wie man vermuten darf / und wie uns tatsächlich die Vermächtnisse / der Welt verkünden – / vor der Entstehung des Bewusstseins, / in der alles gut war. / Niemand litt an Krankheit, Liebe oder Verlust, / niemand kannte Bedauern / oder wurde von Hoffnung oder Begierden schier umgebracht. / Niemand kümmerte sich darum, welche Unglücke oder Leiden / die Dinge ins Verderben stürzten.« Die Zivilisation brachte dann das Unheil und »the disease of feeling germed«, wie es im Originaltext heißt, »and primal rightness took the tinct of wrong«: »Doch die Krankheit des Empfindens breitete sich aus, / und was ursprünglich richtig war, erhielt den Anstrich des Unrechts.«[770]

Wie gefährdet das Schöne in der Welt ist, deutete Britten bereits 1943 in dem Liederzyklus *Serenade* an, indem er mit »O Rose, thou art sick« Verse von William Blake wählte, die erzählen, wie eine wunderschöne Rose von einem nicht sichtbaren Wurm innerlich zerfressen wird. In der Musik hört man eine angenehme Streichergrundlage, aber eine destruktive Hornmelodie schlängelt sich mit beunruhigenden chromatischen Linien in die Melodie. Wenn dreißig Jahre später in der Oper

Death in Venice ein Reisender dem Schriftsteller Aschenbach zu Beginn wahre Wunderdinge von Venedig verspricht, signalisiert ein sinisteres Motiv in der Tuba, dass dort das Unheil durch die Cholera lauert. Wie Claggart in *Billy Budd* wird Aschenbach der ästhetischen Schönheit gewahr und verfällt den Reizen eines Knaben. Anders als der Seemann will er das Schöne nicht zerstören, aber um die Schönheit ertragen zu können, ist Aschenbach geradezu erleichtert, als er Anzeichen von Unvollkommenheit bei dem jungen Tadzio in Form von Zornesausbrüchen und eitlem Stolz entdeckt.

Claggart hingegen kann nicht aushalten, wie ein Mensch wie Billy Budd so schön sein kann, dass sich in ihm – im Sinne der griechischen Philosophen – die Göttlichkeit widerspiegelt. »Beauty is the only form of spirit that our eyes can see«, sinniert man später in der 7. Szene des 1. Akts von *Death in Venice.* »So brings to the outcast soul Reflections of Divinity.« Claggart sieht den einzigen Ausweg darin, die Schönheit zu vernichten, und sei es mit falschen Anschuldigungen. Am Ende bleiben in der von Ordnung und Disziplin geregelten zivilisierten Welt nur Menschen zurück, die Täter und Opfer zugleich sind: Claggart als schurkischer Ankläger und im Affekt Getöteter, Vere als Vaterfigur, der einen ihm Anvertrauten widerwillig töten lassen muss, und Billy als Argloser und Angreifer, dem, so Melville gegen Schluss des 20. Kapitels, »jene tief wurzelnde Todesangst« abgeht, »die unter hochzivilisierten Menschen viel häufiger ist als unter sogenannten Barbaren, welche in jeder Hinsicht der unverdorbenen Natur näher stehen«.[771]

Britten gestaltete das Drama mit dem am umfangreichsten besetzten Orchester, das er je zum Einsatz bringen konnte. Er nutzte es virtuos und opulent, trug bei Bedarf Klangfarben mit ausladender Geste auf, verwendete aber auch differenzierte, zarte Tonmischungen. Dabei war er sich sehr wohl der Diskrepanz bewusst, dass sein Ausdrucksmedium trügerisch und reich an Ambiguität sein kann. »Es ist grausam, dass Musik so schön ist«, schrieb er bereits im Juni 1937 an einen Freund. »Sie besitzt die Schönheit der Einsamkeit und der Pein; der Stärke und der Freiheit. Ihr ist die Schönheit der Enttäuschung und der nie befriedigten Liebe eigen. Die grausame Schönheit der Natur und die immerwährende Schönheit des Monotonen.«[772]

Da seiner Melville-Vertonung *Billy Budd* kein unmittelbarer Erfolg beschieden war, überarbeitete Britten das Werk 1960 zu einer von vier auf zwei Akte verdichteten Fassung mit Epilog und Prolog. In dieser Version war die Männeroper im Januar 2013 am Sankt Petersburger Michajlowskij-Theater und im November 2016 am Moskauer Bolschoj-Theater erstmals in Russland zu erleben.

*

Um den allmählichen kulturellen Wandel in Großbritannien in eine einleuchtende Ordnung zu bringen, erscheint eine der Verdeutlichung dienende Schematisierung sinnvoll, die sich an die Strukturierung der Studie Papernijs über den Paradigmenwechsel in der Stalin-Ära anlehnt. Bei den Veränderungen in Großbritannien spielten weniger die üblichen Schwankungen der Wahlergebnisse eine Rolle, die mal den Tories, mal der Labour Party Oberhand gaben, sondern vielmehr schleichende Prozesse, die das Selbstverständnis der Bürger beeinflussten. Gesellschaftliche Veränderungen vollzogen sich nicht radikal innerhalb weniger Jahre, wie beim Übergang der Kultur Eins zur Kultur Zwei in der UdSSR; vielmehr handelte es sich um einen Stimmungswandel im Laufe von Dezennien. Analog zu Papernijs Kulturtheorie kann man in Bezug auf Großbritannien auch von verschiedenen Kulturen sprechen, die sich am sinnvollsten als Kultur A und Kultur B bezeichnen lassen: Jene Kultur A, die die ›Autorität des Empires‹ (adamant authoritarian autocracy of the Empire) versinnbildlicht, und die Kultur B, die den ›Bedeutungsverlust des Empires‹ (breakdown of the Empire beyond belief) symbolisiert. Wenn auch schwer angeschlagen nach dem ›Great War‹ von 1914 bis 1918, hatte England sein monströses Reich größtenteils über das Kriegsende 1945 hinwegretten können, selbst wenn sich Länder wie Irland und Ägypten schon in den 1920er-Jahren der britischen Einflussnahme entzogen hatten. Die in jener Dekade beginnende Malaise des Empires zeigte sich bereits in Veröffentlichungen wie dem 1931 erschienenen Buch *England's Crisis* von André Siegfried, in denen, wie es der Historiker Keith Robbins prägnant formulierte, »das düstere Bild eines im Zerfall befindlichen Landes« gezeichnet wurde.[773] Bald danach begann der endgültige Zusammenbruch, als am 3. Juni 1947 der britische Premierminister Clement Attlee die Unabhängigkeit Indiens verkündete, dem 1948 Birma und 1957 Ghana folgten, sodass sich bis Ende der 1960er-Jahre alle afrikanischen Kolonialstaaten von England losgelöst hatten. Die 1950er- und 1960er-Jahre wurden zu den entscheidenden Phasen der Dekolonisation. Die Briten zeigten keinerlei Ambitionen, sich auf Unabhängigkeitskriege einzulassen, wie die Franzosen in Algerien. Man akzeptierte den »wind of change«, den Geist der Veränderung, wie es der Premierminister Harold Macmillan später formulierte.[774] Doch die Ereignisse blieben nicht ohne Folgen für die Psyche der Nation und verursachten schwere narzisstische Kränkungen. Die Vorphase des Übergangs von Kultur A zur Kultur B vollzog sich allmählich ab den 1920er-Jahren und gelangte ab der zweiten Hälfte der 1940er-Jahre allmählich zur Hochphase der Auflösung. Dabei ging Großbritannien verglichen mit der Sowjetunion einen umgekehrten Weg: In der UdSSR vollzog sich die Entwicklung von der Experimentierphase hin zur Kontrolle durch einen starken, reglementierenden

Staat; dem entgegengesetzt verloren die Briten die Kontrolle und schlitterten in die politische Bedeutungslosigkeit: Während die Einflusssphäre der Sowjetunion expandierte, kollabierte das Empire.

Die Kultur A ist gekennzeichnet durch ein Gefühl der Kontrolle; hierbei ist das Empire eine Bedrohung für andere und seine Menschen wandern eher aus England in die Kolonien aus. In der von der ›Autorität des Empires‹ geprägten Kultur A war es wichtig, das Königshaus als Symbol für Stärke und Kreativität zu achten (optisch prägnant gefasst durch ›The Lion and the Unicorn‹, die seit Anfang des 17. Jahrhunderts das royale Wappen, das Briefpapier britischer Botschaften und später auch das Logo der Tageszeitung *The Times* zierten). Die Kultur B lässt einen allmählichen Kontrollverlust erkennen, der zunehmend zu einer Furcht vor der Bedrohung durch andere führt, nicht zuletzt durch die zunehmende Zahl von Einwanderern aus den ehemaligen Kolonien. Der Respekt gegenüber royalen Institutionen schwand in Kultur B mit dem ›Bedeutungsverlust des Empires‹. Sah man in der Kultur A den selbstständig geführten Krieg im Sinne der ›Pax britannica‹ als ein Mittel des Friedens an, ist Kultur B zunehmend auf alliierte Mächte angewiesen und bezeichnet andere starke Länder als imperialistisch, wenn sie zum Beispiel wie die USA den ›Pax americana‹ gewährleisten wollen.

Respekt vor identitätsstiftenden Sinnbildern wie etwa royalen Emblemen und Zeremonien prägte Kultur A. Je mehr das Privatleben der königlichen Familie ab den 1920er-Jahren mit ihren Sorgen und Problemen, wie sie jedermann plagen, in der Öffentlichkeit enthüllt wird, desto weniger blicken die Bürger zu ihr auf. In den Phasen der Kultur A lässt sich die Architektur in vielen Stadtteilen und Orten noch den nach Herrschern benannten Epochen zuordnen, wie georgianisch, viktorianisch oder edwardianisch; in Kultur B werden Städte zu einer Art Freiluft-Architekturmuseen, wo sich neben modernistischen Neubauten Stolz erheischende historische Bausubstanz erhalten hat, die ihnen den Charakter von Themenparks verleiht.

Alte Werte erfuhren einen Bedeutungswandel: Das Wasser, das für das Kanalsystem, als Schutzwall in Form des Meeres und für die weltbeherrschende Marine eine Rolle spielte, wurde weniger wichtig in einer Nation, die zunehmend auf das Auto, die Eisenbahn und die Air Force setzte. Imitationen von Natur fand man eher in Schutzgebieten und dem eigenen Garten, während die Erinnerungen an das einst besungene »grüne und liebliche Land«, »England's Green and Pleasant Land«,[775] in Dichtung und Museumsbildern zur Ikone des Vergangenen schrumpften. »A time there was« lautet eine Zeile aus Brittens Liederzyklus *Winter Words*, die zum Titel einer Orchestersuite wurde – ein Aspekt, der Britten nicht nur 1953, sondern noch 1974 beschäftigte.

Nichtdestotrotz etablierte Kultur B einen Kult um ›Englishness‹, das Englische schlechthin, was vor allem der weltweiten Rezeption der Musik von Sullivan, Elgar und Vaughan Williams schadete. Während Idyllen und eine affirmative Kunst eher ein Insignium von Kultur A sind, finden sich in Vaughan Williams' und Brittens Hauptwerken zur Zeit der Kultur B zunehmend pessimistische Untertöne und Scheinidyllen. Doch der Stolz auf das eigene Reich blieb erhalten. Allerdings war nichts mehr übrig geblieben, was das immer noch ausgeprägte Ego gerechtfertigt hätte. Mit dem Empire im Herzen drohten die Briten in die Belanglosigkeit abzudriften. »Das Vereinigte Königreich täte besser daran, den Kampf aufzugeben und so würdevoll wie möglich zu akzeptieren, dass man nur noch eine Macht zweiter Klasse ist«, meinte der amerikanische Präsident Eisenhower Ende der 1950er-Jahre, der den Briten, eine »gut gemeinte, aber unglaublich naive Diplomatie« vorwarf.[776] Schon kurz zuvor hatte der englische Philologe Enoch Powell erkannt, dass die Partei der Tories »vom Britischen Empire und den bemitleidenswerten Sehnsüchten nach den Relikten eines untergegangenen Systems geheilt werden muss«.[777]

Das 1931 gegründete British Commonwealth, das 1947 in Commonwealth of Nations umbenannt wurde, war nur eine Prothese, um den Phantomschmerz der verlorenen Staatenglieder zu lindern. Es folgte eine intensive Beschäftigung mit dem eigenen Nationalbewusstsein. In den folgenden Jahrzehnten stieg die Zahl der Artikel und Buchtitel wie *The Idea of Britishness*, *Englishness in Music* oder *The Battle of Britishness* und dergleichen sprunghaft an.[778]

»Das Problem ist, dass es in England eine große Industrie gibt, um Nostalgisches zu propagieren, selbst unter Gelehrten und Kritikern«, meinte die englische Komponistin Nicola LeFanu.[779] Seit der Frühphase von Kultur B vernahm man immer wieder Neuorientierungen und Feinjustierungen im Œuvre britischer Komponisten – ihre Musik begleitete über Jahrzehnte einen Prozess des Zerfalls. Während des langen Marsches der einstigen Weltmacht in die Bedeutungslosigkeit wandte sich der »Grand Old Man of British Music«, Ralph Vaughan Williams, einer Opernfassung von Bunyans mahnender Allegorie *The Pilgrim's Progress* zu, die einen Suchenden auf dem Weg zur Erkenntnis und Selbstbescheidung zeigt. Das Werk – in dem die 1. Szene des 3. Akts bezeichnenderweise mit »Jahrmarkt der Eitelkeiten« betitelt ist – entstand für das 1951 anvisierte Festival of Britain, für das Britten mit *Billy Budd* den Finger in andere gesellschaftliche Wunden legte. Spätestens mit dem Dahinscheiden von Vaughan Williams im August 1958 fiel die Rolle des namhaftesten lebenden englischen Komponisten Benjamin Britten zu. »Ich möchte Ihnen mein tiefstes Mitgefühl zum Tode Ihres Gatten aussprechen, einem wirklich großen Mann«, kondolierte der

Vertreter der jungen Generation, für den ›R. V. W.‹ schon seit Langem zum ›alten Eisen‹ zählt, der zweiten Frau Ursula. »Wir werden ihn sehr vermissen – vor allem seinen wunderbaren, kompromisslosen Mut, für all die Dinge zu kämpfen, an die er geglaubt hat – Dinge, von denen ich persönlich denke, dass sie zum Wichtigsten im Leben überhaupt gehören.«[780]

*

Nur wenige Gewaltherrscher sterben eines natürlichen Todes. Ob dies dem вождь, ihrem ›Woschd‹, dem väterlichen Führer der Sowjetunion vergönnt war, wurde von einigen seiner Anhänger oft bestritten. Stalin war 74 Jahre alt, als er am 5. März 1953 gegen neun Uhr abends in seiner Datscha in Kunzewo bei Moskau an den Folgen einer Blutung in der linken Gehirnhälfte verstarb. Auf eine medizinische Todesursache konnte man die Bevölkerung schonend vorbereiten und ankündigen, der Stählerne liege im Sterben. Zwei Tage zuvor hatten das Zentralkomitee der KPdSU und der Ministerrat der UdSSR ein auch von der BBC übernommenes Kommuniqué herausgegeben, in dem angedeutet wurde, dass »ein Unglück unsere Partei und das ganze Volk betroffen hat«, denn »Genosse Stalin ist schwer erkrankt«.[781] Gegen vier Uhr am Morgen des 6. März meldete ein Radiosprecher nach einem Trommelwirbel: »Das Herz des Waffengefährten und genialen Fortführers von Lenins Werk, des weisen Leiters und Lehrers der Kommunistischen Partei und der Sowjetunion, hat den letzten Schlag getan.«[782] Doch ein anonymer Brief von einer Kommunistin an den Sekretär des Zentralkomitees, Nikita Sergeewitsch Chruschtschjow, behauptete, dass neunzig Prozent der Parteimitglieder nicht an ein natürliches Ableben glaubten. »Die Leute vermuten, dass dies eine Tat von verachtenswerten Mördern war, die ihr abscheuliches Vergehen so geschickt vollbracht haben, dass nicht einmal medizinische Fachleute etwas entdecken konnten.«[783] Die Gerüchte, dass Stalin möglicherweise mit einem Blutverdünner und Warfarin umgebracht worden sei, verstummten nie. Hintermänner könnten Berija und Malenkow gewesen sein, die geplanten Säuberungen zuvorkommen wollten. Wie in einer modernen Version der Renaissance lebte man in einer Welt, in der Mord genauso zur Ökonomie des Daseins gehörte wie die Lüge. Eine Freundin von Schostakowitsch und seiner Frau, die Biologin Flora Litwinowa, berichtete, dass auf ihre Bemerkung, sie habe von der Gattin des ehemaligen Londoner Botschafters erfahren, nun sei zu erwarten, dass Gefangene aus den Lagern entlassen werden, der Komponist sie anfuhr: »Wie kannst du nur solchen vorsätzlichen Lügen glauben!« Stalins Tod verschaffte Schostakowitsch zwar ein »Gefühl der Erleichterung«, doch – so Flora

Litwinowa – »obwohl er sich von dem enormen Druck, der während seines Lebens auf ihm lastete, ein wenig entspannte, empfand er kein Gefühl der Euphorie.«[784]

Schostakowitschs Name prangte wie der von etlichen anderen Intellektuellen unter einer von der Presse veröffentlichten Trauerbekundung, in der Stalin gepriesen wurde für seinen Einsatz, einen weiteren Krieg verhindert, die Freundschaft unter der Arbeiterschaft in aller Welt gepflegt und die Verbreitung des Kommunismus vorangetrieben zu haben. Stalin wurde neben Lenin aufgebahrt. Tausende kondolierten vor dem einbalsamierten Leichnam. Die Menge quetschte oder trampelte zahlreiche Menschen zu Tode. In all der Aufregung wurde einer völlig vergessen: Sergej Prokofjew, der genau am gleichen Tag wie Stalin im Alter von 61 Jahren an einer Hirnblutung starb. Um seiner zu gedenken, waren wegen der Trauer um Stalin in ganz Moskau keine Blumen aufzutreiben. Was man später im Westen hochtrabend als »Entstalinisierung« bezeichnete, lag noch einige Jahre in der Ferne. Der sowjetische Ausdruck des »Kampfes mit den Folgen des Persönlichkeitskults« machte deutlich, dass es nicht um eine Teufelsaustreibung ging, sondern um eine Neuorientierung. Geschichte vollzieht sich nicht schlagartig, sondern in einem breiten Strom allmählicher Veränderungen. Der kommende starke Mann im Kreml musste andere Qualitäten unter Beweis stellen, um zu überzeugen und sich als Nachfolger ins Spiel zu bringen. Nur wenige Stunden nach Stalins Tod wurden bereits 22 Präsidiumsmitglieder aus dem Zentralkomitee ausgestoßen – alles Mitarbeiter, die unmittelbar zu den Drahtziehern der großen Terrorwellen gehörten. Um »größere Abweichungen« zu unterbinden, erklärte Malenkow, man »betrachte es als notwendig, die Politik des Personenkults zu beenden«.[785] Eine kleine Führungsclique bestimmte Georgij Malenkow als Vorsitzenden des Ministerrats zum Regierungschef; andere Kampfgenossen des Verblichenen wie der Nachrichtendienstleiter Lawrentij Berija und der Außenminister Wjatscheslaw Molotow bekleideten Schlüsselpositionen. Das offizielle Foto von der Ehrenwache der engsten Streitgenossen am offenen Sarg Stalins ließ man nur in einer bearbeiteten Version veröffentlichen, in die Nikita Chruschtschjow erst später hineinmontiert wurde. Er rückte Mitte März 1953 aus dem Präsidium zum Parteichef der KPdSU auf. Chruschtschjow gehörte keinem der staatlichen Organe an. Er unterstützte als Leitlinie »Lenins Prinzipien des Parteilebens« und eine »kollektive Führerschaft«, die sich auf die moralisch-ethischen Werte des Kommunismus stützte. Allerdings stellte die Macht von Berija, dem Herrn über Nachrichtendienst und Polizei, eine Bedrohung dar. Chruschtschjow und seine Verbündeten ahnten, dass er »einen privaten Staatsstreich vorbereitete«, wie sich der italienische Botschafter in Warschau an den persönlichen Bericht des

Parteichefs erinnerte. Man lockte Berija zu einer gemeinsamen Sitzung in den Kreml, auf der ihm die Nachfolge Stalins angetragen werden sollte. Die persönliche Leibgarde folgte ihm nur bis zum Versammlungssaal. Die unerwartete Anwesenheit von Generälen beunruhigte Berija, der umso besorgter sein musste, als Malenkow das Wort ergriff und statt des erwarteten Antrags »eine kurze, scharfe Anklage« vorbrachte. »Er beschuldigte Berija der Verschwörung und verkündete ihm, dass er im Laufe eben dieser Sitzung abgeurteilt werden sollte«, hieß es in einer auf Chruschtschjows Augenzeugenbericht fußenden Schilderung. »Berija begriff schon nach den ersten Worten, dass man ihn getäuscht hatte. Er sprang auf und griff nach dem Revolver in seiner Tasche, doch bevor er ihn erreichen konnte, überwältigten ihn die Nächstsitzenden – Konew, Moskalenko, Mikojan und Malenkow persönlich –, packten ihn bei der Kehle und erwürgten ihn.« Zu diesem Zeitpunkt hatte man noch nicht genügend Beweise für Berijas Schuld, »trotzdem konnten wir ihn nicht laufen lassen«.[786] Anderen Berichten zufolge wurde Berija nach militärischen Gepflogenheiten hingerichtet oder einfach in seiner Dienstwohnung erschossen. Letztlich gingen die neuen Machthaber kaum weniger zimperlich vor in Ausübung ihres machiavellistischen Führungsstils. Immerhin blieben Künstler wie Schostakowitsch von nun an von mit Lebensgefahr verbundenen Verfemungen unbehelligt.

Malenkow leitete weiter die Sitzungen des Präsidiums, während der geduldige Chruschtschjow sich schrittweise den Weg zur Macht bahnte. Dabei kamen ihm nicht nur seine Führungsqualitäten und seine natürliche Autorität zugute, sondern auch, dass ihm ältere Parteimitglieder als ›einem der ihren‹ vertrauten. Er sicherte sich deren Unterstützung zu, um im November 1954 Malenkows Ämter auf sich übertragen zu lassen. Diesem wurden Fehler und Unzulänglichkeiten in der Amtsführung zur Last gelegt. Immerhin ließ man ihn am Leben und versetzte ihn auf den wenig exponierten Posten des Ministers für Wasserkraftwerke. Der Parteivorsitzende Nikita Chruschtschjow vereinte ab 1958 als Vorsitzender des Ministerrats, und damit Regierungschef der Sowjetunion, erstmals sämtliche Führungspositionen auf sich. Für den britischen Premierminister Harold Macmillan wirkte er »eher wie die Russen, über die wir in russischen Romanen lesen, als wie die meisten russischen Technokraten«. Diese erschienen dem Briten eher wie »made in Germany«, also ziemlich steif, und »man konnte sich mit ihnen nicht richtig unterhalten; aber mit Chruschtschjow ging das«.[787]

Dmitrij Schostakowitsch wollte seine neuen Möglichkeiten austesten und beschloss, sich acht Jahre nach der 9. Sinfonie mit einem weiteren umfangreichen Orchesterwerk an die Öffentlichkeit zu wagen. Die ersten Entwürfe zu dem, was die 10. Sinfonie werden sollte, entstanden bereits 1952 parallel zur Arbeit an den *Präludien und Fugen*. Nach eigenem Bekunden schrieb er das viersätzige, gut fünfzigminütige Opus 93 zwischen Juli und Oktober 1953. Am 17. Dezember 1953 leitete Jewgenij Mrawinskij ›seine‹ Leningrader Philharmoniker erneut bei der Uraufführung des Werks seines Freundes.

Ob der tobende zweite Satz – wie westliche Exegeten gerne versichern – ein Stalin-Portrait darstellt, darf bezweifelt werden. Eindeutige Belege aus Briefen von Schostakowitsch gibt es dafür nicht. Unbestritten ist, dass es sich um Klänge handelt, die nach dem verhaltenen Moderato-Beginn dieser Sinfonie mit unbarmherziger Brutalität über den Hörer hereinbrechen. Es ist eine Musik, bei der man – wie Mrawinskij es einmal über eine ähnliche Stelle in der 9. Sinfonie gesagt hatte – »den Klang von stampfenden, stahlbeschlagenen Stiefeln« hören muss.[788]

Schostakowitsch bevorzugte die Extreme. »Er wusste ganz genau, was er wollte, und er ließ nicht locker, bis er es bekam«, erzählte der Dirigent Edward Downes. »Viele meiner Tempi erschienen ihm zu langsam und er war zudem äußerst bedacht auf die Kontraste zwischen den extrem leisen Stellen und der extrem lauten Musik – er wollte unbedingt diese brachialen Gegensätze herausbringen!«[789] Schostakowitsch forderte seine Interpreten immer wieder bis aufs Äußerste. Sein Freund Mstislaw Rostropowitsch berichtete, dass Schostakowitsch Musiker, die Zwischenlösungen boten, hasste und für ihr instrumentales Gesäusel nur Spott übrighatte. Schostakowitsch, so der Cellist, habe ihm anvertraut: »Wenn diese Leute kein piano, mezzopiano, piano-pianissimo und manchmal drei Piani spielen, habe ich sie gehasst und zu dem Künstler gesagt: ›Sie sind kein Musiker, mein Freund, Sie sind bloß ein Mezzofortist!‹.«[790]

Die 10. Sinfonie wies alle Indizien eines Selbstportraits auf. Das D.-Sch.-Motiv erklingt mehrfach: Im ersten Satz wird es lediglich mit den ersten beiden Tönen angedeutet oder es tritt in vertauschter Reihenfolge der Noten D – C – H – Es auf. Die Stimmung des Kopfsatzes strahlt etwas Bedrohliches und Morbides aus und scheint geprägt von Angst und emotionaler Zerrüttung; dementsprechend vernimmt man die Tonfolge desarrangiert, denn sie hat sich noch nicht stabilisiert. Kurz nach Beginn des dritten Satzes hört man das Namensmotiv – nun erstmals in der korrekten Form – eher scherzohaft zunächst in Piccolo, Flöte, Oboe, dann auch in den Streichern. In diesem Allegretto verwies der Komponist zudem auf eine Kollegin und die Verbundenheit mit einer Gleichgesinnten – auf die 22 Jahre jüngere Pianistin und Komponistin Elmira Nazirowa aus Aserbaidschan. Sie wurde in den 1950er-Jahren Schostakowitschs Studentin und Muse. Beide waren kein Liebespaar, aber befreundet, und hielten Kontakt bis zu Schostakowitschs Tod. Erst 1994 hat Elmira Nazirowa einer Musikwissenschaftlerin die Hintergründe anvertraut: Das Hornmotiv im dritten

Satz beinhaltet ihr Namensmotiv. Dieses setzt sich zusammen aus der deutschen – E und A am Anfang und Ende – und der italienischen Schreibweise der Noten (dem ›do-re-mi-fa-so-la-si-do‹), dann ergibt sich daraus: E – la – mi – re – A.

So wie Schostakowitsch selbst steht auch die Musik der 10. Sinfonie unter ständiger Anspannung. Sein eigenes ›Gehetzt-Sein‹ überträgt sich auf die nervösen und unruhigen Läufe von Streichern und Holzbläsern. Die brütende Düsternis der einleitenden Streicherfiguren von Celli und Kontrabässen – die sich durch den ganzen ersten Satz der 10. Sinfonie ziehen – greift eine vergleichbare Wendung vom Beginn der 1857 entstandenen *Faust*-Sinfonie von Liszt auf, deren erster Teil mit »Faust« betitelt ist. So mancher deutete dies, als ob Schostakowitsch seine eigene Situation in der Sowjetunion als eine Art faustischen Teufelspakt verstehe. Diese Wendung klingt immer wieder im ersten Satz – dem längsten der ganzen Sinfonie – an. Gegen Ende ist eine Anspielung auf das erste Lied der *Vier Puschkin-Monologe* versteckt, des im Vorjahr 1952 entstandenen Opus 91. Der Titel des Liedes lautet »Fragment«: Es handelt vom Alltag einer jüdischen Familie – ein Leben, das bestimmt ist vom Tod, dem Gefühl der Bedrohung, der Sorge und der Angst, eben jenen Empfindungen, die auch für die Situation unter der Stalin-Herrschaft an der Tagesordnung waren. Nachdem geschildert wird: »… vor einer Lampe liest ein alter Mann in der Bibel« und nach dem Satz: »Über einer leeren Wiege weint eine junge Jüdin …« – es ist also gerade ihr Kind gestorben – erklingt ein Laut, der das Klagen der jungen Frau illustriert. Es ist eine Geste des Aufbäumens mit zwei Staccato-Achteln, wie ein Weinen. In der Sinfonie erklingt im ersten Satz in einem Klarinetten-Solo eine sehr ähnliche Klagefigur. Bedrohung und Tod bestimmen die morbide Atmosphäre der Musik. Auch der Anfang des vierten Satzes erinnert an die Stimmung des ersten. Dann wird das Scherzo-Motiv aus dem zweiten im vierten Satz wieder aufgegriffen und ein wüster ukrainischer Springtanz aus der Epoche der Saporoger Kosaken klingt an, ein Hopak, der russisch als Gopak ausgesprochen wird. Mit diesem akrobatischen Volkstanz traktierte Stalin zuweilen seine Untergebenen. »Aus irgendeinem Grund«, berichtete Chruschtschjow, »fand er die Erniedrigung anderer sehr amüsant. Ich erinnere mich, dass Stalin einmal darauf bestand, dass ich vor einigen Spitzenfunktionären der Partei den Gopak tanzte. Dazu musste ich in die Hocke gehen und die Füße hochwerfen und versuchen, ein freundliches Gesicht zu machen.«[791]

Gegen Ende des Schlusssatzes sinkt die Musik dann erschöpft in sich zusammen. Kurz danach stimmt das Fagott ein heiteres Motiv an und animiert zunächst die Holzbläser dazu mitzumachen, bis sich schließlich die verschiedenen Instrumentalgruppen gegenseitig anstacheln und das ganze Orchester in einem wilden, ausgelassenen Taumel – durchsetzt mit Anklängen an das Dies irae-Motiv – die Sinfonie zu einem virtuosen Höhepunkt treibt. Auch wenn sich Schostakowitsch befriedigt, aber keineswegs euphorisch über Stalins Ableben zeigte, scheint es, als ob er am Schluss der 10. Sinfonie triumphierend auf seinem Grab tanzt.

Eine äußerst zufriedenstellende, plausibel erscheinende Deutung. Doch stimmt sie auch? Oder irrlichtern wieder die Zeichen und Symbole der von Vladimir Nabokov in *Signs and Symbols* beschriebenen referenziellen Manie durch die Wahrnehmung? Interpretationen dieser Art sind wohlfeil, wenn man sich, nachdem das Wild erlegt ist (Stalin tot und als Übeltäter entlarvt), gefahrlos dem Scheusal nähern kann. Paraphrasiert man eine Anregung des Semiotikers Umberto Eco aus seiner *Nachschrift zum ›Namen der Rose‹*, ließe sich die Sinfonie als »eine Maschine zur Erzeugung von Interpretationen« charakterisieren. Nicht vollends von der Hand zu weisen ist demnach die Annahme, dass die letzten 175 Takte der Sinfonie das Ergebnis eines vorauseilenden Gehorsams oder eines finanziellen Engpasses waren. Ein Jahr zuvor wurde die 7. und letzte Sinfonie von Prokofjew in Moskau uraufgeführt. Das vom Komponisten vorgesehene originale Ende mit allmählich verstummendem Glockenspiel, Xylophon, Klavier, Piano-Bläsern samt Harfen- und Streicherpizzikato verebbt zu einem eher trostlosen Aushauchen. Der Dirigent der Uraufführung, Samuil Samosud, der zahlreiche Erstaufführungen der führenden sowjetischen Komponisten geleitet hatte, empfahl Prokofjew, ein eher aufmunterndes Finale zu entwerfen, um damit den Stalin-Preis 1. Klasse zu erhalten. Prokofjew erzählte Mstislaw Rostropowitsch, dass er dem Rat gefolgt sei, um somit auch die dringend benötigten 100 000 Rubel zu ergattern, doch er fügte hinzu: »Aber, Slawa, du wirst erheblich länger leben als ich, und du musst dafür sorgen, dass nach meinem Ableben dieses neue Finale niemals mehr zu hören sein wird.«[792] Eine positive Abrundung der Sinfonie verhinderte zudem, dass die Behörden argwöhnisch reagierten. Auch wenn der knallige Schluss der letztlich uraufgeführten Fassung den Intentionen des eigentlich beabsichtigten Verebbens widersprach, füllte diese Version Prokofjews Konto gewaltig auf. Schostakowitschs 10. Sinfonie, die Aram Chatschaturjan als »eine optimistische Tragödie« charakterisierte,[793] entfachte zwar heiße Debatten in der Fachpresse und unter den Musikern, doch eine mit staatlichen Preisgeldern gewürzte Auszeichnung erhielt sie letzten Endes nie.

*

Im Großbritannien des 20. Jahrhunderts hatte der Tod eines Königs keinen Einfluss auf die Politik. Es bestand auch keinerlei Grund, beim

Ableben von Georg VI., der 13 Monate vor Stalin am 6. Februar 1952 auf seinem Landsitz Sandringham House in Norfolk im Alter von 56 Jahren starb, nachzuhelfen. Als Kettenraucher richtete er sich mit Lungenkrebs und Arteriosklerose selbst zugrunde, sodass schon Jahre vor seiner Beisetzung in der St.-George-Kapelle von Windsor Castle die Kronprinzessin Elizabeth ihn bei öffentlichen Auftritten im In- und Ausland vertreten musste.

Im Sommer 1952 ereilte Benjamin Britten die offizielle Anfrage, ihr zu Ehren für die Krönungsfeierlichkeiten im Sommer des folgenden Jahres eine Oper zu komponieren. Diesen Auftrag hatte er sich durch Beziehungen selbst verschafft: Schon während eines Skiurlaubs in Österreich mit Lord Harewood, einem Cousin der künftigen Königin, erörterte er im März 1952 – einen Monat nach dem Tod des Königs – grundlegende Aspekte nationaler Opern. Britten fiel kein englisches Äquivalent zu Smetanas *Verkaufter Braut* bei den Tschechen und Musorgskijs *Boris Godunow* für die Russen ein. Die diesbezüglich wichtigere Smetana-Oper *Libussa* kannte er anscheinend ebenso wenig wie die relevanten Opern Glinkas und Rimskij-Korsakows, ganz zu schweigen von Sullivans *The Yeomen of the Guard* und der noch 1910 im Covent Garden aufgeführten Scott-Vertonung *Ivanhoe*, die nach dem Ersten Weltkrieg der Verachtung für alles Viktorianische zum Opfer gefallen waren. Seine Lordschaft empfahl einfach: »Na, schreibe doch selbst eine.«[794] Man erörterte in erster Linie verschiedene Herrscher aus der Tudor-Ära als mögliches Sujet und nahm Lytton Stracheys 1928 erschienenen Roman *Elizabeth and Essex: A Tragic History* näher in Augenschein – ein Werk jenes Autors, der mit seiner Biografie von Königin Victoria ihre Epoche in Bausch und Bogen verdammt hatte. Um die geplante Oper in die Festivitäten zur bevorstehenden neuen Elisabethanischen Epoche zu integrieren, bestand Britten darauf, dass eine Erlaubnis aus dem Buckingham Palace vorliegen solle. Lord Harewood ließ seine Verbindungen spielen und die Vorbereitungen zur Oper *Gloriana* – neben ›The Virgin Queen‹ (die jungfräuliche Königin) eine der Bezeichnungen für die letzte Tudor-Herrscherin Elizabeth I. – konnten ihren Lauf nehmen.

Bereits im Vorfeld von *Billy Budd* hatte Britten an seinen Verleger Ralph Hawkes geschrieben: »Wie üblich werden, so fürchte ich, das Thema und die Umsetzung umstritten sein, aber ich weiß, dass Du daran gewöhnt bist!«[795] Bei *Gloriana* verhielt es sich nicht anders. Das Werk bietet keine Huldigung: Die Liebesbeziehung von Elizabeth und Robert Devereux, dem zweiten Earl of Essex, endet unglücklich, bei Hofe dominieren Intrigen, sowohl Cecil als auch Essex sind in ihrer Unversöhnlichkeit gefangen und am Ende unterzeichnet die Königin ein Todesurteil – die Musik spendet keinen Trost, und die letzten

Worte der Monarchin werden auch nur gesprochen. Symbolisiert das Versagen der Fähigkeit zu singen den Verlust der Humanität? Die 27-jährige Elizabeth II. erlebte an jenem Premierenabend eine Oper als Lehrstück über Verantwortung und die Zwänge, denen Menschen unterworfen sind. Dennoch soll sie acht Minuten lang der Darstellung ihrer hochintelligenten, geistreichen, mutigen, aber grausamen Vorgängerin applaudiert haben. Britten muss bei der jungen Königin Eindruck hinterlassen haben, denn sie beehrte mehrfach das Festival in Aldeburgh mit ihrer Anwesenheit. Der Komponist erhielt nie den später inflationär verteilten Ritterschlag mit dem damit verbundenen Ehrentitel ›Sir‹, sondern 1965 den Order of Merit – der zuvor nur an zwei weitere Musiker, Elgar (1912) und Vaughan Williams (1935), vergeben worden war – und am 12. Juni 1976 die Peerswürde auf Lebenszeit. Keinem anderen Komponisten hatte man bisher diese Anerkennung zuteilwerden lassen.

Gloriana scheint im Reigen von Brittens Opern aus dem Rahmen zu fallen. Die spezifische Rolle, die diesem Werk zukommt, lässt sich am besten erfassen, wenn man sie und Brittens Gesamtwerk mit ein wenig Distanz betrachtet und in einen größeren Rahmen stellt. Hinsichtlich der lebenslangen Bewunderung von Britten und Schostakowitsch für William Shakespeare bieten die Analysemethoden eines Zeitgenossen, des Literaturwissenschaftlers Bernard Beckerman, einen sinnvollen Ansatz, um manche Eigenheiten des Œuvres der beiden Künstler besser einordnen zu können.[796] Laut Beckerman arbeiten Künstlerpersönlichkeiten in verschiedenen Modi des Dramatischen: dem ikonischen *(iconic)* und dem dialektischen Modus *(dialectic mode)*. Auffälligstes Merkmal seien dabei zwei unterschiedliche Wahrnehmungen von Zeit. Kennzeichnend hierfür sind beim ikonischen Modus Aspekte wie Bestätigung, Beständigkeit und die Darstellung einer Idee – Gewissheiten werden vermittelt, aber es entsteht der Eindruck des Undramatischen –, wobei die relative Statik der Aktionen den Eindruck von Stillstand erweckt. Der dialektische Modus bietet Konflikte, eine ungewisse Zukunft und die Darstellung zeitlicher Abläufe – Fragen werden aufgeworfen und das Geschehen wirkt dramatisch –, wobei die zielgerichtete Entwicklung den Eindruck des Vergehens von Zeit vermittelt. Diese theoretischen Positionsbestimmungen, die sich in den meisten Fällen überlappen und im Verlauf eines Schauspiels oder einer Oper miteinander verschmelzen können, bieten nicht nur ein für die Grundlagenforschung sinnvolles Werkzeug, um strukturelle Unterschiede zwischen Stücken wie Shakespeares *Hamlet* und *Henry V* deutlich zu machen. Sie können auch herangezogen werden, um Unterschiede zwischen Werken wie Schostakowitschs *Lady Macbeth von Mzensk*, seinen Musorgskij-Bearbeitungen und Prokofjews *Krieg und Frieden* oder Brittens *The Turn of the Screw* und *Gloriana* aufzuzeigen. Dadurch sollen keine Qualitätsunterschiede bzw. Wertekategorien impliziert werden wie dramatisch/undramatisch, unterhaltsam/langweilig oder zeitgemäß/unzeitgemäß. Die Differenzierung zwischen dem dialektischen und dem ikonischen Modus kann langfristig zu einem tieferen Verständnis für die Eigenheiten vieler Werke führen. Dafür bedarf Beckermans wenig flexibel wirkende Einteilung noch einiger Ergänzungen, denn weder verspricht der dialektische Modus einen handlungsreichen Thriller noch der ikonische Modus eine Ansammlung von ›tableaux vivants‹. Verwendet man zusätzlich Termini, die die Modi nicht gegeneinander ausspielen, sondern wesentliche Facetten hinzufügen, gelangt man eher zu dem, was man in der Ikonografie den ›clavis interpretandi‹ nennt, den Schlüssel zum Verständnis. Und so lassen sich der ikonische und der dialektische Modus beispielsweise um Begriffspaare ergänzen wie episch/situativ, Charakterbilder/holzschnittartige Figuren, kompromissorientiert/destabilisierend und identitätsstiftend/polarisierend.

Dass die Modi keineswegs immer in Reinform zu erleben sind, zeigte *Gloriana*. Zudem düpierte die Handlung und die unspektakulär begleitende, dabei selten auftrumpfende Musik das Publikum und die Zeitungskritiker. Das Ganze sei »mehr Historienspiel als Drama«, befand man im Juni 1953 über die festliche Uraufführung am Opernhaus Covent Garden in London.[797] »Sofern es dramatisch Lebendiges in *Gloriana* gibt, geht es auf das Konto der Historiker«, meinte der Rezensent der *Sunday Times*, »weder Mr. Plomer noch Mr. Britten haben viel dazu beigetragen, im Hinblick auf ihr eigenes Medium die Figuren und die Geschehnisse zu reanimieren.«[798] Ein Vergleich, den man im *Observer* zog, dürfte Britten allerdings gefallen haben: »Die Instrumentierung ist überwältigend, oft mit jener besonderen für Britten charakteristischen Blech-Schärfe, und die Glocken von Norwich erklingen so realistisch wie sonst nur in Musorgskijs *Boris*.«[799]

*

Mit Themen, die charakteristisch für die englische Kultur sind, wurde Brittens zunehmende Hinwendung zu nationalen Stoffen deutlich. Sie deutete sich bereits an durch sein Interesse für Volkslieder Mitte der 1940er-Jahre und *Lachrymae, Reflections on a song of Dowland* für Bratsche und Klavier von 1950. Noch im Jahr der Premiere der neuen Oper beteiligte er sich mit anderen englischen Komponisten an *Variations on an Elizabethan Theme* und legte wenige Monate später eine *Symphonic Suite from ›Gloriana‹* vor. Berühmte englische Künstler der Vergangenheit traten in den Fokus – was sich an der Shakespeare-Oper

A Midsummer Night's Dream, den *Songs and Proverbs of William Blake* für Bariton und Klavier und dem *Nocturnal after John Dowland* für Gitarre zeigt, zudem verklärte der Künstler eine vermeintlich gute alte Zeit mit »acht mittelalterlichen Dichtungen« in dem Chorstück *Sacred and Profane* sowie einer Suite für Kammerorchester über englische Volksmelodien mit dem Titel *A Time There Was*.

Schostakowitsch wandte sich gleichfalls Ikonen der Vergangenheit zu: Im Juli 1952 spielte das Kirow-Theater in Leningrad Musorgskijs unvollendete Oper *Chowanschtschina* mit seinen Ergänzungen; anschließend instrumentierte er die ganze Oper für eine im Mai 1959 vorgestellte Kinofassung. Seine durch den Kriegsbeginn lange unaufgeführte Orchestrierung von *Boris Godunow* aus den 1940er-Jahren – als Alternative zu Rimskij-Korsakows Version – fand erstmals im November 1959 am Kirow-Theater Verwendung.

So manches unaufgeführt gebliebene Werk aus der Stalin-Zeit konnte er nun der Öffentlichkeit vorstellen – das gleiche Los teilten auch Schriftsteller wie Ilja Ehrenburg, dessen lange unterdrückter und 1954 erstmals in einer Literaturzeitschrift vorgestellter Liebes- und Künstlerroman *Tauwetter* den folgenden Jahren ihre Bezeichnung gab. Am 25. Februar 1956 betonte Chruschtschjow in einer Rede auf dem 20. Parteitag der KPdSU, dass es »unzulässig und dem Geiste des Marxismus-Leninismus zuwider ist, eine Person herauszuheben und sie zu einem Übermenschen zu machen, der gottähnliche, übernatürliche Eigenschaften besitzt«.[800] Dann informierte er über Stalins Selbstverherrlichung, seine Massenrepressalien gegen vermeintliche ›Volksfeinde‹, seinen »Verfolgungswahn«, den Missbrauch der Führungsposition, die Liquidierung von Kadern, den »mysteriösen Kirow-Mord«, Folterungen, Fälschungen, »brutale Willkür«, Rechtsbeugungen, Fehler bei der Kriegsführung, Defätismus, Inkompetenz, Massendeportationen und eine misslungene Agrarpolitik.

Viele westliche Stalin-Bewunderer wie der ehemalige P.E.N.-Präsident H. G. Wells erlebten diese Kehrtwende nicht mehr. Verglichen mit dem Vorangegangenen schienen die neuen Machthaber beinahe eine Art Liberalisierung einzuleiten. So wie Britten in den 1950er-Jahren mit den führenden Persönlichkeiten des Landes auf Tuchfühlung ging, versuchte Schostakowitsch der neuen Landesspitze zu gefallen. Er schrieb Musik zu dem im April 1956 in Moskau vorgestellten Film *Die erste Staffel*, der vor dem Hintergrund der Chruschtschjow'schen Agrarreformen in Kasachstan spielt, und widmete seine nächsten beiden Sinfonien zwei zentralen historischen Ereignissen der kommunistischen Mythologie: den Revolutionen von 1905 und 1917.

»Sie erinnern sich wohl der weisen Worte Lenins, dass der Sowjetstaat deshalb so stark ist, weil die Massen sich der Tatsache bewusst sind, dass die Geschichte von Millionen und Abermillionen von Menschen gemacht wird«, hatte Chruschtschjow in seiner Februar-Rede 1956 betont. Man müsse die These »vom Volk als der bewegenden Kraft der Geschichte und dem Schöpfer aller materiellen und geistigen Güter der Menschheit« untermauern und die »weitverbreiteten irrigen Ansichten in der Geschichtsschreibung, der Philosophie, der Volkswirtschaft und anderer Wissenschaften sowie in der Literatur und der bildenden Kunst« vom marxistisch-leninistischen Standpunkt aus kritisch untersuchen und richtigstellen.[801] Schostakowitsch sah seine Aufgabe eher darin, für das Volk eine emotionale Grundlage zu liefern, auf der man die Ereignisse des gescheiterten Aufstands von 1905 und der glorreichen Revolution von 1917 nachempfinden kann. Elf Tage vor Chruschtschjows Ansprache veröffentlichte die Zeitung *Istwestija* ein Interview mit Schostakowitsch, in dem er erklärte, er wolle in seiner geplanten 11. Sinfonie »die Seele des Volkes darstellen, das als Erstes den Weg zum Sozialismus geebnet hat«.[802]

Wie ein thematisches Paar erinnern die Sinfonien Nr. 11 »Das Jahr 1905« und Nr. 12 »Das Jahr 1917« mit ihren konkreten Untertiteln an die sozialistischen Zwillinge dreißig Jahre zuvor: die 2. und 3. Sinfonie, die noch »An den Oktober« und »Der 1. Mai« hießen. Unter anderen Vorzeichen und mit anderen Mitteln wollte Schostakowitsch möglicherweise seine früheren Werke übertrumpfen. »Mir scheint, dass von den 15 vermutlich zwei ganz und gar unbefriedigend sind – das sind die 2. und die 3. Sinfonie«, sagte er in späten Jahren.[803] Es war, als ob Schostakowitsch noch immer im Modus von Kultur Zwei weiterlebte, selbst als sich die allgemeine politische Lage schon entspannt und Kultur-Eins-ähnliche Zustände erreicht hatte. Dies bedeutete, dass er Forderungen nicht weiter hinterfragte und Papiere unterschrieb, ohne sie zu lesen, aus Angst, eine Weigerung könnte seiner Familie schaden. Kultur-Zwei-artige Zustände produzieren kranke Menschen – zigarettenabhängig (im Fall Schostakowitsch von den Sorten Kazbek und Bjalomorkanal), zerfressen vor Sorgen, furchtsam. Die Kultur-Eins-nahen Phasen unter Chruschtschjow und einigen seiner Nachfolger leisteten dem Dissidententum Vorschub. Doch selbst in dieser Lage wirkte Schostakowitsch wie ein Kämpe aus vergangenen Tagen. Er zollte für die Anspannungen jener Zeit, die er in vorderster Linie erfuhr, nicht nur psychisch, sondern auch physisch Tribut. Charles Mackerras erinnert sich an den Russen als einen nervösen, gehetzt wirkenden Menschen. »Man lebte in ständiger Angst und er war ein sehr nervöser Typ«, erzählte der Dirigent. »Er rauchte ununterbrochen, zog ständig an der Zigarette und blickte um sich, selbst wenn es ganz unnötig war. Es schien eine Art nervöser Tick von ihm zu sein, dass er sich umschaute, um zu sehen, ob jemand zuhörte.«[804]

Selbst wenn manche Themen westliche Beobachter befremdeten – mit seinen Kompositionen der 1950er- und 1960er-Jahre dehnte, ja, *strapazierte* Schostakowitsch den Begriff der Sinfonik bis zum Äußersten. Unter seinen ersten zehn Sinfonien finden sich neben Zwergen auch Giganten, die unterschiedlichsten Satzabfolgen und zwei Mal sogar Chorfinali. Bevor er mit der 15. seinen reminiszenzreichen sinfonischen Abgesang konzipierte, schrieb der Russe mit den Nummern 13 und 14 zwei sinfonische Liederzyklen. Die 11. und 12. Sinfonie bieten hingegen eine Abfolge von mit Titeln versehenen sinfonischen Dichtungen – ähnlich wie die sinfonischen ›Legenden‹ in Sibelius' *Lemminkäinen-Suite*, Smetanas *Heimatland*-Zyklus oder die programmatischen Überschriften, die Schumann ursprünglich für die Sätze seiner 3. Sinfonie, der ›Rheinischen‹, verwendete. In den beiden Werken Schostakowitschs gehen die Teile, der Partiturvorgabe »attacca« entsprechend, nahtlos ineinander über. Die Ereignisse der gescheiterten Revolution von 1905 schilderte der Komponist unter den Überschriften »1. Der Palastplatz: Adagio«, »2. Der 9. Januar: Allegro – Adagio – Allegro – Adagio«, »3. Ewiges Andenken: Adagio« und »4. Sturmgeläut: Allegro non troppo – Allegro – Moderato – Adagio – Allegro«. Den Triumph von 1917 beschrieb die Lenin gewidmete Sinfonie mit den Schlaglichtern »1. Revolutionäres Petrograd: Moderato – Allegro«, »2. Rasliw: Allegro – Adagio«, »3. Aurora: Allegro« und »4. Morgenröte der Menschheit: Allegro – Allegretto«.

Die Uraufführungen dieser Sinfonien zum Gedenken des 40. bzw. 44. Jahrestags der Oktoberrevolution boten zugleich Geschichtsunterricht, denn sicher wusste nicht jeder im Publikum, dass der 9. Januar 1905 als ›Petersburger Blutsonntag‹ ein zentrales Datum für die Legendenbildungen der Revolutionäre war, ferner das Örtchen Rasliw unweit Sankt Petersburg im Sommer 1917 Lenin Unterschlupf bot und »Aurora« der Name des Schiffes war, von dem der erste Schuss zum Auftakt der erfolgreichen Revolution abgefeuert wurde. Schostakowitsch blieb seiner Zitat-Technik treu und ließ auch etliche Volks- und Revolutionslieder anklingen. Im ersten Satz verwendete er das bekannte Revolutionslied »Hör zu!« (слушай!) aus dem 19. Jahrhundert. In seinem Buch *Der Archipel Gulag* berichtete Solschenizin, wie ein Lagergefangener »mit schwacher Stimme, die Todesnähe fühlend« dieses Lied sang. »Wie die Tat des Verrates, wie das Gewissen des Tyrannen / So düster und schwarz ist die Herbstnacht«, heißt es in dem Gesangstext. »Doch schwärzer noch als diese Nacht tritt aus dem Nebel / Gespenstisch und drohend – das Gefängnis!« Für jemanden, der wie Solschenizin das Martyrium der Straflager aus eigener Erfahrung kannte, musste die neue Sinfonie wie Hohn wirken. »Es hätte Schostakowitsch sehr gut getan, sich dieses Lied vor seiner 11. Sinfonie *hier* anzuhören!«, schrieb Solschenizin in einer Fußnote. »Er hätte es entweder unangetastet gelassen oder seinen aktuellen, nicht seinen toten Sinn ausgedrückt.«[805] Der konventionelle Stil lässt keine Brechungen erkennen, zumal sich im Jahr der Uraufführung der Sinfonie keine revolutionäre Stimmung im Land ausmachen ließ.

Obwohl beide Sinfonien in der Sowjetunion Verbreitung fanden, wurde nur die ›Elfte‹ mit dem Lenin-Preis ausgezeichnet. Westliche Rezensenten distanzierten sich zunehmend von den historisch-patriotischen Werken. »Jahrelang hat sich die westliche Welt darin gefallen, in Schostakowitsch ein Opfer des Stalinismus zu sehen, und das ausgezeichnete Violinkonzert und die Zehnte Sinfonie, mit denen er in den Jahren nach Stalins Tod an die Öffentlichkeit trat, schienen diese Betrachtungsweise zu rechtfertigen«, hieß es in einer charakteristischen Beurteilung. »Auch heute ist er möglicherweise kein ›freier‹ Komponist im westlichen Sinne, aber er könnte, wenn er das wollte, über beträchtliche Handlungsfreiheit verfügen. Woran mag es dann liegen, dass dieser Komponist, dem wir Musik von solch herrlicher, menschlicher Wärme, voller Witz und geistvoller Ironie verdanken, seine Zeit mit solch monumentalen Trivialitäten verschwendet?«[806]

Gegenargumente, die die 11. Sinfonie mit dem von den Sowjets niedergeschlagenen Aufstand in Ungarn im Oktober und November 1956 in Verbindung brachten, dürften ihren Ursprung in der referenziellen Manie haben: Schostakowitsch hatte das Thema der Sinfonie bereits im Februar entwickelt und betonte noch 1974 in einem Interview mit seiner offiziellen Biografin Sofija Chentowa: »Nein, es geht um 1905, das ist russische Geschichte.«[807] Und als das Werk 1958 beim Musikfestival ›Warschauer Herbst‹ vorgestellt wurde, hätte man erwarten können, dass sich die Polen mit den Ungarn solidarisierten und positiv reagierten. Das Gegenteil war der Fall.

*

Beim 1956 gegründeten Musikfestival ›Warschauer Herbst‹ begab sich Schostakowitsch in die Höhle des Löwen. Die staatlich subventionierten, aber konzeptionell sehr freien Festspiele hatten sich auf modernste Musik spezialisiert und stellten neben aktuellen Werken polnischer Komponisten insbesondere auch avantgardistische Künstler anderer Länder vor, von denen einige bei den Darmstädter Ferienkursen und den Donaueschinger Musiktagen ein und aus gingen. Im Land seiner Vorfahren konnte Schostakowitsch Pierre Boulez, Luigi Nono, Bruno Maderna oder John Cage erleben, die die Polen Krzysztof Penderecki und Witold Lutosławski sowie die Russen Alfred Schnittke, Edison Denisow und Sofija Gubajdulina faszinierten. Altmeister Schostakowitsch zeigte sich weniger beeindruckt, da ihm die Schöpfungen der jungen Generation zu konstruiert und zu wenig er- und empfunden erschienen. »Das Thema, die Melodik sind die Seele der Musik«, hatte er noch 1950 an seinen Schüler Denisow geschrieben, ja, man müsse mit der Musik unbedingt etwas ausdrücken.[808] Die Zeit, in der Experimente als Kunst galten, glaubte er längst überwunden. Für seine Zwecke, so meinte er, bedürfe er nicht allein des in der europäischen Musik etablierten Materials. »Für das russische Volkslied, dessen Lebenssäfte die russische Kunstmusik speisen, ist das Dur-Moll-System im Großen und Ganzen wenig charakteristisch: Die russische Volksmusik ist von einem Reichtum und einer Vielfalt der natürlichen Modi gekennzeichnet, die der Phantasie des Komponisten unerschöpfliche Möglichkeiten bieten und ihm gestatten, immer neue harmonische Gestaltungsmittel in den Grenzen der tonalen Musik zu finden«, sagte Schostakowitsch in einem Interview während der Veranstaltungen im September 1959. »Für die sowjetischen Komponisten gibt es keine Notwendigkeit, auf dem Gebiet der atonalen Musik zu experimentieren, denn vor ihnen liegen nicht nur alle Reichtümer der russischen Musik offen, sondern auch der fast unberührte Boden der Volksmusik einer Anzahl von Bruderrepubliken.«[809] Den aktuellen Tendenzen stand Schostakowitsch mehr als skeptisch gegenüber: »Ich bin fest davon überzeugt, dass es in der Musik, wie auf jedem anderen Gebiet menschlicher Tätigkeit, immer notwendig ist, neue Wege zu suchen. Aber mir scheint, dass diejenigen sich sehr irren, die diese neuen Wege in der Dodekaphonie sehen. Der engstirnige Dogmatismus dieses künstlich geschaffenen Systems fesselt die schöpferische Phantasie der Komponisten aufs stärkste und beraubt sie ihrer Individualität«, erläuterte er. »Die Dodekaphonie hat nicht nur keine Zukunft, sondern nicht einmal eine Gegenwart. Sie ist eine ›Mode‹, die bereits im Vorübergehen begriffen ist.« Allerdings stand er inmitten der Verehrer der Zweiten Wiener Schule auf verlorenem Posten mit seiner Ansicht: »Ich bin zutiefst überzeugt, dass die Zukunft ebenso wie die Gegenwart der echten Musik gehört – der Kunst von großem gesellschaftsbezogenem Gehalt und hohem Humanismus.«[810]

In Warschau begegnete Dmitrij Schostakowitsch erstmals der Musik des Engländers, der ebenfalls seine Probleme mit den aktuellen Tendenzen der zeitgenössischen Musik hatte. Benjamin Britten hätte seinen Aussagen wohl von Herzen zugestimmt. Ein Kernproblem, das für Britten und Schostakowitsch ein großes Manko darstellte, hatte Hans Werner Henze auf den Punkt gebracht, als er konstatierte, »es gibt in der Musik der Wiener Schule« durch ihre grundsätzliche Konstruktionsweise »keine Möglichkeit, Heiterkeit auszustrahlen«. So manches ist ihr eigen, aber alles, worauf »die humoristische Wirkung beruht, ist ihr versagt«, denn »ihr Reich ist bestenfalls das der Travestie und der Parodie«.[811] Britten formulierte seine Kritik vornehmlich mit Verweisen auf technische Aspekte. »Musik bedeutet für mich Klarstellung; ich versuche zu klären, zu verfeinern, zu sensibilisieren«, postulierte er. »Strawinskij hat einmal gesagt, dass man beständig an seiner Technik arbeiten muss. Was aber bedeutet Technik? Schönbergs Technik ist oftmals eine riesige Durchführung. Meine Technik besteht darin, alles Überflüssige zu beseitigen, um eine vollkommene Klarheit des Ausdrucks zu erreichen, das ist mein Ziel.«[812] Die Kompositionsweise mit zwölf Tönen und die serielle Musik interessierten Britten durchaus, jedoch nicht als allein seligmachende Methode, weil ihn die dadurch auferlegten Einschränkungen störten. Dennoch respektierte er die Musiker, die damit arbeiteten und mochte viele ihrer Stücke. Entscheidend war für Britten letztendlich der Zugang zu einem Musikwerk. Aus der seriellen Musik könne man »eine große Sache machen, wenn man sich ihr intellektuell nähert«, sagte er, »aber ich glaube nicht, dass das der beste Weg ist. Mein *Nocturne*, beispielsweise, beginnt mit einem langen absteigenden Melisma, und es schließt mit seiner aufsteigenden Umkehrung, aber ich glaube kaum, dass es von großem sittlichen Nährwert ist, sich dessen bewusst zu sein. Das Einzige, das zählt, ist, dass ein Komponist seine Musik so klingen lassen sollte, dass sie zwangsläufig und richtig erscheint; das System ist unwichtig.«[813]

*

Auch für Britten sollte Kunst kein Selbstzweck sein. Die Zwölftonmusik interessierte ihn nie als System, sondern als Ausdrucksmittel. Bezeichnend dafür ist die dodekaphonische Einleitung zur Oper *Death in Venice* Anfang der 1970er-Jahre, bei der die zwölf Töne der chromatischen Tonleiter in der starren, ausgetrockneten Musik als Klang-Symbol für Aschenbachs Schreibblockade, sein kopflastiges Arbeiten und seine intellektuelle Pose dienen. Besonders charakteristisch ist Brittens Einsatz der Zwölftontechnik bereits in den Variationen zwischen den Szenenblöcken seiner im September 1954 im Teatro La Fenice in Venedig uraufgeführten Oper *The Turn of the Screw*. In der Vertonung einer Novelle von Henry James geht es um zwei Waisen, Miles und Flora, die von geisterhaften Erscheinungen der ehemaligen Angestellten Peter Quint und Miss Jessel verfolgt werden. Die Ereignisse auf einem abgelegenen Landsitz werden von der jungen, namenlosen Gouvernante erzählt, die in ihren Erinnerungen kaum noch auseinanderhalten kann, ob die von ihr gehüteten Kinder unschuldig oder bösartig sind, weil sie scheinbar einen Pakt mit zwei Toten geschlossen haben. Der Autor hatte in theoretischen Überlegungen darauf hingewiesen, das Übersinnliche »bedarf einer mächtigen Vorstellungskraft, um genauso aufregend zu sein wie das Natürliche«, deswegen muss eine gute Geistergeschichte »an hundert Punkten mit den gewöhnlichen Dingen des Lebens in Verbindung stehen«.[814] Mit nur wenigen Instrumenten erzeugte Britten in seiner Kammeroper eine Atmosphäre aus Alltäglichem und Fremdartigem, melodisch Vertrautem und akustischen Herausforderungen. Das ›Anziehen der Schraube‹, wie der Titel lautet, illustrieren die Orchesterzwischenspiele, die zum Klangsymbol der Bedrohung werden. Laut James kann gerade durch Elemente des Übersinnlichen »das Spiel bewegender Zufälle, mächtiger Veränderungen und seltsamer Begegnungen«[815] gelingen. Britten übertrug dies auf das Musiktheater und schuf mit *The Turn of the Screw* ein Drama von einzigartiger Prägnanz und Intensität. Am Ende stirbt Miles und die Gouvernante verzweifelt an ihren Selbstvorwürfen.

In Schostakowitschs Welt hatte man keinen Sinn für Gespenstergeschichten. In dem von einem großen Sinfonieorchester begleiteten Film *Hamlet*, für den er 1964 die Musik schrieb, wird die Erscheinung des Geists von Hamlets Vater von einem pathetisch über zwanzig Takte lang im Fortissimo aufbrüllenden Orchester untermalt und das Gespräch mit seinem Sohn mit dem düster brütenden Instrumentalgemurmel eines ›Largos‹ sowie zusätzlichem Wind- und Meeresrauschen unterlegt. Als der Geist später in Gegenwart der Königin erneut auftaucht, sind Tremoli und phonstarke Ausbrüche des gesamten Instrumentariums zu vernehmen. Streichinstrumente und Cembalo illustrieren sensibel Ophelias Abdriften in den Wahnsinn; in der Todesszene kommen noch Harfe, Klarinette und Glocken hinzu. Für Szenisches erschien Schostakowitsch die Dodekaphonie ungeeignet.

Um neben der jungen Generation von Komponisten nicht zu althergebracht zu erscheinen, blieb aber selbst Schostakowitsch schließlich nichts anderes übrig, als sich mit den aktuellen Tendenzen intensiver auseinanderzusetzen. Natürlich sah er ein, dass es Bereiche gibt, in denen »die Zwölftonmusik Anwendung finden kann«, schrieb er einem Bekannten, »aber als Selbstzweck taugt sie nicht«.[816] Für das hörerfahrene Publikum in den Konzertsälen hielt er sie eher für angebracht als für Kinobesucher. Letzten Endes hat Schostakowitsch, wie auch Britten, nie serielle Verfahrensweisen verwendet, aber ein ›zwölftöniges Denken‹ deutete sich bereits in einigen Passagen seiner ersten Klaviersonate von 1926 an, als er sich noch als Teil der Avantgardebewegung betrachtete. Der Musiktheoretiker Juri Cholopow entwickelte eine Differenzierung, die vor allem in Russland Anerkennung fand, und unterschied zwischen Dodekaphonie und Zwölftönigkeit: Gemäß der streng dodekaphonen Kompositionsweise der Zweiten Wiener Schule dürfen in einem Musikstück ausschließlich Zwölfton-*Reihen* Verwendung finden, was letztlich atonale Klänge hervorbringt. Bei zwölftönigen Werken sind die Reihen nur ein Teil des musikalischen Materials unter vielen. Beim Hören nimmt man dann schließlich Zwölfton-*Felder* wahr, die tonal oder modal wirken. Dieser Möglichkeit bediente sich Schostakowitsch äußerst differenziert, wie etwa im dritten Lied seines Zyklus *Aus jüdischer Volkspoesie*, dem Seitenthema im ersten Cellokonzert oder etlichen Passagen der 15. Sinfonie. Auch wenn ihm dies in der Sowjetunion mitunter den Vorwurf einbrachte, »atonal« zu schreiben, orientierte er sich in erster Linie am Klangergebnis – er war, wie Britten, mehr als beeindruckt davon, dass sich einst auch Alban Berg bei seinem Violinkonzert nicht der strengen Dodekaphonie unterwarf. Und dementsprechend scheute sich Schostakowitsch nicht, um des Ausdrucks Willen Clusterbildungen zu nutzen, wie zu Beginn der 2. Sinfonie und im vierten Stück der 14. Sinfonie, zuweilen besondere Effekte einzusetzen – wie die schlagzeugartige Verwendung der Instrumente im 13. Streichquartett – oder auch Zwölftonfelder in seine Kompositionen zu integrieren. Einen besonderen Scherz erlaubte er sich bei seinem 12. Streichquartett, bei dem die Ziffer der Nummerierung Symbolcharakter bekam und die Zwölftönigkeit dennoch wie eine latente Mehrstimmigkeit wirkte, bei der die Reihe eine melodische Gestalt erhielt.

*

Bei der sogenannten ›Tauwetter-Periode‹ handelte es sich nicht um einen geradlinigen Prozess hin zu einer umfassenderen Freizügigkeit des Lebens, sondern um eine Abfolge von Liberalisierungswellen unterschiedlicher Intensität. In der Anfangsphase benötigte man einige Jahre, um die Altstalinisten auszuschalten oder zu neutralisieren, sodass ab Mitte der 1950er-Jahre allmählich verfemte Werke aus den späten 1940er-Jahren erstmals gespielt werden konnten. Nachdem zwischenzeitlich die Zügel wieder angezogen und solidarische Haltungen gegenüber dem Staat gefordert wurden – was bei Schostakowitsch Werke wie die 11. und 12. Sinfonie hervorbrachte – ging man dazu über, Austauschprogramme mit dem westlichen Ausland zu initiieren.

Ungeachtet der teilweise verbesserten äußeren Umstände brachten die 1950er-Jahre für Schostakowitsch auch viele private Rückschläge. Im Jahr 1954 erkrankte seine Frau Nina Wassiljewna an Darmkrebs. Sie widmete sich nach dem Kriegsende wieder intensiv ihrer Arbeit, bei der sie sich auf die Astronomie spezialisiert hatte. Jeden Herbst verbrachte sie mehrere Monate in dem 1946 am Hang des über 4000 Meter hohen Berges Aragaz in Armenien eingerichteten Observatorium, einem der führenden Zentren für Astronomie in der Sowjetunion. Dort wurden 1947 erstmals die Bewegungssternhaufen entdeckt, außerdem Nebel, über tausend Flackersterne, dutzende Supernovae und hunderte Galaxien.

Nina Warsars Fachgebiet war die kosmische Strahlung. Sie arbeitete mit einem früheren Studienkollegen zusammen, Artjom Isahakij Alikanian, einem der Begründer der sowjetischen Nuklearforschung. Dass die Beziehung nicht nur beruflich war, galt als offenes Geheimnis, aber nach allem, was man in den 1930er-Jahren gemeinsam durchgestanden hatte, zeigten sich die Eheleute Schostakowitsch einander gegenüber äußerst tolerant. Wie krank Nina wirklich war, ahnte niemand, obwohl Freunden und Verwandten bereits ihre ungesunde Gesichtsfarbe aufgefallen war. Während sie sich im Observatorium in Armenien wieder ihren Studien widmete, ging Schostakowitsch in Moskau seiner Arbeit nach. Am Abend des 3. Dezember 1954 holte man ihn mitten aus einem Konzert, um ihm mitzuteilen, dass Nina in Jerewan in ein Krankenhaus eingeliefert worden sei. Schostakowitsch flog sofort nach Armenien, doch Nina lag nach einer Notoperation bereits im Koma. Sie starb am 4. Dezember 1954 im Alter von nur 45 Jahren. Zur Beerdigung überführte man den Leichnam nach Moskau. »Frühmorgens im Dezembernebel hatte sich auf dem Bahnhof eine große Anzahl Menschen versammelt: Verwandte, Komponisten, Musiker, Physiker – Kollegen der Verstorbenen«, berichtete Glikman. »In den quälenden Stunden, die der Beisetzung vorausgingen, hob Dmitrij Dmitriewitsch einige Male an, mir von den letzten Minuten Nina Wassiljewnas zu erzählen, doch sein abgehärmtes Gesicht begann krampfhaft zu zucken, und aus seinen Augen strömten Tränen. Durch das Arbeitszimmer schritt ein langer Zug von Menschen, die von der Verstorbenen Abschied nehmen wollten. Vom Tonband erklang die Musik der Quartette und der 8. Sinfonie. Ich saß auf dem Sofa neben Dmitrij Dmitriewitsch, der lautlos weinte.«[817]

Ein letztes Mal widmete Schostakowitsch Nina Wassiljewna eine Komposition: sein im Februar und März 1960 entstandenes 7. Streichquartett. Es ist mit etwa zwölf Minuten Spieldauer sein am knappsten gehaltenes Quartett – herb und lebhaft wie Nina, dissonant wie zuweilen ihre Beziehung und unerwartet kurz wie ihr Leben.

*

Der Versuch einer zweiten Ehe währte nur drei Jahre. Schostakowitsch lernte bei einem Musikwettbewerb des Kommunistischen Jugendverbandes, dem ›Komsomol‹, eine junge Instrukteurin und Aktivistin kennen. Margarita Kainowa war Anfang dreißig und kaum vier Wochen nach der ersten Begegnung heiratete Schostakowitsch sie im Juli 1956. »Sie ist eine nette Frau«, schrieb er an eine Bekannte, »und ich hoffe, sie wird mir eine gute Gattin und den Kindern eine gute Mutter sein.«[818] Da sie in der Jugendarbeit tätig war, mag Schostakowitsch gehofft haben, dass sie den seinerzeit rechtlich noch nicht ganz volljährigen

Nachwuchs unter ihre Fittiche nehmen würde: Galina war gerade erst zwanzig geworden und Maksim 18 Jahre alt. Im Überschwang der Gefühle entstand im August 1956 das etwa halbstündige melodiöse 6. Streichquartett. Allerdings akzeptierten weder die Menschen seines Umfelds noch die Kinder und die Hausbediensteten Margarita je vollständig. Dies und ihr mangelndes Verständnis für seine Arbeit trugen zu einer Entfremdung bei. 1959 erfolgte die Scheidung.

Auch wenn Schostakowitsch gegenüber Glikman behauptete, nie wieder heiraten zu wollen, änderte sich alles, als er Irina Antonowna Supinskaja begegnete. »Ich kenne sie seit über zwei Jahren«, teilte er Glikman im Juni 1962 aus Moskau mit. »Sie hat nur eine negative Eigenschaft: sie ist 27 Jahre alt. In allem übrigen ist sie sehr gut. Sie ist klug, heiter, einfach und sympathisch.«[819] Zu diesem Zeitpunkt vertonte Schostakowitsch Jewtuschenkos Gedicht »Humor«, das zum zweiten Satz der 13. Sinfonie werden sollte. Obwohl nur ein Jahr älter als seine Tochter, wurde Irina Antonowna die ideale Partnerin des Künstlers. Sie arbeitete als Redakteurin für den Verlag ›Sowjetskij Kompositor‹ und schätzte seine Musik – ihr widmete Schostakowitsch das im Mai und Juli 1964 entstandene 9. Streichquartett. Seine dritte Frau stammte wie er aus Leningrad und war, wie Schostakowitsch es nannte, »ein Mädchen mit Vergangenheit«: »Ihr Vater ist Pole, die Mutter Jüdin. Beide leben nicht mehr. Der Vater litt unter dem Personenkult und der Verletzung der revolutionären Gesetzlichkeit«, schrieb er Glikman unter Verwendung der nach Stalins Tod gebräuchlichen neuen Worthülsen für Willkür und Terror. »Die Mutter starb. Eine Tante mütterlicherseits hat sie aufgezogen, die uns jetzt auch zu sich einlädt, bei Rjasan.«[820] Irina Antonowna wuchs in einem »speziellen Kinderheim« auf, womit man Waisenhäuser für Kinder von sogenannten »Volksfeinden« zu bezeichnen pflegte. Später studierte sie Philologie. Die bescheidene Irina Supinskaja vermochte Schostakowitschs Kinder und seine Freunde, Bekannten und Kollegen für sich einzunehmen. Sie wurde ihm eine Stütze wie einst Nina und kümmerte sich um ihn, wenn ihn gesundheitliche Probleme plagten. Im Herbst 1958 begannen Beeinträchtigungen der rechten Hand, ihm Sorgen zu bereiten. Immer wieder musste Schostakowitsch in den folgenden Jahren Krankenhausaufenthalte, Massagen und Injektionen über sich ergehen lassen. Das Schreiben bereitete ihm körperlich zunehmend Mühe, die rechte Hand ermüdete rasch. Bei der Hochzeitsfeier seines Sohnes Maksim stürzte der Komponist 1960 so schwer, dass er mit einem gebrochenen linken Bein wieder für längere Zeit in ein Hospital musste, was ihn bei der Arbeit an der 12. Sinfonie zeitlich in Verzug brachte. Die Heilung kam nicht gut voran und das Treppensteigen wurde zur Herausforderung. Nach etlichen Fehleinschätzungen erhielt Schostakowitsch erst im Herbst 1969 Klarheit durch die niederschmetternde Diagnose, dass er an einer seltenen Form der Kinderlähmung erkrankt sei. Die unheilbare chronische Entzündung des Rückenmarks verursachte Lähmungen, die ihm im Laufe der Zeit das Klavierspielen und das Komponieren zunehmend erschwerten. Doch hatte nicht Glikman ihn einmal mit den Worten zitiert: »Wenn man mir beide Hände abhackt, werde ich trotzdem weiter Musik schreiben und den Stift eben mit den Zähnen halten.«?[821]

*

Auch in Großbritannien gab es ab den 1950er-Jahren ›Tauwetter‹-Perioden durch Bildungsreformen und Änderungen im Kulturleben. Eine höhere Schulbildung war nicht mehr nur den Wohlhabenden vorbehalten, und die Traditionsuniversitäten erhielten Konkurrenz aus anderen Städten. Statt Tschajkowskij und Mozart kannten die Jugendlichen eher die Rock-'n'-roll- und Pop-Größen ihrer Tage wie Chuck Berry und Elvis Presley, die Rolling Stones und die Beatles. Brittens Lektor Ernst Roth kommentierte die zunehmende Diskrepanz zwischen ›populärer neuer Musik‹ und ›neuer ernster Musik‹ damit, dass die »auf ihre primitiven Elemente reduzierte Musik« mit »Kunst kaum noch etwas gemein habe«: »Brahms und Johann Strauß konnten Freunde sein, doch von Boulez zu den Beatles führt keine Brücke.«[822] Trotz seiner Kompositionen für Jugendliche wurde Brittens Musik für viele mehr zum Pflichtprogramm als zur Kür. Die Kinder, die mit den Klängen aus Nordamerika und Nordengland aufwuchsen, waren nicht mehr die seinen. Nach *Noye's Fludde* 1958 schrieb Britten keine Klangexperimente mehr für Laien mit Windmaschine, Sandpapier, Handglocken, Geschirr und Blockflöten. Erst viele Jahre später entstand sein Jugendstück *The Golden Vanity* für Knabenstimmen und Klavier im Auftrag der Wiener Sängerknaben, die sich an den Engländer gewandt hatten, weil – so vermuteten manche – er ihnen nicht aufnötigen würde, Mädchenrollen zu übernehmen.

Die zweite Hälfte der 1950er-Jahre bot sowohl Britten als auch Schostakowitsch Gelegenheit, Neues zu erkunden. Auf kultureller Ebene wurde der Eiserne Vorhang durchlässig. Nach Stalins Ableben bot sich wieder die Möglichkeit, eine Öffnung gegenüber dem Westen zu wagen. Im Mai 1955 ließ das britische Außenministerium über den British Council als das offizielle Kulturinstitut Vorschläge bei der sowjetischen Botschaft einreichen, mit welchen Maßnahmen man sich auf kultureller und wissenschaftlicher Ebene näherkommen könnte. Geplant waren unter anderem Gastspiele von Künstlern sowie Auslandsaufenthalte von Studierenden und Gelehrten. Dem Angebot von ›Freunden der Sowjetunion‹, die neuen Initiativen zu unterstützen, erteilten die

SECRET

S. Form 81/rev. 12.53 — S30100 Wt.55449-7600 200M 3/58 Gp.789 F. & C. Ltd.

EXTRACT

Extract for File No.: PA PF 151405 PF 208200 PF 712289 PF 700611 Name:

Original in File No.:* OF 485 - 5 supp. a Vol.: 17 Serial: 1827 Receipt Date: 2.10.58.

Original from: T/C on BYFC Under Ref.: 3274 Dated: 30.9.58.

Extracted on: 9.10.58. by: Section: F11.A.

*If the original is in the file of an individual include the name of the file owner

EXTRACT FROM T/C ON BRITISH YOUTH FESTIVAL COMMITTEE.

O/G to Dr. ALAN BUSH (RAD 6422).
COLIN had had a request from the I.F.C. in Vienna, they were having a meeting of famous intellectuals, presumably in preparation for the Festival; they were inviting a number of dignitaries like SHOSTAKOVITCH, HELENA WEIGEL(?) from D.D.R. and they wanted COLIN to invite BENJAMIN BRITTEN. ALAN told him to invite him by all means but he didn't think he would accept, his address was: The Red House, Aldeburgh. He thought the only person likely to accept, if he had all expenses paid, would be LEONARD CASSINI, a pianist, but he didn't compare with the others. On the theatre side he suggested JOAN LITTLEWOOD, COLIN said she was at the last Festival. ALAN thought PETER PEARS more likely to accept, but not after BRITTEN had turned it down. BRITTEN didn't associate himself in public with any kind of organisation. He was a member of the Musicians Organisation for Peace, but he never appeared, he was also Vice-president of the Workers Music Association.

11.40.

SECRET

Das Treiben von Britten, Schostakowitsch und Pears wurde vom Geheimdienst beobachtet (Akte »Peter Neville Luard Pears: British.« [Zeitraum: 1951–1961], in The National Archives, Kew, Referenznummer KV 2/3844).

Regierungsbeauftragten jedoch eine Absage. Nach der Waldorf-Astoria-Konferenz wurden alle Organisationen, die Kontakte zur UdSSR pflegten oder ihre Sympathie mit dem Land bekundeten, zunehmend misstrauisch beäugt. Ab 1951 standen auch Peter Pears und sein Umfeld zehn Jahre lang unter der Beobachtung der Nachrichtendienste.

Die Aktennotizen befassten sich vielfach mit der Mitgliedschaft und Nähe zu verdächtigen Organisationen. »Unsere Unterlagen bestätigen, dass Peter Pears 1951–52 Vizepräsident der ›Musicians' Organisation for Peace‹ war [der Musikerorganisation für den Frieden; handschriftlicher Zusatz: ›die kommunistisch unterwandert ist‹] und dass er Vizepräsident für die Jahre 1952–53 ist«, hieß es in einem charakteristischen Vermerk. »Uns liegen keinerlei Informationen vor, ihn mit irgendeiner anderen Organisation von nationalem Sicherheitsinteresse in Verbindung zu bringen. Sollte er tatsächlich Mitglied der Liga für Demokratie in Griechenland sein, haben wir keinen Grund, eine solche Mitgliedschaft als signifikant für die Sicherheit zu erachten. Diese Organisation, obwohl sie von Kommunisten dominiert wird, ist ein Sammelpunkt für all jene, die gegen die derzeitige Regierung in Griechenland sind.«[823] Als weitere Vizepräsidenten wurden in einem anderen Dokument unter anderem die Komponisten Arnold Bax, Lennox Berkeley, Michael Tippett und Benjamin Britten sowie der Musikwissenschaftler Edward Dent aufgelistet. Als Präsidenten nannte man den Dirigenten »Sir Adrian Boult« und notierte, er habe neben anderen Personen auch einige Veranstaltungen gesponsert. Noch 1959 vermerkte man in einer internen Meldung sorgenvoll, dass Pears schon »1951 als Vizepräsident der M. O. P. gelistet war«, der ›Musicians' Organisation for Peace‹, und für diese sogar aktiv wurde: »Am 30. Januar 1955 sang Pears zu Gunsten der M. O. P. und mit ihr assoziierter Friedensgruppierungen bei einem Konzert mit dem Titel ›Voices for Peace‹ [Stimmen für den Frieden], bei dem auch einige kommunistische Künstler teilnahmen und für das im *Daily Worker* am 22. Januar geworben wurde.«[824] Dies war natürlich eine kommunistische Zeitung und so nimmt es nicht Wunder, dass in den 1950er-Jahren aus den USA mehrfach Rückfragen kamen, ob man diesem Künstler die Einreise gewähren könne. Doch in einer Meldung an die amerikanische Botschaft mit der Klassifizierung »Persönlich und vertraulich« hieß es 1959: »Wir wissen nicht genau, was Pears' Motive dafür sind, dass er sich mit der M. O. P. gemein macht. Es gibt keine Beweise aus anderen Quellen, die nahelegen, dass es bei Pears kommunistische Neigungen gibt.«[825]

Trotzdem blieb auffällig, dass man sich auch mit Russen abgab. In einem mit dem roten Stempel »Secret« als ›geheim‹ versehenen Dokument vom 30. September 1958 wurde bereits festgehalten, dass Benjamin Britten, der in Aldeburgh im sogenannten »Roten Haus« lebte, »sich in der Öffentlichkeit nicht mit irgendwelchen Organisationen in Verbindung bringt«.[826] Verdächtig blieb aber, dass wohl »ein Treffen berühmter Intellektueller« in Wien geplant war, zu dem »eine Reihe von Würdenträgern eingeladen ist wie Schostakowitsch, Helena *[sic]* Weigel (?) aus der DDR, und man bat Colin auch, Benjamin Britten einzuladen«.[827] Zu diesem Aufeinandertreffen ist es jedoch nicht gekommen. Als sich ab Ende der 1950er-Jahre das Verhältnis zwischen den Ländern entspannte, bat man Britten zuweilen sogar von offizieller Seite, seine Erfahrungen beizusteuern. Bereits ab 1940 wurde von der ›Gesellschaft für kulturelle Beziehungen zwischen den Völkern des Britischen Commonwealth und der UdSSR‹, die später unter der kürzeren Bezeichnung ›Society for Co-operation in Russian and Soviet Studies‹ bekannt wurde, das *Anglo-Soviet Journal* herausgegeben. 1967 bat man berühmte Persönlichkeiten, Beiträge zum 50. Jahrestag der Oktoberrevolution beizusteuern. Während Britten einen Artikel für das sowjetische Magazin *Sowjetskaja musika* mit Verweis auf andere Verpflichtungen ablehnte, gratulierte er in einem Brief vom Mai 1967, der unter der Überschrift »Messages« neben Texten von Bush, Priestley und anderen im *Anglo-Soviet Journal* abgedruckt wurde. »In unserem Land gibt es viel Ignoranz und Missverständnisse gegenüber den Sowjets und ihre Lebensweise und deswegen verdient alles, das dazu beiträgt, dies zu überwinden, mit allen zur Verfügung stehenden Mitteln unterstützt zu werden«, äußerte sich Britten.[828] An einem von der britischen Botschaft und der ›British Soviet Friendship Society‹ initiierten Festkonzert in der Londoner Queen Elizabeth Hall beteiligte er sich nicht, da er sich auf dem Weg zu einer Südamerika-Tournee befand. In dem Konzert erklangen von Britten das Klavierstück *Night Piece* und die Suite für Violine und Klavier op. 6 sowie Werke von Alan Bush, Boris Tischtschenko, Wadim Salmanow und Pjotr Tschajkowskij sowie russische und englische Volkslieder.

Bevor schließlich 1959 ein umfangreiches Abkommen für Austauschprogramme unterzeichnet werden konnte, galt es noch etliche Hürden zu überwinden. Ganz allmählich bahnten sich die ersten Kontakte zwischen Universitäten an. Ein früher Lichtblick auf kultureller Ebene war im September 1956 eine Tournee des London Philharmonic Orchestra nach Moskau und Leningrad. Die Annäherungen auf wissenschaftlicher und kultureller Ebene erlebten indes durch die politischen Entwicklungen immer wieder Rückschläge. Als nur zwei Monate später die sowjetische Führung Anfang November 1956 den Volksaufstand in Ungarn blutig niederschlagen ließ, gerieten auch die diplomatischen Annäherungsversuche ins Stocken. Wie bereits über den Staatsmann Palmerston im 19. Jahrhundert geurteilt wurde, so hätte man auch – in modernisierter Form – über die Führungsspitze der UdSSR befinden können, dass sie zwar von Diplomatie spreche, aber Panzer meine. Durch die Revolution von 1917 hatte sie gelernt, dass entsprechend dem Tocqueville-Effekt nur moderate Staatenlenker Gefahr laufen, durch eine Revolte gestürzt zu werden. Allerdings sorgten die politischen Zwiste für Misstrauen. Derweil erschloss sich Dmitrij Schostakowitsch künstlerisch neues Terrain, indem er mit der Komposition seines ersten Cellokonzerts begann; Benjamin Britten seinerseits fing an, verstärkt asiatische Musik zu erkunden. Dies sollte ihn letzten Endes zu seiner ersten und einzigen Komposition in einem ur-russischen Genre führen: dem Ballett.

*

Was Benjamin Britten als »the Great Tour«[829] bezeichnete, wurde zu einer Reise von Selbsterkenntnis und neuen Erfahrungen. Noch nie hatte er sich in derart exotische Länder begeben. Vom November 1955 bis zum Februar 1956 besuchte Britten mit Peter Pears Indien, Singapur,

Indonesien und Japan, um danach über Thailand und Ceylon, das heutige Sri Lanka, zurückzufahren. Anlass für diese drastische Luftveränderung war eine Art Schreibblockade – 15 Jahre später sollte er seinen Opernprotagonisten Aschenbach aus ähnlichen Gründen von München nach Venedig schicken. Auch Britten suchte neue Stimuli. Bereits 1954 kursierten erste Meldungen in der Presse, eine Zusammenarbeit mit dem Choreografen John Cranko bahne sich an. Der Komponist hatte bereitwillig zugestimmt, denn immerhin bot sich dadurch die Möglichkeit, in die Fußstapfen des hochgeschätzten Idols Tschajkowskij zu treten. Der erste Entwurf, den Britten von Cranko erhielt, war indes kaum mehr als das, was der Tänzer als »ein Vehikel für eine erfolgreiche Choreografie« bezeichnete. Britten hingegen schwebte ein zusammenhängendes Ganzes vor. Er wollte die einzelnen Versatzstücke miteinander verknüpfen, indem er zu verschiedenen Hauptmotiven »Variationen entwirft, die kurz genug sind für die episodenhaften Tanznummern, aber dem Werk insgesamt eine innere Geschlossenheit verleihen«.[830] Die Arbeit ging jedoch schleppend voran; die letzten Projekte, vor allem *Canticle III* und *The Turn of the Screw* hatten Britten ausgelaugt. Der Komponist teilte der Schriftstellerin Edith Sitwell im April 1955 mit, er habe den Eindruck, mit diesen Stücken sei er »an die Schwelle zu einer neuen musikalischen Welt geraten«, doch insgeheim schwor er sich im Rückblick auf 1954, er wolle »kein Jahr mehr wie dieses in aller Hast« durchziehen.[831] Schon bald grauste ihm vor dem »grässlichen Abgabetermin« im Oktober 1956 und er deutete gegenüber Covent Garden an, dass er diese Verpflichtung möglicherweise nicht einhalten könne.[832] Crankos Szenario, das ursprünglich den Titel *Die grüne Schlange* trug, verband Elemente aus *Die Schöne und das Biest* mit *König Lear* und exotischen Erzählungen, die Marie-Catherine d'Aulnoy Ende des 17. Jahrhunderts überliefert hatte. Doch die Handlungsskizze mit einer Abfolge von Tanznummern mit genauen Zeitangaben inspirierte Britten wenig. Zwar wussten die Engländer spätestens seit 1762 durch das fünfzig Meter hohe exotische Gebäude im Botanischen Garten in Kew, was eine Pagode ist, doch damit Britten die Vorgaben zu seinem dreiaktigen Ballett *Der Pagodenprinz* ausgestalten konnte, brauchte er die erheblich stärkere Dosis einer Inspirationsinfusion. Brittens Interesse an exotischen Klängen ging bereits in die 1930er-Jahre zurück, als der Schriftsteller Ezra Pound unbedingt eine Aufführung des japanischen Nō-Theaters erleben wollte. Ronald Duncan überredete deswegen den Leiter des Londoner Mercury Theatre, an dem Audens, Isherwoods und Brittens Stück *The Ascent of F6* uraufgeführt worden war, ihm die Bühne kurzfristig zu überlassen. »Benjamin Britten organisierte einen Musiker, der Gongs zu spielen vermochte, und ein anderer Freund von Duncan, Henry Boys, schlug eine Tänzerin namens Suria Magito vor«, berichtete der Pound-Biograf Noel Stock. »Eines Nachmittags, mit Duncan als Publikum, rezitierte Pound eine seiner eigenen Übersetzungen eines Nō-Theaterstücks und das Mädchen tanzte dazu.«[833] Wenige Jahre später lernte Britten im Sommer 1939 balinesische Gamelan-Musik durch den kanadischen Komponisten Colin McPhee in Nordamerika kennen. McPhee, ein Fachmann für das balinesische Klanguniversum, hatte Musik für zwei Klaviere transkribiert, von der er einige Stücke zusammen mit Britten aufnahm.[834] Doch all dies bot nur einen ersten Ansatzpunkt, um dem noch vagen Bild von asiatischer Mystik und Musikarchitektonik Konturen zu verleihen. Über das abstrakte Wissen hinaus bedurfte Britten konkreter sinnlicher Erfahrungen, die er nur vor Ort in den Ursprungsländern sammeln konnte. Die dreimonatige Asien-Expedition verbanden Britten und Pears mit einer Tournee, bei der sie etliche Konzerte gaben. Wesentliche Eindrücke vermittelten nicht nur Land und Leute, sondern auch das Klima und die Lebensbedingungen. Britten zeigte sich von vielem beeindruckt, stöhnte oft über die Hitze und war schockiert und genervt von den Bettlern auf der Straße.

Besonders faszinierte Benjamin Britten Indien, wo er »alles so außergewöhnlich« fand.[835] Pears notierte in seinem Reisetagebuch, er habe schon »so viel davon gehört – Kindheitserinnerungen«, da sein Großvater und sein Vater als Armeebediensteter bzw. Ingenieur lange in Indien tätig waren und seine Eltern 1893 in Bombay geheiratet hatten.[836] Die Partner speisten mit Jawaharlal Nehru, dem ersten Ministerpräsidenten des mittlerweile unabhängigen Landes, und dessen Tochter Indira Priyadarshini Gandhi, die Anfang 1955 zur Präsidentin der Kongresspartei gewählt worden war.

Singapur behagte Britten nicht und der Aufenthalt in Indonesien begann mit »einer Woche voll hektischer Konzerte & unkoordinierten Herumreisens auf Java«.[837] Mitte Januar gelangte man zusammen mit den deutschen Freunden Lu und Peg nach Bali. »Die Sonne ist schon aufgegangen, und es ist so warm wie an einem schönen englischen Mittag«, beschrieb Britten den 18. Januar 1956 in einem Brief, den er am frühen Morgen im Hof eines Prinzenpalastes unweit eines balinesischen Dorfes an einen seiner jugendlichen Freunde verfasste. »Selbst zu dieser Stunde vernimmt man den musikalischen Klang eines Gongs; eigentlich ist die Luft immer erfüllt vom Klang der einheimischen Musik – Flöten, Xylophone, Metallophone und außergewöhnlich dröhnende Gongs –, genauso wie sie erfüllt ist von den Düften der ungewöhnlichsten Gewürze, Blumen, Bäume und vom Kochen; so wie das Auge erfüllt ist von vergleichbaren Ausblicken plus dem Anblick der wirklich allerschönsten Menschen mit anmutigem dunkelbraunem Teint, zarten, ergreifenden, ausdrucksvollen Gesichtern, die seltsame Kleidung tragen wie Sarongs in lebhaften Farben und manchmal auch überhaupt nichts anhaben. Sorry, alter Junge, dass ich dies auf so ›hochtrabende‹ Weise beschreibe, aber es haut einen wirklich von den Socken.«[838]

Diese Erfahrungen führten bei Britten zu einer umfassenden Bereicherung seiner musikalischen Ausdrucksmittel und seines Stils. Die unmittelbare Begegnung mit der balinesischen Gamelan-Musik setzte andere Energien frei als die weitgehend theoretische Auseinandersetzung mit ostasiatischer Musik in den 1930er-Jahren. Das erste unmittelbare Ergebnis der inspirierenden Reise waren eigentümliche Instrumentalwirkungen in *The Prince of the Pagodas*, Brittens Reverenz an das russische Ballett. Zwar übernahm er keine Originalinstrumente aus Asien, vermochte aber alle Gamelan-Effekte im 2. Bild des 2. Akts beim *Pagodenprinz* durch gängige Orchesterinstrumente wie Glockenspiel, Celesta und Celli zu erzeugen. Seine Neuerungen fielen durch die Verzögerungen während der Entstehung in eine besondere Entwicklungsphase des britischen Tanztheaters. Die Uraufführung fand erst am 1. Januar 1957 im Königlichen Opernhaus Covent Garden in London statt, einem Zeitpunkt, zu dem man sich einen neuen Status erworben hatte und die bisherige ›klassische‹ Ausrichtung erweitern wollte. Im Vorjahr gestand das Königshaus der Ballettcompagnie anlässlich ihres 25-jährigen Bestehens den Namen »The Royal Ballet« zu. Das Ensemble war von der Irin Ninette de Valois gegründet worden, die seine Geschicke bis 1963 leitete und unter anderem die Uraufführungen von bahnbrechenden englischen Tanztheaterstücken wie Vaughan Williams' *Job* und Bliss' *Checkmate* choreografierte. Zunächst war ihr Ensemble im Old Vic und im Sadler's Wells Theatre untergekommen, doch nach dem Krieg gelang es, sich als ›Sadler's Wells Ballet‹ auf der Opernbühne in Covent Garden zu etablieren. Anlässlich der Wiedereröffnung des Hauses hatte man 1946 noch Tschajkowskijs *Dornröschen* herausgebracht. Nach der Beförderung zum Königlichen Ballettensemble erschien es angemessen, das neue Jahr mit dem Werk eines der führenden englischen Komponisten zu eröffnen; hier kam Benjamin Brittens Pendant zu den großen russischen Repertoirestücken gerade recht. Die Uraufführung fand zwar mehr Anerkennung als vier Jahre zuvor *Gloriana*, doch konnte sich Brittens einzige Ballettkomposition langfristig nicht durchsetzen. Dennoch trugen seine Erfahrungen auf der Asienreise entscheidend dazu bei, das englische Ballett mit *The Prince of the Pagodas* zu revolutionieren.

*

Voller Vorbehalte setzte Britten Anfang Februar 1956 die Asienreise mit einem Abstecher nach Hongkong, seinerzeit noch britische

Kronkolonie, in Richtung Japan fort: »Ich muss zugeben, eigentlich will ich überhaupt nicht, denn mir gefällt nicht, was ich über das Land und die Leute weiß«, schrieb er in einem Brief. »Aber ich sollte mich nicht so anstellen.« Japan wurde für Benjamin Britten »das seltsamste Land, in dem wir je gewesen sind«. Zwar blitzte mitunter noch immer seine herablassende Haltung aus jungen Jahren auf, wenn er beispielsweise die Bewohner als »eine sehr intelligente Spezies von Insekten« beschrieb,[839] doch er staunte, als er das ungewöhnliche und reichhaltige Kulturleben vor Ort erlebte. Beim Besuch des japanischen Nō-Theaters in Tokio verfolgte er gespannt die mehrere Stunden dauernde Aufführung eines traditionellen Stücks aus dem 15. Jahrhundert: *Sumidagawa* (Der Sumida) von Juro Motomasa. Dieses »völlig neue Opern-Erlebnis« beeindruckte den Komponisten nachhaltig. »Es gab keinen Dirigenten – die Instrumentalisten saßen wie der Chor auf der Bühne, und die Hauptdarsteller kamen beim Auftritt eine lange Rampe herunter«, erinnerte sich Britten. »Die Beleuchtung war streng untheatralisch. Die Besetzung bestand durchweg aus Männern, die einzige weibliche Figur trug eine ausgezeichnete Maske, die jedoch die darunterliegenden männlichen Züge nicht zu verbergen suchte.«[840] Die musikalische Seite der Darbietung fesselte ihn genauso wie zuvor die balinesische Klangvielfalt: »Es gibt einen an der Seite sitzenden Chor, dessen Sprechgesang man vernimmt, eine Art Orchester mit zwei Trommeln (die gleichfalls auf die merkwürdigste Weise wehklagen) und einen Flötisten, der in der Mitte der Bühne hockte, fast im Zentrum des Geschehens.« Britten räumte ein, dass ihm »zunächst alles nur blöd vorkam« und er und Pears »viel kicherten«. Doch allmählich »konnten wir dem Ganzen ein bisschen folgen«, und als Lu und Peg nach einer halben Stunde fragten, ob man sich davonschleichen sollte, schien es ihnen, »als ob Ben aus einer Trance erwachte, als er sagte: ›Was? Hier weggehen? Das kann ich jetzt nicht.‹«[841]

»Die Erinnerung an dieses Stück hat mich im Lauf der Jahre selten verlassen«, räumte der englische Komponist ein und überlegte, ob es denn nicht möglich sei, gerade eine solche Geschichte »mit einem englischen Hintergrund« zu verwenden.[842] Die Freunde halfen ihm dabei, eine Bandaufnahme von *Sumidagawa* sowie Transkriptionen japanischer Musik zu organisieren. Mit Darstellungstechniken dieser Art, die durch Miene und Gestik das Gesagte vorwegnahmen und kommentierten, knüpfte bereits in den 1920er- und 1930er-Jahren der von Schostakowitsch geschätzte Mejerhold an das ostasiatische Theater an. Für Britten stellte diese Erfahrung eine Horizonterweiterung dar, die ihm half, eine spezielle Form des musikdramatischen Theaters zu entwickeln. Bevor er aus dem »Sumida River« mit seinen großen Vögeln sein Stück vom »Brachvogel-Fluss«, *Curlew River*, schuf, vergingen allerdings acht

Jahre. Der Stoff faszinierte ihn: Eine durch den Verlust ihres Sohnes geistig verwirrte Frau findet bei ihrer Suche nach dem verschwundenen Kind heraus, dass es umgekommen ist. Doch Britten wollte weder die abstrahierte Präsentation des Nō-Theaters ohne Weiteres übernehmen noch ein japanisches Klangpasticcio schreiben. »Abgesehen davon, dass es schwierig ist, die richtigen Noten zu finden (& weil es so wenige davon gibt, erscheint es heikler als je zuvor), besteht ein Problem darin, sie passend zu notieren«, schrieb er seinem Verleger. Britten ahnte, dass er begann, ungeahnte Wege einzuschlagen und verlor das Projekt über die Jahre nie aus den Augen. Einen Resonanzraum für eine musikalische Umsetzung fand er jedoch erst, als er die Abstraktion fernöstlicher Darstellungsweisen, bei der bis ins 20. Jahrhundert nur Männer auf der Bühne standen, mit den mittelalterlichen englischen Mysterienspielen verband und die Geschichte in die Moore seines heimatlichen East Anglia verlegte. Wie etliche Stücke des Nō-Theaters erzählt *Curlew River* von den »Geistern der Vergangenheit«, die in der Gegenwart immer noch wirksam sind. Britten suchte lange nach einer passenden Charakterisierung für das neue Werk und wählte schließlich »A Parable for Church Performance«, weil – so der Komponist – »deutlich werden soll, dass es *keine* Oper im herkömmlichen Sinne ist & in einer Kirche aufgeführt werden *muss*«. Diese und die anderen beiden »Kirchenparabeln« präsentierten Ensemblemitglieder der English Opera Group in der St. Bartholomew Church in Orford, etwa zehn Kilometer südlich von Aldeburgh.

Im Mittelpunkt von *Curlew River* steht eine verwitwete Edeldame, die durch den Verlust ihres zwölfjährigen Sohnes geistig verwirrt ist und ihr Kind finden will, das seit einem Jahr verschollen ist. »Eines Tages verschwand er«, sagt sie, »jedes Zimmer war erfüllt von Stille, erfüllt von seiner Abwesenheit, die so laut toste wie das Meer!« Sie und ein Reisender wollen im Boot des Fährmanns den Brachvogel-Fluss überqueren. Anfangs hegt der Fährmann Vorbehalte gegen die Frau, doch ein Reisender, ein Abt und einige Pilger legen ein gutes Wort für sie ein. Während der Überfahrt erzählt der Fährmann, wie vor einem Jahr ein Ungläubiger in die Gegend kam, der einen Jungen als Sklaven bei sich hatte. Er ließ den völlig erschöpften Knaben zurück. Die Menschen am Fluss kümmerten sich um ihn, doch er wurde immer schwächer. Sie erfuhren, dass er nach dem Tod seines adeligen Vaters mit seiner Mutter bei den Schwarzen Bergen lebte. Als er eines Tages allein auf den Feldern war, wurde er von dem Fremden entführt, der ihn im Stich ließ, nachdem er für ihn nutzlos geworden war. Bevor das entkräftete Kind verstarb, bat es noch darum, am Weg zur Kapelle begraben zu werden, damit die Schatten von Pilgern aus seiner Heimat auf sein Grab fallen. Zu seinem Gedenken pflanzte man auf seinen Wunsch hin eine Eibe. Die Einwohner am Brachvogel-Fluss verehren den Jungen als Heiligen, denn seinem Grab sei eine besondere Gnade zuteilgeworden: »Man nimmt Erde von seinem Grab, um Krankheiten zu kurieren«, erläutert der Fährmann. »Es gibt Berichte von vielen Heilungen; die Flussmenschen glauben sogar, man habe seinen Geist gesehen.« Die umnachtete Frau besucht zusammen mit den anderen das Grab. Mit wenigen zusätzlichen Fragen erkennt sie, dass es sich bei dem Toten um ihr verlorenes Kind handelt. Auf dem Höhepunkt ihres verzweifelten Gebets erklingt auf einmal die irrlichternde Stimme ihres Kindes. Mit den Worten: »Die Verstorbenen werden wieder auferstehen und an diesem gesegneten Tag werden wir uns im Himmel wieder begegnen«, tröstet es die Mutter und verspricht ein Wiedersehen nach dem Tod.

Britten komponierte *Curlew River* in seiner Lieblingsstadt Venedig. Dort konnte er in der Lagune auf der Insel San Giorgio Maggiore noch den Cantus planus der Mönche erleben, den einfachen Gesang der monotonen Choralrezitationen. Zusammen mit dem Regisseur der ersten Produktion, Colin Graham, zeigte er sich »beeindruckt und bewegt von der rituellen Kleidung«, wodurch die Idee entstand, das Libretto des Schriftstellers William Plomer, der einige Jahre in Japan gelebt hatte, um ein Rahmengeschehen und eine Ankleidezeremonie zu ergänzen. Der Beginn und der Abschluss für die Haupthandlung boten im Geiste der mittelalterlichen Mysterienspiele einen prozessionsartigen Ein- und Auszug der Protagonisten, der Instrumentalisten, des als Erzähler fungierenden Abts und des Chors der acht Pilger. Eine ähnliche ›liturgische‹ Technik hatte Britten – möglicherweise auch in Anlehnung an das 1918 initiierte jährliche ›Festival of Nine Lessons and Carols‹ in der King's College Chapel in Cambridge – bereits 1942 bei dem Chorwerk *A Ceremony of Carols* ausprobiert. Die Mitwirkenden singen zu Beginn von *Curlew River*: »Vor dem Verschwinden des Lichtes bitten wir dich, o Schöpfer der Dinge, dass du nach deiner Güte unser Schützer und Wächter seist.« Aus dem einleitenden »Te lucis ante terminum«-Gesang »entwickelt sich das ganze Stück«, betonte der Komponist. Wie beim japanischen Nō-Theater sind alle Darsteller Männer, einschließlich der geistig verwirrten Frau, der ›Madwoman‹, die bei der Uraufführung von Peter Pears gegeben wurde. Das Instrumentarium war kleiner als bei Brittens Kammeropern und mit einem starken Schlagzeuganteil am asiatischen Vorbild orientiert. Es bestand lediglich aus Flöte, Horn, Bratsche, Kontrabass, Harfe, Orgelpositiv und Schlaginstrumenten, zu dem fünf kleine ungestimmte Trommeln, fünf kleine Glocken und ein großer gestimmter Gong gehörten. Ein Dirigent war nicht vorgesehen, sodass jeder Interpret auf sich selbst gestellt blieb. Um das Aufeinanderhören und die Koordination zu erleichtern, erfand Britten ein eigenes, der Fermate verwandtes Pausenzeichen, das er »curlew sign« nannte.

Während die Tonbildung der Orgel sich an die Shō, eine Art Mundorgel mit Bambuspfeifen, anlehnte, war der Harfenpart beeinflusst durch die Koto – beide jeweils Instrumente der höfischen Musik Japans. Britten europäisierte jedoch diese Gestaltungselemente, indem er beispielsweise auf vokaler Ebene den traditionell achtköpfigen Chor des Nō-Theaters gregorianische Klänge anstimmen ließ. Den Gesang des Fährmanns stellte er in Verbindung mit dem Horn und der verrückten Mutter war die Flöte zugewiesen, die auch die Stimme der Brachvögel symbolisierte.

Curlew River wurde zum Prototyp zwei weiterer Kirchenparabeln. Nach der Metamorphose eines buddhistischen zu einem christlich angehauchten Stoff wandte sich Britten mit *The Burning Fiery Furnace* der biblischen Geschichte der Jünglinge im Feuerofen aus dem alttestamentarischen Buch Daniel zu. Bei diesem Werk griff Britten Anregungen des Kabuki auf, eine traditionelle Variante des japanischen Theaters, die anders als das formellere Nō-Theater mit seinen mythischen und literarischen Stoffen als bürgerliche Kunstform eine Verbindung aus Gesang, Pantomime und Tanz bietet. Auch hier setzte Britten ein kleines Orchester mit Schlagwerk ein. Das Parabelartige der Stücke wird, wie auch später in *The Prodigal Son*, durch den prozessionsartigen Ein- und Auszug aller Mitwirkenden unter Absingen eines gregorianischen Chorals hervorgehoben.

So faszinierend die Anverwandlungen asiatischer Musik in Brittens Œuvre auch sind, letztendlich war Britten damit nicht über die Sphäre der Kultur A hinausgekommen. Bereits Edward Elgar und andere englische Komponisten vor ihm besaßen einen engen Bezug zu Indien: Elgar war durch sein Elternhaus mit indischer Kunst vertraut, seine Ehefrau Alice kam als Tochter eines Generalmajors im Bundesstaat Gujarat zur Welt, sodass das Heim der Elgars mit zahlreichen Erinnerungsstücken an Indien ausgestattet war, zudem lebten und arbeiteten noch immer etliche Verwandte in Indien und ein Nachbar der Elgars in Malvern, Harry Arbuthnot Acworth, Librettist einiger seiner Kantaten, übersetzte nicht nur indische Texte, sondern engagierte sich auch für die Gesundheitspflege in Indien. Elgar brachte dem Land viel Sympathie entgegen, als er 1912 die Musik zu der »Imperial Masque« *The Crown of India* mit viel Lokalkolorit ausgestaltete. Exotische Stoffe waren ›en vogue‹, als sein Freund Granville Bantock, der den Nahen Osten aus eigener Anschauung kannte, sich mehrfach in Tondichtungen, Bühnen- und großen Vokalwerken orientalischer Themen annahm oder Gustav Holst seine *Choral Hymns from the Rig Veda* und die Oper *Savitri* vorstellte. Fast ein Jahrhundert vor Britten integrierte Arthur Sullivan in seine Kompositionen sogar originale Musik außereuropäischer Kulturen, wie den Chor »Miya sama« in der Oper *The Mikado* und Musik der Muslime in die Kantate *On Shore and Sea*, bei der die Gebetsformel »Alla'hu akbar« mit viel Schlaginstrumenten, darunter türkischen Glocken und Schellen, ein um Authentizität bemühtes Flair erhielt. Benjamin Britten hingegen verwendete die Exotismen in seiner Musik als Verfremdungseffekte in der europäischen Musik und ihrem Instrumentarium. Während die anderen Komponisten in Werken wie *Omar Khayyām* (Bantock) oder *The Rose of Persia* (Sullivan) ihren Landsleuten Dichtung und Legenden einer anderen Welt affirmativ näherbringen wollten, assimilierte Britten ›das Andere‹, um christlich-westliche Mystik mit Exotismen zu vermengen oder mit asiatischer Musik ›das Fremde‹ an sich zu charakterisieren. Im Uraufführungsjahr von *The Prince of the Pagodas* stellte Britten noch sechs *Songs from the Chinese* in englischer Übersetzung vor. Er schrieb das Werk für Pears und den Gitarrenvirtuosen Julian Bream; man kann das Stück aber auch als eine etwa zwölfminütige Reverenz gegenüber den Quellen von Mahlers *Lied von der Erde* betrachten, der für Schostakowitschs Lieblingsstück ja auch auf chinesische Lyrik zurückgegriffen hatte. Das Land seiner exotischen Sehnsucht, das Britten auf der großen Reise gefunden hatte, thematisierte er indes nie musikalisch: So eindrucksvoll das Vierteljahr ungewohnter Eindrücke auch war, die einzige der asiatischen Regionen, in die es Britten in Begleitung von Peter, Lu und Peg Anfang 1965 noch einmal zog, war Indien. Der »freundliche, lächelnde (noch mehr als die Russen – ha, ha!) Gesichtsausdruck der Menschen ist so weit entfernt vom steifen, kalten alten England«, schrieb er in einem Brief. »Sie sind natürlich ein altes Land, aber man spürt hier einen Geist, der neu und progressiv ist.«[843]

*

Das Exotische hat Schostakowitsch nie interessiert. Mit seinen *Sechs Romanzen nach japanischen Dichtern* für Tenor und Orchester, die seiner ersten Frau Nina Warsar gewidmet sind, begann er 1928 im Jahr des Kennenlernens und vollendete sie, als man 1932 heiratete. Die Texte entnahm Schostakowitsch einem 1912 in Sankt Petersburg veröffentlichten Band mit Übersetzungen japanischer Lyrik, der Strawinskij schon kurz nach dem Erscheinen zu seinen *Drei japanischen Liedern* inspirierte. Schostakowitsch reizten weniger die japanischen Hintergründe, sondern die Themenkreise Liebe und Tod. Der Liederzyklus steht seiner Oper *Lady Macbeth von Mzensk* näher als dem Versuch, die Aura einer fremden Kultur musikalisch lebendig werden zu lassen. Schostakowitsch konnte auch mit den Orientalismen russischer Komponisten nie viel anfangen, wie sie beispielsweise in Glinkas *Ruslan und Ljudmila*, Balakierews Liedern und Rimskij-Korsakows *Scheherazade* präsent sind. In der Kultur, in der er aufgewachsen war, verurteilte man eine »spießbürgerlich-sentimentale und mit Exotik verzuckerte Musik« wie jene in Verdis Oper *Aida*. Bei Schostakowitsch finden sich nicht im gleichen Maße wie bei Britten die Folgen eines interkulturellen Diskurses, der unter anderem bei dem Engländer in Werken wie *Curlew River*, *The Prince of the Pagodas*, der Oper *Death in Venice* und dem 3. Streichquartett zu einem erweiterten Ausdrucksspektrum und einer farbenreicheren Klangpalette führte. Schostakowitschs konzentrierte sich mehr darauf, die technischen Möglichkeiten des vorhandenen Instrumentariums auszuschöpfen und betrachtete beispielsweise die Werke des, wie er sagte, »Vaters der russischen Musik« Glinka unter dem Aspekt, man erkenne in seinen Partituren »die volle Berechtigung der Worte Rimskij-Korsakows, dass Komponieren Instrumentieren ist«.[844] Am ›exotischsten‹ war für Schostakowitsch der Einfluss des Jazz in einigen frühen Stücken, der wiederum Britten kaum interessiert hat. Allerdings blieb der Jazz bei Schostakowitsch ohne nennenswerten Einfluss auf seine Sinfonik oder die Streichquartette. In Anbetracht der lange währenden Abschottungspolitik der Sowjetunion führte dann die Auseinandersetzung mit Brittens Schaffen auch bei Schostakowitsch zunehmend zu einem kammermusikalischen Tonfall und einem schlichteren Duktus. Exotisch genug dürfte es für die Sowjetunion gewesen sein, den Weg frei zu machen für einen regen Kulturaustausch mit Großbritannien in den 1960er-Jahren.

*

Bereits während des Zweiten Weltkriegs war die erste Städtepartnerschaft initiiert worden. Hierbei sollten Orte, die einst als Symbole für die Kämpfe standen, sich in einer ideellen Gemeinschaft zusammenschließen und zu Kooperationen auf den unterschiedlichsten Ebenen angeregt werden. Dazu gehörten Coventry und Stalingrad, das 1961 in Wolgograd umbenannt wurde. Ihnen folgten Oxford und Perm, London und Moskau sowie weltweit viele weitere Städte. Gegen Ende der 1950er-Jahre war man in Großbritannien bereit, an die ersten guten Erfahrungen auf wissenschaftlicher und kultureller Ebene anzuknüpfen. »Die Bedingungen waren zum gegenwärtigen Zeitpunkt günstig dafür, dass englische Musiker die Sowjetunion besuchten«, meinte der kulturaffine britische Diplomat Cecil Parrott. »Viele sowjetische Komponisten klagten mir gegenüber, dass die guten Beziehungen, die sie früher einmal zu englischen Musikern hatten, seit Jahren abgerissen waren.«[845] Dadurch hielten sich auch die Kenntnisse der neueren Musik des anderen Landes in Grenzen. Schostakowitsch war beispielsweise mit den Orchesterwerken eines anderen bedeutenden Sinfonikers des 20. Jahrhunderts, Ralph Vaughan Williams, nicht vertraut.

Bei dem Gastspiel des London Philharmonic Orchestra im September 1956 stellten die Briten unter der Leitung von George Hurst, Anatolij Fistularij und Adrian Boult mit neun Konzerten in Moskau und vier Auftritten in Leningrad unter anderem Musik von Bliss, Holst, Walton und Vaughan Williams vor. Der Chefdirigent Adrian Boult nahm dafür sogar eine Schiffs- und Zugreise von mehreren Tagen auf sich, weil er Flugzeuge verabscheute und meinte, diese Art zu reisen schade seinem Gehör. Er traf die Orchestermusiker, die geflogen waren, vor Ort. Auch die Sowjetunion wollte ihren ›Kulturbotschaftern‹ neues Terrain erschließen. Da die Leningrader Philharmoniker bei Gastspielreisen nicht mehr nur im Einflussbereich der Sowjetunion wie etwa Prag oder Ost-Berlin auftraten, sondern sich auch in Österreich und der Bundesrepublik Deutschland auf Tournee begaben, lag es nahe, zu Großbritannien ebenfalls näher auf Tuchfühlung zu gehen. Den Briten war sehr daran gelegen, die Kontakte zu verbessern; insbesondere die Entwicklungen auf kultureller Ebene erschienen vielversprechend. »Wir halten unsere lebenden Komponisten für genauso gut wie jeden, den die Sowjetunion hervorgebracht hat«, meinte der britische Kulturattaché, der anscheinend wenig von der vorangegangenen Musikgeschichte seines Landes verstand, die etliche Parallelen zur Entwicklung in Russland aufwies.[846]

Am 29. März 1959 unterzeichneten hochrangige Vertreter beider Länder das erste ›Anglo-sowjetische Kulturabkommen‹ in Moskau. Der Premierminister Harold Macmillan und der Regierungsleiter Nikita Chruschtschjow kamen überein, dass »der Transfer von Menschen und Wissen zu einem größeren gegenseitigen Verständnis, Freundschaft und Frieden zwischen der britischen und der sowjetischen Bevölkerung führe«.[847] Geplant war ein Kulturprogramm, das den wechselseitigen Austausch von Büchern, Kunstausstellungen, Filmen, Musikern und über einhundert Fachleuten in den Bereichen Wissenschaft und Technik umfasste. Zur Förderung des Musikverständnisses brachte ein Moskauer Verlag sogar ein 166 Seiten starkes Buch von Rabinowitsch über Schostakowitsch in englischer Sprache heraus, aber »Printed in the Soviet Union«. Schon im April 1959 hagelte es Kritik am anglo-sowjetischen Kulturabkommen, weil doch alle guten Worte und Kulturprojekte unglaubwürdig seien, solange die UdSSR es verhinderte, dass Programme der BBC überall in der Sowjetunion zu empfangen sind. Und im September 1959 sorgte der Dirigent Leonard Bernstein für ›Missklänge‹: Er brachte eine Delegation amerikanischer Komponisten und die New Yorker Philharmoniker in die Sowjetunion und – so hieß es in der amerikanischen Presse – preise das russische Musikleben, solange er in Moskau sei, aber »kaum hatte er das Land verlassen, ließ er andere Töne hören«.[848] Dass sich hingegen das Interesse an den Schöpfungen sowjetischer Komponisten im Westen mittlerweile in Grenzen hielt, mussten Schostakowitsch und einige Kollegen bei einem Gegenbesuch in den Vereinigten Staaten im Herbst erfahren. Selbst als er im New Yorker Madison Square Garden auftrat – wo zwanzig Jahre zuvor noch der mit dem nationalsozialistischen Deutschland sympathisierende Amerikadeutsche Bund die amerikanische Toleranz für einen Aufmarsch mit 22 000 Besuchern missbraucht hatte – und nun vor 18 000 Gästen das Scherzo aus seiner 5. Sinfonie am Klavier vortrug, vermochte er nicht mehr das Feuer der Begeisterung aus den 1940er-Jahren zu entfachen. Viele Kritiker, darunter auch der einflussreiche Harold C. Schonberg von der *New York Times*, lästerten später: »Schostakowitsch hat sich 1937 mit seiner 5. Sinfonie selbst rehabilitiert, aber im Grunde war er als Komponist ruiniert«, denn »er schrieb nur noch sichere Musik, wiederholte alte Formeln und imitierte einige von Prokofjews Manierismen.«[849]

Zumindest hatte in einigen Teilen Europas sein Name noch immer einen guten Ruf: Dmitrij Schostakowitsch wurde zum Ehrenmitglied der Österreichisch-Russischen Gesellschaft ernannt und erhielt in Helsinki den Sibelius-Preis, woraufhin er die damit verbundene Geldsumme der Finnisch-Russischen Gesellschaft stiftete, was für einige Aufregung unter denen sorgte, die den Winterkrieg 1939/40 noch in unangenehmer Erinnerung hatten. Ende Juni 1958 begab er sich zum ersten Mal nach England, wo ihm die Ehrenmitgliedschaft der Royal Academy of Music zuerkannt wurde, und nach Oxford, dessen Universität ihm eine Ehrenprofessur verlieh.

Die Eiszeit zwischen den ideologischen Blöcken schien zu Ende zu gehen. Das Motiv des Schnees, der Schneemasken, des Kältesturms, der Sonne und des Feuers, ja, des ›Tauwetters‹ war beiden Komponisten schon lange vor Ehrenburgs gleichnamigen Roman vertraut, und zwar durch Dichter aus dem ersten Viertel des Jahrhunderts. Britten begeisterte sich für Wilfred Owen, von dem er erstmals Verse für seinen im Oktober 1958 aufgeführten Liederzyklus *Nocturne* für Tenor und sieben Instrumente – Flöte, Englischhorn, Klarinette, Fagott, Harfe, Horn und Pauke – verwendete. Schostakowitsch hatte gegen Ende des Krieges begonnen, sich auf Anregung von Glikman näher mit der Lyrik von Aleksandr Blok auseinanderzusetzen, die er später vertonte. Ein viele Jahre lang unterdrückter Lebenshunger und Wissensdurst brach sich Bahn. Bei beiden Dichtern ist auch von hoffnungsvollen Momenten, von der »Wildheit der Schönheit« die Rede – sei es von einzelnen Menschen oder der Welt. »Whatever hope is yours, / was my life also; I went hunting wild / after the wildest beauty in the world«, ließ Britten den Bariton wenige Jahre später im *War Requiem* singen: »Was auch immer deine Hoffnung ist, / war auch mein Leben: Ich jagte wild / der wildesten Schönheit der Welt nach.«[850]

*

Schostakowitsch hatte Schauspiel- und Filmmusik zu Shakespeares *Hamlet* und *König Lear* geschrieben, aber an eine durchkomponierte Opernadaptation von Shakespeares *Sommernachtstraum* hatte sich bislang noch kein namhafter Komponist herangewagt. Bei Purcells Semi-Opera *The Fairy Queen* handelte es sich 1692 lediglich um eine stark bearbeitete Fassung, in Webers Oper *Oberon* (1826) wurde ebenso wie in Tippetts *A Midsummer Night's Marriage* (1955) nur mit thematischen Elementen des Stoffes gespielt. Nachdem *A Midsummer Night's Dream* spätestens ab Shakespeares Tod nur noch in etlichen Bearbeitungen kursierte, schenkte man der ursprünglichen Version erst im 19. Jahrhundert wieder Beachtung. Diese kam 1843 zu ihrem Recht in Ludwig Tiecks Berliner Produktion, für die die vollständige Bühnenmusik von Mendelssohn entstand. Diese blieb jedoch stets Gebrauchsmusik, ›incidental music‹ für die Begleitung von Theateraufführungen. Sie wurde in den 1840er-Jahren auch in den ersten englischen Aufführungen verwendet und prägte die Vorstellung vom ›Sommernachtstraum‹ als romantische Idylle voller Feenzauber und Magie für mindestens ein Jahrhundert. Dadurch entwickelte sich eine Aufführungstradition von *A Midsummer Night's Dream* als Shakespeares ›romantische‹, ja ›idyllische‹ Komödie. Aber der deutsche Titel führte leicht in die Irre. Im Original ist keineswegs eine laue Sommernacht gemeint, sondern die des ›midsummer‹, des Johannistages, des Tages der Sommersonnenwende, wobei der englische Titel Bezug nimmt auf die ›midsummer madness‹, die Tollheit der Mittsommernacht, die junge Liebende antreibt, in die Wälder zu ziehen.

Als Britten sich mit seiner einzigen Shakespeare-Oper befasste, hatte sich bereits ein Wandel in der Sichtweise auf das mittsommerliche Liebesverwirrspiel vollzogen. Der romantisierende Blick lenkte den Fokus auf adrette, amouröse ›Liaisons dangereuses‹. Ab Mitte des 20. Jahrhunderts neigte die Shakespeare-Forschung dazu, das Stück als zwielichtiges Satyrspiel zu deuten – eine erotisch aufgeheizte, prickelnde ›Ménage-à-beaucoup‹ hervorgerufen durch die Magie der Sommersonnenwende. »The lunatic, the lover, and the poet / are of imagination all compact«, sagt Theseus zu Beginn des 5. Akts bei Shakespeare. »One sees more devils than vast hell can hold, / That is the madman; the lover, all as frantic …« (»Mondsüchtige, Verliebte und Poeten / Sind eitel Phantasie«, übersetzte der 1938 nach England emigrierte Lyriker Erich Fried, der auch eine deutsche Fassung von *Paul Bunyan* erstellt hatte. »Der eine sieht mehr Teufel als die Hölle fasst, / der andere ist ein Narr – der Liebende, nichts klüger …«.) Nicht von ungefähr unterscheiden sich die englischen Begriffe für die Verwirrungen des Geistes darin, dass ›insane‹ sich auf ein angeborenes Problem bezieht und das auf das lateinische Wort ›luna‹ (Mond) zurückgehende ›lunatic‹ einen von der Natur beeinflussten vorübergehenden Zustand bezeichnet. Noch im 19. Jahrhundert wurden in England Menschen, die als ›lunatic‹ anerkannt waren, für ihre Vergehen weniger hart bestraft. Anstatt dem Individuum die Schuld zuzuweisen, hieß es, das Licht des Mondes sei an der Verirrung schuld. Brittens Schwerpunkte – Wald, Nacht, Schlaf, Traum und Mond – prägen sein Konzept des *Midsummer Night's Dream.* In dieser Vieldeutigkeit ist das Stück Schostakowitschs bzw. Gogols нос/сон (›Die Nase‹ bzw. ›Der Traum‹) verwandt.

Dass diese Träume mitunter auch zu Albträumen werden können, dessen war sich Britten bewusst. Insbesondere die Liste der Protagonisten erstellte er mit einem gewissen Hintersinn: Beispielsweise bevorzugte er die Schreibweise ›Tytania‹, denn – so hieß es in einem Brief – »ich glaube, Tytania flößt mehr Ehrfurcht ein als Titania«. [851] Für die Elfen wünschte Britten explizit keine Frauen-, sondern Knabenstimmen, weil »sie von Shakespeare ausdrücklich als ›mounseer‹ bezeichnet werden« (also ›Monsieur‹).[852] Zudem sah er die Elfen »völlig anders als die unschuldsvollen Niemande, die man häufig in Shakespeare-Produktionen findet«, denn ihm war an ihnen »schon immer eine Art Gerissenheit aufgefallen«.[853] Und Puck, dem Britten eine Sprechrolle für einen jungen Schauspieler zuwies, galt für den Komponisten als eine »völlig amoralische und dennoch unschuldige« Figur.[854]

Britten fand es bei *A Midsummer Night's Dream* »besonders spannend, für drei unterschiedliche Gruppen – die Verliebten, die Hinterwäldler und die Feen –, die gleichwohl interagieren, in einer Oper unterschiedliche Texturen und orchestrale Farben« zu verwenden.[855] So ist die Oberon/Tytania-Sphäre charakterisiert durch die hohen und höchsten Lagen. Die mit dem zarten Timbre der Celesta durchsetzten Streicherglissandi der Einleitung, angereichert mit Harfe und Xylophon, erzeugen einen Verfremdungseffekt, der sowohl die fesselnde Magie als auch den manipulierenden, bedrohlichen Sog der Elfenwelt zu einem faszinierenden Klangerlebnis werden lässt. Interessanterweise hatte Britten die Celesta bereits sechs Jahre zuvor in *The Turn of the Screw* den Erscheinungen Peter Quints zugewiesen, der Inkarnation des Bösen. Auch wenn der Name des Instruments mit dem kristallklaren Ton nach dem französischen ›céleste‹ so viel wie ›die Himmlische‹ bedeutet, wirkt sein Klang bei Britten zugleich betörend und beängstigend.

Der durch die Knabenstimmen von Erbsenblüte, Spinnweb, Motte und Senfsamen (Peaseblossom, Cobweb, Moth, Mustardseed) erzeugte Klangeffekt wird noch gesteigert durch einen Koloratursopran als Tytania und letztlich die Besetzung Oberons mit einem Countertenor. Hierfür wandte sich Britten an Alfred Deller, der als Konzertsänger im Bereich der Alten Musik keinerlei Theatererfahrung hatte. Nach eigenem Bekunden brauchte Deller zwei volle Tage, um sich von dem Schock der Einladung zu erholen. Britten versicherte ihm: »Ich sehe und höre ganz deutlich Ihre Stimme bei dieser Rolle. Die Partie wird eher statisch angelegt sein. Ich meine damit, dass von Ihnen nicht verlangt wird, Rad zu schlagen oder auf Bäume zu klettern.«[856]

Zu dieser Grundstimmung der Waldsphäre treten noch zwei weitere Klangebenen hinzu. Die jungen Leute – Lysander, Demetrius, Hermia und Helena – werden durch naturverbundene Klänge charakterisiert: Streicher, Instrumente aus Holz also, deren Saiten zumindest in früheren Zeiten aus Tierdarm hergestellt wurden, und Holzbläser. Orchestral und vokal werden hier vornehmlich die mittleren Lagen abgedeckt, während schließlich Shakespeares Handwerkern (»rude mechanicals«, laut Puck), die Britten als »Hinterwäldler« (rustics) bezeichnete, vom Material her natur-ferne Blechblasinstrumente zugeordnet sind. Zusammen mit den zumeist dunklen Männerstimmen dieser Schar von Laienschauspielern kommt das tiefe Spektrum der Tonskala hinzu.

A Midsummer Night's Dream ist Brittens einzige Oper, für die er nicht ein Libretto in Auftrag gab, sondern eine bereits vorhandene Schauspielvorlage vertonte. Es war eine gewisse Eile geboten, denn erst elf Monate vor der Uraufführung hatte Britten beschlossen, dass er »eine abendfüllende Oper schreiben sollte«,[857] um die Einweihung der zu einem Theater umgebauten Jubilee Hall in Aldeburgh gebührend zu begehen. »Es war keine Zeit, noch ein Textbuch verfassen zu lassen«, meinte der Komponist, »also nahmen wir eines, das zur Hand war.«[858] Ungeachtet des Respekts gegenüber Shakespeares Dichtung, die man keinesfalls umschreiben wollte, sahen sich Britten und Peter Pears dennoch gezwungen, *A Midsummer Night's Dream* auf das Wesentliche zu verdichten. Dies gebot allein die Erfahrung und die praktische Vernunft. »Ich habe nicht die geringsten Schuldgefühle, dass wir das Stück um die Hälfte gekürzt haben«, bekannte Britten. »Da das gesungene Wort mehr Zeit benötigt als das gesprochene, würde eine Vertonung des vollständigen *Sommernachtstraums* so lange dauern wie Wagners *Ring*.« In Absprache mit Britten übernahm Pears den Hauptteil der Aufgabe, das Werk »zu vereinfachen«, wie Britten es nannte. [859] Abgesehen von leichten Anpassungen – beispielsweise Theseus' Zeile »Four happy days bring in another moon« im letzten Akt zu »this happy day brings in another moon« abzuwandeln –, wurde im ersten Akt nur eine Zeile ergänzt, die nicht von Shakespeare stammt: »Compelling thee to marry with Demetrius« (Verpflichte dich zur Heirat mit Demetrius). Dadurch ließ sich immerhin eine etwas längere Szene einsparen. Die Polyamorie und Zoophilie des Originals, die Exaltiertheit der Liebenden in der

Elfen- und der Menschenwelt, die Vielfalt der unterschiedlichen Charaktere und die Mannigfaltigkeit der Sprache Shakespeares blieben indes erhalten.

In *A Midsummer Night's Dream* setzte Britten die »wunderbare Poesie«[860] Shakespeares um, indem er sich insbesondere in den Oberon-Szenen an Henry Purcells barockes Melos anlehnt, wie etwa im ersten Akt in der Soloszene des Elfenkönigs, »I know a bank«, die an die Arie »Sweeter than roses« aus der Bühnenmusik des »Orpheus Britannicus« zu dem Drama *Pausanius* gemahnt. Die Szenen der schauspielernden Handwerker machen Brittens Vertrautheit mit den Opern Arthur Sullivans deutlich. Brittens Sprachbehandlung in *A Midsummer Night's Dream* verdankt beiden Vorgängern etwas: Von Sullivan lernte er eine natürliche Sprachmelodik und einen rhythmisch vielfältigen Umgang mit der englischen Sprache und von Purcell einen zuweilen kunstvoll-manierierten Stil. Alles dient Britten zur differenzierten Charakterisierung der Figuren, die je nach den Erfordernissen der Situation artifiziell und auch ungemein einfühlsam sind. Die Palette reicht von Tytanias kunstvoll verziertem Monolog »Come, now a roundel, and a fairy song« im ersten Akt bis hin zu den humorvollen Kommentaren des Orchesters in den rezitativischen Dialogen der Handwerker. Bei aller musikalischer Präzision, die Brittens Partitur verlangt, forderte der Komponist – mit Ausnahme von Deller – von den Solisten: »Ich will Sänger, die auch Schauspieler sind. Mozart, Gluck und Verdi wollten das auch.«[861]

Die Sanglichkeit und kammermusikalische Transparenz war *A Midsummer Night's Dream* eigen. Wieder einmal zahlten sich Brittens frühe Erfahrungen aus, die er in den 1930er-Jahren bei Auftragsarbeiten für den Film gesammelt hatte. Auch in *A Midsummer Night's Dream* ist diese Ökonomie der Mittel evident. Obgleich die Musik ungemein klar und zugänglich ist, vermittelt sie auch stets etwas Doppelbödiges. »Wenn man Brittens Musik hört, ihr wirklich zuhört, sie nicht nur oberflächlich wahrnimmt, wird einem etwas sehr Düsteres bewusst«, meinte Leonard Bernstein. »Es gibt da verschiedene Zahnräder, die sich drehen, aber nicht ganz ineinandergreifen, und sie können einen großen Schmerz verursachen.«[862]

Durch seine individuelle musikalische Sprache zeigte Benjamin Britten die Ambivalenz des modernen Blickwinkels auf etablierte Kunstwerke. Im Falle von *A Midsummer Night's Dream* setzte er dem verklärenden Zauber der Waldidyllen des 19. Jahrhunderts eine Oper entgegen, die Fragen nach dem Dasein und dem Selbst aufwirft und diese nicht mit vorgefertigten Antworten bedient. Die Natur war für Britten nie Idylle, sondern stets bedroht – wie in *Our Hunting Fathers* – oder ihrerseits bedrohlich wie bei »The Kraken« in *Nocturne*. Dies ist sie auch durch die Menschen bzw. die Elfen im Traum der Johannisnacht, in dem alle zum Spielball schwer kontrollierbarer Kräfte werden. In seiner letzten Oper *Death in Venice* lässt Britten nach der Beobachtung, dass ein geliebter, wunderschön anzusehender Mensch zugleich Zorn und Wut in sich birgt, den alternden Schriftsteller Aschenbach befriedigt feststellen: »There is a dark side even to perfection …« (Auch das Vollkommene hat seine dunklen Seiten …) und ihn sogleich hinzufügen: »… I like that« (… das gefällt mir). Auch Schostakowitsch dürfte dies angesprochen haben. Wo – frei nach Shakespeare – Schatten den Blick erhellen, sieht man vieles klarer. Einen Teil seiner Überlegungen dazu stellte der Komponist bereits in seiner Version von *A Midsummer Night's Dream* zur Diskussion.

Somit realisierte Britten auch in diesem Werk sein Ideal, dass der Künstler der Gesellschaft dienen muss, und sei es, indem er zuweilen auch unbequeme Fragen thematisiert. Schostakowitsch hatte auf ähnliche Weise den »ästhetischen Kodex aller russischen Kultur« beschrieben: Man müsse Werke für die Allgemeinheit schaffen, dabei aber »in keiner Hinsicht die Maßstäbe für das Schaffen herabsetzen«. Denn, so Schostakowitsch, »sonst wird die Kunst zur Spielerei, zu leerer, gedankenloser Zerstreuung degradiert. Diese Gefahr besteht in der modernen Gesellschaft, die bis zum äußersten mit allen Arten der Beschallung gesättigt ist. Eine solche Kunst ist unser Ziel, unsere Aufgabe, unsere Pflicht. Wir wollen, dass der Mensch, der unsere Musik gehört hat, besser wird, dass er geistig bereichert wird.«[863]

VI. »Дорогой Бен«, »My dearest Dmitrij« – Begegnung und Freundschaft

Sechs Tage bevor sich Dmitrij Schostakowitsch und Benjamin Britten in London zum ersten Mal persönlich begegneten, meldete die zentrale staatliche Nachrichtenagentur TASS: »Der bekannte sowjetische Komponist Dmitrij Schostakowitsch wurde am Mittwoch als Kandidat in die Kommunistische Partei der Sowjetunion aufgenommen.«[864] So wie man mit der Bezeichnung weiterhin an dem alten Begriff für die ›Telegrafenagentur‹ festhielt – der Телеграфное агентство Советского Союза (*T*elegrafnoje *A*gentstwo *S*owjetskogo *S*ojusa) –, verstand es die Partei noch immer, die alten Druckmittel anzuwenden. Schostakowitsch hatte die Stalin-Ära überstanden, ohne Parteimitglied zu werden – warum sollte er nun seine Haltung ändern? Die Zeit der völligen Willkür war vorbei und denkbare Sanktionen bei nichtkonformem Verhalten ließen sich nun besser einschätzen. Etliche Komponisten im Westen waren Mitglied der Kommunistischen Partei und diese Zugehörigkeit schloss eine humanistische Grundhaltung nicht aus. Immerhin fanden sich unter ›den Kommunisten‹ vom Massenmörder bis zum Idealisten Tausende von Schattierungen.

Der Scheidepunkt, an dem die Wahl zu treffen ist, ob man endgültig dem Establishment angehören oder sich seine Unabhängigkeit bewahren will, gehört zu den einschneidendsten Momenten einer Künstlerlaufbahn. Für Britten war die Zeit gekommen, als er vierzig Jahre alt wurde, Schostakowitsch war Anfang fünfzig: Für den einen war es die Würdigung durch das Königshaus, der gewichtige Aufträge folgten, für den anderen die Anerkennung durch die Partei und eine einflussreiche Position.

Indem Britten sich 1952 danach drängte, eine Oper zu den Krönungsfeierlichkeiten von Elizabeth II. zu komponieren, akzeptierte er die Rolle eines Künstlers mit höchster gesellschaftlicher Anerkennung. Zu diesem Zeitpunkt war er zu jung, um dafür den traditionellen Ehrentitel ›Master of the King's bzw. Queen's Musick‹ zu erhalten, mit dem herausragende, noch im 19. Jahrhundert geborene Komponisten wie Edward Elgar, Arnold Bax und nach dessen Tod im Oktober 1953 dann Arthur Bliss gewürdigt wurden. Doch der Auftrag, *Gloriana* am Royal Opera House Covent Garden herauszubringen, bedeutete die stillschweigende Duldung seiner Homosexualität von höchster Stelle; zudem konnte er darauf hoffen, durch diese Auszeichnung adeliger Kreise weitere Unterstützer für sein Festival in Aldeburgh zu finden und dieses sowie moderne Musik in der Gesellschaft zu etablieren. Darin sah er seine Aufgabe und die seiner Mitstreiter: Für Britten war es »a man's job«, das

Festival in Aldeburgh und die English Opera Group zu organisieren; eine Formulierung in einem privaten Brief, mit der er der zehn Jahre zuvor auch in der Presse geäußerten Kritik an seiner Kriegsdienstverweigerung und den Verweisen auf die »Verpflichtungen und Risiken eines Mannes« begegnete.

Schostakowitsch hatte im Oktober 1957 mit der ›Elften‹ eine Sinfonie herausgebracht, die mit dem Titel »Das Jahr 1905« Bezug auf ein Ereignis der sowjetischen Legendenbildung nahm. Zwei Jahre später reiften die ersten Pläne, die frühere Werkidee zu einer Sinfonie »Zur Erinnerung an Wladimir Iljitsch Lenin« weiterzuverfolgen. So lautete letztendlich die Widmung der 12. Sinfonie, die mit dem Untertitel »Das Jahr 1917« das Pendant der Revolutions-Sinfonien bildet und die unter Berücksichtigung der fast vergessenen 2. Sinfonie sogar eine Trilogie formt. Schostakowitsch verzichtete sicher bewusst auf einen Text, denn ein Werk wie Georgij Swiridows 1959 uraufgeführtes *Pathetisches Oratorium* empfand er als anbiedernd, zumal es der Ideologie einen religiösen Status verlieh, da in Oratorien biblische Texte verwendet werden und nicht wie in diesem Fall die Ergüsse des Revolutionsdichters Majakowskij.

In Anbetracht seiner Themenwahl und unter Berücksichtigung des Ansehens, das Schostakowitsch im Westen genoss, war es durchaus verständlich, ihm im Juni 1960 nahezulegen, Vorsitzender des Komponistenverbands der UdSSR zu werden. Die Voraussetzung für diesen exponierten Posten war es, Mitglied der Kommunistischen Partei zu sein. Die Schilderungen der Vorkommnisse sind jedoch widersprüchlich. Schostakowitschs Ratgeber Glikman berichtete, er »erinnerte ihn daran, wie oft er mir gesagt habe, dass er niemals in eine Partei eintreten würde, die Gewalt hervorbringe«.[865] Der Komponist wirkte auf Glikman »schwer hysterisch«. »Pospelow hat versucht, mich mit allen Mitteln in die Partei zu drängen, in der es sich, wie er sagt, unter Nikita Sergeewitsch frei und leicht atmen lasse«, erzählte ihm Schostakowitsch. »Pospelow ist hingerissen von Chruschtschjow, von seiner Jugend, genau so sagte er auch – ›Jugend‹, und von seinen grandiosen Plänen, und ich müsse unbedingt in die Reihen der Partei eintreten, die nicht mehr von Stalin, sondern von Nikita Sergeewitsch geführt werde. So schnell ich konnte, habe ich auf diese Ehre verzichtet. Ich klammerte mich an einen Strohhalm, sagte, dass es mir nicht gelungen sei, den Marxismus zu beherrschen, dass man abwarten müsse, bis ich ihn beherrsche. Dann berief ich mich auf meine Religiosität. Dann sagte ich, dass man auch als Parteiloser Vorsitzender des Komponistenverbandes sein könne, nach dem Beispiel Konstantin Fedins und Leonid Sobolews, die auch als Parteilose führende Positionen im Schriftstellerverband innehätten. Pospelow wies alle meine Argumente zurück und nannte mehrere Male den Namen Chruschtschjows, der doch um die Belange der Musik besorgt sei, und ich sei nunmehr in die Pflicht genommen, darauf entsprechend zu reagieren. Ich war völlig fertig nach diesem Gespräch. Bei der zweiten Zusammenkunft mit Pospelow hat er mich wieder an die Wand gedrückt. Meine Nerven haben das nicht ausgehalten, und ich habe nachgegeben.«[866] Der Musikwissenschaftler Lew Lebedinskij, ein anderer Weggefährte, erzählte, dass Schostakowitsch seine Warnungen, bei »gewissen Einladungen von gewissen Freunden« auf der Hut zu sein, immer in den Wind geschlagen habe. Seiner Ansicht nach wurde der dem Alkohol zugetane »Dmitrij Dmitriewitsch zum Trinken genötigt« und war vermutlich sternhagelvoll, als er den Aufnahmeantrag unterzeichnete.[867]

Letzten Endes versuchte Schostakowitsch, aus der Not eine Tugend zu machen. Immerhin hatte sich die Situation durchaus gewandelt und dem Künstler boten sich die Alternativen, sich zurückzuziehen oder ein einflussreiches Amt zu bekleiden, was zumindest auch seinen Schülern nützen konnte, die dadurch weniger der Gefahr ausgesetzt waren, als Klone eines formalistischen Musikers zu gelten. Etliche junge Komponisten schätzten Schostakowitsch und sahen in ihm einen Verbündeten. »Unsere Generation wuchs mit seiner Musik, mit seinem Namen auf den Lippen auf«, schrieb Boris Tischtschenko. »Deshalb hüpfte uns das Herz, als er unser Lehrer wurde, als wir ihn von nahem sehen konnten, wenn er die Brille abnahm, sie zu säubern, und wir ihn wie einen Ritter ohne Harnisch vor uns hatten: nahe und schutzlos. Der Einfluss dieser Persönlichkeit war so groß, dass man sich selbst zu ändern, sich seiner Nichtigkeit, seines Unvermögens, seiner Begriffsstutzigkeit zu schämen begann. Die Welt wurde bei Weitem schöner, seitdem es ihn gab. Alle sollten von ihm lernen.«[868]

Nicht zuletzt bot, wie hochrangige Persönlichkeiten versicherten, nur ein KP-Ausweis das »Recht als Parteimitglied«, sich »in allen Fragen schriftlich an jede beliebige Parteiinstanz einschließlich des ZK zu wenden«.[869] Schostakowitsch sollte davon Gebrauch machen. Als beispielsweise 1966 Ergänzungsparagraphen zum Strafgesetz der sowjetischen Verfassung zur Debatte standen, die fast unbegrenzte Möglichkeiten zu einer willkürlichen Interpretation bei der Rechtsprechung boten, unterzeichnete Zeugenberichten zufolge Schostakowitsch neben anderen Intellektuellen einen »sehr vorsichtig abgefassten Brief an den Obersten Sowjet mit der Bitte«, die Artikel 190/1 und 190/3 »nicht zu bestätigen«.[870] Auch wenn das Gesuch erfolglos blieb, zeigt es Schostakowitschs Versuche, im Hintergrund zu wirken. Dennoch wurde er von Musikerkollegen wie den Komponisten Wiktor Suslin und Galina Ustwolskaja scharf verurteilt, für die er nur »ein Mitläufer in Trance« war.[871] Der ihm wohlgesonnene Lew Lebedinskij äußerte einmal, dass das, »was ihn antrieb, kein Mangel an Prinzipien war, sondern ein tief verwurzelter Widerspruch in seinem Charakter«.[872] So setzte er seine Unterschrift auch unter Verurteilungen von Solschenizin und Sacharow, obwohl er beide sehr schätzte. Lebedinskij schilderte – ähnlich wie Glikman –, dass Schostakowitsch »hysterisch heulte« und jammerte: »Von Kindheit an habe ich Dinge gemacht, die ich *nicht* tun wollte.« Die Stalin-Diktatur lag schon einige Jahre zurück und noch immer wirkte das Trauma nach. Lebedinskij zitiert Schostakowitsch mit den Worten: »Ich bin ein verdammter Alkoholiker …« und »Ich war eine Hure gewesen, ich bin und werde immer eine Hure sein«.[873] Während die erste Aussage einer Tatsache entspricht, ist die zweite eine Frage der Interpretation. Die Trunksucht kann sehr wohl zu einer Charakterveränderung geführt haben, deren Folge irrationale, einander widersprechende Handlungen waren. Zudem wäre es durchaus verständlich, dass Schostakowitsch nach den traumatisierenden Erfahrungen von 1936 und 1948 sich nicht noch einmal freiwillig ins Abseits begeben wollte, indem er den Vorsitz im Komponistenverband und den damit einhergehenden Parteieintritt ablehnte. Letztlich mag er tatsächlich die Hoffnung gehegt haben, Einfluss nehmen zu können. Sowohl Britten als auch Schostakowitsch mussten ihren Preis dafür bezahlen, zum Establishment zu gehören. Britten konnte sich dadurch einen Lebensstil leisten, der ihm behagte, und Schostakowitsch bescherte es immerhin eine angenehme sowie praktische Wohnsituation im Moskauer Kulturviertel. »Bis heute sind an den Häuserwänden zahlreiche Gedenktafeln zu bestaunen, unter anderem eine zu Ehren von Wsewolod Mejerhold, der hier von 1928 bis zu seinem Tod gelebt hat«, erzählte Krzysztof Meyer. »Hier wohnte auch die hervorragende Sängerin Antonina Neschdanowa. Nach ihrem Tod wurde die Straße umbenannt und trug fortan ihren Namen. Eine kleine orthodoxe Kirche – eine der wenigen, die sogar in den schlimmsten Jahren nicht geschlossen wurde – befindet sich ebenfalls dort. Die Neschdanowastraße beginnt an einer der wichtigsten Moskauer Hauptstraßen, der Twerskastraße, die noch zu Lebzeiten des Schriftstellers in Gorkijstraße umbenannt wurde, und endet bei der Gerzenstraße, die vor allem dank des Konservatoriums mit dem berühmten Großen Tschajkowskij-Konzertsaal bekannt ist. Am Anfang der Neschdanowastraße geht von ihr eine kleine Gasse ab, die sie mit der parallelen, ebenfalls kleinen Ogarjowstraße verbindet. In dieser Gasse wurde gegen Ende der 50er-Jahre ein mehrstöckiger Gebäudekomplex im damals typischen ›sozialistischen‹ Stil errichtet. In dem Gebäudeflügel, der zur Neschdanowastraße hinausging, ließ sich der sowjetische Komponistenverband nieder sowie – als seine Filiale – der Komponistenverband der Russischen Sowjetrepublik, dem Schostakowitsch acht Jahre lang vorstand. Außerdem befinden sich in dem Gebäude die Redaktion der Monatsschrift *Sowjetskaja musika*, ein Konzertsaal, die Auslandsagentur und ein preiswertes, für Moskauer Verhältnisse elegantes Restaurant, das nur den Mitgliedern des Komponistenverbands zugänglich ist. Über hundert Familien der bedeutendsten Komponisten, Musikwissenschaftler und Interpreten wohnten in diesen Blocks, darunter im sechsten Stockwerk Schostakowitsch, ein Stockwerk tiefer Aram Chatschaturjan und Dmitrij Kabalewskij. Nicht weit entfernt wohnten auch Rostropowitsch und Kogan.«[874] Der frischgebackene Parteigenosse Dmitrij Dmitriewitsch lebte also im Umfeld bester Gesellschaft. Das Werk, mit dem er privat Abbitte für seinen Parteieintritt leisten wollte, entstand aber weitab im Ausland in den Bergen.

*

Im Juli 1960 reiste Schostakowitsch nach Dresden, um mit seinem Freund ›Ljolja‹, dem Regisseur Lew Oskarowitsch Arnstam, den Film *Fünf Tage, fünf Nächte* über die Zerstörung der Stadt an der Elbe vorzubereiten. An den dort entstandenen Aufnahmen hat »mir vieles sehr gefallen«, ließ er Isaak Glikman wissen. »Da offenbart sich die sehr gütige Seele Ljoljas. Und darin liegt die Hauptbedeutung dieses Films.«[875] Mit seiner Musik ließ ihn Schostakowitsch eine Weile warten. Die Erinnerungen an die Kriegsauswirkungen, die in Dresden auch 15 Jahre nach dem Waffenstillstand immer noch überall deutlich zu sehen waren, und die abgeschiedene Unterkunft boten ihm Gelegenheit, über sich selbst nachzusinnen. »Man hatte es mir dort sehr gut eingerichtet, zwecks Schaffung einer schöpferischen Arbeitsatmosphäre«, berichtete er Glikman. »Gewohnt habe ich in Gohrisch, auch Kurort Gohrisch, nahe dem Städtchen Königstein, 40 Kilometer von Dresden entfernt. Die Gegend ist unerhört schön. Übrigens gehört sich das für sie auch so: Die Gegend nennt sich ›Sächsische Schweiz‹. Die schöpferischen Arbeitsbedingungen haben sich gelohnt: Ich habe dort mein 8. Streichquartett komponiert. Wie sehr ich auch versucht habe, die Arbeiten für den Film im Entwurf auszuführen, bis jetzt konnte ich es nicht. Und stattdessen habe ich ein niemandem nützendes und ideologisch verwerfliches Quartett geschrieben. Ich dachte darüber nach, dass, sollte ich irgendwann einmal sterben, kaum jemand ein Werk schreiben wird, das meinem Andenken gewidmet ist. Deshalb habe ich beschlossen, selbst etwas Derartiges zu schreiben. Man könnte auf seinen Einband auch schreiben: ›Gewidmet dem Andenken des Komponisten dieses Quartetts‹.«[876]

Das neue Streichquartett wurde zu einem wichtigen Ventil, das nach dem Parteieintritt zur Katharsis beitrug. Glikman erzählte, dass

»Dmitrij Dmitriewitsch« bereits am 1. Juni spätabends »unangekündigt mit einer Flasche Wodka« bei ihm vorbeikam: »Es regnete. Dmitrij Dmitriewitsch sah abgespannt und müde aus, wahrscheinlich nach einer qualvollen, schlaflosen Nacht. Kaum war Dmitrij Dmitriewitsch über die Schwelle unseres Häuschens getreten, sagte er: ›Entschuldige, dass es so spät ist. Aber ich wollte dich unbedingt sehen und meine Trostlosigkeit mit dir teilen.‹ Ich wusste damals nicht, dass diese nagende ›Trostlosigkeit‹ in ein paar Wochen in die Musik des 8. Streichquartetts einfließen würde und er auf diese Weise seinem Herzen Luft zu machen imstande war.«[877]

Der später verbreiteten Legende, das Werk sei vornehmlich ›den Opfern von Krieg und Gewalt‹ gewidmet, steht entgegen, dass dieser Hinweis auf dem Manuskript nicht zu finden ist. Gegenüber seinem innigsten Vertrauten gab der Komponist einiges über den Inhalt preis: »Grundlegendes Thema des Quartetts sind die Noten D, Es, C, H, d. h. meine Initialen (D. Sch.)«, erläuterte Schostakowitsch seinem Freund Glikman. »Im Quartett sind Themen aus meinen Kompositionen und das Revolutionslied ›Gequält von schwerer Gefangenschaft‹ verwandt. Folgende meiner Themen: aus der 1. Sinfonie, der 8. Sinfonie, aus dem Trio, dem Cellokonzert, aus der *Lady Macbeth*. Andeutungsweise sind Wagner (Trauermarsch aus der *Götterdämmerung*) und Tschajkowskij (2. Thema des 1. Satzes der 6. Sinfonie) verwandt. Ach ja: Ich habe noch meine 10. Sinfonie vergessen. Ein netter Mischmasch. Dieses Quartett ist von einer derartigen Pseudotragik, dass ich beim Komponieren so viele Tränen vergossen habe, wie man Wasser lässt nach einem halben Dutzend Bieren. Zu Hause angekommen, habe ich es zweimal versucht zu spielen, und wieder kamen mir die Tränen. Aber diesmal schon nicht mehr nur wegen seiner Pseudotragik, sondern auch wegen meines Erstaunens über die wunderbare Geschlossenheit seiner Form. Aber möglicherweise spielt hier eine gewisse Selbstverzücktheit eine Rolle, die möglicherweise bald vorübergeht, und der Katzenjammer aufgrund meines kritischen Verhältnisses zu mir selbst bricht an.«[878] Erst 15 Jahre später sollte Britten mit seinem 3. Streichquartett ein vergleichbar privates Werk zu Papier bringen.

Im Spätsommer 1960 hatte Britten gerade *A Midsummer Night's Dream* vollendet und überarbeitete *Billy Budd*. Schostakowitsch konnte seine Opera 109 und 110 vorweisen: die *Satiren* und das c-Moll-Streichquartett, während sich die Arbeit an der 12. Sinfonie noch hinzog. Somit gab es für beide denkbar günstige Voraussetzungen, um einen neuen Inspirationsschub zu erhalten – Britten und Schostakowitsch lernten einander endlich persönlich kennen.

*

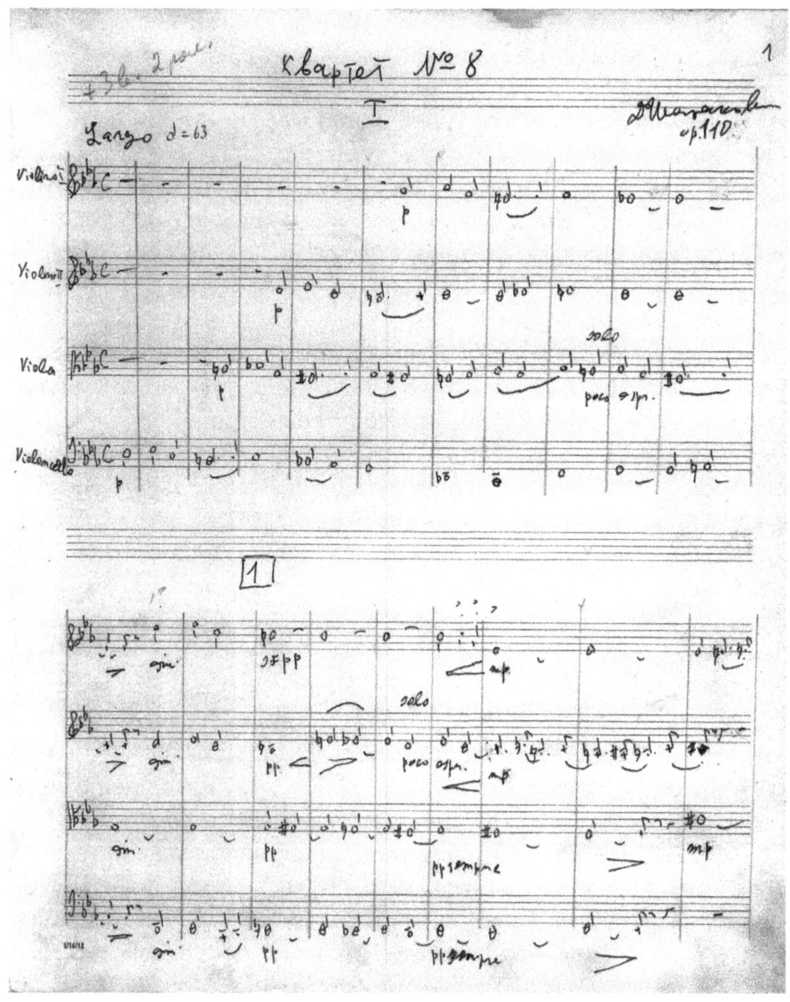

Die Notenhandschrift der Komponisten: Schostakowitschs Manuskript des 8. Streichquartetts …

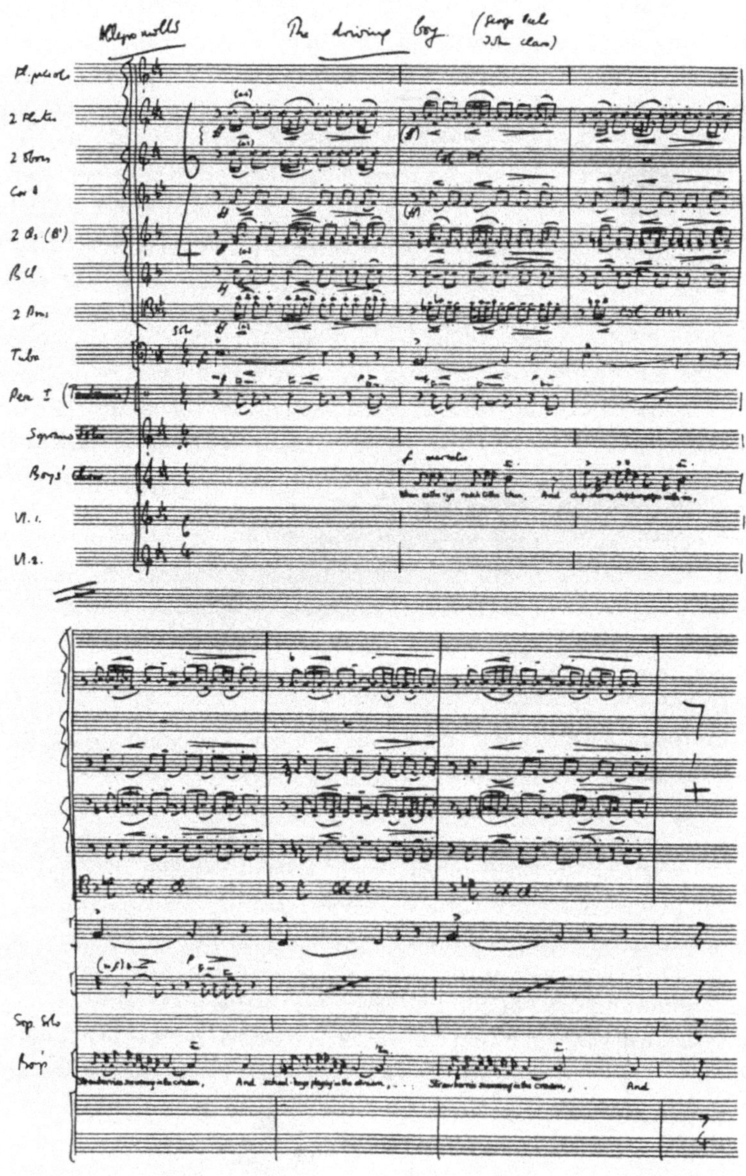

… und Brittens Manuskript der Spring Symphony.

Die Begegnung am 21. September 1960 in London war eine Mischung aus Wunscherfüllung und Zufall. Die Tournee der Leningrader Philharmoniker organisierte der aus der Slowakei stammende Konzertagent Victor Hochhauser. Der Dirigent Gennadij Roschdestwenskij bat ihn, Britten zu dem Abend in der Londoner Festival Hall einzuladen. Die erste Reaktion aus Aldeburgh war enttäuschend: Durch seine Sekretärin ließ Britten mitteilen, dass er zu beschäftigt mit seinen Kompositionen und unabkömmlich sei. Doch am nächsten Tag rief die Mitarbeiterin noch einmal an. Nun hieß es, falls Schostakowitsch in London erwartet werde, würde Britten ihn gerne treffen. »Deswegen arrangierte ich, dass Britten mit Schostakowitsch in der Loge für Ehrengäste sitzen konnte«, erzählte Hochhauser. »Zusammen mit dem sowjetischen Botschafter war ich auch dort und stellte die beiden einander vor; und später traf Britten dann noch Rostropowitsch und Roschdestwenskij.«[879] Ebenfalls beteiligt an den Vorbereitungen war seine Frau, Lilian Shields, die in Großbritannien als Tochter russischer Eltern zur Welt gekommen war. »Schostakowitsch konnte ein paar Brocken Englisch«, erinnerte sie sich, »aber noch wichtiger war, dass Britten und Schostakowitsch einander bereits kannten, denn sie kannten schon die Musik des anderen. Keine Worte waren für sie erforderlich, um zu spüren, was der andere dachte oder zu sagen versuchte.« Für Lilian Hochhauser (geborene Shields) schien »ihr Zusammenkommen jetzt unvermeidlich«, denn »sie lagen wirklich auf der gleichen Wellenlänge und beide erkannten die Größe und das Genie des anderen an«.[880]

Roschdestwenskij, der Dirigent des Abends, zeigte sich überzeugt, dass Britten mit keinem anderen russischen Komponisten eine derartige Verbindung hätte aufbauen können, denn ungeachtet aller Qualitäten Prokofjews »lassen sich ihre Welten nur ziemlich schwer in Einklang bringen«.[881] Aufgrund der von den Staaten geförderten Besuche englischer Musiker in der Sowjetunion in den 1950er-Jahren, von denen Bliss, Boult und das London Philharmonic Orchestra profitierten, war Roschdestwenskij bereits ein glühender Verfechter der Musik britischer Komponisten. Unter seinen Zeitgenossen nahm Britten für ihn den Spitzenrang ein vor Tippett, Walton und Bliss. Der Dirigent wurde in mehrfacher Hinsicht zu einem nicht minder wichtigen Bindeglied wie Rostropowitsch und Wischnewskaja: Er führte die Werke Brittens und anderer englischer Musiker häufig in der UdSSR auf, oft sogar zum ersten Mal, und spätestens durch ihn müsste Schostakowitsch ein grundlegendes Werk des 20. Jahrhunderts kennengelernt haben, das bereits im Mai 1934 in London uraufgeführt worden war: die *Cantata Profana* von Béla Bartók. Dieser Komponist dürfte durchaus ein Gesprächsthema zwischen den Künstlern gewesen sein. Im Jahr 1957 veröffentlichte Roschdestwenskij mit dem Staatlichen Sinfonieorchester, Chor und Solisten eine Vinyl-Monoschallplatte beim Label Period Records, auf der er Bartóks *Cantata Profana* mit Prokofjews Huldigungskantate *Lang lebe Stalin* op. 85 kombinierte, was Schostakowitsch unmöglich entgangen sein konnte.

Britten und Schostakowitsch hatten den 1945 im New Yorker Exil verstorbenen slawophilen Ungarn jeweils kurz erlebt: Der Russe sah ihn im Januar 1929 bei einem Konzert Bartóks in Moskau, wobei sich allerdings nicht die Gelegenheit für ein persönliches Kennenlernen ergab. Britten traf ihn Anfang der 1940er-Jahre in New York, da beide den gleichen Verleger hatten. Der Engländer war von der Kleinlichkeit geschockt, als er beobachtete, wie Bartók eines Tages in dessen Büro in einer Ecke hockte und seine Tantiemen nachrechnete.[882] Wie häufig sich beide darüber hinaus und neben dem Festival der Gesellschaft für Neue Musik im Mai 1941 in New York noch begegnet sind, ist nicht überliefert.

Britten und Schostakowitsch schätzten vor allem Bartóks Streichquartette. »Seine Quartette sind eine herrliche Schule für Komponisten«, schwärmte der Ältere, »sie werden von Quartett zu Quartett besser.«[883] Als Persönlichkeiten waren die Künstler zu verschieden, um sich mit dem noch im 19. Jahrhundert geborenen Bartók anzufreunden. Dennoch können sich in gegensätzlichen Kulturen ethische Werte entwickeln, durch die sich Gemeinsamkeiten finden lassen, die Michael Tippett im Jung'schen Sinne auf Archetypen zurückgeführt hätte. Schostakowitsch formulierte es auf diese Weise: »Das Humanistische, Fortschrittliche der Kunst, der Geist echten Neuerertums und gleichzeitig eine tiefe Verehrung für die Traditionen zeichnen die besten Arbeiten solcher hervorragenden Komponisten unserer Zeit aus wie Bela Bartók, Igor Strawinskij, Paul Hindemith, Arthur Honegger, Hanns Eisler, Benjamin Britten, Witold Lutosławski, Ljubomir Pipkoff …«.[884] Im Hinblick auf diese Verbindungen kann man der *Cantata Profana* eine wichtige Rolle zusprechen, die Bartók selbst einmal als sein »grundlegendes Credo« bezeichnet hatte.[885] Wie in Brittens Werken mit Tieren als Schlüsselcharakteren und Schostakowitschs Fabel-Vertonungen entsprang auch dieses Opus der heidnischen Text- und Symbolwelt und erzählt von einer weltlichen, profanen Sage über verzauberte Hirsche. Das Werk stellt die bedeutendste künstlerische Darlegung von Bartóks Prinzipien dar. Ähnlich wie bei der Stoffwahl Brittens und Schostakowitschs steht dahinter der Grundgedanke, dass Texte aus der Gedankenwelt heidnischer Epochen die Kunst zu ihren Ursprüngen, den ›reinen Quellen‹ zurückführt. Das Werk erzählt von einem Mann, dessen drei Söhne auf der Jagd nach einem Hirsch selbst in Hirsche verwandelt werden. Als der Vater eines Tages die Zauberhirsche aufspürt, wollen sie nicht mehr mit ihm heimkehren: »Wir passen nicht in die alte Welt zurück, wir wollen so bleiben, wie wir sind und uns von reinen Quellen nähren.« Britten und Schostakowitsch wussten, dass sich der Großstadtmensch Bartók durch seine Volksmusikforschungen auch zu den ursprünglichen Quellen der Kultur zurückbegeben hatte und – als er sie entdeckte – bei ihnen bleiben wollte.[886] Der Philosoph Georg Lukács wies darauf hin, dass Fragen nach Identität und Heimat nicht nur für ungarische Intellektuelle der damaligen Zeit äußerst wichtig waren. Denn sie stehen vielfach in Verbindung mit Aspekten von künstlerischer Wahrheit und Moral.[887] Gemeint ist damit jedoch keine moralisierende Kunst, sondern eine, welche die tiefsten Wurzeln der Existenz berührt. Selbst so unterschiedliche Werke wie Bartóks *Cantata profana*, Brittens Liederzyklus *Winter Words* und die *Spring Symphony* sowie Schostakowitschs 13. und 14. Sinfonie zeigen, dass unter den Schichten der ›Zivilisierung‹ ein gemeinsamer ethischer Kern verborgen liegt, der über alle kulturellen, politischen und ideologischen Unterschiede hinweg ein intuitives Verstehen des Gegenübers ermöglicht. Auch die Werke des Londoner Konzertabends am 21. September 1960 – Brittens *Purcell-Variationen* alias *Konzertführer für junge Leute*, Schostakowitschs erstes Cellokonzert und Rachmaninows 3. Sinfonie – erinnern daran.

*

Nach dem Aufeinandertreffen in London reagierte Britten als Erster, indem er wahrscheinlich noch im September ein Telegramm schickte, das nicht mehr erhalten ist, da Schostakowitsch seine Post nicht archivierte und beispielsweise die Korrespondenz mit seinen Eltern und seiner ersten Frau vernichtete. Überliefert ist hingegen eine mit Schreibmaschine verfasste Nachricht des Russen vom 5. Oktober 1960: »Lieber Benjamin Britten, danke für Ihr Telegramm. Verzeihen Sie mir, dass ich erst so spät antworte, aber ich war auf Reisen und sehr beschäftigt. Bitte nehmen Sie meine besten Wünsche entgegen. Ich bin ein leidenschaftlicher Bewunderer Ihrer Musik, D. Schostakowitsch.«[888]

Britten schrieb auf Englisch und Schostakowitsch auf Russisch, doch es fand sich immer jemand, der beim Übersetzen behilflich sein konnte. Anfangs schickte man sich mit Schreibmaschine abgefasste Briefe, die persönlich unterschrieben wurden. Nach und nach ging man dann zu handgeschriebenen Briefen über und verzichtete auf die förmliche Anrede. So wurde die Korrespondenz mit der Zeit immer vertrauter.

»Lieber Benjamin«, hieß es in Schostakowitschs Brief vom 20. Juni 1965, »bitte halten Sie diese Form der Anrede nicht für zu vertraulich. Eine russische Tradition erfordert eindeutig, erst den Vornamen, den Vatersnamen und dann den Familiennamen zu nennen, wenn man eine Person offiziell anschreibt. Meine Empfindungen Ihnen gegenüber sind höchst freundschaftlicher Art und deswegen kann ich Sie nicht der offiziellen Etikette entsprechend anreden.«[889] Zwar verwendete Schostakowitsch den Vornamen, blieb aber im Russischen stets bei der Sie-Form. Dies war keineswegs ungewöhnlich, da er selbst enge Freunde wie Sollertinskij und Glikman fast ausschließlich eher förmlich mit dem Vatersnamen ansprach und Briefe an Sie zumeist mit »D. Schostakowitsch« unterzeichnete. Er duzte höchstens Vertreter seiner eigenen Generation, etwa Jugendfreunde wie Bogdanow-Beresowskij oder die Schriftstellerin Galina Serebrjakowa, an die er noch in den 1960er-Jahren Briefe mit »Mitja« unterzeichnete.[890] Selbst gegenüber einem hochgeschätzten Künstler wie Dawid Ojstrach ging er erst in den letzten Lebensjahren zum privateren Du über.

Die Erfahrungen der 1930er- und 1940er-Jahre hatten Schostakowitschs Glauben an die Solidarität unter den Menschen zerstört. Die Begegnung mit Benjamin Britten sollte ihm davon ein wenig zurückgeben. Für den Engländer wiederum konnte durch den Austausch mit dem Russen ein Hauch seiner alten linken Ideale wieder lebendig werden. Auch wenn es nur zu wenigen persönlichen Zusammenkünften kam, entdeckten Britten und Schostakowitsch durch die zunehmende Kenntnis der Musik des jeweils anderen eine Seelenverwandtschaft, die es nicht erforderlich machte, sich in Briefen das Herz auszuschütten. Man konnte ja auch nie sicher sein, wer mitlas, ebenso wie man bei Gesprächen in Anwesenheit eines offiziellen Dolmetschers die Worte behutsam wählen musste. Davon erzählte nicht nur Brittens Sekretärin Rosamund Strode,[891] sondern auch Peter Pears in seinen Reisetagebüchern, wenn er notierte, dass der »Wachhund Toya« zwar als Übersetzer und Chauffeur »sehr nützlich und wohlmeinend ist, aber manchmal zu arg eine Art Zerberus«.[892] Oftmals konnte Mstislaw Rostropowitsch als Vermittler behilflich sein. Er sprach gebrochen Englisch und wenn gar nichts mehr weiterhalf, sprachen alle ein wenig Deutsch, sodass man schließlich ein Kauderwelsch konstruierte, das man »Aldeburgh-Deutsch« nannte. Als der befreundete englische Diplomat Duncan Wilson – der während seiner Zeit als Botschafter in Moskau zwischen 1968 und 1971 zuweilen auch Korrespondenz zwischen den Komponisten weiterleitete – einmal Zeuge einer Terminvereinbarung zwischen Britten und Rostropowitsch für den Nachmittag am »Thursday« wurde, griff er ein: »Ben, surely Slava means *Donnerstag*, not *Dienstag*.« Flugs versetzte Britten: »Don't you know that in Aldeburgh-Deutsch *Dienstag* IS Thursday!« Rostropowitsch wusste sich stets zu helfen: So umschrieb er einen Atomphysiker – seinen Datschanachbarn Andrej Sacharow – als jemanden, der »mit kochendem Wasser zu tun« hat.[893] Wenn bei Treffen von Schostakowitsch und Britten auch Rostropowitsch zugegen war, dürfte er gewiss auch aus dem Aldeburgh-Deutsch ins Russische übersetzt haben. In der Korrespondenz von Britten und dem Cellisten sind neben Briefen in russischer und englischer Sprache auch einige im originalen Aldeburgh-Deutsch verfasst. Formulierungen wie »Mein liebsten Slawa, ich hoffe dass du mein Aldeburgh-Deutsch lesen kann – und keine (Dolmetscher)Übersätze ist nötig!!«, »Es war so schön dass du warst in Stockholm mit Peter – du hast so wunderbar gespielt (ich habe gehört) – aber ich war so traurig *nicht* da zu sein. Ich war *sehr* böse gegen das *Leben* nochmal krank zu sein« und »bitte mache es besser mit deinem Gesund!« vermitteln einen Eindruck, wie die Verständigung ablief.[894] Auf diese Weise konnte man sich auch über gemeinsame Projekte und technische Details unterhalten: »Ich tue mein Beste etwas für dich schreiben – wenn ich bin *stark* genug (weil es muss *gut* sein für Slawa!!). So bitte *habe Geduld*!«, teilte Britten Rostropowitsch mit, um später zu erläutern: »Slawa, mein liebe, ich schike keine Suite mit Peter – wir warten nun auf die Proofs, die sehr bald kommen werden – nur die Russischen Noten über pizzicato und fingering: ich habe die Englische etwas neu gemacht, sei so lieb und sehe wenn die Russische geht jetzt. Diese neue Pizzicato technique ist sehr komplizierte!!«[895] Die gegenseitige Wertschätzung brachte man immer wieder durch Geschenke zum Ausdruck. Dann konnte der Redefluss bei Britten auch schon mal in allen drei Sprachen sprudeln: »Deine schönste Geschenk aus Amerika – die ›Grapes‹ (взноград ??) aus Glas sind immer auf unserem Tisch – die Stelle von Ehre!«[896]

*

Der Sinn für Humor dürfte zwischen dem Engländer und dem Russen ebenso eine verbindende Rolle gespielt haben. Sowohl Britten als auch Schostakowitsch hatten einen Hang zu Scherzen, die mitunter auch derb ausfallen konnten. Auf musikalischem Gebiet entsprechen Brittens zwischen 1937 und 1939 entstandenen *Cabaret Songs* Schostakowitschs *Satiren* op. 109 von 1960. Beiden Zyklen ist etwas Lässiges und Verschmitztes eigen – sie belegen, wie versiert und populär beide Komponisten schreiben konnten. Doch während Schostakowitsch sich seinen Sinn für humorvolle Stücke sein Leben lang bewahrte, war Britten später dafür zu distinguiert. Im Jahr 1937 hielt er sich noch an Verse, die Auden für ihn verfasste: Das sardonische »Tell me the truth about love«, den melancholischen »Funeral Blues«, das humorvolle »Johnny« und einen schwungvollen »Calypso«. Unter den überlieferten dieser im Kabarett- und Nachtklubstil jener Zeit gehaltenen Gesänge Brittens bot lediglich der »Funeral Blues« Anklänge an die Erfahrungen der Gegenwart. Ungeachtet aller Ambitionen, die er unter anderem durch die parallele intensive Arbeit an seinem Klavierkonzert an den Tag legte, war sich Britten keineswegs zu schade für Audens Fingerübungen. »Ich verfechte vehement die Haltung, dass es die Pflicht jedes jungen Komponisten ist, in der Lage zu sein, Musik jedweder Art zu schreiben – abgesehen von schlechter Musik«, betonte er. »Das hat nichts mit einer elitären oder banausenhaften Haltung, mit ernster Musik oder leichter Muse zu tun. Es ist gut, wenn ein junger Komponist leichte Musikgattungen bedienen muss.«[897]

Für seine satirischen Lieder verwendete Schostakowitsch 1960 Texte des russisch-jüdischen Erzählers und Lyrikers Sascha Tschornij, der als Aleksandr Michajlowitsch Glikberg in Odessa zur Welt gekommen war. Die Verse wurden kurz zuvor in einem Buch publiziert, das ihm sein Schwiegersohn, der Kameramann Jewgenij Tschukowskij, zukommen ließ. Einige der Dichtungen aus der vorrevolutionären Zeit kannte Schostakowitsch bereits, denn es gibt Hinweise, dass er während des Zweiten Weltkriegs daraus rezitiert hatte. Wenn Schostakowitsch zeigte, dass ihm »heitere Stimmungen nicht fremd« waren, brachte er diese mitunter durch schneidende rhythmische Akzente und nuancenreiche Vokal- und Instrumentalfarben zum Ausdruck. In Interviews versuchte Schostakowitsch, die Stücke den Verfechtern der sowjetischen Ideale schmackhaft zu machen. Zwar hatte Sascha Tschornij, der Dichter der »fünf satirischen Romanzen«, das Land schon 1918 in Richtung Westen verlassen, doch, so der Komponist, »scharf und mit großem Sarkasmus verspottet er darin die Spießbürger der Epoche der Reaktion, die nach der Revolution von 1905 im Vormarsch waren. Mit beißendem Hohn überzieht Tschornij jene Menschen, die der Mystik verfallen sind und sich in der beschränkten, kleinen Welt der Privatsphäre zu verbergen trachten.«[898] Schostakowitsch übertrug durch seine Musik die Gesellschaftskritik von einst treffend in die Gegenwart. Doch Gesänge dieser Art – wie auch der *Antiformalistische Rajok*, eine wahrscheinlich in Teilen zwischen Ende der 1940er- bis Mitte der 1960er-Jahre entstandene Parodie einer offiziellen Debatte über »den Kampf zwischen der realistischen und der formalistischen Ausrichtung der Musik«[899] – konnten im privaten Kreis, aber nicht in der Öffentlichkeit präsentiert werden.

Die verschiedenen Lebenswelten von Britten und Schostakowitsch beeinflussten den Stil und die Rezeption unterhaltsamer Lieder: Aus den englischen Songs wurden beliebte Unterhaltungsnummern, die Auden und Britten durch Tantiemen Geld einbrachten. In der UdSSR hingegen war es nicht gestattet, seiner Neigung zum kaustischen Humor ohne Weiteres freien Lauf zu lassen. Galina Wischnewskaja, die Schostakowitsch beim Entwerfen der *Satiren* im Sinn hatte und der er die Lieder auch widmete, schlug zu den Stücken den Untertitel »Bilder aus der Vergangenheit« vor; eine Abmilderung, die Schostakowitsch als

»Feigenblatt« zu bezeichnen pflegte. Dennoch wurde es nicht gestattet, Aufführungen der Werke im Rundfunk oder Fernsehen zu übertragen. An eine Einspielung war erst recht nicht zu denken. Diese konnten Wischnewskaja und Rostropowitsch erst im Oktober 1974 nach ihrer Emigration im Salle Wagram in Paris vornehmen. Wie nahe bei Schostakowitsch Vergnügen und Verderben beieinander liegen, zeigt, dass seine Orchesterfassung von Musorgskijs *Liedern und Tänzen des Todes* und die eigenen *Satiren* in kurzem zeitlichem Abstand Anfang der 1960er-Jahre entstanden. Seine weit gefächerten Interessen hatte er in jenen Jahren täglich auf seinem Schreibtisch vor Augen, auf dem er unter anderem Bilder von Bach, Musorgskij, Hemingway und Kornej Iwanowitsch Tschukowskij drapierte. Letzerer war ein namhafter Dichter, Übersetzer, Literaturkritiker, Kinderbuchautor und Großvater seines Schwiegersohns. Kornej Iwanowitsch wurde erst in der Chruschtschjow-Ära wieder rehabilitiert, mit dem Leninorden ausgezeichnet und 1962 sogar von der Universität in Oxford mit der Ehrendoktorwürde bedacht. Noch populärer dürfte Hemingway in der Sowjetunion gewesen sein, dessen Prosa man bereits seit 1934 dort veröffentlichte und der Anfang der 1940er-Jahre auch vom sowjetischen Nachrichtendienst angeworben wurde. Das Schwarz-Weiß-Bild von Musorgskij war um ein Vielfaches größer als das farbige Bach-Portrait im Postkartenformat. Als Rostropowitsch den Komponisten einmal fragte, warum er das imposante Portrait nicht rahmen lasse und an die Wand hänge, entgegnete Schostakowitsch, es sei unter der Glasplatte auf dem Schreibtisch besser am Platz: »Was glaubst du, wieviel Notenpapier ich schon in den Papierkorb geworfen habe, wenn ich in diese Augen blickte.«[900]

Benjamin Britten hatte in seinen Arbeitszimmern eher Aussicht auf die See und später auf seinen Garten. Selbst wenn Britten und Schostakowitsch hinsichtlich ihrer Herkunft, ihres Humors sowie ihrer Haltung zur Welt etliche Gemeinsamkeiten aufwiesen, beschrieb Galina Wischnewskaja beide Künstler als »sehr unterschiedliche Naturen«. »Zu Ben konnte ich von Anfang an ganz offen sein, konnte ihm sogar erzählen, wenn ich Magenschmerzen hatte«, berichtete die Sängerin. »Wie oft fuhr ich ihm durch sein widerspenstiges Haar! Dann schnurrte er vor Wonne, lachte und sagte, dass er in einem früheren Leben sicherlich ein Pferd gewesen sei. Ben konnte ich übers Gesicht streichen, ihn sogar küssen. Wann aber hätte ich Dmitrij Dmitriewitsch je zur Begrüßung oder zum Abschied umarmt! So sehr ich mein Gedächtnis auch bemühe, ich kann mich nur an ein einziges Mal erinnern: als wir uns für immer von ihm verabschiedeten. Für ihn war es etwas Unnatürliches, Gefühle zu zeigen, selbst den nächsten Menschen gegenüber.«[901]

Privat mag Britten ein sehr humorvoller Mensch gewesen sein, sein Werk ist es hingegen selten. Bei Schostakowitsch freilich – auch wenn er als erheblich verschlossener beschrieben wird – zeigt die Musik eine größere Ausgelassenheit als die des Engländers. Möglicherweise faszinierten an dem jeweils anderen auch jene Facetten, die das eigene Werk entbehrte.

*

Da Reisen kostspielig und Aufenthaltsgenehmigungen schwer zu erhalten waren, versuchten beide Komponisten, ihre Möglichkeiten zu nutzen, um den anderen auf offiziellen Wegen ins Land zu bringen. Im ersten von mehreren maschinegeschriebenen, förmlichen Briefen sandte Schostakowitsch am 30. April 1961 eine Einladung, die zugleich eine Auszeichnung für einen ausländischen Komponisten darstellte:

»Lieber Herr B. Britten,
sicher wissen Sie vom 2. Internationalen Tschajkowskij-Wettbewerb für Klavier, Geige und Violoncello, der 1962 in Moskau stattfinden wird.

Der 1. Internationale Tschajkowskij-Wettbewerb hat 1958 die Aufmerksamkeit der Musikerkreise in der ganzen Welt auf sich gezogen und war ein gewaltiger Erfolg. Dies veranlasste die sowjetische Regierung nun, dieses Ereignis zu einer Tradition werden zu lassen.

Wir wissen sehr wohl um Ihr Engagement, junge Talente zu fördern, und Ihre künstlerischen Tätigkeiten, die Kenner in der ganzen Welt erfreuen. Erlauben Sie uns, Sie als Mitglied der Preisrichter für den Klavierwettbewerb einzuladen, der im Zeitraum vom 15. April bis zum 7. Mai 1962 stattfinden wird.

Es würde uns sehr freuen, wenn Sie unsere Einladung annehmen. Wir kommen für alle Ausgaben im Zusammenhang mit Ihrem Aufenthalt in unserem Land auf sowie für die Kosten der Reise von England nach Moskau und zurück. Ihre Beteilung im Preisrichtergremium wird zudem dotiert. Und wir werden natürlich unser Bestes geben, um Ihnen den Aufenthalt in Moskau angenehm zu gestalten.

Bitte lassen Sie uns Ihnen unsere höchste Wertschätzung versichern und hoffen, dass unsere Einladung auf Ihr Wohlwollen trifft.

Bitte lassen Sie uns von Ihrer Entscheidung Kenntnis erhalten.
D. Schostakowitsch,
Vorsitzender des Organisationskomitees des 2. Internationalen Tschajkowskij-Wettbewerbs.«[902]

Drei Jahre zuvor war noch dem offiziellen ›Master of the Queen's Musick‹, Arthur Bliss, diese ehrenvolle Einladung zuteilgeworden, nun ging sie an einen der bekanntesten englischen Musiker der mittleren

Generation. Leider konnte Britten die Gelegenheit nicht nutzen, denn er hatte einen übervollen Terminkalender. Nachdem Schostakowitschs Angebot per Post etwa drei Wochen unterwegs war, antworte Britten prompt am 24. Mai 1961:

»Lieber Herr Schostakowitsch,
über Ihren Brief, den ich heute Morgen erhielt, mit der freundlichen Einladung, im nächsten Jahr dem Preisrichtergremium des Tschajkowskij-Wettbewerbs in Moskau anzugehören, habe ich mich sehr gefreut. Auch Ihre freundlichen Worte haben mich sehr erfreut.

Leider muss ich jedoch unglücklicherweise die Einladung ablehnen, da ich mich zu diesem Zeitpunkt in Kanada und Westeuropa auf einer ausgedehnten Tournee befinde, die schon vor langer Zeit vereinbart wurde und deshalb unmöglich abgesagt werden kann.

Ich hoffe auf Ihr Verständnis und bitte Sie, mein tiefstes Bedauern entgegenzunehmen, dass ich an diesem wichtigen Ereignis nicht teilnehmen kann.

Ich sende Ihnen und dem Komitee meine allerbesten Wünsche für einen weiteren großen Erfolg bei diesem grandiosen Wettbewerb.
Mit allerbesten Wünschen,
Hochachtungsvoll
BB.«[903]

Von diesem Kontakt zum Ausland profitierte nicht nur Schostakowitsch selbst. Der Komponist leitete die Briefmarken der Post aus England an Isaak Glikman weiter, der berichtete, »Dmitrij Dmitriewitsch behielt, ohne dass ich ihn daran erinnerte, einige Jahre lang einen bestimmten kleinen Jungen (meinen Nachbarn), der Briefmarken sammelte, im Gedächtnis«. »Lieber Isaak Dawidowitsch!«, hieß es in einem bezeichnenden Begleitschreiben aus Moskau. »Falls sich Dein junger Freund weiterhin für Briefmarken interessiert, mögen ihm diese Marken hier Freude bereiten. Dein D. Schostakowitsch.«[904]

Nicht selten mussten Benjamin Britten und Dmitrij Schostakowitsch gute Gelegenheiten aus gesundheitlichen Gründen ungenutzt lassen. Acht Monate nach dem Kennenlernen bestärkte Britten im Mai 1961 die Festivalleitung in Edinburgh darin, sich der russischen Musik zu widmen. Er war zusammen mit Peter Pears eingeladen worden, schrieb aber: »Hatten Sie nicht genug oder werden zumindest genug von PP.BB haben für eine Weile? Aber mir gefällt der Gedanke, Schostakowitsch Anerkennung zu zollen.«[905]

Britten wurde dann allerdings krank und musste absagen. Schostakowitschs Telegramm vom August 1962 ist nicht überliefert, aber am 3. September 1962 entgegnete Britten:

»Mein lieber Dmitrij Schostakowitsch,
Ihr freundliches Telegramm hat mich sehr bewegt. Ich bedaure, dass ich nicht früher antworten konnte, aber bis zuletzt hatte ich gehofft, zum Festival nach Edinburgh kommen zu können, um Ihnen persönlich zu danken. Aber die Ärzte haben mir nicht gestattet zu reisen und deshalb übermittle ich Ihnen meinen herzlichen Dank schriftlich.

Es war sehr enttäuschend für mich, nicht nach Edinburgh kommen zu können; teils um Sie wieder zu begrüßen, aber auch, um Ihren großen Triumphen beizuwohnen. Es ist für uns wunderbar, dass es in diesem Land möglich ist, bei einer Gelegenheit wie dieser so viel von Ihren großartigen Werken in konzentrierter Form zu hören. Dem, was ich gehört und gelesen habe, zufolge haben Ihre Werke einen gewaltigen Eindruck hinterlassen. Ich hoffe, Sie waren mit den Aufführungen zufrieden; eigentlich bin ich sogar sicher, dass Sie es bestimmt waren, da so viele von Ihren bedeutenden Landsleuten gegeben wurden – insbesondere unser grandioser Freund Slawa (könnte es je einen besseren Cellisten geben?).

Ich hoffe, wenn unser verschobener Russlandbesuch stattfinden wird (vielleicht nächsten März), wird sich eine Möglichkeit ergeben, Sie wieder zu treffen und Ihnen persönlich für Ihre freundliche Nachricht zu danken, über die ich mich sehr gefreut habe.
Mit allen guten Wünschen
Hochachtungsvoll,
BB.«[906]

Russische Künstler wurden in jenen Jahren Dauergäste bei den Kulturfestspielen in Edinburgh. Bereits die ersten Auftritte der Leningrader Philharmoniker im September 1960 riefen begeisterte Reaktionen hervor. »Die unbestreitbare Überlegenheit der Russen beim Edinburgh Festival hatte etwas Magisches; das Orchester verblüffte Edinburgh mit titanenhafter Kraft«, schwärmte die Presse. »Doch diese Kraft wurde meisterhaft kontrolliert; ihre Geheimwaffe liegt in ihrer Orchestertechnik.«[907] In der schottischen Hauptstadt erklang 1962 mit dem Philharmonia Orchestra unter Leitung von Gennadij Roschdestwenskij auch Schostakowitschs 4. Sinfonie erstmals außerhalb der UdSSR, nachdem das lange unterdrückte Werk erst im Dezember zuvor uraufgeführt werden durfte – möglicherweise eine Gunstbezeugung der Partei gegenüber dem neuen Mitglied. Zu der angesprochenen Reise Brittens in die Sowjetunion kam es erst im März 1963. Zuvor sollten noch zwei Hauptwerke der Komponisten uraufgeführt werden und die Welt an den Rand einer atomaren Katastrophe geraten.

*

Die Ethik, so schrieb der Philosoph und Kulturwissenschaftler Peter Sloterdijk einmal, kann »nur die Form eines Duells des Menschen mit sich selbst annehmen«.[908] An dieses Duell wagten sich Britten und Schostakowitsch kurz nach ihrer Begegnung. Die Jahre 1961 und 1962 belegten nicht nur, dass auch nach den verheerendsten Kriegen des 20. Jahrhunderts noch aussagekräftige Kolossalkunstwerke geschaffen werden konnten; sie zeigten zudem, dass die Kombattanten auch in der Lage waren, aus den Erfahrungen zu lernen.

Die lange Inkubationszeit des *War Requiem* (Kriegs-Requiem) erklärte Britten damit, es sei »eine kostbare Idee, die ich seit langem verfolgt habe«.[909] Zuvor hatte er bereits ein Oratorium mit dem Titel *Mea Culpa* als Reaktion auf die Zerstörung von Hiroshima und Nagasaki sowie ein *Gandhi Requiem* nach der Ermordung Mohandas Karamchand Gandhis 1948 in Planung. Diese Vorhaben wurden jedoch nie umgesetzt und erst von April bis Dezember 1961 entwarf Britten sein *War Requiem*. Noch während die Vorbereitungen für die Uraufführung liefen, schrieb Schostakowitsch von Mai bis Juli 1962 unabhängig davon ein Gegenstück, seine 13. Sinfonie. Beide Werke bieten ein zeitloses Totengedenken und als klingende Monumente bilden sie einzigartige Monolithen in der Konzertlandschaft. Mit dem Appell an Frieden und Verständigung ähneln sich die Stücke, doch während das *War Requiem* geprägt ist von den Erfahrungen eines konventionellen Eroberungskrieges, beinhaltet die nach dem im ersten Satz verwendeten Gedicht mit »Babij Jar« betitelte Sinfonie eine Anklage gegen einen Ausrottungskrieg. Dabei erschließt sich eine neue Dimension künstlerischer Wahrnehmung: Zeigten *Peter Grimes* und *Lady Macbeth von Mzensk* noch Erniedrigte und Beleidigte, die sich zur Wehr setzen, so boten die neuesten Werke von Britten und Schostakowitsch eine Identifikation mit den Wehrlosen, denen das Leiden und der Kampf ums Überleben aufgezwungen wurde – und: sie zeigten Perspektiven auf.

Die Uraufführungen fanden an symbolträchtigen Orten statt. Mit dem historischen Großen Saal des Moskauer Konservatoriums stellte man die 13. Sinfonie in der Hauptstadt am 18. Dezember 1962 in dem neben der Leningrader Philharmonie bedeutendsten Konzertsaal des Landes vor; das *War Requiem* erklang erstmals am 30. Mai 1962 im modernen Neubau der Kathedrale von Coventry, der direkt neben den Ruinen der einst prachtvollen Kathedrale aus dem 14. Jahrhundert steht, der einzigen, die in England während des Zweiten Weltkriegs völlig zerstört wurde. Ihre Wiedererrichtung in zeitgenössischer Architektonik setzte ein bedeutsames Zeichen. Nähert man sich den Bauten von der Stadt aus, muss man durch die Überreste der historischen Gräueltat schreiten, um zu den modernen Stätten der Erinnerung zu gelangen. In England schuf man durch dieses Nebeneinander einen bewegenden Ort des Gedenkens und der Zukunftsperspektiven. Mit der Uraufführung der 13. Sinfonie im Konzertsaal einer namhaften Ausbildungsstätte betonte Schostakowitsch nicht zuletzt die Vermittlung von Lebenserfahrungen an die nächste Generation. Britten hatte in seinem *War Requiem* sogar die Stimmen von Kindern integriert. Seine Idealvorstellung der ersten Aufführung bestand darin, die Solistenrollen mit Künstlern aus den Nationen zu besetzen, die am meisten unter dem Zweiten Weltkrieg gelitten hatten: Neben einer Russin (Galina Wischnewskaja) hatte er einen Engländer (Peter Pears) und einen Deutschen (Dietrich Fischer-Dieskau) auserkoren. Obwohl sich der britische Botschafter in Moskau, Humphrey Trevelyan, und Britten mit direkten Schreiben an die sowjetische Kulturministerin Jekaterina Furzewa für die Sopranistin einsetzten, erhielten sie weder eine Antwort noch Wischnewskaja ein Visum. Trevelyan vermutete, dass der Sängerin die Ausreise verweigert wurde, lag »am Charakter der Ereignisse in Coventry, vielleicht auch an der Beteiligung von Fischer-Dieskau und weniger an dem Werk selbst«.[910] Bei der Uraufführung des *War Requiem* in der neugebauten Kathedrale von Coventry im Frühling 1962 unter der Leitung des Komponisten musste schließlich Heather Harper einspringen. Erst bei der Schallplatteneinspielung im Januar 1963 in London konnte Britten sein Wunschensemble mit der russischen Künstlerin vervollständigen, der gestattet wurde, auf diesem Tondokument ihr Land zu repräsentieren, aber nicht neben einem Deutschen auf dem Konzertpodium zu stehen.

Trotz der organisatorischen Probleme im Vorfeld gelang eine eindrucksvolle Premiere. »Die erste Aufführung schuf so dichte Atmosphäre, dass ich zum Schluss innerlich völlig aufgelöst war und nicht wusste, wo mein Gesicht verstecken«, notierte der Bariton Dietrich Fischer-Dieskau in seinen Erinnerungen. »Die gefallenen Freunde standen auf und die vergangenen Leiden.«[911] »Kritik ist hier unangebracht«, resümierte der Dramatiker Peter Shaffer, der als Rezensent für *Time & Tide* anwesend war, auch im Hinblick auf gelegentliche musikalische Mängel aufgrund des Laienchors.[912] Fischer-Dieskau charakterisierte das *War Requiem* als ein Werk, das »unter den erinnernswerten, von Mensch zu Mensch sprechenden Dokumenten begnadeten melodischen Einfalls« bleibt.[913].

Während Schostakowitsch seine Sinfonie ohne Auftrag aus lauter Begeisterung für die Gedichte Jewtuschenkos schrieb, entstand Brittens *War Requiem* als Teil weiterer Veranstaltungen, die 1962 die Feierlichkeiten in Coventry künstlerisch begleiteten. Man wollte das Erinnern an das Geschehen und die Opfer wachhalten, sich aber dennoch von einer zeitlichen Fixierung lösen. Michael Tippett, Pazifist wie Britten, wandte sich in dem Musikdrama *King Priam* dem Mythos des Trojanischen Krieges zu; Benjamin Britten verknüpfte für sein ›Kriegsrequiem‹

den lateinischen Requiem-Text der römisch-katholischen Totenmesse mit den Kriegsgedichten des englischen Poeten Wilfred Owen – ein sprachmächtiges Gedenken der Getöteten des ersten weltumspannenden Krieges von einem Künstler, der am 4. November 1918 mit 25 Jahren nur wenige Tage vor dem Waffenstillstand nahe dem nordfranzösischen Ors ums Leben gekommen war. Der Grundgedanke der literarischen Vorlage ist in einem Zitat Wilfred Owens zusammengefasst, das Britten auf die Titelseite der Partitur schrieb: »My subject is War, and the pity of War / The poetry is in the pity. / All a poet can do today is warn.« (Mein Thema ist der Krieg und das Mitleiden im Krieg. / Die Poesie ist im Mitleid. / Alles, was ein Dichter heute tun kann, ist warnen.)

»Was ich schreibe, wird wohl eines meiner wichtigsten Stücke werden«, teilte Britten schon vorab dem Bariton Dietrich Fischer-Dieskau mit und erläuterte weiter: »Diese großartige Lyrik, voller Hass auf die Zerstörungswut, bildet eine Art Kommentar zum Requiem«. Diese Gedichte, meinte der Engländer, »erfordern einen Gesang von äußerster Schönheit, Intensität und Ernsthaftigkeit«.[914] Brittens Opus 66 steht historisch in der Tradition von Sullivans *Te Deum* zur Beendigung des Burenkriegs, Elgars während des Ersten Weltkriegs entstandenem »For the Fallen« aus der Kantate *The Spirit of England*, Vaughan Williams' *Dona nobis pacem* aus den 1930er-Jahren und Tippetts *A Child of our Time*, das zwischen 1939 und 1941 geschrieben und 1944 uraufgeführt wurde. Bereits vor Britten verwendete Arthur Bliss Ende der 1920er-Jahre in der Chorsinfonie *Morning Heroes* Verse von Wilfred Owen, die aber von einem Sprecher rezitiert wurden. Britten schätzte diese Werke sehr. Seine einst von Bridge geprägte pazifistische Grundhaltung zog sich in unterschiedlichen Varianten durch sein gesamtes Œuvre: von der rein orchestralen *Sinfonia da Requiem* aus der Kriegszeit über die im Umfeld des *War Requiem* entstandene *Cantata misericordium* bis hin zu der 1971 für das Fernsehen konzipierten Oper *Owen Wingrave* nach einer Erzählung von Henry James über einen Kriegsdienstverweigerer. Britten hatte bereits 1958 im sechsten Lied des Zyklus *Nocturne* mit dem Gedicht »The kind ghosts« einen Text von Wilfred Owen über »freundliche Geister« vertont, jene ›Schatten‹ der im Krieg Umgekommenen, die in ihrem ewigen Schlaf »nicht gestört oder betrauert werden« wollen. Wie in seiner Shakespeare-Oper *The Midsummer Night's Dream* gestaltet Britten im *War Requiem* die verschiedenen Text- und Emotionsebenen mit unterschiedlichen Klangmitteln. Die ›öffentlichen‹ Trauerbekundungen des lateinischen Requiem-Textes werden von der Sopranistin, den Chören und dem umfangreichen Orchester vorgetragen. Im Kontrast dazu stehen die Stimmen von Tenor und Bariton, die nur von einem Kammerorchester unterstützt werden. Sie übernehmen – einzeln oder im Zwiegesang – die imaginären Stimmen von Gefallenen der einst verfeindeten Lager, die in englischer Sprache ihre Erinnerungen und Reflexionen über das Grauen des organisierten Massenmords in die traditionellen Messetexte einweben. Die von Ferne erklingenden Stimmen des Knabenchors und die Orgel künden wie aus überirdischen Sphären von Erlösung und ewiger Ruhe. Nach dem »Requiem aeternam«-Prolog – der mit der sarkastischen Frage »What passing-bells for these who die as cattle?« (Welche Totenglocken gebühren denen, die wie Vieh sterben?) konfrontiert wird – bilden der Tag des Jüngsten Gerichts (Dies irae) und das abschließende »Libera me« (Erlöse mich) als längste Teile die Eckpfeiler des *War Requiem*. Owens mahnende Verse entnahm der Komponist unter anderem den Gedichten »Sonnet On Seeing a Piece of Our Artillery Brought Into Action« (Sonett auf den Anblick eines in Gefechtstellung gebrachten Artilleriegeschützes) und »Futility« (Vergeblichkeit) für das »Dies irae«, der »Parable of the Old Man and the Young« (Gleichnis vom alten Mann und dem Jungen), die im Offertorium die alttestamentarische Opfergeschichte von Abraham und Isaak in die Neuzeit versetzt, »The End« (Das Ende) im Sanctus, »At a Calvary near the Ancre« (An einem Wegkreuz an der Ancre) im »Agnus dei» sowie »Strange Meeting« (Seltsame Begegnung) am Ende des Werks.

Britten hatte die Arbeit erschöpft und er klagte im Januar 1963 über »ein sehr schlechtes Jahr; eine Krankheit nach der anderen«. Die hochkonzentrierte Fokussierung auf die Komposition, die Aufführungen, die Vorbereitungen für die Einspielung, der Zeitdruck durch andere Kompositionsaufträge und etliche weitere Tätigkeiten hatten ihn ausgelaugt. »Ich habe viel von mir in dieses *War Requiem* investiert«, schrieb Britten an einen Musikerkollegen, »& jetzt rächt sich mein Körper.«[915]

Auch sein russischer Freund erkundete mit seinem neuen Werk bis dahin unerschlossenes Terrain: Mit gut einer Stunde Aufführungsdauer steht Schostakowitschs 13. Sinfonie dem knapp neunzigminütigen *War Requiem* kaum nach. So wie Owens Verse einen bewegenden Kontrapunkt zum traditionellen Requiem-Text setzen, bietet Jewtuschenkos Dichtung ein weites Panorama des menschlichen Leids. Britten schildert die Konsequenzen der professionellen Kriegsführung auf den Schlachtfeldern – ohne auch nur annähernd etwas dergleichen erlebt zu haben –, Schostakowitsch erzählt vom vertrauten Leiden hinter den Frontlinien. Dazu gehörten Gräueltaten der Eroberer im requiem-artigen ersten Teil »Babij Jar«, der durch die anderen vier Sätze der Sinfonie noch mit weiteren Facetten des Unheils verknüpft ist. Schostakowitsch weitet das Spektrum, vom Krieg ausgehend, auch hin zu Friedenszeiten – Lew Tolstoj, der einen entsprechenden Roman geschrieben hatte, wird auch gegen Ende ausdrücklich erwähnt. Eine mögliche Methode, das Leiden zu verarbeiten, bot der Humor. Den Humor, so heißt es in den Versen Jewtuschenkos, kann man weder einsperren, kaufen noch umbringen. Als seine Ahnherren werden der griechische Fabeldichter Aesop und Nasreddin, ein vom Balkan bis China bekannter eulenspiegelhafter Schalk, namentlich genannt. In Brittens Welt wäre es völlig undenkbar gewesen, angesichts des Grauens Scherze zu machen, doch für Schostakowitsch und seine Leidensgenossen war der Humor im Krieg überlebenswichtig. »Angst verträgt sonderbarerweise kein Lachen«, betonte Daniil Granin. »Wer Angst hat, lacht nicht. Und wenn man lacht, vergeht die Angst. Lachen tötet sie, negiert, vernichtet oder vertreibt sie zumindest, wenigstens für eine Weile.« Und dann erzählte er von einem Kriegsereignis, von dem ihm Michail Soschtschenko berichtet hatte, den auch Schostakowitsch gut kannte: »Es geschah im Krieg, an der Leningrader Front. Eine Gruppe unserer Aufklärer lief eine Straße entlang, die durch einen Wald führte. Es war Spätherbst. Das Laub raschelte unter den Füßen, und deshalb war es schwierig, auf Geräusche zu achten. Die MPs im Anschlag, waren sie schon ziemlich lange unterwegs, und vielleicht hatte ihre Aufmerksamkeit nachgelassen. Der Weg machte eine scharfe Biegung, und da stießen sie unvermittelt auf Deutsche. Offensichtlich ebenfalls Aufklärer. Sie waren verdutzt, die einen wie die anderen. Ohne Kommando sprangen die Deutschen auf der einen Seite in den Straßengraben, die sowjetischen Soldaten auf der anderen. Ein deutscher Soldat aber war so durcheinander, dass er zu den sowjetischen Soldaten in den Graben sprang. Er begriff seinen Irrtum nicht sofort. Erst als er neben sich Soldaten mit roten Sternen erblickte, geriet er in Panik, fegte aus dem Graben und sprang mit einem einzigen gewaltigen Satz, der das welke Laub aufwirbelte, über die Straße hinweg zu seinen Kameraden. Der Schreck hatte ihm ungeahnte Kräfte verliehen, durchaus möglich, dass er einen neuen Rekord gesprungen war. Bei diesem Anblick fingen die sowjetischen Soldaten an zu lachen und die deutschen ebenfalls. Sie saßen sich gegenüber im Straßengraben, die MPs im Anschlag, und lachten aus vollem Halse. Danach konnten sie nicht mehr schießen. Das Lachen hatte sie in einem menschlichen Gefühl vereint. Die Deutschen krochen im Straßengraben in die eine Richtung, die sowjetischen Soldaten in die andere. Sie trennten sich ohne einen einzigen Schuss.«[916]

In der 13. Sinfonie griff Schostakowitsch die Erfahrungen seiner Landsleute auf und betonte: »Vieles ändert sich, aber das Herz bleibt dasselbe, sagte Dostoewskij. Einen ähnlichen Gedanken äußerte Tschajkowskij: Das, was dem Menschenherzen innerlich fremd ist, kann kein Quell der musikalischen Inspiration sein. In diesen Worten steckt der ganze ästhetische Kodex aller russischen Kultur. Wir sind seine Erben und Fortsetzer.«[917] Das dritte Lied, »Im Laden«, erzählt von den Erfahrungen des Mangels, der Not, des Wartens auf die knappe

Nahrung. Dies kannte man auch in Großbritannien nur zu gut, wo sich in Kriegszeiten aus dem disziplinierten Schlangestehen vor Geschäften auch die Sitte des ›queueing‹ an Bushaltestellen entwickelte. Während dort die *Daily Mail* noch witzelte »Ihre besten Freunde sind heutzutage Ihre Füße«[918] – was die zumeist betroffenen, um ihre im Kriegseinsatz befindlichen Männer bangenden Frauen sicher kaum lustig fanden –, war der Leidensdruck und die Versorgungslage in der UdSSR unvergleichlich größer. Im nächsten Lied, »Ängste«, wird davor gewarnt, dass die früheren Ängste aus Kriegszeiten neuen weichen könnten. Den Abschluss bildet ein Stück über den »Karrierismus«, dessen Fuge wie eine Reverenz an die Jagdfuge in Bartóks *Cantata Profana* wirkt; wie übrigens auch die »Quam olim Abrahae«-Fuge im *War Requiem* (auf seine Weise hatte ja auch Abraham ›Karriere‹ gemacht). Schließlich endet die 13. Sinfonie, wie sie begann – mit Glockenschlägen. Am Schluss steht sowohl im *War Requiem* als auch in der 13. Sinfonie keine Heldenverehrung. Brittens Thema ist die Versöhnung, Schostakowitsch beschäftigt vor allem auch das Zusammenleben nach der Katastrophe. »Was im Saal vor sich ging, lässt sich mit Worten schwer wiedergeben«, erinnerte sich Glikman an die Uraufführung der 13. Sinfonie. »Die Musik erinnerte, bei allem darin enthaltenen glänzenden Humor, an eine erhabene Liturgie. Nach dem Finale stand das gesamte Publikum auf, und stürmische Ovationen setzten ein, die unendlich lange anhielten. Die Moskauer Presse äußerte nicht ein einziges Wort über das Konzert. Ihr war geboten worden, die aufrührerische Sinfonie totzuschweigen. Interessant ist, dass die *Humanité*, bekannt für ihre ungewöhnliche Loyalität gegenüber unserer Gesellschaftsordnung, dennoch am 20. Dezember einen kleinen Artikel veröffentlichte, den ich zufällig in Moskau gelesen habe. Er war betitelt ›Succès triomphale de la 13e symphonie de Shostakovitch‹ (Triumphaler Erfolg der 13. Sinfonie von Schostakowitsch).«[919]

Schostakowitsch konnte aus gesundheitlichen Gründen nicht nach Coventry reisen und nur knapp versäumte Britten im Dezember 1966 eine Aufführung der 13. Sinfonie unter der Leitung von Kirill Kondraschin in Moskau, weil er am Konzerttag ungeschickterweise seine Rückreise mit Pears angesetzt hatte. Da man noch Besorgungen erledigen wollte – unter anderem etliche Bände der Tschajkowskij-Edition –, vertrödelten beide den Beginn und »konnte nur noch etwas vom letzten Satz hören«, so Pears, »zu einem Text (mit Bariton-Solo und Bass-Chor – mit 60 Sängern), der Galileo einen Kollegen gegenüberstellt, der ebenfalls wusste, dass die Erde rund war, sich aber wegen seiner großen Familie nicht gestattete, dies zuzugeben. ›Gebt mir eine Karriere wie Pasteur, Galileo oder Tolstoj (Chor: Welchen Tolstoj?, Solist: Lew!)‹ (Es gab auch einen miserablen karrierebewussten sowjetischen

Romanautor namens Alexeij Tolstoj). Alles endete sehr schlicht, sehr schön, Streicher, Solostreicher und Glocke – wahrlich das Werk eines Meisters – wie wir uns gewünscht hätten, es hören zu können.«[920]

Das *War Requiem* und das Pendant, die 13. Sinfonie, ließen kaum jemanden unberührt. Der für diese Werke allerdings weniger empfängliche Strawinskij stellte nach Anhören der Schallplattenaufnahme 1963 eine Ferndiagnose zum *War Requiem* und putzte es als »ein Honegger-artiges Cinemascop-Epos« herunter.[921] Ungeachtet dieser Mäkeleien belegten zahlreiche Folgeaufführungen und symbolreiche Konzerte die Bedeutung des Stücks – wie beispielsweise im August 1987 mit einem Jeunesses-Musicales-Orchester und einem internationalen Solistenensemble im Osten und Westen des geteilten Berlin. In der UdSSR konnte illegales Aufführungsmaterial die Runde machen, da das Land sich nicht der Berner Urheberrechtskonvention angeschlossen hatte. Britten hatte nichts dagegen. Bei seinen Besuchen in der Sowjetunion ergab sich mehrfach die Situation, dass Dirigenten und Intendanten ihm klagten, geplante Konzertprojekte und Neuinszenierungen verzögerten sich oft jahrelang, weil kein Geld für das kostspielige Aufführungsmaterial aus dem Ausland zur Verfügung stehe. Mehr als einmal überreichte Britten dann seine Partituren, die er wohlweislich im Gepäck hatte, um diese Hürden zu überwinden.

Zu einem weiteren bedeutungsvollen Friedenssymbol, das neben dem in Coventry uraufgeführten *War Requiem* ein Zeichen der Versöhnung setzte, entwickelte sich das Nagelkreuz von Coventry, das von Nägeln aus den Balken der zerstörten Kathedrale gebildet wurde. Heute findet man Nagelkreuze der ›Community of the Cross of Nails‹ in 75 Kirchen in Deutschland, 73 Kirchen im Vereinigten Königreich und vier Kirchen in Russland, darunter die anglikanische Sankt Andreas-Kirche in Moskau und die lutherische Sankt Katherinenkirche in Sankt Petersburg. Das Kreuzsymbol spielt auch eine Rolle im ersten Satz von »Babij Jar«, allerdings nur in der Urfassung. Nach der zweiten Aufführung der 13. Sinfonie in Moskau nötigten die Behörden Schostakowitsch und Jewtuschenko, Textänderungen im ersten Satz vorzunehmen. Zum einen sollte das Leiden der Juden auf das gesamte russische Volk ausgeweitet und zum anderen die Hinweise auf den Antisemitismus gegen Ende des Gedichts vollkommen gestrichen werden. Falls Schostakowitsch mit diesen Revisionen nicht einverstanden gewesen wäre, hätte man weitere Aufführungen des Werks verboten. Und so ließ Schostakowitsch die Varianten zu, auch wenn er sie nicht ins Manuskript übernahm. Schostakowitsch erläuterte in solchen Fällen: »Seinerzeit geruhte Nikolaj I., nachdem er Glinkas Oper *Iwan Susanin* kennengelernt hatte, allergnädigst zu erklären: ›Musik hat keine Bedeutung. Wichtig ist das Sujet.‹«

An Glikman schrieb er: »Die Musik ist wie vorher geblieben. Geändert sind lediglich die Worte.«[922]

Nach dem einleitenden Vers »Es steht kein Denkmal über Babij Jar«, hieß es nun in der zweiten Strophe nicht mehr: »Ich fühle mich selbst als Jude. / Hier wandle ich durch das Alte Ägypten. / Hier sterbe ich, genagelt an das Kreuz, / und selbst jetzt trage ich noch die Wunden …«, sondern: »Hier stehe ich am Urquell, / der mir den Glauben an die Brüderlichkeit gibt. / Hier ruhen Russen, und Ukrainer / zusammen mit Juden in der gleichen Erde.« Gegen Ende des ersten Satzes folgen nach der Chorpassage »Über Babij Jar rauscht das Gras« nun neue Worte des Solisten: »Ich denke an Russlands heldenhafte Tote, / die dem Faschismus den Weg versperrt haben. / Bis zum kleinsten Tautropfen ist es mir teuer, / in seinem Wesen und seinem Geschick.«

Aus gebührendem Abstand betrachtet waren die Forderungen nicht unverständlich. Der Vernichtungsfeldzug der Deutschen lag gerade erst zwanzig Jahre zurück und von den 220 000 Menschen jüdischen Glaubens in Kiew waren die meisten vor dem Einmarsch der Wehrmacht geflohen oder dienten in der Roten Armee. Ungefähr 50 000 zumeist ältere Männer, Frauen und Kinder waren vor Ort geblieben. In Babij Jar wurden am 29. und 30. September 1941 bei den Erschießungen laut Ereignismeldung der SS-Einsatzgruppe C vom 2. Oktober 1941 innerhalb von 36 Stunden 33 771 Juden getötet.[923] Insgesamt fielen der Schoah gut sechs Millionen Menschen jüdischen Glaubens zum Opfer, davon etwa zwei Millionen auf dem Gebiet der Sowjetunion. In Anbetracht der Tatsache, dass in der UdSSR im Zweiten Weltkrieg etwa 26,6 Millionen Menschen – 11,4 Millionen Soldaten (davon 8,4 Millionen durch die Kampfhandlungen und drei Millionen in deutscher Kriegsgefangenschaft) und 15,2 Millionen Zivilisten – durch den Krieg ums Leben kamen,[924] fragten sich gewiss viele, warum Schostakowitsch und Jewtuschenko nicht dem breiten Spektrum der Opfer Rechnung trugen. Nicht zuletzt war wenige Monate vor der Uraufführung Aleksandr Solschenizins Erzählung *Ein Tag im Leben des Iwan Denisowitsch* erschienen, die ab 1962 eine »Rückkehr der Unterdrückten« einleitete. »Jetzt lese ich das und weine«, bekannte ein ehemaliger Verbannter, »doch als ich zehn Jahre lang in Uchta inhaftiert war, habe ich nicht eine einzige Träne vergossen.«[925]

Von offizieller Seite wurde indes nicht bedacht, dass im Œuvre des Komponisten Juden als eine Art Synonym für leidende Menschen schlechthin zu betrachten sind. Letztendlich fügten sich Schostakowitsch und Jewtuschenko den Forderungen. »Die schöpferische, künstlerische Unerschrockenheit Schostakowitschs war gepaart mit einer Angst, die ihm vom Stalin'schen Terror anerzogen worden war«, meinte Glikman.[926] Die Partitur mit dem wiederhergestellten Originaltext wurde 1970 veröffentlicht. Ein provisorisches Denkmal über Babij Jar ließen die Behörden erst 1966 zu, ein dauerhaftes durfte man schließlich 1991 errichten.

*

Zur gleichen Zeit, in der die Künstler von Zerstörung, Leid, Versöhnung und Frieden sangen, brachten Politiker und Militärs die Welt an die Schwelle eines Atomkriegs. Der lockere Finger am Knopf für die Atombomben war gefährlicher als das Rasseln mit Säbeln. Umso erstaunlicher ist es, dass die Krise vom Oktober 1962 auch ein bemerkenswertes Beispiel für eine friedliche Lösung von internationalen Konflikten darstellt. Gesellschaften, die entfanatisiert eine Erinnerungskultur entwickeln und mahnende Kunstwerke und unbekannte Soldaten ehren statt vermeintlicher ›Helden‹, sind in der Lage, ihre Dominanz-, Bekehrungs- und Herrschaftsgelüste im Zaum zu halten.

Zwischen der Premiere von Brittens Opus 66 und Schostakowitschs Opus 113 erbrachten Fotografien eines amerikanischen Aufklärungsflugs über Kuba Belege dafür, dass die UdSSR in ihrem sozialistischen Bruderland Atomraketen mit einer Reichweite von 1000 Meilen stationierte. Der amerikanische Justizminister Robert Kennedy nannte die sowjetischen Friedensbeteuerungen »ein einziges riesenhaftes Lügengewebe«,[927] unterschlug jedoch, dass man die Entwicklungen provoziert hatte. Die 13 Tage währende Kubakrise in der zweiten Oktoberhälfte 1962 war eine Konfrontation zwischen den Vereinigten Staaten von Amerika und der UdSSR, der die Stationierung US-amerikanischer Mittelstreckenraketen vom Typ Jupiter auf einem NATO-Stützpunkt in der Türkei vorausgegangen war. Daraufhin ließ Chruschtschjow sowjetische Mittelstreckenraketen auf Kuba zu.

Großbritannien blieb bei dem Konflikt ein Zuschauer. Die einstige Welt- und Seemacht war mittlerweile so bedeutungslos geworden, dass sie bei der Auseinandersetzung noch nicht einmal als Vermittler hätte fungieren können. Während weitere Schiffstransporte mit Waffenlieferungen zu der Karibikinsel unterwegs waren, mussten sich die Amerikaner entscheiden, ob sie angreifen oder eine friedenssichernde Lösung finden sollten, um die Stationierung zu verhindern. Besonnene Berater empfahlen eine Seeblockade. Chruschtschjow bezeichnete in einem Brief an den amerikanischen Präsidenten die Blockade als »einen Akt der Aggression«, da die Stationierung der Waffen auf Kuba lediglich eine Verteidigungsmaßnahme sei.[928] Neun Tage nach Entdeckung der sowjetischen Waffen auf Kuba wurde der Konflikt durch eine Fernsehansprache Kennedys öffentlich. Er vermied eine militärische Terminologie, sprach von einer Quarantäne der Insel, drohte aber im Falle eines

Angriffs mit einem atomaren Vergeltungsschlag. Wie erst Jahrzehnte später bekannt wurde, rechnete man im Verteidigungsministerium nicht ernsthaft damit, dass die sowjetischen Mittelstreckenraketen schon nuklear bestückt und einsatzfähig waren, dabei befanden sich bereits 40 000 Soldaten der sowjetischen Streitkräfte, 42 Raketen und knapp 80 Atomsprengköpfe auf Kuba. Der Sicherheitsrat der Vereinten Nationen schaltete sich ein und letzten Endes kam es zu einer gütlichen Einigung: Chruschtschjow ließ die Armee und die Waffen abziehen und gemäß einer geheimen Absprache musste Kennedy das Militär anweisen, die amerikanischen Jupiter-Raketen aus der Türkei zurückzuholen. Mit der Kubakrise erreichte der Kalte Krieg eine neue Dimension. Beide Supermächte kamen während dieses Konflikts einer direkten militärischen Konfrontation am nächsten. Und erstmals wurden die ungeheuren Gefahren eines möglichen Atomkriegs einer breiten Öffentlichkeit bewusst. »Ich glaube nicht, dass Amerika je zuvor einer so realen Gefahr der Vernichtung gegenübergestanden hatte wie in diesem Augenblick«, resümierte Chruschtschjow.[929] Die mächtigsten Staaten der Welt zogen die Konsequenzen und richteten am 30. August 1963 das sogenannte ›Rote Telefon‹ ein, eine ständige Fernschreiberverbindung zwischen der Sowjetunion und den Vereinigten Staaten, durch die man sich in gefährlichen Situationen ohne Verzögerungen schnell miteinander verständigen konnte. Erst 1966 folgte eine Verbindung der USA mit Frankreich; Großbritannien musste noch ein weiteres Jahr darauf warten.

Der Krise folgte eine Neuordnung der internationalen Beziehungen. Ohne es zu ahnen, hatten Britten und Schostakowitsch parallel die künstlerische Grundlage geliefert, um die Geschehnisse zu reflektieren. Dass sich seit den verheerenden Kriegen des 20. Jahrhunderts ein erweitertes Problemlösungsbewusstsein entwickelt hatte, dürften sie mit Genugtuung zur Kenntnis genommen haben, auch wenn keine unmittelbaren Bezugnahmen auf die Kubakrise in ihrer Korrespondenz überliefert sind.

*

Im März 1963 bot das vom British Council organisierte ›Festival of British Musical Art‹ Benjamin Britten erstmals die Möglichkeit, die Sowjetunion zu besuchen. Allmählich trug die »Anglo-sowjetische Kulturvereinbarung« von 1959 Früchte. Unglücklicherweise war der Komponist jedoch kurz zuvor beim Skifahren in der Schweiz verunglückt und musste nun beim Komponieren mit hochgelegtem Gipsbein arbeiten. Noch Anfang des Monats, als er mit der Arbeit an seiner *Cello-Sinfonie* für Rostropowitsch und einem Auftragswerk zur 500-Jahr-Feier der Universität Basel zeitlich im Hintertreffen war, erschien ihm

»die Aussicht, am Montag auf Krücken nach Russland zu reisen, mit all diesen Konzerten – dirigieren & spielen – ein wenig furchteinflößend!« Doch er war zu neugierig und wollte »sehen, wo Slawa & Galja leben« und erfahren »was in diesem mammutartigen, außergewöhnlichen Land vor sich geht – das von dem unseren so verschieden ist & zu dem es dennoch so viele angenehme Verbindungen gibt«.[930] Am Dienstag, dem 5. März 1963, flog Britten nach Moskau, begleitet von Pears und Marion Harewood, der des Russischen kundigen Gattin des Lords. Die Engländer kamen in ein Land, in dem die klassische Musik einen ungleich höheren Stellenwert hat als im Westen. In der Hauptstadt und in Leningrad waren jeweils sieben Konzerte geplant, die ein abwechslungsreiches Kaleidoskop der britischen Musikkultur präsentierten: Neben der im Fitzwilliam Virginal Book überlieferten Musik aus dem späten 16. und frühen 17. Jahrhundert erklangen Liederzyklen von Britten, Orchesterzwischenspiele aus *Peter Grimes*, die *Sinfonia da Requiem* sowie Kompositionen von Purcell, Holst, Walton und Tippett. Mal traten Britten und Pears – zuweilen unterstützt von Rostropowitsch – selbst in Aktion, mal spielte das Amadeus-Quartett, dann wiederum dirigierte Norman del Mar das Staatliche Sinfonieorchester in Moskau, während er in Leningrad bei den Philharmonikern Britten den Taktstock überließ für die Konzertteile mit Purcells *Chacony in g minor* und der eigenen *Serenade*. Im Großen Saal des Moskauer Konservatoriums und der Leningrader Philharmonie sah man die Flaggen der Sowjetunion und Großbritanniens nebeneinander. Der *Manchester Guardian* berichtete, dass Tippetts *Ritual Dances* aus der Oper *The Midsummer Marriage* eher »gleichgültig aufgenommen« worden seien, wohingegen Brittens *Sea Interludes* aus *Peter Grimes* »mit starkem Applaus« gewürdigt wurden.[931] Neben einem Besuchsprogramm, zu dem unter anderem ein Besuch des Katharinenpalasts im südlich von Leningrad gelegenen Puschkin, dem ehemaligen Zarskoje Selo, gehörte, sowie einer Geburtstagfeier bei Swjatoslaw Richter, standen auch etliche Empfänge mit den führenden Vertretern aus Diplomatie und Politik beider Länder an. In Schostakowitschs Notizen findet sich für den 10. März 1963 der Vermerk »um 19:00 Britten«, was auf einen Konzertbesuch oder ein Treffen mit dem Engländer verweist. Am 20. März besuchte er gemeinsam mit Britten eine Aufführung am Moskauer Nemirowitsch-Dantschenko-Theater, wo seine Oper *Katerina Ismajlowa* über ein Vierteljahrhundert nach ihrer Ächtung nun gerade erst im Januar in einer revidierten Fassung neu in Szene gesetzt worden war. Jenes Werk, das Britten 1936 bereits konzertant begeistert hatte, erlebte der Engländer nun zum ersten Mal in einer szenischen Darbietung. Die Produktion muss leidlich gelungen sein: Schostakowitsch hatte zuvor mit dem Regisseur L. D. Michailow gesprochen und fand nach Besuchen anderer Opernaufführungen unter der Leitung des Dirigenten Gennadij Prowatorow, er werde »den Anforderungen im Großen und Ganzen gerecht«.[932] Den Komponisten störte vor allem, wenn die Sänger »logen«, womit er meinte, dass sie falsch singen. Seinerzeit äußerte sich Schostakowitsch noch lobend über die Hauptdarstellerin Eleonora Andrejewa, deren Können überliefert ist, denn 1964 brachte das russische Label Melodia auf vier Schallplatten eine Aufnahme unter Prowatorows Leitung heraus, die in Paris sogar mit dem bedeutenden französischen Musikpreis ›Grand Prix du Disque‹ ausgezeichnet wurde. Nur neun Jahre später hatte anscheinend der Theaterschlendrian die Neuproduktion abgeschliffen, denn Schostakowitsch äußerte sich entsetzt und gallig gegenüber Glikman: »Du fragst mich, wie die Wiederaufnahme der *Katerina Ismajlowa* gelaufen ist. Und ich antworte Dir: sehr schlecht. So schlecht, dass ich während der Vorstellung starke Herzschmerzen bekommen habe. Offensichtlich achtet man im Stanislawskij- und Nemirowitsch-Dantschenko-Theater zurzeit nicht auf eine genaue Wiedergabe des musikalischen Textes. Die Sänger und Sängerinnen haben genauso gewissenlos gelogen wie damals, als Prowatorow am Pult stand. Diesmal steht der Karajan-Preisträger Kitajenko am Pult. Den gewissenlosen, faustdick lügenden Sängern fügt er ein gewissenloses, faustdick lügendes Orchester hinzu. Alles in allem war das eine unerhörte Verhöhnung der *Katerina Ismajlowa*.«[933]

Britten hingegen zeigte sich begeistert von all den neuen Eindrücken. »Obwohl es eine anstrengende Zeit war, war es großartig und aller Mühen wert«, schrieb er an den Schriftsteller William Plomer. »Wir waren bewegt & ergriffen von der Warmherzigkeit, die wir überall angetroffen haben. Sie sind ein bemerkenswertes Volk – ich spüre, dass ich nun etwas mehr verstehe, wie sie denken.«[934]

Dies ließ sich nicht immer leicht durchschauen. Kurz vor der Abreise gab Britten ein Interview, das in der Zeitung *Prawda* abgedruckt wurde. Nachdem er die üblichen höflichen Bemerkungen über »die beneidenswerte Vielseitigkeit des musikalischen Geschmacks« dieses »wunderbaren Publikums« gemacht hatte, wurde Britten konkret darauf angesprochen, wie er die Rolle eines Komponisten bzw. Künstlers in der gegenwärtigen Gesellschaft sähe. Bei einer solchen Frage lagen natürlich die Gefahr der Vereinnahmung und Missverständnisse nahe. Die *Prawda* zitierte Britten mit folgenden Worten: »Ich glaube, dass heutzutage eine der grundlegendsten Bedrohungen bei der kreativen künstlerischen Arbeit in der Neigung einer gewissen Gruppe von Komponisten und anderen Künstlern besteht, sich von Themen abzuwenden, die das wirkliche Leben vorgibt, und sich in ihren Werkstätten abstrakten Experimenten zu widmen. Anstatt dass diese für die künstlerische Interpretation der Wirklichkeit als kreative Laboratorien dienen, verwandelt sich der Arbeitsraum eines anderen Künstlertypus in den gut bekannten ›Elfenbeinturm‹, in dem er sich von der realen Welt fest abschottet. Generell glaube ich, dass ›Kunst um der Kunst willen‹ nicht bestehen kann. Eine der grundlegenden gesellschaftlichen Verpflichtungen des Künstlers besteht darin, das Kunstverständnis des Volkes zu formen, auszubilden und zu entwickeln. Ich akzeptiere auch nicht die Unterteilung des Publikums in eine ›Elite‹ und den ganzen Rest. Die Werke von Mozart, Bach und Shakespeare sind sowohl für die ersteren als auch die letzteren verständlich. Natürlich ist die Hauptsache nicht, an wen sich der Künstler mit seinem Werk wenden will, sondern was er den Leuten zu sagen hat.«[935]

Im Westen wurden einige Kernaussagen des Gesprächs erstmals am 19. März 1963 in der *Times* aufgegriffen, die unter der Überschrift »Mr Britten Attacks Abstractionism« die Kritik an zeitgenössischen Musikerkollegen in den Mittelpunkt stellte. Einige beschlich Unbehagen bei Brittens Formulierungen, man solle den Kunstsinn des Volkes – »the artistic taste of the people« – fördern und wie wichtig es sei, was der Künstler den Leuten sagt – »what he has to say to people«. Im *Daily Telegraph* äußerte man sich am 30. März 1963 in dem umfangreichen Artikel »For People – or ›the People‹« besonders kritisch. Man gestand ihm zu, am künstlerischen Schaffen im Elfenbeinturm Zweifel anzumelden und die Haltung zu vertreten, der Künstler habe Verpflichtungen gegenüber der Gesellschaft. »Aber es darf angezweifelt werden, ob er die wichtigen Implikationen erkannt hat, die für Russen in den Ausdrücken ›für Leute‹ oder ›für das Volk‹ enthalten sind; und ob diese Implikationen, die im russischen Text ganz deutlich sind, ihm vor der Veröffentlichung erläutert wurden«, hieß es weiter. »›Kunst für das Volk‹ – nicht ›für Leute‹ – ist ein Slogan, den man jedenfalls in russischen Konzertsälen findet; aber während des Besuchs der britischen Musiker kam ihm eine gesteigerte Bedeutung zu aufgrund Mr. Chruschtschjows groben Ausfälligkeiten nicht nur gegen die westliche Kunst (das war vielleicht zu erwarten), sondern auch gegen jedwede Kunst, die nicht als aktive Unterstützung der kommunistischen Sache verstanden werden kann, also gegen jegliche ›friedvolle Koexistenz in der ideologischen Sphäre‹. Man darf bezweifeln, dass irgendein Engländer, der nicht täglich die *Prawda* las – wie ich während des Aufenthalts der britischen Musiker – sich den hysterischen Furor und die absolute Unnachgiebigkeit in diesen Reden Chruschtschjows vorstellen kann bzw. die Bedeutung, die ihnen beigemessen wird. Als das Interview mit Britten veröffentlicht wurde, war Schostakowitsch in der *Prawda* schon mit einer dankbaren und respektvollen Äußerung zu Wort gekommen, um Mr. Chruschtschjow im Namen der sowjetischen Komponisten zu danken. Deswegen war es unvermeidbar, dass, als Mr. Britten am

Ende seines Interviews erklärte, ›zwischen den Künsten unserer beiden Völker gibt es keine Grenzen‹, *Prawda*-Lesende es aber dahingehend verstehen würden, dass er sich tatsächlich voll und ganz der kommunistischen Kunstdoktrin als Instrument der ideologischen Propaganda verschrieben hätte. Englische Leser glauben zu wissen, was seine wirkliche Absicht war – nämlich seine Solidarität mit den russischen Musikern als Menschen und als Künstler zum Ausdruck zu bringen sowie seinen Glauben an die Kunst als ein Mittel der Verständigung unter den Menschen. Was er vermutlich nicht wusste (obschon ich eine solche Ignoranz bei einem intelligenten Mann in seiner Position für verurteilenswert halte) war, dass die Russen keine Unterscheidung zulassen zwischen dem Künstler als Privatperson und seinem Publikum, der offiziellen Funktion als anerkannter kommunistischer Agitator oder zwischen der Menschheit insgesamt (ungeachtet der ethnischen Zugehörigkeit, Klasse und so weiter), die die westlichen Künstler interessiert, und ›dem Volk‹, dem das öffentliche Interesse des sowjetischen Künstlers gilt, was ihn nur allzu oft darauf festlegt, nach dem ästhetisch kleinsten gemeinsamen Nenner zu suchen anstatt nach dem größten gemeinsamen Teiler, wie die sowjetische Musik zeigt. Die Russen sollten verstehen – und wir sollten es eindeutig klarstellen –, dass, worin auch immer die Meinungsverschiedenheiten unter den britischen Musikern bestehen mögen, ob sie nun Traditionalisten, Zwölftöner oder Fachleute für elektronische oder ›konkrete‹ Musik sind, sie alle die Ablehnung der Haltung eint, die Rolle des Künstlers sei die eines Propagandisten für irgendwelche politischen bzw. soziologischen Überzeugungen. In der freien Welt spricht der Künstler zu den Leuten, zu den menschlichen Wesen als solchen, und er ist frei darin zu sagen, was er will und wie er es will.«[936]

Britten fühlte sich missverstanden. »Es macht mich krank, dass die *Prawda* mich falsch verstanden hat & natürlich auch diese Leute, die mich überhaupt nicht kennen und begierig darauf sind, alles verkehrt aufzufassen!«, klagte er Williams Plomer gut eine Woche nach dem Kommentar im *Daily Telegraph*. »Ich muss dieses schwierige Problem *sehr* behutsam umgehen, aber ich habe mitgemacht, weil ich mir ein diskretes, wohlwollendes Gespräch erhoffte, welches die Mistkerle natürlich absichtlich falsch wiedergegeben haben. Das gibt es aber nicht nur in der UdSSR, oder?«[937]

Die Kritiker hätten sich wahrscheinlich nur bestätigt gesehen, wäre ihnen Brittens persönliches Dankschreiben an die sowjetische Kulturministerin bzw. ›Ministerin für Volksbildung‹, Jekaterina Furzewa, in die Hände geraten. »Wir wussten Ihre Gunst ungemein zu schätzen; es war ein großes Vergnügen, Sie so häufig persönlich treffen zu können und so angenehme Gespräche zu haben«, teilte ihr der Komponist am

3. April 1963 mit. »Die getroffenen Vorkehrungen waren über den ganzen Zeitraum ganz ausgezeichnet, und wir alle waren tief bewegt von den Reaktionen unseres Moskauer und Leningrader Publikums.«[938] Die Erfahrungen boten Britten den Ansatzpunkt, seine Ansichten deutlicher zum Ausdruck zu bringen. Die Zeitung *The Observer* offerierte ihm die Möglichkeit, Stellung zu beziehen, doch der erst im Juli begonnene Artikel wurde nie fertiggestellt. Etliche Überlegungen fanden indes Eingang in die Dankrede, die Britten ein Jahr später in einer der reichsten Städte der USA, Aspen, Colorado, halten musste, als ihm der 1964 erstmals vergebene und mit 30 000 Dollar dotierte ›Robert O. Anderson Aspen Award in the Humanities‹ verliehen wurde. Manche Aspekte aus dem Entwurf zu dem Zeitungsbeitrag wurden nicht unmittelbar übernommen, aber inhaltlich. Britten machte in den Skizzen seinem Ärger Luft, dass viele Menschen sich nicht mehr mit der Sache selbst befassten, sondern nur noch mit Meinungen aus zweiter Hand, denn »hat man erst einmal die Kritiken gelesen, weiß man, wie man zu empfinden hat, ohne selbst nachdenken zu müssen«. Doch »Kunst ist Kommunikation«, mit der man sich auseinandersetzen muss, wobei der Komponist auch einräumt, dass »Kunst nicht für jedermann geschaffen sein kann, selbst wenn man voraussetzt, es gebe keine unmusikalischen oder blinden Menschen auf dieser Welt«. Um sich verständigen zu können, müsse man bei der »Sprache [der Musik bzw. der Malerei] Verbindungen herstellen«, denn »solange man mit dieser Sprache nicht vertraut ist, wird man mit der Kunst nichts anfangen können«. Man könne jedoch Sprachen erlernen und selbst bei Unvertrautem wie dem Nō-Theater in Japan machten es Erläuterungen und Übersetzungen »möglich, tiefe Emotionen zu empfinden«. Dann kam Britten auf die Pflichten des Künstlers zu sprechen, wobei er vor allem die Bedeutung der Jugend und des englischen Amateurwesens hervorhob. Seiner Ansicht nach müsse ein Komponist eine für den Anlass angemessene Musik entwerfen. »Es hat keinen Sinn, ein Gelegenheitswerk für ein gesellschaftliches Ereignis zu schreiben, dem kein Mensch folgen kann, oder ein kompliziertes atonales Stück für die lokale Chorgemeinschaft«, notierte Britten. Einige Ideen könnten durchaus »irritierend & schockierend« sein und eine neue Sprache entwickeln, sollten aber nicht wie »die sogenannten ›Avantgarde‹-Partituren« einem »mystischen Selbstzweck« dienen. »Ich bin aus innerstem Herzen gegen den Elfenbeinturm, der zu einer wirklichen Gefahr geworden ist«, bekräftigte Britten, doch er müsse zugeben, es gebe »Momente, wo ich etwas Subtiles & Intimes zum Ausdruck bringen will, das möglicherweise nur von Leuten verstanden wird, die bei manchen Dingen so empfinden wie ich: Dann möchte man ein Streichquartett schreiben oder etwas für irgendeine

kuriose Zusammenstellung von Instrumenten oder Lieder bzw. einen Liederzyklus.«[939] Bei der offiziellen Rede drückte sich Britten gewählter aus, blieb jedoch seiner Grundhaltung treu. Um Missverständnisse zu vermeiden, wählte er mehrfach den Begriff »human« bzw. »human beings«, menschlich bzw. menschliche Wesen – womit er die Kritik und die Anregungen des *Daily Telegraph* aus dem Vorjahr annahm –, wenn er beispielsweise betonte: »I certainly write music for human beings – directly and deliberately.« Unmittelbar und bewusst wolle er komponieren, ja, es sei geradezu die Pflicht eines Komponisten, gezielt mit seinen Mitmenschen zu kommunizieren: »It is the composer's duty, as a member of society, to speak to or for his fellow human beings.« Und als Fallbeispiele nannte Britten neben Beethovens 9. Sinfonie, den Werken von Johann Strauss und George Gershwin auch die »Leningrader Sinfonie« von Schostakowitsch, mit der er seinen »fellow citizens«, »seinen Mitbürgern ein Monument präsentierte, das ihr Durchhaltevermögen und ihren Heroismus auf besondere Weise zum Ausdruck brachte«. »Ich kann an den Zielen dieser Männer – ob sie nun angekündigt wurden oder unausgesprochen enthalten sind – nichts Falsches entdecken«, betonte Britten. »Es ist die Pflicht des Komponisten, sich als ein Mitglied der Gesellschaft an seine Mitmenschen zu wenden.«[940]

Das Preisgeld, so ließ Britten gegen Ende seiner Ansprache wissen, wolle er in das Projekt investieren, das ihm am meisten am Herzen liege: das Festival in Aldeburgh. Bei diesem musste man im Sommer 1963 auf Rostropowitschs Mitwirkung verzichten. In einem Brief an die Freunde konnte Britten ›Slawa‹ aber erfreut mitteilen, dass er die »sehr schwer zu schreibende« *Cello-Sinfonie* endlich für ihn vollendet hatte und tröstete seine Frau ›Galja‹ damit, es gebe »eines Tages vielleicht einige hübsche russische Lieder speziell für Dich, aber ich fürchte, mein Russisch sollte zuvor noch erheblich besser werden«.[941] Galina Wischnewskaja musste sich noch zwei weitere Jahre gedulden, bis Britten sein Versprechen einlöste. Dafür hatte der Engländer noch länger zu warten, bis seine Hoffnung auf eine russische Biografie erfüllt wurde. Er teilte den Freunden mit, dass der Verlag, der eine Neuausgabe von Eric Walter Whites 1948 erstmals erschienenem Buch *Benjamin Britten: A Sketch of His Life and Work* herausbrachte, den Namen und die Adresse von ihrem Übersetzer wissen wollte, damit, »wenn er will, er ein hübsches neues Buch über mich ins Russische übertragen kann«.[942] Die revidierte Ausgabe kam dann allerdings erst 1970 heraus, sodass zuvor bereits eine russische Ausgabe des 1966 veröffentlichten schmalen Bändchens von Imogen Holst erschien. Das erste gehaltvolle russische Buch über Britten, verfasst von einer jungen sowjetischen Musikwissenschaftlerin, wurde erst zwei Jahre vor seinem Tod vorgelegt.

In Anbetracht der Planungsschwierigkeiten mit den gefragten russischen Künstlerfreunden reifte bei Britten auch mit einem Blick auf die eigenen Konzertverpflichtungen der Plan, die Energien zu fokussieren und verstärkt daran zu arbeiten, in Aldeburgh Geschichte zu schreiben. Britten empfahl Pears, sich mit anstrengenden Tourneen und Gastspielen im Ausland zurückzuhalten. »Was kümmert dich Ansbach – du musst nicht dahin zurückkehren – in Zukunft musst du *niemals* irgendeine verdammte Sache machen, die du nicht willst, klar?«, schrieb Britten an Pears. »Das Leben ist zu kurz für all diesen Kram mit TV & schlechten Dirigenten. Lass uns Aldeburgh zu einem echten Zentrum entwickeln & alles machen, was wir wollen.« Wenige Tage später entgegnete Pears aus Deutschland: »Ich glaube, es wäre wirklich wunderbar, wenn wir Aldeburgh (+ die Kirchen in Suffolk) zu einem wirklichen Zentrum ausbauen könnten – ich bin nur allzu gerne bereit, Auslandsverpflichtungen zu reduzieren.«[943]

*

Schostakowitschs Werke fanden in Großbritannien zunehmend Bewunderer. Über ein Vierteljahrhundert nach der konzertanten englischsprachigen Londoner Erstaufführung von *The Lady Macbeth of Mtzensk* (so die damalige englische Schreibweise) wurde Anfang Dezember 1963 im Opernhaus Covent Garden das Werk in der wenige Monate zuvor am Moskauer Nemirowitsch-Dantschenko-Theater vorgestellten revidierten Fassung als – so der englische Titel – *Katerina Izmaylova* erstmals szenisch gegeben. Augenzeugen zufolge war die Frage, ob Opern übersetzt werden sollten, ein wichtiges Gesprächsthema zwischen Britten und Schostakowitsch. »Meiner Ansicht nach sollte das Publikum eine Oper in seiner eigenen Sprache erleben«, betonte Schostakowitsch in einem Interview. »Spielt man sie in Berlin, muss man Deutsch singen; gibt man sie in London, auf Englisch und in Paris auf Französisch. Aber besonders in den USA vertritt man eine andere Auffassung: Opern sollen in der Sprache gesungen werden, in der sie geschrieben wurden. Nun bin ich unlängst in London gewesen und habe Musorgskijs *Chowanschtschina* in der von mir gesetzten Orchesterfassung gesehen. Und man sang auf Russisch; es wurde gut gesungen, aber trotz alledem ist Russisch mit englischem Akzent der Sache eher abträglich.«[944] Sowohl Britten als auch Schostakowitsch waren sich darüber einig, dass die Landessprache zu bevorzugen sei, um eine größere Unmittelbarkeit herzustellen. Opern stets in der Originalsprache aufzuführen, hielt Britten für »reinen Snobismus«.[945]

Schostakowitsch reiste zur Premiere nach London, allerdings war Britten erkrankt. Der Russe legte aber Wert darauf, auch eine Oper seines Kollegen auf der Bühne zu erleben. Während er in Moskau zumeist nur schlichtes Papier verwendete, schrieb Schostakowitsch per Hand diesmal auf Briefpapier vom »Waldorf Hotel Aldwych London WC2« am 5. Dezember 1963:

»Lieber Benjamin Britten,
ich bedauere es außerordentlich, dass ich Sie während meines Aufenthalts in London nicht sehen konnte. Aber meine größte Freude war ein Besuch von *Peter Grime*s im Sadler's Wells.

Ihre bemerkenswerte Oper wurde in diesem Theater hervorragend in Szene gesetzt. Mit Ihrer Musik in Kontakt zu kommen, ist ein großer Glücksfall für mich. Ich habe mir Ihr *Requiem* viele, viele Male angehört. Es ist ein großes Werk.

Man sagt, dass Sie wieder viel Zeit mit Konzertauftritten verbringen. Dies ist natürlich gut. Aber ich wünsche mir, dass Sie auch so viel wie möglich kreativ tätig sind. Ihre Musik ist das herausragendste Phänomen des 20. Jahrhunderts. Und für mich ist sie der Quell von tiefgreifenden und gewaltigen Eindrücken. Schreiben Sie so viel wie möglich. Es ist unerlässlich für die Menschheit und natürlich für mich.
Ich reiche Ihnen von Herzen die Hände,
Ihr DSch.«[946]

In einem handgeschriebenen Brief vom 26. Dezember 1963 teilte Britten aus Aldeburgh mit:

»Mein lieber Dmitrij Schostakowitsch,
unser guter Freund Slawa war hier zwei Tage bei uns und wird Ihnen diese Nachricht von mir mitbringen – um Ihnen ganz herzlich für Ihren wunderbaren Brief zu danken. Es stimmte mich sehr traurig, dass es mir nicht möglich war, Sie mit Tausenden anderer Engländer bei den Aufführungen von *Katerina* zu begrüßen. Ich höre von allen Seiten, welch ein Empfang Ihnen bereitet wurde und wie dieses große Werk geschätzt und bewundert wird. Sie wissen, wie sehr ich selbst diese Oper mag, und es freut mich, dass sie hier so viele Freunde gefunden hat. Ich bin zudem froh, dass Sie die Möglichkeit hatten zu erleben, welche Wertschätzung die Menschen hier für Sie als Komponist und Persönlichkeit hegen. Ich wäre zu gerne wieder in der Lage gewesen, öffentlich zu zeigen, wie ich persönlich Ihr Werk bewundere und schätze. Seit Jahren ist nun Ihre Arbeit und Ihr Leben ein Beispiel für mich gewesen – für Mut, Integrität und menschliches Mitgefühl sowie für eine wunderbare Erfindungsgabe und klare Vorstellungskraft.

Ich muss gestehen, dass es heutzutage keinen Komponisten gibt, der einen ähnlichen Einfluss auf mich ausübt. Dass Sie freundlicherweise

Gefallen finden an meinen Werken und sich die Zeit genommen haben, sich *Grimes* anzuschauen, als Sie hier waren, und ihn mochten, ist für mich äußerst aufregend und ehrenvoll.

Mein lieber Freund und großzügiger Kollege – ich freue mich darauf, Sie bald wiederzutreffen. In der Zwischenzeit übermittle ich über unseren geschätzten Merkur (Rostropowitsch) meine herzlichsten Wünsche für ein glückliches und in jeder Hinsicht erfolgreiches Neues Jahr.
Mit erneutem Dank und herzlichsten guten Wünschen an Sie und Ihre Frau,
Ihr ergebener BB.«[947]

*

Anfang März 1964 machte sich Britten wieder auf den Weg »in Richtung Osten inmitten eines Wirbels von Musik, Visa, warmer Kleidung (warm genug?) & unvollendeten Projekten«, wie er an Plomer schrieb.[948] Im Mittelpunkt stand seine auf Rostropowitschs Können abgestimmte *Cello-Sinfonie*. Die Uraufführung am 12. März im Großen Saal des Moskauer Konservatoriums unter Brittens Leitung wurde zu einem mit Spannung erwarteten Ereignis. »Die englische Kolonie war mit einem Großaufgebot vertreten«, berichtete ein britischer Journalist, »doch das musikalische Establishment nicht minder – Schostakowitschs graues, teilnahmsloses Gesicht war in der dritten Reihe zu sehen, Chatschaturjan thronte in einer Loge. Britten erschien, wurde herzlich begrüßt und jedermann kam zur Ruhe, abgesehen von den Fotografen, deren Geklicke und suchende Scheinwerfer unaufhörlich präsent waren.« Die Aufführung hätte kaum besser laufen können. Während man im Parkett höflich applaudierte, waren dem Augenzeugen zufolge »die Studenten auf dem Rang außer sich vor Begeisterung, trampelten und applaudierten, bis das Finale für sie wiederholt wurde«. Einer der Professoren erzählte ihm später, dass »die junge Generation seit Jahren kein Werk mehr so begeistert« habe.[949]

Wie zuvor Schostakowitsch hatte Britten das Stück für den Ausnahme-Cellisten entworfen. In der *Cello-Sinfonie* dominiert nicht ein virtuoses Wechselspiel mit dem Orchester: Wie die bewusst gewählte Zusatzbezeichnung »Sinfonie« herausstellt, ist das Soloinstrument vielmehr in den Klangfluss des Orchesters eingebettet. Nur ein exzeptioneller Solist vermag die Stimme des Individuums in dem vom Orchesterkollektiv vorangetriebenen sinfonischen Verlauf prägnant und charaktervoll hervortreten zu lassen. Britten war so begeistert von Rostropowitschs Interpretation, dass er seinen Verleger wissen ließ, dass ihm sehr daran gelegen sei, der Künstler solle »für einige Zeit die Exklusivrechte an dem Werk haben«. »Er selbst ist nicht versessen darauf«, fuhr Britten fort, »aber da die Moskauer Philharmoniker nächstes Jahr im Herbst mit ihm auf eine Welttournee gehen und sie dieses Werk gerne im Programm hätten, habe ich vorgeschlagen, dass das Exklusivrecht bis Ende nächsten Jahres gilt. Ich habe dies mit Madame Furzewa, der Kulturministerin, besprochen, die ganz enthusiastisch und dankbar war. Daraufhin hat sie gestattet, dass Rostropowitsch das Werk für Decca einspielen darf, obwohl es, wie Sie wissen, jetzt strenge Regelungen für russische Künstler gibt, wenn sie mit ausländischen Labels Aufnahmen machen wollen.«[950]

Mittlerweile hatte sich Britten in der Sowjetunion einen besonderen Status erworben: Allen voran billigte Jekaterina Furzewa seine Musik. Diese ließ andererseits aber auch nach einem für sie traumatisierenden Abend mit Schönbergs Zwölfton-Drama *Moses und Aron* im Opernhaus Covent Garden den Regisseur Peter Hall wissen, »es sei gut, dass sie nicht seine Kulturministerin sei«.[951] In der Zeitschrift *Sowjetskaja musika* rühmte man, dass Britten sich unerschütterlich dafür einsetze, Kunst solle »human, an Inhalten orientiert und an breite, allgemeine Publikumskreise gerichtet« sein. »Es ist kein Zufall, dass Britten ein guter Freund der führenden sowjetischen Musiker ist – wie etwa Schostakowitsch, der das Werk des Komponisten so bewundert«, hieß es weiter. »Unsere Meister haben in Britten einen engen Verbündeten gefunden, dessen Festhalten an einer wahrhaft humanistischen Kunst sie begrüßen.«[952] Zu dem intensiven britisch-sowjetischen Kulturaustausch in den 1960er-Jahren trugen auf diplomatischer Ebene die Botschafter Humphrey Trevelyan und Duncan Wilson bei. Für die organisatorische Logistik sorgten die Konzertunternehmer Victor und Lilian Hochhauser, die gekonnt zwischen den Ministerien, der staatlichen Konzertagentur Goskonzert und den Künstlern vermittelten. Insbesondere versuchten sie geschickt, kommerziell einträgliche Gastspiele in Edinburgh und London so zu terminieren, dass für die sowjetischen Musiker auch Abstecher zum Festival nach Aldeburgh möglich waren.

Bei Gegenbesuchen nutzte man, dass sich »Mr. Britten in der Sowjetunion einer umfassenden und enormen Popularität erfreut«, wie ein britischer Kulturattaché in Moskau notierte, denn seine »Besuche tragen viel dazu bei, die anglo-sowjetischen Kulturkontakte weiterzuentwickeln und die Aufführungen seiner Werke unterstützen dies auf außerordentliche Weise«.[953]

Dafür war die Moskauer Uraufführung der *Cello-Sinfonie* ein nachdrücklicher Beweis. Der Berichterstatter der *Leningradskaja Prawda* meinte, »die Musik der Sinfonie – eine höchst individuelle Komposition, aber eine von universeller Bedeutung in ihrer formalen und emotionalen Struktur – hinterließ einen gewaltigen Eindruck«. »Man möchte diese Sinfonie mit einem Roman vergleichen«, notierte ein Mitglied des sowjetischen Komponistenverbands, der die Moskauer Presse und die *Sunday Times* mit Artikeln versorgte. »Die Musik besitzt die Qualitäten einer Tragödie und umgeht die Fallstricke pessimistischer Schwarzmalerei. Dmitrij Schostakowitsch hat einmal gesagt, dass in einer wahren Tragödie eine ›positive Idee, wie man sie in dem lebensbejahenden Pathos der Shakespeare'schen Tragödien findet‹, bestimmend sein muss. In diesem Werk Brittens entdeckt man die positiven, brillanten Ideen trotz der dunklen Schatten, die an vielen Stellen aufragen.«[954] Als das Werk im Sommer beim Festival in Aldeburgh erstmals im Westen vorgestellt wurde, erschien vielen das Ganze als zu schwerblütig. Aber ungeachtet der anfangs reservierten Aufnahme im Westen setzte sich allmählich die in der *Times* geäußerte Ansicht durch, dass die *Cello-Sinfonie* »unserer Empfehlungen nicht bedarf, denn sie ist einfach ein Meisterwerk, und ebenso klar ist, dass ihre tiefere Bedeutung sich erst im Verlauf des mehrfachen Hörens erschließen wird«.[955]

Im Umfeld des neuen Werks zeichnete sich ein zunehmender Dissens Brittens mit seinem Verleger Boosey & Hawkes ab, der schließlich dazu führte, dass Britten verstärkt mit dem Verlag Faber Music zusammenarbeitete. Mit der Sowjetunion bestanden keinerlei Urheberrechtsabkommen und Britten zeigte sich äußert leger darin, den Künstlern trotzdem kostenfrei Noten zu überlassen, um Aufführungen seiner Werke zu fördern. Seinem Verlag passte dies gar nicht, zumal man feststellte, dass Aufführungsmaterial für *Peter Grimes*, welches man schon 1961 dem Bolschoj-Theater in Moskau überlassen hatte, dort weder verwendet noch zurückgegeben wurde. Stattdessen kam es kurz nach Brittens Rückreise 1964 in Leningrad zu konzertanten Darbietungen der Oper. Dies weckte wiederum das Interesse an szenischen Produktionen. »Sie begreifen sicher, wie ernst ich diese Verbindungen mit Russland nehme«, schrieb Britten an den für ihn zuständigen Lektor Ernst Roth, »deren Bedeutung bestätigte mir mein letzter Besuch dort und die herzlichen Begegnungen mit Madame Furzewa und Schostakowitsch.«[956] Dass ihm bei seiner Anwesenheit vor Ort 400 Rubel Tantiemen in bar überreicht wurden, die er nicht ausführen durfte und auf einer Bank deponieren musste, missfiel seinem Verleger besonders. Mitunter legten Britten und Pears eine jungenhafte Unbekümmertheit an den Tag.[957] »Welches Arrangement sollen wir diesbezüglich treffen?«, schrieb Britten seinem Verleger. »Einiges davon gehört natürlich B. & H. – brauchen Sie dort irgendwann einmal Bargeld?«[958]

*

Nur wenige Monate danach trafen sich Britten und Schostakowitsch wieder, als der Brite im September 1964 mit dem Ensemble der English

Opera Group auch in der UdSSR auf Tournee ging. Zudem konnte er Rostropowitsch glücklich machen, indem er – trotz der Kosten von zusätzlich einhundert Pfund Sterling wegen zu schweren Gepäcks – ein riesiges Aquarium von Harrods mitsamt englischem Sand und Steinen im Flugzeug mitbugsierte. Die Tournee führte das Ensemble bis Oktober 1964 nach Leningrad, Moskau und Riga, wo man die Sowjetbürger mit *Albert Herring*, *The Rape of Lucretia* und *The Turn of the Screw* vertraut machte. Die Gastspiele hinterließen einen großen Eindruck: Schostakowitsch begeisterte sich vor allem für *The Turn of the Screw* und Jekaterina Furzewa und Aram Chatschaturjan sinnierten, ob man ein vergleichbares Kammeropernensemble in der Sowjetunion etablieren solle. Die 1972 initiierte Moskauer Kammeroper konzentrierte sich in ihrer Anfangszeit indes auf russische Opern des 18. Jahrhunderts und die Kammeroper in Leningrad wurde erst 1987 gegründet. In den 1960er-Jahren hätten die Themen wahrscheinlich etwas anders ausgesehen als in England. Britten wurde während der Gastspielreise gefragt, ob er sich vorstellen könne, Kosmonauten zu Protagonisten einer Oper zu machen. Ein brisantes Thema: Mitte der 1960er-Jahre verlagerten Amerikaner und Russen den Kalten Krieg auf die Raumfahrt und unternahmen alle erdenklichen Anstrengungen, als erste Nation einem Menschen zu ermöglichen, einen fremden Himmelskörper zu betreten. Britten entgegnete, dass er einen solchen Stoff schon einmal für eine Kinderoper in Erwägung gezogen habe, doch selbst als der NASA mit der Apollo-11-Mission am 20. Juli 1969 die wissenschaftliche und technische Meisterleistung der Mondlandung glückte, war von Britten keine Raumfahrt-Oper in Sicht.

In Moskau ergab sich für Britten und Pears auch die Gelegenheit für einen weiteren Besuch bei Schostakowitsch. Dieser hatte im Mai und im Juli sein 9. und 10. Streichquartett vorgestellt, die er den Engländern in seiner Wohnung im privaten Kreis präsentierte. Für Britten stellte dies einen wesentlichen Schritt dar, der beide Künstler einander noch näherbrachte. »Wenn er mit uns zusammen ist, scheint er völlig entspannt zu sein«, erzählte Britten zwei Monate später in einem Interview des Magazins *Musical America*. »In diesem Herbst gab es einen äußerst bewegenden Moment. Ich traf ihn in Moskau und er bestand darauf, dass Peter und ich gemeinsam mit ihm essen gehen sollten (ich bin nur einmal zuvor in seiner Wohnung gewesen): es gebe da zwei neue Stücke, die er uns vorspielen wolle. Es stellte sich heraus, dass es sich dabei um das neunte und zehnte Streichquartett handelte, die in den letzten Monaten entstanden waren. Seinen Händen macht die Arthrose mittlerweile sehr zu schaffen, aber sein Klavierspiel besitzt noch immer große Überzeugungskraft. Das Neunte war für ihn charakteristisch, formal sehr interessant, ganz auf der Höhe dessen, was man erwarten würde. Aber das Zehnte war wirklich umwerfend – äußerst seltsam, zumeist sehr ruhig, mit verhaltenen Empfindungen und sehr schlicht und karg. Ich glaube, es zeigt eine große, neuartige Entwicklung bei ihm. Wir waren tief beeindruckt.«[959]

Der englische Komponist kehrte heim voll neuer Ideen und einem Foto von Schostakowitsch, das die Widmung trug: »Für den lieben Benjamin Britten, einem meiner am meisten geschätzten Komponisten, mit besten Wünschen, D. Schostakowitsch, 14. X 1964, Moskau.« Als Festivalorganisator und Musikvermittler verstand Britten mittlerweile genug von Programmgestaltung, um zu wissen, dass man im Westen Schostakowitsch nur von dem Image des kinematographischen Breitwandsinfonikers lösen konnte, indem man auch seine intimeren Kammermusikwerke in den Fokus rückt. Deswegen unterstützte er bereitwillig das wenige Jahre zuvor gegründete ›Alberni Quartet‹, das er selbst bei Aufführungen seiner eigenen Kammermusik beraten hatte. Am 5. Juni 1965 wandte sich Britten, ohne lange herumzureden, mit einem speziellen Anliegen an Schostakowitsch. »Verzeihen Sie mir, dass ich Sie behellige (insbesondere auf Englisch – aber ich bin sicher, Ihr Englisch ist mittlerweile perfekt!)«, schrieb der Brite. »In England gibt es ein junges Quartett, dessen Mitglieder leidenschaftliche Schostakowitsch-Fans sind und, so glaube ich, alle Ihre Quartette spielen. Sie geben eine sehr schöne Darbietung des 8., das sie in diesem Jahr auch beim Festival in Aldeburgh aufführen werden. Sie wurden gefragt, ob sie alle Ihre Quartette bei einer Konzertreihe in London im kommenden Winter spielen können. Durch mich wissen sie von der Existenz des 9. und 10. Quartetts: ich habe ihnen erzählt, wie Sie sie Peter Pears und mir in Moskau vorgespielt haben und wie großartig sie waren. Ich möchte fragen, ob die verschobenen Aufführungen dieser beiden neuen Quartette mit dem Beethoven-Quartett bereits stattgefunden haben und ob es die Möglichkeit gibt, die Musik zu erhalten. Ich brauche kaum zu erwähnen, dass sie ganz versessen darauf sind, den vollständigen Zyklus Ihrer Quartette in diesem Jahr zu spielen. Slawa Rostropowitsch wird in Bälde zu uns kommen; vielleicht könnten Sie uns durch ihn eine Nachricht zukommen lassen oder, was sogar noch besser wäre, die Musik selbst.«[960]

Wieder einmal unterstützte der Cellist den Kulturaustausch als Bote. Das Alberni-Quartett nahm sich hingebungsvoll der Werke von Schostakowitsch an. Das in Harlow, Essex, ansässige Ensemble war spätestens Mitte der 1970er-Jahre eine der weltweit gefragtesten Kammermusikgruppierungen. Zeitgenössische Komponisten schrieben eigens Werke für das Quartett, darunter Alan Rawsthorne sein 3. und Nicholas Maw sein 1. Streichquartett. Die britischen Erstaufführungen des 9. und 10. Streichquartetts von Schostakowitsch gehörten zu den Höhepunkten in der Geschichte des Alberni-Quartetts.

Britten und Schostakowitsch beschäftigte derweil die Beteiligung an einem Kompositionsprojekt zum Jubiläum der Vereinten Nationen. Ein Brief Schostakowitschs vom Dezember 1964, auf den der Engländer Bezug nahm, ist nicht mehr erhalten. In einem auf Papier vom Red House in Aldeburgh maschinegeschriebenen Brief antwortete Britten am 7. Januar 1965:

»Mein lieber Herr Schostakowitsch,
Es war mir eine große Freude, von Ihnen zu hören und dass es in Ihrem Brief um einen so würdigen Anlass geht.

Es ist mir eine große Freude, mich bei dem ›Musik für den Frieden‹-Projekt für eine Schallplatte zu beteiligen. Wie ich bereits Herrn Altman geschrieben habe, werde ich bis Anfang März nicht in Europa sein und so kann ich mit ihm nicht die Art meiner Beteiligung besprechen. Aber ich habe ihm vorgeschlagen, da sowohl Rostropowitsch als auch Richter im Juni beim Festival in Aldeburgh bei uns sein werden, könnte ich vielleicht für jeden etwas schreiben.

Ich leite Ihre Nachricht an Herrn Menuhin weiter, dass Kodály eine Fantasie für ihn schreibt und ich bin sicher, dass er hocherfreut sein wird.

Ich sende Ihnen und allen Mitgliedern Ihrer Familie herzliche Grüße. Peter Pears und ich sprechen oft über den Besuch in Ihrem Haus und besonders das 9. und das 10. Streichquartett.
Hochachtungsvoll
BB.«[961]

Schostakowitsch muss 1963 bei Kodálys Besuch in der Sowjetunion von den Absprachen zwischen Menuhin und dem ungarischen Komponisten erfahren haben; allerdings blieb das Werk unvollendet. Unklar ist, auf welches Stück von Schostakowitsch sich Britten bezog, als er im Juni neben seiner Notenanfrage für das Alberni-Quartett noch bemerkte: »Ich fand es sehr aufregend und bin ziemlich neidisch, dass Sie Ihr Stück für die Feierlichkeiten bei den Vereinten Nationen im Oktober bereits fertiggestellt haben. Mit meinem bin ich arg in Verzug und habe eigentlich gerade erst damit begonnen. Doch ich hoffe, es im Sommer zu vollenden.«[962] Britten schaffte es, seinen Auftrag zu erfüllen und lieferte rechtzeitig das zehnminütige Chorstück *Voices for Today* zum zwanzigjährigen Jubiläum der Vereinten Nationen, das am 24. Oktober 1965 parallel in New York, Paris und London uraufgeführt wurde. Von Schostakowitsch ist indes kein Beitrag überliefert.

*

In der Sowjetunion brachte der Herbst 1964 die letzte Veränderung an der Führungsspitze des Landes, die Schostakowitsch erleben sollte. Chruschtschjow war es zwar gelungen, die UdSSR aus der Stalinzeit herauszuführen und zu modernisieren, jedoch stießen seine Landwirtschaftspolitik und Parteireformen zunehmend auf Kritik. Man warf ihm vor, bei seiner Annäherung an den Westen das Politbüro zu umgehen und sich zu viele Eigenmächtigkeiten gegenüber der staatlichen Planung herauszunehmen. Männer, die unter ihm Karriere gemacht hatten, drängten ins vorderste Glied. Im Oktober 1964 setzte man Chruschtschjow als Parteichef und Ministerpräsident ab und ernannte den Ukrainer Leonid Iljitsch Breschnew zu seinem Nachfolger. Chruschtschjow wurde stillschweigend zur ›persona non grata‹. Seinen Namen nannte man erstmals wieder öffentlich, als Breschnew 1978 begann, in der Literaturzeitschrift *Nowij Mir* (Neue Welt) seine mehrteiligen ›Erinnerungen‹ unter dem Titel *Neuland* veröffentlichen zu lassen, die im Gegensatz zu Chruschtschjows Memoiren von Auftragsschreibern verfasst wurden. Allerdings erwähnte der Breschnew zugeschriebene Text an keiner Stelle die Rolle seines Amtsvorgängers als Parteichef, sondern stellt ihn in drei Anekdoten lediglich als aufbrausenden und unbeherrschten Politiker dar. Obwohl besonders Breschnew von den Errungenschaften Chruschtschjows profitierte, wurden unter seiner Regentschaft alle Verdienste schlicht »der Partei« zugeschrieben und alles Gute sei überhaupt eine »große Idee der Kommunistischen Partei«.[963] Chruschtschjow konnte es zumindest als Zeichen einer auch durch seine Verdienste erneuerten politischen Kultur in der Sowjetunion werten, dass er einfach nur abgesetzt, aber nicht mehr inhaftiert oder liquidiert wurde. Nachdem er zudem 1966 noch offiziell seinen Sitz im Zentralkomitee der KPdSU eingebüßt hatte, lebte er in seiner Datscha bei Moskau und brachte ein Jahr vor seinem Tod noch seinen eigenen Erfahrungsbericht heraus, der zunächst unter dem Titel *Khrushchev Remembers* 1970 in englischer Sprache erschien.

Unter dem kulturell gebildeten Leonid Breschnew, der sogar Galina Wischnewskaja beeindruckte, versuchte der Staat nach wie vor, Einfluss auf die künstlerischen Aktivitäten im Lande zu nehmen. Dabei konnten Musikern durchaus unangenehme Gespräche mit Parteileitern oder KGB-Mitarbeitern drohen und mitunter war sogar manches programmatisch nicht genehme Konzertprogramm bis zur letzten Minute von einer Absage bedroht. Die Umgangsformen hatten sich allerdings gewandelt. »Im Jahr 1948 gab es noch Listen mit verbotenen Kompositionen«, erzählte Rostropowitsch, »jetzt bevorzugte man mündliche Verbote, bei denen zitiert wurde, es ›gebe die Meinung‹, dass es nicht empfehlenswert sei …«[964] Dennoch gelang es etlichen Komponisten, so manches in früheren Zeiten verpönte Werk der Öffentlichkeit vorzustellen. So durfte etwa Alfred Schnittke seine 1. Sinfonie in Gorkij zur Uraufführung bringen. »Mit etwas Glück konnte man aus der Mausefalle entwischen«, kommentierte Rostropowitsch. »Aber niemals in Moskau! Und niemals in Leningrad!«[965]

Breschnew hatte andere Relationen vor Augen als noch die Hardliner in früheren Zeiten. Galina Wischnewskaja erlebte, wie jemand einen Toast auf sein Wohlergehen ausbringen wollte und er entgegnete: »Nein, warum auf meins? Trinken wir auf die Künstler! Was ist schon ein Politiker – der kann morgen vergessen sein. Die Kunst aber ist unsterblich. Auf die Künstler!«[966] In jenen Jahren war die Förderung des Nachwuchses stets ein wesentliches Anliegen des Staates. 1974 lobten der Verlag Sowjetskij Kompositor und der Komponistenverband für junge Musikwissenschaftler sogar einen Preis für »die beste Arbeit zum Problem des Zeitgenössischen in der Musik« aus, bei dem Dissertationen und Veröffentlichungen zu Rodion Schtschedrin, Boris Iwanowitsch Tischtschenko, Witold Lutosławski, Igor Strawinskij und Dmitrij Schostakowitsch in die engere Wahl kamen.[967] In Breschnews Amtszeit wurde niemand wegen politischer Aktivitäten oder des Verdachts des Dissidententums aus dem Komponistenverband ausgeschlossen. Wie sich der Führungsstil gewandelt hatte, illustriert eine in der Sowjetunion aufgekommene Anekdote, die die drei zu Zeiten von Britten und Schostakowitsch dominierenden sowjetischen Staatschefs charakterisierte: Der Zug des Kommunismus bleibt auf dem Weg in die perfekte, nach seinen Prinzipien gestaltete Welt liegen. Stalin, Chruschtschjow und Breschnew beraten, was zu tun sei. Stalin ordnet an: »Erschießt jeden dritten Passagier und zwingt die Überlebenden, den Zug anzuschieben!« Chruschtschjow meint: »Organisiert die Besatzung neu.« Und Breschnew empfiehlt schließlich: »Genossen, zieht einfach die Vorhänge zu und bringt den Zug zum Schaukeln, damit der Eindruck entsteht, er bewegt sich vorwärts.«[968] Zu seiner Zeit genügten Ermahnungen und Kritik, um die Zügel fest in der Hand zu behalten. Doch das »Dampfschiff der Moderne«, wie es einst die Bolschewiken nannten, war ein träger Ozeanriese geworden. Der Regisseur Jurij Ljubimow, der 1964 das innovative Moskauer Taganka-Theater gegründet hatte und später in den Westen emigrierte, meinte, er habe dort »so viele Sachen inszeniert, die ich in der Sowjetunion vielleicht in zehn Jahren gemacht hätte«, denn »dort sind die Zeiträume zu lang«. Wie sich die Umgangsformen gewandelt hatten, erkannte der Künstler, der 1971 noch eine vieldiskutierte *Hamlet*-Inszenierung herausbrachte, gegen Ende der 1980er-Jahre: »Ich würde gerne noch einmal *Hamlet* inszenieren«, denn »Mejerhold hat sein ganzes Leben davon geträumt, dieses Stück zu machen, und er ist von Stalin umgebracht worden. Hier ist ein Regisseur zugrunde gegangen, der *Hamlet* inszenieren wollte. Sehen Sie, wie reich ich bin – ich möchte es noch einmal machen.«[969]

*

Schostakowitsch versuchte, sich weiterhin wie im Modus der Kultur Zwei durchzulavieren. Mal schien er noch den alten Idealen des Leninismus zu frönen, ein anderes Mal reagierte er aufgebracht angesichts vieler enttäuschter Hoffnungen. In einem Vortrag vor Kollegen hatte er 1944 noch betont, man müsse »mit unserem Schaffen der Roten Armee helfen, unsere Todfeinde zu vernichten, die Feinde unserer Kultur und folglich auch unserer musikalischen Kunst«.[970] Aus den 1950er-Jahren berichtete Flora Litwinowa, eine Freundin seit der Evakuierung nach Kujbischew, dass Schostakowitsch wütend auf den Namen Picasso reagierte. Er sei »ein Lump«, der »die sowjetische Macht und unser kommunistisches System zu einer Zeit preist, in der seine Anhänger hier verfolgt, gepiesackt und daran gehindert werden, zu arbeiten«. Litwinowa und ihr Mann versuchten, dem aufgebrachten Komponisten eine andere Perspektive aufzuzeigen und hielten entgegen, dass »Picasso möglicherweise nicht wusste, was in unserem Land vor sich geht und dass er und seinesgleichen zweifellos dachten, dass unsere Künstler gerne ›sozialistische Realisten‹ wären und wie Gerasimow malten. Wir wiesen daraufhin, dass Picasso möglicherweise den Gedanken des Kommunismus im Allgemeinen befürworte, so wie wir es ja auch tun. ›Auch Ihr, Dmitrij Dimitrejewitsch, seid für die Idee des Kommunismus‹. Er antwortete: ›Nein, der Kommunismus ist unmöglich. Aber hört mir mit Picasso auf. Über den will ich nicht mehr reden‹.«[971] Schostakowitsch war der Stalinismus verhasst; über weite Phasen seines Lebens jedoch nicht der Sozialismus bzw. Kommunismus per se. In den 1960er-Jahren war es eine weit verbreitete Ansicht, etliche Parteifunktionäre hätten die Lehren Lenins verraten, der die theoretischen Grundlagen von Karl Marx in praktisches Handeln übersetzt hatte. Nach der Ausschaltung von Berija und anderen aus seiner Clique hielten viele es für möglich, dass sich das Land unter Nikita Chruschtschjow in eine erstrebenswerte Richtung wenden könnte. In der Hoffnung, Einfluss auf die Entwicklung des Musiklebens nehmen zu können, mag sich Schostakowitsch auch aus sachlichem Kalkül zu einem Parteieintritt durchgerungen haben – dazu bedurfte es keiner allzu tiefen Überzeugung. Wer die Stalinzeit überleben konnte, ohne den Kotau des Parteibeitritts zu machen, brauchte sich eigentlich vor nichts mehr zu fürchten. Flora Litwinowa vermutete, dass Schostakowitsch den ultimativen Schritt nicht gewagt hätte, wäre seine resolute erste Frau Nina noch am Leben gewesen.

Der Weg zur Wahrheit ist schwierig, wenn jede Seite davon überzeugt ist, das Richtige zu tun. Schließen Kommunismus und Humanismus einander aus oder sind es nicht eher Diktatur und Humanismus? Ist Kommunismus ohne diktatorische Maßnahmen möglich? Vermag eine

Demokratie den Markt zu kontrollieren? Im Westen sollten die Studentenrevolten und Anti-Nuklear-Bewegungen für folgenreiche gesellschaftliche Umwälzungen sorgen, im Osten wurde bei einem Kongress in der Sowjetunion die Kampagne »Zum Aufbau des Kommunismus« zum dominierenden Thema. In ihrer Rede bot die Kulturministerin Jekaterina Furzewa jenen »reaktionären Kritikern der sowjetischen Literatur und Kunst« Paroli, die sowjetische Schriftsteller und Künstler beschuldigten, »ihr schöpferisches Werk an die Politik der Partei zu binden und so angeblich die schöpferische Freiheit zu beschneiden«. »Darauf«, betonte die Ministerin, »gibt es nur eine Antwort: Wir haben ein anderes Konzept der schöpferischen Freiheit. Wer uns kritisiert, versteht einfach die unleugbare Wahrheit nicht, dass die kommunistische Partei der Leitstern unserer Gesellschaft« ist und dass – getreu den neuen Formeln unter Breschnews Leitung – »die sowjetischen Künstler mit tiefer innerer Überzeugung den Interessen des Volkes und den Aufgaben der Partei dienen«.[972]

Der Philosoph Boris Groys analysierte fundamentale Unterschiede in den Kunstauffassungen im Westen und im Osten. »Dieser Anspruch, das utopische Projekt der Avantgarde mit nicht-avantgardistischen, traditionalistischen, ›realistischen‹ Mitteln umzusetzen, bildet den Kern dieser Kultur und kann deshalb nicht als Pose abgetan werden«, erläuterte er den sowjetischen Standpunkt. »Das lebenerbauende Pathos der Stalinzeit lässt sich nicht als reine Regression in die Vergangenheit deuten, es besteht im Gegenteil darauf, die absolute apokalyptische Zukunft zu verkörpern, in der selbst die Unterscheidung zwischen Zukunft und Vergangenheit ihren Sinn verliert. In welch hohem Maße sich die Theoretiker der Kultur der Stalinzeit über die Logik ihres Funktionierens Rechenschaft ablegten, zeigt hinreichend deutlich ihre Kritik an der weiteren Evolution der avantgardistischen Kunst im Westen. So beurteilt L. Rejngardt in der ultraoffiziösen Zeitschrift *Iskusstwo* (Kunst) den westlichen Avantgardismus nach dem Zweiten Weltkrieg als ›neuen Akademismus‹, als internationalen Stil, der dem Internationalismus der großen – vor allem amerikanischen – Konzerne entspreche, und führt aus: ›Die Anerkennung der neuesten künstlerischen Strömungen seitens der Bourgeoisie ist das Todesurteil der zeitgenössischen westlichen Kunst. Als sie aufkam, versuchte sie, auf dem Gefühl des gesellschaftlichen Hasses auf die veraltete Lebensordnung zu spielen … Inzwischen hat das Opposition-Spielen gegenüber der offiziellen Kunst jegliche Berechtigung verloren. Das gebildete Kleinbürgertum hat den verlorenen Sohn mit offenen Armen aufgenommen. Formalistische Strömungen werden zur offiziellen Kunst der Wall Street … Zahllose Werbefirmen und Spekulanten zerstören und schaffen Reputationen, finanzieren neue

Strömungen, steuern den Geschmack des Publikums oder, besser gesagt, seinen ›Mangel an Geschmack‹ – nicht wenige zeitgenössische Vertreter der Postmoderne, die gegen die avantgardistische ›Kunst der Konzerne‹ ankämpfen, würden diese Worte unterschreiben.‹ Die Hellsichtigkeit des sowjetischen Kritikers gründet in seiner tiefen Überzeugung, die sowjetische Kunst des Sozialistischen Realismus habe sich in anderen, der Zeit angemesseneren Formen jenen modernen, lebendigen, weltschaffenden Impuls erhalten, den der Modernismus schon lange verloren hat; der Modernismus habe sich in die Sackgasse des Akademismus begeben und an seinen Erbfeind, den bürgerlichen Käufer, verkauft. Die Freiheit der sowjetischen Kunst steht für Rejngardt höher als die Pseudofreiheit des westlichen Marktes, es ist die Freiheit, für den Staat zu arbeiten, ohne sich nach dem Geschmack des Volkes zu richten, und dabei einen neuen Menschen und folglich ein neues Volk hervorzubringen. Das höchste Ziel der Errichtung des Sozialismus ist so ein ästhetisches, und der Sozialismus begreift sich als die höchste Form des Schönen; formuliert aber wird dieses Ziel in der Kultur der Stalinzeit mit wenigen Ausnahmen ethisch und politisch. Die Kultur der Stalinzeit musste, um ästhetisch wirklich begriffen werden zu können, erst scheitern, Vergangenheit werden.«[973] Auch noch in den 1960er- und 1970er-Jahren stellte man in der UdSSR der »Pseudofreiheit des westlichen Marktes« die Freiheit der sowjetischen Künstler entgegen, unabhängig von Massen- oder Modetrends zur Verwirklichung eines höheren Ideals, »für den Staat zu arbeiten«. Und Schostakowitsch wirkte letzten Endes unter anderem durch Werke wie die 11. und 12. Sinfonie daran mit, das Utopia des Sozialismus bzw. Kommunismus durch seine Musik als das ultimativ Schöne zu etablieren. War es falsch, sich für Utopien zu engagieren?

Gegenüber Flora Litwinowa hatte sich Schostakowitsch auch selbst einmal als »einen Lump, einen Feigling« bezeichnet.[974] Für einen der führenden Vorkämpfer für die Erlösung der Menschheit wirkte Schostakowitsch auf die meisten kaum entspannt und enthusiasmiert. Als der deutsche Russland-Korrespondent Gerd Ruge von Schostakowitsch 1959 in den Räumlichkeiten des Komponistenverbands in einem »unpersönlichen Büroraum« empfangen wurde, beschrieb er ihn als »kleinen, grauhaarigen Mann mit schmalem Gesicht und nervös umherirrenden Augen«. »Während ich ihm Fragen stelle, blickt er mich starr, wie hypnotisiert an«, berichtete Ruge. »Wenn er antwortet, blickt er im Zimmer herum, fährt sich ständig mit zitternden Händen durch das kurze Haar, reibt sich die Augenbrauen, setzt die Brille auf und ab. Er spricht schnell und dennoch oft stockend, so als kontrolliere er sich bei jedem Satz, um ja nichts Falsches zu sagen. Selten ist es mir so schwer geworden, ein Gespräch führen.«[975]

*

Für den Sommer 1965 planten Britten und Pears eine weitere Reise in die UdSSR. Rostropowitsch hatte sie, großzügig wie immer, eingeladen, doch brachte er damit seine Frau in eine Verlegenheit, aus der ihr Schostakowitsch wieder heraushalf. »Während ich mir noch das Gehirn zermarterte und mir vorzustellen versuchte, was ich Ben und Peter vorsetzen könnte, gab mir Schostakowitsch einen wunderbaren Tipp«, erzählte Galina Wischnewskaja. »Kürzlich erst war er in Armenien gewesen, hatte dort im Haus der Komponisten in Dilischan, das hoch in den Bergen liegt, Ferien gemacht, und war von der armenischen Gastfreundschaft überaus angetan. Er schlug uns vor, mit den ausländischen Gästen dorthin zu fahren, und versicherte, die Armenier würden uns gewiss nicht enttäuschen, während wir in Moskau mit dem russischen Essen kaum zurechtkommen würden. In der Tat: Als Slawa im Haus der Komponisten anrief und den Leuten dort mitteilte, man wolle ihnen demnächst die Ehre erweisen, für Benjamin Britten persönlich und auch für uns den Gastgeber zu spielen, war ihre Freude so groß, dass sie diesen Tag um ein Haar zum nationalen Feiertag erklärt hätten. Verständlich – denn Benjamin Britten machte zum ersten Mal Ferien in der Sowjetunion, und nicht etwa in einer Ferienvilla des Kreml oder sonst wo, nein, bei den Armeniern!«[976] Schon als sich die Sowjetunion noch im Aufbau befand, gehörten die Armenier, die als das älteste christliche Volk der Welt gelten, zu einer privilegierten Volksgruppe, deren Elite durch einen Minister armenischer Herkunft wie Anastas Mikojan Sonderrechte zufielen. Künstler aus Armenien wurden bevorzugt gefördert und als ›sowjetisch‹ vereinnahmt. Sie bereicherten die kulturelle Vielfalt des Landes: Besaßen die Orientalismen russischer Komponisten zumeist etwas akademisch Bemühtes, so zeichnete sich beispielsweise Aram Chatschaturjans Musik durch eine einzigartige Ursprünglichkeit aus.

Armenien war landschaftlich und kulturell ein bemerkenswertes Reiseziel. Ein durchgehender, »abgesehen von einer halben Minute mit Wirbeln über der Ostsee« zumeist angenehmer Dreieinhalbstundenflug brachte die Engländer sicher von London zunächst nach Moskau, wie Peter Pears in seinem Tagebuch vermerkte.[977] Die Datscha der Gastgeber erwies sich als geräumiger, als man erwartet hatte: Es gab zwei große Wohnzimmer und eine Küche im Erdgeschoss, drei Schlafzimmer und ein Bad im ersten sowie eine Bar, Musik-, Spiel- und Kinderzimmer im zweiten Stock. Alle waren mit spanischen Möbeln bestückt. Allmählich dämmerte den Briten, wofür Rostropowitsch seine Verdienste von Tourneen investierte, wenn er, so Pears, »ein Kupferdach aus Amsterdam einfliegen ließ oder kistenweise Mobiliar aus Spanien«.[978]

Mit Unmengen von Gepäck machte man sich auf zu einem weiteren Flug, diesmal in einer kleineren viermotorigen Maschine, die nach einem dreieinhalbstündigen Flug in der armenischen Hauptstadt Jerewan landete. Von dort aus ging es über Gebirgsstraßen zu der etwa einhundert Kilometer entfernten Komponistenkolonie in Dilidjan. »Wir bezogen einen Bungalow und Slawa und Galja einen anderen etwa zwanzig Yards den Weg entlang«, berichtete Britten. »Ein Mitglied des armenischen Komponistenverbands kann mit seiner Frau und Familie gegen sehr geringe Kosten etliche Wochen in dieser Kolonie zubringen. Dabei könnte er in einem der freistehenden Bungalows leben wie wir, oder in einem der Wohnblocks mit möblierten Zimmern. In den Bungalows gibt es ein Arbeitszimmer mit Klavier, ein Wohnzimmer, ein Schlafzimmer und ein Bad: einfach, aber ansprechend eingerichtet. Man kann in dem großen Hauptgebäude essen, in dem man auch eine Bibliothek, einen Raum mit Grammophon und Tonbandgeräten sowie Verwaltungsbüros findet.«[979]

Britten und Pears wurden mit Ausflügen und großzügigen Gelagen rundum verwöhnt, die, so Britten, zubereitet wurden »unter ziemlich primitiven Bedingungen im Keller von dem Spitzenkoch bei Intourist, einem sympathischen Burschen namens Hachik, der schon für Chruschtschjow und Nehru gekocht« hat.[980] »Die Liebenswürdigkeit von Slawa ist nicht zu übertrumpfen«, meinte Pears. »Es ist gefährlich, an irgendetwas Interesse zu zeigen: Ich bin ziemlich sicher, dass die hübschen Kaffeetassen, die mir hier gefallen haben – schlicht braun, schön geformt – in meinem Gepäck nach Aldeburgh landen.«[981] Aus westeuropäischen Künstlerzirkeln war man diese Herzlichkeit und Offenheit nicht gewohnt. »Kann sich jemand vorstellen, dass Arthur Bliss, William Walton, Ben und sonst-noch-wer gemeinsam in Windermere Ferien machen und Fischer-Dieskau und Henze einen Monat lang divertieren?«, notierte Peter Pears in seinem Tagebuch mit einer Anspielung auf einen der beliebtesten Orte im Lake District im Nordwesten Englands. »Wohl kaum.«

Die Gäste lernten zahlreiche armenische Komponisten kennen, die ihnen ihre Werke vorstellten. Britten schickte ihnen auf Wunsch nach seiner Rückkehr etliche seiner Partituren, allerdings entwickelte sich zu keinem eine dauerhafte Beziehung. Schostakowitsch blieb der einzige Komponist aus der Sowjetunion, mit dem Britten näheren Kontakt pflegte. Rostropowitsch zog mit Sicherheit über Kabalewskij und Swiridow als staatstreue Komponisten vom Leder, obwohl deren Werke für Kinder und die Vokalmusik sie mit Britten verbanden. Britten wiederum ließ sich nicht näher auf die Vertreter der jungen Generation wie Pärt oder Schnittke ein, die ihn nie persönlich kennenlernten, obwohl ihm Letzterer sein zweites Violinkonzert sandte. Sofija Gubajdulina erlebte den Engländer zwar bei einem Konzert in Moskau, war aber nach eigenem Bekunden viel zu sehr auf Webern und Schönberg konzentriert, als sich davon beeindrucken zu lassen.[982] Schnittke und Chatschaturjan schätzten Brittens Arbeiten aber ganz besonders.

Bei seinem Besuch in Dilidjan war Chatschaturjan, der bedeutendste armenische Komponist, leider nicht zugegen. Er wuchs im armenischen Viertel von Tiflis auf, nachdem er und seine Familie den Massakern durch die Osmanen entgangen waren, die im Ersten Weltkrieg auch die georgische Hauptstadt bedrängt hatten. Dieser Hintergründe waren sich Britten und Pears bewusst. Bei einem Ausflug bewunderte man den Sitz des geistlichen Oberhauptes der Armenischen Apostolischen Kirche in Etschmiadsin (bis 1945 und wieder seit 1992 offiziell Wagharschapat). Wie Pears in seinen Reisenotizen vermerkte, erläuterte der Deutsch sprechende Katholikos den Gästen, dass »die Beziehungen zum Staat gut seien«, und der Sänger vermutete wahrscheinlich zu Recht, die Restaurierung der Marmor- und Goldpracht in den Kirchen und Palästen wäre ohne offizielle finanzielle Unterstützung nicht so opulent ausgefallen. »Wie auch immer es sich mit der Politik verhalten mag, klar ist, dass Armenien in seiner Kultur und dem Stolz auf die Vergangenheit starke Unterstützung erfährt«, schrieb Pears. »In diesem Jahr ist der 50. Jahrestag der entsetzlichen Massaker an den Armeniern im Jahr 1915, als die Türken mit den Deutschen gegen die Russen eindrangen und die Gelegenheit nutzten, mordgierig zwei Millionen Armenier aus der südlichen Hälfte ihres Landes zu vertreiben; und dies bleibt natürlich ein höchst bedeutsamer Tag in ihrer Geschichte, und viel Musik, Malerei und Dichtung widmete sich in diesem Jahr dem Thema.«[983]

Britten lernte auch den Dirigenten Djemal Dalgat kennen, der *Peter Grimes* in Leningrad und Moskau aufgeführt hatte und sich zu einem der engagiertesten Verfechter für das Œuvre des Engländers in der Sowjetunion entwickelte. Britten unterstützte entsprechende Initiativen mit Ratschlägen und Notenmaterial, konnte aber auch mehr als verbiestert reagieren, wenn er fand, ein Künstler arbeite zu schlampig. Peter Pears berichtete, dass der Komponist bei der Generalprobe des Staatlichen Sinfonieorchesters Armeniens für ein Britten-Konzert in der Jerewaner Philharmonie »eine Szene machte und die Aufführung der *Cello-Sinfonie* am Abend *untersagte*«. Der »dumme junge Dirigent aus Moskau hatte seine vier Proben auf die Zwischenspiele aus *Peter Grimes* und den *Young Person's Guide* verwandt und glaubte, die *Cello-Sinfonie* sei lediglich zu begleiten, leicht und unwichtig, was sie aber keineswegs ist«. Da der Übeltäter Jurij Aronowitsch offensichtlich »das Stück nicht kannte und das Orchester es nicht spielen konnte, musste Ben hart bleiben«. Rostropowitsch, der unter der Situation gelitten hatte, war »erleichtert von Bens Entscheidung«.[984] Das Publikum hingegen dürfte hocherfreut gewesen sein, als Pears und Britten höchstpersönlich einsprangen und im zweiten Programmteil Lieder zum Besten gaben.

Der Höhepunkt des Aufenthalts in Armenien bildete die erste Aufführung von Brittens gerade fertiggestelltem Puschkin-Zyklus *The Poet's Echo*, zu dem der Engländer am Abend vor der Weiterreise einlud. »Von den ersten Seiten an konnten wir nur staunen, wie genau er das Denken und Fühlen Puschkins erfasst hatte – und das ohne jede Kenntnis des Russischen!«, freute sich Galina Wischnewskaja. »Britten hatte die Gedichte nicht in der Absicht vertont, die Musik für sich selbst sprechen zu lassen. Es war ihm gelungen, zum Wesen dieser Verse vorzudringen und ihr Innerstes zu erfassen, dem Geheimnis des Puschkin'schen Genies auf die Spur zu kommen. Obwohl Brittens unnachahmliche Merkmale überall zu erkennen sind, ist dies die wahre Substanz seiner Musik.«[985] Nach dem Ende des Privatkonzerts schrieb Britten auf Russisch die Widmung »Für Galja und Slawa« auf das Manuskript.

*

Der Besuch in Moskau sollte ein Wiedersehen mit Schostakowitsch bringen. Zuvor lud aber Rostropowitsch noch zu einem Abstecher nach Michajlowskoje ein, dem einstigen Familienanwesen Puschkins, auf dem der Dichter viele seiner Werke schrieb. »Durchgeschüttelt von der langen Fahrt, aber immerhin noch lebend, kamen wir spät am Abend in Michajlowskoje an, wo uns der Kurator des Museums, ein freundlicher und hochgebildeter Mann namens Semen Gejtschenko, bereits erwartete«, erzählte Galina Wischneskaja. »Er hatte schon am Nachmittag mit unserer Ankunft gerechnet und gehofft, uns das Haus und den Park noch bei Tageslicht zeigen zu können, denn wegen der Brandgefahr gab es keine Elektrizität im Haus. Bei Dunkelwerden schloss man es gewöhnlich ab. Jetzt aber machte der Hausherr den seltenen Gästen zuliebe eine Ausnahme und öffnete uns die Pforten. Augenblicklich befanden wir uns in einer anderen Welt.« Man ging, »Kerzen in der Hand und zitternd vor Erregung«, von Zimmer zu Zimmer. »Draußen schlug eine Uhr, zeigte mit schepperndem Klang die Stunde an«, schilderte Wischnewskaja. »›Wie seltsam das klingt! Als schlüge man auf eine Blechbüchse!‹

›Es ist eine alte Uhr‹, erklärte uns Gejtschenko flüsternd und führte uns nach draußen. ›Seit Puschkins Tagen hängt sie hier im Hofeingang. Ich bin jetzt zwanzig Jahre hier und habe sie noch nie reparieren müssen. Nun klingt sie allmählich etwas blechern.‹

Wir kamen ins Nebenhaus, das früher einmal das Dienstgebäude des Verwalters gewesen sein mochte und heute Wohnhaus unseres Gastgebers war. In einem kleinen Wohnzimmer machten wir es uns bequem, Ben setzte sich ans Klavier und spielte den Liederzyklus, den Peter neben ihm stehend sang. Es war fast dunkel im Zimmer, nur zwei Kerzen brannten. Jetzt kamen sie zum letzten Lied ›Verse, in einer schlaflosen Nacht geschrieben‹:

›Schlaflos lieg' ich stundenlang,
bin gequält von bangen Träumen,
und gefühllos, ohne Säumen
tickt die Uhr im Pendelgang.‹

In diesem Augenblick – Ben hatte eben mit dem Vorspiel begonnen, mit dem er an das Ticken einer Uhr erinnert – schlug Puschkins Uhr Mitternacht und ließ ihre zwölf Schläge in genauester Übereinstimmung mit Bens Vorspiel ertönen. Alles erstarrte. Ich hörte zu atmen auf und fühlte, wie ich eine Gänsehaut bekam – Puschkins Bildnis sah Ben genau in die Augen … Auch Ben war bleich und sichtlich erschüttert, spielte aber weiter … *Des Dichters Echo* … Wir wagten nicht zu sprechen und gingen schweigend in unsere Zimmer.«[986]

Am nächsten Tag trug Britten abends Dmitrij Dmitriewitsch den Zyklus vor. »Sobald Schostakowitsch hörte, dass Ben Puschkin vertont hatte, war er ganz versessen darauf, die Lieder zu hören, und seine nette, junge Frau musste ihn zurückhalten, bis wir gegessen hatten«, erinnerte sich Pears. »Er selbst hatte gerade einige satirische Scherze aus dem Magazin *Krokodil* vertont, was ihn nicht davon abhielt, Bens Lieder zu bewundern: Er war wie immer körperlich angespannt, aber persönlich äußerst gastfreundlich und entgegenkommend; ganz offensichtlich hat er Ben wirklich gern und war froh, ihn zu sehen. Wir sahen aber zu, dass es nicht so schrecklich spät wurde, da wir alle müde von der zehnstündigen Fahrt waren, aber wir wurden mit Nachdruck zum Frühstück eingeladen, und es schien eine kurze Nacht gewesen zu sein, denn um 9 Uhr morgens saßen wir wieder am gleichen Tisch, der mit viel von dem gleichen Essen gedeckt war. Ben und ich hielten Hühnereintopf durchaus für passend, dem Kognak bzw. Wodka vorangingen, ein wichtiges Präludium, glaube ich. Schostakowitsch erzählte uns begeistert, dass seine 13. Sinfonie (diejenige, in der sich Jewtuschenko an ›Babij Jar‹ ausprobiert hat und die schlecht aufgeführt und angenommen wurde) im Oktober wieder gespielt werden soll, und wir redeten gebrochen in verschiedenen Sprachen über Armenien, Komponisten, Musik und Interpreten. Schostakowitsch ist ganz versessen auf Fußball und will 1966 zur Weltmeisterschaft nach England kommen. Er will 1967 auch nach Aldeburgh kommen: Wir hoffen, er wird. Unsere Gastgeber verabschiedeten uns herzlich und dann rasten wir im Mercedes nach Moskau.«[987] Für Galina Wischnewskaja war »dieses kurze, für uns alle unvergessliche Ereignis« schließlich der eigentliche »Beginn der Freundschaft zwischen Ben und Dmitrij Dmitriewitsch, die später dadurch gekrönt wurde, dass einer dem andern eines seiner Werke widmete«.[988]

*

Am 11. Juni 1965 traf bei Britten ein von Schostakowitsch unterzeichnetes Schreiben mit dem Briefkopf des Organisationskomitees vom 3. Internationalen Tschajkowskij-Wettbewerb ein:

»Sehr geschätzter Herr Britten,
im Juni 1966 wird der dritte, nach Tschajkowskij benannte Internationale Wettbewerb stattfinden, zu dem auch die Kategorien Klavier, Geige, Cello und Gesang gehören.

Da wir Sie als einen herausragenden Komponisten kennen, würden wir uns sehr freuen, wenn Sie als Preisrichter im Gremium für den Bereich Cello tätig werden.

Wir hoffen, dass Sie ungeachtet Ihrer umfangreichen kreativen Tätigkeiten unsere Einladung annehmen und Ende Mai bis Anfang Juni 1966 nach Moskau kommen.

Wir glauben, dass unsere Zusammenarbeit ergiebig sein wird.

Alle Auslagen für Ihren Aufenthalt in Moskau (Hotel, Verpflegung, angemessene Bezahlung für Ihre Arbeit im Gremium) und auch die Reisekosten nach und von Moskau werden vom Organisationskomitee des 3. Internationalen Tschajkowskij-Wettbewerbs übernommen.

Wir werden unser Bestes tun, um Ihren Aufenthalt in Moskau interessant und angenehm zu gestalten.

In Erwartung Ihrer Antwort,
Mit besten Grüßen
D Schostakowitsch.«[989]

Britten konnte sich wieder nicht in der Jury des Tschajkowskij-Wettbewerbs beteiligen. Dabei versäumte er, wie diesmal vor allem sowjetische Künstler, insbesondere Pianisten, glänzten, nachdem bei den vorangegangen Wettbewerben Musiker aus dem Westen Auszeichnungen eingeheimst hatten.

Separat erhielt Britten noch einen nur neun Tage später verfassten, privaten Brief, in dem Schostakowitsch mit »Lieber Benjamin«, wie im Russischen üblich, erstmals den Vornamen verwendete, aber die Sie-Anrede beibehielt, und zugleich darauf hinwies: »Ich nutze wieder die Dienste von Slawa Rostropowitsch und schicke Ihnen die Noten zu meinen Streichquartetten Nr. 9 & 10«. Zudem betonte der Russe:

»Derzeit ist die Komische Oper aus Berlin zu einem Gastspiel in Moskau. Ich werde ihren *Sommernachtstraum* sehen und hören. Ich habe diese schöne Musik bereits vor Ort in Berlin erlebt, jetzt werde ich sie in Moskau wieder hören. Ich reiche Ihnen fest die Hand und sende Ihnen meine besten Wünsche. D. Schostakowitsch.«[990]

Die meisten von Brittens nächsten Besuchen in der Sowjetunion sollten eher privater Natur sein. Dies war durchaus im Sinne der Regierenden. Als Jekaterina Furzewa 1965 London besuchte, wurden in einem Memorandum der neuen Labour-Regierung, die ab Oktober 1964 für die nächsten sechs Jahre im Amt war, die Mitarbeiter des Außenministeriums darauf hingewiesen, dass es »neben den im Rahmen des Kulturabkommens vereinbarten Veranstaltungen begrüßt wird, wenn sich zunehmend privat organisierte Reisen und enge persönliche Beziehungen ergeben, die sich zwischen den führenden Vertretern des Musiklebens in unseren beiden Ländern bereits etabliert haben«. Man hoffte, dass dies »eine Normalisierung der kulturellen Beziehungen darstellt«.[991] An den Künstlern sollte es nicht liegen, wenn die guten Verbindungen in Gefahr gerieten.

*

Bei einem Kuraufenthalt in Jalta vollendete Schostakowitsch Ende April 1966 sein zweites Cellokonzert. »Da es in diesem Werk weder einen literarischen Text noch ein Programm gibt, fällt es mir schwer, irgendetwas zu diesem Opus zu schreiben«, teilte er Glikman mit. »Dem Umfang nach ist es lang. Es hat drei Sätze. Der zweite und dritte Satz laufen ohne Unterbrechung. Im zweiten Satz und auf dem Höhepunkt des dritten gibt es ein Thema, das dem Odessaer Lied ›Kauft Kringel‹ sehr ähnlich ist! Ich bin überhaupt nicht imstande zu erklären, wie das geschehen ist. Aber es ist sehr ähnlich. Als ich es komponierte, dachte ich natürlich an den erstaunlichen M. Rostropowitsch. Ich rechne auf sein Spiel.«[992] Darauf konnte sich der Komponist verlassen. Der Cellist war besonders stolz darauf, dass eine Anregung, die er bei den Besprechungen vorschlug, sich schließlich in der Kadenz wiederfand.[993] Das Konzert wurde erst im September im Rahmen der Veranstaltungen zum 60. Geburtstag des Doyen der sowjetischen Musik uraufgeführt, als im Großen Saal des Moskauer Konservatoriums das Staatliche Sinfonieorchester der UdSSR unter der Leitung von Maksim Schostakowitsch die 1. Sinfonie spielte und anschließend Jewgenij Swetlanow mit Rostropowitsch das neue Cellokonzert interpretierte.

Bis dahin war der Komponist monatelang nicht mehr in der Öffentlichkeit aufgetreten. Eine für Ende Mai in Leningrad geplante Veranstaltung, bei der neben anderen Werken erstmals das gut viertelstündige

11. Streichquartett vorgestellt werden sollte, hatte ihn in große Erregung versetzt. Schostakowitsch wollte selbst einige neue Lieder begleiten. »Mich beunruhigt das Konzert deshalb, weil meine rechte Hand sehr schwach ist, und ich befürchte, dass sie erst recht auf der Bühne vor Aufregung ganz und gar versagt, und dann gibt es eine große Konfusion«, schrieb er Wochen zuvor an Glikman. Seinen Humor hatte er trotzdem nicht verloren. »Der Blutdruck ist nach oben geschnellt, die Herztätigkeit hat sich vermindert: Ich bin bereits Invalide 7. Grades; sicher bin ich bald Invalide 1. Grades de luxe«, kommentierte er einen Schwächeanfall. »Nichtsdestoweniger verliere ich nicht den Mut.« Neben »Fünf Humoresken« nach Texten aus dem Magazin *Krokodil* kündigte er dem Freund unter anderem »Fünf Satiren« nach Worten von Sascha Tschornij sowie ein ganz spezielles ›Meisterwerk‹ an: »Ich habe ein *Vorwort zur Gesamtausgabe meiner Kompositionen und kurze Reflexion aus Anlass dieses Vorworts* komponiert. Text und Musik sind von mir. Text dieses Opus s[iehe] Rückseite:

Ich beschmiere in einem Schwung ein Blatt.
Ich lausche geübten Ohres, wie's pfeift.
Dann quäl' ich der ganzen Welt Ohren.
Dann wird es gedruckt und in Lethe ich plumps!

Ein solches Vorwort ließe sich nicht nur zur Gesamtausgabe meiner Kompositionen schreiben, sondern auch zu den Gesamtausgaben vieler, sehr vieler Komponisten, sowohl sowjetischer als auch ausländischer. Und hier die Unterschrift: Dmitrij Schostakowitsch. Volkskünstler der UdSSR. Und noch sehr viele andere Ehrentitel. Erster Sekretär des Komponistenverbandes der RSFSR, überhaupt Sekretär des Komponistenverbandes der UdSSR sowie sehr viele andere höchst verantwortungsvolle Funktionen und Aufgaben.

Mit der Bekanntgabe des Textes meines neuen Werkes beschließe ich meinen Brief.«[994]

Bei dem Konzert sollte Schostakowitsch zum letzten Mal öffentlich als Pianist auftreten. Nur mit Mühe konnte er bei den Proben seine rechte Hand unter Kontrolle bekommen, was ihn so nervös machte, dass er bei einem Lied mit Galina Wischnewskaja immer wieder die gleichen falschen Töne spielte, ohne es zu bemerken. Am Tag des Konzerts war es heiß und schwül in Leningrad, trotzdem trat man vor einem voll besetzten Saal auf. Die Aufführungen liefen ungeachtet seiner Sorgen unerwartet gut; das 11. Streichquartett musste vom Beethoven-Quartett sogar wiederholt werden. Anschließend geleitete eine Gruppe von Anhängern Schostakowitsch zu seinem Hotel. Gegen Mitternacht rief man einen Krankenwagen, weil der Komponist über

Unwohlsein klagte. Im Swerdlow-Krankenhaus, das in erster Linie privilegierte Patienten versorgte, diagnostizierte man einen Herzinfarkt.

Schostakowitsch sah sich gezwungen, kürzer zu treten. Ungern verzichtete er auf Opern- und Konzertbesuche, da aus Anlass seines runden Geburtstags viele Veranstaltungen seinen Werken gewidmet waren, darunter die Wiederaufnahme der 13. Sinfonie. Am meisten dürfte Schostakowitsch jedoch verdrossen haben, dass er nicht wie geplant im Juli zur Fußball-Weltmeisterschaft nach England fahren konnte. So versäumte er es, im Heimatland des nicht fußballaffinen Benjamin Britten zu erleben, wie die russische Mannschaft zum bisher einzigen Mal unter die letzten Vier kam und das Spiel um den dritten Platz gegen Portugal mit 1:2 verlor.

Einige Monate später hatte er sich so weit erholt, dass er am 20. August 1966 mit der Hand einen Brief an seinen Freund schreiben konnte:

»Lieber Benjamin!
Es geht mir schon fast etwas besser. Jetzt möchte ich Ihnen, wenn auch sehr verspätet, herzlich für Ihr Telegramm und Ihre freundlichen Wünsche danken.

Es gibt nichts Besseres im Leben als die freundliche Anteilnahme seiner Freunde und Verwandten sowie jener Menschen, die man liebt und für die man die tiefste Zuneigung hegt.

Abgesehen davon, liebe ich Ihre Musik außerordentlich und wünsche, dass Sie stets gesund bleiben und viele schöne Werke schaffen.

Ich habe das Krankenhaus schon verlassen. Ich wurde bereits in eine Kuranstalt auf dem Lande außerhalb von Leningrad überwiesen, wo ich wieder zu Kräften komme. Ich werde dort bis Ende August bleiben. Dann werde ich einige Wochen in einer Datscha in der Nähe von Leningrad verbringen und anschließend wieder zurück nach Hause nach Moskau reisen.
Ich reiche Ihnen herzlich die Hand.
Ihr DSch.«[995]

*

Anlässlich eines ihm äußerst wichtigen Termins schickte Benjamin Britten am 25. September 1966 ein Telegramm nach Moskau: »Herzliche und bewundernde Grüße für meinen großen Kollegen und Freund DS zu seinem 60. Geburtstag. Mögen ihm noch viele weitere Jahre von inspiriertem, kreativem Schaffen beschieden sein, um der Welt noch mehr von seiner grandiosen Musik zu schenken.
BB.«[996]

Für eine Essaysammlung, die der Moskauer Verlag Sowjetskij Kompositor herausbrachte, verfasste der Engländer auf Anfrage des sowjetischen Komponistenverbands einen Artikel über seine Verbindung zu Schostakowitsch. Darin erzählte er einleitend, wie er als junger Mann mit der Musik des Russen in den 1930er-Jahren in Berührung kam. »Nach meinen Erfahrungen gelingt es bei einer konzertanten Opernaufführung nicht häufig, die dramatischen Effekte zu vermitteln«, schrieb Britten. »Aber diese hier von *Lady Macbeth von Mzensk* (wie das Stück damals hieß) war umwerfend.« Der Engländer bekannte, er sei wütend gewesen, dass »die Intelligenzia im Parkett lachte und (wie ich dachte) spottete«, denn er war »hingerissen« und fand die Musik seinerzeit »neuartig und persönlich«. Besonders habe ihm an Schostakowitsch gefallen, dass »die Kritiker diese Musik nicht in irgendeine Schule eingliedern konnten; nicht in die des damals übermächtigen Sibelius, auch nicht zu Hindemith oder Schönberg (für den sich die Jugend halbherzig erwärmte) oder Strawinskij (berühmt für seine frühen Meisterwerke, aber missbilligt für alles nach 1920). Eigentlich ließ sich das Werk überhaupt nicht klassifizieren und dies ist, wie wir wissen, immer verstörend.«

Bis zu diesem Zeitpunkt hatte sich Britten in westlichen Medien noch nicht so ausführlich und herzlich über seinen Kollegen geäußert wie in dieser russischen Publikation: Seit dieser Aufführung »ist die enge Verbindung nie abgerissen und der Glaube an dieses wunderbare Talent ist gleichgeblieben. Welch eine Freude war es dann, dass ich Dmitrij viele Jahre später begegnet bin« und »dass ich den Menschen ebenso liebenswert, charakteristisch, großartig und zeitgemäß fand wie seine Musik«: »Wie aufregend war es zu erfahren, dass dieser große Mann eingestand, dass ihm meine eigenen Werke Vergnügen bereiten – die sich von den seinen so stark unterscheiden, von denen aber viele im gleichen Zeitraum entstanden sind als Kinder ähnlicher Väter, die vielfach die gleichen Ziele verfolgen. Ich habe in den vergangenen Tagen die Partituren von zwei seiner besten Sinfonien studiert, der Vierten und der Fünften. Ich bin verblüfft, dass sie beide vom gleichen Menschen geschrieben wurden – die an Ideen so reiche Vierte mit ihrem ungestümen Überschwang, der zuweilen äußerst wild ausfällt, doch musikalisch immer genug Herz hat, um sich zu behaupten ohne jedwede hohle oder unnötige Geste; und die Fünfte, die so kontrolliert, so klassisch, ja geradezu akkurat ist, ungeachtet all ihrer Energie. Das musikalische Herz verbindet diese beiden Werke miteinander. Doch so sehr ich die Sinfonien und die Oper bewundere, zu mir spricht Schostakowitsch am deutlichsten und persönlichsten in seiner Kammermusik. Im Leben jedes Künstlers gibt es eine Zeit, in der er seine innigsten Gedanken einigen wenigen Freunden vermitteln will – und ich meine nicht seine wirklichen Freunde, sondern Menschen, die er nicht kennt, deren Seelen aber mit der seinen mitempfinden können (Menschen aus aller Welt, ganz unabhängig von ethnischer Zugehörigkeit oder Hautfarbe). Und für diese bedarf es keiner Chor- oder Orchestermassen und keiner großen Säle oder Theater, sondern kleiner Gruppierungen von Interpreten und kleinen Sälen, manchmal nur eines privaten Zimmers.« Britten hob vor allem das 6., 9. und 10. Streichquartett hervor sowie »the Tragic Piano Trio« – Werke, die er in eine Reihe mit der Kammermusik Bachs, Haydns, Mozarts, Beethovens, Schuberts, Tschajkowskijs, Bartóks und Debussys stellt. »I salute him on his 60th birthday, Dimitry Shostakowitch, great composer, great man, and I am proud to say, great friend.«[997]

So aufrichtig diese offiziellen Würdigungen auch sein mochten, Britten war es immer wieder wichtig, dem Freund persönlich seine Eindrücke von dessen Kompositionen zu schildern. »Ich denke die ganze Zeit an Ihr schönes Konzert, das bei mir den tiefsten Eindruck hinterlassen hat«, hieß es im Oktober 1966 in einem Telegramm, in dem Britten auf Schostakowitschs zweites Cellokonzert Bezug nahm. »Es ist eines Ihrer tiefgründigsten Werke. Meine Liebe und Glückwünsche. Ben Britten.«[998]

Vielleicht freute sich der Engländer auch insgeheim, dass nicht nur Rostropowitsch als Interpret, sondern auch seine eigene, zwei Jahre zuvor in Moskau uraufgeführte *Cello Symphony* Schostakowitsch noch einmal den Impuls gegeben haben könnte, bei seinen Solokonzerten auch jene für Cello zu einem Paar zu erweitern. Gerade die Musik für Cello bestätigte Brittens Einschätzung, dass sich ihre Werke »sehr unterscheiden«, sie aber doch »Kinder von ähnlichen Vätern« sind. Indes wäre es Schostakowitsch nie in den Sinn gekommen, für einen einzelnen Solisten Cellosuiten zu schreiben. Für drei Solosuiten musste sich Rostropowitsch an Benjamin Britten wenden, dem Bach näherstand als seinem russischen Kollegen. Abgesehen vom Klavier war für Schostakowitsch das Musizieren eine Sache von Kollektiven, selbst wenn es nur aus zwei Leuten bestand. Britten musste nach seinem Telegramm nicht lange auf die Rückmeldung aus Moskau warten. Am 15. Oktober 1966 hieß es in einem handgeschriebenen Brief:

»Lieber Benjamin,
danke für Ihr Telegramm, über das ich mich sehr gefreut habe. Ihre Wertschätzung meines neuen Opus' bedeutet mir sehr viel. Ich liebe Ihre Musik und spüre Ihre tiefe Musikalität und Ihre erlesene musikalische Kultiviertheit. Aus diesem Grund erfreut mich Ihre Anerkennung meiner eigenen Musik.

Slawa Rostropowitsch ist zurück in Moskau. Er hat mir von Ihnen erzählt und mit wieviel Sorgfalt Sie sich meines Konzerts angenommen haben. Ich war hocherfreut, von Slawa zu hören, dass Sie erwägen, uns an Silvester zu sehen. Wie schön wäre das. Ich habe meinen Herzinfarkt überstanden und fühle mich gut. Jedoch kann ich schlecht laufen. Auf ebenen Böden geht es, aber auf Treppen fällt es mir schwer. Die Ärzte sagen, dass dies vorübergeht.

Ich sende Ihnen meine besten Wünsche,

Ihr DSch.

P. S. Ich schreibe Ihnen auf Russisch. Ich hoffe, dies wird eine gute Übung für Sie sein, Russisch zu lesen. DSch.«[999]

Diese Übung konnte Britten gebrauchen, denn wenige Woche später kam es zu einem Wiedersehen in Moskau. Der Engländer bedauerte, dass sein *Sommernachtstraum* gerade nicht am Bolschoj-Theater lief, da er im vorangegangenen Herbst nicht zur Premiere reisen konnte, weil es ihm »sehr enttäuschte Ärzte verboten« hatten, wie er Furzewa wissen ließ.[1000] Diesmal lernte er immerhin mit Jelena Obraszowa jene Sängerin persönlich kennen, die in der russischen Fassung die Rolle des Oberon sang, weil kein Countertenor zur Verfügung stand. »Die Produktion war sehr solide«, erinnerte sich Galina Wischnewskaja, »aber als Ben sah, dass eine Frau die Rolle des Oberon spielte, war er überrascht. Wir konnten einfach keine geeignete männliche Altstimme auftreiben. Ich glaube nicht, dass Ben das besonders gefallen hat. Aber als höflicher Engländer, hat er nicht offen seine Meinung geäußert.«[1001] Benjamin Britten zeigte erheblich mehr Einfühlungsvermögen als William Glock, der gut zwanzig Jahre zuvor als Erster in einem Artikel umfangreiche Vergleiche zwischen Britten und Schostakowitsch angestellt hatte. Glock bereiste die Sowjetunion mit dem Ziel, Musiker zu finden, die Stockhausen und Nono schätzten und selbst seriell komponierten. Britten hingegen »war sehr sensibel, achtete darauf, nicht einfach benutzt zu werden und war vorsichtig bei allen öffentlichen Äußerungen«, berichtete der Diplomat Alan Brooke Turner. »Ich erinnere mich daran, dass eine Frau in einem Interview fragte: ›Glauben Sie, dass Musik für die Massen geschrieben werden sollte oder nur für eine Elite?‹ Brittens diplomatische Antwort zeigte: Wäre er ein in der UdSSR lebender Komponist gewesen, hätte er genauso wie Schostakowitsch mit dieser Art von Fragen umgehen können.«[1002]

Für das russische Weihnachtsfest, das nach dem julianischen Kalender der orthodoxen Kirche erst im Januar gregorianischer Zeitrechnung stattfindet, war Britten Ende Dezember zwar zu früh im Lande, doch man verbrachte anregende Tage bei Rostropowitsch, seiner Familie und Freunden. »Dmitrij und Irina Schostakowitsch waren auch dabei, pünktlich wie immer«, berichtete Peter Pears, »und wir tauschten Geschenke aus, die wir von Aldeburgh mitgebracht hatten (eine viktorianische Korallennadel für Galja, schwedisches Glas und eine weiß-goldene Porzellanputte, die Cello spielt (in Woodbridge entdeckt) für Slawa, Bernstein-Anhänger für die Mädchen. Ich habe eine typisch russische Lackschatulle bekommen und Ben ein großes Büffelhorn aus Georgia.« Bei den Gesprächen zeigte sich »S. in guter Verfassung, redselig, nervös, Irina sanft und ruhig, ein wunderbarer Kontrast zu ihm«. Man konnte bei diesem Treffen auch erleben, dass unvermittelte Stimmungsumschwünge nicht nur charakteristisch waren für Schostakowitschs Musik, sondern auch für seine Persönlichkeit. »Stand beim Weihnachten in Aldeburgh '65 noch Slawa im Mittelpunkt, so triumphierte diesmal in Moskau Dmitrij«, vermerkte Pears in seinem Tagebuch. »Wir hatten alle viel Spaß, es war ein großer Erfolg, es wurde viel gelacht und jedes Nichteinhalten eines ›Thank you ver' much‹ niedergemacht und bestraft. Es wurde über Strawinskij geredet und den dummschwätzenden Mist, den Nabokov über Dmitrij verfasst hat, usw. Ben erzählte davon, dass er neulich von Strawinskij als einem riesigen Buckligen geträumt habe, der mit zitterndem Finger auf eine Stelle aus der *Cello-Sinfonie* gedeutet habe: ›Wie konnten Sie es wagen, diesen Takt zu schreiben?‹ Dmitrij stieg rasch aus und wurde deprimiert.«[1003] Möglicherweise entwickelte er deswegen teilweise neue Gewohnheiten. »Ich bemühe mich, auf der Datscha zu wohnen, wo es erstaunlich schön ist«, hatte er erst wenige Wochen zuvor, Anfang Dezember 1966, Glikman anvertraut. »In der letzten Zeit bemerke ich an mir einen Zug, den ich von J. A. Mrawinskij kenne: ich fange an, die Natur zu mögen.«[1004]

Für seine Musik benötigte Schostakowitsch allerdings ganz andere Inspirationsquellen. »Gestern haben mich Peter Pears und Benjamin Britten mit ihrem Konzert im Großen Saal [des Konservatoriums] sehr erfreut«, teilte er Glikman mit. »Sie führten die *Dichterliebe* von Schumann und *Sieben Sonette von Michelangelo* von Britten auf. Seine Bearbeitung englischer und französischer Lieder. Ich hatte große Freude an ihrem Konzert.«[1005] In seinen Reisetagebüchern schwärmte Peter Pears von dem »himmlischen Publikum, mucksmäuschenstill und unglaublich herzlich und enthusiastisch«.[1006] Höchstwahrscheinlich regte dieser Abend Schostakowitsch an, sich näher mit der Lyrik Michelangelos auseinanderzusetzen. Acht Jahre später sollte er seinen eigenen Liederzyklus vorstellen, wobei er allerdings keine Originaltexte, sondern die Übersetzungen von Awram Efros verwendete. Dieser wies in einem Nachwort zu seiner Edition auch auf Michelangelos Homosexualität hin, indem er diskret anmerkte, »Michelangelo habe über die Art von Liebe gesprochen, von der man bei Platon liest«.[1007] »Die Übersetzungen von A. M. Efros sind nicht immer geglückt«, meinte Schostakowitsch zu Glikman. »Allerdings leuchtet selbst durch die mittelmäßigsten

Übersetzungen noch das große Schaffen Michelangelos durch.« Wichtiger schien Schostakowitsch »das Wesentliche an diesen Sonetten« zu sein: »Weisheit, Liebe, Schaffen, Tod, Unsterblichkeit.«[1008]

*

Die 1960er-Jahre brachten die Erfüllung eines von beiden Komponisten lang gehegten Wunsches: Die Verschmelzung von Film und Oper. Schon zuvor hatte man sich in diesem Bereich ausprobiert, bei Auszügen aus *Peter Grimes* für die BBC sowie dem russischen Operntrickfilm *Das Märchen vom Popen und seinem Knecht Balda* und einer Kinoversion von *Chowanschtschina*. Erst ausgefeiltere Techniken der 1960er-Jahre ermöglichten aber befriedigendere Ergebnisse. 1966 brachte Lenfilm eine auf knapp zwei Stunden gekürzte Fassung der Oper *Katerina Ismajlowa* heraus, wie schon in den 1930er-Jahren die Moskauer Version von Schostakowitschs Oper *Lady Macbeth von Mzensk* hieß. Im gleichen Jahr beauftragte die BBC Britten damit, eine Oper für das Fernsehen zu schreiben, obwohl er gar keinen Apparat besaß. Aber immerhin war es bereits gelungen, *Albert Herring* in einer Fernsehfassung umzusetzen, die 1962 auch für deutsche Sender in der Regie von Joachim Hess übernommen wurde. Als die Amerikaner ihr Engagement im Vietnamkrieg verstärkt hatten und auf dem Campus der Kent State University in Ohio Studenten bei Protestaktionen erschossen worden waren, widmete sich Britten erneut einer früheren Projektidee: Er griff mit der 1892 von Henry James verfassten Erzählung *Owen Wingrave* einen Stoff wieder auf, mit dem er vor einer breiten Öffentlichkeit seinen Vorstellungen von Pazifismus und Friedfertigkeit Ausdruck verleihen wollte.

Beide Künstler leisteten Pionierarbeit auf einem Gebiet, bei dem bisherige Versuche höchstens Vehikel für Filmstars waren: So musste beispielsweise 1953 bei einer *Aida*-Adaptation in Italien Renata Tebaldi ihre Stimme Sophia Loren leihen. Eine große Interpretin wie Maria Callas trat erst nach Beendigung ihrer Gesangskarriere in Pasolinis *Medea*-Spielfilm als Mimin auf. Schostakowitsch bestand allerdings darauf, dass Galina Wischnewskaja in seiner Oper die Hauptrolle übernehmen sollte. Ihre Bühnenpräsenz übertrug sich auch auf die große Leinwand: Wischnewskaja war mit Ende dreißig in Bestform. Während alle anderen Sänger in *Katerina Ismajlowa* von Schauspielern gedoubelt wurden, bestach die Russin durch vokale Ausdruckskraft und eine fulminante Präsenz. Ihr dezentes, aber eindringliches Spiel ließ das oft steife Agieren und konventionelle Gestikulieren der Darsteller in *Owen Wingrave* unbeholfen wirken. Die BBC schöpfte die Möglichkeiten des Mediums nicht aus und filmte zumeist starr eine konventionelle, in eine Studiodekoration verlegte Opernaufführung ab. Wahrscheinlich waren ihr bei vorangegangenen Versuchen, die ›Fernsehoper‹ zu etablieren – wie etwa mit Strawinskij 1962 beim Sender CBS mit *The Flood* oder Bliss 1960 bei der BBC mit *Tobias and the Angel* –, die Komponisten zu sehr darauf bedacht, Effekte zu nutzen, die mit der damaligen Bühnentechnik undenkbar waren. Deswegen verfügte man einen Erlass, nur noch realistische Handlungen, »zeitgenössische Stoffe und moderne Kleidung« zuzulassen.[1009] Hingegen nutzte der Regisseur Michail Schapiro für Schostakowitschs Oper virtuos den Dekorationsfundus sowie Überblendungstechniken bei Katerinas Reminiszenzen, verschwimmende Bilder bei der Wahrnehmung des vergifteten Boris, die Monumentalität der Leinwand bei den Breitwandszenen aus der Verbannung in die Steppe sowie einfühlsame Licht- und Farbgebungen bei Außeneinstellungen und Innenaufnahmen. Auch John Culshaws *Owen Wingrave*-Realisierung war ein Farbfilm, allerdings verzichtete man, wahrscheinlich aus Kostengründen, auf Außenaufnahmen. Das Herrenhaus der Wingraves wirkte wie die Plastikkulisse aus der Landschaft einer Modelleisenbahn – deren Entwicklung im 19. Jahrhundert immerhin den Engländern anzurechnen ist. Die Vor- und Zwischenspiele des Orchesters illustrieren Bilder aus der Ahnengalerie (was gleich zu Beginn an Sullivans komische Oper *Ruddigore* erinnert haben dürfte), dann flatternde Kriegsbanner oder auch die ›Atmosphäre‹ eines Dekorationsteils, das ein Stück der Außenfassade des Herrenhauses darstellt, damit jemand durch eine Tür eintreten kann (hier ist Snouts »Ich bin die Wand …« aus *The Midsummer Night's Dream* nicht weit).

In düsterer Szenerie in zumeist geschlossenen Räumen erzählt Brittens zweite Henry-James-Vertonung vom Spross einer Militaristenfamilie, der entgegen der Tradition nicht Soldat werden will. Die Familie versucht vergeblich, ihn ›zur Vernunft‹ zu bringen. Als selbst seine Freundin ihn einen Feigling nennt, übernachtet Owen, um seinen Mut unter Beweis zu stellen, in dem verwunschenen Zimmer des Herrenhauses, in dem vor langer Zeit ein Vater der Familie Wingrave seinen Sohn erschlagen haben soll. Am nächsten Morgen wird Owen Wingrave tot aufgefunden.

Der spezifischen Probleme von Oper im Fernsehen war sich Britten durchaus bewusst. »Man muss die Zuschauer überzeugen, die Sache ernst zu nehmen«, sagte er. »Andererseits kann man nicht wirklich Rücksicht nehmen auf diejenigen, die sich langweilen, später zuschalten oder durch einen Telefonanruf abgelenkt werden. Man kann die Handlung nicht wiederholen, wie etwa den Spielstand beim Kricket. Zudem gibt es das weitreichende Problem, wie man es schafft, dass Sänger auf dem Bildschirm einigermaßen glaubwürdig wirken.«[1010] Dem Komponisten standen mit Benjamin Luxon und Janet Baker exzellente Interpreten zur Verfügung, die Britten geradezu für eine Idealbesetzung hielt. Dennoch blieben zu viele Möglichkeiten ungenutzt. Filmgerecht war vor allem die Umsetzung der Erinnerungen an die Ermordung des jugendlichen Vorfahren in Schwarz-Weiß und Zeitlupe. Bei den dominierenden Innenaufnahmen stellte sich jedoch keine klaustrophobische Atmosphäre ein. Britten hatte falsch eingeschätzt, dass trotz aller guten Absichten, die sich mit der Geschichte verbanden, ein Wohnzimmerdrama höchstens als verfilmtes Schauspiel überzeugen kann, wie etwa 1966 die Umsetzung von Edward Albees Drama *Wer hat Angst vor Virginia Woolf?*. Eine Oper im Film benötigt lebendige Spielszenen, wie sie etwa Stoffe à la *Billy Budd* oder *The Midsummer Night's Dream* boten. *Owen Wingrave* hätte als Fernsehfilm funktionieren können, doch bei dieser Umsetzung irritierte es eher, dass die Personen auf der Leinwand sich singend unterhielten.

Die Produktion brachte mit 18 Monaten Vorbereitung und neun Tagen Filmaufnahmen in Snape Maltings im November 1970 viele Unannehmlichkeiten mit sich. Britten stritt sich mit den BBC-Verantwortlichen um die Neuaufnahmen einiger Szenen, die letztendlich dann doch gewährt wurden. Aber die Sänger fühlten sich vor allen Dingen bei Nahaufnahmen unbehaglich, weil sie meinten, sie seien für ihre Rollen eigentlich nicht mehr jung genug. Mit all den Querelen und dem intensiven Arbeiten an den Aufnahmen ging dem Komponisten viel Zeit bei den Vorbereitungen für das Festival in Aldeburgh verloren. Das Werk traf in einer Zeit, in der Joan Baez und Bob Dylan gleiche Anliegen mit einer der breiten Masse vertrauteren musikalischen Sprache zum Ausdruck brachten, auf gewisse Vorbehalte. Die Fernsehoper, die auch in den USA und von zwölf europäischen Sendeanstalten von Island über Norwegen bis Jugoslawien übertragen wurde, erzielte gewaltige Publizität als »eines der wichtigsten künstlerischen Ereignisse in der Geschichte dieses Mediums«, wie man im *Daily Telegraph* meinte. Auch wenn die neue Oper von der *Sunday Times* als »ausgesprochen erfolgreich« eingestuft wurde, sei sie »kein Meisterwerk wie etwa *The Turn of the Screw*«. Der Rezensent des *Daily Telegraph* dozierte, das Stück sei »in erster Linie zu sehr Oper und erst in zweiter Linie etwas für Fernsehen«.[1011]

Britten war sich selbst thematisch und stilistisch treu geblieben. »*Owen Wingrave* scheint Eindruck gemacht zu haben – hoffentlich prägt sich auch die Geschichte ein wenig ein!«, schrieb er in einem Brief.[1012] Hielt der Fernsehmuffel Britten, der zumeist Erfahrung mit Agitationsfilmen aus den 1930er-Jahren hatte, die Konflikte von James' Erzählung zu Recht für operntauglich? Inhaltlich kam das Stück seinen pazifistischen Bestrebungen und dem eifrigen Bemühen entgegen, immer wieder neue Varianten der bedrohten Unschuld darzustellen. Doch verglichen mit dem filmtauglichen Handlungsdrama von den

Verbrechen der Katerina Ismajlowa nach Leskows Bericht, bietet Henry James' Geschichte Stoff für ein Diskursdrama, das auf der Opernbühne nicht zuletzt durch die eingeschränkte Textverständlichkeit fehl am Platze scheint. *Owen Wingrave wurde* erstmals am 16. Mai 1971 als »A Television Opera by Benjamin Britten« auf BBC 2 ausgestrahlt; die szenische Erstaufführung realisierte das Opernhaus Covent Garden am 10. Mai 1973. Die amerikanische Erstaufführung erfolgte 1974 am Opernhaus in Santa Fe, ein Jahr vor dem Ende des Vietnamkriegs. Im Umfeld des Festivals in Woodstock und des Musicals *Hair* war Brittens *Owen Wingrave* aber nur eine leise Stimme.

*

Dass sich selbst ambitionierte Idealisten mitunter Notwendigkeiten beugen müssen, hatte Benjamin Britten bei einem Besuch in Russland erfahren. Als er kurz vor der Abreise im Dezember 1966 noch ein Essen gab, lud er – »auf Slawas dringende Empfehlung hin«, wie Peter Pears in seinem Reisetagebuch vermerkte – auch Tichon Nikolaewitsch Chrennikow nebst Gattin ein. »Wie wir zweifelsfrei wissen, ist dieser Mann der Erzfeind des liberalen künstlerischen musikalischen Denkens«, grübelte Pears. »Seit zwanzig Jahren ist er nun Präsident des Sowjetischen Komponistenverbands und wenn wir heimkommen, müssen wir mal wieder in Alexander Werths *Musical Uproar in Moscow* nachlesen, was für widerliche Dinge er über D. Sch. und Prokofjew (ganz zu schweigen von Ben) gesagt hat. Wir haben ihn mehrfach getroffen. Dieser gruyère-gesichtige Mann ist uns ungemein zuwider. Warum sollte Slawa eigentlich darauf bestehen, dass wir ihn treffen?«[1013]

Als Chrennikow schließlich erschien, verblüffte er die Engländer, denn er und seine Frau »könnten kaum freundlicher sein«, vermerkte Pears in seinen Aufzeichnungen. »Es wird viel über die Avantgarde gesprochen und C. bringt seine Begeisterung über etwas zum Ausdruck, das Ben neulich bei einem Interview in Moskau gesagt haben soll, und zwar dahingehend, sie sei ›besonders gut für die Jugend, wenn sie von außerhalb an Russland herangetragen wird‹.«[1014]

Das Essen und die Gespräche verliefen in heiterer Stimmung, bis auf einmal um 15:30 Uhr Schostakowitsch und seine junge Frau zum Tee erschienen. Mit der Anwesenheit Chrennikows brachte Britten seinen Freund in eine äußerst peinliche Situation. »Wir haben immer verstanden, dass Chrennikow von Dmitrij verabscheut wurde (warum auch nicht?), und wir fühlten uns ausgesprochen schuldig und unbehaglich, diese beiden nun in einem Raum zu haben«, berichtete Pears über das unangenehme Aufeinandertreffen. Bei der Probe hatte man zuvor noch Teile der 13. Sinfonie erlebt, die an Schostakowitschs Haltung gegenüber

Karrieristen keinen Zweifel ließen. »Alles, was Ben in den wenigen Minuten, die Dmitrij blieb, tun konnte, war, seine große Bewunderung für das Stück zum Ausdruck zu bringen, das wir heute Morgen gehört hatten (es war bei der ersten Aufführung vor ein oder zwei Jahren von den politischen Kritikern verrissen worden). Und dann klinkten sich D. und Irina völlig aus.«[1015]

Zumindest Rostropowitsch hätte es besser wissen müssen, aber er hatte – möglicherweise als Tribut für viele Vergünstigungen – mittlerweile Chrennikows Cellokonzert auch bei Auslandstourneen im Repertoire, was nach seinen Prinzipien eigentlich eine Art Äquivalent zu Schostakowitschs Parteieintritt gewesen sein dürfte. Durch diesen Fauxpas verdarben Rostropowitsch und Britten die Gelegenheit, dass sich die beiden Komponisten in Ruhe unmittelbar über das ›Schwesterwerk‹ zum *War Requiem* hätten austauschen können. Hätten beide wirklich befürchten müssen, dass ihre Karriere oder die diplomatischen Beziehungen beider Länder gelitten hätten, wäre der Präsident des Komponistenverbands nicht eingeladen worden? »Die Wirklichkeit ist meist nicht so schlimm wie die Visionen der Angst, die wir selbst erfinden und bis ins Gigantische steigern«, notierte einst der Schriftsteller Daniil Granin. »Das Leben in Angst währte bei vielen Menschen Jahre, vergiftete ihre beste Zeit.«[1016]

VII. »Alles, was ein Dichter heute tun kann, ist warnen ...« – Die letzten Jahre

»Vielleicht ist es lächerlich, aber ich glaube immer, dass ich nicht genügend Zeit habe, mein laufendes Opus zu Ende zu schreiben«, vertraute Schostakowitsch im März 1968 seinem Freund Glikman an. »Plötzlich sterbe ich, und die Sache bleibt unvollendet.«[1017] Auch Britten plagten in seinen letzten Jahren ähnliche Sorgen. Ihm fiel das Schreiben physisch ebenfalls zunehmend schwerer und in einer undatierten vorgedruckten Grußkarte, die er an »meinen liebsten Dmitrij und Irina« schickte, ist Überflüssiges durchgestrichen: »Love« (handschriftlich) »from Ben~~jamin Britten~~ and Peter ~~Pears~~«. In dem knappen Text wies Britten darauf hin, dass er eigentlich einen Brief schreiben wollte, aber »das Schreiben ist so schwierig & schmerzhaft für mich (wie man sehen kann!)«.[1018] Als ihm die Ärzte deutlich machten, dass langfristig eine Herzoperation unumgänglich sei, zögerte er lange, weil er sich mitten in der Arbeit an seiner Oper *Death in Venice* befand. Ungeachtet der Herzinsuffizienz des Engländers und zunehmender Sehschwäche (15 Dioptrien in seinen letzten Lebensjahren), Lähmungserscheinungen der Hände, Infarkten und späterem Lungenkrebs des Russen, arbeiteten beide bis zuletzt.

Möglicherweise beeinflusst durch Medikamente veränderten sich bis zu einem gewissen Grad auch die Persönlichkeiten von Britten und Schostakowitsch auf ähnliche Weise. Dmitrij Dmitrejewitsch schwankte zwischen Momenten, in denen er tief deprimiert wirkte, und euphorischen Phasen, in denen er sogar noch zwei Jahre vor seinem Tode gegenüber einem Journalisten behauptete, er habe eine »eiserne Gesundheit und werde noch lange leben«, ja, er »werde hundert Jahre alt«.[1019] Zumindest gegenüber Fremden behielt er seine Empfindungen zumeist gut unter Kontrolle. Schostakowitsch explodierte bei ungeschickten Bemerkungen oder dummen Fragen nicht mehr gleich wie früher. Durch seine Lebenserfahrungen hatte er sich eine gewisse Selbstkontrolle antrainiert, doch er bekannte gegenüber Krzysztof Meyer einmal, er sei »ein so furchtbar launischer Mensch«.[1020] Britten hingegen neigte zu einer Hypersensibilität, mit der er sogar seine Umgebung ansteckte. Diejenigen, die sich seiner Sache mit Übereifer annahmen, reagierten auf Kritik genauso empfindlich wie der Komponist selbst. Dieser Prozess einer allmählichen Entfremdung aus einem Umkreis, der auch die Möglichkeit einer kritischen Distanz zu sich selbst und dem eigenen Schaffen ermöglicht hätte, hatte schon bald nach dem Erfolg mit *Peter Grimes* eingesetzt, der eine einschneidende Wende mit sich brachte. »Danach war er weniger zugänglich, weniger bereit, Scherze oder unehrerbietige Bemerkungen über sich selbst, seine

Arbeit oder Peter hinzunehmen«, meinte Michael Tippett. »Viele enge Freunde gerieten mit Ben und Peter in Aldeburgh in Konflikt, was bedauerlich war. Ich erkannte, was da vorging und hielt mich aus all dem heraus: Wenn ich in der Folgezeit zum Aldeburgh Festival ging, schickte ich ihm eine Postkarte und teilte mit, dass ich da sein werde, aber da er ganz ohne Zweifel beschäftigt war, erwartete ich nicht, ihn zu sehen.«[1021] Wer bei Britten wegen Fehlverhaltens in Ungnade fiel oder einfach seinen Ansprüchen nicht mehr genügte, wurde fortan ignoriert oder nicht mehr eingeladen. Unter anderem zeigte Britten sich eingeschnappt über ungeschickt gewählte Bemerkungen von Edward Dent – »er hat sich so boshaft benommen, dass ich keinen Kontakt mehr mit ihm haben will«, lautete das Urteil.[1022] »Die Atmosphäre in Aldeburgh erinnerte an Berchtesgaden«, grollte später Ronald Duncan. »Überall gab es Kriecherei: ›hinter der Fassade wurde getuschelt‹, niemand wusste, wer ›dabei‹ und wer ›draußen‹ war. Es war ein kleiner herzoglicher Hof, an dem Ben Weimar und Goethe zugleich war.«[1023] »Wie an den besten Höfen«, hieß es im *Observer*, »gibt es auch an diesem Fehden und Intrigen von byzantinischer Komplexität«.[1024] »Aber«, betonte Tippett eindringlich in seiner Einschätzung Benjamin Brittens, »er hat nie Verrat an seiner Berufung oder seiner künstlerischen Integrität begangen.«[1025] Anfang der 1970er-Jahre sollten, wie auch bei Schostakowitsch, nicht alle diese Meinung teilen.

*

Britten besaß nicht nur hohe Wertmaßstäbe, sondern auch einen weiten Horizont. Von Anfang an beschränkte sich das Aldeburgh Festival nicht allein auf musikalische Darbietungen, sondern verknüpfte diese mit Kunstausstellungen, Lesungen, Vorträgen und Filmen; später kamen auch Angebote für den Nachwuchs hinzu: 1972 wurde der erste Meisterkurs der neuen ›Britten-Pears School for Advanced Musical Studies‹ abgehalten. Britten erwies sich auch als ein hartnäckiger Festivalleiter: Nach fast zwei Jahrzehnten konnte der Plan eines neuen Konzertgebäudes verwirklicht werden. Im Nachbardorf Snape richtete man 1967 in einer umgebauten Mälzerei einen neuen Saal ein, der bei Konzerten 820, bei Opernaufführungen 760 Hörern Platz und Sicht bot. Am 2. Juni 1967 wurde ›The Maltings‹ eröffnet. Sogar die Königin reiste in die Provinz. Entstanden war ein Konzertsaal mit hochgelobter Akustik, vergleichbar etwa mit den Qualitäten des Großen Musikvereinssaals in Wien oder dem Concertgebouw in Amsterdam, wie Frequenzmessungen beim Bau ergaben. Der Saal war ideal für Plattenaufnahmen von Brittens Label Decca und Fernsehaufzeichnungen der BBC. Die dreiwöchigen Festivals im Juni erwiesen sich als durchschlagender Erfolg;

etwa 90 Prozent aller Karten wurden abgesetzt. Am 7. Juni 1969, einem Tag, an dem in dem neuen Konzertsaal nur nachmittags ein Kammerkonzert mit Britten und dem Amadeus-Quartett stattgefunden hatte, machten Passanten gegen 23 Uhr eine schreckliche Entdeckung: The Maltings stand in Flammen und brannte völlig aus. Selbst Brittens Steinway-Flügel und ein wertvoller Kontrabass aus dem 18. Jahrhundert fielen dem Unglück zum Opfer. In dieser Situation zeigte sich, welchen Stellenwert das ›Aldeburgh Festival‹ mittlerweile besaß. Aufführungen wurden unbürokratisch auf Ausweichspielstätten verlagert, sodass die neue *Idomeneo*-Inszenierung der English Opera Group in Blythburgh Church gespielt werden konnte. Alle nur erdenklichen Hebel setzten sich in Bewegung, um die Zukunft der Festspiele zu sichern. Spendengeld floss reichlich, auch gaben Britten und Pears Liederabende, um den raschen Wiederaufbau des Konzertsaals zu ermöglichen. Schon im folgenden Jahr konnte das Haus in alter Pracht und mit diversen Verbesserungen neu eingeweiht werden. Am 5. Juni 1970 fand das Eröffnungskonzert statt. Abermals reiste die Königin in die Provinz.

Das Festival in Aldeburgh entwickelte sich zu einer über die Landesgrenzen hinaus bekannten Größe. Auch mit zeitgemäßer Mode wie in den 1970er-Jahren durch T-Shirts mit dem Schriftzug »I'm backing Britten« zeigten vor allem junge Besucher einen ungebrochenen Enthusiasmus in Anspielung auf den patriotischen Slogan »I'm backing Britain«. Benjamin Britten genoss bei vielen Anerkennung sowohl als Interpret wie auch als Mensch. Der Journalist James Helme Sutcliffe, der 1963 bei den Vorbereitungen zur Inszenierung von Brittens 1948 erstellter Neubearbeitung der *Beggar's Opera* in Aldeburgh arbeitete, erinnerte sich, dass es äußerst lehrreich war, Britten bei den Proben zu beobachten, »wegen seiner instinktiv-vermittelnden Fähigkeit, die Beziehung zwischen Bühne und Orchestergraben durch sein Verständnis von Gesang als überhöhter Sprache zur lebendigen, aufeinanderbezogenen Einheit zu verschmelzen«. Dabei erschien ihm der Komponist im Umgang mit den Künstlern »bei aller musikalischen Genauigkeit stets rücksichtsvoll«. Wichtiger Bestandteil der Veranstaltungen war indes auch die Arbeit mit Amateuren, nicht zuletzt bildeten ja die Menschen aus Suffolk auch das Gros der Festivalbesucher. »Zu musikalisch ungebildeten Menschen fand er immer den richtigen Ton und Zugang (es war rührend zu beobachten, wie er die Eltern der damals so gut wie unbekannten Janet Baker bei der Probe begrüßte)«, so Sutcliffe weiter. »Andererseits konnte sein sensibler Geist sofort einen Ton der Unechtheit in der Unterhaltung eines Gesprächspartners empfinden, besonders wenn Musik das Thema war. Der sonst aufmerksame und charmante Gastgeber Britten (er half selber Tee servieren auf dem herrlichen Rasen seines umgebauten Farmhauses, ›The Red House‹)

konnte in solchen Fällen plötzlich eisige Kälte ausstrahlen.«[1026] Britten verstand es, vielfach sehr pragmatisch vorzugehen. Imogen Holst erzählte, wie bei der Probe zur Platteneinspielung von *Saint Nicolas* der beste Bassist seine Brille vergessen hatte, sodass er bei einer wichtigen Stelle nicht schnell genug weiterblättern konnte. Britten erfand bei einer der dramatischsten Passagen ein zusätzliches Rallentando und kommentierte: »Das wird den Musikwissenschaftlern im nächsten Jahrhundert einigen Gesprächsstoff liefern!«[1027]

*

Eine Widmung ist der denkbar größte öffentliche Ausdruck von Wertschätzung, die ein Künstler gewähren kann. Gegen Ende der 1960er-Jahre eigneten sich Benjamin Britten und Dmitrij Schostakowitsch wechselseitig kurz hintereinander zwei markante Stücke zu: Der Engländer wählte dafür die am 10. Juni 1968 in der St.-Bartholomew-Kirche in Orford uraufgeführte Kirchenparabel vom ›Verlorenen Sohn‹, *The Prodigal Son*, der Russe seine am 29. September 1969 in Leningrad erstmals offiziell gespielte 14. Sinfonie.

Trotz diplomatischer Probleme war geplant, dass Schostakowitsch die Uraufführung von *The Prodigal Son* vor Ort hätte erleben sollen. Der Beginn des Jahres 1968, das von der Bürgerrechtsbewegung über den Einmarsch der Sowjets in Prag bis hin zur Studentenrevolte viele dramatische Entwicklungen bringen sollte, begann für Schostakowitsch mit Reiseplanungen und der Vorfreude auf ein Wiedersehen mit Britten. Am 29. Februar 1968 schrieb Britten auf Papier mit dem Briefkopf vom Red House in Aldeburgh:

»Mein lieber Dmitrij,
es waren solch angenehme Neuigkeiten, von unserem guten Freund Slawa Rostropowitsch zu erfahren, dass Sie und Ihre Frau im Juni das Festival in Aldeburgh besuchen möchten. Ich kann Ihnen gar nicht sagen, welche Freude dies für uns alle, die das Festival gestalten, für die Interpreten sowie für das große und begeisterungsfähige Publikum sein wird. Wir hoffen, recht viel von Ihrer Musik beim Festival aufzuführen, obwohl Sie bedenken müssen, dass unseres nicht so groß ist wie das Festival in Edinburgh! Wir sind stolz darauf, ein Programm mit Ihren beiden Cellokonzerten ankündigen zu können. Ferner sind es tolle Neuigkeiten, dass es möglich sein wird, die *Romanzen* mit Galja, Slawa, einem Geiger (wir haben einen sehr guten, den Slawa kennt) und Ihnen aufzuführen; wir wollen dieses Programm mit Musik von Ihnen und mir gestalten, was Ihnen hoffentlich nichts ausmacht! Wenn Sie den Klavierpart in den *Romanzen* übernehmen, gibt es einige von den

Präludien und Fugen, die Sie gerne selbst spielen möchten? Dies sind so schöne Stücke und sie würden dem Publikum Freude bereiten, wenn Sie sie spielen.

Die Termine, die wir Ihnen und Ihrer Frau für einen Aufenthalt bei uns vorschlagen möchten, sind von Sonntag, dem 16. Juni bis Mittwoch, dem 26. Juni. Sie müssen unbedingt kommen!

Sobald das Programm endgültig vorliegt, schicken wir Ihnen eine Kopie und hoffen, dass es Ihnen gefällt.

Mit den herzlichsten Grüßen an Sie beide.
Beste Wünsche,
Benjamin.«[1028]

Zu den geplanten Solisten für Schostakowitschs *Sieben Romanzen nach Aleksandr Blok* für Sopran und Klaviertrio gehörte noch der Geiger Emmanuel Hurwitz. Eine exzellente Wahl, hatte doch der in London geborene Sohn russischer Eltern 1946 das ›Hurwitz String Quartet‹ gegründet und 1948 das English Chamber Orchestra, dessen erster Konzertmeister er wurde. Allerdings hatte Britten die gesundheitlichen Beeinträchtigungen seines Freundes aus der Sowjetunion unterschätzt. In einem handschriftlich verfassten Brief aus Moskau teilte Schostakowitsch am 25. März 1968 mit:

»Lieber Benjamin,
verzeihen Sie mir, dass ich Ihren Brief so lange unbeantwortet ließ. Ich befand mich nicht in Moskau. Als ich gestern nach Hause kam, fand ich Ihren Brief vor, der mich sehr erfreut hat. Meinen herzlichsten Dank für Ihre Einladung, Ihr Festival zu besuchen.

Meine Frau und ich werden auf jeden Fall kommen.

Ich bin sehr erfreut, dass Sie meine Werke in das Programm Ihres Festivals aufgenommen haben. Ich möchte Sie deswegen um einen großen Gefallen bitten: In meinen *Romanzen* nach Gedichten von Aleksandr Blok für Sopran, Violine, Cello und Klavier hätte ich sehr gerne den Klavierpart selbst übernommen. Doch wegen der Erkrankung meiner rechten Hand, die chronisch und unheilbar ist, kann ich nicht selbst spielen. Es wäre für mich eine große Freude und ein Vergnügen, wenn der Klavierpart in den Romanzen von Ihnen gespielt werden könnte.

Insgesamt handelt es sich um sieben Romanzen. In zwei davon ist das Klavier nicht beteiligt. In zwei weiteren ist der Klavierpart sehr einfach. Nur in einer ist der Klavierpart ziemlich schwierig, bewegt sich aber zwischen den Schwierigkeitsstufen 2 und 3, wie die Klavierpädagogen sagen würden.
Irina und ich übermitteln Ihnen unsere besten Wünsche.
Ihr DSch.«[1029]

Es dauerte eine Weile, bis Britten den Brief zur Kenntnis nahm, da er wegen einer Grippe gesundheitlich angeschlagen war. Kaum genesen, trieb er die Planungen aber weiter voran. »Es tut mir so leid, dass ich Ihren freundlichen Brief vom 25. März nicht beantwortet habe, aber ich war ernstlich erkrankt und erst jetzt geht es mir allmählich besser«, schrieb Britten am 1. Mai 1968. »Wir sind natürlich alle begeistert, dass Sie und Irina zum Festival anreisen und jeder freut sich auf Ihr Kommen. Natürlich finden wir es bedauerlich, dass Sie meinen, bei Ihren *Romanzen* nicht selbst Klavier spielen zu können, und ich werde natürlich mein Bestes geben, um Ihren Platz auszufüllen. Da Sie sich nicht in der Lage sehen, Klavier zu spielen, haben wir für dieses Programm übrigens einen brillanten jungen englischen Pianisten, Allan Schiller, gefragt, etwas von Ihrer Klaviermusik vorzutragen – er hat eine Zeit lang in Moskau studiert und seitdem hat er in diesem Land einige beträchtliche Erfolge vorzuweisen. Er will zwei Ihrer *Präludien und Fugen* aus Opus 37 spielen (Nr. 23 und 24), und acht Präludien aus Opus 34 (Nr. 17–24).«[1030]

Unglücklicherweise überschnitt sich sein Brief mit einem drei Tage zuvor am 28. April 1968 abgeschickten Schreiben, das alle Hoffnungen auf den hohen Besuch zunichtemachte:

»Lieber Benjamin,
zu meiner großen Enttäuschung bin ich nicht in der Lage, beim Festival zugegen sein. Meinen Beinen geht es erheblich schlechter und ich kann nicht hoffen, dass sich dies in den nächsten zwei bis drei Monaten bessert.
Meine besten Wünsche für Ihre Gesundheit,
DSch.«[1031]

Auch Britten sollte die Uraufführung der ihm zugedachten 14. Sinfonie nicht miterleben. Schostakowitsch reagierte am 16. September 1969 prompt mit einem handgeschriebenen Brief aus Moskau:

»Lieber Benjamin!
Es tut mir so leid, dass Sie nicht zur Uraufführung meiner 14. Sinfonie kommen können. Ich hoffe, dass ich sie Ihnen zukünftig vorstellen kann, und wenn Sie bei Ihnen einen guten Eindruck hinterlässt, wäre mir dies eine große Freude.

Ich fahre bald nach Leningrad. Dort wird die Sinfonie am 28. und 30. Oktober aufgeführt.

Und am 6. Oktober wird die Sinfonie im Großen Saal des Konservatoriums gespielt.

Natürlich bin ich sehr nervös. Vielleicht so nervös, wie ich seit langer Zeit nicht war.

Ich schüttle herzlich Ihre Hand,

Ihr DSch.

Bitte übermitteln Sie meine herzlichsten Grüße an Peter Pears.«[1032]

Als Dirigent konnte Britten die 14. Sinfonie immerhin wenig später selbst aufführen.

*

In beiden Fällen war die Wahl der gewidmeten Werke wohl bedacht. Nur knapp zwei Jahre vor der Komposition standen Britten und Pears in der Eremitage ergriffen vor Rembrandts monumentalem Gemälde »Die Rückkehr des verlorenen Sohnes«.[1033] Dieses Bild hatte Katharina die Große 1766, zwei Jahre nach dem Baubeginn der Eremitage, aus der Pariser Sammlung des Adeligen André-Joseph, Marquis d'Ancezune, Duc de Caderousse erworben. Abgesehen von diesem Bezug zu Leningrad fiel Brittens Wahl möglicherweise auf *The Prodigal Son* als Widmungsstück, weil sich Schostakowitsch zuvor schon positiv über eine der Kirchenparabeln geäußert hatte. In einem mit der Hand verfassten Brief aus Moskau schrieb er am 9. März 1967:

»Lieber Benjamin,

ich habe Ihre Taschenpartitur erhalten. Ich danke Ihnen herzlich. Ihr *Curlew River* hat bei mir großen Eindruck hinterlassen. Sie schreiben wunderbare Musik.

Ich wünsche von ganzem Herzen, dass Sie immer gesund und zufrieden bleiben.

Schreiben Sie weiterhin viele wunderbare Kompositionen.

Ich drücke Ihnen die Hand von Herzen,

Ihr

D. Schostakowitsch.«[1034]

In der dritten Kirchenparabel verwendete Britten erneut einen Stoff aus der Bibel. Schon zuvor hatte er sich bei *The Burning Fiery Furnace* mit der Geschichte der Jünglinge im Feuerofen auf das alttestamentarische Buch Daniel bezogen. Bei *The Prodigal Son* nach einem Gleichnis aus dem Neuen Testament wird anhand der Erfahrungen, die ein Vater mit seinen beiden Söhnen macht, die Dichotomie von Gehorsam und Freiheitsstreben gezeigt. Während der eine treu die Familienpflicht erfüllt, verschwendet – dies ist die wörtliche Bedeutung von ›prodigal‹ – der andere Sohn seinen Anteil des Erbes in der Stadt. Er kehrt reumütig zurück und der Vater nötigt den pflichttreuen Bruder zur Versöhnung. Wie bei den Vorgängerstücken setzte Britten auch hier ein wieder ohne Dirigenten agierendes Instrumentalensemble mit Schlagwerk ein, verwendete aber statt der ›babylonischen‹ Altposaune nun eine hohe Trompetenstimme und setzte Harfe und Orgel prominent ein. Wie bei den anderen Kirchenparabeln gab es einen prozessionsartigen Ein- und Auszug aller Mitwirkenden unter Absingen eines Chorals. Schostakowitsch dürfte Musik dieser Art nicht unvertraut gewesen sein aufgrund der Tradition der orthodoxen Kirchenmusik, die auch namhafte Komponisten wie Tschajkowskij zur *Liturgie des Heiligen Johannes Chrysostomos* und Rachmaninow zum *Ganznächtlichen Vigil* inspirierte; zudem hatte er in England Chormusik der Renaissance gehört. Eine Besonderheit in Brittens Auslegung des Gleichnisses war die markante Gestalt des ›Tempter‹, der personifizierten Versuchung – beide Künstler kannten diese nur allzu gut durch ihre eigene Lebenserfahrung.

Brittens endgültige Entscheidung, Schostakowitsch gerade dieses Werk zu widmen, fiel erst, nachdem es sich bei der Premiere bewährt hatte. Im Programm der ersten Aufführung wurde die Dedikation noch nicht erwähnt. Schostakowitsch konnte den Veranstaltungen beim 1968er-Festival in und um Aldeburgh zur Enttäuschung aller nicht beiwohnen. Er versäumte dabei, wie im Rahmen eines ›Britten-Schostakowitsch-Programms‹ neben *The Poet's Echo* auch die englische Erstaufführung der *Sieben Romanzen nach Gedichten von Aleksandr Blok* mit Galina Wischnewskaja, Emanuel Hurwitz, Mstislaw Rostropowitsch und Benjamin Britten stattfand. Im Programmheft wurden die Besucher ausdrücklich auf seine Abwesenheit hingewiesen: »Bei der Drucklegung erfuhren wir zu unserem großen Bedauern, dass Dmitrij Schostakowitschs Gesundheitszustand ihn davon abhält, wie erhofft nach Aldeburgh zu kommen. Wir alle wünschen ihm baldige Genesung.«

Auch wenn der Rezensent des *Daily Telegraph* die Musik des Versuchers als »theatralisch schwach« befand, »wenn man sie mit der sinisteren Wirkung von jener Peter Quints in *The Turn of the Screw* vergleicht«, hielt er »die Bandbreite der Klänge, die von dem achtköpfigen Orchester gewonnen werden« für »bemerkenswert«.[1035] In der *Times* betonte man, dass diesmal »der Chor (inklusive Chorknaben) ausgiebiger zum Einsatz kommt, sodass die musikalische Textur mächtiger wirkt« und durch eine »verblüffende Lebendigkeit« überzeugt. *The Prodigal Son* sei »unverwechselbar genug, um die Trilogie würdig abzurunden; möglicherweise ist es sogar das brillanteste und bewegendste der Stücke«, schwärmte Londons führende Tageszeitung, ja, »für viele Besucher mag es das schönste der drei sein«.[1036]

Britten sandte seinem Freund den Klavierauszug nicht per Post, sondern durch den persönlichen Postillon de musique – Rostropowitsch. Schostakowitsch antwortete am 11. August 1968 aus Repino:

»Lieber Ben!
Slawa Rostropowitsch hat mir Ihre Oper *Der verlorene Sohn* überreicht und ich gratuliere Ihnen herzlich zu diesem schönen Werk.

Die stetige und außergewöhnliche Steigerung Ihres enormen Talents macht mich sehr glücklich. Ich spiele jeden Tag aus dem *Verlorenen Sohn* und finde darin stets mehr neue, schöne Dinge und tiefe Gedanken.

Slawa hat mir erzählt, wie schön Sie den Klavierpart in meinen *Romanzen* auf die Worte von Blok gespielt haben. Danke für die Sorgfalt, die Sie meiner Musik entgegengebracht haben.
Ich drücke herzlich Ihre Hand,
DSch.«[1037]

Was Schostakowitsch vorerst nur am Klavier ausprobieren konnte, ließ sich zwei Jahre später auch anhand der im Juni 1970 veröffentlichten Studioaufnahme vertiefen. Obwohl der Russe technisch so unbedarft war, dass er Mühe hatte, ein Tonbandgerät zu bedienen, lauschte er der Schallplatte mehr als einmal. Es wäre zu diesem Zeitpunkt undenkbar gewesen, ein sakrales Werk seines Kollegen in der Sowjetunion zu lancieren – die russische Erstaufführung von *The Prodigal Son* fand erst 2013 zum Gedenken an Brittens 100. Geburtstag statt.

Im Gegenzug setzte Britten, der – wie er John Piper schrieb – »stolz auf die Widmung von Schostakowitsch« war[1038], die 14. Sinfonie unverzüglich zur westlichen Erstaufführung an. Fast verschwörerisch sprachen die beiden Komponisten untereinander bei den gewidmeten Stücken von »unseren« Werken. »Mein lieber Dmitrij«, schrieb er am 1. Juni 1970 aus dem Red House, »unser Aldeburgh Festival beginnt in wenigen Tagen und sehr bald schon werde ich mit den Proben zu Ihrer – zu unserer – 14. Sinfonie beginnen. Ich kann Ihnen kaum sagen, wie ich mich voll gespannter Erwartung auf die Aufführung Ihres großartigen Werks freue. Ich hoffe, dass ich ihm gerecht werde: Ich werde mich bemühen wie noch nie zuvor. Immer wenn ich die Widmung lese, erglüht mein Herz – es kann nie ein größeres Geschenk von einem Komponisten für einen anderen gegeben haben! Ihr *Prodigal Son* ist jetzt eingespielt worden und ich schicke Ihnen die Schallplatte. Sehr bald wird auch die Partitur veröffentlicht, und es wird mir ein herzliches Vergnügen sein, Ihren Namen daraufzusetzen.«

Im Hinblick auf einen angedachten Besuch in der UdSSR im nächsten Jahr betonte Britten am Schluss seines Schreibens: »Mich erreichen gute

Nachrichten bezüglich Ihrer Gesundheit. Ich bete für Sie, dass die Besserung andauert. Peter und ich versichern unsere Zuneigung und senden Ihnen und Ihrer Frau die besten Wünsche. Ihr hingebungsvoller Ben.«[1039]

Das Erscheinen der Gesamtpartitur von *The Prodigal Son* zog sich dann allerdings noch bis 1971 hin. Zuvor konnte Britten schon einen Schallplattenmitschnitt seiner Aufführung der 14. Sinfonie nach Moskau schicken. Schostakowitsch revanchierte sich mit der verspätet erschienen Druckfassung der ›gemeinsamen‹ Sinfonie. Britten antwortete am 10. Januar 1972:

»Mein lieber Dmitrij,
ich danke Ihnen sehr herzlich für die Druckfassung Ihrer und meiner 14. Sinfonie. Ich liebe das Werk und aus vielerlei Gründen bin ich hocherfreut, dass es in der ganzen Welt solchen Eindruck gemacht hat. Ich bin stolz und dankbar, mit ihm verbunden zu sein.

Dieser Brief kommt mit der ersten Ausgabe von meinem, Ihrem *Prodigal Son.* Er ist ein kleiner Ausdruck der Anerkennung für einen großen Menschen und wunderbaren Komponisten von einem bescheidenen Bewunderer. Wenn Ihnen das Werk Vergnügen bereitet, würde mich dies sehr freuen.

Ich wünsche Ihnen alles Gute für das Neue Jahr – insbesondere für Ihre Gesundheit. Ich fürchte, es besteht keine Chance, dass ich in die UdSSR kommen kann – aber vielleicht 1973.
Herzliche Grüße,
Ben.«[1040]

Am 21. Februar 1972 bedankte sich Schostakowitsch mit einem handgeschriebenen Brief:

»Lieber Ben!
Aufrichtigen Dank für Ihr Geschenk, das mir so teuer ist.

Mit großem Interesse studiere ich die Partitur, die mich begeistert. Ich denke oft an Sie und erinnere mich häufig an Sie. Ich bin froh, dass jemand wie Sie auf dieser Welt lebt, dass Sie herrliche Musik schreiben, die mir so nahe und lieb ist, und die von Ihren zahlreichen Hörern so gemocht wird.
Mit einem herzlichen Händedruck
Ihr DSch.«[1041]

*

Die Aufführung der 14. Sinfonie in Aldeburgh geriet zum Triumph. »Jeder in den Maltings konnte sehen und hören, dass Britten hier ein

Werk dirigierte, das ihn äußert tief bewegt hat und dessen Einstudierung für ihn eine Herzensangelegenheit war«, bemerkte der Rezensent der *Times*. Am 16. Juni 1970 traf aus Moskau ein Telegramm in englischer Sprache ein:

»Dears,
Galya, Ben, Mark, dear Musicians of the Orchestra, I send you my warmest thanks for the performance of my 14th Symphony.

Cordial embrace.

Your Dmitrij Shostakovich.«[1042]

[»Liebe(r) Galja, Ben, Mark, liebe Orchestermusiker, ich sende Ihnen meinen herzlichsten Dank für die Aufführung meiner 14. Sinfonie. Herzliche Umarmung. Ihr Dmitrij Schostakowitsch.«]

Noch am gleichen Tag sandte Schostakowitsch auch einen handgeschriebenen Brief:

»Lieber Ben!
Danke für Ihren Brief und das Telegramm. Ich bin so froh, dass Sie sich mit solcher Sorgfalt unserer 14. Sinfonie angenommen haben. Ich habe Nachricht erhalten, dass die Sinfonie ausgezeichnet aufgeführt wurde.

Ich freue mich auf die Schallplatte vom *Verlorenen Sohn*, den ich sehr mag und den ich sehr gerne in einer Aufführung erleben möchte.

Ich bin sehr daran interessiert zu erfahren, was Sie gerade schreiben. Denn in jedem neuen Werk von Ihnen gibt es immer viel Neuartiges, Interessantes und vor allem Inspirierendes.

Es stimmt mich außerordentlich traurig, dass ich nicht nach Aldeburgh zum Festival kommen kann. Achten Sie auf Ihre Gesundheit. In den zurückliegenden Jahren habe ich verstanden, dass dies das Wichtigste ist. Mir geht es nun viel besser. Ich habe sogar mit dem Klavierspielen begonnen. Ich kann mich auch leichter bewegen.

Bitte übermitteln Sie meine herzlichen Grüße an Marion Harewood, Peter Pears, Galja Wischnewskaja und Mark Reschetin.

Irina schickt ebenfalls ihre besten Grüße.

Ich drücke herzlich Ihre Hand,
Ihr DSch.«[1043]

Von beiden Werken sind später entstandene Aufnahmen mit einigen Interpreten der Uraufführungen erhalten. Nach dem Eintreffen der Ersteinspielung von *The Prodigal Son* schrieb Schostakowitsch am 14. August 1970 sogleich einen begeisterten Brief aus der Hauptstadt:

»Lieber Benjamin!
Nach langer Abwesenheit bin ich nach Moskau zurückgekehrt, wo mich ›mein‹ *Verlorener Sohn* erwartete.

Dieses wunderbare Werk von Ihnen zu hören, hat mich äußerst bewegt und mir große Freude bereitet, da es bemerkenswert aufgeführt und hervorragend eingespielt wurde.

Mein ganzes Leben lang pflegte ich Musik still beim Lesen der Partitur zu hören. Manchmal scheint mir, dass mir dies gut gelungen ist. Als ich den *Verlorenen Sohn* für mich selbst gelesen habe, kam es mir vor, dass ich ihn sehr gut kannte und sehr gut gehört hatte. Doch als ich der Aufnahme lauschte, erkannte ich wieder einmal, dass klingende Musik immer viel eindringlicher ist, als sie still für sich selbst zu lesen.

Deshalb ganz großen Dank für die Schallplatte.

Meine Irina sendet Ihnen herzliche Grüße.
Ich schüttle herzlich Ihre Hand.
Ihr DSch.«[1044]

Britten antwortete am 26. September 1970:

»Mein lieber Dmitrij,
ich schätze es sehr, dass Sie mir solch freundliche Briefe schrieben; Sie haben mir das größte Vergnügen bereitet. Ich bin froh, dass Ihnen die Einspielung von *The Prodigal Son* so sehr gefallen hat. Ich finde Aufnahmen immer sehr schwierig; schwierig, einen Kompromiss zu finden zwischen Genauigkeit und Intensität. Aber ich habe vor (was sich hoffentlich realisieren lässt), ›meine‹ 14. Sinfonie einzuspielen, um Ihnen zu zeigen, wie wir (natürlich mit Galina und Mark Reschetin) sie beim letzten Festival aufgeführt haben – mit dem größten Erfolg für Ihre wunderbare Musik. Es ist wahrlich ein großes und inspiriertes Werk. Ich hoffe, dass wir ihm gerecht wurden.

Ich schätze sehr die schöne Kiste, die Sie mir geschickt haben, und natürlich die Pfeifen, die ich lernen muss zu rauchen!

Es sind wunderbare Neuigkeiten, dass Ihre gesundheitliche Verfassung sich so sehr verbessert hat – mögen die Besserungen lange anhalten. Peter und ich hatten gesundheitlich ein schwieriges Jahr – dies ist der Grund dafür, dass ich nächsten Monat nicht in Moskau sein kann –, doch ich hoffe, dass in den nächsten Wochen eine Besserung eintritt.
Peter sendet Ihnen herzliche Grüße und natürlich auch ich mit besten Wünschen an Irene,
Ihr Ben.«[1045]

Ob Irina Antonowna und Dmitrij beleidigt waren, dass Britten den Namen von Schostakowitschs dritter Ehefrau falsch schrieb?

Bedauerlicher als dieses Versehen war, dass es nie zu der angedachten Studioaufnahme der 14. Sinfonie kommen sollte; in den Archiven der BBC blieb immerhin ein später veröffentlichter Mitschnitt der Rundfunkübertragung vom Festival erhalten.

Ausgangspunkt für die 14. Sinfonie war für Schostakowitsch die wiederholte Auseinandersetzung mit Musorgskijs *Liedern und Tänzen des Todes*, die er 1962 instrumentiert hatte. Ihm erschien dieser Zyklus mit seinen vier Liedern allerdings stets ein wenig zu kurz. »›Soll ich all meinen Mut zusammennehmen und versuchen, eine Fortsetzung zu schreiben?‹ dachte ich«, erzählte er einem Journalisten. »Aber ich wusste damals einfach nicht, wie ich dieser Idee näherkommen sollte.«[1046] Kurz bevor er im Frühjahr 1969 wieder ins Krankenhaus musste, war – wie er Glikman anvertraute – »der Gedanke, mich mit dem Tod zu beschäftigen, in mir endgültig gereift«. »Mit Fragen des Todes habe ich mich noch nicht beschäftigt«, schrieb er lapidar. »Ich würde nicht sagen, dass ich mich mit diesem Phänomen abfinde.«[1047]

In der 14. Sinfonie vertonte Schostakowitsch elf Lieder auf Gedichte von vier Autoren: Federico García Lorca, Guillaume Apollinaire, Wilhelm Küchelbecker und Rainer Maria Rilke. »Wie viele der nichtgenialen Dichter sind wirklich große Künstler gewesen«, meinte der Komponist in einem Brief an Glikman. »Ich spreche von Küchelbecker, über den seine Zeitgenossen und sogar Puschkin gelacht haben. Wenn ich aus dem Krankenhaus heraus bin, werde ich nicht-geniale Schriftsteller und Dichter studieren.«[1048]

Schostakowitsch war lange Zeit unsicher, wie er das Opus nennen sollte. »Gestern habe ich den Klavierauszug meiner neuen Komposition beendet«, schrieb er Glikman. »Es geht anscheinend nicht, sie als Oratorium zu bezeichnen, da ein Oratorium ja einen Chor fordert. Und bei mir gibt es keinen Chor. Es gibt Solisten – einen Sopran und einen Bass. Wenn ich wieder zu Hause bin, tippe ich auf der Maschine die Gedichte ab, die ich in meinem neuen Opus verwandt habe. Es geht vermutlich auch nicht, es als Sinfonie zu bezeichnen. Ich befinde mich erstmals in Verlegenheit, wie ich meine Komposition bezeichnen soll.« Fast zwanzig Jahre zuvor hatte Britten auch einen Liederzyklus für Chor und Solisten als Sinfonie bezeichnet: die *Spring Symphony*, die Gennadij Roschdestwenskij im Mai 1963 in Moskau in russischer Sprache aufgeführt und eingespielt hatte. Im März 1969 vertraute Schostakowitsch Glikman schließlich an: »Die 14. Sinfonie (so habe ich beschlossen, dieses Opus zu nennen) war, wie ich glaube, für mich eine Komposition in Etappen. Alles, was ich in vielen letzten Jahren schrieb, war eine Vorbereitung auf diese Komposition.«[1049]

Schostakowitschs Auseinandersetzung mit dem Tod befremdete viele. Die Gründe waren unterschiedlich: Von offizieller Seite beäugten die Funktionäre die Thematik misstrauisch und ließen sich das Werk ein Vierteljahr vor der eigentlichen Uraufführung bei einer geschlossenen Aufführung vor ausgewähltem Publikum im kleinen Saal des Moskauer Konservatoriums vorstellen. Andere störte die Haltung zum Jenseitigen. »Solschenizin sagte über Schostakowitsch: In dieser Musik fehlt Gott«, erzählte der Dirigent der Uraufführung, Rudolf Barschaj. »Das Akademiemitglied Sacharow antwortete auf die Frage nach seiner Religiosität, dass er in einem atheistischen Land geboren sei. Das Gleiche kann man auch über Schostakowitsch sagen; er hatte keine Gelegenheit, eine religiöse Erziehung zu erhalten.«[1050]

Schostakowitsch hegte indes ganz andere Absichten und verknüpfte in einem Premierenvorbericht in der *Prawda* seine Deutung mit einer Bezugnahme auf den 1934 erschienenen Roman *Wie der Stahl gehärtet wurde* des blinden Schriftstellers Nikolaj Ostrowskij, dessen Verfilmung 1957 allein in der Sowjetunion über 25 Millionen Zuschauer angezogen hatte: »Mir sind stets die Worte Nikolaj Ostrowskijs im Bewusstsein: ›Das Wertvollste, was der Mensch besitzt, ist das Leben. Es wird ihm nur einmal gegeben, und er muss es so nützen, dass ihn später sinnlos vertane Jahre nicht qualvoll gereuen, die Schande einer unwürdigen, nichtigen Vergangenheit ihn nicht bedrückt und dass er sterbend sagen kann: Mein ganzes Leben, meine ganze Kraft habe ich dem Herrlichsten auf der Welt – dem Kampf für die Befreiung der Menschheit – geweiht.‹ Mein Wunsch ist es, dass der Hörer beim Nachsinnen über meine Sinfonie, die ich dem englischen Komponisten Benjamin Britten gewidmet habe, daran denkt. Und daran, dass er verpflichtet ist, ehrlich und nutzbringend zu leben.«[1051]

Rudolf Barschaj berichtete, dass der Komponist zu Beginn der behördlich anberaumten Moskauer Voraufführung mit den Solisten Margarita Miroschnikowa und Jewgenij Wladimirow ankündigte: »Ich verstehe, dass der Tod unumgänglich ist. Dies ist ein ganz normaler Vorgang der Natur. Aber ich protestiere dagegen.«[1052] Hierin bestand, so Barschaj, ein fundamentaler Unterschied zum größten Vorbild des Komponisten: »Mahler hingegen hat den Tod mit Andacht hingenommen. Man muss sich nur seine Totenmaske ansehen. Sein Gesicht ist ganz friedvoll, fast glücklich. Er glaubte an den Mythos, von dem Sokrates sprach, bevor er den Giftbecher leerte«, meinte der Dirigent und bekräftigte: »Zwischen Schostakowitsch und Mahler gibt es weniger Unterschiede als Verbindendes. Aber diesen einen, sehr wichtigen Unterschied gibt es: Mahler war religiös, er dachte viel darüber nach, über Erlösung, über die Wiederkehr und Ähnliches, doch Schostakowitsch bedeutete das gar nichts.«[1053]

Hierin war Britten Mahler erheblich näher. Doch ob religiös oder nicht, Britten und Schostakowitsch waren sich einig darin, dass man sich inmitten des Lebens der Allgegenwart des Todes bewusst sein muss. Sogar in der Komödie *Albert Herring* heißt es im 3. Akt: »In the midst of life is death.« Für das »Schlussstück« seiner 14. Sinfonie wählte Schostakowitsch Zeilen aus dem *Buch der Bilder* des russland-affinen Rainer Maria Rilke: »Der Tod ist groß. / Wir sind die Seinen / lachenden Munds. / Wenn wir uns / mitten im Leben meinen, / wagt er zu weinen / mitten in uns.«

Der Komponist Krzysztof Meyer erlebte kurz nach der Leningrader Uraufführung die offizielle Moskauer Premiere am 8. Oktober 1969 mit, in deren erstem Teil das Moskauer Kammerorchester unter der Leitung von Barschaj mit einem konzeptionellen Brückenschlag zum Urgrund der Sinfonik Haydns f-Moll-Sinfonie »La passione« präsentierte. Schostakowitschs Sinfonie war nicht minder passioniert, aber von einem ganz anderen Kaliber. »Als die letzten Töne verklungen waren, erwartete ich einen Beifallssturm, wie er mir aus Erzählungen nach den Uraufführungen der Sinfonie Nr. 5 und der ›Leningrader Sinfonie‹ bekannt war«, berichtete Meyer. »Die Ovationen dauerten in der Tat sehr lange, und die Aufführung war im Vergleich mit einem gewöhnlichen Konzert ein großer Erfolg; der Komponist musste über zehnmal auf die Bühne kommen. Dennoch schien mir, dass die Anwesenden etwas konsterniert waren von der unglaublichen Konzentration und Tiefe der Musik, deren Charakter, Stimmung und Thematik eher zur Reflexion als zu lauten Enthusiasmusbekundungen anregten. Hinter den Kulissen wurde Schostakowitsch von einer ganzen Schar von Verehrern umringt. Vor mir stand gerade Aram Chatschaturjan, der ihn herzlich umarmte und rief: ›Mitja, ich danke dir, du bist genial!‹ Schostakowitsch machte eine undeutbare Grimasse und bedankte sich kurz.«[1054]

Letzten Endes dürften die Aufführungen unter dem Dirigat von Benjamin Britten erheblich besser gewesen sein als die ersten Darbietungen in der Sowjetunion. »Die gestrige Moskauer Premiere verlief rein äußerlich sehr gut«, teilte Schostakowitsch Isaak Glikman mit. »Es war sehr viel Volk da, das nach dem Ende der Sinfonie stürmisch applaudierte. Leider war die Aufführung schlechter als die in Leningrad. Zweimal hat die G. Wischnewskaja faustdick gelogen. Einmal ist das Orchester durch Barschajs (!) Schuld auseinandergelaufen. M. Reschetin (der Bass) hat seinen Part gut gesungen. Zu dem Konzert sind Programmhefte mit den Gedichten herausgegeben worden, die ich verwandt habe. Auf diese Weise hatten die Zuhörer die Möglichkeit, die Worte zu verstehen, da die Diktion manchmal schlecht war.«[1055]

Schon bald darauf beunruhigte der Komponist den Freund wieder mit Nachrichten über seinen schlechten Gesundheitszustand. Doch wer so souverän über den Tod schreiben konnte wie Schostakowitsch in der 14. Sinfonie, brauchte ihn nicht zu fürchten.

*

Benjamin Brittens Auslegung der 14. Sinfonie von Dmitrij Schostakowitsch am 14. Juni 1970 in Aldeburgh nannte Donald Mitchell »eine Interpretation von solch ungezügelter Energie«, dass sie selbst Jahre später beim Hören des Konzertmitschnitts »nichts von ihrem Biss verloren hat«. »Ich kann mich noch gut an die ungeheure Faszination erinnern, die Schostakowitschs Sinfonie Nr. 14 bei ihrer ersten Aufführung außerhalb Russlands auslöste«, berichtete Brittens Herausgeber Mitchell. »Dass aus diesem Konzert ein ganz besonderes Ereignis wurde, ist verschiedenen Faktoren zu verdanken. Schon die Freundschaft und gegenseitige Wertschätzung der beiden Komponisten war legendär und äußerte sich weniger in Worten als in Musik.«[1056] Kaum ein anderer Musikwissenschaftler wurde im Verlauf der Zeit so vertraut mit dem Komponisten und seinem Gesamtwerk, von der Korrespondenz bis hin zur letzten Note in den weniger bekannten Werken. Und so bat Britten Mitchell wenige Wochen vor dem Konzert, für das Programmheft einen Artikel über das neue Stück und Schostakowitsch als Sinfoniker zu schreiben. Britten, so Mitchell, »meinte freundlicherweise, der Text gefalle ihm, obgleich er nur selten etwas mit derartigen Kommentaren anfangen konnte«. Dementsprechend darf man vermuten, dass die Einschätzung ein prägnantes Schlaglicht auf das Verhältnis des englischen und des russischen Komponisten wirft. »Anscheinend teilte er vor allem meinen Ansatz, den neunten Satz, ›An Delwig‹, als Zentrum der Sinfonie und der Beziehung zwischen den beiden Komponisten zu kennzeichnen.«[1057] Die Einschätzung bestätigt ein Brief von Britten an Lilian Hochhauser vom 30. Oktober 1973, in dem der Komponist von einer »persönlichen Botschaft« spricht, die er mit diesem Lied verbindet.[1058]

Somit konnte Mitchell zu Recht feststellen: »Bei der 14. Sinfonie handelt es sich um ein sehr persönliches Werk, dessen zentrales, alles durchdringendes Thema die Sterblichkeit des Menschen ist. Eigentlich ist es eine ausgedehnte Meditation über viele verschiedene Arten zu sterben. In gewisser Hinsicht gibt es kaum ein persönlicheres Thema. Der Tod ist schließlich per se ein einsames, ganz individuelles Erlebnis. Da er aber alle Menschen ereilt, ist er zugleich eine gemeinsame Erfahrung, doch paradoxerweise die einzige ›gemeinsame‹ Erfahrung, die man mit niemandem teilen kann. So scheint es durchaus angemessen, dass dieses eindrucksvolle Konzept Raum in Schostakowitschs sinfonischem Schaffen gefunden hat, das nach meiner Ansicht immer zugleich das Öffentliche und das Private, das Allgemeine und das Besondere zum Gegenstand hat.«[1059]

Die Widmung der Sinfonie an Britten ist für Mitchell »Teil des Gesamtkonzepts«. »Ich bin jedenfalls überzeugt, dass der neunte Satz (die Küchelbecker-Vertonung) eine Botschaft von einem Komponisten an den anderen darstellt«, betonte Mitchell. »Das Gedicht sagt – und dieser Ansicht würden unsere beiden Komponisten sicher zustimmen, dass ein ›freies, freudigstolzes ... Bündnis ... die Menschen eint, die von den Musen auserlesen‹: ein Bündnis, für das die Sinfonie selbst ein Beleg ist. Das Gedicht erinnert daran, dass ›Unsterblichkeit der Lohn erhabner und kühner Taten und des Gesanges süßer Ton‹ sei. Diese Botschaft – von der Musik eindringlich transportiert – bringt so eine Gewissheit, dass der schöpferische Akt einen Sieg des Lebens über den Tod darstellt.« Mitchell hob hervor, dass »die meisten Sätze kompromisslos streng und karg sind und ebenso kompromisslos die extremen Register des Orchesters ausloten, während die ›mittlere‹ Lage erst im neunten Satz eingeführt wird«. Dadurch »findet sich in ›An Delwig‹ fast zum ersten Mal eine Begleitung von warm leuchtender Harmonik, ganz entsprechend den im Gedicht thematisierten brüderlichen Gefühlen«.[1060]

*

Britten lagen mit der Schreibmaschine getippte englische Übersetzungen bzw. Zusammenfassungen der elf Gedichte vor. Nur bei dem Text von Wilhelm Karlowitsch Küchelbecker fand sich ein zusätzlicher biographischer Hinweis, der hervorhob, dass es sich bei Küchelbecker und Anton Antonowitsch Delwig um russische Poeten des 19. Jahrhunderts handelte, »letztgenannter ein Freund der exilierten Dekabristen, ersterer ein besonderer Freund von Puschkin«.[1061] Es war mehr als passend, dass sowohl Britten als auch Schostakowitsch diese ›Liederzyklus-Sinfonik‹ als »unsere Sinfonie« betrachteten. Die darin zum Ausdruck gebrachte distanzierte, kritische, aber lebensbejahende Haltung zur Welt ist sowohl für Schostakowitsch als auch für Britten charakteristisch. Eine der eindringlichsten Nummern der 14. Sinfonie geht dem zentralen Stück, dem neunten Lied, voran. Es erzählt von einer dreihundert Jahre zurückliegenden Begebenheit: Die Saporoger Kosaken beantworten im Jahre 1676 zu Beginn des Osmanisch-Russischen Krieges die Aufforderung des Sultans Mehmed IV. von Konstantinopel, sich zu unterwerfen, mit einem Schmähbrief. Guillaume Apollinaire hatte 1913 eine entschärfte Version des überlieferten Textes in eine poetische Form gebracht, Nikolaj Gogol in seinen Büchern das literarische Bild der Kosaken geprägt und Ilja Repin von 1880 bis 1891 ein gut sieben Quadratmeter großes Monumentalgemälde angefertigt, »Die Saporoger Kosaken schreiben dem türkischen Sultan einen Brief«, das im Russischen Museum im Michajlowskij-Palast in Sankt Petersburg zu bestaunen ist.[1062]

Der legendäre Brief der Kosaken steht nicht zuletzt symbolisch für die Konflikte der Kulturen. Wieder einmal ließ sich Schostakowitsch von den literarischen Eindrücken inspirieren und nicht von den optischen.[1063] Doch seine moderne Gestaltung des Konflikts ist den historischen Überlieferungen, Gogols Charakterzeichnungen und einem der berühmtesten Bilder der russischen Malerei ebenbürtig. Im Zentrum von Repins Darstellung bringt ein an einem Tisch sitzender Schreiber mit süffisantem Lächeln jene beleidigenden Worte zu Papier, die sich die Kosaken ausdenken und ihm zurufen. »Du Bruder und Genosse des verfluchten Teufels und des leibhaftigen Luzifers Sekretär!« Sie biegen sich vor Lachen und übertrumpfen sich im Ersinnen von immer kühneren Insultationen. »Du Küchenjunge von Babylon, Radmacher von Mazedonien, Ziegenhirt von Alexandria, Bierbrauer von Jerusalem, Sauhalter des großen und kleinen Ägypten, Schwein von Armenien, tatarischer Geißbock, Verbrecher von Podolien, Henker von Kamenez und Narr der ganzen Welt und Unterwelt. Schweinefresse, Stutenarsch, Metzgerhund, ungetaufte Stirn, gefickt sei deine Mutter!«[1064] Junge und alte Kosaken, mal mit gepflegten, mal mit wüsten Bärten, manche von ihnen mit mächtigen Pelzmützen, andere mit kahlen Schädeln, über die einzelne Zöpfe gelegt sind, entblößen in ihren lachenden Gesichtern gepflegte Zähne, aber auch vom rauen Leben entstellte Gebisse. Der wütende, hasserfüllte Blick eines im linken unteren Bildrand ruhenden Hunds zeigt, wie es in den Kämpfern aussieht; im Hintergrund vermeint man schemenhaft das Schlachtfeld zu sehen. Links hinter dem Schreiber steht ein bulliger Krieger, der einen noch blutigen Kopfverband trägt und mit grimmigem Blick dem Geschehen zusieht. Wie ein wütender Stier schnaubt er den Rauch seiner Pfeife aus. »Es gab keine wirklich alten Männer bei ihnen«, schrieb der Dichter Gogol 1835 in seiner Erzählung *Taras Bulba*, »denn kein Saporoger ist jemals in seinem Bett gestorben.« In der Verfilmung von John Lee Thompson wurde 1962 die Szene aus Repins Bild übernommen.

Die von Schostakowitsch verwendete Textfassung Apollinaires subsumiert nur einen Teil der Insultationen und Britten erhielt nur die Zusammenfassung: »Du bist hundertmal schlimmer als Barabbas, du bist durchdrungen von Sünde und Unreinlichkeit. Du bist ein fauliges Krebsgeschwür, geboren im Dreck deiner Mutter, ein bösartiger Schlächter, bedeckt von Blasen und Geschwüren.« Begriffe wie »Schweinefresse«, »Stutenarsch« und dergleichen ersparte man dem Gentleman Britten. Die Vorlage, die Visualisierung, die poetische Verdichtung und die akustische Umsetzung belegen, dass es in der 14. Sinfonie nicht, wie es oft heißt, um den Tod geht. Die Kosaken, der Wortbedeutung nach ›freie Menschen‹ bzw. ›freie Reiter‹, trotzen dem Tod. Kaum waren sie lebendiger als in dem Moment, in dem sie etwas für sie völlig

Untypisches tun: einen Brief schreiben. Extreme Situationen erfordern ungewöhnliche Maßnahmen – auf die gleiche Weise nahmen sich auch Schostakowitsch und Britten immer wieder die Freiheit, neue Wege einzuschlagen. Das achte Lied bildet einen von zwei Allegro-Abschnitten innerhalb der elf Lieder der 14. Sinfonie. Für Schostakowitsch und Britten erscheint er durchaus charakteristisch, geht es doch um das Leben im Bewusstsein der Sterblichkeit des Menschen. »Ich will, dass das Publikum nach einer Aufführung der Sinfonie mit dem Gedanken heimgeht, das Leben ist schön«, sagte Schostakowitsch.[1065]

In der anderen umfangreichen Sammlung russischer Kunst, der Moskauer Tretjakow-Galerie, findet sich ein Bild, das etliche Anspielungen auf Repins Gemälde enthält: Juri Michajlowitsch Neprintsews »Ruhepause nach der Schlacht«.[1066] Es zeigt eine idealisierte Szene aus dem Zweiten Weltkrieg mit Soldaten der Roten Armee, die an einem Waldrand entspannt und lachend beieinandersitzen. In der Mitte des Bildes hockt ein Mann, der mit Daumen und Zeigefinger eine Geste formt, die seine Kameraden erheitert. Ein ähnliches Zeichen macht mit Daumen und Mittelfinger eine zentral sitzende Figur in Repins Gemälde der »Saporoger Kosaken«, gerade so, als ob er einen Gedanken auf den Punkt bringen oder eine Laus zerquetschen möchte. Im gemeinsamen Gespräch wird die Verachtung des Feindes präzisiert, den man am liebsten wie Ungeziefer umbringen möchte. Das fast genauso große Bild aus den 1950er-Jahren ist den ästhetischen Forderungen des sogenannten ›Sozialistischen Realismus‹ verpflichtet. Neprintsews beinahe fotorealistisches Einfangen des Augenblicks unterscheidet sich erheblich von Repins nuancenreichem Ölgemälde. Die »Ruhepause nach der Schlacht« ist sympathisch wie eine Landschaftsdarstellung; das Bild »Die Saporoger Kosaken schreiben dem türkischen Sultan einen Brief« ist hingegen anziehend und abstoßend-wild zugleich. Neprintsews Gemälde zeigt eine Huldigung des Systems, Repins Blickwinkel bietet die Perspektive eines Beobachters, der Abstand hält. Die Soldaten der Roten Armee tragen Gewehre; den Kosaken, die wegen ihrer im Bildhintergrund angedeuteten meterlangen Lanzen gefürchtet waren, dient in dieser Momentaufnahme als einzige Waffe das Wort. Der Sozialistische Realismus wendet sich mit der Haltung der Utopie II gegen ein anderes Gesellschaftsbild; ausgehend von der Utopie I richten sich Repin und Apollinaire gegen die Vermessenheit eines Potentaten. Selbst wenn Schostakowitsch und Britten nie die unverblümten Unflätigkeiten der Kosaken über die Lippen gekommen wären, dürfte sie ihr Mut angesprochen haben. Vielmehr versuchten die beiden Musiker, mit großer Kunst und Humor als kultivierende Faktoren Wirkung zu erzielen. Doch im Spätsommer 1968 wurden ihnen ihre Grenzen aufgezeigt.

*

Diplomatie war mehr als nötig, als in der Nacht zum 21. August 1968 eine halbe Million Soldaten der Sowjetunion, Polens, Bulgariens und Ungarns in die Tschechoslowakei einmarschierten. Offiziellen Erklärungen zufolge hatten sich Persönlichkeiten der Partei und des Staates an die Führung der UdSSR gewandt, weil man die in der Verfassung festgelegte sozialistische Staatsordnung »durch konterrevolutionäre Kräfte gefährdet« sah. Mit steigendem Misstrauen beobachtete man in Moskau seit dem Frühjahr 1968 die tschechischen Reformanstrengungen mit ihrem individuellen Liberalisierungs- und Demokratisierungsprogramm, das unter dem Schlagwort »socialismus s lidskou tváří« als »Sozialismus mit menschlichem Antlitz« im Westen begrüßt wurde. Im Mai kam es zu ersten Gesprächen der UdSSR mit einigen Nachbarländern der ČSSR sowie Truppenbewegungen an der polnisch-tschechischen Grenze, angeblich im Rahmen von Manövern. Die Tschechen beschwerten sich und meinten, »die gemeinsame Sache des Kommunismus wird nicht vorangebracht, wenn Konferenzen abgehalten werden, bei denen man über die Politik und Aktivitäten eines Bruderstaates urteilt, ohne dass deren Repräsentanten zugegen sind«.[1067] Leonid Breschnew versuchte bis zuletzt, die tschechische Führung dazu zu bewegen, von dem zu moderaten Kurs Abstand zu nehmen. Dafür nutzte er seine persönlich guten Kontakte zum Generalsekretär der tschechoslowakischen Kommunisten, Alexander Dubček. »Sascha, ich verstehe, dass du nervös bist, ich verstehe, dass es für dich eine sehr komplizierte Situation ist«, soll Breschnew bei einem Telefonat gesagt haben. »Aber verstehe du, dass ich mit dir wie mit einem Freund rede, ich will für dich nur Gutes.«[1068] Wie in Mario Puzos Geschichte vom Paten war dies ein Angebot, das man nicht ablehnen konnte. Aber durch Dubčeks kompromisslose Haltung ließ sich die Eskalation der Ereignisse nicht verhindern. Im Gegensatz zum Eingreifen in Ungarn zwölf Jahre zuvor unternahmen die Sowjets diesmal allerdings keinen Alleingang, sondern banden die Armeen anderer Länder des Warschauer Pakts mit ein. Innerhalb kürzester Zeit wurden alle strategisch wichtigen Positionen des Landes besetzt. Bei den Auseinandersetzungen kamen 98 Tschechen und Slowaken sowie etwa fünfzig Soldaten der verbündeten Truppenverbände ums Leben.

Mit einem Schlag waren die Beziehungen des Westens zur Sowjetunion wieder auf einem Tiefpunkt. Als das Staatliche Sinfonieorchester der UdSSR unter Jewgenij Swetlanow mit Rostropowitsch am 21. August bei den Proms in London gastierte, gab es lautstarke Proteste. Für das Festival in Edinburgh im September befürchteten Britten und Pears Ähnliches, staunten aber, dass Rostropowitsch und Wischnewskaja

»wunderbar aufgenommen wurden trotz Prag«.[1069] Wenig später musste man allerdings erleben, dass die Organisatoren die Auftritte von Swjatoslaw Richter bei einem Bach-Festival in Suffolk absagten. Eine Erkrankung war der offizielle Grund, Britten vermutete allerdings, man hatte eher Bedenken, es könnte zu Protestaktionen kommen, wenn ein Kommunist es wagt, sich an der ›Ikone‹ J. S. Bach zu vergreifen.

Benjamin Britten hatte neben Henry Moore und Bertrand Russell bereits eine am 23. Juli 1968 in der *Times* veröffentlichte gemeinsame Erklärung mit unterzeichnet, in der führende Intellektuelle gegen eine drohende Intervention der Sowjetunion protestierten. Schostakowitsch beschäftigten zu diesem Zeitpunkt die Vorbereitungen für die Uraufführung seines 12. Streichquartetts und die Komposition der Violinsonate. Er mischte sich nicht unter die Demonstranten, die auf dem Roten Platz in Moskau gegen das Eingreifen in Prag öffentlich Einspruch einlegten. Alle wurden verhaftet. Als Komponist versuchte Schostakowitsch seinen Einfluss dort geltend zu machen, wo er sich Erfolg versprach. So bewegte er sich bei seiner Zusammenarbeit mit Jewtuschenko am Rande des etablierten Spektrums. »Es heißt, er sei ein ›unbegabter Poet‹, ein ›Hippie‹, diesen Ruf hat er in Literaturkreisen«, schrieb er an Galina Serebrjakowa. »Als ich zufällig seine Poesie gelesen habe, verstand ich, dass er ein großartiger Dichter ist und das hat mich inspiriert.«[1070] Zudem setzte sich Schostakowitsch für junge Künstler ein und unterstützte bei der Tagung des Komponistenverbands der Russischen Föderation den Musiker Nikolaj Sidelnikow, der kritisierte, man sei im Begriff, »einen Komponistentypus zu entwickeln, den Chrennikow vor zwanzig Jahren so treffend den ›Komponisten-Bonzen‹ genannt hatte«.[1071] Schostakowitsch betonte in einem Zeitungsinterview, er könne »weder verstehen noch entschuldigen«, dass junge Musiker kaum bekannt sind und selten aufgeführt werden. »Es ist absolut unerlässlich, dass junge Komponisten lernen, was es bedeutet, ein Publikum zu haben«, betonte er. Doch von dem ursprünglichen Plan, »ein Orchester zu gründen, das sich ausschließlich mit den zeitgenössischen Werken« auseinandersetzen sollte, wich der Komponistenverband bald ab, da man die etablierten Orchester nicht von der Verpflichtung lösen wollte, auch moderne Musik aufzuführen.

Aus Gesundheitsgründen überließ Schostakowitsch seinen Posten als erster Sekretär des Komponistenverbands Georgi Swiridow. Als einfaches Mitglied beobachtete er, dass das Zentralkomitee der KPdSU im Dezember 1968 beim Allunions-Kongress den Komponistenverband der UdSSR mit dem Lenin-Orden auszeichnete und in einer in der *Prawda* und der *Iswestija* veröffentlichten Laudatio verkündete: »Die musikalische Kunst des Sozialistischen Realismus entwickelt sich auf Grund der Prinzipien der Parteilichkeit und Volksverbundenheit.

Mit ihrer ideenvollen Richtung und ihrer Menschlichkeit steht sie im Gegensatz zu der dekadenten Kultur der zeitgenössischen, kapitalistischen Welt. Heute, in einer Periode der schroffen Verschärfung des Klassenkampfes zwischen Sozialismus und Kapitalismus, sind die Vertreter der sowjetischen Musik dazu ausersehen, der bourgeoisen Ideologie noch aktiver entgegenzutreten, in ihrer schöpferischen Arbeit den sozialistischen Humanismus, den sowjetischen Patriotismus und die proletarische Internationale noch konsequenter zu vertreten.«[1072]

Mit dem fast schon vergessen geglaubten Begriff des ›Sozialistischen Realismus‹ drohten die Gespenster der Vergangenheit wieder lebendig zu werden. Doch die Grundhaltungen, die die Kunst eines Malers wie Repin von Neprintsews trennten, unterschieden auch Komponisten wie Schostakowitsch und Chrennikow.

In dieser politisch heiklen Atmosphäre des Jahres 1968 trat Duncan Wilson sein Amt als neuer britischer Botschafter in Moskau an. Er wurde in noch stärkerem Maße als sein Vorgänger ein wichtiger Mitstreiter für Brittens Kulturdiplomatie. »Ich möchte so gerne unseren Teil beitragen: die kulturelle Tür geöffnet halten«, schrieb ihm Britten am 22. September 1968, »aber ich fürchte, ich muss meine Position in einem privaten Brief an Madame Furzewa deutlich machen – ihr für die grandiosen Beiträge der sowjetischen Künstler in Aldeburgh & Edinburgh danken, aber mein tiefes Bedauern über die tschechische Invasion äußern & darauf drängen, dass sie ihr Bestes tut, um dort wieder kulturelle Freiheit herzustellen.«[1073]

*

Was passieren konnte, wenn man glaubte, sich durch Omnipräsenz und überragende künstlerische Leistungen einen Status der Unverzichtbarkeit und Unangreifbarkeit erworben zu haben, konnten Britten und Schostakowitsch bei Mstislaw Rostropowitsch beobachten. Bereits Mitte der 1960er-Jahre hatte er einmal Probleme wegen seiner exzessiven Reisen in den Westen bekommen, sodass er zeitweilig vorsichtshalber von einem geplanten England-Besuch Abstand nahm. Seine auf künstlerischer und diplomatischer Ebene weitreichenden internationalen Kontakte schützten ihn viele Jahre, gefährdeten aber langfristig seine Position in der Sowjetunion. Rostropowitsch korrespondierte nicht nur mit Musikerkollegen, sondern gratulierte im Sommer 1970 auch dem Tory Edward Heath zu seinem Wahlsieg über die Labour Party und brachte seine Begeisterung darüber zum Ausdruck, dass sein »Lieblingsland nun von einem Musiker regiert wird«.[1074] Die Lage spitzte sich zu, als Aleksandr Solschenizin im Oktober 1970 der Literatur-Nobelpreis zuerkannt wurde, nachdem er im Vorjahr aus dem

Schriftstellerverband ausgeschlossen worden war. Der Cellist und seine Frau hatten dem verfemten Autor Zuflucht in ihrer Datscha gewährt und einen offenen Brief an vier sowjetische Zeitungen geschickt. Dieses Schreiben wurde zwar nicht veröffentlicht, sickerte aber in den Westen durch, wo es unter anderem im November in der *New York Times* Schlagzeilen machte. Im folgenden Jahr wurden Rostropowitschs geplante Auslandsauftritte abgesagt. Offiziellen Quellen zufolge soll sogar Schostakowitsch das Verhalten des Freundes verurteilt haben, denn »durch unser Land hat er sich einen Namen gemacht und weltweit Ruhm erworben«, sodass man nun »alles Mögliche unternehmen muss, um Slawa zu retten«.[1075] Unmittelbare Gefahr für Leib und Leben bestand in der UdSSR nicht mehr. Die mittlerweile bevorzugten Methoden, um missliebige Personen loszuwerden, waren Abschiebung und Ausweisung. Als Rostropowitsch zumeist nur noch die Genehmigung erhielt, in der Provinz aufzutreten, stellten er und seine Frau den Antrag auf eine Ausreisegenehmigung. Im selben Jahr, 1974, in dem Solschenizin im Februar genötigt wurde, der UdSSR den Rücken zu kehren, ließ man drei Monate später auch die beiden Musiker gehen. Galina Wischnewskaja zögerte bis zum allerletzten Tag, um sich von dem Komponisten zu verabschieden. »Schostakowitsch war mir der Liebste von allen, die ich verlassen musste, und der Einzige, der unsere Entscheidung hätte rückgängig machen können«, erzählte sie. »Ich hatte Angst, in seiner Gegenwart unsicher zu werden, seiner Autorität zu erliegen. Aber er machte nicht den leisesten Versuch, mich zurückzuhalten. Er wusste, wie die Dinge standen und was uns hier erwartet hätte, auch er sah in einer zweijährigen Abwesenheit die einzige Möglichkeit, all dem zu entkommen. Wie immer saßen wir in seinem Arbeitszimmer. Ich hörte kein Wort von dem, was er mir sagte. Hat er überhaupt etwas gesagt? Ich weiß es nicht. Vielleicht schwiegen wir alle beide. Es fiel mir unendlich schwer, ihn anzusehen, ohne in Tränen auszubrechen. Ich wusste ja, dass dieser Mann, der mir in seinem Lehnstuhl gegenübersaß, schwerkrank war und dass ich ihn vielleicht zum letzten Male sah.«

Der Komponist verabschiedete die Sängerin mit den Worten: »Kommen Sie zurück, Galja. Wir werden auf Sie warten.«[1076] Rostropowitsch berichtete, dass Schostakowitsch ihm zwei Hinweise mit auf den Weg gab: Sollte er jemals seine Sinfonien einspielen, »dann beginne bitte mit der Vierten«, und »wenn Du im Ausland ein anonymes Paket erhalten solltest, dann wirf es nicht weg; wer weiß, darin könnte möglichweise eine interessante Komposition sein«.[1077] Mit verschiedenen Orchestern nahm Rostropowitsch schließlich wirklich sämtliche Sinfonien seines Freundes auf (mit seiner Frau Galina Wischnewskaja als Sopranistin in der 14. Sinfonie), doch das angekündigte Musikstück erhielt er nie. Schostakowitschs letzte Komposition war eine Sonate für Bratsche und

Klavier, die er im August 1975, einen Monat vor seinem Tod, vollendete. Erst später fanden sich in den Archiven Entwürfe mit den thematischen Ideen für die Bratschensonate, allerdings im Bassschlüssel notiert. Zudem fiel die Ähnlichkeit einer Quartenpassage der Bratsche gegen Ende des Stücks mit der Klarinettenphrase sechs Takte vor Ende von Richard Strauss' Tondichtung *Don Quixote* auf, bei der das Cello eine prominente Solorolle hat. Die »interessante Komposition«, die Schostakowitsch im Sinn hatte, war eine Cellosonate für den gemeinsamen Freund von ihm und Britten. Möglicherweise hatte er sogar im Sinn, dass der Engländer bei einer denkbaren Uraufführung in Aldeburgh den Klavierpart übernimmt. Doch da durch die angespannte politische Lage sämtliche der bisher genutzten Übermittlungskanäle in den Westen gekappt waren, gestaltete Schostakowitsch das Werk für die Bratsche um. Etwas für einen anderen Cellisten zu komponieren, wäre für ihn und Britten undenkbar gewesen.

Schostakowitsch war sich bewusst, dass er in seiner Kunst mutiger war als in seinem öffentlichen Auftreten. Kurz bevor er 62 Jahre alt wurde, merkte er in einem Brief an Glikman an: »Menschen dieses Alters lieben es, zu kokettieren, und antworten auf die Frage ›Wenn Sie noch einmal geboren würden, wie würden Sie dann Ihre 62 Jahre verbringen, auch so wie diese?‹: ›Ja, natürlich, es gab Misserfolge, es gab Kränkungen, aber im Ganzen würde ich diese 62 Jahre genauso verbringen wollen.‹ Ich würde auf diese Frage, falls sie mir gestellt würde, antworten: ›Nein! Tausendmal nein!‹.«[1078] Noch im Februar 1967 hatte er in einem Brief dem befreundeten Maler Solomon Moissejewitsch Gerschow anvertraut, er habe »einen Charakter, bei dem die Erinnerungen eine große, aber keineswegs ›helle‹ Traurigkeit erwecken«.[1079] Doch er konnte nicht aus seiner Haut schlüpfen. Sein Student, späterer Kollege und Briefpartner Boris Tischtschenko bestätigte, dass Schostakowitsch nach eigenem Bekunden den Halbsatz einer neutestamentlichen Sentenz hochhielt: »Gebt dem Kaiser, was des Kaisers ist.«[1080] Was er hingegen bei Ausgrenzung und Exil empfand, erkennt man unter anderem im sechsten und siebten Lied seiner *Michelangelo-Suite* op. 145, »Dante« und »Im Exil«. Dantes verdienstvolle Leistungen »wurden von dem undankbaren Volk unzureichend gewürdigt«, heißt es darin, doch es sei »einfacher, die Leute zu beschuldigen, die ihn gekränkt haben, als die geringste seiner Tugenden zu erlangen«. Mit den Stoßseufzern »wäre ich nur er« und wäre einem nur das Glück zuteil, »sein hartes Exil wie auch seine Tugenden zu teilen« verwies der Text auf eine Möglichkeit, die für Schostakowitsch persönlich immer eine musik-literarische Theorie blieb.

*

Benjamin Britten ahnte noch nicht, dass er im April 1971 Leningrad und Moskau zum letzten Mal sehen würde. Er besuchte ein Konzert mit den Leningrader Philharmonikern, das ihm zu Ehren gegeben wurde, und leitete in beiden Städten höchstpersönlich Auftritte des London Symphony Orchestra, das sich auf Tournee mit André Previn befand. »Einer fachkundigen Schätzung zufolge, die ich in Leningrad erhielt, war der Saal mit 4000 Menschen brechend voll, obwohl er nicht mehr als 2000 fassen sollte«, meldete Duncan Wilson an das Außenministerium. Selbst wenn dies »eine Übertreibung sein mag«, wie der britische Botschafter vermutete, schien die Neugier enorm zu sein.[1081] Dabei wurde das Gastorchester noch nicht einmal bevorzugt behandelt, denn man konnte froh sein, vormittags neunzig Minuten Probenzeit zu erhalten, da ab 11:30 Uhr die Platzhirsche, die Philharmoniker, Beethovens 9. Sinfonie für ein Konzert am Wochenende einstudierten. Die erneuten ›Tage der britischen Musik‹ waren ohnehin erst kurzfristig auf die Agenda gesetzt worden, da das ›Anglo-sowjetische Kulturabkommen‹ für die Jahre 1971 bis 1973 erst am 2. März 1971 unterzeichnet worden war mit der Vorgabe, dass im nächsten Jahr Veranstaltungen zur russischen Musik in Großbritannien stattfinden sollten.

Das London Symphony Orchestra hatte William Walton mitgebracht und stellte neben etlichen anderen Stücken seine Musik in den Vordergrund. Britten dirigierte ausschließlich eigene Werke. Swjatoslaw Richter interpretierte dabei sein Klavierkonzert und Mstislaw Rostropowitsch die *Cello-Sinfonie*. Britten hatte sich bereits im Januar mit dem britischen Botschafter in der UdSSR, Duncan Wilson, in Moskau getroffen und erklärt, dass er seine Beteiligung an den ›Tagen der britischen Musik‹ von der Mitwirkung Richters und Rostropowitschs abhängig machen würde. Da Jekaterina Furzewa den Pianisten ungemein schätzte und um die Verbindung des Cellisten zu Brittens Komposition wusste, genehmigte sie die Teilnahme. Zum offiziellen Essen mit dem ganzen Orchester in der Botschaft waren die verfemten Künstler allerdings nicht eingeladen. Die Frau des Komponisten William Walton – der offizieller Gast des London Symphony Orchestra war, während Britten auf Einladung der britischen Botschaft vor Ort war – berichtete, dass »Ben und William ein fürchterliches Theater machten«, bis schließlich auch Rostropowitsch und Wischnewskaja erschienen.[1082]

Man habe Rostropowitsch häufig gesehen, berichtete Britten einem Musikerkollegen. »Er darf arbeiten – er spielte zwei Konzerte mit uns und wir besuchten eine Aufführung von *Krieg und Frieden*, die er am Bolschoj leitete. Er muss viel reisen, selbst in die entlegensten Winkel von Russland, aber wie Sie wissen, fällt ihm dies nicht schwer, denn er spielt gerne überall in seinem geliebten Land. Es kann kein Zweifel bestehen, dass er schikaniert wird, aber es ist nicht so schlimm, wie wir befürchtet haben, und Slawa, ein großer und mutiger Mensch, verkraftet es wunderbar. Wie Sie sich denken können, ist es nicht einfach, sich dort frei zu unterhalten, aber es scheint, dass ihm nicht erlaubt wird, in diesem Jahr ins Ausland zu reisen. Jedoch ist er entschlossen, im nächsten Jahr zum Aldeburgh Festival zu kommen und, wie ich mir vorstellen kann, auch in andere Orte.«[1083] In Leningrad hatte Britten Rostropowitsch eine dritte Cellosuite überreicht. Er sollte den Freund aber erst im Dezember 1974 wiedersehen, als dieser das Werk in Snape uraufführte.

Anfang Mai traf sich Britten mit Edward Heath in der Downing Street Nr. 10, um ihm aus erster Hand von seinen Erfahrungen zu berichten. Dabei besprach man, wie man Jekaterina Furzewa angemessen für die Veranstaltungen zur britischen Musik danken und zugleich diplomatischen Druck zugunsten von Rostropowitsch und Wischnewskaja ausüben könne. Heaths Privatsekretär schickte Britten vorab das Schreiben zur Kenntnisnahme. »Ich denke, dass der Brief des Premierministers an Madame Furzewa ausgezeichnet ist«, entgegnete Britten, betonte aber: »Ich sehe aber überhaupt keine Notwendigkeit, warum mein Name erwähnt werden sollte.«[1084]

Wie die vorangegangenen Reisen in die UdSSR war auch diese äußerst ergiebig und erlebnisreich. Pears berichtete in seinen Tagebüchern, dass man vor einem Einkaufsbummel auf »unsere Bank« ging, um Geld abzuheben, das man 1965 deponiert hatte. »Nach nur einigen wenigen Unterschriften und kurzem Herumrechnen einer kräftigen Dame mit dem Abakus« erhielt man 500 Rubel, die zum Erstaunen der Engländer die Kontosumme nicht veränderten, da es sich um die Zinsen für die eingezahlten 1000 Rubel handelte.[1085] Soweit man in Musikgeschäften fündig wurde, vervollständigten beide weiter die Tschajkowskij-Edition und kauften sich vor allem Partituren von Prokofjew und Rimskij-Korsakow.

Britten und Pears hielten in den Buchhandlungen auch Ausschau nach der russischen Übersetzung von Imogen Holsts Büchlein über Britten, »aber wir haben es noch nicht gefunden«, notierte Pears, »vielleicht ist es noch nicht erschienen«.[1086] Wie man in Leningrad erfuhr, entstand gerade zu dieser Zeit die erste russische Britten-Biografie, verfasst von der jungen Musikwissenschaftlerin Ljudmila Kownatskaja. Da Britten ihr Dissertationsthema war, bat sie der Verlag Kompositor, einen Band über den Engländer zu verfassen. Am Konservatorium war eigens ein Begegnungstreffen angesetzt worden, bei dem man den Gast aus England näher kennenlernen sollte und Fragen stellen konnte. Doch kaum jemand der erschienenen gut dreißig Studenten und Professoren war mit dem Komponisten und seinem Werk vertraut. Und so meldete sich Kownatskaja mit einer Frage. Antwort. Schweigen. Erneut erhob sich Ljudmila Kownatskaja, um das Gespräch in Gang zu halten. Rückblickend kam es ihr vor, als sei sie die einzige gewesen, die sich wie ein Stehaufmännchen ständig meldete, um mehr aus Britten herauszuholen.[1087] Der Komponist war durch seinen Terminplan zu eingeschränkt und gesundheitlich zu angeschlagen, um sich mehr Zeit für Gespräche mit Kownatskaja zu nehmen, doch er unterstützte ihre Arbeit so gut er konnte mit Notenmaterial und Bildern, die er ihr zur Verfügung stellte. Nachdem Ljudmila Kownatskaja schon 1973 einen Artikel zum 60. Geburtstag von Britten in der November-Ausgabe der Zeitschrift *Sowjetskaja musika* veröffentlicht hatte, erschien schließlich ihre 392 Seiten starke, vor allem mit Szenenfotos reich illustrierte und mit vielen Notenbeispielen versehene Biografie 1974 in der Buchreihe »Musik im Ausland – Meister des 20. Jahrhunderts«, die unter anderem auch Künstler wie Honegger und Bartók vorstellte. Während, dem ideologischen Hintergrund des sowjetischen Kulturlebens geschuldet, die ersten beiden Fußnoten in der Einleitung noch Bezug auf die Schriften von Marx und Engels nahmen, verwiesen die dritte und vierte Fußnote auf die Werke von Belinskij und Puschkin, einem der wichtigsten Verbindungsglieder zwischen Britten und Schostakowitsch. Letzterer wurde auf 16 Seiten in dem Buch erwähnt; Pears nur einmal mehr. Der Sänger fand sich aber nicht auf den Abbildungen, die Britten unter anderem zusammen mit Königin Elizabeth II., Forster, Auden, Bridge und Kodály zeigen, sondern ist vornehmlich in Szenenbildern zu sehen. Das Britten-Portrait, das auf dem Frontispiz Verwendung fand, erhielt die Verfasserin eigens vom Komponisten für ihr Buch, wie sicher auch einen privaten Schnappschuss, der Britten beim Tennis auf dem Rasen beim Red House zeigt. Da der Band auch einen Abriss des englischen Musiklebens bot, zierten den Bildteil Portraits von Parry, Stanford, Elgar, Vaughan Williams, Searle, Rubbra, Lambert, Berkeley, Bliss, Menuhin und Tippett. Britten wurde in Kownatskajas Buch »nicht nur als Musiker, sondern auch als Mensch sympathisch« geschildert.[1088] Die Verfasserin merkte zudem an, dass die Beziehungen und Kontakte mit den Vertretern der sowjetischen Kultur großen Einfluss auf den Komponisten ausgeübt und zweifellos sein Schaffen bereichert hätten, aber sie verweist auch auf die Wechselwirkungen im Schaffen von Schostakowitsch und Britten, die gegenseitigen Widmungen sowie die gemeinsame Bewunderung für Mahler. Ungeachtet der sorgfältigen Vorbereitung dieser Publikation war Kownatskajas Britten-Biografie bald wieder aus den Läden verschwunden, da es Mitte der 1970er-Jahre um die Beziehungen zwischen Russland und Großbritannien nicht zum Besten stand. Schon Ende 1968 hatte das britische Außenministerium darauf gedrungen, die Anzahl der sowjetischen »Diplomaten« im Lande zu reduzieren, da sie mit gut 550 höher lag als in jedem anderen westlichen Staat, die USA eingeschlossen. Schließlich sah sich im September 1971 die Regierung von Premierminister Edward Heath gezwungen, ein Exempel zu statuieren, nachdem man auf diplomatischem Wege keine Fortschritte erreichen konnte. Ein russischer Überläufer hatte den Engländern eine Liste von Spionen zugespielt, was den Auslöser bot für die härteste Gegenmaßnahme in den Beziehungen zur UdSSR: Die englische Regierung wies neunzig sowjetische Diplomaten aus und untersagte 15 weiteren, die sich gerade im Ausland befanden, die Rückkehr. Wieder einmal war in der Geschichte der britisch-russischen Beziehungen ein Tiefpunkt auf politischer Ebene erreicht. Schon bei seiner Reise im April 1971 hatte Britten die Lage als zunehmend angespannter und schwieriger empfunden. »Ich spürte seine Nervosität«, erzählte Ljudmila Kownatskaja.[1089] Dennoch versuchte er stets, seiner Maxime treu zu bleiben, die er in einem Brief vom September 1968 an Duncan Wilson auf den Punkt gebracht hatte: »Keeping the cultural door open« – im Kulturleben die Tür stets geöffnet halten. Bei Schostakowitsch war er mit dieser Einstellung willkommen.

*

Gerade die Treffen mit Dmitrij Schostakowitsch bescherten Benjamin Britten Entspannung und Wohlbefinden. Laut Pears waren sie 1971 »der Höhepunkt unseres Besuchs«.[1090] »Wir wurden in Dmitrijs Wohnung eingeladen zu einer privaten Probe des Beethoven-Quartetts mit Ds neuestem Streichquartett, der Nr. 13«, erinnerte sich Brittens Lebenspartner. »Wir trafen uns in Slawas Wohnung, gingen dann hinüber zu Ds.«[1091]

Elizabeth Wilson, Tochter des Botschafters und Cellostudentin von Rostropowitsch, war als Übersetzerin zugegen. »Wir wurden an der Tür von Schostakowitsch empfangen und nahmen im angrenzenden Arbeitszimmer Platz, wo die ›Beethovenianer‹ sich schon versammelt hatten«, erinnerte sie sich. »Zu unserer Bestürzung erschien auf einmal ungebeten die offizielle Übersetzerin – ein Beweis dafür, dass die Wände der Botschaft eigene Ohren besaßen, da niemand ihr Zeit und Ort dieses Treffens verraten hatte. Dennoch gelang es ihr nicht, dieses Ereignis zu verderben – ein rein musikalisches Erlebnis. Wir lauschten in angespannter Stille, wie das Beethoven-Quartett diese außergewöhnliche Musik interpretierte.«[1092] Pears fasste in seinem Reisetagebuch die Eindrücke zusammen, die sicher auch Britten mit ihm teilte: »Ein überwältigendes Werk in einem Satz von großer Intensität und berührender Schönheit – traurig, aber erhaben, mit einer außergewöhnlichen Verwendung des Bogens, mit dem auf das Holz der Instrumente geschlagen wird. Auf unsere Bitte hin haben sie es noch einmal gespielt, und wir waren abermals tief bewegt. Der Bratschenpart ist enorm & wurde lobenswert gespielt. Ich glaube, Dmitrij war erfreut und bewegt von unseren Emotionen. Er hat nicht viele Besucher, die er voll und ganz respektiert wie Ben.«[1093] Britten zeigte sich so begeistert von der Darbietung, dass er dem Bratschisten Fjodor Druschinin ein signiertes Exemplar seines *Lachrymae* für Bratsche und Klavier schenkte.

»Ich habe ein famoses neues Quartett von Schostakowitsch gehört«, teilte Britten einem Kollegen mit, »aber er ist sehr, sehr krank & wollte überhaupt nicht, dass ich ihn verlasse.«[1094] Druschinin berichtete, Britten habe sogar »Schostakowitschs Hand geküsst, weil er so tief bewegt und dankbar war«.[1095] Der Engländer sorgte dafür, dass Schostakowitschs 13. Streichquartett bald auf der Insel Verbreitung fand und vom Fitzwilliam-Quartett 1972 in Harrogate und York vorgestellt wurde. Im Folgejahr erklang es durch das Amadeus-Quartett auch beim Festival in Aldeburgh.

Bei dieser Reise fand Britten, dass »Russland aufregend, aber sehr beunruhigend war«, wie er einem Freund schrieb. Zusammen mit Pears schickte der Komponist eine Ansichtskarte vom Roten Platz an seine Sekretärin Rosamund Strode: »Die Menschenmengen rund um Lenins Grabstätte waren gewaltig (an seinem Geburtstag). Es war sehr interessant – aber … uff! Es wird schön, wieder zu Hause zu sein.«[1096]

*

In seiner dritten Suite für Solocello setzte sich Britten am intensivsten mit der russischen Musiktradition auseinander, indem er unter anderem mit einem Kontakion, einer frühen Form der byzantinischen Hymnendichtung, auf ein traditionelles Modell aus der Kirche der Byzantiner Bezug nahm. Als im April 1971 Britten in Rostropowitschs Wohnung in der Moskauer Neschdanowastraße den Freunden das kurz zuvor vollendete Werk am Klavier vorstellte, »war die Wirkung der Suite umso eindringlicher, da sie in dem Bewusstsein der Schikanen entstand, die Rostropowitsch kürzlich hinnehmen musste«, erinnerte sich die Augenzeugin Elizabeth Wilson. »Das Werk, das auf russischen Themen basierte, zollte offenkundig einem russischen Patrioten Tribut. Als Britten aufhörte zu spielen, erhob er sich unter ›Bravo‹-Rufen vom Klavier. Er schien alle Anerkennung für das, was wir gerade gehört hatten, von sich zu weisen, und zuckte verlegen mit den Schultern. Verschämt entschuldigte er sich für seine unzulängliche Darbietung und dafür, dass er die Musik zu schnell gespielt habe. Bei diesem Stichwort mischte sich Schostakowitsch ein und sagte, ›Ja, ja, Ben, wir Komponisten neigen immer dazu, unsere Musik zu schnell zu spielen …‹ Dmitrij

Dmitrejewitsch fuhr fort, ein Argument bezüglich des Kontakion (›Ruhe bei allen Heiligen‹) aus der orthodoxen Liturgie vorzubringen, das Britten als eines der Themen der Suite verwendet; nach einigen Variationen werden alle Themen am Schluss in ihrer ursprünglichen Fassung vorgestellt. Schostakowitsch kannte eine andere Version der Melodie, in der ein B statt eines H erklingt, und stellte die Quelle der Variante in Zweifel, auf die sich Britten bezog. Britten war ganz aufgebracht: ›Natürlich hat Dmitrij bestimmt Recht – aber was soll ich denn jetzt machen?‹ (Er wandte sich an Peter Pears.) ›Ich kann das Thema ändern, aber was wird dann aus den vorangegangenen Variationen …? Ich werde das ganze Stück umschreiben müssen.‹ Als er seine Erregung bemerkte, versuchte Dmitrij Dmitrejewitsch, Ben zu beruhigen und fing an, sich übermäßig zu entschuldigen und sagte, das mache doch nichts, zweifellos gebe es sicher mindestens zwei Fassungen, nur sei ihm bloß die andere vertraut.«[1097] Kaum war Britten nach England zurückgekehrt, konsultierte er Fachleute für Musik der orthodoxen russischen Kirche, die ihm bestätigten, dass seine Version des Kontakion durchaus gängig sei. Aus Respekt gegenüber Schostakowitsch fügte er in die Druckfassung der dritten Cellosuite beide Versionen ein, was den Interpreten die Wahl überlässt. »Wie Schostakowitsch traute er nicht dem Überarbeiten von bereits Geschriebenem«, meinte Elizabeth Wilson.[1098]

Nachdem er Rostropowitsch in Leningrad das Original überlassen hatte, schickte Britten Schostakowitsch nach seiner Rückkehr eine Kopie. Auf Papier mit dem Briefkopf des Red House sandte er ihm am 19. Juli 1971 eine handgeschriebene Nachricht:

»Mein liebster Dmitrij,
hier ist die Suite, die zu senden ich Ihnen versprochen hatte. Sie werden sehen, dass ich Ihre Fassung des Kontakions mit kleinen Noten eingefügt habe und eine andere kleine Note zur Erläuterung, um den Unterschied deutlich zu machen. Für mich ist es ungemein aufregend zu wissen, dass Ihnen das Werk gefällt.

Es war wunderbar für Peter und mich, Sie zu sehen, als wir im Frühling in Moskau waren.

Unsere besten Wünsche sind immer bei Ihnen und Ihrer Gesundheit – es ist so wichtig für uns, dass Sie weiterhin Ihre großartige Musik komponieren! Die neue Schallplatte von ›unserer‹ 14. Sinfonie ist hier gerade veröffentlicht worden und hat einen wunderbaren Erfolg. Ich bin so stolz!

Peter und ich versichern Ihnen und Ihrer Frau unsere Zuneigung und wir hoffen sehr, dass wir Sie bald in Russland oder in England wiedersehen.«[1099]

*

Mitte September 1971 erlitt Schostakowitsch kurz vor seinem 65. Geburtstag einen zweiten Herzinfarkt. Seine Beteiligung an Kongressen und Konzerten musste er absagen; die Uraufführung der 15. Sinfonie verschob man auf das Frühjahr. »Ich danke Dir für Deine Anrufe«, schrieb er Ende November an Glikman, seinen »lieben Isaak Dawidowitsch«. »Nach zweimonatigem Krankenhausaufenthalt bin ich ins Sanatorium umgezogen. Irina mit mir. Mein Herz hat man gut kuriert. Allerdings sind meine Hände und meine Beine sehr geschwächt. Alles das, was bei mir vor der Krankheit zu Kräften gekommen war, ist jetzt wieder sehr schlecht geworden. Ich werde anscheinend alles von vorn anfangen müssen.« Schlimmer war allerdings für ihn: »Man hat mir Vorschriften gemacht: Alkohol, Nikotin, starken Tee und starken Kaffee vollständig aus der Verpflegung zu streichen. Das verdrießt mich. Achte auf Deine Gesundheit. Es wird furchtbar schwer, wenn Du sie verlierst.«[1100]

Krzysztof Meyer berichtete über Schostakowitsch, in Phasen der Niedergeschlagenheit »schien er den Glauben an seine Fähigkeiten zu verlieren«. Einerseits berichtete er von seiner neuen Sinfonie, um im nächsten Satz zu seufzen: »Wahrscheinlich sollte ich nicht mehr komponieren. Aber ich kann nicht anders leben.«[1101]

Seine offiziellen Aktivitäten beschränkte er auf ein Minimum. Umso seltsamer erschien es, dass Britten Anfang März 1972 einen am 28. Februar mit der Schreibmaschine auf Russisch verfassten Brief mit Schostakowitschs Unterschrift erhielt. Der Tonfall ließ allerdings vermuten, er sei von offizieller Stelle verfasst worden und Schostakowitsch habe nur seinen Namen daruntergesetzt. Allein die Anrede war in Anbetracht des mittlerweile freundschaftlichen Tonfalls viel zu förmlich.

»Lieber Mr. Britten,
wie Sie vielleicht schon wissen, wurde in Brüssel eine Gruppe gebildet, die die Versammlung einer Vereinigung gesellschaftlicher Kräfte in die Wege leiten soll.

Die geplante Vereinigung ist aufgerufen, lebenswichtige Fragen hinsichtlich des Erhalts und der Stärkung des Friedens und der Sicherheit in Europa zu diskutieren.

Ich bin tief davon überzeugt, dass die Probleme der Friedensstärkung zwischen den Nationen unseres Kontinents eigentlich nur die Gemüter und die Herzen der Kunstschaffenden in den europäischen Ländern bewegen kann – sie sind uns allen nah und wichtig.

Lieber Mr Britten, wären Sie bereit, die Idee der Versammlung zu unterstützen und nach Brüssel zu fahren und daran teilzunehmen, sobald die eigentliche Einladung kommt?

Ich sende Ihnen ein Informationsbulletin mit einem detaillierteren Bericht über die Vorbereitungen zu der Vereinigung gesellschaftlicher Kräfte.

Mit freundlichen Grüßen, Ihr D. Schostakowitsch.«[1102]

So sehr ihnen der Friede auch am Herzen gelegen haben mag, mittlerweile mussten beide Komponisten ihre Energiereserven sorgsam und genau einteilen. Dennoch wolle er die »engen und direkten Beziehungen zu etlichen wichtigen Russen« pflegen, schrieb Britten am 10. Juli 1972 an Michael Scammell, den ersten Leiter der Organisation ›Writers & Scholars International‹. Britten nannte explizit »Rostropowitsch, Richter, Madame Furzewa (mit der ich erst kürzlich persönlichen Kontakt hatte) und Schostakowitsch, der uns in der kommenden Woche besuchen wird – und mir ist sehr daran gelegen, diese Verbindungen so lange wie möglich aufrecht zu erhalten.«[1103]

*

Die Zeit als Dmitrij Schostakowitsch zum ersten und einzigen Mal Aldeburgh besuchte, fiel für Britten in eine Phase hektischer Aktivitäten. Er spielte für das Label Decca Robert Schumanns *Szenen aus Goethes Faust* mit dem English Chamber Orchestra, Dietrich Fischer-Dieskau und Peter Pears ein, worauf die Vorbereitung und Durchführung des Festivals in Aldeburgh wieder all seine Energien beanspruchten. Zwei Wochen Ferien auf den Orkney- und Shetland-Inseln brachten nur eine kurze Erholung. Sterbenskrank drängte es ihn, an seiner Oper *Death in Venice* weiterzuarbeiten, für die wieder Myfanwy Piper das Textbuch verfasste – ihr Mann John Piper hatte an wichtigen Stationen von Brittens Laufbahn das Bühnenbild zur ersten Kammeroper, *The Rape of Lucretia*, und das Buntglasfenster für die Taufkapelle der neuen Kathedrale in Coventry, dem Uraufführungsort des *War Requiem*, entworfen. Kaum war Britten von den Inseln im hohen Norden zurückgekehrt, begab er sich wieder in einen – wie er es nannte – »Strudel von Besprechungen, Sitzungen zum neuen op[us] mit Myfanwy« und vielem mehr. Und dann erwähnte er in einem Brief an seine Schwester Barbara kurz: »3 Tage mit Schostakowitsch & seiner süßen Frau hier unten«.[1104]

Der einzige Besuch seines russischen Freundes in Aldeburgh fand vom 13. bis zum 15. Juli 1972, zwölf Jahre nach dem ersten Kennenlernen, statt. Britten war 58 und Schostakowitsch 65 Jahre alt. Der russische Komponist übernachtete mit seiner Frau im Wentworth Hotel in Aldeburgh und wurde im Red House empfangen, bewirtet und divertiert. Aus einer Epoche, in der das Telefon zum gängigen Kommunikationsmedium wurde, sind leider weniger Briefe mit detaillierten

Schilderungen besonderer Ereignisse überliefert als aus früheren Zeiten. Dementsprechend muss man auf andere Quellen vertrauen. »Von seiner Schiffsreise nach England wieder in Leningrad zurück, rief mich Dmitrij Dmitriewitsch am 21. Juli 1972 an«, berichtete Isaak Glikman. »Er lud mich ins Hotel ›Jewropejskaja‹ ein, um mit mir gemeinsam zu Abend zu essen. Schostakowitsch erzählte, dass er bei dem Komponisten Benjamin Britten in Aldeburgh zu Gast gewesen sei; in bezaubernder, am Meer gelegener Abgeschiedenheit. Britten habe ihm die noch nicht vollendete Oper *Tod in Venedig* nach der Erzählung Thomas Manns gezeigt, die ihm gefallen habe.«[1105] Ganz für sich allein im Stillen ein Musikstück zum Leben zu erwecken und durch seine Vorstellungskraft zum Klingen zu bringen, indem er konzentriert die Partitur las, gehörte zu einer lieb gewordenen Gewohnheit von Schostakowitsch. Aber dabei das nicht für die Öffentlichkeit bestimmte, noch unvollendete Originalmanuskript in Händen zu halten, stellte eine ganz besondere Gunst dar. Schostakowitsch gewährte sie höchstens einem engen Kreis von Kollegen, denen er vertraute. Arthur Bliss musste bei seinem Besuch in der Sowjetunion 1956 schnell seine Hoffnungen begraben, »dass er mir die Entwürfe zu seiner neuen Sinfonie, an der er gerade arbeitete, mitbringen würde, denn in meinem Zimmer stand ja ein Klavier und Schostakowitsch ist ein vortrefflicher Pianist«. Seinerzeit entschuldigte sich Schostakowitsch damit, dass »die Sinfonie noch nicht ausreichend Fortschritte gemacht habe, um sie jemandem zu zeigen«.[1106] Warum hätte er sie einem Fremden, einem Ausländer zumal, vorführen sollen? Das Verhältnis von Benjamin Britten und Dmitrij Schostakowitsch hatte eine ganz andere Ebene erreicht. Britten war einer der ersten, der bereits im April 1972 eine Partitur der kurz zuvor uraufgeführten 15. Sinfonie des Russen erhielt. Brittens Sekretärin Rosamund Strode erinnerte sich, dass »Ben nie, *niemals* jemandem ein unvollendetes Werk zeigte und erst recht nicht einem anderen Komponisten«. Für Schostakowitsch machte er eine Ausnahme und präsentierte ihm das etwa bis zur Hälfte gediehene Manuskript von *Death in Venice* – ein besonderer Ausdruck von Wertschätzung und Vertrauen. Vielleicht, selbst wenn darüber nichts überliefert ist, schwang auch noch eine Spur schlechten Gewissens darüber mit, dass man sechs Jahre zuvor durch die eigene Unachtsamkeit Schostakowitsch zugemutet hatte, im Rahmen eines privaten Treffens unmittelbar mit seinem Erzfeind Chrennikow konfrontiert zu werden. Nun stand Britten unter höchstem Druck, denn – so Strode – »er sah äußerst angespannt aus, während Schostakowitsch mit der Partitur allein in der Bibliothek saß; doch als er schließlich wieder auftauchte, strahlte er.«[1107]

»Es gab keine speziellen Diskussionen über Thomas Manns Novelle, aber er zeigte Dmitrij Dmitriewitsch diese unvollendete Partitur«, erzählte Irina Schostakowitsch. »Er ging mit uns um das Haus, in dem er lebte, spazieren. Peter Pears und auch Rosamund Strode waren dabei. Er hatte auch eine wunderbare Haushälterin [Elizabeth Hudson], die uns mit vielen Leckereien versorgte. Britten fuhr uns dann herum, zeigte uns Aldeburgh und die Alte Mühle, in der er als junger Komponist gelebt hatte. Er hatte ein offenes Cabriolet, in dem alles echt war.«[1108] Ein Übersetzer war bei diesem Treffen nicht anwesend, sodass sich Britten und Schostakowitsch mit den russischen bzw. englischen Worten, die jeder konnte, behelfen mussten und alle Anwesenden zusammen mit Aldeburgh-Deutsch. »Schostakowitschs Besuch war sehr bewegend – ein sehr großes, bescheidenes Genie«, schrieb Britten am 28. Juli 1972 an Peg, Prinzessin Margaret von Hessen. »Angespannt, ich weiß, aber hat er nicht allen Grund – !«[1109] Dmitrij Schostakowitsch trug sich mit seiner Frau nicht nur ins Gästebuch des Red House ein, sondern musste auch noch einem speziellen Wunsch nachkommen: Der Premierminister Edward Heath, der sich anscheinend nicht traute, Schostakowitsch direkt um ein Autogramm zu bitten, schickte eine unterschriebene Abbildung seines Konterfeis an Benjamin Britten, damit dieser ihm im Gegenzug die Signatur besorge, wenn sein Freund zu Gast in Aldeburgh weilt. Rosamund Strode leitete das Gewünschte weiter und erhielt am 18. Juli 1972 von einer Mitarbeiterin aus der Downing Street die Mitteilung, sie solle »im Namen des Premierministers mitteilen, wie begeistert er war, die Fotografie von Mr. Schostakowitsch zu erhalten.«[1110] Am 26. Juli 1972 schrieb Irina Schostakowitsch, dass sie nun »gerne den versprochenen Tee schickt«. »Unsere Reise ist gut zu Ende gegangen«, heißt es weiter in dem Schreiben an den »lieben Ben«. »Wir denken oft an unseren wundervollen Besuch in Aldeburgh, Ihre Gastlichkeit und Freundlichkeit. Dmitrij sendet Ihnen Grüße. Übermitteln Sie unsere herzlichsten Grüße an Peter und Ihren ganzen Haushalt. Mit besten Wünschen. I. Schostakowitsch.«[1111]

*

Das Red House war nicht das einzige Ziel von Dmitrij und Irina Schostakowitsch. Über einen Monat zuvor hatten sie sich am 31. Juni im Hafen von Leningrad an Bord der *Baltika* begeben, die sie auf eine Rundreise nach England und Irland brachte. Während der Überfahrt zeigte sich der berühmte Mitreisende weniger an einer Sonderbehandlung interessiert, als eher daran, dass ihm jemand sein altes Transistorradio reparierte, weil er die Berichte über die Schachweltmeisterschaft verfolgen wollte. Der Ost-West-Konflikt hatte sich auf die Ebene des Sports verlagert: So wie immer eine besonders angespannte Atmosphäre herrschte, wenn beim Eishockey das tschechische auf das sowjetische Team traf, sah sich die im Schach seit Jahrzehnten dominierende UdSSR damit konfrontiert, dass ein nordamerikanischer Herausforderer, der 29-jährige Bobby Fischer, dem amtierenden 35 Jahre alten Schachweltmeister Boris Spasskij den Titel streitig machte. Der Wettkampf in Reykjavík begann kurz vor dem Besuch in Aldeburgh und endete damit, dass den Russen beim Schach der Nimbus der Unbesiegbarkeit genommen wurde.

Schostakowitsch war auch in künstlerisch-diplomatischer Mission unterwegs. Man verlieh ihm den Doktortitel am Trinity College in Dublin, wo er auch vom dem mittlerweile fast legendären Präsidenten Éamon de Valera empfangen wurde, der 1916 noch wegen seiner Beteiligung am Osteraufstand gegen die britische Herrschaft in Irland im Gefängnis gelandet war und einige Jahre später am Aufbau eines unabhängigen Staates mitgeholfen hatte. In London ehrte Premierminister Edward Heath Schostakowitsch mit einer Einladung. Heath stand in der Tradition musikkundiger Politiker wie Friedrich I. und Paderewski: Während sein deutscher Kollege Helmut Schmidt sogar an einer Einspielung von Mozarts Konzert für drei Klaviere KV 242 beteiligt war, trat der englische Regierungschef häufig als Dirigent auf. »Heath mangele es, nach Ansicht Dmitrij Dmitriewitschs, nicht an britischem Humor«, erzählte Isaak Glikman. Auch wenn die Zeitung *France Soir* meckerte, er habe beim Festival in Luzern mit dem Jugendorchester der Europäischen Union »Mozart massakriert«,[1112] war Heath ein Politiker, wie ihn sich Britten und Schostakowitsch nur wünschen konnten: Er hatte die Phase der Kultur A überwunden und den Bedeutungsverlust des Empires in der Kultur B akzeptiert. Unter seiner Ägide stellte man in Großbritannien bei der Währung sogar auf das weltweit übliche Dezimalsystem um. Britten schätzte ihn besonders für seine Vermittlungen britisch-russischer Musikkontakte mit der Kulturministerin Jekaterina Furzewa. Edward Heath war begeistert von der Idee eines vereinten Europa und führte das Vereinigte Königreich, das nach einem Kabinettsbeschluss 1967 zum zweiten Mal die Mitgliedschaft in der Europäischen Union beantragt hatte, zum EU-Beitritt im Januar 1973. Damit hatte es zumindest eines der beiden Länder geschafft, die zu Europa gehören, aber bei der Europäischen Union immer im Abseits standen. Britten hatte bereits im Dezember 1961 in einem Brief an den Platten- und Fernsehproduzenten John Culshaw geäußert, er sei »für alle Monarchen, aber nicht mehr für jene Art von Propaganda, die dem Internationalismus entgegenwirkt, insbesondere dem Europäismus, der mir als die einzige Hoffnung für die Welt erscheint!«[1113] Die Staaten des Westens rückten enger zusammen; nur gegenüber Schostakowitschs Heimat Russland waren sie – selbst als sich etliche Jahre nach dem Tod des Komponisten die Möglichkeit bot – nie in der Lage, das seit den

1830er-Jahren bestehende Konfrontationsdenken zu überwinden. Männern vom Format eines Edward Heath gelang es sogar, seine Verständigungspolitik durchzusetzen, als Großbritannien noch zu Lebzeiten von Britten und Schostakowitsch im Juni 1975 in einem Referendum über die Mitgliedschaft des Landes in der EWG, der Europäischen Wirtschaftsgemeinschaft, abstimmte: Bei einer Wahlbeteiligung von 64 Prozent entschieden sich 67 Prozent der Teilnehmer für die europäische Gemeinschaft. Diese Entwicklung kommentierte der amerikanische Außenminister Henry Kissinger zähneknirschend als einen »Wendepunkt in den atlantischen Beziehungen«[1114] und musste zu seinem Missvergnügen hinnehmen, dass die Briten es 1973 der NATO nicht gestatteten, von ihrem Territorium aus Lufttransporte nach Israel zu starten, das sich gerade mit den Nachbarstaaten im Krieg befand. Dies dürfte ganz im Sinne Benjamin Brittens gewesen sein. Das seit der Antike sagenumwobene ›Goldene Zeitalter‹ – das griechische χρύσεον γένος bzw. das römische ›aurea saecula‹, das den Idealzustand der friedlichen Urphase der Menschheit vor der Entstehung der Zivilisation beschreibt – sah für den englischen Komponisten ein wenig anders aus als in Schostakowitschs Fußballballett aus den 1930er-Jahren. In seinem Anthem *Voices for Today*, das zum zwanzigjährigen Jubiläum der Vereinten Nationen entstanden war, verwendete er verschiedene Texte von Autoren, die etwas zum Thema ›Frieden‹ äußerten. Den wichtigsten und längsten Textanteil räumte er Vergils *Ekloge IV* ein, in der schon 2000 Jahre zuvor die Vision einer besseren Zeit heraufbeschworen wurde: »Schon kehrt wieder Saturnus' Regierung: Neue Geburten entsteigen nun bald dem erhabenen Himmel«, heißt es in dem symbolreichen Text, »und die goldene Zeit aufsteiget dem sämtlichen Erdkreis.«[1115] Das Goldene Zeitalter einer friedvollen Welt schien Anfang der 1970er-Jahre von einer anderen Richtung her dramatisch bedroht, da die UdSSR 1969 erstmals Rüstungsparität im Bereich der Nuklearwaffen gegenüber den seit 1945 dominierenden USA erreicht hatte. »Die Sowjetunion ist in der Lage, auf Gewalt mit noch größerer Gewalt zu reagieren«, verkündete der sowjetische Verteidigungsminister auf dem 24. Parteitag der KPdSU.[1116] Es gab jedoch auch Entwicklungen, die Britten und Schostakowitsch hoffen ließen: Neben dem näheren Zusammenrücken der europäischen Staaten boten ab November 1969 Verhandlungen zur nuklearen Rüstungsbegrenzung in Wien und Helsinki – die Strategic Arms Limitation Talks, kurz SALT genannt – völlig neue Perspektiven. Nach allem, was sie durchgemacht hatten, erlebten die beiden befreundeten Komponisten gegen Ende ihres Lebens eine Zeit, in der vieles, was noch wenige Jahre zuvor unmöglich schien, auf einmal Wirklichkeit war. Eines der bedeutendsten Symbole der Völkerverständigung war die Anfang der 1970er-Jahre angeregte Gründung eines Jugendorchesters der Europäischen Union, in dem Künstler aus allen Mitgliedsstaaten beteiligt sein sollten und das lange auch von russischstämmigen Chefdirigenten wie Wladimir Dawidowitsch Aschkenasij und Wasilij Eduardowitsch Petrenko betreut wurde. Wenige Monate vor Brittens Tod übernahm im April 1976 die Europäische Kommission offiziell die Schirmherrschaft über das Orchester. Als Hauptsitz erkor man London und die britische Hauptstadt sollte es für vier Jahrzehnte bleiben. Dass eine neue Generation Anfang des 21. Jahrhunderts letztlich die Ideale von Britten und Schostakowitsch »vom Dampfschiff der Moderne über Bord werfen« würde – um die prägnante Formulierung der Berufsrevolutionäre zu bemühen –, konnte damals noch niemand ahnen.

Als Dmitrij Schostakowitsch im November 1972 wieder nach London kam, um die englische Erstaufführung seiner 15. Sinfonie zu erleben, war Benjamin Britten mit Aufnahmen für Decca beansprucht. Dadurch musste er nicht mit ansehen, wie vor der Royal Festival Hall anti-sowjetische Demonstranten randalierten. Wieder einmal bewahrheitete sich sein Stoßseufzer aus einem Brief an Duncan Wilson: Viele Leute »wissen nicht, wer ihre Freunde sind«.[1117]

*

In den letzten großen Werken von Britten und Schostakowitsch bündeln sich die Erfahrungen von langen Künstlerkarrieren. Die im Sommer 1971 in Repino geschriebene 15. Sinfonie des Russen war ein halbes Jahr vor der Englandreise am 8. Januar 1972 in Moskau mit dem Allunion-Orchester des sowjetischen Rundfunks und Fernsehens unter der Leitung von Maksim Schostakowitsch uraufgeführt worden; die Oper *Death in Venice*, Brittens Opus 88, kam am 16. Juni 1973 beim Festival in Aldeburgh heraus. Nach zwei vorangegangenen Sinfonien mit der menschlichen Stimme wandte sich Schostakowitsch in seinem Opus 141 wieder dem rein orchestralen Komponieren zu. Das Werk mutet zuweilen wie die Quintessenz seines Schaffens an, ja man könnte sie sogar als eine ›Sinfonie der Zitate‹ charakterisieren: Der Kopfsatz wirkt fast so skurril wie die 1. Sinfonie ein halbes Jahrhundert zuvor, zudem findet sich mehrfach im ersten Satz eine Anspielung auf den Schlussteil von Rossinis Ouvertüre zur Oper *Wilhelm Tell*, die Schostakowitsch allerdings den Bläsern anstatt den Streichern anvertraute. Eine Erklärung lieferte er nicht dazu, warum er einen Komponisten zitierte, bei dem Ernst und Humor wie auch bei ihm selbst stets nah beieinander lagen. Überliefert ist ein Hinweis von Schostakowitsch, die Musik des ersten Satzes mit reichlich Glockenspiel- und Xylophonklängen illustriere einen »Spielzeugladen«. In Analysen entdeckte man dazu ein fünftöniges Motiv mit den Noten Es – a – Es – C – H – A, was in deutscher

Schreibweise den Namen seines damals neunjährigen Enkels Sascha ergibt. Die vertraute D.-Sch.-Signatur findet sich im dritten Satz. Gleich zu Beginn des nächsten verblüfft eine unverhüllte Anspielung auf das Motiv der Todesverkündigung aus Wagners Oper *Die Walküre*, das insgesamt fünf Mal zitiert wird, zudem ein Verweis auf die Musik des sterbenden Tristan. Doch anders als in der Urfassung von Bruckners 3. Sinfonie sind diese Bezugnahmen auf Wagner kein Signum der Verehrung, sondern vielmehr klingende Requisiten. *Die Walküre* stand Ende August 1939 auf dem Spielplan des Moskauer Bolschoj-Theaters als protokollarische Ehrung für den Besuch des deutschen Außenministers von Ribbentrop, der zusammen mit Molotow soeben seinen Namen unter den deutsch-sowjetischen Nichtangriffspakt gesetzt hatte. Wenig später folgt in der 15. Sinfonie auch ein Verweis auf die »Leningrader Sinfonie«. Im vierten Satz verbirgt sich zudem noch eine Reverenz gegenüber dem ›Urvater der russischen Musik‹, Michail Glinka. Schostakowitsch ruft seinen Hörern dabei ein Lied von Glinka in Erinnerung, »Не искушай меня без нужды«. »Versuche mich nicht ohne Grund«, beginnt der Text und reflektiert über verlorenes Vertrauen und darüber, »nicht noch einmal die Täuschung durch trügerische Versprechen durchleiden« zu müssen. Letztlich endet die 15. Sinfonie mit einem Schlagzeugsolo, das dem Ticken eines Uhrwerks oder dem Laufwerk einer aufgezogenen Puppe gleicht und irgendwann zum Stehen kommt. Am Schluss vernimmt man nur noch einen Glockenschlag anstatt noch zwei wie zu Beginn. »Morendo«, »sterbend«, steht unter dem letzten A-Dur-Akkord. Sein Freund Glikman zitierte Schostakowitsch aus einem Gespräch nach der Uraufführung mit den Worten: »Meiner Meinung nach habe ich eine ziemlich kecke Sinfonie geschrieben.«[1118]

Auch die Musik zu Brittens *Death in Venice* verebbt in einem ähnlichen Gestus mit Streichern und Vibraphon, was nicht zuletzt an die Stimmung der letzten Worte des *War Requiem*, »Let us sleep now«, erinnert. Auch Brittens Oper wirkt wie eine Art Resümee. Zwar sind sich Thomas Mann und Benjamin Britten nie persönlich begegnet, aber die Vertonung der Novelle *Tod in Venedig* stellte indirekt eine Verbindung zwischen den beiden ›Nobelpreisträgern‹ her. Mann erhielt 1929 den Nobelpreis für Literatur und Britten 45 Jahre später mit dem »Ernst von Siemens Musikpreis« 1974 eine Ehrung, die viele als inoffiziellen ›Nobelpreis für Musik‹ betrachten. Eine Verbindung zur Familie Thomas Manns bestand allerdings seit Brittens Monaten im New Yorker Exil: Zeitweilig lebte er dort mit dessen Sohn Golo zusammen in einer Art homosexuellen Wohngemeinschaft mit W. H. Auden, Paul und Jane Bowles sowie seinem Partner Peter Pears. Golo Mann, mit dem er sich stets gut verstand, äußerte einmal, sein Vater – der einige Werke Brittens von der Schallplatte kannte – hätte ihn für geeignet gehalten, seinen Roman *Doktor Faustus* zu vertonen. Britten wählte nicht den Musikerroman, sondern eine andere Vorlage: *Death in Venice* ist Literaturoper und Künstlerdrama zugleich. Nicht nur den Protagonisten Aschenbach auch den Komponisten Britten plagten »a wanton and treacherous proneness to side with beauty«, wie es in der vierten Szene der Oper heißt: »In jeder Künstlernatur gibt es tatsächlich eine schamlose und verräterische Voreingenommenheit zugunsten der Schönheit.« Der Engländer dürfte dabei nicht nur an sich, sondern auch an Schostakowitsch gedacht haben, so wie der Russe bei dem »Spielzeugladen« am Beginn der 15. Sinfonie möglicherweise auch den Kinderfreund Britten im Sinn hatte.

Die Oper erzählt vom Schriftsteller Gustav von Aschenbach, der eine Schaffenskrise durch eine Reise nach Venedig zu überwinden sucht. In der italienischen Stadt gerät er in den Bann eines gutaussehenden polnischen Knaben. Er ignoriert Warnungen vor einer Choleraepidemie, reist im Rausch der Bewunderung des Schönen nicht ab, infiziert sich und findet den Tod in Venedig. Der Historiker Golo Mann besuchte 1973 die Londoner Premiere von *Death in Venice* mit seiner Mutter Katja und schrieb dem Komponisten, dass er alle seine Erwartungen in Bezug auf das Werk übertroffen habe.

Britten war durch mehrere Besuche mit dem Ort der Handlung vertraut. Obwohl er sich in Metropolen unbehaglich fühlte, gab es Ausnahmen: Er liebte die ehemalige Dogenstadt Venedig, wozu die mediterrane Atmosphäre, die Kanäle und die Lage am Meer sicher beitrugen. So wie Schostakowitsch in seiner 15. Sinfonie auf Glinka als Urahn der russischen Musik anspielte, verwies der Handlungsort von Brittens letzter Oper auch auf den Gründer der authentischen englischen Oper, Arthur Sullivan, der mit *The Gondoliers* ebenfalls eine Venedig-Oper geschrieben hatte. Im Gegensatz zu Sullivans Komödie handelt es sich bei *Death in Venice* um ein Stück, in dem philosophische Fragen eine wesentliche Rolle spielen.

Das Werk beinhalte »alles, wofür Peter und ich stehen«, meinte Britten einmal gegenüber Donald Mitchell.[1119] Dazu gehörten in erster Linie die Auseinandersetzung mit dem Schönen – das im weitesten Sinne auch die Unschuld mit einschließt –, seinen Gefährdungen und die Möglichkeiten, es zu bewahren. Wie in Schostakowitschs »Loreley« in der 14. Sinfonie wurden auch die Schattenseiten des Schönen angedacht, dem etwas Lähmendes zu eigen sein kann, das Menschen in den Untergang zu ziehen vermag. Wenn in den Chorpassagen der Apollo-Szene im 7. Bild des 1. Akts von der »careless sun that will fatal prove« – der »sorglosen Sonne, die sich als tödlich erweisen wird« – die Rede ist, schimmern auch die für Mann und Britten relevanten paradigmatischen Verse August von Platens durch: »Wer die Schönheit angeschaut mit Augen, / ist dem Tode schon anheimgegeben.« Platen kreierte in den 1820er-Jahren mit seinen *Sonetten aus Venedig* den Venedig-Mythos von der Morbidität der alten Lagunenstadt, die zum Symbol wurde für individuelle Depressionen und die Befindlichkeit einer melancholisch-dekadenten Gesellschaft. Das Sterben sollte man dabei im weitesten Sinne auffassen: körperlich, kreativ, moralisch. Ihr Gegenbild ist das Schöne in der Welt. Doch ist dieser – wie Thomas Mann es formulierte – »tückische Hang zur Schönheit« letztlich »ordinäres Begehren« oder eine erstrebenswerte Ästhetisierung des Daseins? Ist es Mann mit der Novelle, Britten mit der Oper sowie Pears und Britten mit den ansprechenden Skulpturen von Knaben, die sie im Garten ihres Red House in Aldeburgh aufstellten, gelungen, das Schöne zu sublimieren?

Brittens letzte Oper ist ähnlich wie sein *Sommernachtstraum* in verschiedene Klangebenen strukturiert. Allerdings bietet *Death in Venice* eher einen ›Tages-Albtraum‹. Der unter einer Schreibblockade leidende Schriftsteller Gustav von Aschenbach äußert sich zumeist rezitativisch mit Klavierbegleitung, was seine ausgedörrte künstlerische Schaffenskraft hörbar macht. Den ›Todesboten‹, der in unterschiedlicher Gestalt von einem Bariton verkörpert wird, begleiten das Orchester und Schlaginstrumente, während Apollo in Aschenbachs Visionen in die ätherischen Sphären eines Countertenors entrückt ist. Für den schönen Knaben Tadzio, der mit seiner polnischen Familie in Venedig weilt, nutzte Britten keine nationalen Klänge wie eine Mazurka, sondern hielt sich an Thomas Manns Beschreibung aus dem dritten Kapitel der Novelle: »So erhob Fremdheit des Knaben Rede zur Musik.« Als musikalisches Verfremdungselement verwendete Britten Gamelan-Klänge und enthob das verführerische Kind der Sphäre des Profanen, indem er es mit einem Tänzer besetzte.

Für Britten und Schostakowitsch durfte Kunst nie Selbstzweck sein – ihre Schönheit darf nicht paralysieren, sondern muss inspirieren und appellieren. Jene Sentenz Wilfred Owens, die Britten als Motto für sein *War Requiem* übernahm, gilt ebenso für die Liederzyklen beider Komponisten sowie für Brittens Opern und Schostakowitschs Sinfonien nicht minder: »Alles, was ein Dichter heute tun kann, ist warnen …« Dieser Appell besitzt nicht minder Gültigkeit für Künstler in anderen Schaffensbereichen. Wenn Aschenbach am Schluss von Brittens letzter Oper aus dem Leben scheidet, so scheint sein Streben nach der verlorenen Unschuld aller Ehren wert: Bei Britten erhält deswegen Aschenbachs Untergang am Ende nichts Lächerliches wie im Roman, wo es bei Mann noch süffisant heißt: »Man brachte ihn auf sein Zimmer. Und noch desselben Tages empfing eine respektvoll erschütterte Welt die Nachricht von seinem Tode.« In der Oper beobachtet der sterbende Aschenbach am Strand Tadzio, spricht zum letzten Mal seinen

Namen aus und entschläft mit Reminiszenzen an das versöhnliche Ende des *War Requiem* oder gar die 13. und 15. Sinfonie von Schostakowitsch. *Death in Venice* ist eines von Brittens persönlichsten Werken. »Für Ben war diese Oper in gewisser Weise ein Resümee all dessen, was er fühlte«, fasste der erste Interpret des Aschenbach, Peter Pears, einige Jahre später zusammen. »Am Schluss fragt sich Aschenbach, nach was er eigentlich sein ganzes Leben lang gesucht habe. Wissen? Eine verlorene Unschuld? Und muss das Streben nach Schönheit, nach Liebe nur ins Chaos führen? All diese Fragen stellte sich Ben stets selbst.«[1120]

*

Wonach Britten und Schostakowitsch strebten, erfuhr drei bzw. vier Jahre vor ihrem Tod einen letzten Höhepunkt: Dass die Wertschätzung der Kultur anderer Länder Frieden und Völkerverständigung fördert. Britten engagierte sich dafür, dass in England ›Tage der sowjetischen Musik‹ durchgeführt wurden als Pendant zu den mehrfach und zuletzt im April 1971 realisierten ›Tagen der britischen Musik‹ in der UdSSR. Seine Unterstützung für die von Victor und Lilian Hochhauser vermittelten Veranstaltungen erfolgte in erster Linie ideell, da ihn sein Terminplan, das Komponieren und gesundheitliche Beeinträchtigungen in seiner Bewegungsfreiheit einschränkten. Doch als zwei Monate vor Beginn der Konzerte im September 1972 die Situation zu eskalieren drohte, sah er sich gezwungen, energisch einzugreifen. In der politisch ohnehin angespannten Lage ergaben sich zusätzliche Probleme durch den Widerstand jüdischer Vereinigungen. Seit dem Frühjahr 1971 hatte es immer wieder vehemente Demonstrationen gegen einen wieder verstärkt wahrgenommenen Antisemitismus in der UdSSR gegeben, die sich auch gegen Kulturveranstaltungen richteten wie einen Auftritt des Chors der Roten Armee im Londoner Golders Green Theatre im März. Duncan Wilson war zwar mittlerweile nicht mehr in Moskau aktiv, sondern Rektor des Corpus Christi College in Cambridge, ließ Britten aber wissen: »Es sieht so aus, als ob die Hochhausers mit etwas Hilfe vom Außenministerium den Druck von Seiten der jüdischen Organisationen gerade noch aushalten können, und ich vermute momentan, dass das Festival ordnungsgemäß durchgeführt werden kann, aber mit gewissen kleineren Unannehmlichkeiten für alle Beteiligten; allerdings kann die Situation jeden Augenblick umschlagen.«[1121] Die Konsequenzen hatte man vier Jahre zuvor nach den Ereignissen in Prag erlebt. Wilson wandte sich direkt an das Außenministerium, das er wissen ließ, die Hochhausers seien hierzulande »das Ziel von bestens organisierten Anfeindungen durch jüdische Verbände und Einzelpersonen bis hin zu Androhungen von Gewalt gegenüber ihnen und den sowjetischen

Künstlern mit der Absicht, die Absage des Festivals zu erzwingen«. Er hatte den Eindruck, dass die Konzertmanager nach den jahrelangen Erfahrungen mit der Vermittlung von Künstlern aus der UdSSR nun an einen Punkt gelangt waren, an dem ihnen lieber gewesen wäre, dass die Regierung die Verantwortung für das Festival übernimmt oder dass es verschoben wird, bis die Lage sich entspannt hätte. »Ich glaube, sie sind – und ich kenne sie sehr gut – als orthodoxe Juden in einer äußerst schwierigen Situation, und einem Zusammenbruch nahe«, betonte Wilson.[1122]

Der Premierminister Edward Heath hielt nichts von einer Terminverlegung und ließ das Außenministerium Gespräche mit den jüdischen Organisationen führen. Ein Mitarbeiter empfahl Britten und Wilson, kurz vor dem für den 7. bis 30. November 1972 geplanten ›Festival der russischen und sowjetischen Musik‹ – so die offizielle Bezeichnung – einen gemeinsamen Brief in der *Times* und dem *Jewish Chronicle* zu platzieren. Beide feilten an einer stichhaltigen Argumentation und unterzeichneten zusammen das Schreiben, das wenige Tage vor den Veranstaltungen an prominenter Stelle in der *Times* oben auf der Seite mit den »Letters to the editor«, den Leserbriefen, unter der Überschrift »Festival of Soviet music« erschien – da die Zeitung allerdings Exklusivrechte beanspruchte, war ein Abdruck in einem anderen Blatt nicht zulässig. »Sir, wie wir erfahren haben, versuchen bestimmte jüdische Organisationen die Verschiebung bzw. Absage der ›Tage der sowjetischen Musik‹ zu erzwingen, die in diesem Land auf Grundlage des anglo-sowjetischen Regierungsabkommens von 1971 Anfang November stattfinden sollen«, schrieben Britten und Wilson. »Als zwei der maßgeblich Beteiligten an dem Gegenstück, den ›Tagen der britischen Musik‹, die im April 1971 in der Sowjetunion stattfanden, möchten wir unsere Gründe darlegen, warum wir die Argumente derjenigen, die die ›Tage der sowjetischen Musik‹ unter den gegebenen Bedingungen ablehnen, für unangebracht halten.

Es sollte natürlich vorab darauf hingewiesen werden, dass wir ausdrücklich gegen eine Politik wie die der Sowjets oder anderer Regierungen sind, die innerhalb und außerhalb der Grenzen ihres eigenen Landes unnötigerweise die Freizügigkeit ihrer jüdischen und anderer Bürger einschränkt. In diesem Zusammenhang scheint uns der Verkauf von Ausreisevisa nicht nur eine unangemessene Einschränkung der Menschenrechte, sondern auch ein Akt, der jeder Regierung unwürdig ist.

Hier steht jedoch zur Debatte, ob die Verschiebung bzw. Absage der ›Tage der sowjetischen Musik‹ oder Störaktionen bei Konzerten im Verlauf der Veranstaltungen irgendetwas Sinnvolles erreichen können. Das Hauptargument jener, die solche Aktionen befürworten – und wir möchten ihre Aufrichtigkeit keineswegs in Abrede stellen –, lautet, dass im Falle der Durchführung der geplanten ›Tage der sowjetischen Musik‹ die britische Regierung anscheinend stillschweigend die sowjetische Haltung gegenüber den Juden hinnimmt und somit faktisch der sowjetischen Regierung hilft, die Aufmerksamkeit von ihrer Innenpolitik abzulenken und sich als aufgeklärter Förderer künstlerischer Werte zu präsentieren. Wir würden diesem Argument entgegenhalten, dass es auf alle Abkommen und Vereinbarungen zuträfe, die mit der sowjetischen Führung seit 1968 im gesamten Bereich bilateraler Verträge getroffen wurden.

Hinsichtlich der britischen Regierung haben sie und andere Regierungen, ungeachtet der langjährigen Zusammenarbeit mit der sowjetischen Regierung auf Grundlage von Ad-hoc-Vereinbarungen auf wirtschaftlichem, kulturellem und technischem Gebiet, damit gewiss keine Billigung der sowjetischen Innenpolitik verbunden, weder hinsichtlich der jüdischen Fragen oder anderen, die die britische Öffentlichkeit stark bewegen. Gewiss ist sich auch die britische Öffentlichkeit insgesamt dieser Umstände bewusst und wird die ›Tage der sowjetischen Musik‹ nicht als ein Anzeichen dafür werten, dass ihre Regierung plötzlich gleichgültig geworden ist gegenüber den Vorgehensweisen der sowjetischen Regierung im weitesten Sinne.

Man mag zudem vorbringen, dass die sowjetische Regierung nur durch die Verschiebung, Absage oder Beeinträchtigung der ›Tage‹ dazu gebracht werden kann, ihre Politik hinsichtlich der Juden und anderer internationaler Fragen zu ändern. Dies scheint uns eine äußerst strittige Angelegenheit zu sein.

Die Nachteile einer solchen Vorgehensweise sind auf der anderen Seite offensichtlich. Es würde dazu führen, dass die britische Regierung ihre Vereinbarungen zurücknehmen muss und ihre Möglichkeiten vermindert, die ohnehin schon gering genug sind, nützliche Kontakte mit den sowjetischen Behörden zu pflegen. Es würde zudem die Kontakte sogar noch weiter einschränken, die bis jetzt noch zwischen den Künstlern der Sowjetunion und den Künstlern und dem Publikum dieses Landes bestehen. Unmittelbar würde es zunächst jene sowjetischen Künstler bestrafen, die jetzt gerade im Begriff sind, England zu besuchen – eingeschlossen Dmitrij Schostakowitsch, der so viel wie jeder lebende Komponist unternommen hat, um die künstlerischen und individuellen Werte hochzuhalten, und Dawid Ojstrach, der selbst ein angesehener Jude ist.

In Wirklichkeit hätten unter einer Absage, einer Verschiebung oder Störungen der ›Tage der sowjetischen Musik‹ unschuldige und angesehene Einzelpersonen zu leiden, und alles nur wegen einer Politik ihrer Regierung, für die sie nur ein Minimum an Verantwortung tragen.

Am Schluss möchten wir uns noch zugunsten von Victor und Lilian Hochhauser aussprechen, die helfen, viele der Konzerte nach den Bestimmungen des anglo-sowjetischen Regierungsabkommens aus dem Jahr 1971 zu organisieren. Dies ist natürlich Teil ihrer beruflichen Tätigkeit: Aber sie sind auch orthodoxe Juden und enge Freunde großer sowjetischer Künstler – von denen wiederum einige selbst Juden sind –, die sie seit vielen Jahren in diesem Land unterstützen und denen sie geholfen haben. Jedem, der sie kennt und mit ihnen gearbeitet hat wie wir, wäre klar, dass sie niemals etwas zustimmen würden, das gegen die Interessen der Juden in der Sowjetunion ist.
Hochachtungsvoll,
Benjamin Britten
The Red House
Aldeburgh, Suffolk.
Duncan Wilson,
The Master's Lodge,
Corpus Christi College,
Cambridge,
31. Oktober.«[1123]

Nur einen Tag nach der Veröffentlichung schrieb E. Prins aus Bathford in Somerset an Britten und Wilson:

»Werte Herren,
Ihr gestriger Brief in *The Times* lieferte keine neuen Argumente in der beständigen Auseinandersetzung zwischen Kultur und Humanität auf der einen Seite und dem diktatorischen Staat auf der anderen. Wir hörten – und ertrugen – sie alle in den Jahren der Berliner Olympiade sowie den Schwierigkeiten beim Austausch von Kunst und Künstlern mit Hitler-Deutschland in den 1930er-Jahren. Einstein und anderen großen Juden wurde – gleich zu Beginn – angeboten, ehrenhalber bei den Nazis mitzuwirken, aber sie wählten freiwillig das Exil, wie auch Thomas Mann und andere nicht-jüdische große Deutsche. *Sie* haben Deutschlands Ehre und Größe bis heute gerettet. Andere haben sich im letzten Augenblick davongemacht oder sind umgekommen. Chagall setzte anfangs große Hoffnungen auf die Revolution und blieb sieben Jahre lang in Russland. Er ging schließlich und sein Werk ist weiterhin gekennzeichnet vom Positiven an der russischen Kultur. Danach hatte er keine weiteren Verbindungen mehr zu den Sowjets. Lunatsarskij blieb und diente und … erlitt 1942 einen grausamen Tod in Stalins Gefängnissen.

Der diktatorische Staat ist der Rüpel unter den Nationen, die in gutem Einvernehmen der Völker zusammenleben. Der Rüpel ist immer der Feigling, der in anderer Gestalt Freundschaft und Kontakte mit anderen sucht und erbittet. Gehört es nicht zu den Mindestanforderungen an Wahrheit und Anstand, um jeden Preis diese Maske herunterzureißen? Nichts fürchtet ein Rüpel mehr als verdientermaßen isoliert zu werden. Es kann auch der Anfang sein – und der einzige –, um sein Verhalten, seine Taktik und vielleicht seine Denkweise zu verändern.

Die Hochhausers werden nur wenige kennen. Ihre Wertschätzung und Ihre Freundschaft bürgen für ihre Integrität. Jedoch ist ›berufliche Tätigkeit‹ keine empfehlenswerte Beschreibung ihrer Handlungsweise und ihr ›guter Wille‹ mag übertroffen werden von ihrer mangelnden Einsicht in die Zusammenhänge, die über künstlerische Dinge hinausgehen.

Sie haben vielleicht den Brief aus Prag in der gleichen Ausgabe der *Times* gelesen, in der auch Ihr Brief erschien. Er wurde ausdrücklich auf der Titelseite erwähnt als *der* Leitartikel und entsprechend betitelt (als ob er mit Ihrem verbunden sei): ›Der *Klang* der Stille in der Tschechoslowakei‹. Er ist sowohl hinsichtlich der Überschrift als auch inhaltlich keineswegs ohne Bezüge zu Ihrem Beitrag. Muss man das noch näher ausführen, vergleichen oder ein Plädoyer halten? Ich erlaube mir, Ihnen die Bitte vorzutragen, über die Reaktionen dieser tschechischen Intellektuellen nachzudenken – die erstaunlich gut und erschreckend lebensnah über unsere Aktivitäten und Reaktionen in der freien Welt informiert sind –, wenn Sie Ihren Kurs weiterverfolgen oder wenn Sie andere Saiten aufziehen.

Hochachtungsvoll,
E. Prins.«[1124]

Am gleichen Tag erschien ein Leserbrief von Yehudi Menuhin in der *Times*, der die Überschrift »Besuch von russischen Musikern« erhielt. Menuhin nahm Bezug auf das aktuelle, »brillant argumentierte Schreiben von Mr. Benjamin Britten und Sir Duncan Wilson über die ›Nachteile‹ einer Verlegung der ›Tage der sowjetischen Musik‹« und den umstrittenen Besuch eines Lords in Athen, dem Sitz der seit 1967 herrschenden griechischen Militärjunta. »Ich muss gestehen, dass ich ein tiefes Bedauern empfinde in Anbetracht der moralischen Desorientierung und spirituellen Paralyse, zu denen uns dieses Zeitalter der Kommerzialisierung in jedem Lebensbereich geführt hat«, schrieb der berühmte Geiger. »Es ist unmöglich geworden, noch weiterhin für das einzustehen, was ›richtig‹ und was ›falsch‹ ist, sodass die Zweckmäßigkeit der einzige Maßstab ist, an den wir uns halten können mit, wie ich vermute, einem Seufzer der Erleichterung, da jede Maßnahme, so unehrenhaft sie auch sein mag, besser ist als gar keine.

Falls wir Musiker, ob Jude oder Gojim, tatsächlich einen Teil des ›ganzen Felds bilateraler Kontakte‹ darstellen und uns von nun an als eine Art politischen Frachtguts betrachten können (eine Aussicht, die mir wenig Vergnügen bereitet), dürfte ich dann zumindest vorschlagen, dass wir im Fall der ›Tage der sowjetischen Musik‹ zumindest ein besseres Abkommen mit den sowjetischen Behörden erzielen und die Gelegenheit nutzen, darauf zu bestehen, dass sie, außer uns meinen guten Freund Dmitrij Schostakowitsch und meinen lieben Kollegen Dawid Ojstrach zu schicken, den Boykott gegen den mutigsten von allen – Mstislaw Rostropowitsch – aufheben, dem es momentan verboten ist, sein Land zu verlassen? Wir könnten dann ein wenig Selbstachtung zurückerlangen sowie das Vergnügen, einen großen Künstler und liebgewordenen Menschen erneut begrüßen zu können.«[1125]

Ohne das Wissen von Prins und Menuhin hatte sich Benjamin Britten schon etliche Monate zuvor an höchster Stelle für Rostropowitsch eingesetzt. »Wir haben gerade erfahren, dass Rostropowitsch nicht zum Aldeburgh Festival kommen und mit mir das zweite Cellokonzert von Schostakowitsch aufführen kann, sowie mein neues Werk, das eigens für ihn geschrieben wurde«, ließ er Furzewa am 25. Mai 1972 in einem Telegramm wissen. »Es ist tragisch, dass unsere großartige musikalische Zusammenarbeit, die zu vielen Konzerten in unseren beiden Ländern geführt und fünf neue Cellokompositionen hervorgebracht hat, auf so bedauerliche Weise unterbrochen wird. Liebe Jekaterina Furzewa, darf ich Sie um Ihretwillen und meiner über so viele Jahre guten Freundschaft willen darum bitten, diese Konzerte zu ermöglichen.«[1126] Anstelle der anscheinend vielbeschäftigten Kulturministerin antwortete ihr Stellvertreter, es sei »zum gegenwärtigen Zeitpunkt unmöglich«, dass Rostropowitsch kommen könne, »wegen seiner bereits zuvor geplanten Tournee durch sowjetische Städte im Juni«. Stattdessen versuchte man, Britten wieder in die UdSSR zu locken und verkündete im nächsten Satz: »Wir sind dennoch zuversichtlich, dass dadurch Ihre wunderbare Zusammenarbeit mit sowjetischen Musikern keineswegs beeinträchtigt wird und wir alle freuen uns auf eine weitere Gelegenheit, schöne Augenblicke wie bei Ihren letzten Konzerten mit unseren Musikern in Moskau zu erleben.«[1127]

»Wir bestätigen den Eingang Ihres Telegramms und wir schätzen und bekräftigen Ihren Wunsch, unsere fruchtbare künstlerische Zusammenarbeit fortzusetzen«, entgegnete Britten am 5. Juni 1972. »Die anglo-sowjetische Freundschaft und der kulturelle Austausch liegen uns, wie Sie wissen, sehr am Herzen. Und wir sind sehr besorgt darüber, dass eine wiederholte Absage sowjetischer Künstler in letzter Minute nicht nur unseren Festivalplänen schadet, sondern auch dem Ruf sowjetischer Künstler im Ausland. Wir bitten Madame Furzewa und das Kulturministerium inständig, uns zu helfen, unser Ziel weiterzuverfolgen, das wechselseitige Verstehen unserer Nationen durch die Musik zu fördern.«[1128] Zwar waren Britten und Schostakowitsch herausragende Vermittler, aber sie bestimmten nicht die Spielregeln. Brittens Charme und sein diplomatisches Geschick waren an ihre Grenzen gestoßen.

*

Die Veranstaltungen in Großbritannien wurden schließlich im Herbst 1972 mit 32 Konzerten – davon zwölf in London, zwanzig in anderen Städten des Landes – ohne die Mitwirkung von Rostropowitsch und Wischnewskaja durchgeführt. Beide traten trotz eines erneuten Schreibens von Britten an Furzewa im Januar 1973 erst wieder nach ihrer Emigration zwei Jahre später in England auf. Britten und Schostakowitsch setzten immer wieder ihre Kontakte und ihre guten Namen dafür ein, »Ignoranz und Missverständnisse«, wie der Engländer es nannte, zu überwinden. »Ich habe selbst das Glück gehabt, mehrere faszinierende Reisen nach Russland zu unternehmen, darunter eine umfangreiche Tournee mit der English Opera Group, die meine Opern aufgeführt hat, und höchst angenehme Ferien in Armenien«, hatte er wenige Jahre zuvor in dem von der ›Society for Co-operation in Russian and Soviet Studies‹ herausgegebenen *Anglo-Soviet Journal* geschrieben, die sich für die Beziehungen zwischen dem Commonwealth und der UdSSR engagierte. »Bei diesen Gelegenheiten bin ich immer mit äußerster Liebenswürdigkeit behandelt worden. Mir fällt auch das Privileg zu, zwei bzw. drei große russische Musiker zu meinen engen Freunden zu zählen. Für jene Leute, die nicht so begünstigt sind wie ich, sind der Unternehmungsgeist dieser Gesellschaft und das ausgezeichnete kleine *Anglo-Soviet Journal* von größter Bedeutung, da sie vielen Engländern dabei helfen, den Charakter und die Lebensumstände jenes großen Volkes zu verstehen und etwas über ihr schönes Land zu erfahren. Denn nur ein Verstehen fördert den Frieden und Frieden ist heutzutage das Wichtigste auf der Welt.«[1129] Fünf Jahre nach diesen Worten konnte Schostakowitsch daran anknüpfen. Den roten Programmflyer des ›Festivals der russischen und sowjetischen Musik‹ im November 1972 leitete ein ausführliches Vorwort ein, das Dmitrij Schostakowitsch mit seiner Unterschrift zierte:

»Eine Einleitung zum Festival
Es stimmt mich sehr froh, dass englische Musiker und Musikliebhaber und eigentlich jeder, der die Konzerte dieses Festivals erlebt, die Gelegenheit haben wird, wieder einige der Werke der großen klassischen russischen und sowjetischen Komponisten zu hören.

Vor vielen Jahren habe ich als Teilnehmer der Anti-Kriegs-Konferenz Folgendes gesagt: ›Wahre Kultur arbeitet für den Frieden. Je mehr Bücher aus verschiedenen Ländern ein Mensch liest, je mehr Bilder oder Filme er sieht, umso deutlicher wird er den großen Wert der Kultur erfassen, und umso eher wird er daheim oder im Ausland jeden Angriff auf diese Kultur bzw. auf das Leben eines Menschen als kriminell erachten.‹

In den Programmen wird Musik der unterschiedlichsten Art vorgestellt: Sinfonisches, Chorgesang, Instrumentalwerke und Lieder. Man erlebt dabei von Glinka bis in die Gegenwart auch viele verschiedene Komponisten. Und trotzdem stehen diese Werke nur für einen Teil der reichhaltigen musikalischen Schätze, die sich bei den Völkern meines Landes angesammelt haben.

Ein beträchtlicher Anteil der Programme besteht aus Volksmusik, jener wunderbaren, von den Menschen geschaffenen Kunstform. Volksmusik bildet den Kern und die Grundlagen für die Arbeit russischer Komponisten. Dies belegen Tausende von Werken, die Opern seit Glinka, und selbst heute ist es eine nicht minder wichtige Quelle für zeitgenössische Komponisten.

Ein weiterer Bestandteil der Programme ist Chormusik aus der Zeit Peters des Großen. Auf diese Weise wird es dem Hörer ermöglicht, die Entwicklung der russischen Musikkultur von den frühen Epochen bis hin zu den großen Meistern des 19. und 20. Jahrhunderts nachzuvollziehen.

Ich möchte gerne betonen, dass für uns als sowjetische Komponisten wie auch für Millionen Musikliebhaber in der Sowjetunion das Erbe unserer klassischen Komponisten sich seine Vitalität und Kraft ungetrübt erhalten hat. Es bietet ein unausschöpfliches Reservoir, das selbst bei unserem heutigen kreativen Bedarf nie versiegt. Natürlich ist die sowjetische Musik hinsichtlich Form und Inhalt etwas Neues. Sie reflektiert die sozialen Ideen unserer Zeit. Natürlich wurden neue Techniken und Ausdrucksmittel erforderlich, um dies zu erreichen, aber wahre Neuheiten sind bedeutungslos in einem luftleeren Raum, sie brauchen eine solide Basis; und diese Basis bietet die Tradition der großen Meister. Viele sowjetische Komponisten haben sich an die Traditionen Musorgskijs gehalten und sie auf ihre eigene Weise weiterentwickelt, um ihren persönlichen Beitrag zur Kunst zu leisten. Nur nebenbei möchte ich erwähnen, dass Musorgskij auch in meiner künstlerischen Biografie eine wichtige Rolle gespielt hat: Das Konzept meiner 14. Sinfonie entwickelte sich aus seinem Zyklus *Lieder und Tänze des Todes*.

In diesem Jahr feiert die sowjetische Nation den 50. Gedenktag ihrer Gründung als Union der sozialistischen Sowjetrepubliken. Unser Staat umfasst viele Nationalitäten und desgleichen auch unsere Kunst. Das Herausbilden der sowjetischen Musikkultur entsprang einer Synthese aus dem Nationalen und dem Internationalen; wir haben unsere Entwicklung auf der Prämisse aufgebaut, dass eine nationale Kunst, die durchdrungen ist von ihren eigenen charakteristischen Merkmalen, sich dennoch in das Kulturleben des ganzen Landes, ja der ganzen Menschheit integrieren kann. Aber selbst wer bei diesem Festival alle Werke von Komponisten der verschiedenen Sowjetrepubliken hört, wird keineswegs in den vollen Genuss der reichhaltigen und vielfältigen Musikkultur der Nationen in unserem Land kommen.

Zu guter Letzt möchte ich alle Beteiligten des Festivals willkommen heißen und meinem Wunsch Ausdruck verleihen, dass solche musikalischen Feste öfter stattfinden und immer mehr Menschen aller Generationen und Nationalitäten anziehen.

D. Schostakowitsch«

Unter den in alphabetischer Reihenfolge genannten Mitwirkenden stand obenan Schostakowitsch als Ehrengast, die besten Orchester Englands sowie sowjetische Dirigenten und Solisten. Die weiteren anwesenden Komponisten waren alle staatskonforme Kämpen wie Chrennikow, Schtschedrin und Swiridow.

Das ›Festival der russischen und sowjetischen Musik‹ wurde das letzte Großprojekt, das Britten und Schostakowitsch erlebten. Zu einer weiteren Begegnung der beiden schwerkranken Männer kam es indes nicht mehr, auch wenn Furzewa Britten im Februar 1974 noch einmal in die Jury des Tschajkowskij-Wettbewerbs einlud, was er aus gesundheitlichen Gründen nicht annehmen konnte. Als Dmitrij Schostakowitsch im November 1972 wieder in London eintraf, um die englische Erstaufführung seiner 15. Sinfonie mit dem New Philharmonia Orchestra unter der Leitung seines Sohns Maksim zu erleben, war Benjamin Britten mit Aufnahmen für Decca beansprucht. Da er laut Rosamund Strode ständig »unter ärztlicher Aufsicht stand«, war ihm ein kurzer Abstecher aus der abgelegenen Provinz in die gut 140 Kilometer entfernte betriebsame Metropole nicht möglich. Er hielt sich allerdings über die Hochhausers auf dem Laufenden und erfuhr, dass beim ersten Konzert, bei dem Gilels und Swetlanow mitwirkten, »Hunderte von Polizisten« die Veranstaltung in der Royal Festival Hall schützten, aber »nichts Schlimmes passiert« sei. Gut fünfzig Personen beteiligten sich an der Demonstration und »jemand rief etwas vor Beginn der zweiten Konzerthälfte«,[1130] bei der Schostakowitschs 5. Sinfonie erklang. Künstlerisch war das Konzert ein Erfolg.

Britten schickte Schostakowitsch und seiner Frau Irina Blumen ins Hotel und schrieb am 15. November 1972 aus Aldeburgh:

»Mein lieber Dmitrij,
meine herzlichsten Grüße and Sie und Irina und mein tiefstes Bedauern, dass ich nicht bei Ihnen sein kann während Ihres Besuchs in England.

Lilian Hochhauser wird Ihnen mitgeteilt haben, dass ich ein Herzleiden habe (größtenteils verursacht durch Überarbeitung bei der neuen Oper!), wodurch mir das Reisen verwehrt ist. Aber ich werde am Radio zuhören, meine Schallplatte der 15ten auflegen und mich damit trösten! Mir gefällt dieses schöne Werk zunehmend mehr und ich bewundere seine perfekte Kontrolliertheit und Qualität der Ausführung. Ich hoffe, dass Sie und Maksim mit den Aufführungen in London zufrieden sein werden und dass Ihnen die Orchester gefallen.

Wir freuen uns darauf, wenn Sie im Juni zu uns kommen und beten für Ihre Gesundheit. Nichts wird mich davon abhalten, diese Oper zu vollenden, sodass Sie sie hören können.
Mit großer Zuneigung, auch von Peter, für Sie und Irina –
Ben.«[1131]

Das Konzert, bei dem neben der neuen Sinfonie auch Musorgskijs *Eine Nacht auf dem kahlen Berge* und Schostakowitschs 1. Violinkonzert erklangen, endete mit stehenden Ovationen für den Komponisten. Sein Sohn Maksim leitete das New Philharmonia Orchestra »superb«, hieß es in der Presse. Auch wenn vor der Royal Festival Hall anti-sowjetische Demonstranten Spruchbänder und Fackeln schwenkten, besuchte mit Edward Heath mindestens ein prominenter Idealist das Konzert.

Britten und Schostakowitsch dürfte es zumindest heimlich gefreut haben, dass der altgediente Tichon Chrennikow nicht so ungeschoren davonkam. Er erlebte seine 1. Sinfonie mit dem Hallé Orchestra in Manchester und trat selbst als Solist bei seinem neuen, zweiten Klavierkonzert in London und Liverpool auf. »Der Komponist hämmert auf dem Klavier herum«, spottete der Rezensent der *Financial Times*, um »ein fünfzehnminütiges Stück groben, lauten, banalen Klavierdurcheinanders in einem erbarmungslosen Sub-Prokofjew-Idiom« vorzutragen, das »keine zusammenhängende Entwicklung« aufweise.[1132]

Von Rodion Schtschedrin kündigte man in Cheltenham und Birmingham das 1970 komponierte Stück *Lenin* als »Oratorium« an. Entweder war sich niemand bewusst, dass der Bedeutung des Wortes entsprechend – ›Bethaus‹ nach dem lateinischen Begriff ›orare‹, beten – nur Worte aus der Bibel Verwendung finden dürfen (für Weltliches ist der Terminus »Kantate« angemessen), oder man gestand dem Berufsrevolutionär mittlerweile den Status eines religiösen Führers zu. »Diese Art von ›sofortiger Heiligsprechung‹ mag uns einfältig, ja sogar abstoßend vorkommen«, hieß es im *Sunday Telegraph*, doch Schtschedrins 2. Sinfonie hielt man zugute, der Komponist vermöge »ein verhältnismäßig fortschrittliches Idiom in echt persönlicher Absicht einzusetzen, indem er anstelle des offiziell gebilligten ›epischen‹ Modells der sowjetischen Sinfonie eher so etwas wie eine Collage lebhafter musikalischer Bilder setzt«. Der Wermutstropfen war die Mutmaßung, hinter diesem »Ideen-Feuerwerk« könnte sich »ein Unvermögen verbergen, einen musikalischen Gedanken durchzuhalten«. Die Zeitung betrachtete Schtschedrin als eine »Art Jewtuschenko, dem Freiheiten zubilligt werden, die bei einem anderen noch stirnrunzelnd vermerkt werden«, obwohl die Sinfonie 1965 bei ihrer Moskauer Uraufführung äußerst umstritten war.[1133] Chrennikow dürfte ein Auge darauf gehabt haben, dass in der Entourage und den Programmen niemand von und aus dem Umfeld der ›Troika‹ jüngerer Künstler auftauchte wie der am Experimentalstudio für elektronische Musik in Moskau aktive Edison Denisow, der Jude Alfred Schnittke und die Neutönerin Sofija Gubajdulina. Immerhin beeindruckten Streichquartette von den im Westen unbekannten Sulchan Zinzadse und Karen Chatschaturjan, denen die Presse bei Zinzadse ein »starkes und kultiviertes Gefühl für das Medium« zugestand und dem Neffen von Aram Chatschaturjan eine »kühne Sprache, geisterhaft und dämonisch«, die »schwierigere, aufregendere Ideen enthält, als man der neueren russischen Musik üblicherweise zubilligt«.[1134] Das Konzert des 1968 gegründeten Glinka-Quartetts wurde nicht minder begeistert aufgenommen wie die russische Chormusik. Mit Georgij Swiridow demonstrierten die Sowjets ihre Toleranz, da er sich mit Chorkompositionen einen Namen gemacht hatte, die von der russisch-orthodoxen Kirchenmusik beeinflusst waren. Der Staatliche Jurlow-Chor hatte bei Auftritten in verschiedenen Städten unter anderem seine Werke im Programm, zudem dirigierte Maksim Schostakowitsch beim vorletzten Konzert Swiridows ›Oratorium‹ *Pathétique* in der Royal Festival Hall. Ein Kritiker klagte über den »betäubenden Klangansturm«, der seiner Ansicht nach eher in ein Fußballstadion als in die Festival Hall gepasst hätte, doch das Publikum war von der Wucht und dem Glanz der Darbietung angetan.[1135] Der Saal, der einst als Monument englischen Selbstbewusstseins für das ›Festival of Britain‹ errichtet wurde, war nun auch beim Abschlusskonzert fest in der Hand der Sowjets, die ausschließlich Programme mit russisch-sowjetischen Komponisten boten. Besonders ausgiebig vertreten war das Schaffen von Dmitrij Schostakowitsch: Von ihm erklangen Chorstücke, die Sinfonien 5, 6 und 15, das 1. Violinkonzert mit dem City of Birmingham Symphony Orchestra unter Leitung seines Sohnes mit dem Widmungsträger Ojstrach als Solist, sowie das 13. Streichquartett.

Das ›Festival der russischen und sowjetischen Musik‹ war der letzte Gipfelpunkt der kulturellen Beziehungen zwischen Großbritannien und der Sowjetunion. Stanley Dale Krebs' 1970 in den USA erschienenes Buch *Soviet Composers and the Development of Soviet Music*, vereinzelte Aufführungen russisch-sowjetischer Musik oder Ian Engelmans Ende 1974 ausgestrahlte Fernsehdokumentation über Schostakowitsch,

Music from the Flames – für die der Komponist sein einziges Filminterview für westliche Medien gab –, konnten nicht darüber hinwegtäuschen, dass auf den entscheidenden politischen Ebenen an einem intensiven Kulturaustausch nur noch geringes Interesse bestand. Britten und Schostakowitsch hatten durch ihre Freundschaft als Bindeglieder wesentlichen Anteil an der positiven Entwicklung in den 1960er-Jahren. Ob sie – wie Kritiker nahelegten – durch ihr Engagement lediglich zeigten, dass »Genie und Schurkereien miteinander vereinbar« sind[1136] oder sie »Heuchler« und »moralische Feiglinge« waren, die bloß darauf achteten, »ihre eigenen eng begrenzten Interessen zu befriedigen«,[1137] bleibt dem Urteil der Nachwelt überlassen. Allerdings sollte man sich die Frage stellen: Erfahren wir durch solche Einschätzungen etwas über Britten und Schostakowitsch oder nur über die Person, die sie äußert?

*

Während ihrer gesamten Laufbahn zeichneten sich Britten und Schostakowitsch stets durch eine intellektuelle Neugierde aus, die sie immer wieder antrieb, Unvertrautes auszuprobieren. Letzten Endes ist das Sterben nur eine weitere Erfahrung, mit der man neues Terrain erkundet. »Aber die Angst vor dem Tod kennzeichnet die Unfreiheit des Menschen, ein Sklaventum, das jedermann gut vertraut ist«, schrieb einst Nikolaj Berdjaew in dem auch Britten und Pears vertrauten Buch *Slavery and Freedom*. »Der Mensch ist der Sklave des Todes und der Triumph über die Angst vor dem Tod ist der größte Triumph, den man überhaupt über die Angst haben kann.«[1138]

Sowohl Britten als auch Schostakowitsch – so krank sie auch sein mochten – erschlossen sich sogar mit ihren letzten vollendeten Werken noch weitere Perspektiven. In beiden Fällen handelte es sich um eine Anverwandlung des ureigensten Metiers des Freundes. Schostakowitsch schrieb mit der Sonate für Bratsche und Klavier eine intime Reflektion für die Instrumente, die sein englischer Kollege am virtuosesten beherrschte. Und Britten wandte sich nach über einem Vierteljahrhundert wieder dem Streichquartett zu, dessen Möglichkeiten Schostakowitsch wie kein anderer Komponist des 20. Jahrhunderts ausgelotet hatte.

Der Tod kam schließlich für beide als Erlösung. Schostakowitsch war in seinen letzten Jahren so gebrechlich geworden, dass, wie der Dirigent Andrej Borejko einmal erzählte, er kaum noch gehen konnte. »Es gibt nur zwei kleine Stufen beim Eingang Nummer 6 in der Leningrader Philharmonie, dem Künstlereingang, und er brauchte für diese zwei Stufen drei, vier Minuten«, beobachtete Borejko nach der Uraufführung der 15. Sinfonie. »Er musste wirklich sehr vorsichtig und langsam mit Hilfe anderer Leute diese paar Schritte machen, weil seine Füße in einem sehr schlechten Zustand waren.«[1139] Es wurde fraglich, ob er seine letzte vollendete Komposition überhaupt noch hören sollte. Der Widmungsträger der Bratschensonate, Fjodor Druschinin vom Beethoven-Quartett, probte im Sommer 1975 mit dem Pianisten Michail Muntjan intensiv an dem neuen Werk, um es dem Komponisten noch vorspielen zu können. Dessen Lungenkrebs hatte aber bereits Metastasen in der Leber gebildet; eine Aufführung zu erleben, war ihm nicht mehr vergönnt. Stattdessen verbrachte er die letzten Tage seines Lebens im Krankenhaus. Am Samstag, den 9. August 1975, las ihm seine Frau vormittags noch die Erzählung »Gusew« des hochgeschätzten Tschechow vor und Schostakowitsch plauderte danach ein wenig mit einem Pianisten, der ihn besuchte. Am Nachmittag kamen die Erstickungsanfälle und gegen 18:30 Uhr starb Schostakowitsch. Er wurde 68 Jahre alt.

Britten und Pears pflegten weiterhin Kontakt mit den Hinterbliebenen, auch wenn der Komponist oft so schwach war, dass sein Lebensgefährte die Korrespondenz übernehmen musste. »Lieber Peter«, hieß es in einem maschinegeschriebenen Brief von Schostakowitschs Frau vom 17. März 1976. »Ich fühle mich durch Ihre Einladung, im Sommer das Aldeburgh Festival zu besuchen, tief geehrt. Die Aufführung der Werke von Dmitrij Dmitriewitsch bei den Konzerten der Festspiele wird eine große Ehre und ein bewegendes Ereignis sein. Ich versichere Ihnen meinen aufrichtigsten Dank. Sie und Ben wiederzusehen, bedeutet für mich Freude und Erleichterung zugleich und ich werde alles unternehmen, um zu dem für den 8. Juni angesetzten Konzert zu kommen und bis zum 20. zu bleiben. Wenn der Zeitpunkt näher rückt, werde ich Ihnen schreiben oder ein Telegramm senden; ich umarme Sie und Ben herzlich und sende Ihnen meine freundlichsten Grüße. Irina Schostakowitsch.«[1140]

Die Witwe erhielt eine Reisegenehmigung. Dadurch konnte sie das Konzert noch miterleben, bei dem die Bratschensonate erstmals im Westen aufgeführt wurde und auch das einst dem Gedenken von Sollertinskij gewidmete e-Moll-Klaviertrio sowie die 14. Sinfonie unter der Leitung von Rostropowitsch erklangen. Die Solistin des Abends, Galina Wischnewskaja, war wie alle anderen anlässlich eines Besuchs bei Britten nach dessen schwerer Herzoperation »erschüttert, wie sehr er sich verändert hatte«. »Von dem früheren, ständig zu Streichen aufgelegten Ben war nichts mehr zu spüren: vom Leiden gezeichnet, saß er jetzt oft im Lehnstuhl, eine Wolldecke auf den Knien«, berichtete die Sopranistin. »Doch nahm er seine Krankheit demütig hin, akzeptierte bei Tisch dankbar die Hilfe derer, die ihm nahestanden, und konnte sogar von Zeit zu Zeit über sich selbst lachen.«[1141] Es geziemte sich, dass man ihm ehrerbietig zur Hand ging: Nachdem ihm die Königin am 12. Juni 1976 die Peerswürde auf Lebenszeit zugesprochen hatte, war der sterbenskranke Mann im Rollstuhl für fünf Monate Lord Britten. Der Komponist ermüdete schnell und versuchte, den Besuchern »wiederholt zu erklären, wie schwer es ihm doch fiele, nicht mehr der gastfreie Hausherr sein zu können, der er immer gewesen war«.

Das Konzert war mit unzähligen Erinnerungen verbunden. »Slawa dirigierte, Ben saß im Zuschauerraum«, berichtete Wischnewskaja. »Wie gut konnte ich mich an den Tag erinnern, als Dmitrij Dmitriewitsch uns die ›Vierzehnte‹ bei sich zu Hause erstmals vorführte! Und an den Tag, als ich sie hier in Aldeburgh unter Bens Leitung sang – ›Gewidmet Benjamin Britten‹. Wieviel Liebe spricht doch aus Schostakowitschs Worten, die sich jetzt aus einer anderen Welt an den Freund und Bruder wandten: ›... Was ist Verfolgung? Unsterblichkeit ist sowohl dem kühnen inspirierten Vorhaben beschieden als auch dem süßen Gesang. So wird auch unser Bündnis, das wir in Freiheit und stolzer Freude schlossen, in Glück und Unglück bestehen und niemals enden ... Es ist das Bündnis zweier Lieblinge der ewigen Musen.‹ Ein schicksalhafter Abend: Schostakowitsch war tot, seine Witwe Irina saß im Zuschauerraum. Slawa und ich lebten im Exil und sahen jetzt von der Bühne aus zur linken Loge hinüber, wo Peter saß und neben ihm Ben, von Krankheit gepeinigt und schon vom Tode gezeichnet.«[1142]

Britten überlebte den Freund um 16 Monate. Er konnte sein drittes Streichquartett noch in einer privaten Aufführung hören, dessen ›Burlesque‹ im vierten Satz wie eine Reverenz an den Russen erscheint. Im Gegensatz zu Schostakowitsch war es Britten vergönnt, in vertrauter Umgebung zu Hause das Ende zu erwarten. Als sich sein Zustand in der Nacht vom 3. auf den 4. Dezember 1976 dramatisch verschlechterte, verbrachte Peter Pears die letzten Stunden mit ihm. »Er starb in meinen Armen«, erzählte der Sänger, »friedvoll, sofern man überhaupt behaupten kann, dass irgendjemand friedvoll sei, wenn er eigentlich schwer krank ist.«[1143]

Durch den Tod im Alter von 63 Jahren blieb ein besonderes Vermächtnis unvollendet, zu dem Mstislaw Rostropowitsch die beiden Komponisten inspirierte hatte. Der Vermittler zwischen den beiden Künstlern besuchte Britten Ende November wenige Tage vor dessen Tod. »Ben war sehr krank und seine Hand zitterte«, berichtete der Cellist, der sich mittlerweile auch als Dirigent weltweit etabliert hatte. »Dann sagte er: ›Slawa, ich habe ein Geschenk für dich‹, und vom Klavier brachte mir Peter den Beginn einer Kantate, die Ben für mich schrieb, damit ich sie in Washington dirigieren konnte. Schostakowitsch hatte schon einmal damit angefangen, ein Stück für mich zu meiner ersten Spielzeit in Washington zu komponieren, aber dann verstarb er; und so sagte Ben nun: ›Jetzt muss ich es zwei Mal schreiben – einmal für mich selbst, und einmal für unseren Dmitrij.‹ Leider hat Britten nur 14 Seiten vollendet.«[1144]

Epilog: Eine Geschichte ohne Helden

Das gewaltige lyrische Epos »Poem ohne Held«, das Anna Achmatowa zwischen den 1940er-Jahren und 1963 schrieb, erschien 1967 erstmals vollständig im englischsprachigen Ausland, in New York, bevor es 1974 auch in der Sowjetunion ungekürzt herauskam. Der russisch-britische Philosoph Isaiah Berlin erlebte 1945 im Fontänenhaus eine Lesung der Dichterin und charakterisierte das Werk als eine Art Denkmal für »die Vergangenheit der Stadt – Sankt Petersburg –, die sie als Teil ihres Wesens empfand«.[1145] Den Nimbus, Aldeburgh bedichtet zu haben, kann höchstens George Crabbe beanspruchen. Im Bereich der Musik ist das Werk Schostakowitschs mit Sankt Petersburg bzw. Leningrad und das Schaffen Brittens mit Suffolk verbunden. Das »Poem ohne Held« war für Anna Achmatowa eine Art Lebensaufgabe, so wie die Liederzyklen und Opern für Britten und die Streichquartette und Sinfonien für Schostakowitsch.

Britten selbst war nie Thema der Lyrik. Er taucht in der 2017 erschienenen Prosaerzählung *Slung Mugs* von Daniel Fergus Tamulonis auf und inspirierte Werke der Künstlerin Maggi Hambling. Schostakowitschs Leben und Werk regte mehr Menschen an. Die 11. Sinfonie von Brittens Freund verglich Anna Achmatowa in ihrem Gedicht »Musik« mit einem »wundertätigen Brennen« und vielfach »schillernden Lichtfacetten«. Sie, Schostakowitschs Musik, »führt alleine ein Gespräch mit mir, / wenn andere eine zu große Nähe fürchten«.[1146] Achmatowa versah die sowjetische Edition ihres Buchs *Gedichte* mit der Widmung »Für Dmitrij Dmitriewitsch Schostakowitsch, in dessen Epoche ich auf der Welt lebte«. Bereits seine 7. Sinfonie hatte sie am Schluss des »Poem ohne Held« 1942 bedichtet, dann die Verse aber wieder entfernt: »Und hinter mir her im Glanz ihres Rätsels / flog, die sich die ›Siebente‹ nannte, / zu einem Gastmahl, das beispiellos war, / verkleidet als einfaches Notenheft, sie, / die doch die Leningraderin war, zurück in den heimischen Äther.«[1147] Schostakowitsch vertonte nie Texte von Anna Achmatowa, setzte ihr aber im letzten Lied seines 1973 entstandenen Zyklus *Sechs Gedichte von Marina Zwetaewa* für Altstimme und Kammerorchester ein musikalisches Denkmal als »Muse des Weinens«, die »einen schwarzen Schneesturm über Russland entfacht« hat, ein »Heulen, das uns wie Pfeile trifft«. Achmatowa und Schostakowitsch kannten sich noch aus der Vorkriegszeit. Die Lyrikerin schätzte den Musiker sehr. »In den Jahren der verleumderischen Kampagnen von Andrej Schdanow brachen ihre Kontakte ab und sie trafen sich erst Anfang der sechziger Jahre in Komarowo bei Leningrad wieder«, erzählte Krzysztof Meyer. »Eines Tages stattete die große Dichterin, elegant gekleidet und in ihrer

Erscheinung überaus würdevoll, Schostakowitsch einen Besuch ab. Der Komponist, der niemals Wert auf Kleidung legte, empfing sie in irgendeinem Ferienanzug. Nach Austausch der üblichen Begrüßungsformeln setzten sich beide schweigend an den Tisch. Irina Antonowna brachte Tee, aber sie schwiegen weiter. Dieses Schweigen dauerte fast eine Stunde und alle Bemühungen der Frau des Komponisten, es zu unterbrechen, brachten keinen Erfolg. Schließlich erhob sich Anna Achmatowa. Es wurde ein gemeinsames Foto gemacht, woraufhin sich der Gast verabschiedete und ging. Sie haben sich nie wieder gesehen. Einige Monate später starb Anna Achmatowa.«[1148] Über diese Begegnung vermerkte die Schriftstellerin 1961 in ihrem Tagebuch: »Wie saßen zwanzig Minuten nur schweigend da. Es war wundervoll.«[1149] Und im folgenden Jahr hielt sie in ihrem »Notizheft Nr. 11« die Zeilen fest: »Die Stille komme über uns – als Himmel, / Und jeder nehme sich ein Lied als Zelt. / Das Schweigen gelte als Erkennungszeichen, / Das insgeheim uns eint als Gleiche / Unter Gleichen …«[1150] Ein solch intuitives Verstehen muss es auch zwischen Britten und Schostakowitsch gegeben haben.

*

Der Schriftsteller Victor Hugo soll einmal gesagt haben: »Die Musik drückt das aus, was nicht gesagt werden kann und worüber zu schweigen unmöglich ist.«[1151] Dies trifft auf die Werke der beiden Antihelden dieses Buchs in besonderem Maße zu. Aspekte von Moral und Ethik spielen indes bei beiden eine Rolle wie bei kaum einem anderen Komponisten. Dazu trugen natürlich die Zeithintergründe entscheidend bei. In den Jahren nach ihrem Tod wurden Britten und Schostakowitsch zugleich gelobhudelt und verteufelt. Journalisten in Westeuropa standen mit ihren Überhöhungen Brittens den Redakteuren von *Prawda* und TASS mit ihren Lobpreisungen Schostakowitschs in nichts nach. Vertreter einer anderen Generation gingen eher auf Distanz, wenn sie wie Boris Filanowskij in Artikeln wie »без Шостаковича«[1152] die Doppelbedeutung von ›ohne‹ (без) und ›böser Geist‹ (бес) mitschwingen ließen und anregten, den »Schostakowitsch-Kult« zu überwinden, oder wie Oliver Knussen konstatierte, »man muss akzeptieren, dass Aldeburgh Brittens Bayreuth ist – aber es muss sich nicht so anfühlen«.[1153] Mit gebührendem Abstand gibt es aber auch Würdigungen der kulturellen und gesellschaftlichen Bedeutung der Künstler, wie Buchtitel à la *Britten's Children* und *Beyond Britten: The Composer and the Community* zeigen.[1154]

Heute zählen Britten und Schostakowitsch zu den bedeutendsten und medientauglichsten Künstlern des 20. Jahrhunderts. Nach ihrem Tod schufen nicht nur Komponisten Werke zu ihrem Gedenken wie etwa Arvo Pärt mit dem *Cantus in Memoriam Benjamin Britten* (1977) oder Mieczysław Weinberg mit seiner Sinfonie Nr. 12 *In Memoriam Dmitrij Schostakowitsch* (1975/76). Es folgten entsprechende Dramatisierungen durch Romane und Kino: Abgesehen von Dokumentationen wurden sie zu Protagonisten in den Spielfilmen *Testimony: The Story of Shostakovich* (1988; dt. *Zeugenaussage*) und *Benjamin Britten: Peace and Conflict* (2013). Ihre Klänge gehörten 2017 zum Soundtrack des Spielfilms *The Killing of a Sacred Deer*, von dem es in dem Magazin *Variety* hieß, er sei »eine Allegorie eines extremen Unbehagens« und »meisterhaft orchestriert im Geiste eines klassischen Kubrick«.[1155] Allerdings scheint Brittens Vita für Romanschriftsteller wenig Anziehungskraft zu besitzen, aber Aspekte aus Schostakowitschs Leben spielen eine entscheidende Rolle in auch ins Deutsche übersetzten Büchern wie William T. Vollmanns *Europe Central* (2005), Sarah Quigleys *The Conductor* (2011, *Der Dirigent*) und Julian Barnes' *The Noise of Time* (2016, *Der Lärm der Zeit*). Dies zeigt, dass beide Künstler weit über die musikwissenschaftlichen Kreise sowie die Konzert- und Plattenindustrie hinaus wirken.

*

»Eigentlich sollten politische Institutionen allmählich bereits verschwunden sein«, meinte Britten Anfang der 1960er-Jahre in einem Interview. »Was wir tatsächlich brauchen, sind mehr internationale Fachleute, Künstler und Ärzte.«[1156] Er sollte nicht mehr erleben, dass seine Ideale teilweise, aber vorübergehend in Mittel- und Osteuropa realisiert wurden: Hatte der polnische Virtuose Ignacy Paderewski bereits während des Ersten Weltkriegs das Piano gegen die Politik getauscht, so stieg der tschechische Schriftsteller Václav Havel später zum Staatspräsidenten auf und der Schauspieler und Regisseur Nikolaj Gubenko wurde in den letzten Jahren der Sowjetunion Kulturminister. Allen war bewusst, dass Kunst Entwicklungen vielmehr begleitet. Gubenko merkte in einem Interview an, dass die Wirkungsmöglichkeiten des Theaters eingeschränkt seien: Damit könne man keine Revolution hervorrufen, aber man vermag Menschen zum Nachdenken zu bringen.[1157]

»Ein Kunstwerk gibt keine Antwort auf Fragen, es fordert sie heraus«, meinte der von Britten und Schostakowitsch sehr geschätzte Leonard Bernstein einmal, »seine wesentliche Bedeutung liegt in der Spannung, welche die gegensätzlichen Antworten hervorrufen.«[1158] Diese konnten in ihren Werken kaum unterschiedlicher ausfallen. Allerdings darf man hoffen, dass Kunst – wenn sie schon keine Lösungen bietet – im Idealfall dazu beitragen kann, bessere Fragen zu stellen. Ob es die richtigen waren, zeigt sich indes erst Jahrzehnte später.

Einer der führenden Kenner der russischen Kulturgeschichte, der Musikhistoriker Richard Taruskin, mahnte an, zuweilen innezuhalten und sich selbst zu hinterfragen, welchen Zwängen diese Fragerei und das Interpretieren, mit dem Deutungen bestätigt oder diskreditiert werden, selbst unterworfen sind.[1159] Dabei verwies er auf besonders relevante und anregende Grundsatzüberlegungen des Philosophen Hans-Georg Gadamer. »Ist die bewusste Verstellung, die Tarnung und das Versteck der eigenen Meinung nicht in Wahrheit der seltene Extremfall zu einer häufigen, ja zu einer allgemeinen Normalsituation? Genau wie Verfolgung (obrigkeitliche oder kirchliche, Inquisition u. dgl.) nur ein Extremfall ist im Vergleich zu dem ungewollten oder gewollten Druck, den Gesellschaft und Öffentlichkeit auf das menschliche Denken ausüben«, schrieb dieser in seinem 1960 erstmals erschienenen Hauptwerk *Wahrheit und Methode*. »Nur wenn man sich des kontinuierlichen Übergangs vom einen zum anderen ganz bewusst ist, ermisst man die hermeneutische Schwierigkeit des Problems.« Einige Kernfragen lauten dementsprechend: »Wie will man zu eindeutiger Feststellung von Verstellung kommen?« Für Gadamer ist es selbst am Beispiel von Schriftstellern nicht eindeutig, wie jemand, der »widersprechende Aussagen findet«, festzustellen vermag, welche man »für die Aussage seiner wahren Meinung« halten soll. »Es gibt durchaus auch einen unbewussten Konformismus des menschlichen Geistes, das, was allgemein einleuchtet, auch wirklich für wahr zu halten«, gab Gadamer zu bedenken. »Und es gibt umgekehrt einen unbewussten Drang, extreme Möglichkeiten zu probieren, auch wenn sie sich nicht immer zu einem kohärenten Ganzen vereinigen lassen.«[1160]

Der Philosoph Bruno Liebrucks, der sich auch mit der Dialektik von Kunst und Erkenntnis auseinandersetzte, verknüpfte den Weg zur Erkenntnis mit einer intensiven Analyse der Sprache, denn »der Geist« hat für ihn »sein Dasein *nicht* in der Handlung, sondern in der Sprache«.[1161] Im Falle von Britten und Schostakowitsch muss letzten Endes die musikalische Sprache im Mittelpunkt stehen. Aber in der Musik ist die Auslegung der schwarzen Punkte auf den Notenlinien umso schwieriger, weil Forscher sie völlig unterschiedlich interpretieren und Künstler sie individuell darbieten können. Bei genauerer Betrachtung muss man sich einer widersprüchlichen Vieldeutigkeit bewusst sein. »Jeder Inhalt hat den ›Makel der Bestimmtheit‹«, schrieb Liebrucks und nannte als markantes Beispiel einer Doppelbödigkeit folgendes: »Der Altruismus ist der Widerspruch, das für den anderen zu tun, was er selbst für sich nicht tun darf, wenn er nicht dem Odium der Unsittlichkeit verfallen will.« Denn »vergrößert jemand sein Eigentum, so sorgt er nicht nur für die Möglichkeit, anderen zu helfen«, denn durch die Bereicherung »läuft Sittlichkeit auf die Berechnung des Vorteils hinaus und das Gewissen ist bei dem äußersten Gegenteil der moralischen Weltanschauung« angelangt.[1162] Erst indem Britten und Schostakowitsch sich durch ihr Anbiedern an die Mächtigen auch in ihren Werken an Einflussmöglichkeiten bereicherten, konnten sie an anderer Stelle ihrer altruistischen Stimme Geltung verschaffen. Liebrucks formulierte prägnant, dass »die Dante'sche Hölle« stets »als Pforte vor den Eingang zum Paradies gebaut« sei.[1163]

Die Doppelbewegung bzw. das Pendeln zwischen verschiedenen Polen konfrontiert Interpreten und Hörer bei näherer Betrachtung von Form und Sujet der Werke auch mit dem Problem, ob bestimmte Kunstwerke eine emotionale Reaktion verdienen und wenn ja, welche? Müssen wir in Anbetracht von Brittens Verhältnis zu Minderjährigen den Umgang mit seinen entsprechenden Werken neu überdenken? Darf eine mehrfache Mörderin wie Katerina Ismajlowa durch die Musik sympathisch dargestellt werden? Und warum gilt Schostakowitschs Darstellung einer Verbrecherin als wertvolles Kunstwerk, während Jonathan Littells Roman *Die Wohlgesinnten* ob seiner Einfühlung in die Perspektive eines fiktiven SS-Offiziers, der auch den Russlandfeldzug und Babij Jar erlebte, in manchen Ländern vehement abgelehnt wurde?

Bei der Kunst von Britten und Schostakowitsch ist es unmöglich, einfach nur ›einen schönen Konzert- bzw. Opernabend zu genießen‹. Die Stellungnahme der eingangs zitierten Lidija Tschukowskaja zwingt uns zu überlegen, ob das Puschkin'sche Dilemma gelöst ist. Sind Genie und Schurkerei miteinander vereinbar?

Das Vehikel der ›ironischen Distanz‹ versagt hier einmal mehr, was in seinem Wesen liegt. Das durch Friedrich Schlegel eingeleitete »ironistische Zeitalter« – das eher selten zwischen der von ihm definierten »rezessiven Ironie als unbeschränkte Rückzugsmöglichkeit und produktiven Ironie als unbeschränkter Möglichkeit des Eingehens auf etwas« unterscheidet – hatte »ungeheure geschichtliche Folgen«, meinte der Philosoph Hermann Schmitz. »Im 19. Jahrhundert hatte es zunächst die aristokratische Gestalt des weltschmerzlichen Dandytums; seither ist die rezessive Ironie zur Coolness (zur Haltung, cool zu sein) vulgarisiert«, denn »diese Wendigkeit bricht den Menschen das Rückgrat eines konsequenten eigenen Wollens zu Gunsten des Wählens aus vorfabrizierten Angeboten.« Andererseits läuft die rezessive romantische Ironie Gefahr, »sich selbst als die Eitelkeit allen Inhalts zu wissen und in diesem Wissen sich selbst als das Absolute zu wissen«.[1164]

*

Leben und Werk von Britten und Schostakowitsch zeigen, dass es keine absoluten Gewissheiten geben kann. Trotzdem sollte man nie aufhören zu versuchen, geeignete Fragen so prägnant wie möglich zu formulieren. Hierbei scheint es wenig zielführend, die zeitbedingten und zeitverhafteten Konnotationen ihrer Musiksprache bis zum Äußersten zu strapazieren. Die Vielseitigkeit, der Facettenreichtum und der universelle Charakter ihres Œuvres, in dem Angst, Humor und Zuversicht zum Ausdruck kommen, ist ungleich faszinierender. In der Epoche verhaftete Probleme zu behandeln, meinte Jurij Ljubimow einmal, »sagt noch nichts über die Kunst aus, das ist Politik«: »Die Jahrhunderte, die Regime und Systeme haben sich geändert – Michelangelo, Raffael oder Mozart sind geblieben«.[1165] Britten und Schostakowitsch haben ebenfalls das Potenzial, dass eines Tages die – wie Tschajkowskij es nannte – »zeitlosen Wahrheiten« überdauern.[1166] Treffend brachte dies Yehudi Menuhin zum Ausdruck. Er lernte Britten und Schostakowitsch unabhängig voneinander 1945 kennen. Für den Geiger und Dirigenten brachte die Auseinandersetzung mit den Komponisten und ihrer Kultur nicht nur die Befriedigung intellektueller Neugier, sondern auch Welterfahrung mit sich. Bei Benjamin Britten war »unser gegenseitiges Verstehen so intuitiv«, dass man bei gemeinsamen Auftritten »auf das Glück und unsere musikalische Kompatibilität vertraute«.[1167] Auch wenn ihn später befremdete, wie sich Britten zunehmend mit einem Hofstaat von Bewunderern umgab, schätzte er, dass der Komponist und Festivalleiter auch Künstler anderer Stilrichtungen nach Aldeburgh einlud. Hingegen schien ihm Dmitrij Schostakowitsch »immer ein trauriger Mensch« zu sein. »Aber offenbar täuschte das über eine innere Kraft und Überzeugung hinweg«, meinte Menuhin. »In Wirklichkeit trieb wohl die äußere Furcht die Kraft ins Innere, aus dem sie dann als Musik hervorbrach.«[1168]

Auch Menuhin war sich der Widersprüchlichkeiten der Charaktere bewusst. »Diese Aufspaltungen und Paradoxien bei Menschen sind unergründlich«, meinte er. Den »wahren« Dmitrij Dmitriewitsch Schostakowitsch und – so kann man hinzufügen – den wahren Edward Benjamin Britten »können wir nicht über die Person kennenlernen, sondern nur in seiner Kunst. Außerdem meine ich, dass wir ein Volk, eine Nation, nicht kennen können, ehe wir nicht seine Musik kennen«.[1169]

* * *

Danksagung

Die Darstellung dieser parallelen Lebenswege von Dmitrij Dmitriewitsch Schostakowitsch und Edward Benjamin Britten wäre in dieser Form nicht möglich gewesen ohne die Unterstützung vieler Menschen aus Ost und West. Die Grundidee für dieses Buch entstand Anfang der 1990er-Jahre; bereits damals ließ ich mir im Archiv in Aldeburgh die unbeachtet wirkende Korrespondenz von Britten und Schostakowitsch zeigen. Endgültig realisiert werden konnte das Projekt erst jetzt durch das Engagement von Aenne Glienke, meiner Agentin. Sie fand für mich die Interessenten, die es etliche Jahre später ermöglicht haben, diese Geschichte zu erzählen. Es freut mich besonders, dass ein Künstler wie der Cellist Johannes Moser ein Geleitwort verfasst hat, der seit vielen Jahren der Welt und den Werken von Britten und Schostakowitsch verbunden ist. Marijo Kovac vom Verband deutscher Schriftsteller und Dora Stöber haben rechtlich den Weg frei gemacht für diese Publikation. Dafür danke ich ihnen ebenso wie dem engagierten Verleger Wolf-Rüdiger Osburg, dass er sich dieses Projekts annahm und es veröffentlicht. Wesentlichen Anteil an dem Entstehen dieses Buchs hatten zudem der Buchgestalter Hans-Jürgen Paasch und mein Lektor Bernd Henninger.

Ein Buch wie dieses ist zudem undenkbar ohne den Rat vieler unterschiedlicher Persönlichkeiten, die mit Fachkenntnissen und gesundem Menschenverstand unschätzbar wertvolle Beiträge geleistet haben. Für die Unterstützung bei der Recherche und die zahlreichen wichtigen Hinweise bedanke ich mich bei den Mitarbeitern im Archiv der Britten-Pears-Library in Aldeburgh, insbesondere Nicholas Clark, Abigail Williams und Sue Culley sowie Brittens mittlerweile verstorbener Sekretärin Rosamund Strode. Im Archiv der ›Association internationale Dimitri Chostakovitch‹ in Paris kommen Emmanuel Utwiller die gleichen Verdienste zu. Bei Recherchen in Sankt Petersburg waren mir vor allem Jana Polianovskaja, Ljudmila Kownatskaja, Olga Skorbjaschtschenskaja und Larissa Tschirkowa vom Rostropowitsch-Archiv durch ihr freundschaftliches Entgegenkommen, ihr Wissen sowie ihre Orts- und Fachkenntnisse äußerst behilflich.

Ganz besonders danken möchte ich denjenigen, die das Manuskript gelesen haben und mir mit ihren kritischen Anmerkungen unentbehrliche Anregungen gegeben haben. Dies sind in alphabetischer Reihenfolge: Sarah-Lisa Beier, Margit Brendl, Marcus Imbsweiler, Claudia Jacobs, Jakob Knaus, Beate Koltzenburg, Sigrun Lüttgens, Richard B. Meyer, Heidi Müller und Maria Wohllaib.

Danken möchte ich zudem Thomas Heinemann, der nicht zum ersten Mal zu meinen Publikationen anschauliche Karten erstellt hat, die die Orientierung in der Welt der Protagonisten erleichtern.

Für wertvolle Hinweise, Bildmaterial sowie anregende Gespräche danke ich Martin Bird, Dave Cope, Olga Dombrowskaja, Kerstin Gebel, Ralph Gibson, Friederike Gottwald, Thomas Heinemann, Elena Lachozvianskaia, Olga Lischenko, Anthony Mahon, Krzysztof Meyer, Andrew Neill, Timothy Phillips, Cameron Pyke, Olga und Elena Rostropovich, Irina Schostakowitsch, Svetlana Tairova sowie Elizabeth Wilson. Nicht zu vergessen sind auch die hilfsbereiten Mitarbeiter und Mitarbeiterinnen der Bibliothek des Musikwissenschaftlichen Instituts in Heidelberg und der Universitätsbibliothek Heidelberg für die Beschaffung von zum Teil schwer zugänglichen Büchern.

Literaturhinweise und Anmerkungen

Die Literaturhinweise zu Schostakowitsch, Britten und ihrer Zeit sowie die in den Anmerkungen genannten Bände und Artikel bieten Anregungen, das Thema weiter zu vertiefen.

Die in den Anmerkungen verwendeten Ziffern bezeichnen folgende Literatur zu Britten, Schostakowitsch und dem Musikleben in Großbritannien und Russland bzw. der Sowjetunion:

[1] Humphrey Carpenter, *Benjamin Britten: A Biography*, London 1992.

[2] Paul Kildea, *Benjamin Britten: A Life in the Twentieth Century*, London 2013.

[3] Norbert Abels, *Benjamin Britten*, Berlin 2017.

[4] Paul Kildea (Hrsg.), *Britten on Music*, Oxford 2003.

[5] *Letters from a Life – The Selected Letters and Diaries of Benjamin Britten* Donald Mitchell/Philip Reed (Hrsg.), Band 1 (1923–1939) und Band 2 (1939–1945), London 1991; Donald Mitchell/Philip Reed/Mervyn Cooke (Hrsg.), Band 3 (1946–1951), London 2004, und Band 4 (1952–1957), Woodbridge 2008; Philip Reed / Mervyn Cooke (Hrsg.), Band 5 (1958–1965), Woodbridge 2010, und Band 6 (1966–1976), Woodbridge 2012.

[6] Archiv der Britten Pears Foundation in Aldeburgh.

[7] Laurel E. Fay, *Shostakovich: A Life*, New York 2000.

[8] Krzysztof Meyer, *Schostakowitsch – Sein Leben, sein Werk, seine Zeit*, Bergisch Gladbach 1995.

[9] Sofija Chentowa, В мире Шостаковича, Moskau 1996.

[10] Elizabeth Wilson, *Shostakovich – A Life Remembered*, London 2006.

[11] Christoph Hellmundt / Krzysztof Meyer (Hrsg.), *Dmitrij Schostakowitsch: Erfahrungen – Aufsätze, Erinnerungen, Reden, Diskussionsbeiträge, Interviews, Briefe*, Leipzig 1983.

[12] Isaak Glikman (Hrsg.), *Dmitrij Schostakowitsch: Chaos statt Musik? – Briefe an einen Freund*, Berlin 1995.

[13] Cameron Pyke, *Benjamin Britten and Russia*, Woodbridge 2016.

[14] Percy Young, *A History of English Music*, London 1967.

[15] Meinhard Saremba, *Elgar, Britten & Co. – Eine Geschichte der britischen Musik in 12 Portraits*, Zürich/St. Gallen 1994.

[16] Boris Schwarz, *Musik und Musikleben in der Sowjetunion*, Wilhelmshaven 1982.

[17] Dorothea Redepenning, *Geschichte der russischen und der sowjetischen Musik – Band II: Das 20. Jahrhundert*, 2 Teilbände, Laaber 2008.

Anmerkungen

1 Heinrich Koch (Hrsg.), *Michelangelo: Briefe, Gedichte, Gespräche*, Frankfurt am Main 1957, S. 77.

2 Juri Lotman, *Alexander Puschkin*, Leipzig 1989, S. 219.

3 Bruno Liebrucks, *Sprache und Bewusstsein*, Band 3, Frankfurt am Main 1966, S. 15.

4 Anton Tschechow, *Das Duell*, Berlin 2016, S. 107 f.

5 Antonio Gramsci in einem am 11. März 1921 in *Ordine Nuovo* veröffentlichten Vortrag, in Christian Riechers (Hrsg.), *Antonio Gramsci, Philosophie der Praxis – Eine Auswahl,* Frankfurt am Main 1967, S. 101.

6 Zu den wenigen Einzelbetrachtungen gehören beispielsweise Eric Roseberry, »A debt repaid? Some observations on Shostakovich and his late-period recognition of Britten«, in David Fanning (Hrsg.), *Shostakovich Studies,* Cambridge 1995, S. 229–254; Ljudmila Kownatskaja, »Шостакович и Бриттен: некоторыйе параллели«, in dies., сборник статеи к 90-летнийе за дня рождения, Sankt Petersburg 1996, S. 306–323; L. Kownatskaja, »Shostakovich and Britten: Some Parallels«, in, Rosamund Bartlett (Hrsg.), *Shostakovich in Context,* Oxford 2000, S. 175–189; L. Kownatskaja/M. P. Mischenko/O. N. Chumikowa (Hrsg.), русский-британский музыкальный связи, Sankt Petersburg 2009; Cameron Pyke, »Shostakovich's Fourteenth Symphony: *A Response to War Requiem?*«, in Lucy Walker (Hrsg.), *Benjamin Britten: New Perspectives on his Life and Work,* Woodbridge 2009, S. 27–45; C. Pyke, »четырнадцатая симфония Шостаковича: партитура Бриттена«, in O. Digonskaja/L. Kownatskaja (Hrsg.), Дмитрий Шостакович: исследования и материалы, Band 3, Moskau 2011, S. 231–243; C. Pyke, *Benjamin Britten and Russia,* Woodbridge 2016; Bernd Feuchtner, »›Ich blieb bei meinem Volk in seinem Leiden‹ – Schostakowitsch und Benjamin Britten«, in ders., *Not, List und Lust: Schostakowitsch in seinem Jahrhundert,* Hofheim 2017, S. 133–142; Josif Raiski, »союз любимцев муз. Бриттен и Шостакович«, in ders., записки филарманьяка, Sankt Petersburg 2017, S. 355–359.

7 N. I. Popowa/O. E. Rubinschik, *Anna Akhmatova in the Fountain House*, Sankt Petersburg 2011, S. 4.

8 Kurt Sanderling/Ulrich Roloff-Momin, *»Andere machten Geschichte, ich machte Musik« – Die Lebensgeschichte des Dirigenten in Gesprächen und Dokumenten,* 2. Auflage, Berlin 2012, S. 56.

9 Susan Amert, *In a Shattered Mirror: The Later Poetry of Anna Akhmatova*, Stanford, California, 1992, S. 244.

10 In einer Unterzeile wurde das Orchester mit seinem vollständigen Namen als »The State Symphony Orchestra of the Leningrad Philharmonia« (Staatliches Sinfonieorchester der Leningrader Philharmonie) näher beschrieben. Diesen trug es seit 1924. Mit der Übernahme des früheren Namens aus dem Gründungsjahr 1882 wurde man 1991 wieder zu den Sankt Petersburger Philharmonikern. Die Leningrader Philharmoniker hatten etliche Werke von Schostakowitsch uraufgeführt, darunter die 5., 6., 8., 9., 10. und 12. Sinfonie. Bedeutende Chefdirigenten zu Schostakowitschs Zeit waren Sergej Kusewizkij (1917–1920), Aleksandr Gauk (1930–1934), Fritz Stiedry (1934–1937) und Jewgenij Mrawinskij (1938–1988). Das Orchester des Leningrader Rundfunks, das heutige Sankt Petersburg Sinfonieorchester, brachte 1942 die 7. Sinfonie unter der Leitung von Karl Eliasberg zur Uraufführung. Die Bezeichnungen von Orchestern aus dem Osten sind nicht immer eindeutig, weil vielfach die Namen nicht wörtlich übersetzt werden konnten. Ein »Verdientes Orchester der sozialistischen SSR« hätte im Westen auf Schallplattencovern eher befremdet; andererseits verbarg sich hinter einem »Bolschoj Sinfonieorchester« – da ›bolschoj‹ lediglich ›groß‹ heißt – oft das ›Große‹ Sinfonieorchester des Rundfunks und Fernsehens, also das Moskauer Radiosinfonieorchester, und keineswegs das Orchester des Bolschoj-Theaters. Das 1951 von Samuil Samosud gegründete und lange von Kirill Kondraschin geleitete Akademische Sinfonieorchester der Moskauer Staatlichen Philharmonie firmiert heute unter dem Namen Moskauer Philharmonisches Orchester.

11 Elizabeth Wilson, *Mstislav Rostropowitsch: Cellist, Teacher, Legend*, London 2007, S. 179.

12 [5], Band 5 (1958–1965), S. 277.

13 [5], Band 5 (1958–1965), S. 277.
14 [6]
15 [1], S. 5.
16 [7], S. 22.
17 Bruno Walter, *Thema und Variationen - Erinnerungen und Gedanken*, Stockholm 1947, S. 410.
18 [12], S. 10.
19 [5] Band 4, S. 497.
20 Galina Wischnewskaja, *Galina - Erinnerungen einer Primadonna*, München 1993, S. 219.
21 Ebd., S. 219 f.
22 [8], S. 533 und 536.
23 Galina Wischnewskaja, *Erinnerungen einer Primadonna*, S. 352.
24 Ebd., S. 352 f.
25 Mstislaw & Galina Rostropowitsch, *Die Musik und unser Leben*, München 1985, S. 74 f.
26 Ebd., S. 76.
27 Küchelbeckers Verse bieten den einzigen original russischen Text der elf Gedichte. Alle anderen werden in russischen Übersetzungen gesungen. Der Komponist autorisierte auch eine deutsche Fassung, für die er im 10. Satz »Der Tod des Dichters« die Noten der deutschen Sprache anpasste, sowie auf Anfrage von Dietrich Fischer-Dieskau eine Fassung, in der alle Gedichte in der Originalsprache der Dichter gesungen werden.
28 Deutsch von Jörg Morgener.
29 Siehe Eric Roseberry, »A debt repaid? Some observations on Shostakovich and his late-period recognition of Britten«, in David Fanning (Hrsg.), *Shostakovich Studies*, Cambridge 1995, S. 229 ff. Heute ist das Bild im Archiv gelagert.
30 Beide starben durch Kugeln: Owen kam im Ersten Weltkrieg mit 25 Jahren ums Leben und Puschkin mit 39 Jahren bei einem Duell.
31 Galina Wischnewskaja, *Galina - Erinnerungen einer Primadonna*, München 1993, S. 364.
32 Der Engländer Richard Stewart Addinsell (1904–1977) wirkte vor allem als Filmkomponist. Das sogenannte »Warsaw Concerto« (Warschauer Konzert), eine Rhapsodie für Klavier und Orchester, die 1941 aus der Filmmusik zu *Dangerous Moonlight (1941)* hevorging, war seinerzeit weltbekannt.
33 *The Observer*, 17. Januar 1942.
34 [11], S. 30.
35 [5], Band 1 (1923–1939), S. 409.
36 Michael Kennedy, *Britten*, London 1981, S. 23.
37 *Opera*, Januar 1977, S. 12.
38 *Prawda*, 11. August 1975.
39 [5], Band 3 (1946–1951), S. 86.
40 Deutsch von Jörg Morgener.
41 [10], S. 413.
42 Michael Ardov, *Memories of Shostakovich: Interviews with the composer's children*, London 2004, S. 7.
43 J. Thomas Shaw (Hrsg.), *The Letters of Alexander Pushkin*, Band 2, London 1967, S. 482.
44 Deutsch von Friedrich Fiedler.
45 Deutsch von Michael Engelhard.

46 Deutsch von Friedrich Fiedler.

47 [7], S. 278.

48 Zitiert nach Benjamin Brittens persönlicher Ausgabe: John Fenner (Hrsg.), *Pushkin: Selected Verse*, Harmondsworth 1964, S. 220 f. (Britten-Pears Library)

49 [6].

50 Aus dieser Initiative ging später das Ensemble der English National Opera hervor, die heute im Coliseum in London beheimatet ist. Die Anfänge liegen in den 1920er-Jahren, als man vor allem Werke italienischer und deutscher Komponisten in englischer Sprache aufführte, darunter einen Mozart-Zyklus mit neuen Übersetzungen von Edward J. Dent. Auch wenn das Sadler's Wells Theatre über kein festes Ensemble verfügte, so traten dort immer wieder namhafte englische Künstler wie Edith Coates, Joan Cross, Heddle Nash und Henry Wendon auf. Anfang der 1930er-Jahre hatte man schon etwa dreißig Opern im Repertoire: Neben dem Mozart-Verdi-Puccini-Standardangebot auch Ausgefallenes wie Donizettis *The Daughter of the Regiment*, Humperdincks *Hansel and Gretel* und Saint-Saëns' *Samson and Delilah* und einzelne britische Opern wie Purcells *Dido and Aeneas* oder Wallaces *Maritana*. Sullivans Bühnenwerke waren aus urheberrechtlichen Gründen nicht vor 1961 zugänglich.

51 Hans Wysling (Hrsg.), *Dichter über ihre Dichtungen*, Band 14/1: Thomas Mann, Zürich/München/Frankfurt am Main 1975–81, S. 448 f.

52 Thomas Mann, »Lebensabriß«, in *Die Neue Rundschau*, 6. Heft, Juni 1930, 41. Jg., S. 732–769.

53 Brief an Ida Boy-Ed vom 24. März 1913.

54 William Faulkner, *Requiem for a Nun*, New York 1951, 1. Akt, 3. Szene.

55 [13], S. 310.

56 Gregor Tassie, *Yevgeny Mravinsky: The Noble Conductor*, Lanham, Maryland 2005, S. 178.

57 Llewellyn Woodward, *The Age of Reform 1870–1914*, Oxford 1963, S. 223.

58 John Howes Gleason, *The Genesis of Russophobia in Great Britain: A Study of the Interaction of Policy and Opinion*, London 1950, S. 138.

59 Aleksandr Parfenov/Joseph G. Price (Hrsg.), *Russian Essays on Shakespeare and His Contemporaries*, Cranbury/London/Mississauga 1998, S. 85.

60 Allardyce Nicoll (Hrsg.), *Shakespeare Survey*, Band 5, Cambridge 1952, S. 104.

61 Deutsch von Meinhard Saremba.

62 Deutsch von Ulrich Erckenbrecht.

63 Siehe u. a. J.A.R. Marriott, *Anglo-Russian Relations: 1689–1943*, London 1944; Curtis Keeble, *Britain and the Soviet Union, 1917–1989*, London 1990; Rebecca Beasley/Philip Ross Bullock (Hrsg.), *Russia in Britain, 1880–1940: From Melodrama to Modernism*, Oxford 2013; sowie Hannes Hofbauer, *Feindbild Russland: Geschichte einer Dämonisierung*, Wien 2016; Elisabeth Cheauré/Regine Nohejl/Olga Gorfinkel (Hrsg.), *Russland in Europa – Europa in Russland: 200 Jahre Ivan Turgenev*, Baden-Baden 2018; und die Editionen des von Lew Kopelew an der Wuppertaler Universität initiierten Projekts zur Erforschung der Geschichte westeuropäisch-russischer Fremdenbilder [https://www.kopelew-forum.de/das-wuppertaler-projekt.aspx].

64 Orlando Figes, *Krimkrieg – Der letzte Kreuzzug*, Berlin 2011, S. 89.

65 Ebd., S. 134.

66 Arthur Christopher Benson/Reginald Baliol Brett (Hrsg.), *Letters of Queen Victoria*, Band 2 (1844–1853), London 1907, S. 14.

67 Saul Davis, *Victoria's Wars: The Rise of Empire*, London 2007, S. 18.

68 John Howes Gleason, *The Genesis of Russophobia in Great Britain: A Study of the Interaction of Policy and Opinion*, London 1950, S. 126.

69 [5], Band 5, S. 350.

70 [8], S. 542.

71 Deutsch von Meinhard Saremba.

72 Michael Ardov, *Memories of Shostakovich: Interviews with the composer's children*, London 2004, S. 36.

73 Im 2. Akt von Glinkas Bühnenwerk *Ein Leben für den Zaren* charakterisiert die Mazurka die polnischen Feinde Russlands. Sie bildet einen Gegensatz zu dem von der Balalaika begleiteten russischen Volkstanz, zu dem sich in Tolstojs 1869 erschienenen Roman *Krieg und Frieden* die Komtesse Natascha Rostowa im Anschluss an eine Jagd bei einer Feier in einem schlichten Holzhaus verführen lässt – eine Adlige, der der Rhythmus des russischen Brauchtums im Blut zu liegen scheint. Tolstojs Epos suggeriert eine gemeinsame russische Mentalität und eine Verbundenheit der gehobenen Schichten mit dem einfachen Volk, wodurch der Stoff Akzeptanz fand, als Prokofjew ihn während des Zweiten Weltkriegs zu einer Oper umgestaltete. Zeitweilig spielte Britten in den 1970er-Jahren mit der Idee, eine Opernversion des Romans *Anna Karenina* auf die Bühne zu bringen; Schostakowitsch hat Tolstojs Werke indes nie für eine Vertonung in Erwägung gezogen.

74 [11], S. 20.

75 Dmitrij und Ludmilla Sollertinski, *Pages from the Life of Dmitij Shostakovich*, New York/London 1980, S. 3.

76 [1], S. 4.

77 [5], Band 1, S. 334.

78 [1], S. 4.

79 [1], S. 8.

80 Dmitrij und Ludmilla Sollertinski, *Pages from the Life of Dmitij Shostakovich*, New York/London 1980, S. 3.

81 [5], Band 1, S. 76.

82 Originalton des Interviews in englischer Sprache in *Zur Person: Benjamin Britten* (von Meinhard Saremba), Südwestdeutscher Rundfunk, Erstsendung: SWR2, 24. November 2013.

83 Zoé Oldenburg, *Katharina die Große*, München 1986, S. 341.

84 Orlando Figes, *Krimkrieg – Der letzte Kreuzzug*, Berlin 2011, S. 163.

85 May Byron, *A Day with Tchaikowsky*, London 1912, S. 12.

86 Ebd., S. 12 f.

87 Ebd., S. 8.

88 Ebd., S. 8.

89 Philip Ross Bullock, *Rosa Newmarch and Russian Music in Late Nineteenth and Early Twentieth-Century England*, Abingdon 2009.

90 Olga Dombrowskaja, »музыка к кинофильму Гамлет: Д. Д. Шостакович в совместноий работе с Г. М. Козинцевим«, in Dmitij Schostakowitsch, *Hamlet: Music to the Film op 16*, Moskau 2016, S. 230.

91 Zitiert nach Orlando Figes, *Hundert Jahre Revolution – Russland und das 20. Jahrhundert*, München 2017, S. 30.

92 Ebd., S. 108.

93 Zitiert nach J. P. Mayer, *Alexis de Tocqueville – Analytiker des Massenzeitalters*, München 1972, S. 85.

94 Nicolas Nabokov, *Zwei rechte Schuhe im Gepäck – Erinnerungen eines russischen Weltbürgers*, München/Zürich 1975, S. 123.

95 [7], S. 12.

96 Nicolas Nabokov, *Erinnerungen eines russischen Weltbürgers*, S. 123 f.

97 Robert Hamilton Bruce Lockhart, *Vom Wirbel erfasst – Bekenntnisse eines britischen Diplomaten*, Stuttgart 1933, S. 285.

98 John Reed, *Zehn Tage, die die Welt erschüttern*, Berlin 1957, S. 365.

99 Ebd., S. 327.

100 Karl Marx, *Allgemeine Statuten und Verwaltungs-Verordnungen der Internationalen Arbeiterassoziation*, London 1871, Absatz 440.

101 Lenin, »Ursprünglicher Entwurf der Thesen zur nationalen und kolonialen Frage«, zitiert nach Janich Oliver, *Die Vereinigten Staaten von Europa*, München 2014, S. 273.

102 John Reed, *Zehn Tage, die die Welt erschüttern*, Berlin 1957, S. 5.

103 Daniel Wayne Lehman, *John Reed and the Writing of Revolution*, Athens (Ohio), 2002, S. 201.

104 Vladimir Nabokov, *Sprich, Erinnerung, sprich – Wiedersehen mit einer Autobiographie*, Hamburg 1964, S. 180.

105 Paul Dukes, *Red dusk and the morrow: adventures and investigations in red Russia*, London 1922, S. 320.

106 Michail Ossorgin, *Eine Straße in Moskau*, Paris 1928/Berlin 2015.

107 Timothy Phillips, *The Secret Twenties: British Intelligence, the Russians and the Jazz Age*, London 2017, S. 267.

108 Kurt Sanderling/Ulrich Roloff-Momin, *»Andere machten Geschichte, ich machte Musik« – Die Lebensgeschichte des Dirigenten in Gesprächen und Dokumenten*, 2. Auflage, Berlin 2012, S. 56.

109 Timothy Phillips, *The Secret Twenties*, S. 22.

110 Ebd., S. 17.

111 Ebd., S. 32.

112 Ebd., S. 32.

113 [1], S. 68.

114 John Evans (Hrsg.), *Journeying Boy: The Diaries of the Young Benjamin Britten 1928–1938*, London 2009, S. 8.

115 Michael Barlow, *Whom the Gods Love: The Life and Music of George Butterworth*, London 1997, S. 31.

116 Cecil Gray, *Sibelius*, London 1931, S. 187 f.

117 Constant Lambert, *Music Ho! – A Study of Music in Decline*, London 1934, (3. Auflage 1966), S. 240. Bei der Formulierung im Titel »Music Ho!« handelt es sich um ein Zitat aus Shakespeares Drama *Antony and Cleopatra*.

118 Cecil Gray, *Sibelius*, London 1931, S. 148.

119 Zitiert nach Wolfgang Mende, *Musik und Kunst in der sowjetischen Revolutionskultur*, Köln 2009, S. 14.

120 Zitiert nach Sjef Houppermans/Otto Boele (Hrsg.), *Modernism Today*, Amsterdam/New York 2013, S. 135.

121 Orlando Figes, *Nataschas Tanz – Eine Kulturgeschichte Russlands*, Berlin 2003, S. 474.

122 Thomas Etzemüller (Hrsg.), *Die Ordnung der Moderne – Social Engineering im 20. Jahrhundert*, Bielefeld 2009, S. 256; siehe auch: Frank Westerman, *Ingenieure der Seele – Schriftsteller unter Stalin: Eine Erkundungsreise*, Berlin 2003.

123 Orlando Figes, *Nataschas Tanz*, S. 466 f.

124 Burton Paulu, *Television and Radio in the United Kingdom*, London 1981, S. 135.

125 Todd Avery, *Radio Modernism: Literature, Ethics, and the BBC, 1922–1938*, Farnham 2006, S. 17.

126 Asa Briggs, *The History of Broadcasting in the United Kingdom: Volume II: The Golden Age of Wireless*, Oxford 1995, S. 472.

127 Marista Leishman, *My Father: Reith Of The BBC*, Edinburgh 2006, S. 87.
128 Franz Marc, *Schriften*, Köln 1978, S. 165.
129 Sigmund Neumann, *Permanent Revolution. Totalitarianism in the Age of International Civil War (1942)*, London 1965, S. 260.
130 Enzo Traverso, *Im Bann der Gewalt – Der europäische Bürgerkrieg 1914–1945*, München 2008, S. 47. Siehe auch Oliver Janz, *14 – Der große Krieg, Frankfurt am Main 2013; und Robert Gerwarth, Die Besiegten: Das blutige Erbe des Ersten Weltkriegs*, München 2016
131 Enzo Traverso, S. 47.
132 Zitiert nach Enzo Traverso, S. 125.
133 Daniil Granin, *Das Jahrhundert der Angst – Erinnerungen*, Berlin 1997, S. 5.
134 Neil Powell, *Benjamin Britten: A Life For Music*, London 2013, S. 78.
135 [5], Band 1, S. 78.
136 [1], S. 7.
137 [1], S. 7.
138 Murray Schafer, *British Composers in Interview*, London 1963, S. 22.
139 [11], S. 15.
140 Originalton des Interviews in englischer Sprache in *Zur Person: Benjamin Britten* (von Meinhard Saremba), Südwestdeutscher Rundfunk, Erstsendung: SWR 2, 24. November 2013.
141 Natalja Gontscharowa, »Велосипедист« (1913), Öl auf Leinwand, 78 × 105 cm; Russisches Museum in Sankt Petersburg.
142 Stanley Cursiter, »The sensation of crossing the street – West End, Edinburgh« (1913), Öl auf Leinwand, 50 × 60 cm; William Hardie Collection, Glasgow.
143 [5], Band 1, S 277.
144 David Brown, *Tchaikovsky: A Biographical and Critical Study (The Crisis Years: 1874–1878)*, London 1983, S. 235.
145 [17], Teilband 1, S. 137.
146 Zitiert nach *Elgar Society Journal*, Dezember 2018, Vol. 21, Nr. 3, S. 62 f.
147 Iwan Nikolaewitsch Kramskoj, »Христос в пустыне« (1872), Öl auf Leinwand, 180 × 210 cm; Staatliche Tretjakow-Galerie in Moskau.
148 [17], Teilband 1, S. 136 f.
149 [17], Teilband 1, S. 139.
150 Katerina Clark, *The Soviet Novel: History as Ritual*, Chicago 1981, S. 93.
151 [11], S. 16.
152 Lothar Seehaus, *Dmitij Schostakowitsch – Leben und Werk*, Wilhelmshaven 1991, S. 20.
153 [10], S. 40.
154 Dmitrij und Ludmilla Sollertinski, *Pages from the Life of Dmitij Shostakovich*, New York/London 1980, S. 19.
155 [10], S. 40. Der Vatersname von Maksimilian Oseejewitsch Schtejnberg lässt sich mit dem russischen Wort für Hafer, ›owjes‹, verballhornen (Осеевич, овёс).
156 Kurt Sanderling/Ulrich Roloff-Momin, *»Andere machten Geschichte, ich machte Musik« – Die Lebensgeschichte des Dirigenten in Gesprächen und Dokumenten*, 2. Auflage, Berlin 2012, S. 160.
157 [5], Band 1, S. 172.
158 Michael Kennedy, *Britten*, London 1981, S. 5.
159 Ebd., S. 5.
160 [1], S. 17.
161 Michael Kennedy, *Britten*, London 1981, S. 6.

162 Ebd., S. 6.
163 Ebd., S. 7.
164 [7], S. 26.
165 [10], S. 51 f.
166 [7], S. 300 f.
167 Programmheft der Philharmonic-Symphony Society of New York, Konzerte unter Leitung von Arturo Toscanini am 8., 10., 12. und 18. April 1931.
168 [5], Band 1, S. 88.
169 Gregory Roscow (Hrsg.), *Bliss on Music: Selected Writings of Arthur Bliss 1920–1975*, Oxford 1991, S. 30.
170 [5], Band 1, S. 129.
171 [5], Band 1, S. 128 f.
172 [5], Band 1, S. 618.
173 [1], S. 66.
174 [1], S. 66.
175 Tony Sharpe (Hrsg.), *W. H. Auden in Context*, Cambridge 2013, S. 43.
176 Murray Schafer, *British Composers in Interview*, London 1963, S. 114 f.
177 [1], S. 67.
178 [11], S. 48 f. Die Budjonnij-Mütze, auch als Budjonowka bezeichnet, ist eine spitz zulaufende Kopfbedeckung, die für die neu gegründete Rote Armee im Russischen Bürgerkrieg als Teil der Uniform eingeführt und bis Ende der 1930er-Jahre verwendet wurde.
179 [11], S. 49 f.
180 Kurt Sanderling/Ulrich Roloff-Momin, *»Andere machten Geschichte, ich machte Musik« – Die Lebensgeschichte des Dirigenten in Gesprächen und Dokumenten*, 2. Auflage, Berlin 2012, S. 112.
181 Ljudmila Kownatskaja, »›хочу с товой кое о чем покалякать на бумаге‹: неизвестные письма Шостаковича к Богданову-Березовоскому (1920-е годы)«, in O. Digonskaja/L. Kownatskaja (Hrsg.), Дмитрий Шостакович: исследования и материалы, Band 3, Moskau 2011, S. 71.
182 [11], S. 50 f.
183 Lenin, Über proletarische Kultur, in *Werke* (Band 31), Berlin 1964, S. 308.
184 Zenovia A. Sochor, *Revolution and Culture: The Bogdanov-Lenin Controversy*, London 1988, S. 172.
185 Zitiert nach Alfred Smudits, *Kunstsoziologie*, München 2014, S. 148.
186 Andreas Guski, *Literatur und Arbeit: Produktionsskizze und Produktionsroman im Russland des 1. Fünfjahrplans (1928–1932)*, Wiesbaden 1995, S. 92.
187 Zitiert nach Aleksandr Fedorovich Shishkin, *Grundlagen der marxistischen Ethik*, Berlin 1964, S. 137.
188 Eric Roseberry, *Ideology, Style, Content, and Thematic Process in the Sinfonies, Cello Concertos, and String Quartets of Shostakovich*, New York 1989, S. 10.
189 Boris Groys, *Die Erfindung Rußlands*, München 1995, S. 94.
190 Ebd., S. 93 ff.
191 [7], S. 40.
192 [1], S. 5.
193 [5], Band 1, *S. 439*.
194 »Upon the street they lie / Beside the broken stone: / The blood of children stares from the broken stone. / Death came out of the sky / In the bright afternoon: / Darkness slanted over the bright afternoon.« (Auf der Straße liegen sie, neben dem geborstenen Stein: Von diesem geborstenen Stein starrt uns das Blut der

Kinder an. Der Tod kam aus dem Himmel am strahlenden Nachmittag: Düsternis legte sich über den strahlenden Nachmittag. Soutar/Britten: »The children« aus »Who are these children?«)

195 [1], S. 20 f.

196 [5], Band 3, S. 49.

197 Mervyn Cooke (Hrsg.), *The Cambridge Companion to Benjamin Britten*, Cambridge 1999, S. 42.

198 Jürgen Rühle, *Theater und Revolution*, München 1963, S. 25.

199 Zitiert nach Boris Groys, *Gesamtkunstwerk Stalin – Die gespaltene Kultur in der Sowjetunion*, München 1996, S. 33.

200 [11], S. 49.

201 Anatolij Lunatscharskij, *Die Revolution und die Kunst*, Dresden 1962, S. 27 ff.

202 [11], S. 117.

203 [11], S. 45.

204 [11], S. 117 f. und 19.

205 [11], Leipzig 1983, S. 44.

206 [5], Band 1, S. 332 f.

207 Hugh Cobbe (Hrsg.), *Letters of Ralph Vaughan Williams: 1895–1958*, Oxford 2008, S. 150.

208 [5], Band 1, S. 394 f.

209 [5], Band 1, S. 424.

210 [7], S. 52.

211 [11], S. 100.

212 Vorbemerkung zu D. Schostakowitsch, *Sinfonie Nr. 3/Sinfonie Nr. 4: Partitur*, Moskau 1982.

213 Deutsch von Meinhard Saremba.

214 S. K. Gulinskaja, *Nikolaj Jakowlewitsch Mjaskowski*, Berlin 1985, S. 127.

215 Michael Kellogg, *The Russian roots of Nazism: white émigrés and the making of National Socialism*, Cambridge 2005, S. 7 und 218.

216 [5] Band 4, S. 535.

217 [5], Band 5, S. 593.

218 [11], S. 166 f.

219 Kurt Sanderling/Ulrich Roloff-Momin, *»Andere machten Geschichte, ich machte Musik« – Die Lebensgeschichte des Dirigenten in Gesprächen und Dokumenten, 2. Auflage*, Berlin 2012, S. 167 f.

220 Fedor Stepun, *Mystische Weltschau – Fünf Gestalten des russischen Symbolismus*, München 1964, S. 122 f.

221 Basil Maine, *New Paths in Music*, London 1940, S. 148.

222 [5], Band 1, S. 441.

223 Murray Schafer, *British Composers in Interview*, London 1963, S. 55.

224 Akte »Christopher Isherwood: American.« (Zeitraum: 1933–1956), in The National Archives, Kew, Referenznummer KV 2/2587.

225 [5], Band 1, 512.

226 Michael Kennedy, *Britten*, London 1981, S. 21.

227 [1], S. 78.

228 Zitiert nach Niall Ferguson, *Empire – How Britain made the Modern World*, London 2004, S. 151.

229 [5], Band 1, S. 429.

230 [5], Band 1, S. 443.

231 [5], Band 1, S. 443.
232 [5], Band 1, S. 449.
233 Niall Ferguson, *Empire – How Britain made the Modern World*, London 2004, S. 323.
234 [1], 103.
235 [5], Band 1, S. 512.
236 Deutsch von Erich Fried.
237 Deutsch von Meinhard Saremba.
238 Fred K. Prieberg, *Musik in der Sowjetunion*, Köln 1965, S. 52.
239 Andrej Borejko im Gespräch mit Kerstin Gebel bei der Konzerteinführung zu einem Programm mit dem Radiosinfonieorchster Stuttgart des SWR am 25. Februar 2016 in der Stuttgarter Liederhalle.
240 Darius Milhaud, *Notes sans musique*, Paris 1949, S. 211.
241 Heinz Pringsheim, »›Persimfans‹ oder Soziologische Musikästhetik, in *Allgemeine Musik-Zeitung*, Jg. 1928, S. 1052.
242 Reginald Nettel, *The Orchestra in England: A Social History*, London 1946, S. 259.
243 Andrej N. Krjukow, *Alexander Konstantinowitsch Glasunow*, Berlin 1988, S. 168.
244 Georg Solti/Harvey Sachs, *Solti on Solti: a Memoir*, London 1998, S. 140.
245 Ebd., S. 129.
246 Michael Kennedy, *Adrian Boult*, London 1987, S. 156.
247 Ebd., S. 157.
248 Adrian Boult, *Zur Kunst des Dirigierens*, Augsburg 1965, S. 35.
249 Reginald Nettel, *The Orchestra in England: A Social History*, London 1946, S. 291.
250 Wolfgang Mende, *Musik und Kunst in der sowjetischen Revolutionskultur*, Köln 2009, S. 258.
251 In etlichen Aufführungen und Aufnahmen wird die Sirene durch ein Signal von Hörnern, Trompeten und Posaunen ersetzt.
252 Deutsch von Jörg Morgener.
253 Nikolaj Malko, *A certain Art*, New York 1966, S. 204 f. Das Kapitel über Schostakowitsch entstand 1944.
254 [10], S. 71.
255 Paul Kildea, *Selling Britten: Music and the Marketplace*, Oxford 2002, S. 4.
256 [5], Band 1, S. 433.
257 *Die Sendung – Das Rundfunkwesen, Heft 48/VIII, 27.* November 1931, S. 973.
258 [5], Band 1, S. 222.
259 [10], S. 426.
260 [11], S. 23.
261 Dmitrij und Ludmilla Sollertinski, *Pages from the Life of Dmitij Shostakovich*, New York/London 1980, S. 28.
262 Ebd., S. 140 f.
263 [3], S. 58.
264 Orlando Figes, *Nataschas Tanz – Eine Kulturgeschichte Russlands*, Berlin 2003, S. 471.
265 Ebd., S. 471.
266 [12], S. 65.
267 [5], Band 2, S. 897.
268 [11], S. 164 f. In dem letzten der drei Briefe, den Beethoven im August 1812 an Bettina von Arnim geschrieben haben soll, die aber vermutlich von der

Dichterin selbst verfasst wurden, lautete die entsprechende Formulierung: »... dem Manne muss Musik Feuer aus dem Geiste schlagen.«

269 John Riley, *Dmitij Shostakovich: A Life in Film*, London 2005, S. 7.
270 [11], S. 85 f.
271 [11], S. 86.
272 [1], S. 64 f.
273 [1], S. 66.
274 [5], Band 2, S. 898.
275 [11], S. 26 f.
276 Sigrid Neef/Hermann Neef, *Handbuch der russischen und sowjetischen Oper*, Berlin 1985, S. 71.
277 [11], S. 38.
278 [11], S. 39.
279 Sigrid Neef/Hermann Neef, *Handbuch der russischen und sowjetischen Oper*, Berlin 1985, S. 70.
280 Ebd., S. 352.
281 Fjodor Sologub, *Der kleine Dämon*, Frankfurt am Main 1989, S. 8.
282 [11], S. 40.
283 Fjodor Sologub, *Der kleine Dämon*, Frankfurt am Main 1989, S. 8.
284 Deutsch von Christoph Ferber.
285 Deutsch von Ulrich Steltner.
286 Aleksandr Eliasberg, *Russische Literaturgeschichte in Einzelporträts (Kapitel 13)*, München 1964, S. 134.
287 Peter Thiergen (Hrsg.), *Russische Begriffsgeschichte der Neuzeit: Beiträge zu einem Forschungsdesiderat*, Köln 2006, S. 128 f.
288 Vladimir Nabokov, *Nikolaj Gogol*, New York 1944, S. 64 ff.
289 Deutsch von Aleksandr Eliasberg.
290 Johann Wolfgang von Goethe, »Maximen und Reflexionen, Zweite Abtheilung«, in *Werke*, Band 49, Stuttgart/Tübingen 1833, S. 58.
291 Walter Benjamin, *Ursprung des deutschen Trauerspiels*, Berlin 1928, S. 206.
292 Deutsch von Christoph Ferber.
293 Eckart Kröplin, *Frühe sowjetische Oper – Schostakowitsch, Prokofjew*, Berlin 1985, S. 158.
294 Zitiert nach Katerina Clark, *Petersburg: Crucible of Cultural Revolution*, Cambridge (Massachusetts) 1995, S. 237.
295 Wolfgang Mende, *Musik und Kunst in der sowjetischen Revolutionskultur*, Köln 2009, S. 464.
296 [11], S. 40.
297 Amy Nelson, *Music for the Revolution: Musicians and Power in Early Soviet Russia*, Pennsylvania State University Press 2004, S. 239.
298 [17], Teilband 1, S. 170.
299 [11], S. 41.
300 [10], S. 54.
301 [8], S. 127.
302 [10], S. 81.
303 [8], S. 128.
304 [8], S. 129.
305 [8], S. 127.

306 Timothy Phillips, *The Secret Twenties: British Intelligence, the Russians and the Jazz Age*, London 2017, S. 79.

307 Ebd., S. 266.

308 Ebd., S. 267.

309 Deutsch von Ernst Busch.

310 Timothy Phillips, *The Secret Twenties: British Intelligence, the Russians and the Jazz Age*, London 2017, S. 273 f.

311 Ebd., S. 273.

312 Ebd., S. 283.

313 Ebd., S. 322.

314 Ebd., S. 322.

315 Dmitij Braginsky, *Dmitry Shostakovich and Football: Escape to Freedom*, Moskau 2018.

316 Anthony Bateman (Hrsg.), *Sport, Music, Identities*, Abingdon 2015, S. 57.

317 Peter Gay, *Kult der Gewalt – Aggression im bürgerlichen Zeitalter*, München 1996, S. 529.

318 Beide erlebten einschneidende Entwicklungen nicht mehr mit: Russell starb 1935 im Alter von 66 Jahren in England an einer Lungenentzündung, Butowski mit 78 in Petrograd wenige Wochen vor der Februar-Revolution.

319 Stephan Wassong (Hrsg.), *Internationale Einflüsse auf die Wiedereinführung der Olympischen Spiele durch Pierre de Coubertin*, Kassel 2005.

320 [12], S. 20.

321 Bezeichnend ist hierfür eine Szene in Sullivans komischer Oper *Ruddigore*, in der es als Verbrechen angesehen wird, einen Fuchs »einfach abzuknallen«, denn ein wahrer Gentleman hetzt hoch zu Pferde mit Hilfe von Jagdhunden einen Fuchs zu Tode.

322 Deutsch von Meinhard Saremba.

323 »Sein Herz träumte zarte Fabeln«, schreibt Mann in *Tod in Venedig* über den Beobachter Aschenbach, der sich auf einer Parkbank niedergelassen hatte, »um Tadzio zuzuschauen, der sich, weiß gekleidet und farbig gegürtet, auf dem gewalzten Kiesplatz mit Ballspiel vergnügte, und Hyakinthos war es, den er zu sehen glaubte, und der sterben musste, weil zwei Götter ihn liebten«.

324 Matthew Cullerne Bown, *Kunst unter Stalin: 1924–1956*, München 1991, S. 38 f.

325 *Radio Times*, 13. März 1936, S. 3.

326 [10], S. 493 f.

327 [1], S. 74.

328 John Evans (Hrsg.), *Journeying Boy: The Diaries of the Young Benjamin Britten 1928–1938*, London 2009, S. 197.

329 [4], S. 17.

330 John Evans (Hrsg.), *Journeying Boy*, S. 341 und 435.

331 [5], Band 1, S. 391.

332 *Radio Times*, 13. März 1936, S. 7.

333 [5], Band 1, S. 409.

334 [4], S. 17.

335 John Evans (Hrsg.), *Journeying Boy: The Diaries of the Young Benjamin Britten 1928–1938*, London 2009, S. 341.

336 Ebd., S. 333.

337 [4], S. 17 f.

338 *Radio Times*, 13. März 1936, S. 7.

339 Ljudmila Mikejewna-Sollertinskaja, »Д. Д. Шостакович в отражений писем к И. И. Соллертинскому«, in Ljudmila Kowsnatskaja (Hrsg.), сборник статеи к 90-летнийе за дня рождения, Sankt Petersburg 1996, S. 93. Siehe auch: Dmitrij Sollertinskij/Ljudmila Kownazkaja, *Dmitij Schostakowitsch: Briefe an Iwan Sollertinski*, Hofheim 2021.

340 [10], S. 236.

341 [8], S. 156.

342 [8], S. 156 f.

343 [8], S. 157.

344 [7], S. 64.

345 [17], Teilband 2, S. 762.

346 Boris Asafjew, »Д. Д. Шостакович«, in O. Digonskaja/L. Kownatskaja (Hrsg.), Дмитрий Шостакович: исследования и материалы, Band 2, Moskau 2008, S. 48.

347 [11], S. 43.

348 Deutsch von Bodo Zelinsky.

349 [11], S. 42.

350 [11], S. 42.

351 [11], S. 42.

352 Dass bereits in den 1860er-Jahren Tschajkowskij aus Ostrowskijs Schauspiel *Das Gewitter* ein gleichnamiges Konzertstück und Kaschperow eine Oper gestaltete, zu der Ostrowskij selbst das Textbuch schrieb, wäre kein Hindernis gewesen; selbst Leoš Janáčeks 1921 in Brünn uraufgeführte Oper *Katja Kabanowa* hatte in Europa bisher nur begrenzt Aufmerksamkeit gefunden.

353 Richard Taruskin, *Defining Russia musically – Historical and hermeneutical essays*, Princeton 2001, S. 500.

354 Ebd., S. 500.

355 Ebd., S. 500.

356 Ebd., S. 501.

357 Karlheinz Barck u. a. (Hrsg.), *Ästhetische Grundbegriffe (Band 5): Postmoderne – Synästhesie*, Stuttgart/Weimar 2010, S. 175.

358 Meinhard Saremba, *Leoš Janáček: Zeit – Leben – Werk – Wirkung*, Kassel 2001, S. 146.

359 Ebd., Kassel 2001, S. 291.

360 [11], S. 42.

361 [10], S. 109 f.

362 [11], S. 42 f.

363 [10], S. 109.

364 Winfried Lüdemann, *Hugo Distler – eine musikalische Biographie*, Augsburg 2002, S. 138.

365 Originalton des Interviews in deutscher Sprache in *Zur Person: Benjamin Britten* (von Meinhard Saremba), Südwestdeutscher Rundfunk, Erstsendung: SWR2, 24. November 2013.

366 [10], S. 109.

367 [10], S. 109.

368 Boris Groys, *Die Erfindung Russlands*, München 1995, S. 205 f.

369 [11], S. 42 f.

370 Boris Groys, *Die Erfindung Russlands*, München 1995, S. 205.

371 Sigrid Neef/Hermann Neef, *Handbuch der russischen und sowjetischen Oper*, Berlin 1985, S. 540 f.

372 [1], S. 57.
373 Vyvyan Holland, *Time Remembered*, London 1966, S. 324.
374 [5], Band 1, S. 344.
375 [1], S. 61.
376 [5], Band 1, S. 456.
377 [5], Band 1, S. 353 und 358.
378 Murray Schafer, *British Composers in Interview*, London 1963, S. 117.
379 [3], S. 70.
380 [5] Band 3, S. 291.
381 Niall Ferguson, *Empire – How Britain made the Modern World*, London 2004, S. 264.
382 Deutsch von Meinhard Saremba.
383 Jerrold Northrop Moore, *Edward Elgar: A Creative Life*, Oxford 1987, S. 710.
384 Dan Diner, *Das Jahrhundert verstehen – Eine universalhistorische Deutung*, München 1999, S. 40.
385 Roger Caillois, »Le vertige de guerre«, in *Quatre essais de sociologie*, Paris 1951, S. 107.
386 [10], S. 272.
387 Karl Kröhnke, *Lion Feuchtwanger – Der Ästhet in der Sowjetunion*, Stuttgart 1991, S. 289.
388 Uwe Backes/Steffen Kailitz (Hrsg.), *Ideokratien im Vergleich: Legitimation – Kooptation – Repression*, Göttingen 2014, S. 129.
389 Ervin Sinkó, *Roman eines Romans – Moskauer Tagebuch 1935–1937*, Köln, 1962, S. 83.
390 [12], S. 206 f.
391 [5], Band 2, S. 1130.
392 [12], S. 322.
393 Elizabeth Wilson, persönliche Mitteilung, Berlin, 16. September 2017.
394 [1], S. 73.
395 Murray Schafer, *British Composers in Interview*, London 1963, S. 118 f.
396 Heyworth, *Conversations with Klemperer*, London 1985, S. 65 f.
397 Bruno Walter, *Thema und Variationen – Erinnerungen und Gedanken*, Stockholm 1947, S. 377.
398 Ebd., S. 379.
399 [11], S. 151.
400 [5], Band 1, S. 493.
401 Richard Specht, *Gustav Mahler*, Berlin/Leipzig 1913, S. 245.
402 Ebd., S. 144.
403 Iwan Sollertinskij, *Von Mozart bis Schostakowitsch*, Leipzig 1979, S. 168.
404 Ebd., S. 169.
405 Richard Specht, S. 39.
406 Paul Stefan, *Gustav Mahler: A Study of His Personality and his Work*, New York 1913, S. 7.
407 Iwan Sollertinskij, *Von Mozart bis Schostakowitsch*, Leipzig 1979, S. 171.
408 Ebd., S. 179.
409 Ebd., S. 179.
410 Ebd., S. 177.
411 [4], S. 38.
412 [8], S. 223.

413 [8], S. 223.
414 [8], S. 224.
415 Dmitij Schostakowitsch, »писма И. И. Соллертинскому«, Sankt Petersburg 2006, S. 186 f.
416 [17], Teilband 2, S. 763.
417 [16], S. 190.
418 [17], Teilband 2, S. 763 f.
419 Detlef Gojowy, *Dmitij Schostakowitsch*, Reinbek 1983, S. 54.
420 Franziska Thun (Hrsg.), *Erinnerungen an Boris Pasternak*, Berlin 1994, S. 305.
421 Kurt Sanderling/Ulrich Roloff-Momin, *»Andere machten Geschichte, ich machte Musik« – Die Lebensgeschichte des Dirigenten in Gesprächen und Dokumenten*, 2. Auflage, Berlin 2012, S. 99.
422 Franziska Thun (Hrsg.), *Erinnerungen an Boris Pasternak*, Berlin 1994, S. 328.
423 Nicolas Nabokov, *Zwei rechte Schuhe im Gepäck – Erinnerungen eines russischen Weltbürgers*, München/Zürich 1975, S. 205.
424 Vladimir Paperny, *Architecture in the Age of Stalin: Culture Two*, Cambridge 2002, S. 181.
425 Ebd., S. 176 f.
426 Peter Noever (Hrsg.), *Tyrannei des Schönen – Architektur der Stalin-Zeit*, München 1994, S. 38.
427 Zitiert nach Peter Noever, S. 39.
428 Zitiert nach ebd., S. 39.
429 [16], S. 189.
430 [5], Band 1, S. 518.
431 [1], S. 101.
432 [5], Band 1, S. 64.
433 Michael Tippett, *Those Twentieth Century Blues*, London 1991, S. 117.
434 [5], Band 3, S. 682.
435 [5], Band 3, S. 7.
436 Edward Morgan Forster, *Maurice*, Leipzig 1990, S. 242.
437 Michael Tippett/Meirion Bowen, Brief an den Verfasser vom 27. Oktober 1992.
438 [13], S. 313.
439 [5], Band 1, S. 66 und 18.
440 Michael Kennedy, *Britten*, London 1981, S. 62.
441 [13], S. 320.
442 Ulrich Tadday (Hrsg.), *Benjamin Britten*, München 2015, S. 8.
443 Bernd Feuchtner, *Not, List und Lust – Schostakowitsch in seinem Jahrhundert*, Hofheim 2017, S. 82.
444 [5], Band 2, S. 705
445 [1], S. 140.
446 [1], S. 140.
447 [5], Band 2, S. 704 und 880.
448 [5], Band 2, S. 891.
449 [7], S. 93.
450 [7], S. 93.
451 [7], S. 93.
452 [9], S. 296.
453 Iwan Sollertinskij, *Von Mozart bis Schostakowitsch*, Leipzig 1979, S. 270.
454 Ebd., S. 271.

455 Ebd., S. 270.

456 Ebd., S. 272.

457 Ebd., S. 272 f.

458 [12], S. 16 f.

459 Kathleen Marie Higgins/Robert C. Solomon (Hrsg.), *Aesthetics in Perspective*, New York 1996, S. 326.

460 [11], S. 38.

461 [5], Band 1, S. 434.

462 [5], Band 1, S. 460.

463 Michael Kennedy, *Britten*, London 1981, S. 24.

464 Mark Lawrence, *The Spanish Civil Wars: A Comparative History of the First Carlist War and the Conflict of the 1930s*, London/New York 2017, S. 2.

465 [5], Band 1, S. 434.

466 [5], Band 1, S. 434.

467 [5], Band 1, S. 458.

468 [5], Band 1, S. 461.

469 [5], Band 1, S. 459.

470 Ronald Radosh/Mary R. Habeck/Grigory Sevostianov (Hrsg.), *Spain Betrayed: The Soviet Union in the Spanish Civil War*, New Haven/London 2001, S. 294.

471 [5], Band 1, S. 439.

472 George Orwell, »Rückblick auf den Spanischen Krieg«, in George Orwell, *Rache ist sauer – Ausgewählte Essays II*, Zürich 1975, S. 10.

473 Ebd., S. 12 und 22.

474 [5], Band 1, S. 465.

475 Siehe Philip Bounds, *Orwell and Marxism: The Political and Cultural Thinking of George Orwell*, New York 2009.

476 *The New Statesman and Nation*, 27. Oktober 1934.

477 Kurt Sanderling/Ulrich Roloff-Momin, »*Andere machten Geschichte, ich machte Musik« – Die Lebensgeschichte des Dirigenten in Gesprächen und Dokumenten*, 2. Auflage, Berlin 2012, S. 97.

478 Ebd., S. 97.

479 *The New Statesman and Nation*, 27. Oktober 1934.

480 Kenneth Clark/Evgeny Dobrenko (Hrsg.), *Societ Culture and Power: A History in Documents, 1917–1953*, New Haven/London 2007, S. 192.

481 Ebd, S. 232.

482 Ralph Vaughan Williams, »The Letter and the Spirit«, in Vaughan Williams, *National Music: And Other Essays*, London 1963, S. 128.

483 Kenneth Clark/Evgeny Dobrenko (Hrsg.), *Societ Culture and Power: A History in Documents, 1917–1953*, New Haven/London 2007, S. 230 f.

484 Pjotr Grigorenko, *Erinnerungen*, München 1981, S. 166.

485 [10], S. 147.

486 [10], S. 147.

487 Kenneth Clark/Evgeny Dobrenko, S. 237.

488 [7], S. 102.

489 Lothar Seehaus, *Dmitij Schostakowitsch – Leben und Werk*, Wilhelmshaven 1991, S. 64.

490 Gregor Tassie, *Yevgeny Mravinsky: The Noble Conductor*, Lanham, Maryland 2005, S. 66 f.

491 Ebd., S. 67.

492 Juri Jelagin, *Taming of the Arts*, New York 1951, S. 167.

493 Juliane Ribke, »Aus einem Gespräch mit Mstislav Rostropowitsch«, in »Schostakowitsch, 5. Sinfonie, National Symphony Orchestra, Dirigent: Mstislav Rostropowitsch«, DGG 445 577-2, Polydor International GmbH, Hamburg 1983, S. 7.

494 Jakob Knaus, »Ein ›Happy Birthday‹ für die russische Revolution«, in *Neue Zürcher Zeitung*, 14. Oktober 2017.

495 Wasilij Prokofjewitsch Jefanow, »Незабываемая встреча« (1936/37), Öl auf Leinwand, 270 × 391 cm; Staatliche Tretjakow-Galerie in Moskau.

496 [10], S. 159.

497 [8], S. 245.

498 [8], S. 248.

499 [8], S. 249.

500 Siehe Simon Ings, *Triumph und Tragödie – Stalin und die Wissenschaftler*, Hamburg 2018.

501 Dmitij Furmanow, *Tschapajew – Mit Dokumenten und Aufsätzen im Anhang*, Leipzig 1973, S. 544.

502 Ebd., S. 5.

503 Ebd., S. 244 f.

504 [8], S. 250.

505 [8], S. 249.

506 Galina Wischnewskaja, *Galina – Erinnerungen einer Primadonna*, München 1993, S. 198.

507 Juliane Ribke, *»Aus einem Gespräch mit Mstislav Rostropowitsch«*, in *»Schostakowitsch, 5. Sinfonie, National Symphony Orchestra, Dirigent: Mstislav Rostropowitsch«*, DGG 445 577-2, Polydor International GmbH, Hamburg 1983, S. 7.

508 [10], S. 377.

509 Zitiert nach Juri Lotman, *Alexander Puschkin*, Leipzig 1989, S. 219.

510 [5], Band 2, S. 711.

511 [5], Band 2, S. 666.

512 [5], Band 2, S. 714.

513 [5], Band 2, S. 807.

514 [5], Band 2, S. 752.

515 [1], S. 135.

516 [5], Band 2, S. 665.

517 [5], Band 2, S. 704 und 880.

518 Vladimir Paperny, *Architecture in the Age of Stalin: Culture Two*, Cambridge 2002, S. 255.

519 [3], S. 91.

520 [8], S. 263.

521 [8], S. 263 f.

522 [11], S. 210.

523 [12], S. 22. Schostakowitsch meinte das Beethoven-Quartett und das Glasunow-Quartett.

524 [12], S. 22.

525 Vorwort zu Krzysztof Meyers „Au-delà d'une absence" für Streichquartett SIK 1491.

526 Fedor Druzhinin, *Memoirs: Pages from the Life and Works*, Moskau 2015, S. 180 f.

527 [5], Band 5, S. 681.

528 [5], Band 1, S. 64.

529 Heinrich Lindlar (Hrsg.), *Benjamin Britten*, Bonn/London 1954, S. 30.
530 [5], Band 1, S. 618.
531 [15], S. 174.
532 Geoffrey Roberts, *Stalins Kriege – Vom Zweiten Weltkrieg zum Kalten Krieg*, Ostfildern 2006, S. 69.
533 [5], Band 2, S. 800.
534 [5], Band 2, S. 797.
535 [5], Band 2, S. 632.
536 [5], Band 2, S. 663.
537 [5], Band 2, S. 668.
538 [5], Band 2, S. 671.
539 [5], Band 2, S. 672.
540 [5], Band 2, S. 674.
541 [5], Band 2, S. 685.
542 [5], Band 2, S. 765.
543 [5], Band 2, S. 741 f.
544 [5], Band 2, S. 794.
545 [5], Band 2, S. 797.
546 [5], Band 2, S. 812.
547 [5], Band 2, S. 800.
548 [8], S. 257.
549 [7], S. 115.
550 [8], S. 267.
551 [8], S. 268.
552 [12], S. 21.
553 [11], S. 135.
554 [11], S. 134.
555 [5], Band 2, S. 789.
556 Zitiert nach Sofka Zinovieff, *Mad Boy, Lord Berners, meine Großmutter und ich*, München 2017, S. 236.
557 [5], Band 2, S. 803.
558 [5], Band 2, S. 847.
559 Aaron Copland/Vivian Perlis (Hrsg.), *Copland: 1900 Through 1942*, London 1984, S. 294.
560 Siehe Michael Edmonds, *Out of the Northwoods: The Many Lives of Paul Bunyan*, Madison 2009, S. 102.
561 Boris Michailowitsch Kustodiew, »Большевик« (1920), Öl auf Leinwand, 101 × 141 cm; Staatliche Tretjakow-Galerie in Moskau.
562 Howard Pollack, *Aaron Copland: The Life and Work of an Uncommon Man*, New York 1999, S. 279.
563 [5], Band 2, S 707.
564 [5], Band 2, S. 845.
565 [5], Band 2, S. 915.
566 [5], Band 2, S. 915.
567 [5], Band 2, S. 921.
568 [5], Band 2, S. 916.
569 »22. Juni 1941: Der verhängnisvolle Irrtum«, in *Die Zeit*, Nr. 26, 23. Juni 1961.
570 Deutsch von Meinhard Saremba.

571 Maureen Waller, *London 1945: Life in the Debris of War*, London 2004, S. 92.
572 [5], Band 2, S. 947.
573 [10], S. 172.
574 [8], S. 282.
575 [10], S. 173.
576 [12], S. 35.
577 [12], S. 35.
578 [12], S. 36.
579 [5], Band 2, S. 798.
580 [5], Band 1, S. 618.
581 Siehe Brian McMahon, »Why did Benjamin Britten return to Wartime England?«, in Lucy Walker (Hrsg.), *Benjamin Britten: New Perspectives on his Life and Work*, Woodbridge 2009, S. 174–185.
582 *The Illustrated London News*, Band 210, Ausgaben 5633-5645, 10. Mai 1947, Seite 502.
583 Daniil Granin/Ales Adamowitsch, *Das Blockadebuch – Zweiter Teil*, Berlin 1984, S. 261.
584 Susanne Schattenberg, *Leonid Breschnew – Staatsmann und Schauspieler im Schatten Stalins*, Köln 2017, S. 422.
585 Daniil Granin/Ales Adamowitsch, *Das Blockadebuch – Zweiter Teil*, Berlin 1984, S. 318. Das 1821 in Luzern eingeweihte Denkmal eines sterbenden Löwen erinnert an die am 10. August 1792 beim Tuileriensturm in Paris im Dienst des Königs Louis XVI. umgekommenen 200 Schweizergardisten.
586 Zitiert nach [8], S. 288.
587 [10], S. 519.
588 Den Originaltitel Бесы übertrug die überzeugendste Dostoewskij-Übersetzerin Swetlana Geier in den 1990er-Jahren mit *Böse Geister* (1998). Ihre Entscheidung, den Titel nicht wie bisher mit *Die Besessenen, Die Teufel* oder *Die Dämonen* zu übertragen, begründete sie sinnvoll mit den unterschiedlichen Charakteristika teuflischer Figuren in der russischen Literatur und Volkskunst. Information aus Vortrag von Swetlana Geier, Mannheim 1997. Siehe auch Marina Kogut, *Dostoevskij auf Deutsch – Vergleichende Analyse fünf deutscher Übersetzungen des Romans ›Besy‹*, Frankfurt am Main 2009.
589 Deutsch von Swetlana Geier.
590 [10], S. 520.
591 [11], S. 97.
592 Iwan Sollertinskij, *Von Mozart bis Schostakowitsch*, Leipzig 1979, S. 263 f.
593 Zitiert nach [8], S. 283 f.
594 [8], S. 285 f.
595 Arthur Jacobs, *Henry J. Wood: Maker of the Proms*, London 1994, S. 368.
596 Hartmut Lück/Dieter Senghaas, *Vom hörbaren Frieden*, Frankfurt am Main 2005, S. 157.
597 [8], S. 287.
598 [8], S. 287 f.
599 Joanna Mack/Stephen Humphries, *London at War: The Making of Modern London, 1939–1945*, London 1985, S. 135.
600 Maureen Waller, *London 1945: Life in the Debris of War*, London 2004, S. 102.
601 Zitiert nach Arthur Lawrence, *Sir Arthur Sullivan: Life Story, Letters, and Reminiscences*, London 1899, S. 279 ff.

602 Ursula Vaughan Williams/Imogen Holst (Hrsg.), *Heirs and Rebels*, London 1959, S. 90.

603 [8], S. 298.

604 [10], S. 156.

605 Bernd Feuchtner/Rudolf Barschai: *Leben in zwei Welten: Moskaus goldene Ära und Emigration aus dem Westen*, Hofheim 2015, S. 151 f.

606 Ebd., S. 149.

607 Elizabeth Wilson, *Mstislav Rostropovich: Cellist, Teacher, Legend*, London 2008, S. 181.

608 [10], S. 156 f.

609 [7], S. 138.

610 [12], S. 66.

611 [12], S. 67.

612 [12], S. 53.

613 [7], S. 136.

614 [1], S. 208.

615 [7], S. 138.

616 Victor Ilyich Seroff/Nadejda Gallij-Shohat, *Dmitij Shostakovich: the life and background of a Soviet composer*, New York 1943.

617 [12], S. 67.

618 [12], S. 75.

619 Zitiert nach Sofka Zinovieff, *Mad Boy, Lord Berners, meine Großmutter und ich*, München 2017, S. 310.

620 Gordon A. Craig, *Geschichte Europas im 19. und 20. Jahrhundert*, Band 2: *Vom Ersten Weltkrieg bis zur Gegenwart 1914–1975*, München 1979, S. 201.

621 [12], S. 76.

622 [8], S. 315.

623 [5], Band 2, S. 961.

624 Philip Brett (Hrsg.), *Benjamin Britten: Peter Grimes*, Cambridge 1983, S. 3 ff.

625 [5], Band 2, S. 1065.

626 Michael Kennedy, *Britten*, London 1981, S. 46 f.

627 [4], S. 50.

628 [5], Band 2, S. 1130.

629 Murray Schafer, *British Composers in Interview*, London 1963, S. 116 f.

630 Deutsch von Meinhard Saremba.

631 Siehe Meinhard Saremba, »Ein Champion für die Königsklasse – Arthur Sullivan, das viktorianische Musiktheater und die englische Oper«, in Antje Tumat/Meinhard Saremba/Benedict Taylor (Hrsg.), *SullivanPerspektiven III – Arthur Sullivans Musiktheater, Kammermusik, Chor- und Orchesterwerke*, Essen 2017, S. 33–103; und [14], [15].

632 Siehe Martin Yates, »Men of the Theatre – Arthur Sullivan and Benjamin Britten«, in Albert Gier/Meinhard Saremba/Benedict Taylor (Hrsg.), *SullivanPerspektiven I – Arthur Sullivans Opern, Kantaten, Orchester- und Sakralmusik*, Essen 2012, S. 315–333.

633 Richard Taruskin, *Defining Russia musically – Historical and hermeneutical essays*, Princeton 2001, S. xiv.

634 Siehe Ulrich Tadday (Hrsg.), *Arthur Sullivan, München 2011, S. 42 ff.*

635 Siehe Sigrid Neef/Hermann Neef, *Handbuch der russischen und sowjetischen Oper*, Berlin 1985.

636 [5], Band 2, S. 1253.

637 [5] Band 3, S. 104.
638 [5], Band 2, S. 1263.
639 *The Times*, 26. Oktober 1945.
640 [8], S. 313.
641 [8], S. 313.
642 [10], S. 206.
643 [5], Band 2, S. 1277.
644 [4], S. 257 f.
645 Joseph Brodsky, *Erinnerungen an Leningrad*, Frankfurt am Main 1990, S. 8 f.
646 [7], S. 148.
647 [8], S. 318.
648 S. K. Gulinskaja, *Nikolaj Jakowlewitsch Mjaskowski*, Berlin 1985, S. 126.
649 Hartmut Lück/Dieter Senghaas (Hrsg.), *Vom hörbaren Frieden*, Frankfurt am Main 2005, S. 163.
650 *The New York PM*, 28. Juli 1946.
651 [10], S. 204.
652 Jakob Knaus, »Der Weiseste der Weisen – ein Esel?«, in *Neue Zürcher Zeitung*, 29. Oktober 2016.
653 [7], S. 136.
654 Alan Watson, *Churchill's Legacy: Two Speeches to Save the World*, London 2016, S. 74.
655 Mikkel Vedby Rasmussen, *The West, Civil Society and the Construction of Peace*, Basingstoke/New York 2003, S. 82.
656 Geoffrey K. Fry, *The Politics of Decline: An Interpretation of British Politics from the 1940s to the 1970s*, Basingstoke/New York 2005, S. 8.
657 Mart Laar, *The Power of Freedom – Central and Eastern Europe after 1945*, Brüssel 2010, S. 69.
658 Jon Wiener, *How We Forgot the Cold War: A Historical Journey across America*, Berkeley/Los Angeles 2012, S. 51.
659 Margot A. Henriksen, *Dr. Strangelove's America: Society and Culture in the Atomic Age*, Berkeley/Los Angeles 1997, S. 17.
660 [5], Band 3, S. 471.
661 Alexander Werth, *Musical Uproar in Moscow*, London 1949, S. 93.
662 Judith Ryder/Harold Silver, *Modern English Society*, London/New York 1977, S. 212.
663 [5], Band 2, S. 1278.
664 Krzysztof Meyer, persönliche Mitteilung; Mannheim, 16. März 2018.
665 [5] Band 3, S. 51.
666 Murray Schafer, *British Composers in Interview*, London 1963, S. 122.
667 Tony Palmer, *Yehudi Menuhin*, Frankfurt am Main 1997, S. 81.
668 Ebd., S. 95.
669 [4], S. 104.
670 [5], Band 2, S. 1128.
671 Murray Schafer, *British Composers in Interview*, London 1963, S. 121.
672 [1], S. 225.
673 Heinrich Lindlar (Hrsg.), *Benjamin Britten*, Bonn/London 1954, S. 10.
674 Heinrich Lindlar (Hrsg.), *Benjamin Britten – Das Opernwerk*, Bonn/London 1955, S. 9.

675 John Lukacs, *Blood, Toil, Tears and Sweat: The Dire Warning – Churchill's first speech as Prime Minister*, New York 2008.

676 Arkady Vaksberg, *Stalin against the Jews*, New York 1994, S. 142.

677 [1], S. 238.

678 [1], S. 238.

679 Vicki P. Stroeher/Justin Vickers (Hrsg.), *Benjamin Britten Studies: Essays on an Inexplicit Art*, Woodbridge 2017, S. 97.

680 Ebd., S. 97.

681 Ebd., S. 99.

682 Ebd., S. 96.

683 [5], Band 3, S. 242.

684 [1], S. 253.

685 Murray Schafer, *British Composers in Interview*, London 1963, S. 113.

686 Michael Kennedy, *Britten*, London 1981, S. 49. Passenderweise hieß es 1954 über ein Gastspiel mit *The Rape of Lucretia* bei den Schwetzinger Festspielen in der Heidelberger *Rhein-Neckar-Zeitung*: »Am Ende des Abends begreift man leicht, daß ein solches Werk auf Wanderschaft geht, daß es aber eigentlich auch nur in der Geschlossenheit eines Ensembles bestehen kann.«, in Lorina Strange, *Benjamin Britten und die English Opera Group*, Würzburg 2019, S. 181.

687 [1], S. 252.

688 [5] Band 3, S. 292.

689 [5] Band 3, S. 294.

690 [5] Band 3, S. 292.

691 [1], S. 384.

692 [2], S. 382.

693 Andrew Marr, *The Making of Modern Britain*, London 2009, S. 214.

694 [5] Band 3, S. 292.

695 Hans Werner Henze, *Musik und Politik – Schriften und Gespräche 1955–1975*, München 1976, S. 97.

696 Albert Camus, *Der Mythos von Sisyphos – Ein Versuch über das Absurde*, Hamburg 1988, S. 9, 11 und 50.

697 [1], S. 267.

698 [1], S. 327.

699 Siehe Sigrid Neef/Hermann Neef, *Handbuch der russischen und sowjetischen Oper*, Berlin 1985, S. 368.

700 [16], S. 338 ff.

701 Nicolas Nabokov, *Zwei rechte Schuhe im Gepäck – Erinnerungen eines russischen Weltbürgers*, München/Zürich 1975, S. 206.

702 Lothar Seehaus, *Dmitij Schostakowitsch – Leben und Werk*, Wilhelmshaven 1991, S. 84.

703 [8], S. 330.

704 Pjotr Grigorenko, *Erinnerungen*, München 1981, S. 282.

705 Lothar Seehaus, *Dmitij Schostakowitsch – Leben und Werk*, Wilhelmshaven 1991, S. 82.

706 [8], S. 328.

707 Lothar Seehaus, *Schostakowitsch*, S. 82 f.

708 Ebd., S. 83.

709 Galina Wischnewskaja, *Galina – Erinnerungen einer Primadonna*, München 1993, S. 215.

710 [8], S. 330.

711 [8], S. 328. Der Begriff ›Marasmus‹ (nach dem altgriechischen Wort μαραίνειν, marainein, ›austrocknen‹, ›dahinschwinden‹) bezeichnet den fortschreitenden Verfall der körperlichen und geistigen Kräfte.

712 [8], S. 329.

713 [8], S. 329.

714 [8], S. 335.

715 [7], S. 161.

716 Unveröffentlichter Brief (Britten-Pears Library), zitiert nach Stephen Arthur Allen, *Benjamin Britten and Christianity*, Doktorarbeit an der Universität Oxford 2003, S. 14.

717 [1], S. 80.

718 [5], Band 1, S. 92.

719 [5], Band 1, S. 99.

720 [5], Band 2, S. 1046.

721 [1], S. 421.

722 John A. T. Robinson, *Honest to God*, London 1963, S. 47.

723 Robert W. Wood, *Christ and the Homosexuals: Some Observations*, New York 1960, S. 154.

724 Paul Tillich, *Der Mut zum Sein*, Stuttgart 1953, S. 143 f.

725 Ebd., S. 107 f. Die Originalausgabe von Tillichs Buch erschien 1952 erstmals unter dem Titel *The Courage To Be*. Britten verwendete die Ausgabe von »The Fontana Library 6/Theology and Philosophy«, die in dieser britischen Edition erstmals 1962 erschien. Die entsprechende Stelle findet sich hier auf Seite 145 gegen Ende des Unterkapitals »The Courage of Despair in Contemporary Art and Literature«.

726 Kurt Sanderling/Ulrich Roloff-Momin, *»Andere machten Geschichte, ich machte Musik« – Die Lebensgeschichte des Dirigenten in Gesprächen und Dokumenten*, 2. Auflage, Berlin 2012, S. 93.

727 Ebd., S. 170.

728 Antanas Maceina, *Sowjetische Ethik und Christentum – Zum Verständnis des kommunistischen Menschen*, Witten 1969.

729 [11], S. 79.

730 [10], S. 285.

731 [10], S. 285.

732 [12], S. 237.

733 [7], S. 263.

734 Boris Tischtschenko, *Letters of Dmitrij Dmitriyevich Schostakovich to Boris Tishchenko*, Sankt Petersburg 2001, S. 6.

735 [12], S. 209.

736 Jascha Nemtsov (Hrsg.), *Jüdische Kunstmusik im 20. Jahrhundert: Quellenlage, Entstehungsgeschichte, Stilanalysen*, Wiesbaden 2006, S. 109.

737 Ebd., S. 110.

738 Elena Silina, »Вениамин Флейшман, ученик Шостаковича«, in Ljudmila Kownatskaja, »Шостакович между мгновением и вечностью: документы, материалы, статьи, Sankt Petersburg 2000, S. 346–408.

739 Walter Schulz, *Grundprobleme der Ethik*, Stuttgart 1993, S. 182.

740 Josef Isensee/Paul Kirchhof, *Handbuch des Staatsrechts: Band XI: Internationale Bezüge*, Heidelberg 2013, S. 118.

741 [11], S. 196.

742 Iwan Sollertinski, *Von Mozart bis Schostakowitsch*, Leipzig 1979, S. 171.

743 Richard Specht, *Gustav Mahler*, Berlin/Leipzig 1913, S. 38 f.
744 [11], S. 116.
745 [11], S. 151 f.
746 John Bridcut, *Britten's Children*, London 2006, S. 8.
747 Susana Walton, *William Walton: Behind the Façade*, Oxford 1989, S. 124.
748 John Bridcut, *Britten's Children*, London 2006, S. 197.
749 Ebd., S. 198.
750 Arkady Vaksberg, *Stalin against the Jews*, New York 1994, S. 141.
751 Cecil Sharp/Maud Karpeles, *English Folk Song: Some Conclusions*, London 1954, 2. Auflage, zitiert nach Michael Kennedy, *The Works of Ralph Vaughan Williams*, 2. Auflage, London 1980, S. 26.
752 Michael Kennedy, *Ralph Vaughan Williams*, S. 324.
753 Marina Frolova-Walker, *Russian Music and Nationalism: From Glinka to Stalin*, New Haven/London 2007, S. 302.
754 Karl Marx, *Manifest der Kommunistischen Partei, Kapitel 3: I. Bourgeois und Proletarier*, 1848.
755 Marina Frolova-Walker, *Russian Music and Nationalism*, S. 311 f.
756 [10], S. 273.
757 [9], S. 34 f.
758 Nicolas Nabokov, *Zwei rechte Schuhe im Gepäck – Erinnerungen eines russischen Weltbürgers*, München/Zürich 1975, S 310.
759 Ebd., S 312.
760 Ebd., S 310 f.
761 Ebd., S 313 f.
762 Ebd., S. 314.
763 Wolfenden-Report, 3. September 1957.
764 [1], S. 258.
765 Nathaniel G. Lew, *Tonic to the Nation: Making English Music in the Festival of Britain*, Abingdon 2017, S. 47.
766 Hans-Joachim Netzer, *Ein deutscher Prinz in England – Albert von Sachsen-Coburg und Gotha, Gemahl von Königin Victoria*, München 1992, S. 260.
767 Nathaniel G. Lew, *Tonic to the Nation: Making English Music in the Festival of Britain*, Abingdon 2017, S. 91.
768 [5] Band 5, S. 634.
769 Deutsch von Richard Möring.
770 Deutsch von Meinhard Saremba.
771 Deutsch von Richard Möring.
772 [5], Band 1, S. 493.
773 Keith Robbins, *The Eclipse of a Great Power: Modern Britain 1870–1975*, London/New York 1994, S. 145.
774 John Burkett, *Constructing Post-Imperial Britain*, New York 2013, S. 19.
775 Die Zeile stammt aus William Blakes Dichtung »And did those feet in ancient time«, die Anfang des 19. Jahrhunderts zu seinem Vorwort des Epos' *Milton: A Poem in Two Books* entstand. Hubert Parry verwendete die Verse 1916 für seinen Hymnus *Jerusalem*.
776 R. Gerald Hughes, *Britain, Germany and the Cold War*, Abingdon 2007, S. 69.
777 Keith Robbins, *Great Britain: Identities, Institutions and the Idea of Britishness*, Harlow 1998, S. 305 f.
778 Zu dem Problem der Selbstbezogenheit vgl. u. a. Silvia Mergenthal, »Die Wiederentdeckung von ›Englishness‹: Konstruktionen nationaler Identität im

Zeitalter der Globalisierung«, in Gerd Dose/Johann N. Schmidt/Egon Tiedje (Hrsg.): *So nah und doch so fern: Englische Mentalität und ›Englishness‹ in Kultur, Gesellschaft und Alltag*, München 2005, S. 1–14.

779 Alain Frogley/Aidan J. Thomson (Hrsg.), *The Cambridge Companion to Vaughan Williams*, Cambridge 2013, S. 312.

780 Michael Kennedy, *The Works of Ralph Vaughan Williams*, Oxford University Press 1980, S. 346.

781 Robert Payne, *Stalin – Macht und Tyrannei*, Stuttgart 1981, S. 620.

782 Ebd., S. 626.

783 William Taubman/Sergei Khrushchev/Abbott Gleason (Hrsg.), *Nikita Khrushchev*, New Haven/London 2000, S. 179.

784 [10], S. 300 f.

785 William Taubman/Sergei Khrushchev/Abbott Gleason (Hrsg.), *Nikita Khrushchev*, New Haven/London 2000, S. 49.

786 Robert Payne, *Stalin – Macht und Tyrannei*, Stuttgart 1981, S. 648.

787 Alistair Horne, *Harold Macmillan, Band II (1957–1986)*, New York 1989, S. 127 f.

788 Michael Koball, *Pathos und Groteske – Die deutsche Tradition im symphonischen Schaffen von Dmitrij Schostakowitsch*, Berlin 1997.

789 Edward Downes auf der Commemorative-CD »I Remember Schostakowitsch«, July 2006, Track 11, Gramophone GCD0706.

790 Mstislav Rostropowitsch auf der Commemorative-CD »I Remember Schostakowitsch«.

791 Strobe Talbott (Hrsg.), *Chruschtschow erinnert sich: Die authentischen Memoiren*, Reinbek 1992.

792 Daniel Jaffé, *Sergey Prokofiev*, London/New York 2008, S. 211.

793 [7], S. 189.

794 [1], S. 305.

795 [5] Band 3, S. 501.

796 Siehe Bernard Beckerman, *Dynamics of Drama: Theory and Method of Analysis*, New York 1970; hier insbesondere die Ausführungen zu »Historic and Iconic Time«; und ders., »Historic and Iconic Time in Late Tudor Drama«, in Kenneth Muir (Hrsg.), *Shakespeare, Man of the Theater*, Newark (Delaware) 1983, S. 47–54.

797 *New Statesman and Nation*, 13. Juni 1953.

798 [5] Band 4, S. 157.

799 [5] Band 4, S. 158.

800 Strobe Talbott (Hrsg.), *Chruschtschow erinnert sich: Die authentischen Memoiren*, Reinbek 1992, S. 489.

801 Ebd., S. 540 und 545.

802 [7], S. 199.

803 [12], S. 300.

804 Originalton Mackerras auf der Commemorative-CD »I Remember Schostakowitsch«, July 2006, Track 11, Gramophone GCD0706.

805 Aleksandr Solschenizin, *Der Archipel Gulag (Schlussband)*, Bern 1976, S. 51 f.

806 [16], S. 563 f.

807 [9], S. 39.

808 Ekaterina Kouprovskaia, *Edison Denisov*, Paris 2016, S. 25.

809 [11], S. 140.

810 [11], S. 141 ff.

811 Hans Werner Henze, *Musik und Politik – Schriften und Gespräche 1955–1975*, München 1976, S. 108 f.

812 Murray Schafer, *British Composers in Interview*, London 1963, S. 118 f.

813 Ebd., S. 120.

814 Timothy J. Lustig, *Henry James and the Ghostly*, Cambridge 1994, S. 50.

815 James Edwin Miller (Hrsg.), *Theory of Fiction: Henry James*, University of Nebraska Press 1972, S. 113.

816 Siehe Johannes Schild, »Zwölftonreihen im Spätwerk Schostakowitschs«, in Deutsche Schostakowitsch-Gesellschaft (Hrsg.), *Schostakowitsch und die beiden Avantgarden des 20. Jahrhunderts (Schostakowitsch-Studien, Band 12)*, Hofheim 2019, S. 186–206.

817 [12], S. 118 f.

818 [7], S. 198.

819 [12], S. 190.

820 [12], S. 192.

821 [12], S. 13.

822 Ernst Roth, *Von Prag bis London – Erfahrungen, Autobiographische Fragmente*, Zürich 1974, S. 125.

823 Akte »Peter Neville Luard Pears: British.« (Zeitraum: 1951–1961), in The National Archives, Kew, Referenznummer KV 2/3844.

824 Ebd.

825 Ebd.

826 Ebd.

827 Ebd. Gemeint ist die Schauspielerin Helene Weigel, die vor allem durch ihre Arbeit beim Berliner Ensemble in Ost-Berlin bekannt wurde; bei »Colin« ist unklar, ob sich dies auf den Regisseur Colin Graham oder den Musiker Colin McPhee bezieht (wobei die Verwendung des Vornamens ungewöhnlich wäre) oder gar – wie bei der Mimin mit falsch geschriebenen Namen – der Reverend Canon L. John Collins gemeint ist, der zusammen mit der Gräfin von Harewood auch Wohltätigkeitskonzerte unter anderem mit Britten, Pears und Menuhin organisierte.

828 [5], Band 6, S. 116.

829 [5] Band 4, S. 421.

830 Michael Kennedy, *Britten*, London 1981, S. 71.

831 [1], S. 366.

832 [1], S. 370.

833 Mervyn Cooke, *Britten and the Far East – Asian Influences in the Music of Benjamin Britten*, Woodbridge 1998, S. 24.

834 Siehe Mervyn Cooke, *Britten and the Far East*, Woodbridge 1998. Das Buch enthält eine CD-Beilage, unter anderem mit den Aufnahmen von Britten und McPhee.

835 [1], S. 370.

836 Philip Reed (Hrsg.), *The Travel Diaries of Peter Pears: 1936–1978*, Woodbridge 1995, S. 27.

837 [1], S. 370.

838 [1], S. 371.

839 [1], S. 372.

840 Michael Kennedy, *Britten*, London 1981, S. 84 f.

841 [1], S. 372 f.

842 Michael Kennedy, *Britten*, London 1981, S. 85.

843 [5] Band 5, S. 633 f.

844 [11], S. 96.

845 [13], S. 142.

846 [13], S. 72 f.

847 »Prime Minister's Visit to Moscow: Memorandum by the Secretary of State for Foreign Affairs; Annex: Agreement on Cultural Exchanges«, 5. März 1959 (TNA: PRO, CAB 129/69); und »More Anglo-Soviet Exchanges: Cultural Visits to Be Doubled«, in *The Times*, 30. März 1959, S. 10.

848 *New York Times*, 18. Dezember 1959.

849 *DSCH Journal*, Ausgabe 10 (1998), S. 32.

850 Deutsch von Meinhard Saremba.

851 [5] Band 5, S. 205.

852 Gary Kahn (Hrsg.), *Benjamin Britten: A Midsummer Night's Dream*, London 2011, S. 27.

853 [5] Band 5, S. 229 f.

854 Gary Kahn (Hrsg.), *Britten: A Midsummer Night's Dream*, S. 27.

855 Ebd., S. 55.

856 [5] Band 5, S. 173 f.

857 Gary Kahn (Hrsg.), *Benjamin Britten: A Midsummer Night's Dream*, London 2011, S. 55.

858 Zitiert nach Gary Kahn (Hrsg.), *Britten: A Midsummer Night's Dream*, S. 49.

859 Ebd., S. 56.

860 [5] Band 5, S. 205.

861 Gary Kahn (Hrsg.), *Benjamin Britten: A Midsummer Night's Dream*, London 2011, S. 58.

862 [5] Band 3, S. 86.

863 [11], S. 196.

864 [8], S. 411.

865 [12], S. 175.

866 [12], S. 175.

867 [10], S. 377.

868 Bernd Feuchtner, *Dmitij Schostakowitsch: »Und Kunst geknebelt von der groben Macht« – Künstlerische Identität und staatliche Repression: Eine Monographie*, 3. Auflage, Hofheim 2017, S. 274.

869 Pjotr Grigorenko, *Erinnerungen*, München 1981, S. 335.

870 Ebd., S. 563.

871 Judith Kuhn, *Shostakovich in Dialogue: Form, Imagery and Ideas in Quartets 1–7*, Abingdon 2016, S. 179.

872 [10], S. 378.

873 [10], S. 377.

874 [8], S. 532.

875 [12], S. 173.

876 [12], S. 173.

877 [12], S. 175.

878 [12], S. 173 f.

879 [13], S. 296.

880 [13], S. 299.

881 [13], S. 310.

882 [5], Band 2, S. 948. Im Hinblick auf diese Episode könnte man es Bartók zutrauen, dass er neidisch war auf den Erfolg von Schostakowitschs 7. Sinfonie, die er in den USA im Radio hörte und deswegen in den 4. Satz seines *Konzerts für Orchester* eine böswillig gemeinte Anspielung einbaute. Hält man Bartók jedoch für eine große Seele, sollte man ihm zugute halten, dass ihn bei der Rundfunkübertragung lediglich die parodistische Verwendung einer Lehár-Melodie durch Schostakowitsch an jene Operetten der Donaumonarchie erinnerte, deren pseudo-ungarischen Tonfall er nicht ausstehen konnte. Zudem war – wie damals bekannt – das Lied »Da geh' ich ins Maxim« aus der Lustigen Witwe Hitlers Lieblingsstück. Und so nennt Bartók den 4. Satz seines *Konzerts für Orchester* ein »Intermezzo interrotto« und integriert in dieses »Zwischenspiel mit Unterbrechungen« eine Persiflage der Melodie aus jenem Stück, das in Budapest bereits zu seiner Studienzeit Furore machte.

883 [8], S. 542.

884 [11], S. 194 f.

885 Malcolm Gillies (Hrsg.), *The Bartók Companion*, Portland 1994, S. 430.

886 Siehe Mathias Wais, *Individualität und Biographie*, Stuttgart 1994, S. 195 f.

887 Judit Frigyesi, *Béla Bartók and Turn-of-the-Century*, Budapest, S. 115 f.

888 [6]

889 [6]

890 M. Karatschewskaja, »письма Д. Д. Шостаковича к Г. И. Серебряковой (1962–1967 гг.)«, in O. Digonskaja/L. Kownatskaja (Hrsg.), Дмитрий Шостакович: исследования и материалы, Band 4, Moskau 2012, S. 246 ff.

891 Rosamund Strode, persönliche Mitteilung; Aldeburgh, September 1994.

892 Philip Reed (Hrsg.), *The Travel Diaries of Peter Pears: 1936–1978*, Woodbridge 1995, S. 140.

893 Elizabeth Wilson, *Mstislav Rostropovich: Cellist, Teacher, Legend*, London 2008, S. 182.

894 [6]

895 [6]

896 [6]

897 [5], Band 1, S. 547.

898 Dmitrij Schostakowitsch, Vorwort zu *Satiren (Bilder der Vergangenheit)*, Hamburg 1982.

899 [7], S. 165.

900 Larissa Tschirkowa, persönliche Mitteilung; Sankt Petersburg, 11. Mai 2018.

901 Galina Wischnewskaja, *Galina – Erinnerungen einer Primadonna*, München 1993, S. 364.

902 [6]

903 [6]

904 [12], S. 134 f.

905 [5] Band 5, S. 336.

906 [6]

907 Gregor Tassie, *Yevgeny Mravinsky: The Noble Conductor*, Lanham, Maryland 2005, S. 179.

908 Peter Sloterdijk, *Du mußt dein Leben ändern – Über Anthropotechnik*, Frankfurt am Main 2009, S. 260.

909 Sarah-Lisa Beier, *Benjamin Britten als Friedenskomponist – Perspektiven zur Musikvermittlung*, Frankfurt am Main 2017, S. 198.

910 Zitiert nach [13], S. 171.

911 Dietrich Fischer Dieskau, *Nachklang*, Stuttgart 1988, S. 220.

912 [15], S. 310.
913 Dietrich Fischer-Dieskau, *Töne sprechen, Worte klingen – Zur Geschichte und Interpretation des Gesangs*, München 1985, S. 243.
914 Dietrich Fischer-Dieskau, *Nachklang*, Stuttgart 1988, S. 218 f.
915 [5], Band 5, S. 465.
916 Daniil Granin, *Das Jahrhundert der Angst – Erinnerungen*, Berlin 1997, S. 41 ff.
917 [11], S. 196.
918 Maureen Waller, *London 1945: Life in the Debris of War*, London 2004, S. 162.
919 [12], S. 200 f.
920 Philip Reed (Hrsg.), *The Travel Diaries of Peter Pears: 1936–1978*, Woodbridge 1995, S. 150.
921 Martin Anderson (Hrsg.), *Stravinsky the Music-maker: Writings, Prints and Drawings by Hans Keller and Milein Cosman*, London 2010, S. 100.
922 [12], S. 201 ff.
923 Gerd R. Ueberschär (Hrsg.), *Orte des Grauens: Verbrechen im Zweiten Weltkrieg*, Darmstadt 2003, S. 102.
924 Christian Hartmann, *Unternehmen Barbarossa: Der deutsche Krieg im Osten 1941–1945*, München 2011, S. 115 f.
925 Geoffrey Hosking, *Russia and the Russians – A History*, London 2001, S. 554.
926 [12], S. 176.
927 Michail Heller/Alexander Nekrich, *Geschichte der Sowjetunion, Band 2 (1940–1980)*, Königstein/Ts. 1982, S. 264.
928 Peter A. Huchthausen, *October Fury*, New York 2003, S. 28.
929 Michail Heller/Alexander Nekrich, *Geschichte der Sowjetunion*, Band 2, S. 265.
930 [5], Band 5, S. 466.
931 [5], Band 5, S. 468.
932 [12], S. 187.
933 [12], S. 305.
934 [5], Band 5, S. 471.
935 [4], S. 233.
936 [4], S. 234 f.
937 [5], Band 5, S. 470.
938 [5], Band 5, S. 471.
939 [4], S. 237 f.
940 [4], S. 255.
941 [5], Band 5, S. 472.
942 [5], Band 5, S. 472.
943 [5], Band 5, S. 482 f.
944 Originalton des Interviews in russischer Sprache in *»Keeping the cultural door open« – Die Freundschaft von Britten und Schostakowitsch im Ost-West-Konflikt* (von Meinhard Saremba), Südwestdeutscher Rundfunk, Erstsendung: SWR2, 9. Februar 2021.
945 [13], S. 285.
946 [6]
947 [6]
948 [5], Band 5, S. 569.
949 [1], S. 426 f.
950 [5], Band 5, S. 570.
951 Zitiert nach [13], S. 157.

952 [13], S. 158.
953 [13], S. 154.
954 [5], Band 5, S. 572 f.
955 Michael Kennedy, *Britten*, London 1981, S. 88.
956 [5], Band 5, S. 571.
957 Rosamund Strode, persönliche Mitteilung; Aldeburgh, September 1994.
958 [5], Band 5, S. 571.
959 [5], Band 5, S. 680.
960 [6]
961 [6]
962 [6]
963 Zitiert nach Reinhard Meier/Kathrin Meyer, *Sowjetrealität in der Ära Breschnew*, Stuttgart 1980, S. 48.
964 Peter J. Schmelz, *Such Freedom, If Only Musical: Unofficial Soviet Music during the Thaw*, New York 2009, S. 186.
965 Ebd., S. 192.
966 Galina Wischnewskaja, *Galina – Erinnerungen einer Primadonna*, München 1993, S. 300 f.
967 Boris Belge, *Klingende Sowjetmoderne: eine Musik- und Gesellschaftsgeschichte des Spätsozialismus*, Köln 2018, S. 69.
968 Dick Combs, *Inside the Societ Alternate Universe*, Philadelphia (Pennsylvania) 2008, S. 166.
969 Meinhard Saremba, »Ein Künstler ohne Land – Gespräch mit dem exilierten sowjetischen Regisseur Juri Ljubimow«, in *Rhein-Neckar-Zeitung*, 28./29. Mai 1988, S. 33.
970 Frank Grüner/Urs Heftrich/Heinz-Dietrich Löwe (Hrsg.), »Zerstörer des Schweigens«: Formen künstlerischer Erinnerung an die nationalsozialistische Rassen- und Vernichtungspolitik in Osteuropa, Köln 2006, S. 425.
971 [10], S. 313.
972 [16], S. 563 f.
973 Boris Groys, *Gesamtkunstwerk Stalin – Die gespaltene Kultur in der Sowjetunion*, München 1996, S. 81 f.
974 [10], S. 313.
975 Detlef Gojowy, *Dmitij Schostakowitsch*, Reinbek 1983, S. 140.
976 Galina Wischnewskaja, *Galina – Erinnerungen einer Primadonna*, München 1993, S. 358.
977 Philip Reed (Hrsg.), *The Travel Diaries of Peter Pears: 1936–1978*, Woodbridge 1995, S. 101.
978 Ebd., S. 101.
979 [4], S. 281.
980 [4], S. 281.
981 Philip Reed (Hrsg.), *The Travel Diaries of Peter Pears: 1936–1978*, Woodbridge 1995, S. 106.
982 [13], S. 174.
983 Philip Reed (Hrsg.), *The Travel Diaries*, S. 127 f.
984 Ebd., S. 129.
985 Galina Wischnewskaja, *Galina – Erinnerungen einer Primadonna*, München 1993, S. 362.
986 Ebd., S. 363 f.

987 Philip Reed (Hrsg.), *The Travel Diaries of Peter Pears: 1936–1978*, Woodbridge 1995, S. 133 f.
988 Galina Wischnewskaja, *Galina – Erinnerungen einer Primadonna*, München 1993, S. 364.
989 [6]
990 [6]
991 [13], S. 170.
992 [12], S. 232.
993 Claude Samuel, *Entretiens avec Mstislav Rostropovich et Galina Vichnevskaia sur la Russie, la musique, la liberté*, Paris 1983, S. 48.
994 [12], 229 f.
995 [6]
996 [6]
997 [4], S. 300 f.
998 [6]
999 [6]
1000 [6]
1001 [13], S. 322.
1002 [13], S. 283.
1003 Philip Reed (Hrsg.), *The Travel Diaries of Peter Pears: 1936–1978*, Woodbridge 1995, S. 138 f.
1004 [12], S. 243.
1005 [12], S. 243 f.
1006 Philip Reed (Hrsg.), *The Travel Diaries of Peter Pears: 1936–1978*, Woodbridge 1995, S. 137.
1007 Brian James Baer, *Translation and the Making of Modern Russian Literature*, London 2015.
1008 [12], S. 326.
1009 Zitiert nach Jennifer Barnes, *Television Opera: The Fall of Opera Commissioned for Television*, Woodbridge 2003, S. 9.
1010 Michael Kennedy, *Britten*, London 1981, S. 100.
1011 [1], S. 519.
1012 [1], S. 519.
1013 Philip Reed (Hrsg.), *The Travel Diaries of Peter Pears: 1936–1978*, Woodbridge 1995, S. 151.
1014 Ebd., S. 151.
1015 Ebd., S. 151.
1016 Daniil Granin, *Das Jahrhundert der Angst – Erinnerungen*, Berlin 1997, S. 5.
1017 [12], S. 262.
1018 [6]
1019 [8], S. 548.
1020 [8], S. 552.
1021 Michael Tippett, *Those Twentieth Century Blues*, London 1991, S. 117.
1022 [5] Band 3, S. 167.
1023 [1], S. 500.
1024 [1], S. 499.
1025 Michael Tippett, *Those Twentieth Century Blues*, London 1991, S. 117.
1026 James Helme Sutcliffe, »Benjamin Britten zum Gedenken«, in *Opernwelt*, Februar 1977, S. 9.

1027 [15], S. 305.
1028 [6]
1029 [6]
1030 [6]
1031 [6]
1032 [6]
1033 Rembrandt Harmenszoon van Rijn, »возвращение блудного сына« (1663/65), Öl auf Leinwand, 205 × 262 cm; Eremitage in Sankt Petersburg.
1034 [6]
1035 [5], Band 6, S. 233.
1036 [5], Band 6, S. 232.
1037 [6]
1038 [5], Band 6, S. 274.
1039 [6]
1040 [6]
1041 [6]
1042 [6]
1043 [6]
1044 [6]
1045 [6]
1046 [11], S. 176.
1047 [12], S. 273.
1048 [12], S. 272.
1049 [12], S. 274.
1050 Bernd Feuchtner/Rudolf Barschai, *Leben in zwei Welten: Moskaus goldene Ära und Emigration aus dem Westen,* Hofheim 2015, S. 154.
1051 [11], S. 176.
1052 Bernd Feuchtner/Rudolf Barschai, *Leben in zwei Welten,* S. 153.
1053 Ebd., Hofheim 2015, S. 153 f.
1054 [8], S. 544.
1055 [12], S. 284.
1056 Donald Mitchell, »*Persönliche Werke*«, in »*Britten the performer: Shostakovich's 14th symphony, Britten's Nocturne*«, *BBC Legends* Vol. 13, BBC 8013-2, S. 9.
1057 Ebd., S. 10.
1058 [5], Band 6, S. 591.
1059 Donald Mitchell, »Persönliche Werke«, in »Britten the performer: *Shostakovich's 14th symphony, Britten's Nocturne*«, *BBC Legends Vol. 13*, BBC 8013-2, S. 10.
1060 Ebd., S. 10 f.
1061 Beilage zu Brittens Dirigierpartitur von Schostakowitschs *14. Sinfonie;* [6]. Die Dekabristen (nach dem russischen Wort ›dekabr‹ für Dezember) waren laut Lenin »adlige Revolutionäre«, die als Offiziere der russischen Armee im Dezember 1825 in Sankt Petersburg den Eid auf den neuen Zaren Nikolaj I. verweigerten. Damit protestierten sie gegen Autokratie, Leibeigenschaft, Polizeiwillkür und Zensur. Die Beteiligten wurden hingerichtet, degradiert oder nach Sibirien verbannt.
1062 Ilja Jefimowitsch Repin, »Запорожцы пишут письмо турецкому султану« (1880–91), Öl auf Leinwand, 203 × 358 cm; Russisches Museum in Sankt Petersburg.
1063 Irina Schostakowitsch, Schreiben an den Verfasser vom 28. August 2018.

1064 Alexander Ilitschewski, *Jerusalem – Stadt der untergehenden Sonne*, Berlin 2017, S. 189.

1065 Dmitirj und Ludmilla Sollertinskij, *Pages from the Life of Dmitri Shostakovich*, New York/London 1980, S. 197.

1066 Juri Michailowitsch Neprintsew, »Отдых после боя« (1951/1953/1955), Öl auf Leinwand, 193 × 300 cm; Staatliche Tretjakow-Galerie in Moskau.

1067 Zitiert nach Galia Golan, *The Czechoslovak Reform Movement: Communism in Crisis, 1962–1968*, Cambridge 1971, S. 321 f.

1068 Susanne Schattenberg, *Leonid Breschnew – Staatsmann und Schauspieler im Schatten Stalins*, Köln 2017, S. 474.

1069 [5], Band 6, S. 227.

1070 M. Karatschewskaja, »письма Д. Д. Шостаковича к Г. И. Серебряковой (1962–1967 гг.)«, in O. Digonskaja/L. Kownatskaja (Hrsg.), Дмитрий Шостакович: исследования и материалы, Band 4, Moskau 2012, S. 250.

1071 [16], S. 779.

1072 [16], S. 788.

1073 [6]

1074 [13], S. 172.

1075 [7], S. 269.

1076 Galina Wischnewskaja, *Galina – Erinnerungen einer Primadonna*, München 1993, S. 458 ff.

1077 [10], S. 529.

1078 [12], S. 265.

1079 K. Utschitel, »Д. Д. Шостакович и С. М. Гершов«, in O. Digonskaja/L. Kownatskaja (Hrsg.), Дмитрий Шостакович: исследования и материалы, Band 1, Moskau 2005, S. 169.

1080 Boris Tischtschenko, пйсьма Д. Д. Шостаковича Борису Тищенко, Sankt Petersburg 1997, S. 44.

1081 Gill Bennett/Keith A. Hamilton (Hrsg.), *Documents on British Policy Overseas: Britain and the Soviet Union 1968–1972*, Band 1, London 1997, S. 335.

1082 Susana Walton, *William Walton: Behind the Façade*, Oxford 1989, S. 208.

1083 [5], Band 6, S. 417.

1084 [5], Band 6, S. 422.

1085 Philip Reed (Hrsg.), *The Travel Diaries of Peter Pears: 1936–1978*, Woodbridge 1995, S. 163.

1086 Ebd., S. 163.

1087 Ljudmila Kownatskaja, persönliche Mitteilung; Sankt Petersburg, 10. Mai 2018.

1088 Ljudmila Kownatskaja, Бенджамин Бриттен, Moskau 1974, S. 315.

1089 Ljudmila Kownatskaja, persönliche Mitteilung; Sankt Petersburg, 10. Mai 2018.

1090 Philip Reed (Hrsg.), *The Travel Diaries of Peter Pears: 1936–1978*, Woodbridge 1995, S. 165.

1091 Ebd., Woodbridge 1995, S. 165.

1092 [10], S. 457.

1093 Philip Reed (Hrsg.), *The Travel Diaries*, S. 165.

1094 [5], Band 6, S. 420.

1095 Fedor Druzhinin, *Memoirs: Pages from the Life and Works*, Moskau 2015, S. 137.

1096 [5], Band 6, S. 420.

1097 [10], S. 457.

1098 [10], S. 457.

1099 [6]

1100 [12], S. 301 f.
1101 [8], S. 549.
1102 [6]
1103 [6]
1104 [1], S. 541.
1105 [12], S. 310.
1106 Gregory Roscow (Hrsg.), *Bliss on Music: Selected Writings of Arthur Bliss 1920–1975*, Oxford 1991, S. 253.
1107 [1], S. 541.
1108 [13], S. 313.
1109 [5], Band 6, S. 518.
1110 [6]
1111 [6]
1112 John Campbell, *Edward Heath: A Biography*, London 1993, S. 747.
1113 [5], Band 5, S. 366 f.
1114 Martin Pugh, *State and Society: British Political and Social History 1870–1992*, London 1994, S. 283.
1115 Deutsch von Christian Nathanael von Osiander.
1116 Michail Heller/Alexander Nekrich, *Geschichte der Sowjetunion, Band 2 (1940–1980)*, Königstein/Ts. 1982, S. 335.
1117 [6]
1118 [12], S. 304.
1119 Donald Mitchell (Hrsg.), *Benjamin Britten: Death in Venice*, Cambridge 1987, S. 207.
1120 Michael Kennedy, *Britten*, London 1981, S. 106.
1121 [5], Band 6, S. 424.
1122 [5], Band 6, S. 424.
1123 *The Times*, 3. November 1972.
1124 [6]
1125 *The Times*, 4. November 1972.
1126 [6]
1127 [6]
1128 [6]
1129 [5], Band 6, S. 116 f.
1130 [5], Band 6, S. 530.
1131 [6]
1132 [16], S. 845.
1133 [16], S. 845.
1134 [16], S. 844.
1135 [16], S. 845 f.
1136 [7], S. 278.
1137 [6]
1138 Nikolaj Berdjajew, *Slavery and Freedom*, Glasgow 1944, S. 251.
1139 Andrej Borejko im Gespräch mit Kerstin Gebel bei der Konzerteinführung zu einem Programm mit dem Radiosinfonieorchester Stuttgart des SWR am 26. Februar 2016 in der Stuttgarter Liederhalle.
1140 [6]
1141 Galina Wischnewskaja, *Galina – Erinnerungen einer Primadonna*, München 1993, S. 365.

1142 Ebd., S. 365.

1143 [1], S. 585.

1144 [1], S. 584.

1145 Isaiah Berlin, *Berlin, Begegnungen mit einer russischen Schriftstellerin*, Seite 348.

1146 Deutsch von Olga Lischenko.

1147 Fritz Mierau (Hrsg.), *Anna Achmatowa: Poem ohne Held – Poeme und Gedichte*, Leipzig 1982, S. 201.

1148 [8], S. 545.

1149 [10], S. 362.

1150 Felix Philipp Ingold (Hrsg.), »*Als Gruß zu lesen*« – *Russische Lyrik von 2000 bis 1800*, Zürich 2012, S. 6.

1151 Dagmar Abfalter, *Das Unmessbare messen?: Die Konstruktion von Erfolg im Musiktheater*, Innsbruck 2008, S. 96.

1152 Boris Filanowskij, »без Шостаковича«, in Josif Raiskij, записки филарманьяка, Sankt Petersburg 2017, S. 25–27.

1153 John Whitley, »A new East Anglian dynasty«, in *The Daily Telegraph*, 6. Juni 1991, S. 17.

1154 John Bridcut, *Britten's Children*, London 2006; Peter Wiegold/Ghislaine Kenyon (Hrsg.), *Beyond Britten: The Composer and the Community*, Woodbridge 2015.

1155 *Variety*, 22. Mai 2017.

1156 Murray Schafer, *British Composers in Interview*, London 1963, S. 117.

1157 Meinhard Saremba, »›Spielen für denkende Menschen‹ – Nikolaj Gubenko, Leiter des Moskauer Taganka-Theaters, und Shanna Bolotowa in Heidelberg«, in *Rhein Neckar-Zeitung*, 13. November 1987, S. 12.

1158 Peter Gradenwitz, *Leonard Bernstein – Eine Biographie*, Mainz 1992, S. 256 f.

1159 Siehe Richard Taruskin, »Public lies and unspeakable truth interpreting Shostakovich's Fifth Symphony «, in David Fanning (Hrsg.), *Shostakovich Studies*, Cambridge 1995, S. 30 ff.

1160 Hans-Georg Gadamer, *Wahrheit und Methode – Grundzüge einer philosophischen Hermeneutik*, Tübingen 1960 (3. Auflage 1972, S. 510.

1161 Bruno Liebrucks, *Sprache und Bewusstsein, Band 5*, Frankfurt am Main 1970, S. 254.

1162 Ebd., Band 5, Frankfurt am Main 1970, S. 253.

1163 Ebd., S. 253.

1164 Hermann Schmitz, *Ausgrabungen zum wirklichen Leben – Eine Bilanz*, München 2016, S. 355 f.

1165 Meinhard Saremba, »Ein Künstler ohne Land – Gespräch mit dem exilierten sowjetischen Regisseur Juri Ljubimow«, in *Rhein-Neckar-Zeitung*, 28./29. Mai 1988, S. 33.

1166 Ena von Baer/Hans Pezold (Hrsg.), *Teure Freundin – Peter Tschaikowskis Briefwechsel mit Nadeshda von Meck*, Leipzig/Weimar 1988, S. 205.

1167 Yehudi Menuhin, *Unfinished Journey*, London 1977, S. 178.

1168 Yehudi Menuhin, *Die Freude liegt im Unvorhersehbaren – Gespräche mit David Dubal*, München 1997, S. 48 f.

1169 Ebd., S. 49.

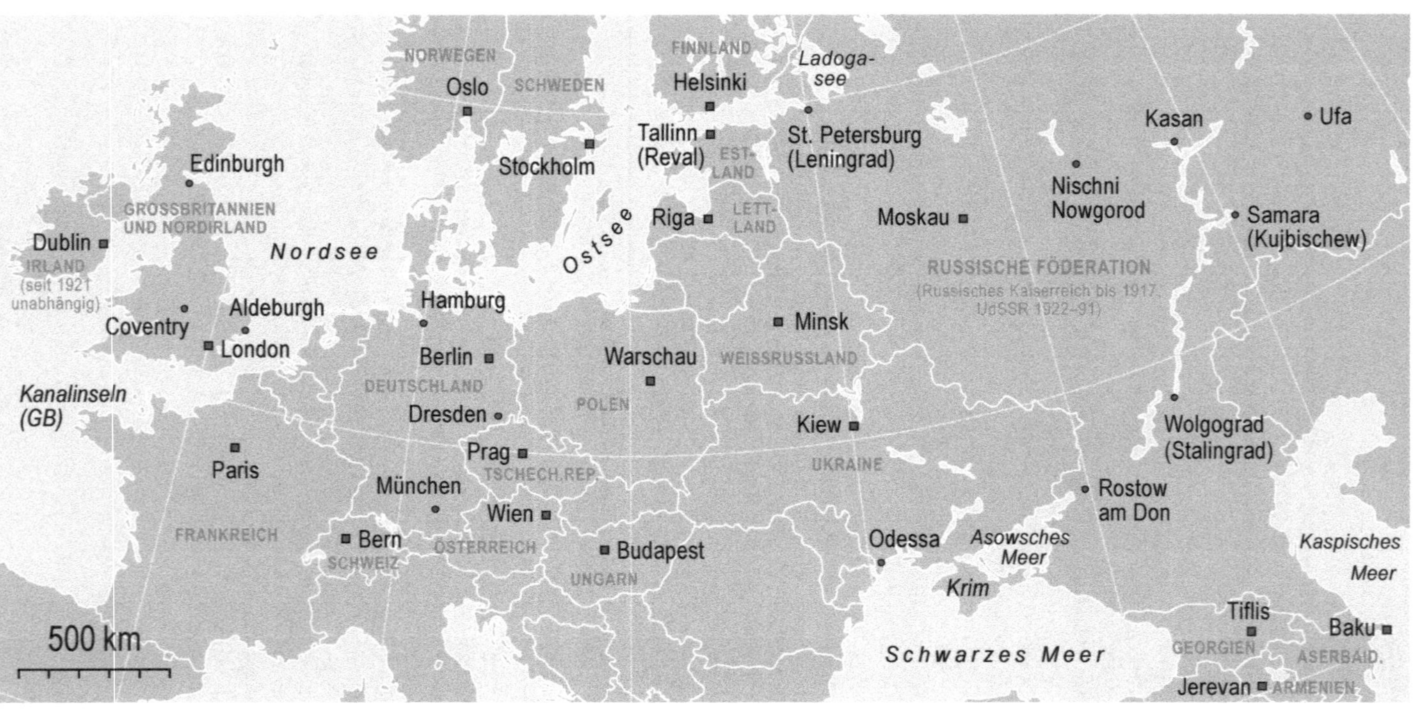

Britten und Schostakowitsch hatten auch geographisch große Distanzen zu überwinden.

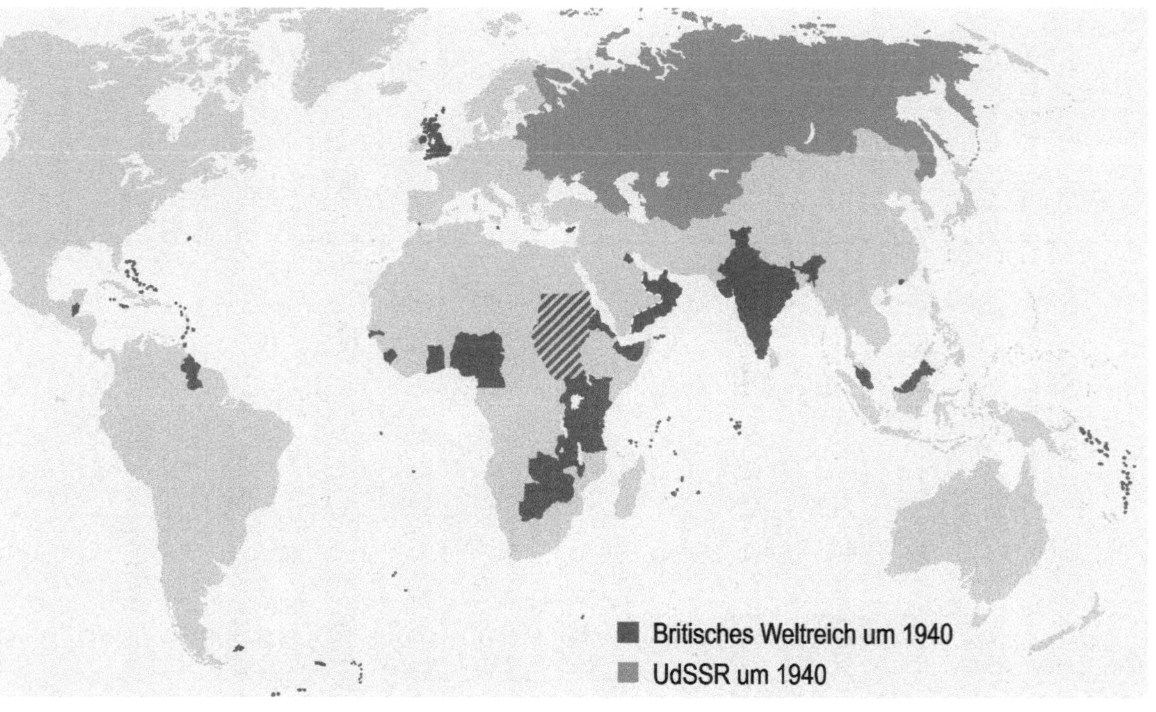

Das Empire und die Sowjetunion um 1940.

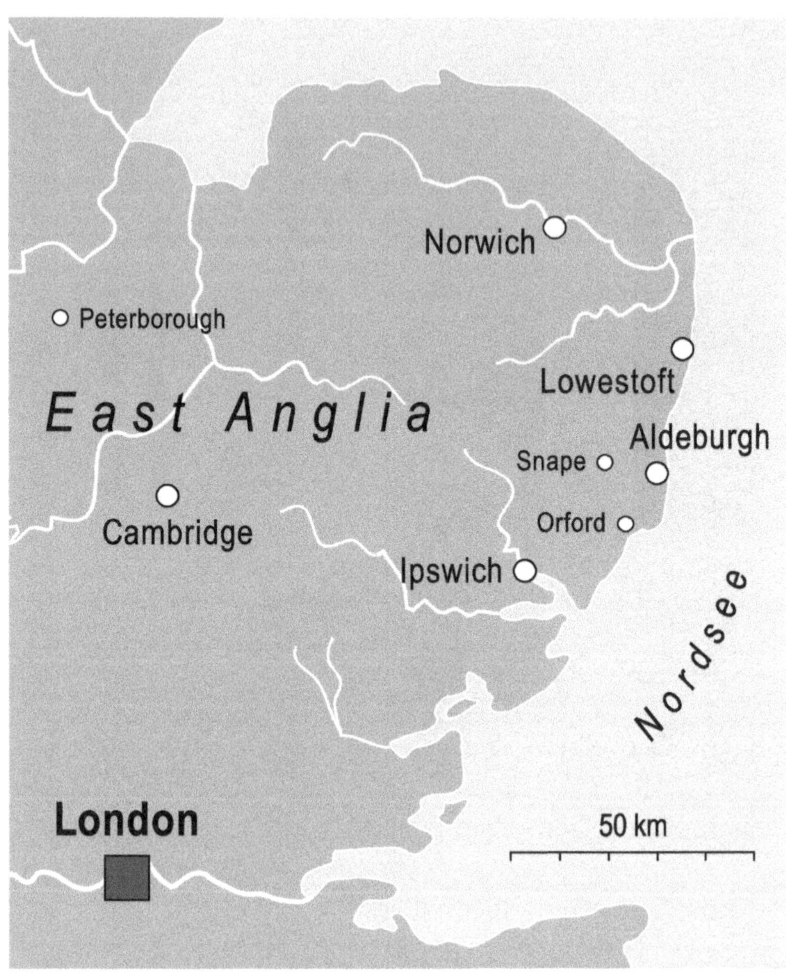

Brittens ›kleine Welt‹ im Osten Englands.

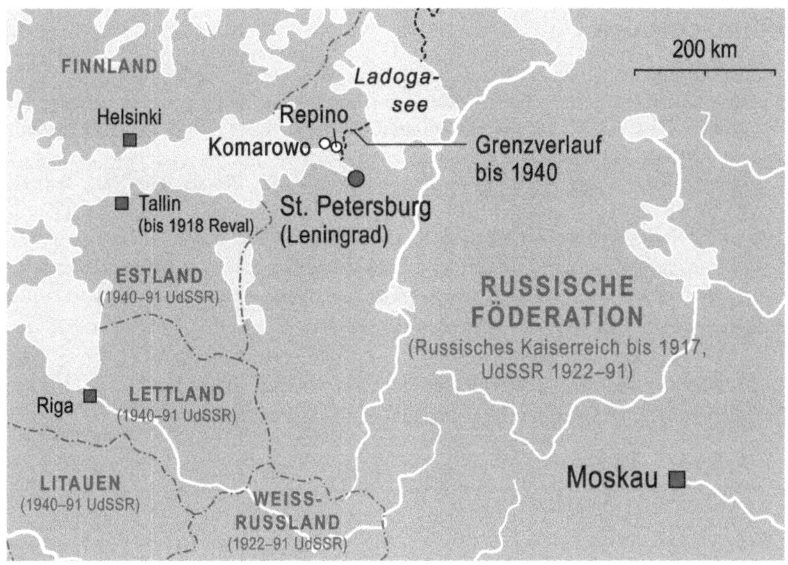

Zwischen Schostakowitschs Heimatstadt Sankt Petersburg und seinem späteren Wohnort Moskau liegen etwa 650 Kilometer.

Bildnachweise

S. 164: Heinrich Lindlar (Hrsg.): *Benjamin Britten – Das Opernwerk,* Musik der Zeit – Eine Schriftenreihe zur zeitgenössischen Musik, Heft 11, Verlag Boosey & Hawkes, Bonn 1955.

S. 164: Fred K. Prieberg, *Musik in der Sowjetunion,* Verlag Wissenschaft und Politik, Köln 1965.

S. 313: The National Archives, Kew (Referenznummer KV 2/3844).

S. 338: Veröffentlichung mit freundlicher Genehmigung von Irina Schostakowitsch.

S. 339: Heinrich Lindlar (Hrsg.), *Benjamin Britten,* Bonn 1954.

S. 494–497: Alle Landkarten: © Thomas Heinemann

In Fällen, bei denen der Rechteinhaber nicht festzustellen ist, ist der Verlag bereit, nach Anforderung rechtmäßige Ansprüche abzugelten.

Personenverzeichnis

Achmatowa, Anna Andreewna (1889–1966), russisch-sowjetische Lyrikerin 14 f., 263, 451 f.

Acworth, Harry Arbuthnot (1849–1933), britischer Schriftsteller 322

Addinsell, Richard Stewart (1904–1977), britischer Filmkomponist 23, 461

Aesop (6. Jahrhundert v. d. Z.), griechischer Dichter 354

Aho, Kalevi Ensio (geb. 1949), finnischer Komponist 248

Albee, Edward Franklin (1928–2016), amerikanischer Schriftsteller 394

Albert – siehe Prinz Albert

Alfred von Sachsen-Coburg und Gotha (1844–1900), Sohn von Königin Victoria 37

Alikanian, Artjom Isahakij (1908–1978), armenisch-sowjetischer Physiker 310

Alix von Hessen-Darmstadt, als Alexandra Fjodorowna Gattin des letzten Zaren (1872–1918), Frau von Zar Nikolaj II. 32

Allen, Hugh (1869–1946), englischer Musikpädagoge 51

Alston, Audrey (1883–1966), englische Bratschenpädagogin 59

Altman, Natan Isaewitsch (1889–1970), russisch-sowjetischer Maler und Bühnenbildner 63

Altman, Robert (1925–2006), amerikanischer Filmregisseur 373

Andrejewa, Eleonora Jewgenjewa (geb. 1930), sowjetisch-russische Sopranistin 361

André-Joseph, Marquis d'Ancezune, Duc de Caderousse (1695–1767), französischer Adeliger 403

Ansermet, Ernest (1883–1969), Schweizer Dirigent 101

Antheil, George (1900–1959), amerikanischer Komponist 281

Apollinaire, Guillaume (1880–1918), französischer Dichter und Schriftsteller 21, 409, 413 ff.

Aristoteles (384–322 v. d. Z.), griechischer Gelehrter 73

Arnold, Malcolm (1921–2006), englischer Komponist 332

Arnold, Matthew (1822–1888), englischer Schriftsteller 279

Arnstam, Lew Oskarowitsch (1905–1979), russisch-sowjetischer Filmregisseur 243, 336

Aronowitsch, Jurij Michajlowitsch (1932–2002), russisch-israelischer Dirigent 381

Asafjew, Boris Wladimirowitsch (1884–1949); russisch-sowjetischer Musikwissenschaftler 117, 137, 155, 163

Aschkenasij, Wladimir Dawidowitsch (geb. 1937), russischer Pianist und Dirigent mit isländischer Staatsbürgerschaft 433

Astles, Ethel (1891–1977), englische Klavierpädagogin 59

Attlee, Clement Richard (1883–1967), britischer Politiker 240, 290

Auden, Wystan Hugh (1907–1973), englisch-amerikanischer Schriftsteller 22, 56, 72 f., 79, 88 ff., 93, 108, 148 f., 164, 175 ff., 192 f., 211 ff., 219, 316, 344 f., 423, 434

Aulnoy, Marie-Catherine, Baronne d' (1650–1705), französische Schriftstellerin 316

Awraamow, Arsenij Michajlowitsch (1886–1944), russisch-sowjetischer Komponist 99

Babel, Isaak Emmanuilowitsch (1894–1940), russisch-sowjetischer Schriftsteller 181

Bach, Johann Sebastian (1685–1750), deutscher Komponist 59 f., 82, 209, 272 f., 346, 362, 389, 417

Baez, Joan (geb. 1941), amerikanische Folk-Sängerin 394

Balakirew, Milij Alekseewitsch (1836–1910), russischer Komponist 213, 323

Baldwin, Stanley (1867–1947), englischer Politiker 121 f.

Bantock, Granville (1868–1946), englischer Komponist 322 f.

Barbirolli, John (Giovanni Battista) (1899–1970), britischer Dirigent 170, 210

Barnes, Julian Patrick (geb. 1946), englischer Schriftsteller 453
Barschaj, Rudolf Borisowitsch (1924–2010), russisch-sowjetischer Dirigent 231, 410 f.
Bartók, Béla (1881–1945), ungarischer Komponist 23, 71, 81 f., 340 ff., 355, 389, 423, 486
Basner, Weniamin Efimowitsch (1925–1996), russisch-sowjetischer Komponist 130
Bax, Arnold (1883–1953), englischer Komponist 71, 314, 332
Beckerman, Bernard (1921–1985), amerikanischer Literaturwissenschaftler 300 f.
Beecham, Thomas (1879–1961), britischer Dirigent 96, 98, 153, 167
Beethoven, Ludwig (1770–1827), deutscher Komponist 37, 59, 82, 84, 105, 131, 133, 153 ff., 173, 185, 198 ff., 245, 247, 249, 275, 365, 389, 421, 468 f.
Bekker, Paul (1882–1937), deutscher Musikschriftsteller 155, 157
Belinskij, Wissarion Grigorjewitsch (1811–1848), russischer Literaturkritiker und Philosoph 139, 423
Bell, Arthur Clive Heward (1881–1964), britischer Kunstkritiker 175
Benjamin, Arthur Leslie (1893–1960), australischer Komponist 82
Benjamin, Walter (1892–1940), deutscher Philosoph 115
Berdjaew, Nikolaj Aleksandrowitsch (1874–1948), russischer Philosoph 47, 88, 202, 448
Beresowskij, Nikolaj Tichonowitsch (1900–1953), russisch-sowjetischer Komponist 88
Berg, Alban (1885–1935), österreichischer Komponist 34, 71, 81 f., 131, 193, 243, 309
Berggolz, Olga Fjodorowna (1910–1975), sowjetisch-russische Lyrikerin 63, 123, 216, 222
Berija, Lawrentij Pawlowitsch (1899–1953) georgisch-sowjetischer Politiker 293 ff., 376
Berio, Luciano (1925–2003), italienischer Komponist 23
Berkeley, Lennox (1903–1989), englischer Komponist 75, 88, 177, 263, 314, 423
Berlin, Isaiah (1909–1997), russisch-britischer Philosoph 451
Berliner, Emil (1851–1929), deutsch-amerikanischer Erfinder 101
Berlioz, Louis Hector (1803–1869), französischer Komponist 157
Bernstein, Leonard (1918–1990), amerikanischer Komponist und Dirigent 24, 88, 244, 281, 325, 330, 453
Berry, Charles ›Chuck‹ (1926–2017), amerikanischer Sänger 312
Berschadskij, Isjaslaw Dawidowitsch, russischer Komponist 110
Besimenskij, Aleksandr Iljitsch (1898–1973), ukrainisch-sowjetischer Dichter 100
Bing, Rudolf (1902–1997), österreichisch-britischer Operndirektor 256, 258
Bliss, Arthur (1891–1975), englischer Komponist 23, 71, 108, 126, 318, 325, 332, 340, 347, 352, 380, 393, 423, 429
Blitzstein, Marc (1905–1964), amerikanischer Komponist 281
Blok, Aleksandr Aleksandrowitsch (1880–1921), russischer Dichter 112, 326, 401, 404 f.
Bogdanow-Beresowskij, Walerian Michajlowitsch (1903–1971), russisch-sowjetischer Komponist 65, 74, 187, 218, 228, 343
Bonaparte, Napoléon (1769–1821), französischer General 67, 133
Bonhoeffer, Dietrich (1906–1945), deutscher Theologe 269 f., 275
Boosey, Leslie (1887–1979), britischer Musikverleger 133, 146, 205 ff., 287, 370
Borejko, Andrej Wiktorowitsch (geb. 1957), russischer Dirigent 449
Borisowskij, Wadim Wasiljewitsch (1900–1972), russisch-sowjetischer Bratschist 199 f.
Borodin, Aleksandr Porfirjewitsch (1833–1887), russischer Chemiker und Komponist 188, 213
Borodin, Michail Markowitsch (1884–1951), russischer Revolutionär 120
Boughton, Rutland (1878–1960), englischer Komponist 102, 147, 242, 244

Boulez, Pierre (1925–2016), französischer Komponist 23, 305, 312

Boult, Adrian (1889–1983), britischer Dirigent 98, 131, 314, 325, 340

Bowes-Lyon, Elizabeth (1900–2002), Gemahlin König Georgs VI., ›Queen Mum‹ 86, 222

Bowles, Jane Auer (1917–1973), amerikanische Schriftstellerin 434

Bowles, Paul Frederick (1910–1999), amerikanischer Schriftsteller 434

Boys, Henry (1910–1992), britischer Musikwissenschaftler 316

Brahms, Johannes (1833–1897), deutscher Komponist 59, 82, 101, 153, 312

Brando, Marlon (1924–2004), amerikanischer Schauspieler 281

Bream, Julian Alexander (1933–2020), englischer Gitarrist und Lautenspieler 323

Breschnew, Leonid Iljitsch (1906–1982), ukrainisch-sowjetischer Politiker 221, 374 f., 377, 416

Brian, William Havergal (1876–1972), englischer Komponist 248

Bridge, Frank (1879–1941), englischer Komponist 66 f., 70 ff., 82, 92, 97 f., 102, 122, 131, 142, 206, 256, 352, 423

Britten, Edith Barbara (1902–1982), englische Sozialarbeiterin, Brittens Schwester 58, 70, 207, 428

Britten, Edith Rhoda, geborene Hockey (1874–1937), englische Amateurpianistin, Brittens Mutter 18, 36, 45, 51, 58 f., 70, 146, 165, 201, 268

Britten, Elizabeth ›Beth‹ (1909–1989), Brittens Schwester 58, 207

Britten, Robert Victor (1878–1934), englischer Zahnarzt, Brittens Vater 36, 59

Britten, Thomas, englischer Textilkaufmann, Brittens Großvater 36

Brjusow, Walerij Jakowlewitsch (1873–1924), russischer Schriftsteller 112

Brodsky, Joseph (1940–1996), russisch-amerikanischer Schriftsteller 247

Brontë, Charlotte (1816–1855), Emily (1818–1848) und Anne (1820–1849), englische Schriftstellerinnen 40

Brosa, Antonio (1894–1979), spanischer Geiger 82, 131, 193, 210

Bruckner, Anton (1824–1896), österreichischer Komponist 155, 245, 248, 434

Bruni, Georgi, russisch-sowjetischer Musikpädagoge 63

Bubnow, Andrej Sergeewitsch (1883–1938), russisch-sowjetischer Politiker 120, 136

Budjonnij, Semjon Michajlowitsch (1883–1973), Marschall der Sowjetunion 73, 181, 466

Bulgakow, Michail Afanassjewitsch (1891–1940), russisch-sowjetischer Schriftsteller 180, 233

Bunyan, John (1628–1688), englischer Schriftsteller 286, 292

Burgess, Guy Francis de Moncy (1911–1963), britischer Nachrichtendienstmitarbeiter 89 f., 286

Burra, Peter (1909–1937), britischer Schriftsteller 165

Busch, Adolf (1891–1952), deutsch-schweizerischer Geiger 281

Busch, Fritz (1890–1951), deutscher Dirigent 256

Bush, Alan (1900–1995), englischer Komponist 88, 147, 255, 281, 315

Butowskij, Aleksei Dmitriewitsch (1838–1917), russischer General 125

Butterworth, George (1885–1916), englischer Komponist 51, 90

Byron, George Gordon Noel (1788–1824), englischer Dichter 41, 124, 173 f.

Byron, May; eigentlich Mary Clarissa, geborene Gillington (1861–1936), britische Schriftstellerin 41

Cage, John (1912–1992), amerikanischer Komponist 305

Caillois, Roger (1913–1978), französischer Soziologe und Philosoph 149

Callas, Maria (1923–1977), griechisch-italienische Sopranistin 392

Camus, Albert (1913–1960), französischer Schriftsteller und Philosoph 262

Capa, Robert; eigentlich Endre Ernő Friedmann (1913–1954), ungarisch-amerikanischer Fotograf 265

Cavell, Edith (1865–1915), englische Krankenschwester 93 f.

Cecil, Robert, 1st Earl of Salisbury (1563–1612), englischer Politiker 299
Chagall, Marc; eigentlich Moische Chazkelewitsch Schagalow (1887–1985), russisch-französischer Maler 212, 440
Chaplin, Charles (1889–1977), britisch-amerikanischer Schauspieler 143, 209 f., 248, 281
Chatschaturjan, Aram (1903–1978), armenisch-sowjetischer Komponist 161, 218, 265, 281, 298, 336, 368, 371, 379, 381, 411, 447
Chatschaturjan, Karen Surenowitsch (1920–2011), sowjetisch-armenischer Komponist 447
Chentowa, Sofija Michajlowna (1922–2002), sowjetisch-russische Musikwissenschaftlerin 305
Cholopow, Jurij Nikolaewitsch (1932–2003), russischer Musikwissenschaftler 308
Chopin, Fryderyk Franciszek (1810–1849), polnischer Pianist und Komponist 33, 105, 122, 273
Chrennikow, Tichon Nikolaewitsch (1913–2007), russisch-sowjetischer Komponist 253, 267, 275, 395 f., 417 f., 429, 445 ff.
Christie, Agatha (1890–1976), englische Schriftstellerin 108
Christie, John (1882–1962), britischer Opernimpresario 256, 258 ff.
Chruschtschjow, Nikita Sergeewitsch (1894–1971), sowjetischer Politiker 293 ff., 297, 302 f., 325, 333 f., 346, 358 f., 362, 374 ff., 380
Chubow, Georgij Nikititsch (1902–1981), russisch-sowjetischer Musikwissenschaftler 187
Churchill, Winston (1874–1965), englischer Politiker 14, 89, 123, 222, 240, 252, 257, 281
Cicero, Marcus Tullius (106–43 v. d. Z.), römischer Politiker und Philosoph 252
Cluytens, André (1905–1967), belgisch-französischer Dirigent 104
Coates, Albert (1882–1953), englischer Dirigent 27, 132, 154
Coates, Edith (1908–1983), englische Mezzosopranistin 462
Colbeck, Charles E., englischer Lokalpolitiker 262
Coleman, Robert Henry (1869–1946), amerikanischer Herausgeber baptistischer Liederbücher 99
Collingwood, Lawrance (1887–1982), englischer Dirigent 27
Connolly, Cyril Vernon (1903–1974), englischer Schriftsteller 236
Cooper, Emil Albertowitsch; auch: Kuper (1877–1960), ukrainisch-amerikanischer Dirigent englischer Abstammung 154
Copland, Aaron (1900–1990), amerikanischer Komponist 211, 281
Crabbe, George (1754–1832), englischer Schriftsteller 26, 238 f., 241, 259, 285, 451
Cranbrook – siehe Seebohm
Cranko, John Cyril (1927–1973), britischer Choreograph 316
Cripps, Richard Stafford (1889–1952), englischer Politiker 148
Croce, Benedetto (1866–1952), italienischer Philosoph 236, 282
Cross, Joan (1900–1993), britische Sopranistin 240, 255 f., 356, 462
Crozier, Eric (1914–1994), britischer Theaterregisseur und Librettist 79, 258, 260
Cui, César (1835–1918), russischer Komponist französischer Abstammung 213
Culshaw, John Royds (1924–1980), englischer Platten- und Fernsehproduzent 393, 431
Cursiter, Stanley (1887–1976), schottischer Maler 61, 465

d'Aulnoy, Madame – siehe Aulnoy, Marie-Catherine
Dąbrowski, Jarosław (1836–1871), polnischer Revolutionär 134
Dalgat, Djemal (1920–1992), armenisch-sowjetischer Dirigent 381
Dalí, Salvador (1904–1989), spanischer Maler 194
Dallapiccola, Luigi (1904–1975), italienischer Komponist 82
Dargomischskij, Aleksandr Sergeewitsch (1813–1869), russischer Komponist 243

Darnton, Philip Christian (1905–1981), britischer Komponist 147
Davidson, Randall Thomas (1848–1930), britischer Theologe 148
Davies, William Henry (1871–1940), walisischer Schriftsteller 128
de Valois – siehe Valois, Ninette de
Debussy, Achille-Claude (1862–1918), französischer Komponist 389
Degeyter, Pierre Chretien (1848–1932), belgisch-französischer Sozialist 44
Delius, Frederick (1862–1934), englischer Komponist deutscher Abstammung 71
Deller, Alfred George (1912–1979), englischer Countertenor 328 ff.
Delsarte, François-Alexandre-Nicolas-Chéri (1811–1871), französischer Pädagoge 53
Delwig, Anton Antonowitsch (1798–1831), russischer Dichter 21 f., 412 f.
Denisow, Edison Wasiljewitsch (1929–1996), sowjetisch-russischer Komponist 306 f., 447
Dent, Edward Joseph (1876–1957), englischer Musikwissenschaftler und -kritiker 81, 452
Derry, Wilfred, englischer Geistlicher 253
Deschewow, Wladimir Michajlowitsch (1889–1955), russisch-sowjetischer Komponist 119
Devereux, Robert, 2. Earl of Essex (1565–1601), englischer Politiker 299
Dickens, Charles (1812–1870), englischer Schriftsteller 40 f.
Diner, Dan (geb. 1946), deutsch-israelischer Historiker 149
Djagilew, Sergej Pawlowitsch (1872–1929), russischer Impresario 53, 61, 110
Dmitriew, Wladimir Wladimirowitsch (1900–1948), russisch-sowjetischer Bühnenbildner 141
Dobroljubow, Nikolaj Aleksandrowitsch (1836–1861), russischer Philosoph und Literaturkritiker 139 f.
Dostoewskij, Fjodor Michajlowitsch (1821–1881), russischen Schriftsteller 40, 52, 114, 223, 354, 477
Downes, Edward (1924–2009), britischer Dirigent 296
Downes, Edward Olin Davenport (1911–2001), amerikanischer Musikwissenschaftler 283
Droschin, Spiridon Dmitriewitsch (1848–1931), russisch-sowjetischer Dichter 242
Druschinin, Fjodor Serafimowitsch (1932–2007), sowjetisch-russischer Bratschist 200, 425, 449
Dserschinskij, Felix Edmundowitsch (1877–1926), polnisch-russischer Berufsrevolutionär 89
Dserschinskij, Iwan Iwanowitsch (1909–1978), russisch-sowjetischer Komponist 158
Dubček, Alexander (1921–1992), tschechischer Politiker 416
Dukes, Paul Henry (1889–1967), britischer MI6-Mitarbeiter 46
Duncan, Isadora (1877–1927), amerikanische Tänzerin 53
Duncan, Ronald (1914–1982), englischer Schriftsteller 256, 258, 316 f., 398
Dvořák, Antonín (1841–1904), böhmischer Komponist 200
Dylan, Bob; eigentlich Robert Allen Zimmerman (geb. 1941), amerikanischer Singer-Songwriter 394

Eco, Umberto (1932–2016), italienischer Semiotiker und Schriftsteller 298
Eddy, Mary Baker (1821–1910), Gründerin der Christian-Science-Kirche 268
Edison, Thomas Alva (1847–1931), Amerikanischer Erfinder 101
Efros, Awram (1888–1954), russisch-sowjetischer Historiker und Übersetzer 391
Ehrenburg, Ilja Grigorjewitsch (1891–1967), russisch-sowjetischer Schriftsteller 302, 326
Einstein, Albert (1879–1955), deutscher Physiker 146, 440
Eisenhower, Dwight David (1890–1969), amerikanischer General und 1953–1961 Präsident der USA 292
Eisenstein, Sergej Michajlowitsch (1898–1948), lettisch-sowjetischer Filmregisseur 106
Eisler, Hanns (1898–1962), deutscher Komponist 341

Elgar, Caroline Alice, geborene Roberts (1848–1920), englische Schriftstellerin 322
Elgar, Edward (1857–1934), britischer Komponist 52, 62, 71, 96, 98, 101, 103, 125, 145 f., 149, 155, 190 f., 201, 242, 249, 279, 292, 300, 322, 352, 423
Eliasberg, Aleksandr (1878–1924), russischer Literaturhistoriker 112
Eliasberg, Karl Iljitsch (1907–1978), russisch-sowjetischer Dirigent 154, 227 f., 460
Eliot, Thomas Stearns (1888–1965), amerikanisch-englischer Lyriker und Dramatiker 282
Elizabeth I. (1533–1603), 1558–1603 englische Königin 280, 299
Elizabeth II.; eigentlich Elizabeth Alexandra Mary (1926–2022), ab 1952 englische Königin 86, 300, 332, 398 f.
Elliott, Neill, englischer Briefschreiber 27
Ebert, Karl (1906–1995), deutscher Regisseur 256
Engelman, Ian (1933–1981), englischer Fernsehfilmproduzent 447
Engels, Friedrich (1820–1895), deutscher Philosoph und Gesellschaftstheoretiker 34, 47, 280, 423

Fedin, Konstantin Aleksandrowitsch (1892–1977), russisch-sowjetischer Schriftsteller und Schauspieler 333
Feuchtwanger, Lion (1884–1958), deutscher Schriftsteller 150, 281
Filanowskij, Boris (geb. 1968), sowjetisch-russischer Komponist 452
Firbank, Ronald (1886–1926), britischer Schriftsteller 269
Fischer, Robert James »Bobby« (1943–2008), 1972–75 amerikanischer Schachweltmeister 431
Fischer-Dieskau, Dietrich (1925–2012), deutscher Bariton 351 f., 380, 428, 461
Fistularij, Anatolij (1907–1995), ukrainisch-britischer Dirigent 325
Flejschman, Weniamin Iosifowitsch (1913–1941), russisch-sowjetischer Komponist 244, 274 f.
Forster, Edward Morgan (1879–1970), englischer Schriftsteller 166, 238, 241, 287, 423
Fox, Ralph Winston (1900–1936), britischer Journalist und Historiker 89
Franco, Francisco (1892–1975), spanischer Militär und Politiker 147, 177
Fried, Erich (1921–1988), österreichischer Übersetzer und Schriftsteller 327
Fried, Grigorij Samuilowitsch (1915–2012), russisch-sowjetischer Komponist, Maler und Schriftsteller 183 f.
Friedrich I. (1657–1713), preußischer König 431
Fry, Roger Eliot (1866–1934), britischer Maler und Kunstkritiker 175
Fumimaro, Konoe (Fürst Konoe, 1891–1945), japanischer Politiker 171
Furmanow, Dmitrij Andreewitsch (1891–1926), russisch-sowjetischer Schriftsteller 120, 188
Furzewa, Jekaterina Alexeewna (1910–1974), sowjetische Politikerin 29, 351, 363, 369 ff., 377, 385, 390, 418, 421 f., 428, 431, 442 f., 445

Gadamer, Hans-Georg (1900–2002), deutscher Philosoph 454
Gallij-Schohat, Nadejda, geborenen Kokulina (18..–1948), russisch-sowjetische Physikerin 234
Gandhi, Indira Priyadarshini, geborene Nehru (1917–1984), eine indische Politikerin 317, 350
Gandhi, Mohandas Karamchand (1869–1948), indischer Rechtsanwalt und Morallehrer 287
Gauk, Aleksandr Wasiljewitsch (1893–1963), ukrainisch-sowjetischer Dirigent 84, 104, 143, 154, 249, 460
Gejtschenko, Semen, russisch-sowjetischer Literaturwissenschaftler 382
Georg V. (1865–1936), 1910–36 englischer König 44
Georg VI. (1895–1952), 1936–52 englischer König 183, 299
Gerasimow, Sergej Wasiljewitsch (1885–1964), russisch-sowjetischer Maler 376

Gerschow, Solomon Moissejewitsch (1906–1989), russisch-sowjetischer Maler 420
Gershwin, George (1898–1937), amerikanischer Komponist 23, 213, 365
Gershwin, Ira (1896–1983), amerikanischer Lyriker und Librettist 213
Gil Passo – siehe Walton, Susana
Gilels, Emil Grigorjewitsch (1916–1985), sowjetischer Pianist 445
Gladkow, Aleksander (1912–1976), sowjetischer Schriftsteller 160 f.
Glasser, Ignati Albertowitsch (1850–1925), russischer Musikpädagoge 60
Glasunow, Aleksandr Konstantinowitsch (1865–1936), russischer Komponist 63 f., 69, 84, 96, 198, 200
Glière, Reinhold Moritzewitsch (1874–1956), russisch-sowjetischer Komponist 119, 213
Glikberg, Aleksandr Michajlowitsch Autorenname: Sascha Tschornij (1880–1932), russischer Schriftsteller 345
Glikman, Isaak Dawidowitsch (1911–2003), russisch-sowjetischer Theaterwissenschaftler 19, 106, 153, 174, 198, 209, 218, 233, 235, 237, 263, 274, 310 ff., 326, 333, 335 ff., 343, 348, 355 ff., 361, 385 f., 391, 397, 409, 411, 420, 427, 429, 431, 434
Glinka, Michail Iwanowitsch (1804–1857), russischer Komponist 35, 169, 213, 216, 225, 243 f., 273, 299, 323 f., 356, 434 f., 447, 463
Gliwenko, Tatjana Iwanowna (1906–…), Schostakowitschs Freundin bis 1932 168
Glock, William Frederick (1908–2000), britischer Musikjournalist 22, 266, 390
Gluck, Christoph Willibald (1714–1787), deutscher Komponist 330
Gogol, Nikolaj Wasiljewitsch (1809–1852), russischer Schriftsteller 73, 111 ff., 118 ff., 122, 136, 138 f., 141, 243, 251, 328, 413 f.
Golubew, Jewgenij Kirillowitsch (1910–1988), russisch-sowjetischer Komponist 246
Gontscharowa, Natalja Sergeewna (1881–1962), russische Malerin 61, 465
Goossens, Eugène Aynsley (1893–1962), englischer Dirigent und Komponist 71, 101
Górecki, Henryk Mikołaj (1933–2010), polnischer Komponist 23
Gorin, Charles Igor (1904–1982), ukrainisch-amerikanischer Bariton 252
Gorkij, Maksim (1868–1936), russischer Schriftsteller 76, 79, 112, 138, 163, 180 ff., 335
Gozenpud, Abram Akimowitsch (1908–2004), russisch-sowjetischer Musikwissenschaftler 223 f.
Graham, Colin (1931–2007), britischer Regisseur 321, 484
Grahame, Kenneth (1859–1932), schottischer Schriftsteller 92
Granin, Daniil Aleksandrowitsch (1919–2017), sowjetisch–russischer Schriftsteller 96, 220 f., 354, 396
Gray, Cecil (1895–1951), schottischer Musikwissenschaftler 52
Greene, Graham (1904–1991), britischer Schriftsteller 211
Greiffenhagen, Maurice (1862–1931), britischer Maler 38
Grigorenko, Pjotr Grigorjewitsch (1907–1987), russisch-sowjetischer Generalmajor 265
Groys, Boris (geb. 1947), deutsch-russischer Philosoph 76 f., 143 f., 262, 377
Gubajdulina, Sofija Asgatowna (geb. 1931), sowjetisch-russische Komponistin 305, 380, 447
Gubenko, Nikolaj Nikolaewitsch (1941–2020), sowjetisch-ukrainischer Schauspieler und Filmregisseur 453
Guthrie, William Tyrone (1900–1971), irischer Theaterregisseur 255 f.

Hall, Peter (1930–2017), englischer Theater- und Opernregisseur 369
Hambling, Maggi (geb. 1945), britische Malerin und Bildhauerin 451
Harewood, Marion, geborene Stein (1926–2014), österreichisch-britische Pianistin 360, 407, 484
Harewood; eigentlich George Henry Hubert Lascelles, 7. Earl of Harewood KBE (1923–2011), britischer Adeliger 287, 299

Harmsworth, Alfred Charles William, 1st Viscount Northcliffe (1865–1922), englischer Zeitungsverleger 261
Harper, Heather (1930–2019), nordirische Sopranistin 351
Harty, Hamilton (1879–1941), irischer Komponist und Dirigent 101
Havel, Václav (1936–2011), tschechischer Schriftsteller 453
Hawkes, Ralph (1898–1950), britischer Musikverleger 146, 171, 205 f., 207, 255, 287, 299, 370
Haydn, Joseph (1732–1809), österreichischer Komponist 11, 60, 68, 200, 247 ff., 389, 411
Heath, Edward (1916–2005), englischer Politiker 418, 422, 424, 430 ff., 438, 446
Heger, Robert (1886–1978), deutscher Dirigent 244
Heinsheimer, Hans Walter (1900–1993), deutsch-amerikanischer Musikverleger 206
Hemmings, David (1941–2003), britischer Schauspieler 278
Henze, Hans Werner (1926–2012), deutscher Komponist 262, 306, 380
Hess, Joachim (1925–1992), deutscher Fernsehregisseur 392
Hill, Mildred J. (1859–1916), amerikanische Erzieherin 99
Hindemith, Paul (1895–1963), deutscher Komponist 23, 71, 81 f., 117, 253, 283, 341, 388
Hitler, Adolf (1889–1945), deutscher Politiker österreichischer Herkunft 34, 50, 53, 89, 107, 147, 178, 194, 235, 252, 271, 440, 486
Hochhauser, Lilian, geborene Shields (geb. 1932), britische Musikmanagerin 340, 369, 412, 437, 440 f., 446
Hochhauser, Victor (1923–2019), britischer Musikmanager 340, 369, 437, 440 f.
Holst, Gustav (1874–1934), englischer Komponist 71, 165, 279, 322, 325, 360
Holst, Imogen Claire (1907–1984), englische Dirigentin und Musikschriftstellerin 78, 365, 400, 422
Honegger, Arthur (1892–1955), französisch-schweizerischer Komponist 23, 38, 81 f., 125, 341, 356, 423
Hose, Charles (1863–1929), britischer Ethnologe 124
Housman, Alfred Edward (1859–1936), englischer Gelehrter und Dichter 90
Hovhaness, Alan (1911–2000), amerikanischer Komponist armenisch-schottischer Abstammung 248
Howells, Herbert Norman (1892–1983), englischer Komponist 71
Hudson, Elizabeth, Brittens Haushälterin 430
Humperdinck, Engelbert (1854–1921), deutscher Komponist 154, 462
Hurst, George (1926–2012), britischer Dirigent 325
Hurst, Helen (1887–1981), englische Sozialarbeiterin 70
Hurwitz, Emanuel (1919–2006), britischer Geiger 401, 404

Igumnow, Konstantin Nikolaewitsch (1873–1948), russisch-sowjetischer Komponist 65
Iochelson, Wladimir Efimowitsch (1904–1941), russisch-sowjetischer Musikfunktionär 174
Ireland, John Nicholson (1879–1962), englischer Komponist 71, 82
Isherwood, Christopher (1904–1986), britisch-amerikanischer Schriftsteller 89 f., 175, 316
Ives, Charles (1874–1954), amerikanischer Komponist 125
Iwan IV. Wasiljewitsch Grosnij (1530–1584), 1547–84 Zar von Russland 280
Iwanowskij, Aleksandr, russisch-sowjetischer Schriftsteller 127

James, Henry (1843–1916), amerikanisch-britischer Schriftsteller 307, 352, 392
Janáček, Leoš (1854–1928), mährisch-tschechischer Komponist 41, 125, 243, 471
Jaques-Dalcroze, Émile (1865–1950), Schweizer Komponist und Musikpädagoge 53
Jaspers, Karl Theodor (1883–1969), deutscher Psychiater und Philosoph 282

Jefanow, Wasilij Prokofjewitsch (1900–1978), russisch-sowjetischer Maler 186 f., 475

Jelagin, Juri Borisowitsch (1910–1987), russischer Musiker und Schriftsteller 186

Jewtuschenko, Jewgenij Aleksandrowitsch (1932–2017), sowjetisch-russischer Schriftsteller 22, 25, 56, 144, 194, 275, 311, 351, 353 f., 356 f., 383, 417, 447

Jolivet, André (1905–1974), französischer Komponist 253

Jonson, Ben (1572–1637), englischer Schriftsteller 41

Joyce, James (1882–1941), irischer Schriftsteller 166

Joynson-Hicks, William (1865–1932), britischer Politiker 122

Judin, Gawriil Jakowjewitsch (1905–1991), russisch-sowjetischer Dirigent 249

Judina, Marija Weniaminowna (1899–1970), russisch-sowjetische Pianistin 272

Jung, Carl Gustav (1875–1961), Schweizer Psychiater 341

Kabalewskij, Dmitrij Borisowitsch (1904–1987), russisch-sowjetischer Komponist 187, 336, 380

Kalinin, Michail Iwanowitsch (1875–1946), russisch-sowjetischer Politiker 152

Kamenew, Lew Borisowitsch (1883–1936), sowjetischer Politiker 89

Karajan, Herbert von (1908–1989), österreichischer Dirigent 361

Kasenkina, Oksana Stepanowna (1896–1960), russische Lehrerin 283

Kastalskij, Aleksandr Dmitriewitsch (1856–1926), russisch-sowjetischer Komponist 99

Katharina II., ›Katharina die Große‹ (1729–1796), 1762–96 Zarin von Russland 32, 43, 403

Keller, Hans (1919–1985), britischer Musikwissenschaftler österreichischer Abstammung 234

Kennedy, John Fitzgerald (1917–1963), 1961–63 Präsident der USA 358 f.

Kennedy, Robert Francis »Bobby« (1925–1968), US-amerikanischer Politiker 358

Kimpton, Gwynne (1873–1930), englische Geigerin und Dirigentin 96

Kirow, Sergej Mironowitsch; eigentlich Kostrikow (1886–1934), sowjetischer Politiker 54, 151 f., 163, 302

Kirschon, Wladimir Michajlowitsch (1902–1938), russisch-sowjetischer Schriftsteller 119

Kitajenko, Dmitri Georgijewitsch (geb. 1940), sowjetisch-russischer Dirigent 361

Klemperer, Otto (1885–1973), deutscher Dirigent 19, 95, 154

Knipper, Lew Konstantinowitsch (1898–1974), georgisch-sowjetischer Komponist 119 f.

Knox, Ronald Arbuthnott (1888–1957), britischer Theologe und Schriftsteller 48

Knussen, Oliver (1952–2018), schottischer Dirigent und Komponist 452

Kodály, Zoltán (1882–1967), ungarischer Komponist 23, 81, 373, 423

Kogan, Leonid Borisowitsch (1924–1982), sowjetisch-ukrainischer Geiger

Koltsow, Mikhail Efimowitsch (1898–1940), russisch-sowjetischer Journalist 336

Kondraschin, Kirill Petrowitsch (1914–1981), sowjetischer Dirigent 185, 355, 460

Konew, Iwan Stepanowitsch (1897–1973), Marschall der Sowjetunion 295

Kosinzew, Grigorij Michajlowitsch (1905–1973), russisch-sowjetischer Filmregisseur 42

Kowal, Marian Wiktorowitsch (1907–1971), russisch-sowjetischer Komponist und Kulturfunktionär 248

Kownatskaja, Ljudmila Grigoriewna (geb. 1941), sowjetisch-russische Musikwissenschaftlerin 422 ff.

Krafft-Ebing, Richard von (1840–1902), deutscher Psychiater und Neurologe 166

Kramskoj, Iwan Nikolaewitsch (1837–1887), russischer Maler 62, 465

Krebs, Stanley Dale (1928–1977), Amerikanischer Musikwissenschaftler 447
Kriger, E., sowjetischer Architekturexperte 163
Krilow, Iwan Andreewitsch (1769–1844), russischer Fabeldichter 250
Krupskaja, Nadeschda Konstantinowna (1869–1939), russisch-sowjetische Politikerin 89
Kubazkij, Wiktor (1891–1970), russisch-sowjetischer Cellist 158
Kubrick, Stanley (1928–1999), amerikanischer Regisseur 453
Küchelbecker, Wilhelm Karlowitsch (1797–1846), russischer Lyriker 21, 30, 409, 413, 461
Kujbischew, Walerian Wladimirowitsch (1888–1935), russisch-sowjetischer Politiker 219
Kukolnik, Nestor Wasiljewitsch (1809–1868), russischer Schriftsteller 243
Kusewizkij, Sergej Aleksandrowitsch (1874–1951), russisch-amerikanischer Dirigent 68, 170, 226, 248 f., 460
Kustodiew, Boris Michajlowitsch (1878–1927), russisch-sowjetischer Maler 212, 476

Lambert, Constant (1905–1951), englischer Komponist und Musikschriftsteller 52, 423
Laughead, William B. (1882–1958), amerikanischer Journalist 212
Law, Andrew Bonar (1858–1923), britischer Politiker 121
Lawrence, David Herbert (1885–1930), englischer Schriftsteller 149, 166
Le Corbusier (1887–1965), schweizerisch-französischer Architekt 163
Lebedinskij, Lew Nikolaewitsch (1904–1992), russisch-sowjetischer Musikwissenschaftler 274, 334 f.
LeFanu, Nicola (geb. 1947), englische Komponistin 292
Lenin; eigentlich Wladimir Iljitsch Uljanow (1870–1924), russisch-sowjetischer Politiker 45 ff., 54, 63, 75 ff., 80, 89, 105, 129, 140, 169, 179, 208, 212, 247, 275 f., 279, 282, 293 f., 304, 376, 425, 446, 490
Leskow, Nikolaj Semjonowitsch (1831–1895), russischer Schriftsteller 23, 109, 137 ff., 143, 241, 395
Liebrucks, Bruno (1911–1986), deutscher Philosoph 454 f.
Lisenko, Mikola Witaljowitsch (1842–1912), ukrainischer Komponist 111
Littell, Jonathan (geb. 1967), französischer Schriftsteller 455
Litwinowa, Flora Pawlowna (1920–…), russisch-sowjetische Biologin 293 f., 376, 378
Ljadow, Anatoli Konstantinowitsch (1855–1914), russischer Komponist 119
Ljubimow, Jurij Petrowitsch (1917–2014), russisch-sowjetischer Schauspieler und Regisseur 375, 456
Lloyd George, David (1863–1945), englischer Politiker 50
Locker-Lampson, Oliver Stillingfleet (1880–1954), britischer Politiker 121
Lockhart, Robert Hamilton Bruce (1887–1970), britischer Diplomat 45
Lorca, Federico García (1898–1936), spanischer Lyriker und Dramatiker 409
Loren, Sophia (geb. 1934), italienische Filmschauspielerin 392
Louis XVI. (1754–1793), König von Frankreich 43, 477
Lourié, Arthur Vincent; eigentlich: Naum Israilewitsch Lurja (1891–1966), russischer Komponist 63
Lucian von Samosata (125–180 v. d. Z.), syrischer Dichter 124
Ludwig Hermann Alexander Chlodwig Prinz von Hessen und bei Rhein, zivilrechtlich: Prinz und Landgraf von Hessen (1908–1968), Förderer und Freund Brittens ›Lu‹ 86, 317, 319, 323
Lukács, Georg (1885–1971), ungarischer Philosoph 342
Lunatsarskij (…–1942), 440
Lunatscharskij, Anatolij Wasiljewitsch (1875–1933), sowjetischer Politiker 80, 95, 110, 120, 140
Lutosławski, Witold (1913–1994), polnischer Komponist 33, 305, 341, 375
Luxon, Benjamin (geb. 1937), britischer Bariton 393

Lwoff, Aleksis von (1799–1870), russischer Geiger 44

MacDonald, Ramsay (1866–1937), britischer Politiker 123
Maceina, Antanas (1908–1987), litauischer Philosoph 272
Mackerras, Charles (1925–2010), australischer Dirigent 260, 303
Maclean, Donald Duart (1913–1983), britischer Diplomat 286
Macmillan, Harold (1894–1986), britischer Politiker 290. 295, 325
Maderna, Bruno (1920–1973), italienisch-deutscher Komponist 305
Magito, Suria (1903–1987), lettische Tänzerin 316
Mahler, Gustav (1860–1911), böhmisch-österreichischer Komponist 15, 23, 34, 84, 92, 153 ff., 169, 171 ff., 186, 196, 225, 245, 247, 250, 274, 276 f., 323, 410, 423
Mailer, Norman Kingsley (1923–2007), amerikanischer Schriftsteller 281
Maine, Basil (1894–1972), englischer Musikkritiker 88
Majakowskij, Wladimir Wladimirowitsch (1893–1930), russisch-sowjetischer Dichter 62, 122, 162, 208, 333
Malenkow, Georgij Maksimilianowitsch (1902–1988), russisch-sowjetischer Politiker 293 ff.
Malko, Nikolaj Andrejewitsch (1883–1961), ukrainisch-sowjetischer Dirigent 19, 65, 68, 100, 118
Mann, Erika (1905–1969), deutsche Schauspielerin 73, 281
Mann, Golo (1909–1994), deutsch-schweizerischer Historiker 28, 434 f.
Mann, Katharina Hedwig ›Katia‹, geborene Pringsheim (1883–1980), Ehefrau von Thomas Mann 435
Mann, Thomas (1875–1955), deutscher Schriftsteller 28, 73, 112, 128, 167 f., 243, 281, 429, 434 ff., 440, 470
Marc, Franz (1880–1916), deutscher Maler 55
Margaret Prinzessin von Hessen und bei Rhein, geborene Margaret Campbell Geddes (1913–1997), Freundin Britten ›Peg‹ 317, 319, 323, 430
Marija Aleksandrowna (1853–1920), Tochter von Aleksander II. 37
Marija Aleksandrowna, geborene Marie von Hessen und bei Rhein (1824–1880), Frau von Zar Aleksandr II. (1818–1881), 1855–81 Zar von Russland 37, 152
Martinů, Bohuslav (1890–1959), tschechischer Komponist 125
Marx, Karl (1818–1883), deutscher Philosoph und Gesellschaftstheoretiker 34, 42, 45, 47, 77, 136, 150, 169, 171, 175, 268, 276, 280, 376, 423
Maupassant, Guy de (1850–1893), französischer Schriftsteller 243, 259
Maw, Nicholas (1935–2009), britischer Komponist 372
McPhee, Colin (1900–1964), kanadischer Komponist 317, 484
Mehmed IV. (1642–1693), Sultan des Osmanischen Reichs 413
Mejerhold, Wsewolod Emiljewitsch (1874–1940), russisch-sowejetischer Regisseur 42, 53, 109 ff., 152, 158 ff., 162, 175, 182, 319, 335, 375
Menotti, Gian Carlo (1911–2007), italoamerikanischer Komponist 253
Melville, Herman (1819–1891), amerikanischer Schriftsteller 286 ff.
Mendelssohn Bartholdy, Jakob Ludwig Felix (1809–1847), deutscher Dirigent und Komponist 145, 327
Menuhin, Yehudi (1916–1999), amerikanischer Geiger und Dirigent 254, 373, 423, 441 f., 456, 484
Messerer, Asaf Michajlowitsch (1903–1992), litauisch-sowjetischer Tänzer 126
Messiaen, Olivier (1908–1992), französischer Komponist 253
Metner, Nikolaji Karlowitsch (1880–1951), russischer Pianist und Komponist 213
Meyer, Krzysztof (geb. 1943), polnischer Komponist 20, 33, 199, 254, 335, 397, 411, 427, 452
Michailow, L. D., russisch-sowjetischer Regisseur 360
Michelangelo; eigentlich Michelangelo di Lodovico Buonarroti Simoni (1475–1564), italienischer Maler, Bildhauer und Dichter 126, 142, 167 f., 196, 391 f., 420, 456

Michoels, Solomon Michajlowitsch (1890–1948), lettisch-sowjetischer Regisseur 234

Mikojan, Anastas Iwanowitsch (1895–1978), armenisch-sowjetischer Politiker 158, 295, 379

Milhaud, Darius (1892–1974), französischer Komponist 71, 81, 95

Miroschnikowa, Margarita, sowjetisch-russische Sopranistin 410

Mitchell, Donald (1925–2017), britischer Musikwissenschaftler 234, 412 f., 435

Mjaskowskij, Nikolaj Jakowlewitsch (1881–1950), russisch-sowjetischer Komponist 64 f., 84 f., 95, 155, 200, 229, 234, 248, 265, 281

Molotow, Wjatscheslaw Michajlowitsch (1890–1986), russisch-sowjetischer Politiker 152, 157, 182, 215, 280, 294, 434

Monteux, Pierre (1875–1964), französisch-amerikanischer Dirigent 101

Moore, Gerald (1899–1987), englischer Pianist 254, 320

Moore, Henry (1898–1986), englischer Bildhauer 417

Mori, japanischer Diplomat 171

Morosow, Pawel Trofimowitsch (1918–1932), sowjetischer Bauernjunge 78

Morris, Reginald Owen (1886–1948), englischer Komponist 51

Morris, Stuart, Kanoniker 269

Moskalenko, Kirill Semjonowitsch (1902–1985), Marschall der Sowjetunion 295

Mosolow, Aleksandr Wasiljewitsch (1900–1973), russisch-sowjetischer Komponist 99

Motomasa, Juro (1394–1432), japanischer Dramatiker 319

Mozart, Wolfgang Amadé (1756–1791), deutscher Komponist 11, 26 f., 60, 68, 81, 104, 146, 155, 163, 174, 200, 221, 247 ff., 256, 273, 312, 330, 362, 389, 431, 456, 462

Mrawinskij, Jewgenij Aleksandrowitsch (1903–1988) russisch-sowjetischer Dirigent 185, 208, 228, 231 f., 247, 249, 296, 391, 460

Muntjan, Michail Wladimirowitsch (geb. 1935), sowjetisch-russischer Pianist 449

Muradelij, Wano Iljitsch (1908–1970), georgisch-sowjetischer Komponist 275

Musorgskij, Modest Petrowitsch (1839–1881), russischer Komponist 21, 27, 41, 43, 62, 111, 119, 188, 243 f., 299 ff., 346, 366, 409, 444, 446

Nabokov, Nicolas (1903–1978), amerikanischer Komponist russischer Herkunft 44, 161, 264, 281 ff., 391

Nabokov, Vladimir (1899–1977), russisch-amerikanischer Schriftsteller 46, 113, 196, 250, 298

Nash, Heddle (1894–1961), englischer Tenor 462

Nasreddin, Hodscha (13./14. Jahrhundert), seldschukischer Protagonist humoristischer Geschichten 354

Nazirowa, Elmira (1928–2005), sowjetisch-aserbaidschanische Komponistin 296

Nehru, Jawaharlal (1889–1964), indischer Politiker 317

Nemirowitsch-Dantschenko, Wladimir Iwanowitsch (1858–1943), russischer Theaterregisseur 141, 144, 360 f., 366

Neprintsew, Juri Michajlowitsch, russisch-sowjetischer Maler 415, 418, 491

Neschdanowa, Antonina Wasiljewna (1873–1950), ukrainisch-sowjetische Sopranistin 335, 425

Nettel, Reginald, englischer Musikwissenschaftler 98

Neumann, Sigmund (1904–1962), deutscher Politikwissenschaftler 55

Newmarch, Rosa, geborene Jeaffreson (1857–1940), englische Musikschriftstellerin 41

Nikolaew, Leonid Wasiljewitsch (1904–1934), Kirow-Attentäter 151

Nikolaew, Leonid Wladimirowitsch (1878–1942), ukrainisch-sowjetischer Komponist 65 f., 151 f.

Nikolaj I. Pawlowitsch (1796–1855), 1825–55 Zar von Russland 32, 34, 40, 490

Nikolaj II., geboren als Nikolaj Aleksandrowitsch Romanow (1868–1918), 1894–1917 Zar von Russland 32, 35, 44

Nimzowitsch, Aaron (1886–1935), lettischer Schachgroßmeister 183
Nono, Luigi (1924–1990), italienischer Komponist 23, 305, 390
Nuttall, Jeff (1933–2004), Schriftsteller 253

Obey, André (1892–1975), französischer Dramatiker 256
Oborin, Lew Nikolaewitsch (1907–1974), sowjetischer Pianist 166
Obraszowa, Jelena Wasiljewna (1939–2015), russische Mezzosopranistin 390
Odojewskij, Wladimir Fjodorowitsch, (1803–1869), russischer Schriftsteller 273
Ojstrach, Dawid Fjodorowitsch (1908–1974), ukrainisch-sowjetischer Geiger 140, 274 f., 343, 439, 442, 447
Oranskij, Wiktor (1899–1953), russisch-sowjetischer Komponist 126
Ormandy, Eugene (1899–1985), amerikanischer Dirigent ungarischer Herkunft 226
Orwell, George; eigentlich Eric Arthur Blair (1903–1950), englischer Schriftsteller 49, 89, 178 f.
Ostrowskij, Aleksandr Nikolaewitsch (1823–1886), russischer Schriftsteller 139 f., 471
Ostrowskij, Nikolaj Aleksejewitsch (1904–1936), ukrainisch-sowjetischer Schriftsteller 410
Owen, Wilfred (1893–1918), englischer Schriftsteller 22, 56, 326, 352 f., 436, 461

Paderewski, Ignacy Jan (1860–1941), polnischer Pianist und Politiker 431, 453
Palmer, Tony (geb. 1941), britischer Filmregisseur 254
Palmerston, Lord; eigentlich Henry John Temple (1784–1865), britischer Politiker 30, 32, 40, 315
Panter-Downes, Mary Patricia ›Mollie‹ (1906–1997), britische Journalistin 216
Papernij, Wladimir (geb. 1944), sowjetisch-russischer Kulturwissenschaftler 162 f., 195, 290
Parrott, Cecil Cuthbert (1909–1984), britischer Diplomat 324
Parry, Charles Hubert Hastings (1848–1918), englischer Komponist 94, 423, 482
Pärt, Arvo (geb. 1935), estnischer Komponist 380, 453
Parwus, Aleksandr; eigentlich Israil Lasarewitsch Helphand (1867–1924), russischer Revolutionär 212
Paschtschenko, Andrei Filippowitsch (1885–1972), 110
Pasolini, Pier Paolo (1922–1975), italienischer Filmregisseur 392
Pears, Peter (1910–1986), englischer Tenor 11, 27, 47, 88, 90, 103, 132, 134, 147, 165 ff., 196 f., 201 f., 205 f., 220, 228, 237, 239 ff., 246, 250, 254, 258, 269, 277, 284 f., 313 ff., 317, 319, 321, 323, 329, 343, 348, 351, 355, 360, 366, 370 ff., 379 ff., 390 f., 395, 397 ff., 403, 407, 416, 422 ff., 428, 430, 434, 436 f., 448 ff., 457, 484
Pearson, Karl (1857–1936), britischer Mathematiker 147
Penderecki, Krzysztof Eugeniusz (1933–2020), polnischer Komponist 33, 305
Petrenko, Wasilij Eduardowitsch (geb. 1976), russischer Dirigent 433
Phillips, Montague Fawcett (1885–1969), englischer Komponist 71
Picasso, Pablo Ruiz (1881–1973), spanischer Maler, Grafiker und Bildhauer 376
Piper, John (1903–1992), englischer Maler 61, 405, 428
Piper, Myfanwy (1911–1997), englische Journalistin und Librettistin 61, 428
Pipkoff, Ljubomir Panajotow (1904–1974), bulgarischer Komponist 341
Pitt, Percy (1869–1932), englischer Dirigent 101
Pizzetti, Ildebrando (1880–1968), italienischer Komponist 171
Pjotr I., geboren als Pjotr Alexeewitsch Romanow ›Peter der Große‹ (1672–1725), 1682–1725 Zar von Russland 40
Pjotrowskij, Adrian Iwanowich (1898–1937), russisch-sowjetischer Schriftsteller 42
Platen, August Graf von (1796–1835), deutscher Dichter 435 f.

Platon (428–347 v. d. Z.), griechischer Philosoph 73, 124, 391

Plomer, William (1903–1973), südafrikanisch-englischer Schriftsteller 301, 321, 361, 363, 368

Popow, Gawriil Nikolaewitsch (1904–1972), russisch-sowjetischer Komponist 171, 265

Pospelow, Pjotr Nikolaewitsch (1898–1979), russisch-sowjetischer Funktionär 333 f.

Potjomkin, Grigorij Aleksandrowitsch (1739–1791), russischer Feldmarschall 40

Pound, Ezra (1885–1972), amerikanischer Dichter 316 f.

Powell, John Enoch (1912–1998), britischer Philologe 292

Pratella, Francesco Balilla (1880–1955), italienischer Musiker und Schriftsteller 62

Preis, Aleksandr Germanowitsch (1906–1944), russisch-sowjetischer Schriftsteller 140

Presley, Elvis Aaron (1935–1977), amerikanischer Sänger 312

Previn, André George; eigentlich Andreas Ludwig Priwin (1929–2019) deutsch-amerikanischer Komponist und Dirigent 421

Priestley, John Boynton (1894–1984), englischer Schriftsteller 191, 315

Prins, E., englischer Briefschreiber 440 ff.

Prinz Albert von Sachsen-Coburg und Gotha (1819–1861), Prinzgemahl von Königin Victoria 285 f.

Prinz Philip, Duke of Edinburgh (1921–2021), Prinzgemahl von Königin Elisabeth II. 86

Prokofjew, Sergej Sergeewitsch (1891–1953), ukrainisch-sowjetischer Komponist 103 f., 111 f., 161, 234, 243, 248, 263 f., 266, 294, 298, 395, 422, 463

Prowatorow, Gennadij (1929–2010), sowjetisch-russischer Dirigent 361

Puccini, Giacomo (1858–1924), italienischer Komponist 462

Pugatschjow, Emeljan Iwanowitsch (1742–1775), Don-Kosak und Anführer des nach ihm benannten Bauernaufstands 110

Purcell, Henry (1659–1695), englischer Komponist 17, 24, 97, 103, 142, 193, 201, 229, 327, 330, 342, 360, 462

Puschkin, Aleksandr Sergeewitsch (1799–1837), russischer Schriftsteller 5, 21 f., 25 ff., 30 f., 52, 62, 68, 73, 85, 113, 124, 162 f., 168, 183 f., 191, 243, 251, 253, 297, 360, 382 f., 409, 413, 423, 455, 461

Puzo, Mario Gianluigi (1920–1999), italoamerikanischer Schriftsteller 416

Quigley, Sarah (geb. 1967), neuseeländische Schriftstellerin 453

Rabelais, François (1494–1553), französischer Schriftsteller 212

Rabinowitsch, Dawid Abramowitsch (1900–1978), russisch-sowjetischer Musikwissenschaftler 245, 325

Rachmaninow, Sergej Wasiljewitsch (1873–1943), russischer Dirigent, Pianist und Komponist 17, 36, 68 f., 103, 141, 213, 268, 342, 404

Radamskij, Sergej (1890–1973), russischer-sowjetischer Tenor 158

Raffael; eigentlich Raffaello Sanzio da Urbino (1483–1520), italienischer Maler 456

Rasin, Stepan Timofejewitsch »Stenka« (1630–1671), Ataman der Donkosaken 64, 110

Ravel, Joseph-Maurice (1875–1937), französischer Komponist 81 f., 224

Rawsthorne, Alan (1905–1971), englischer Komponist 372

Reed, John Silas (1887–1920), amerikanischer Journalist 45 f., 85,

Reith, John (1889–1971), schottischer Gründer und erster Generaldirektor der BBC 53 f.

Rejngardt, Lidija Jakowlewna, sowjetisch-russische Kunsthistorikerin 377 f.

Rembrandt – siehe Rijn, Rembrandt Harmenszoon van

Rensin, I. M., russisch-sowjetischer Kulturfunktionär 174 f.

Repin, Ilja Efimovich (1844–1930), russischer Maler 413 ff., 418, 490

Reschetin, Mark (1931–2001), sowjetisch-russischer Bassist 407 f., 411
Réti, Richard (1889–1929), österreichisch-ungarisch-tschechischer Schachgroßmeister 81
Réti, Rudolf (1885–1957), serbisch-amerikanischer Komponist 81
Ribakow, Anatolij Naumowitsch (1911–1998), russischer Schriftsteller 46
Ribbentrop, Joachim (1893–1946), deutscher Politiker 434
Richter, Hans; eigentlich János Richter (1843–1916), österreichisch-ungarischer Dirigent 96
Richter, Swjatoslaw Teofilowitsch (1915–1997), sowjetisch-russischer Pianist 166, 254, 360, 373, 417, 421, 428
Rijn, Rembrandt Harmenszoon van (1606–1669), niederländischer Maler 403, 490
Rilke, Rainer Maria (1875–1926), böhmischer Lyriker 409, 411
Rimbaud, Arthur (1854–1891), französischer Schriftsteller 90, 191 f.
Rimskij-Korsakow, Nikolaj Andreewitsch (1844–1908), russischer Komponist 27, 41, 63 f., 68 f., 71, 111, 118, 183, 243, 299, 302, 323 f., 422
Robbins, Keith Gilbert (1940–2019), britischer Historiker 290
Robinson, John Arthur Thomas (1919–1983), anglikanischer Kleriker und Theologe 269 f., 275
Rodziński, Artur (1892–1958), polnischer Dirigent 226, 232
Rollin, Henri Louis-Victor (1885–1955), französischer Historiker 86
Rome, Harold Jacob (1908–1993), amerikanischer Komponist 251, 280
Roosevelt, Franklin Delano (1882–1945), 1933–45 Präsident der USA 250
Rosanowa, Aleksandra Aleksandrowna, russisch-sowjetische Musikpädagogin 60, 63
Roschdestwenskij, Gennadij Nikolaewitsch (1931–2018), sowjetisch-russischer Dirigent 17, 29, 340, 349, 409
Rosenberg, Alfred (1893–1946), estnisch-deutscher Politiker 85
Rosenthal, Harold David (1917–1987), englischer Musikkritiker 24
Roslawez, Nikolaj Andreewitsch (1881–1944), russisch-sowjetischer Komponist 100
Rostropowitsch, Mstislaw Leopoldowitsch (1927–2007), russischer Cellist und Dirigent 17 f., 21 f., 103 f., 186, 188, 198, 231, 272, 296, 298, 336, 340, 343 f., 346, 359 f., 365, 368 f., 371 ff., 379 ff., 384 f., 389 f., 396, 400, 404 f., 416, 418 f., 421 ff., 424 ff., 428, 442 f., 449 f., 457
Roth, Ernst (1896–1971), böhmisch-britischer Musikverleger 312, 370
Rotha, Paul (1907–1984), britischer Filmproduzent 147 f.
Rubinschtejn, Anton Grigorjewitsch (1829–1894), russischer Pianist und Komponist 65, 114, 213
Ruge, Gerd (1928–2021), deutscher Journalist 378
Russell, Arthur Oliver Villiers (1869–1935), englischer Diplomat 125, 470
Russell, Bertrand (1872–1970), walisischer Philosoph 282, 417

Sacharow, Andrej Dmitriewitsch (1921–1989), sowjetischer Physiker 26, 190, 335, 343
Sacharow, Wladimir Grigorjewitsch (1901–1956), russisch-sowjetischer Komponist 264, 266, 410
Sackville-West, Edward Charles (1901–1965), britischer Schriftsteller 234
Salmanow, Wadim Nikolaewitsch (1912–1978), russisch-sowjetischer Komponist 315
Samjatin, Jewgenij Iwanowitsch (1884–1937), russisch-sowjetischer Schriftsteller 49
Samosud, Samuil Abramowitsch (1884–1964), georgisch-sowjetischer Dirigent 104, 118, 141, 225, 298, 460
Samuel, Harold Salomon (1879–1937), englischer Pianist 269
Sanderling, Kurt (1912–2011), deutscher Dirigent 15, 50, 65, 74, 87 f., 160 f., 180, 186, 271
Sargent, Malcolm (1895–1967), englischer Dirigent 96
Sass-Tesowskij, Boris, Nachbar von Schostakowitsch 36

Sawschinskij, Samarij (1891–1968), russisch-sowjetischer Klavierpädagoge 104
Scammell, Michael (geb. 1935), englischer Schriftsteller 428
Schafran, Daniil Borisowitsch (1923–1997), sowjetisch-russischer Cellist 104
Schaljapin, Fjodor Iwanowitsch (1873–1938), russischer Bassist 27, 101
Schapiro, Michail Grigorjewitsch (1908–1971), russisch-sowjetischer Filmregisseur 109, 393
Schebalin, Wissarion Jakowlewitsch (1902–1963), russisch-sowjetischer Komponist 84, 199, 265, 267
Schiljaew, Nikolaj Sergeewitsch (1881–1938), russisch-sowjetischer Musikwissenschaftler 184
Schiller, Allen, englischer Pianist 402
Schirinski, Sergej (1903–1974), russisch-sowjetischer Cellist 199
Schirinski, Wasilij (1901–1965), russisch-sowjetischer Geiger 199
Schitomirskij, Daniel Wladimirowitsch (1906–1992), russisch-sowjetischer Musikwissenschaftler 143, 237, 245
Schklowskij, Wiktor Borisowitsch (1893–1984), russisch-sowjetischer Schriftsteller 62
Schlegel, Friedrich (1772–1829), deutscher Philosoph 455
Schmidt, Helmut (1918–2015), deutscher Politiker 431
Schmitz, Hermann (1928–2021), deutscher Philosoph 455
Schnabel, Artur (1882–1951), österreichischer Pianist 281
Schnittke, Alfred (1934–1998), sowjetisch-deutscher Komponist 246, 305, 375, 380 f., 447
Schönberg, Arnold (1874–1951), österreichisch-amerikanischer Komponist 66, 71, 81, 131, 153, 283, 307, 369, 381, 388
Schonberg, Harold C., amerikanischer Musikjournalist 326
Schostakowitsch, Dmitrij Boleslawowitsch (1875–1922), russischer Ingenieur und Schostakowitschs Vater 34 f., 44
Schostakowitsch, Galina Dmitriewna (geb. 1936), sowjetisch-russische Biologin 25, 134, 182, 311
Schostakowitsch, Irina Antonowna, geborene Supinskaja (geb. 1934), sowjetisch-russische Literaturwissenschaftlerin 166, 274, 311, 390 f., 396, 401 f. 407, 407 f., 427, 430, 445 f., 449 f., 452
Schostakowitsch, Maksim Dmitriewitsch (geb. 1938), sowjetisch-russischer Dirigent 25, 35, 134, 205, 275, 311, 385, 433, 445 f.
Schostakowitsch, Margarita, geborene Kainowa (1924–….), sowjetisch-russische Aktivistin 310 f.
Schostakowitsch, Marija Dmitriewa (1903–1973), russisch-sowjetische Pianistin 78, 182, 219
Schostakowitsch, Nina, geborene Warsar (1910–1954), russisch-sowjetische Physikerin 134 f., 218, 245, 309 ff., 323, 376
Schostakowitsch, Sofija Wasiljewna, geborene Kokulina (1878–1955), russisch-sowjetische Pianistin und Schostakowitschs Mutter 27, 35 f., 60, 219
Schostakowitsch, Zoja Dmitriewa (1908–1990), russisch-sowjetische Tiermedizinerin 44
Schtejnberg, Maksimilian Oseejewitsch (1883–1946), russisch-sowjetischer Komponist 64 f., 100, 168, 465
Schtschedrin, Rodion Konstantinowitsch (geb. 1932), sowjetisch-russischer Komponist 124, 375, 445 ff.
Schubert, Franz Peter (1797–1828), österreichischer Komponist 103 f., 147, 200, 249, 389
Schumann, Robert (1810–1856), deutscher Komponist 103, 259, 304, 391, 428
Schweitzer, Albert (1875–1965), deutsch-französischer Arzt, Philosoph und Musikwissenschaftler 282
Scott, Walter (1771–1832), schottischer Schriftsteller 148, 243, 299
Searle, Humphrey (1915–1982), britischer Komponist 423
Seebohm, Fidelity, spätere Countess of Cranbrook (1912–2009), englische Adelige 262

Segerstam, Leif (geb. 1944), finnischer Dirigent und Komponist 248
Serafimowitsch, Aleksandr (1863–1949), russisch-sowjetischer Schriftsteller 188
Serafin, Tullio (1878–1968), italienischer Dirigent 244
Serebrjakowa, Galina Iossifowna (1905–1980), russisch-sowjetische Schriftstellerin 343, 417
Serow, Wiktor Iljitsch (1902–1979), russisch-sowjetischer Musikschriftsteller 234
Shaffer, Peter Levin (1926–2016), englischer Dramatiker 351
Shakespeare, William (1564–1616), englischer Dramatiker 15, 30 f., 40 ff., 62, 73, 94, 97, 115, 173 f., 187 f., 207, 243, 275, 300 f., 327 ff., 352, 362, 370, 464
Sharp, Cecil (1859–1924), britischer Musikethnologe 279
Sheppard, Hugh Richard Lawrie ›Dick‹ (1880–1937), anglikanischer Geistlicher und Pazifist 147
Sheridan, Clare (1885–1970), englische Künstlerin 89
Sheridan, Richard Brinsley (1751–1816), irischer Schriftsteller 263
Sibelius, Johan Julius Christian ›Jean‹ (1865–1957), finnischer Komponist 52, 62, 155, 304, 326, 388
Sidelnikow, Nikolaj Nikolaewitsch (1930–1992), sowjetisch-russischer Komponist 417
Siegfried, André (1875–1959), französischer Soziologe 290
Siegmeister, Elie (1909–1991), amerikanischer Komponist 212
Siemens, Ernst von (1903–1990), deutscher Industrieller und Mäzen 434
Simonow, Konstantin (Kirill) Michajlowitsch (1915–1979), russisch-sowjetischer Schriftsteller 221
Sinkó, Ervin; eigentlich Franz Spitzer (1898–1967), ungarisch-jugoslawischer Schriftsteller 152
Sitwell, Edith Louisa (1887–1964), englische Dichterin 316
Skrjabin, Aleksandr Nikolaewitsch (1871–1915), russischer Komponist 23
Slater, Montagu (1902–1956), englischer Schriftsteller 239, 261
Slobodskaja, Oda (1888–1970), russisch-britische Sopranistin 132
Sloterdijk, Peter (geb. 1947), deutscher Philosoph 350
Smetana, Bedřich (1824–1884), böhmischer Komponist 299, 304
Smirnow, Jakow, russisch-sowjetischer Funktionär 102, 174
Smith, Adam (1723–1790), schottischer Philosoph und Nationalökonom 116
Smolich, Nikolaj Wasilewitsch (1888–1969), russisch-sowjetischer Regisseur 141
Sobolew, Leonid Sergeewitsch (1898–1971), russisch-sowjetischer Schriftsteller 333
Sokolow, Nikolaj Aleksandrowitsch (1859–1922), russischer Musikpädagoge 333
Sollertinskij, Dmitrij Iwanowitsch, Sohn von Schostakowitschs Freund Iwan Sollertinskij 36, 65
Sollertinskij, Iwan Iwanowitsch (1902–1944), russisch-sowjetischer Kulturwissenschaftler 73 ff., 80, 104, 106, 119, 134, 153, 155 ff., 172 ff., 183, 187 f., 197, 225, 274 ff., 343, 449
Sologub, Fjodor; eigentlich Fjodor Kusmitsch Teternikow (1863–1927), russischer Schriftsteller 111 f., 114 f., 138, 166
Solschenizin, Aleksandr Isaewitsch (1918–2008), sowjetisch-russischer Schriftsteller 190, 304 f., 335, 357, 410, 418f.
Solti, Georg (1912–1997), britischer Dirigent ungarischer Herkunft 97
Soschtschenko, Michail Michajlowitsch (1894–1958), russisch-sowjetischer Schriftsteller 263, 354
Soutsos, Panagiotis (1806–1868), griechischer Schriftsteller 124
Spasskij, Boris Wasiljewitsch (geb. 1937), 1969–72 sowjetischer Schachweltmeister 431
Specht, Richard (1870–1932), österreichischer Musikwissenschaftler 155 ff.
Spiegelman, Art (geb. 1948), amerikanischer Cartoonist und Autor

des Graphic Novel *Maus – Die Geschichte eines Überlebenden* 92
Stalin, Iosif Wissarionowitsch; eigentlich Iosseb Bessarionis dse Dschughaschwili (1878–1953), georgisch-sowjetischer Politiker 14, 25, 34, 46, 53 f., 68, 87, 89, 99, 150 ff., 157 f., 161 ff., 169, 178 ff., 186 f., 190, 233 ff., 250 ff., 257, 265, 271, 276, 278, 280 ff., 290 ff., 302, 305, 311 f., 332 f., 335, 341, 357, 374 ff., 440
Stanford, Charles Villiers (1852–1924), irischer Komponist 423
Stanislawskij, Konstantin Sergeewitsch (1863–1938), russisch-sowjetischer Regisseur 141, 361
Starkie, Enid (1897–1970), irische Literaturwissenschaftlerin 192
Stefan, Paul (1879–1943), österreichischer Musikwissenschaftler 155 f.
Steinbeck, John Ernst (1902–1968), amerikanischer Schriftsteller 265
Stevens, Alfred (1823–1906), belgischer Maler 61
Stevens, Bernard (1916–1983), englischer Komponist 147
Stewart, K. Bernice (1894–1975), amerikanische Literaturwissenschaftlerin 211
Stiedry, Fritz (1883–1968), österreichisch-amerikanischer Dirigent 154, 174, 460
Stock, Noel (1929-2013), australischer Literaturwissenschaftler 312
Stockhausen, Karlheinz (1928–2007), deutscher Komponist 390
Stokowski, Leopold Anthony (1882–1977), englisch-amerikanischer Dirigent 19, 70, 85, 202, 209, 226
Strachey, Giles Lytton (1880–1932), britischer Schriftsteller 299
Strauß (Sohn), Johann Baptist (1825–1899), österreichischer Komponist 38, 312, 365
Strauss, Richard (1864–1949), deutscher Komponist 15, 52, 71, 81, 101, 103, 146, 155, 157, 171, 420
Strawinskij, Igor (1882–1971), russischer Komponist mit französischer und amerikanischer Staatsbürgerschaft 23, 51, 58, 68 f., 81, 101, 131 f., 282 f., 307, 323, 341, 356, 375, 388, 391, 393
Strode, Rosamund (1928–2010), englische Musikwissenschaftlerin 343, 425, 429 f., 445
Sullivan, Arthur (1842–1900), englischer Komponist 19, 37, 40, 90 f., 94, 165, 201, 229, 242 f., 249, 255, 261, 279, 292, 299, 322 f., 330, 352, 393, 435, 462, 470
Supinskaja – siehe Schostakowitsch, Irina
Suslin, Wiktor (1942–2012), russisch-sowjetischer Komponist 334
Sutcliffe, James Helme (1929–2000), amerikanischer Musikkritiker 399
Swetlanow, Jewgenij Fjodorowitsch (1928–2002), sowjetisch-russischer Dirigent 385, 416, 445
Swingler, Randall (1909–1967), englischer Lyriker 148
Swiridow, Georgij Wasiljewitsch (1915–1998), russisch-sowjetischer Komponist 333, 380, 417, 445, 447
Synge, John Millington (1871–1909), irischer Dramatiker 243
Szostakowicz, Piotr (1808–1871), Schostakowitschs Urgroßvater 32

Tamulonis, Daniel Fergus (geb. 1953), britischer Schriftsteller 451
Taneew, Sergej Iwanowitsch (1856–1915), russischer Komponist 200
Tarkowskij, Andrej Arsenjewitsch (1932–1986), sowjetisch-russischer Filmregisseur 106
Tarnowskij, Benjamin (1837–1906), russischer Psychiater 166
Tartakower, Sawielli Grigoriewitsch (1887–1956), polnisch-französischer Schachgroßmeister 183
Taruskin, Richard (geb. 1945), amerikanischer Musikwissenschaftler 454
Tebaldi, Renata (1922–2004), italienische Sopranistin 392
Tennyson, Alfred (1809–1892), britischer Schriftsteller 90, 243
Thackeray, William Makepeace (1811–1863), britischer Schriftsteller 41
Thompson, John Lee (1914–2002), britischer Regisseur 414
Thomson, Basil (1861–1939), Leiter des britischen Nachrichtendienstes 120

Thomson, Virgil (1896–1989), amerikanischer Komponist 22, 215, 266
Tieck, Johann Ludwig (1773–1853), deutscher Schriftsteller 327
Tillich, Paul (1886–1965), deutsch-amerikanischer Theologe 270, 275, 481
Tippett, Michael (1905–1998), englischer Komponist 165, 167, 220, 284, 314, 327, 340 f., 351 f., 360, 398, 423
Tischtschenko, Boris Iwanowitsch (1939–2010), sowjetisch-russischer Komponist 274, 315, 334, 375, 420
Tocqueville, Alexis Charles-Henri-Maurice Clérel de (1805–1859), französischer Historiker 43, 315
Tolstoj, Alexej Nikolaewitsch (1882–1945), russisch-sowjetischer Schriftsteller 356
Tolstoj, Lew Nikolaewitsch (1828–1910), russischer Schriftsteller 40, 52, 263, 353, 355, 463
Trevelyan, Humphrey (1905–1985), britischer Diplomat 351, 369
Triodin, Pjotr Nikolaewitsch (1887–1950), russisch-sowjetischer Komponist 110
Trozkij, Lew; eigentlich Lew Dawidowitsch Bronstejn (1879–1940), russisch-sowjetischer Politiker 34, 45 f., 47, 49, 53, 79, 89
Truman, Harry S. (1884–1972), 1945–53 Präsident der USA 250, 252
Tschajkowskij, Pjotr Iljitsch (1840–1893), russischer Komponist 19, 23, 35 f., 40 f., 60, 62 f., 68, 104, 110 f., 188, 190, 243, 253, 268, 312, 315 f., 318, 335, 337, 347 f., 354 f., 384, 389, 404, 422, 445, 456, 471
Tschcheïdse, Nikolos (1864–1926), georgischer Politiker 43
Tschechow, Anton Pawlowitsch (1860–1904), russischer Schriftsteller 40, 112, 141, 243 f., 275, 449
Tscherkasow, Nikolaj Konstantinowitsch (1903–1966), russisch-sowjetischer Schauspieler 87
Tschernischewskij, Nikolaj Gawrilowitsch (1828–1889), russischer Schriftsteller 54, 169
Tschornij, Sascha – siehe Glikberg
Tschukowskaja, Lidija Korneewna (1907–1996), russisch-sowjetische Schriftstellerin 455
Tschukowskij, Jewgenij, russisch-sowjetischer Kameramann 345
Tschukowskij, Kornej Iwanowitsch (1882–1969), russisch-sowjetischer Schriftsteller 346
Tschulakij, Michail Iwanowitsch (1908–1989), russisch-sowjetischer Komponist 187
Tuchatscheweskij, Mickail Nikolaewitsch (1893–1937), russisch-sowjetischer General 87, 160, 183
Turgenjew, Iwan Sergeewitsch (1818–1883), russischer Schriftsteller 251
Turing, Alan Mathison (1912–1954), britischer Mathematiker 190
Turner, Alan Brooke (1926–2013), englischer Diplomat 390

Ustwolskaja, Galina Iwanowna (1919–2006), sowjetisch-russische Komponistin 334

Valera, Éamon de (1882–1975), irischer Politiker 431
Valois, Ninette de, geborene Edris Stannus (1898–2001), britische Tänzerin und Choreographin irischer Abstammung 318
Vaughan Williams, Ralph (1872–1958), englischer Komponist 91 ff., 108, 182, 203, 230, 242 f., 279, 286, 292, 300, 318, 324 f., 352, 423
Vaughan Williams, Ursula (1911–2007), englische Schriftstellerin 293
Verdi, Giuseppe (1813–1901), italienischer Komponist 37, 97, 125 f., 256, 324, 330, 462
Victoria, geborene Princess Alexandrina Victoria of Kent (1819–1901), 1837–1901 englische Königin 32, 86, 285, 299
Victoria, Tomás Luis de Victoria, auch da Vittoria (1548–1611), spanischer Komponist 269
Vollmann, William Tanner (geb. 1959), amerikanischer Schriftsteller 453

Wajnonen, Wasilij (1901–1964), russisch-sowjetischer Choreograph 127
Walter, Bruno (1876–1962), deutscher Dirigent 19, 101, 122, 146, 154

Walter, Wiktor, russisch-sowjetischer Geiger 65
Walton, Susana (1926–2010), argentinisch-englische Schriftstellerin 277
Walton, William Turner (1902–1983), englischer Komponist 109, 242 f., 277, 325, 340, 360, 380, 421
Wanamaker, Samuel ›Sam‹ (1919–1993), amerikanischer Regisseur 281
Warsar – siehe Schostakowitsch, Nina
Watt, Homer A. (1884–1948), amerikanischer Literaturwissenschaftler 211
Weber, Carl Maria von (1786–1826), deutscher Dirigent und Komponist 327
Webern, Anton (1883–1945), österreichischer Komponist 62, 81, 381
Weigel, Helene (1900–1971), österreichisch-deutsche Schauspielerin 314, 484
Weill, Kurt (1900–1950), deutsch-amerikanischer Komponist 81, 117, 213
Weinberg, Mieczysław (1919–1996), sowjetischer Komponist polnischer Herkunft 453
Wellesz, Egon Joseph (1885–1974), österreichisch-britischer Komponist 81
Wells, Herbert George (1866–1946), englischer Schriftsteller 117, 179 f., 302
Wendon, Henry (1900–1964), englischer Tenor 462
Werth, Alexander (1901–1969), russisch-britischer Journalist 253, 395
White, Eric Walter (1905–1985), englischer Musikwissenschaftler 365
Williams, Pjotr Wladimirowitsch (1902–1947), russisch-sowjetischer Maler 62
Wilson, Duncan (1911–1983), britischer Diplomat 343, 369, 418, 421, 424, 433, 437 f., 440 f.
Wilson, Elizabeth (geb. 1947), britische Musikwissenschaftlerin und Cellistin 424 f., 426
Wilson, James Steuart (1889–1966), englischer Tenor und Kulturmanager 166
Wischnewskaja, Galina Pawlowna (1926–2012), russisch-sowjetische Sopranistin 18, 20 ff., 26, 109, 167, 189, 266, 340, 345 f., 351, 365, 374 f., 379, 382 f., 386, 390, 392, 404, 407, 411, 416, 419, 421 f., 443, 449 f.
Wiskowatow, Pawel (1842–1905), russischer Literaturhistoriker 114
Wladigerow, Pantscho (1899–1978), bulgarischer Komponist 23
Wladimirow, Jewgenij, sowjetisch-russischer Bassist 410
Wolkonskij, Sergej Michajlowitsch (1860–1937), russischer Musik- und Theaterpädagoge 52
Wood, Henry (1869–1944), britischer Dirigent 66, 96, 98, 101, 154, 227
Wood, Robert Watson (1923–2018), amerikanischer Theologe 270
Woolton, Frederick James Marquis, 1st Earl of (1883–1964), britischer Politiker 228
Woroschilow, Kliment Jefremowitsch (1881–1969), russisch-sowjetischer Politiker 152
Wright, Basil (1907–1987), britischer Dokumentarfilmer und Produzent 72
Wright, Frank Lloyd (1867–1959), amerikanischer Architekt 281
Wronschenko, Michail, russischer Adeliger und Übersetzer 30
Wyss, Sophie Adele (1897–1983), Schweizer Sopranistin 90, 93, 192

Xenakis, Iannis (1922–2001), rumänisch-griechischer Komponist und Architekt 23

Ziganow, Dmitri Michajlowitsch (1903–1992), russisch-sowjetischer Geiger 199
Zinzadse, Sulchan (1925–1991), sowjetisch-georgischer Komponist 447
Zwetaewa, Marina Iwanowna (1892–1941), russisch-sowjetische Schriftstellerin 34, 114, 451